Karl Jaspers:
Was ist Philosophie?
Ein Lesebuch

Textauswahl und Zusammenstellung
von Hans Saner

Deutscher
Taschenbuch
Verlag

Von Karl Jaspers
ist im Deutschen Taschenbuch Verlag erschienen:

Was ist Erziehung? Ein Lesebuch (1617)

Ungekürzte Ausgabe
1. Auflage September 1980
2. Auflage Mai 1982: 16. bis 21. Tausend
Deutscher Taschenbuch Verlag GmbH & Co. KG,
München
© 1976 R. Piper & Co. Verlag, München
ISBN 3-492-02185-9
Umschlaggestaltung: Celestino Piatti
Umschlagfoto: Deutsche Fotothek, Dresden
Gesamtherstellung: C. H. Beck'sche Buchdruckerei,
Nördlingen
Printed in Germany · ISBN 3-423-01575-6

Das Buch

»Das Suchen nach der Wahrheit, nicht der Besitz der Wahrheit ist das Wesen der Philosophie ... Philosophie heißt: auf dem Wege sein« (Jaspers). Den Leser auf diesen Weg zu führen und ihm die Bedeutung und Notwendigkeit philosophischen Denkens einsichtig zu machen, ist das Ziel dieses breit angelegten Lesebuchs mit einer Auswahl aus den Schriften des bedeutenden Existenzphilosophen Karl Jaspers (1883–1969). Tatsächlich bietet kaum ein anderes philosophisches Gesamtwerk unserer Zeit geeigneteres Material für eine Einführung in philosophisches Denken, denn bei aller Verwurzelung in der Tradition der abendländischen Philosophie hat sich Jaspers fast immer auch an Problemen und Perspektiven der Gegenwart orientiert und seine Gedanken in einer klaren, auch dem Nichtfachmann verständlichen Sprache ausgedrückt. Der von Jaspers' langjährigem Assistenten und späterem Nachlaßverwalter Hans Saner zusammengestellte Band enthält Rundfunkvorträge, Vorlesungen, Reden, Aufsätze und Auszüge aus größeren Arbeiten, die sich mit Grundfragen, Themen und Aufgaben der Philosophie in unserer Zeit beschäftigen.

Der Autor

Karl Jaspers, geb. 1883 in Oldenburg, studierte erst Jura, dann Medizin. Er promovierte in Heidelberg, wo er sich während seiner Assistentenzeit an der Psychiatrischen Klinik 1913 habilitierte. 1916 wurde er Professor für Psychologie, 1921 für Philosophie. Von 1937 bis 1945 erhielt er Lehrverbot. 1948 folgte er einem Ruf an die Universität Basel, wo er bis zu seinem Tod im Jahr 1969 Philosophie lehrte.

Inhalt

Sie fragen mich nach meinem Leben. Ich erzähle. Geboren bin ich in der Stadt Oldenburg. Mein Vater stammt aus dem Jeverland, meine Mutter aus Butjadingen, beide nahe der Nordseeküste.

In meiner Kindheit waren wir alle Jahre auf den friesischen Inseln. Ich bin mit dem Meer aufgewachsen. Zuerst sah ich es in Norderney. An einem Abend ging mein Vater, mit dem kleinen Jungen an der Hand, den weiten Strand hinunter. Es war tiefe Ebbe, der Weg über den frischen reinen Sand war sehr lang bis an das Wasser. Da lagen die Quallen, die Seesterne, Zeichen des Geheimnisses der Meerestiefe. Ich war wie verzaubert, habe nicht darüber nachgedacht. Die Unendlichkeit habe ich damals unreflektiert erfahren. Seitdem ist mir das Meer wie der selbstverständliche Hintergrund des Lebens überhaupt. Das Meer ist die anschauliche Gegenwart des Unendlichen. Unendlich die Wellen. Immer ist alles in Bewegung, nirgends das Feste und das Ganze in der doch fühlbaren unendlichen Ordnung. Das Meer zu sehen, wurde für mich das Herrlichste, das es in der Natur gibt. Das Wohnen, das Geborgensein ist uns unentbehrlich und wohltuend. Aber es genügt uns nicht. Es gibt dieses andere. Das Meer ist seine leibhaftige Gegenwart. Es befreit im Hinausgehen über die Geborgenheit, bringt dorthin, wo zwar alle Festigkeit aufhört, wir aber nicht ins Bodenlose versinken. Wir vertrauen uns dem unendlichen Geheimnis an, dem Unabsehbaren, Chaos und Ordnung.

Ich weiß nicht, wieviel Zeit meines Lebens ich im Anschauen des Meeres verbracht habe, ohne mich zu langweilen. Keine Welle ist der anderen gleich. Bewegung, Licht und Farben wandeln sich ständig. Herrlich, sich in den reinen Elementen zu bewegen, in Sturm und Regen an der Brandung entlangzuwandern, ohne Landschaft, ohne Menschen.

Im Umgang mit dem Meer liegt von vornherein die Stimmung des Philosophierens. So war es mir unbewußt von Kindheit an. Das Meer ist Gleichnis von Freiheit und Transzendenz. Es ist wie eine leibhaftige Offenbarung aus dem Grund der Dinge. Das Philosophieren wird ergriffen von der Forderung, es aushalten zu können, daß nirgends der feste Boden ist, aber gerade dadurch der Grund der Dinge spricht.

Das Meer stellt diese Forderung. Dort ist keinerlei Fesselung. Das ist das unheimlich Einzige des Meeres.

Dann aber lebe ich nicht nur mit dem Meer, sondern dem Wasser überhaupt. Wo kein See, kein Bach, kein Wasser ist, fühle ich mich nicht wohl. Ein Park wird erst durch Springbrunnen schön und durch die Lebendigkeit der Wasserbewegung von Brunnenschale zu Brunnenschale. Daß die Philosophie bei Thales mit dem Wasser anfängt, scheint mir das natürlich Selbstverständliche.

Der Unendlichkeit des Meeres kommt am nächsten etwa die Landschaft meiner Heimat, die Marschen. Sie sind vollkommen eben. Wenn irgendwo ein oder ein paar Meter Erhöhung ist, meistens von Menschen zum Schutz gegen Wasserfluten angelegt, so ist das schon ein Berg. Nichts als Himmel, Horizont und ein Ort, wo ich stehe. Der Himmel offen nach allen Seiten. Diese Weite ist schon Landschaft, ist schon nicht mehr das Meer, aber ihm noch nahe, mir aus der Kindheit her so vertraut, daß mir nächst dem Meere nichts lieber ist als die flache Landschaft mit völlig freiem Horizont.

Dann kamen später die Erfahrungen des Mittelgebirges. Ich habe den Harz schon mit sechs Jahren kennengelernt: liebenswürdig, ein wenig fremd, mit den mich nicht tiefer ergreifenden Geheimnissen der Wälder, Quellen, mit den unzähligen Vorstellungen von Zwergen und Waldgeistern.

Später, mit 19 Jahren, sah ich dann die hohen Berge, die Alpen. Wie ich zum erstenmal im Engadin war und die Großartigkeit dieser edlen Nietzsche-Landschaft erlebte, hatte ich trotz aller Ergriffenheit zugleich ein Gefühl: Diese Berge, sie lassen den freien Blick nicht zu, sie nehmen mir den Horizont.

Ich war geborgen bei meinen Eltern. Mein Vater, unbewußt für uns, unbeabsichtigt von ihm, war uns ein Vorbild. Ohne Kirche, ohne Bezugnahme auf eine objektive Autorität, galt als das Böseste die Unwahrhaftigkeit. Und als fast ebenso schlimm: blinder Gehorsam. Beides darf es nicht geben! Daher war unser Vater unendlich geduldig gegenüber meinem Widerstand. Wenn ich widersprach, kam nicht der Befehl, sondern die Begründung, warum das vernünftig sei.

Mein Vater lebte ein persönliches Leben, unabhängig von der Gesellschaft. Liberal und konservativ folgte er ihren Ordnungen. Er erfüllte die ihm im Leben gestellten Aufgaben mit großer Sorgfalt, ob als Soldat und Reserveoffizier, ob als Beamter (Amtshauptmann) oder als Bankdirektor. Aber er tat es in sehr verschiedener Gesinnung. Gegen das Militärische sträubte sich sein ganzes Wesen. Als er vom

Oberst des Regiments bei einem »Liebesmahl« erfuhr, daß er zum Hauptmann eingegeben sei (eine ungewöhnliche Ehre damals), antwortete er: »Daraus wird nichts.« Auf das Drängen des Oberst (»ich befehle Ihnen, mir den Grund zu sagen«) erwiderte er: »Ich werde keinen Augenblick länger dienen, als ich nach dem Gesetz muß.« Obgleich er als Amtshauptmann einen damals hochangesehenen Verwaltungsposten, für seinen Bereich fast herrscherlicher Art, innehatte, ergriff er sofort die Gelegenheit, Bankdirektor zu werden. Freunde und Verwandte wunderten sich, daß er seine Stellung für einen so gering geachteten Beruf aufgab. Seine Antwort: »Ich ertrage keine Vorgesetzten.« Als er Bankdirektor war, wurde er zufrieden. Aber auch jetzt wurde sein Leben nicht gefesselt durch die Erfüllung der Aufgabe. Sein eigentliches Leben verlief außerhalb. Er hatte, wie es damals war, viel freie Zeit. Dieses Leben war unter anderem das Leben als Jäger, das heißt, das Leben mit der Natur. Stets hatte er Jagden gepachtet, einmal auch die ganze Insel Spiekeroog. Dann aquarellierte er. Die ersten Morgenstunden sahen wir ihn an der Staffelei. Dort kopierte er Bilder, vor allem von Hillebrand, einem bedeutenden Aquarellisten, und holländische Ölbilder, die ein befreundeter Architekt ihm borgte. In der Natur zeichnete und malte er unmittelbar vor den Dingen.

Meine Mutter, im Gegensatz zu meinem ruhigen Vater ungemein temperamentvoll, war von einer anscheinend unverwüstlichen Kraft. Immer sah sie vertrauensvoll in die Zukunft. Ich, der ich doch meistens krank war, war für sie im Grunde gar nicht krank. Sie liebte grenzenlos, und ihrer Liebe erschien das Erwünschte selbstverständlich auf bestem Wege.

Bei diesen Eltern aufzuwachsen, schuf Geborgenheit und Sicherheit, die nie wieder ganz verloren werden können. Es war nicht nur der materielle Schutz. Die Liebe der Eltern gab die Gewißheit im Grunde des Lebens, die nicht aufhörte, als dann seit 1933 die schrecklichen Ereignisse in unser Dasein einbrachen.

Es kam der Augenblick, in dem ich merkte und mein Vater es mir sagte, wo die Grenzen seiner Macht waren, wo er mir nicht mehr helfen konnte. Das war ein großer Einschnitt, tiefgreifend für mich dadurch, daß mein Vater wahrhaftig war und ich sah: Ein Mensch kann nicht alles. Ich erzähle: Die Sache begann in der Schule. Ich habe einige vortreffliche Lehrer gehabt: Amann, Richter, an die ich mit großer Dankbarkeit denke. Aber ich hatte einen Schuldirektor, der mich nicht leiden konnte. Eines Tages kam ich in Konflikt mit einem Turnlehrer. Ich hatte ein ärztliches Attest, sollte gewisse Übungen nicht machen und sollte die Jacke nicht auszuziehen. Der Turnlehrer erklärte, das sei Unsinn, und verlangte Gehorsam. Ich war ungehorsam und tat nicht, was er von mir verlangte. Am nächsten Tag begann die Katastrophe: Ich hatte die Disziplin verletzt. Der Direktor trieb es so weit, daß er sagte: »Entweder gehen Sie« – ich war in der Sekunda – »zu Herrn N. N. und entschuldigen sich, oder Sie werden von der Schule entlassen!«

Das bedeutete, daß ich von den Eltern fort in eine andere Stadt (Jever oder Vechta) gehen müßte, um dort das Gymnasium zu besuchen. Das war ein für mich undenkbarer Gedanke. Bei meinen Eltern wollte ich bleiben. Wie war das zu erreichen? Der Direktor war unerbittlich. Mein Vater sagte mir: »Du mußt es selbst entscheiden. Ich kann dir nur versprechen, ich werde bis zum Ministerium gehen, falls der Direktor dich entlassen will, um es durchzusetzen, daß du bleibst. Aber ich vermute, daß das Ministerium niemals rückgängig machen wird, was ein Direktor anordnet. Du mußt also selbst entscheiden, was du riskieren willst.«

In dieser Lage rief mich mein trefflicher Klassenlehrer, den ich schon nannte, Richter, und sagte zu mir: »Hören Sie, Jaspers, ich muß einmal mit Ihnen reden. Natürlich haben Sie recht und der Direktor nicht. Aber denken Sie mal, wenn Sie mit Ihrem Recht jetzt durchkämen, das wäre eine Erschütterung der Disziplin der ganzen Schule. Wollen Sie, um mit Ihrem Recht durchzukommen, die Disziplin in der Schule in Gefahr bringen? Vielleicht können Sie darüber nachdenken, ob es sich nicht lohnt nachzugeben, weil es für Sie doch nicht so wichtig ist wie die Autorität für die Schule. Aber ich rate Ihnen nicht, ich wollte es Ihnen nur zu bedenken geben.« Das war für mich eine große Erleichterung insofern, als ich nun ja auch noch etwas Vernünftiges tat, wenn ich nachgab. Aber das Nachgeben war mir entsetzlich. Ich mußte einen Trick finden und fand ihn auf folgende Weise: Ich sagte zum Direktor: »Ich werde zu dem Herrn gehen und mich auf Ihren Befehl entschuldigen.« – »Machen Sie, was Sie wollen. Es kommt nur darauf an, daß Sie sich entschuldigen.« In der Schule war damals größte Spannung. Dem Turnlehrer war nicht wohl in seiner Verfassung, er hatte Angst. Meine Überlegung führte zu dem Plan: Ich werde ihm Folgendes sagen: »Auf Befehl des Herrn Direktor komme ich zu Ihnen und melde Ihnen, daß ich mich entschuldige!« Ich erscheine bei dem Turnlehrer. Er empfängt mich mit größter Höflichkeit, und ich sage: »Herr N. N., auf Befehl des Herrn Direktor komme ich zu Ihnen . . .« – »Ich danke Ihnen sehr, bitte nehmen Sie Platz, ich freue mich, daß Sie . . .« – »Danke«, sage ich, mache eine Verbeugung und gehe weg. Ich komme zum Direktor, erzähle es ihm, und er sagt: »Es ist mir ganz egal, Sie haben sich entschuldigt, das ist erledigt!«

In den zwei Primanerjahren gab es ein neues Problem, die Schüler-verbindungen. Es waren drei. Sie hießen ›Obscura‹, ›Prima‹ und ›Saxonia‹. Es waren in der Tat Verbindungen in sozialer Abstufung: Die vornehmste war die ›Obscura‹, darin waren die Söhne der Finanz und der hohen Beamten; zweiten Ranges war die ›Prima‹ mit den Söhnen der mehr geistigen Leute, wie Lehrer, Pfarrer, und dritten die ›Saxonia‹ mit Bauern- und Handwerkerkindern. Das sagte niemand. Es war aber faktisch so, und jeder fühlte es: ›Obscura‹ war das Nobelste. Mein Entschluß war: »Ich trete keiner Verbindung bei, ich will nicht dazugehören.« Daß ich das sagte, war für den Direktor eine Beleidigung, denn er hatte die Verbindungen nicht nur erlaubt, er wünschte sie. Nun war ich allein. Auf dem Schulplatz standen in den Unterrichtspausen die Verbindungen an verschiedenen Orten. Ich, nirgends hingehörend, mußte für mich einen anderen Platz suchen. Zu mir gesellten sich nur zwei Mitschüler, aus Gründen, die ich jetzt nicht erklären möchte, das würde zu weit führen. Der Effekt war, daß wir nun auf dem Schulplatz in getrennten Gruppen standen: die drei Verbindungen je für sich und wir, die vierte Gruppe, an einem anderen Platz. Eines Tages sagte der Direktor: »Das geht nicht so!« Er verordnete, alle Schüler sollten auf dem gleichen Platz stehen, und zwar auf dem der ›Obscura‹. Ich erklärte: »Ausgangspunkt sind soziale Rangordnungen, an denen ich keinen Teil habe. Ich bin neutral und parteilos, darum ist der jetzt gewählte Ort, an dem alle zusammenstehen müssen, nicht mein Ort. Sie müssen an meinen Platz kommen, nicht ich an den ihren.« Meine Genossen gingen alle hinüber zur ›Obscura‹, ich stand allein auf dem Schulplatz, und an einem anderen Ort standen die drei Verbindungen. Sie bauten mir eine Brücke und sagten mir, da ich doch allein und überstimmt sei, bäten sie mich, daß ich, um nicht etwas Unmögliches aufrechtzuerhalten, nun auch zu ihnen herüberkäme, welcher freundlichen Aufforderung ich dann auch gern nachkam.

Aber der Direktor war außer sich und haßte mich. Ich habe kaum einen anderen Menschen so verachtet wie ihn, obgleich ich ihm für die Art seines Unterrichts noch immer dankbar bin, denn er war ein kenntnisreicher und didaktisch begabter Mann. Ich habe viel bei ihm gelernt.

Es handelte sich um den großen Unterschied von militärischer Disziplin und Schuldisziplin. Von meinem Vater unterrichtet, versuchte ich dem Direktor klarzumachen, daß er militärische Disziplin verlange und daß wir uns das nicht gefallen lassen. Worauf er nur zornig erklärte: »Das ist der Geist Ihrer Familie, der Geist der Opposition; wir müssen ein wachsames Auge auf Sie haben, und ich werde alle Lehrer veranlassen, daß sie das mit mir haben werden!«

Ich habe nun allerdings den Direktor von meiner Seite aus bis aufs Blut gepeinigt. Als er zum Schluß nach dem Abitur – ich hatte ein gutes Examen gemacht – mir die große Ehre zudachte, bei der Abschiedsfeier, an der der Großherzog teilnahm, die Rede in lateinischer Sprache zu halten, erklärte ich: »Nein, Herr Direktor, die halte ich nicht!« und er: »Nanu, was heißt das, warum nicht?« Worauf ich: »Das wäre eine Täuschung des Publikums. Wir haben nicht so viel Latein gelernt, daß wir eine Rede halten können!«

Es war also ein gegenseitiger Kampf. Er erreichte seinen Gipfel bei meinem Abschiedsbesuch. Es war damals üblich, nach dem Abitur beim Direktor und bei den Lehrern Abschiedsbesuche zu machen. Als ich bei meinem Direktor erschien, sagte er mir: »Aus Ihnen kann ja nichts werden, Sie sind organisch krank!« Das war richtig. Ich war aber nicht weiter betroffen, denn ich hatte so viel Mut durch mein inneres Leben, daß ich, wie auch dies Leben sein würde, mit Hoffnung in meine Zukunft blickte, trotz Krankheit.

Während dieser Zeit haben mich auch meine Schulkameraden im Stich gelassen. Sie hielten es mit dem Direktor. Immer wenn Differenzen waren, war ich der Störenfried, der eigensinnige Mensch, der außerhalb stand. In dieser Situation, es waren die letzten zwei Schuljahre, hat mir dann mein Vater geholfen, indem er mir sagte: »Nun bleibt nichts anderes übrig, nun mußt du sehen, wie du dir allein hilfst.« Er machte mich zum Mitpächter – mit zwei Juristen und ihm – einer großen Jagd südlich Oldenburgs, etwa 5 Kilometer im Quadrat. Dort hatte ich das Recht, jedes Stück Boden zu betreten, jeden Garten, konnte also mit der Landschaft leben, innig mit ihr vertraut werden, mit den Bauern sprechen, so daß mir dieses Leben außerhalb der Schule eine große Hilfe war.

Damals gab es am Rande des kultivierten Landes noch das Moor. Es reichte für den Blick, wie ein Meer, immer weiter, scheinbar ins Unendliche. Dann gab es dort die Hunte-Landschaft, ein mannigfaltiges Flußgebiet, dann Buchenwälder, Tannenwälder. Aber die Jagd? Ich war schon krank, ohne es zu wissen. Das Gewehr sicher festzuhalten beim Zielen, das ging über meine Kräfte, es wackelte immer. Eines Tages fand ich mich in einem Wald allein und weinte und fühlte: Ich kann nicht. Aber ich wußte nicht eigentlich wie und warum. Das Bewußtsein, körperlich den Anforderungen des Lebens nicht gewachsen zu sein, stieg in mir auf.

Als ich 18 Jahre alt war – bis dahin hatte der Hausarzt meine Krankheit nie ernst genommen, sondern hielt die vielen Fieberanfälle für Influenza (so nannte man damals die Grippe) –, stellte Dr. Fraenkel (später Entdecker der Strophantintherapie und Professor in Heidelberg) in Badenweiler, den ich als Freund unserer Familie besuchte, fest, daß ich Bronchiektasen hätte. Er setzte mir auseinander: »Sie sind nicht tuberkulös, Sie sind nicht ansteckend. Sie brauchen deswegen keine Sorge zu haben. Aber Sie haben Bronchiektasen, die sind unheilbar. Mit denen müssen Sie leben, mit denen können Sie auch leben, wenn Sie es richtig einrichten. Und Sie werden ein ausgezeichnetes Leben vor sich haben, wenn Sie wollen. Es kommt nur auf eines an: Sie müssen dafür sorgen, daß Ihre Bronchien stets leer sind von Sekret. Daher müssen Sie ständig expektorieren. Dann hören die Fieberanfälle auf. Ihre Krankheit schreitet an sich nicht fort.« Das alles hat sich bestätigt, wie er es gesagt hat. Mein Arzt und Freund, bis zu seinem Tode im Jahre 1938, nahm sich meiner an wie ein Arzt, der auf seinen Patienten stolz ist. Er half mir nicht bloß körperlich, sondern wollte nun auch, aus mir müsse etwas werden! Ich erzähle zwei Beispiele: Am Ende meiner Studentenjahre stellte er eine Beziehung zwischen dem Oberarzt der Psychiatrischen Klinik in Heidelberg, Wilmanns, und mir her. Er veranlaßte, daß ein damals zum erstenmal von Recklinghausen konstruierter Blutdruckapparat, der noch nicht im Handel war, von mir benutzt würde, um Untersuchungen über den Blutdruck bei Geisteskranken zu machen. So setzte er mich in die Klinik, damit ich sozusagen an der Forschung teilnähme. Ich war hingerissen. – Im Jahr 1922 bekam ich einen Ruf nach Greifswald; ihn anzunehmen war für mich unmöglich; das Klima dort verhinderte es. Ich hatte Fraenkel abends informiert. Am nächsten Morgen, schon um 8 Uhr, meine Frau und ich lagen noch im Bett, kam Fraenkel: »Hören Sie mal, Jaspers, es ist doch klar: Das Klima in Greifswald ist für Sie ausgezeichnet!« In der Fakultätssitzung wurde die Sache besprochen: Jaspers geht doch nicht nach Greifswald, das ist für seine Krankheit unmöglich. Er bleibt hier, da brauchen wir nichts zu tun. Fraenkel aber ging mit dem Dekan, Bartholomae, einem vortrefflichen Mann, so gemütlich, wie es damals war, Arm in Arm auf der Straße. Beiläufig hat er dann auch von mir gesprochen: Ich könne gut nach Greifswald gehen, das Klima schade mir nicht. Worauf Bartholomae in der Fakultätssitzung erklärte: »Ich habe von seinem Arzt gehört, Jaspers kann nach Greifswald gehen.« Darauf entschloß sich die Fakultät, für mich einen Ruf zum persönlichen Ordinarius in Heidelberg zu beantragen. So hat Fraenkel als Arzt in mein Leben eingegriffen.

Mein Verhältnis zur Universität hat einen ursprünglichen Charakter. Als ich mit 18 Jahren ihre Hallen betrat, schienen sie mir gleichsam heilige Räume. Nichts war für mich großartiger als sie. Ich hatte das Glück, hervorragende Professoren zu sehen und zu hören, und gleichzeitig das Glück, noch völlig unreflektiert, ganz gewiß zu meinen: Die Universität, das ist eine große abendländische, übernationale Sache wie die Kirchen. Da gehöre ich einer Gemeinschaft an, die mich nicht an den Staat bindet, einer Gemeinschaft, die nichts will als bedingungslos und uneingeschränkt Wahrheit.

Im Herbst 1901 ging ich nach Heidelberg, dann 1902 nach München, von dort nach Berlin, schließlich nach Göttingen. In Göttingen blieb ich jahrelang. Göttingen, das ist die Luft, in der man nüchtern einfach tätig ist und lernen will, während in München etwa meine Teilnahme an der Schwabinger Welt weit stärker war als die an der Universität. Aber nur ein Sommersemester lang.

Als ich fünf Semester in Göttingen studiert hatte (ich war inzwischen Mediziner geworden, anfänglich war ich Jurist) und überlegte, was werden sollte, da erinnerte ich mich an Heidelberg. Ich meinte nun die deutschen Universitäten zu kennen. Die einzige, die einen Adel hat, ist Heidelberg, das hatte mir das erste Semester gezeigt. Dort kamen alle Völker zusammen. Da war eine europäische Luft. Da gab es Persönlichkeiten, die wie Max Weber zwar nicht lehrten, aber wirksam anwesend waren, Professoren, deren geistige Dimension über die bloße Wissenschaft weit hinausging. Dort waren die seltsamsten Leute aus aller Welt (es war die Zeit vor 1914): die Russen, Revolutionäre, die dort eine Gemeinschaft bildeten, eine Bibliothek hatten, eine große Rolle wegen ihres überlegenen Geistes spielten. Man fühlte sich in Deutschland und doch weit über Deutschland hinaus, als ob man über dem Boden lebte, gleichsam in der Luft schwebte. Das hat mit der Bevölkerung kaum einen Zusammenhang. Es ist etwas in der Landschaft – das Hölderlinsche Heidelberg-Gedicht spricht es aus. Es war in Heidelberg, als ob es sich um die Menschheit handle. Quer durch die Fakultäten hindurch trafen sich die Professoren, nicht zu bloßer Geselligkeit, sondern zu geistigem Leben. Trotz aller Spezialisierung waren sie auf ein Ganzes gerichtet, mit ausgeweiteten Interessen, mit Beteiligung einer, wenn auch kleinen Anzahl von Frauen, zunächst der Gattinnen von Professoren. Heute gibt es dies Heidelberg, das vor 1914 blühte, nicht mehr.

In Göttingen also dachte ich: Die überragende Universität ist Heidelberg; ich gehe nach Heidelberg zurück (1906). Dort blieb ich, erst als Student, dann als Professor bis 1948, als ich einem Ruf nach Basel folgte.

Das Bewußtsein des Wesens der Universität bildete sich aus, das mich schon als Student und dann als Professor so ganz durchdrang, als ob dies eine Welt sei, zwar vom Staat eingerichtet und vom Staat gewollt, aber etwas Staatsunabhängiges, in dem man bescheiden, aber wahrhaft frei leben kann. Es läßt sich in der Welt materiell viel mehr erreichen. An der Universität aber ist man so frei wie nirgends sonst. Niemand erteilt einem Weisungen. Die Verantwortung liegt allein im Professor selbst. Es ist eine Freiheit und Weite ohnegleichen – ein Märchen in unserer Zeit. Diese Idee war bei mir ernst gemeint. Bei sehr vielen Kollegen war sie wohl nicht ernstlich vorhanden. Die überwältigende Mehrheit dachte primär national. Ich will zwei Beispiele erzählen:

Im Jahr 1919 war ich nach dieser sogenannten Revolution (Max Weber nannte sie damals »blutigen Karneval«, sie war, wie alle unsere Revolutionen bisher, keine echte) Vertreter der Nichtordinarien im Senat. Da kam aus Berlin, ich glaube vom Rektor Meinecke unterzeichnet, die Aufforderung, gegen die Bedingungen des Friedens von Versailles, die vor den Verhandlungen öffentlich bekannt geworden waren, zu protestieren. Ich erklärte in der Senatssitzung als Privatdozent, mir scheine, wir hätten hier gar keine Stellung zu nehmen, denn wir seien eine überstaatliche Korporation, die sich um staatliche Dinge nicht zu kümmern habe. Ich fügte hinzu: Die Sache sei außerordentlich ernst. Wenn diese Bedingungen kommen sollten, dann stehe es jedem von uns als Staatsbürger, nicht als Professor, frei, sich zu überlegen, was er tun wolle. Max Weber schlägt Ablehnung der Bedingungen vor, ruft zum passiven Widerstand auf und zum Guerillakrieg, das Leben einzusetzen für die Nation. Ich persönlich bin dazu nicht bereit, weil ich physisch dazu nicht imstande bin; ob ich's im anderen Fall wäre, wage ich nicht zu behaupten. Aber jeder, der jetzt hier protestieren will, was schriftlich sehr billig sei, würde im Ernst seinen rechten Weg finden durch Handlung. Als Universität einen Protest zu unterschreiben, halte ich für einen Mißbrauch der Universität und zudem für unwirksam. Ich wurde überstimmt.

Ein zweites Beispiel ist der »Fall Gumbel« im Jahre 1924. Gumbel, Privatdozent für Statistik, hatte in einer öffentlichen Versammlung vor etwa tausend Kriegsteilnehmern gesagt: »Diese armen Menschen, die im Krieg, ich will nicht sagen, auf dem Felde der Unehre gefallen sind, aber auf schreckliche Weise ums Leben kamen!« Dieser Satz erregte große Empörung, nicht bei jenen Kriegsteilnehmern, sondern bei der Professorenschaft in Heidelberg. Die Professoren waren »national«. Einer schlug sich während der Fakultätssitzung an die Brust: »Ich bin nicht in den Krieg gegangen, um mir so etwas sagen zu lassen.« Die Fakultät setzte eine Kommission zur Einleitung eines Disziplinarverfahrens ein. Ihr gehörten ein Jurist, ein Historiker und ich an. Wir verhörten viele Kriegsteilnehmer. Alle erklärten, daß sie sich durch Gumbels Worte nicht beleidigt fühlten. Offenbar war Professorenmeinung nicht Volksmeinung. Meine Kollegen, zwei vortreffliche Männer, waren mit mir einig. Wir kamen zu dem Ergebnis – hier die Details zu erörtern, würde zu weit führen –, daß kein Anlaß bestünde, Herrn Gumbel die Venia legendi zu entziehen. Gumbel habe keine Verfehlung gegen den Geist der Universität vollzogen, und er habe das Recht zu seiner Meinung. Dieses Gutachten, von uns gemeinsam verfaßt, wurde an die Fakultät weitergegeben. Die Kollegen an der Universität und in der Fakultät waren in der überwältigenden Mehrheit empört über diesen Beschluß. Und meine, ich muß wiederholen, von mir sehr verehrten und sachlichen Kollegen, die beiden Kommissionsmitglieder, fügten sich dieser Stimmung. Wie es leider so oft ist: Man will doch sein wie die anderen, man will doch in der Korporation gemeinschaftlich bleiben. Das Gewicht dessen, was die Kollegen in der Mehrzahl sagen, wird so groß, daß es zum Anstand gehört, sich dem zu fügen. So taten es auch meine beiden Kollegen. Sie telefonierten mich am nächsten Tage an und fragten, ob ich damit einverstanden sei, daß sie ihre Unterschrift von diesem Gutachten zurückzögen. Worauf ich: »Selbstverständlich! Aber mein Gutachten bleibt, das heißt, unser gemeinsames Gutachten ist jetzt mein Gutachten, und Sie machen ein zweites.« So geschah es. In der Fakultätssitzung wurde stundenlang geredet, mit dem Ergebnis, daß die gesamte Fakultät gegen mich stimmte und ich als einziger für mein Gutachten. Das war mir sehr bedrückend. Aber ich verhielt mich nach einem anderen Prinzip. Wahrheit geht bedingungslos allem anderen vor, wenigstens an der Universität, auch den vermeintlichen oder wirklichen Interessen, welcher Art auch immer.

Ich hatte schon als Schüler gelernt, alleinstehen zu können. Ich bin nicht mutig, ich bin kein Held, ich habe niemals mein Leben riskiert, ich würde mich sehr hüten, es zu riskieren. Es müßte ein Äußerstes auf dem Spiel stehen, wenn ich es vielleicht täte. Aber etwas anderes habe ich von früh an verwirklicht: Prestige und Ansehen imponieren mir nicht. Ich nehme keine Rücksicht auf das, was man von mir denken mag. Was mir als das Rechte einleuchtet, sage ich und handle danach, sofern ich eine Aufgabe für mich darin sehe.

Im Fall Gumbel haben mir viele Menschen später gesagt, ich hätte ja recht gehabt. Aber da war es zu spät, und solche Meinung war dann nichts mehr wert.

Diese Geschichte habe ich als zweites Beispiel dafür erzählt, daß ich die Universitätsidee über alles andere stellte, denn es handelte sich im Falle Gumbel um die Freiheit der Meinung und des Wortes. Wenn wir dazu kommen, daß wir einen Professor wegen seiner Meinung oder der Form seiner Äußerung disziplinarisch verfolgen können, dann sind wir alle verloren. Dann kommt etwa am nächsten Tag die Anklage wegen Gotteslästerung, weil irgendeine Kirche sich beleidigt fühlt, oder eine Anklage anderswoher. Die Freiheit der Universität, sagte ich damals, sei bedingungslos. Nur wenn sich ein Professor gegen das Strafgesetz vergehe und gerichtlich verurteilt sei, dann müsse er auch disziplinarisch entfernt werden. Wenn aber das Strafgesetzbuch nicht berührt ist, dann ist der Professor frei in seiner Meinung.

Was mir die Universitätsidee bedeutete, das war nicht der Eigensinn einer Meinung, nicht etwa ein Machtwille, durchzusetzen, daß Gumbel bleibe. Was Gumbel passierte, das war sein Schicksal. Als daher der Dekan, nachdem ich überstimmt war, mich fragte, ob ich bei der Regierung in Karlsruhe ein Separatvotum gegen die Fakultät machen wolle, antwortete ich: »Nein, denn ich weiß, daß der dortige Minister Remmele, SPD, aus parteipolitischen Gründen für Gumbel ist, aus Gründen, die unserem Freiheitsgedanken geradezu ins Gesicht schlagen; denn die SPD hat sich in jedem Fall uns gegenüber als Partei erwiesen und nicht als Verwalterin der geistigen Freiheit an der Universität. Darum will ich mich nicht durch einen Akt einer solchen Regierung mit ihr gemein machen. Ich verzichte auf mein Separatvotum.«

Manchmal dachte ich: Ich sitze hier nun als Vertreter der Universität unter meinen Kollegen, die sie ebenfalls vertreten. Bei solchen Differenzen war die Frage: Was ist die Universitätsidee? Wer verletzt sie, die anderen oder ich? Nach meiner Vorstellung verrieten die anderen unsere Freiheit. Ich war wie ein Fremdkörper in der konventionellen akademischen Korporation, entweder als Vertreter der Sache selbst, der übernationalen und überstaatlichen Idee gegen die Verabsolutierung eines Standes als einer Gesellschaft, die ich als solche wohl respektierte, aber nicht als das Unbedingte an ihre Stelle setzte, oder als Störenfried durch Eigensinn.

Meine Laufbahn an der Universität ist so abnorm, daß man sagen muß, ein freundlicher Engel war zu meinen Gunsten im Spiel. Oder umgekehrt: Ein betrügender Engel hat die späteren Kollegen nicht sehen lassen, was sie geschehen ließen und taten, als sie mich zu dem ihren machten. Ich schildere die merkwürdige Laufbahn vom Mediziner, Psychiater zum Philosophen, den Übergang von der Medizinischen zur Philosophischen Fakultät.

1913 herrschte in der Philosophischen Fakultät in Heidelberg die Meinung, die Psychologie müsse vertreten sein, sie gehöre zur Zeit, man könne sie nicht länger entbehren. Aber damals galt in Heidelberg die sogenannte südwestdeutsche Philosophie von Windelband und Rickert. Sie meinten, Philosophie und Psychologie hätten nichts miteinander zu tun. Man könne also einen Psychologen nicht auf einen philosophischen Lehrstuhl berufen. Einen Lehrstuhl für Psychologie hatte man nicht. Wie kann man es anstellen, die Psychologie zu lehren? Wie man überlegte, da stellte sich heraus: Es gibt hier einen Psychiater, der eine ›Allgemeine Psychopathologie‹ geschrieben hat. Er hat durch sie Ansehen. Das ist echte, realistische, empirische Psychologie. Er scheint Neigung zu haben, sich als Psychologe an der Philosophischen Fakultät zu habilitieren. Als ich erschien, waren alle (Max Weber war der Vermittler) höchst zufrieden, aus ihrer Notlage heraus zu sein und mit einem einfachen Privatdozenten ihr Bedürfnis nach Vertretung der Psychologie zu befriedigen. So wurde ich 1913 in Heidelberg in der Philosophischen Fakultät für Psychologie habilitiert. In der Habilitationsurkunde stand »Philosophie« statt »Psychologie«. Sie wurde sofort zurückgegeben und korrigiert.

1916 wurde Rickert als Philosoph und als Nachfolger von Windelband berufen. Er war wohlwollend und freundschaftlich zu mir, sagte aber gleich: »Was soll aus Ihnen werden? Sie sind für Psychologie habilitiert, haben mit Philosophie nichts zu tun, haben die Medizinische Fakultät verlassen und haben in unserer Fakultät gar keine Aussicht!« – »Ach«, sagte ich, »Herr Geheimrat, ich werde Professor für Philosophie!« Da lachte er, sehr in dem Gefühl: Was für ein netter junger Mann, wenn er auch Unsinn redet.

Nun, die Sache entwickelte sich so, daß ich Psychologie dozierte, anfänglich die rein empirisch-physiologische mit vielen Karten, Kurven und Tabellen, die mich übrigens sehr interessierten. Dann griff ich weiter aus bis zur Psychologie der Weltanschauungen. Das war schon eine als Psychologie fragliche Sache. 1921 wurde Driesch, der ein Extraordinariat für Philosophie in Heidelberg innehatte, nach Köln berufen. Ich ging mit meinem 1919 erschienenen Buch ›Psychologie der Weltanschauungen‹ zu dem Kollegen von Rickert, Geheimrat Heinrich Maier, damals ein bekannter Philosoph, der die Trennung von Psychologie und Philosophie nicht anerkannte: »Herr Geheimrat, hier bringe ich Ihnen mein Buch und bitte Sie zu prüfen, ob es nicht möglich ist, meine Habilitation auf Philosophie zu erweitern.« – »Ach, Herr Kollege, das ist gar nicht nötig, Sie werden doch der Nachfolger von Driesch!« So hatte ich meinen Zweck erreicht, und Rickert, zwar unwillig, gab nach. Ich wurde also etatmäßiger Extraordinarius für Philosophie. Das war 1921. 1922 bekam ich zwei Rufe, zuerst nach Greifswald und dann nach Kiel. Worauf in Heidelberg die Überlegungen angingen, was man mit mir machen solle, denn Rickert war gegen mich: Jaspers ist nicht Philosoph! Er hat sich zwischen alle Stühle gesetzt, nun soll er gar Ordinarius für Philosophie werden? Die Unterhaltungen, die damals stattfanden, erzähle ich hier nicht. Das Ergebnis war: Ich wurde persönlicher Ordinarius für Philosophie in Heidelberg, und die ganze Theorie der südwestdeutschen Schulphilosophie war erledigt.

Das war schon merkwürdig: Ein Mann, der Dr. med. ist, wird Ordinarius in der Philosophischen Fakultät! Zunächst erzähle ich, wie das mit dem Dr. med. war. Der Dekan, Karl Neumann, ein damals bekannter Kunsthistoriker, sagte, als ich mich meldete, freundschaftlich zu mir: »Dr. med.? bei uns habilitieren? das wird sehr schwierig sein!« Ich zog die Habilitationsbestimmungen aus der Tasche und sagte: »Herr Dekan, hier wird verlangt, daß man einen Doktor hat, aber nicht den Dr. phil.!« – »Das ist seltsam.« Er rief den Pedell, unseren alten Herrn Schwarz, der die Kontinuität der amtlichen Sachkunde besaß: »Herr Schwarz, wie ist das?« – »Den Fall haben wir noch nicht erlebt«, war die Antwort. Und zu mir: »Ich muß es prüfen, ob Sie recht haben, Sie bekommen Bescheid.« Nach einigen Tagen beschließt die Fakultät, ich könne mich auf Grund der Habilitationsbestimmungen habilitieren.

Es war das letzte Mal, daß ein Dr. med. in der Philosophischen Fakultät sich habilitieren konnte. Die Nazis machten es unmöglich, indem sie die Bestimmungen änderten. Man brauchte jetzt in jeder Fakultät den Doktor dieser Fakultät. Die alte überlieferte Gesinnung, daß Doktor Doktor der Universität ist und allgemeine Gültigkeit hat, war vergessen. Bei mir war sie zum letztenmal wirksam geworden.

Als die Nazis erledigt waren, beschloß die Heidelberger Philosophische Fakultät, an dieser Bestimmung festzuhalten; man brauche für die Habilitation den Doktor der eigenen Fakultät. Ich war dabei, ich protestierte, ich begründete, warum das eine falsche Änderung sei; die Universitätsidee verlange nur den Doktor überhaupt. Ich fand keine Zustimmung. Heute wäre meine Habilitation von 1913 ausgeschlossen. Als ich vor einigen Jahren den Ehrendoktor von der Sorbonne bekam, dachte ich an diese Geschehnisse. Diesen Ehrendoktor bekam ich nämlich als Doktor schlechthin, während alle anderen Ehrendoktoren, die ich erhalten habe, immer die Ehrendoktoren einer bestimmten Fakultät waren.

Meine Berufung zum Ordinarius für Philosophie hat noch eine sonderbare Seite. Ich war in der Philosophischen Fakultät meiner geistigen Herkunft nach eigentlich unbekannt. Denn ich war in ihr durch keine Schule geprägt. Gar nicht aus ihr, anderswoher kam ich. Mein Prestige kam ausschließlich daher, daß ich bei Psychiatern und Medizinern Ansehen hatte und wohlgelitten war. Nur der Zufall, daß man einen Psychologen wollte, führte dazu, daß die Philosophische Fakultät gar nicht nachdachte, was für einen Mann sie eigentlich bei sich aufnahm. Anfänglich merkte man nichts. Ich wurde mit Sympathie empfangen. Die damals größtenteils älteren bedeutenden Forscher behandelten mich als ihnen gleich und standen mir von vornherein kollegial gegenüber. Sie waren sehr befriedigt, mich unter sich zu haben.

Später hat sich das langsam geändert. Ich war ein Fremdkörper, nicht als Mediziner, sondern durch meine Gesinnung aus der Universitätsidee. Woran lag es, daß ich ein Störenfried wurde? Ich rede jetzt sehr anspruchsvoll, aber ich glaube bis heute, daß es so war. Ein Mann, der die Idee der Universität vom ersten Semester an ernst genommen hatte, war in den deutschen Universitätsbetrieb gelangt, in dem diese Universitätsidee kaum noch galt. Ich sage: Betrieb, das heißt: diese Universität ist in der Hauptsache nur noch ein Apparat, verkleidet mit unwirksam gewordenen alten Traditionen. Immer mehr wurden die Abhängigkeitsverhältnisse betont. Das al pari in der Gesinnung der geistigen Menschen vom Studenten bis zum Ordinarius ging verloren. Die Ordinarien wurden ungemein stolz, dieses höchste Amt zu bekleiden. Diesen Stolz gaben sie bei jeder Gelegenheit kund. Die Differenzierungen der verschiedenen Stufen, bis hinab zum Privatdozenten, Assistenten und Studenten, führten dazu, daß jede Stufe die niedere wiederum als die mindere betrachtete. Der Geist des Ganzen war verdorben. Es herrschte der Geist der Hierarchie. Man beanspruchte Autorität kraft des Amtes. Der Gedanke, daß in der geistigen Welt Autorität nie beansprucht werden, sondern allein durch Leistung und unabsichtliche Persönlichkeit bestehen kann, war verloren. Es war nicht selten, daß der durch außerordentliche Anstrengung zum Ordinariat gelangte Professor sich ausruhen und die Position genießen wollte. Statt sich nun erst recht zu bewähren, arbeitete und veröffentlichte er nichts mehr, rechtfertigte sich mit den vielen Amtsgeschäften. In der Haltung der Forscher und in der Weise der Führung der Amtsgeschäfte war die Universitätsidee verloren. Mehr noch: Man schmähte sie als einer vergangenen Zeit angehörig und begehrte trotzig die moderne Universität, die noch den Namen trug, aber ohne Idee.

Seit dem Fall Gumbel war ich immer wieder in Konflikt. Bei jeder Gelegenheit begriff ich von neuem, was akademische Freiheit sei und daß man sie nicht mehr verstand. Die Veränderung seit der Zeit vor 1914 machte mich traurig und ließ mich in der Einsamkeit, die ich mit ein paar Freunden, Ludwig Curtius und wenigen anderen, teilte. Doch war das Leben an der Universität immer noch nicht nur erträglich, sondern herrlich. Man hatte, wenn man wollte, die vollkommene Freiheit für sich selbst.

Denke ich weiter an den Gang meines Lebens, so bin ich erstaunt. Wie war es möglich, daß ein kranker Mann, der ausgeschlossen war von der normalen Geselligkeit und der normalen Öffentlichkeit, überhaupt diesen Weg gehen konnte? – Wie war es möglich, daß ein rebellischer Kopf in einer so hierarchisch-strengen Ordnung doch seinen Platz fand? – Wie war es möglich, daß ein durchschnittlich begabter Mensch, der in der Frühe seiner Arbeiten nicht eine Spur von glänzender Jugendgenialität entfaltet hatte, Schritt für Schritt vorankam und erst in höherem Alter zu seinen Hauptwerken gelangte?

Meine erste Antwort: Ich war hartnäckig, nutzte jede frische Stunde, die mir vergönnt war. Ich hatte immer Pläne, aber nie einen Plan im ganzen. Oft war ich pessimistisch, aber nie ohne Hoffnung. Immer wieder wurden wie durch Glücksfälle meine Arbeitsleistungen besser, als ich erwartet hatte. Kaum Enttäuschungen, aber Überraschungen fand ich auf diesem Wege.

Die Antwort durch den Hinweis auf das eigene Verhalten ist unzureichend. Was die Alten Tyche nannten, die Tyche des Augenblicks mit der Voraussetzung des eigenen Bemühens und die Tyche des Geschickes im ganzen, ist doch entscheidend. Rätselhaft sind solche Zusammenhänge. Ich kann keine Antwort geben. Ich bin dankbar, weiß aber nicht welchem Grund der Dinge. Dankbar bin ich konkret den Menschen, die ich liebe in ihrem Adel. Viele waren mir wohlgesinnt von Jugend an, haben mir viel Hilfe geleistet bis heute. Aber darüber hinaus ist das Dunkel, in dem wir nichts wissen.

Goethe hat im Alter gesagt: »Macht's einer nach und breche nicht den Hals.« Mit Goethe kann man sich nicht vergleichen, aber eines ist vergleichbar: Wenn ich auf mein Leben (wie gewiß viele andere auf das ihrige) zurückblicke, so ist mir bewußt: Ich könnte es selbst nicht wiederholen. Die Umstände, die Glücksfälle, die hilfreichen Menschen waren zufällig. Im Rückblick, im ganzen gesehen, erscheint in der Reihe der Zufälle ein Sinn.

Trotz der Geborgenheit bei den geliebten Eltern fühlte ich mich in der Jugend einsam. Eine unbestimmte Sehnsucht ergriff mich. Die Geborgenheit konnte nicht das geben, was das eigene Leben ist.

Ich hatte einen guten Freund, Fritz zur Loye. Wir studierten zusammen in München, in Berlin, in Göttingen. Wir lebten in den Ferien in unserer gemeinsamen Heimat Oldenburg. Die große Landwirtschaft, die sein Vater verwaltete, gab uns den Bereich unseres Umgangs mit den Wirklichkeiten der Natur. Wir studierten beide, er als künftiger Lehrer, ich als künftiger Mediziner, Naturwissenschaften. Es war durchaus das Leben in der gemeinsamen Sache, wohl enthusiastisch, aber es war nicht das Leben von Menschen, die in ihrer Tiefe, in dem, was sie selbst sein können, in Gegenseitigkeit zu sich kommen. Der Freund starb früh. Ich weiß nicht, was zwischen uns noch hätte werden können. Damals war mir nicht bewußt, weswegen meine Sehnsucht trotz der Freundschaft nicht aufhörte. Sehnsucht wohin? – Was wollte ich eigentlich?

Menschen, deren Wesen mir die Erfüllung des menschlich Möglichen zeigte als Garantie, daß im Grund der Dinge jedenfalls auch etwas liegt, um das zu leben sich lohnt und durch das das Leben selber eine herrliche Wirklichkeit werden kann. Ich suchte den Menschen, mit dem diese rückhaltlose Freundschaft gelingt; den Menschen, den ich liebe, als ob wir von Ewigkeit zueinander gehörten; den Menschen, den ich mit ergreifendem Schrecken sehe als das alle Schranken durchbrechende Schicksal eines erfüllten Scheiterns. Diese drei sind mir begegnet: Ernst Mayer, mein im ständigen Kampf mit mir solidarischer Freund, Gertrud, meine geliebte Frau; Max Weber, der in undurchbrechbare Distanz verharrende, die Welt in Verzweiflung erfahrende, im Wissen umfassende, in sich gespaltene und zerrissene, nirgends ins Eine und Reine gelangende Mensch.

Mein Freund Ernst Mayer, Jude, studierte wie ich Medizin. Bei einem Operationskurs an der Leiche begann er Gespräche mit mir. Ich, ganz bei der Sache, war zunächst zurückhaltend, unterbrach wohl manchmal: »Einen Augenblick, Herr Mayer . . .« Dann besuchten wir uns in unseren Studentenbuden. Wenn wir nicht im Praktikum operierten, konnten wir philosophieren. Ich war begeistert, er war es auch. Es fing gleich so an, wie es später wurde, nämlich nicht etwa, daß sich der eine dem anderen unterordnete, sondern daß man gemeinsam ging. Als ich ihn einmal bei der Lektüre von Rickerts ›Gegenstand der Erkenntnis‹ antraf, sagte ich: »Wie können Sie solchen rationalen Unfug lesen, bei dem doch gar nichts herauskommt! Ausgedachtes Zeug!« Seine Antwort: »Wie können Sie etwas, was ich für wichtig halte, so ohne weiteres grundlos verurteilen!« Der Streit, in solchen groben Äußerungen oberflächlich angedeutet, ging durch unser ganzes Leben. Der Boden eines gemeinschaftlichen Philosophierens wurde immer deutlicher. Diese Gemeinschaft des Philosophierens ging so weit, daß mein Hauptwerk (›Philosophie‹) ohne Ernst Mayer für mich nicht denkbar ist. Er hat mitgearbeitet. Manche Einfälle stammen von ihm. Die Formung, die Lust, es besser zu schreiben, es präziser zu fassen, literarisch einwandfreier zu machen, ist ihm zu verdanken. In diesem Buch – später konnte sich das so nicht fortsetzen – waren wir von einer Identität, die mir unvergeßlich ist. Mit Ernst Mayer ist dieses für mich unendliche Glück verbunden, nicht nur einen Partner im Philosophieren zu haben in bezug auf Sachen, sondern einen Freund in der Substanz der Philosophie selber.

Durch Ernst Mayer lernte ich seine Schwester Gertrud kennen. Sie lebte damals (1907) in Heidelberg. Ihr Bruder hatte ihr gesagt: »Jetzt habe ich einen Studenten kennengelernt, der ist ganz anders, den mußt du kennenlernen!« Er berichtete ihr auch, daß ich krank sei. Gertrud, die sehr Schweres erlebt hatte (ihre Schwester war geisteskrank geworden, ein Freund hatte sich das Leben genommen und anderes schlimmes Unheil dazu), war durch das Schicksal ihrer Jugend aus dem Leben gleichsam herausgerissen. In ihrem Wesen war sie verwandelt, die Wertschätzung der Dinge war nicht mehr die unbefangen natürliche. Aber sie wollte leben. Ihrem Leid wich sie nicht aus. Der einzige neue Weg schien ihr, im Verzicht auf das leidvolle Leben, in der sachlichen Arbeit zu liegen. Sie wollte das Abiturium nachholen und dann studieren. Damals lernte sie Griechisch und Lateinisch. Sie wollte keine Ablenkung. Daß ihr Bruder einen Freund gefunden hatte, freute sie, aber sie wollte ihn, zumal er krank war, nicht kennenlernen. Erst Ende des Semesters und nur ihrem Bruder zuliebe war sie mit meinem Besuch einverstanden.

Bei dem Besuch schlug etwas ein wie ein Blitz. Schon im ersten Augenblick, als Gertrud, mir noch den Rücken zukehrend, aufstand und sich mir zuwandte. Es war, als ob im Augenblick zwei Menschen sich trafen, die von jeher verbunden waren. Wie es eigentlich war, kann ich nicht wissen und daher nicht berichten.

Ich habe wiederholt über Liebe geschrieben. Es gilt manchen als konstruiert und utopisch und ist für mich doch unzureichender Spiegel einer Wirklichkeit.

Berichten aber kann ich das relativ äußerliche Geschehen. Seitdem Gertrud da ist, seit 1907, ist in mir ein Wandel vorgegangen. Bis dahin war ich – trotz Ungenügen und Sehnsucht – ein Mann, der wissen will, um Wahrheit bemüht, kühl. Jetzt wurde ich ein Mensch, der täglich daran erinnert wird, daß er ein Mensch ist. Nicht durch Worte, sondern durch die Wirklichkeit des Lebensgefährten, der stillschweigend fordert: Du darfst nicht meinen, daß du mit geistigen Leistungen schon genug getan hast! Gertrud sorgt dafür, daß ich nicht allzuviel versäume, sie erinnert mich, was ich in menschlichen Dingen zu tun habe, in denen ich so vergeßlich bin. Sie liest und prüft alles, was ich schreibe. Ihre Anwesenheit erweckt bei mir die Impulse, nicht in die geistige Welt und das bloße Denken zu versinken. Viel mehr noch: Ich bin überzeugt, sofern meine Philosophie eine Tiefe hat, hätte ich diese nie erreicht ohne Gertrud.

In Max Weber begegnete mir nicht ein Freund. Denn zum Freund gehört das al pari. Er verhielt sich der Form nach von sich aus zwar völlig al pari, hätte nichts anderes anerkannt, aber mein Respekt vor der Größe dieses Mannes war derart, daß ich ihm gegenüber schüchtern war. Ausgenommen sind nur wenige Gespräche, die sich auf persönliche Ereignisse bezogen, über die er oder ich urteilten und, wenn es sich um Realitäten handelte, eingriffen. Hier hörte meine Schüchternheit auf. Es kam vor, daß wir auf gleicher Ebene im Gespräch miteinander kämpften. Es handelte sich um sehr ernste Fragen. In solchen Gesprächen war vielleicht ein leiser Ansatz von Freundschaft. Auch heute noch wäre es zu indiskret, davon zu berichten.

Ich glaube mich nicht zu irren, in Max Weber den geistig größten Mann unseres Zeitalters gesehen zu haben, groß zwar nur in einem Bereich, aber mit einem universalen Charakter. Den Begriff von Größe habe ich von seiner Wirklichkeit her gewonnen. Wenn ich von ihm als dem größten Mann des Zeitalters spreche, denke ich nicht an Dichter und Künstler und nicht an Staatsmänner. Es hat keinen Sinn, Max Weber und sie aneinander zu messen. In Max Weber ist philosophische Wirklichkeit.

Schon seine Forschungsleistung macht großen Eindruck. Dazu kommt seine Schöpfung einer Kategorienwelt der Soziologie, dann die Erhellung der Methoden, die er im einzelnen durch besondere Abhandlungen durchführte. Vor allem aber kam erst durch ihn die bekannte, scheinbar einfache Unterscheidung von Werturteil und Tatsachenfeststellung in die Spannung, die die Leidenschaft der Historiker und Soziologen weckte. Denn es zeigte sich jedem, der begriff, daß hier ein rational nicht lösbares Problem vorlag. Denn rationale Erörterung wurde zwar wichtig, aber übergriffen in den heftigsten Kämpfen aus der Grundgesinnung der Forscher.

Ich sehe in Max Weber den Galilei der Geisteswissenschaften, mit dem Willen, maximal zu verwirklichen, was hier als Wissenschaft möglich ist, und zugleich die Prinzipien und Methoden dieser Wissenschaft zu entwickeln.

Aber dies wäre nicht genug. Dahinter steht ein Mann, dem dieser ganze Wissenschaftsbetrieb ein Vordergrund ist und ihm gar nicht genügt. Er hat den Sinn für alles Große, er liebt es, aber er ist vermöge seiner Wahrhaftigkeit so gesinnt, daß er nie vergessen kann, wie es immer zuging und wie es heute zugeht und wie es wirklich ist.

In seinem Leben meine ich eine vollständige unheilbare Zerrissenheit zu sehen. Er hat es nie zur Einheit gebracht. Die Tragödie eines modernen Menschen, und zwar die Tragödie wie bei Kierkegaard und wie bei Nietzsche, die beide ihm schöpferisch vielleicht überlegen sind, aber beide die ewigen Jünglinge bleiben, die stürmischen, die intuitiv zugreifen und Außerordentliches erfassen, während Max Weber der Mann ist, der die Zerrissenheit wirklich erträgt. Denn Kierkegaard hatte den Ausweg des christlichen Glaubens, und Nietzsche machte sich etwas zurecht mit ewiger Wiederkehr und Willen zur Macht.

Solche Auswege waren bei Max Weber nicht möglich wegen seiner Wahrhaftigkeit. Seine Zerrissenheit war unaufhebbar: ein Mann, den man auf keinen Nenner bringen kann, bei dem es mir ganz unheimlich zumute wird, der immer wieder in seinem Leben den Drang zum Selbstmord hat, der krank ist, dann wieder gesund, bei dem man sagen muß: kein Vorbild. Nirgends so, daß ich sagen möchte, ich mache es auch so. Aber in einem ein Vorbild und in einem absolut zuverlässig, in dem, was sein letztes Wort im Delirium vor seinem Tode war: »Das Wahre ist die Wahrheit.«

Macht man mit diesem Wort ernst, wie Max Weber es tat, muß man in eine zur Verzweiflung treibende, sie aber nicht erzwingende Verfassung geraten. Wenn ich an Max Weber denke, so ist mir zwar dieser Wahrheitswille Vorbild, und es ist mir unbegreiflich, warum ich mir trotzdem vorkomme, als ob in mir eine Einheit wirke, die Tyche mich leite in dem Sinne, wie ich vorhin sagte, und ich ohne Verdienst beschenkt wurde mit etwas, das vor dem Wahrheitsdenken nicht als rational gültig standhält. Das Geschick bringt es jedem als das ihm eigene. Max Webers Geschick war so furchtbar, daß ich es zwar mit Ehrfurcht sehe und den Anspruch von dort höre, aber selber ganz anders lebe.

Damals hatte ich das Glück, jahrelang in der Heidelberger Psychiatrischen Klinik (nicht als Assistent, wozu ich körperlich nicht fähig war, wohl aber als Volontärassistent ohne praktische Pflichten) zu leben. In dieser Klinik gab es unter Nissl eine Gemeinschaft, ganz anders als an der Universität. Ein »Geist des Hauses« verband alle vom Chef bis zum letzten Assistenten. Jeder hat für sich gearbeitet, nicht in einem Team für ein jeweils gesetztes Forschungsziel, sondern in einer Atmosphäre der Diskussion, in der jeder seine Sache aus eigener Verantwortung machte. Es war eine Gemeinschaft, von der heute in der psychiatrischen Welt als von der »Heidelberger Schule« die Rede ist. Das sind wir alle zusammen, ein halbes Dutzend Leute. Solch geistiges Zusammenwirken habe ich nie wieder erlebt.

Wohl aber fand ich gute Freunde: Ludwig Curtius, Heinrich Zimmer, Alfred Weber und andere. Sie sind verstorben. In Kürze kann ich von ihnen nicht berichten. Von den lebenden Freunden zu sprechen wäre zu früh.

Welche Rolle spielt die Politik in meinem Leben? Erstens eine philosophische, weiter eine praktische.

Wer philosophiert, kann, wenn er es ernst meint, gar nicht anders, als sich um alle Wirklichkeiten zu kümmern, sie ursprünglich kennenzulernen. Sonst kennt er vielleicht die schönen Blüten des Geistes, die die Philosophen in ihren Werken aus eigener persönlicher Erfahrung hervorgebracht haben. Wenn es zu solchen kommen soll, muß die Erfahrung vorhergehen. In meiner Jugend dachte ich nicht daran, Philosophieprofessor zu werden. Ich fand kein Interesse an philosophischen Vorlesungen. Ich wollte Wirklichkeiten kennenlernen. Erst waren es Naturwissenschaften und Medizin, dann Geschichte, schließlich Politik und Theologie. Es gibt nichts, was das Philosophieren nicht angeht. Wir gelten wohl als törichte Alleswisser, die nichts wissen, als oberflächliche Leute. Den Vorwurf halte ich nicht ohne weiteres immer für falsch; aber im Prinzip ist er falsch. Denn es kommt nicht darauf an, viel oder alles zu wissen, sondern die Grundsätze des Wissens, die Grundsätze der Wirklichkeit sich in jedem Gebiet zur Klarheit zu bringen und sie sich zugleich in einem konkreten Detail zu vergegenwärtigen.

Das zweite, praktische Motiv war: Die Politik ist eine Wirklichkeit, die uns auf den Nägeln brennt! Sie bestimmt unser Dasein. Wir sind von ihr abhängig. Das wurde mir erst deutlich mit dem Nationalsozialismus. Wohl habe ich schon in den zwanziger Jahren angefangen, mich mit Politik zu beschäftigen: in meiner ›Geistigen Situation der Zeit‹ (1931). Aber entscheidend war doch die Nazizeit. Wie das 1933 begann, hatte ich wohl einen großen Schrecken, aber ich ahnte sowenig wie die meisten Menschen damals, was kommen würde. Nur mein Freund Ernst Mayer (er ist die einzige Ausnahme, die ich kenne) sagte im Sommer 1933 zu mir: »Man wird uns Juden eines Tages in Baracken bringen und die Baracken anzünden!« Ich antwortete: »Aber Ernst, das ist wieder deine großartige Phantasie bis in die äußersten Konsequenzen. Das ist ja ganz unmöglich.«

Was dann geschah, Schritt für Schritt, brauche ich nicht zu schildern. Für uns wurde die Sache plötzlich anders, 1938 mit der »Kristallnacht«. Seitdem wuchs die Angst, wurde im Krieg sehr groß. Unsere ständige Lebensgefahr war unzweifelbar. Wie haben wir in dieser

Welt gelebt? Prinzip: Die einzige Möglichkeit zu überleben ist, nicht aufzufallen! Den Nazi-Behörden gegenüber sich natürlich jede Lüge erlauben, wenn es nötig ist; aber sich so benehmen, daß es ohne Auftrumpfen doch immer so wirkt, daß es verborgene Würde hat. Von den Vernehmungen durch die Gestapo erinnere ich mich etwa, wie der junge Bursche vor seinen Akten saß. Er war offenbar von Berlin veranlaßt, mir zu sagen, das einfachste wäre doch und alle Probleme wären gelöst, wenn ich mich scheiden ließe. Worauf ich gar nicht empört war, sondern sagte: »Ja, das ist ein großes Problem!« Als ob ich es ernst nähme. Worauf er: »Ich will Ihnen auch gar nicht raten« und seinen Kopf senkte. Er hatte nur einen Auftrag erfüllt. Dann ging er hinaus, und ich fragte: »Darf ich die Akte ansehen?« und meinte zu hören: »Ja.« Es war ein Mißverständnis. Wie er wieder hereinkam, hatte ich die Akte in der Hand. Ich hatte sie schnell durchgeblättert. Da stand aus Berlin, daß man auf mich als Staatsfeind besondere Aufmerksamkeit richten müsse. Er war zwar zunächst empört, dann aber schnell wieder beruhigt. Ich sagte: »Da steht, ich sei ein Staatsfeind. Wollen Sie das doch bitte in Berlin berichtigen. Ich bin ein loyaler Staatsbürger. Natürlich kann ich Ihre Auffassung von den Juden nicht billigen, denn meine Frau ist Jüdin, das werden Sie verstehen, aber ich bin ein loyaler Staatsbürger.« Dann fügte ich hinzu, und dieser Satz war richtig: »Sie können sich darauf verlassen, daß ich gegen diesen Staat nichts unternehmen werde.«

Je nach der Situation, in der man sich befand, mußte man eine Haltung einnehmen, die glaubwürdig war. Meine Frau und ich haben in diesen letzten Jahren Angst ausgestanden, aber wir lebten still. Später habe ich diese Zeit wohl so aufgefaßt: Ich habe von Hitler 8 Jahre Urlaub bekommen; ohne diesen Urlaub hätte ich meine spätere Philosophie nie ausarbeiten und nicht die Kenntnisse für meine Geschichte der großen Philosophen erwerben können.

Aber es war die Zeit der Judenermordungen. Das für uns persönlich Niederschlagendste war der Tod von Frau Goldschmidt, der Witwe eines weltberühmten Mineralogen, Stifterin großer Gebäude, vieler Sammlungen und Geldmittel an die Universität. Sie sollte, 80jährig, abtransportiert werden. Man wußte, was das bedeutete. Sie nahm sich das Leben. Vorher hatten sich alle, die ihr nahestanden, bemüht, sie zu retten, »eine Ausnahme zu erwirken«, wie man das nannte, selbst Nazis waren daran beteiligt. Aber aus Berlin kam die Nachricht: Keine Ausnahme! Der Gestapomann, der die Leiche sah, trat ans Fenster: »Das haben wir doch nicht gewollt.«

Um dem Entsetzlichen nun eine Lächerlichkeit beizufügen, erzähle ich etwas anderes. Der Kreisleiter, ein alter Volksschullehrer, den ich einmal aufsuchte, weil ich meinte, in der Höhle des Löwen etwas zu erreichen, was auch gelang, empfing mich mit den Worten: »Aber Herr Professor, wie freue ich mich, daß ich Sie sehe, ich bin Ihnen doch als alter Hörer so dankbar.« Derselbe Kreisleiter sagte zu einer früheren Schülerin von mir, die, ohne mich zu fragen, zu ihm gegangen war, um sich zu erkundigen, ob sie bei uns wohnen und Manuskripte von mir lesen dürfe: »Selbstverständlich dürfen Sie das. Wir verehren ja den Professor Jaspers, das ist ein echter Germane, darum ist er auch seiner Frau so treu.« Das gehörte zu jener Zeit, in der man, wenn man nicht gerade in der äußersten Angst war, auch von Zeit zu Zeit lachen mußte.

Es kam die große Wende: die Beseitigung der Nazis und die Rettung der Deutschen durch die Alliierten, die den Nazistaat zerstörten.

Es ist kaum zu schildern, wie uns in Heidelberg zumute war. Es war wie im Märchen. Über Nacht waren wir plötzlich in eine andere Welt versetzt. Wir waren befreit.

Nun aber stellten wir uns sogleich die Frage: Haben wir nicht in schuldvoller Passivität in den dunklen Jahren versagt? In meiner ersten öffentlichen Rede betonte ich zwei Punkte, die ich heute noch für richtig halte:

1. Wir sind, als unsere jüdischen Mitbürger abtransportiert wurden, nicht auf die Straße gegangen, haben nicht geschrien, bis man auch uns vernichtete, aus dem richtigen, aber keineswegs befriedigenden Grunde: Das hätte ja doch nichts geholfen, das hätte keinen Eindruck gemacht und wäre sinnlos gewesen. Daß wir noch leben, ist unsere Schuld!

2. Wir haben in einem Staat gelebt, der diese Verbrechen begangen hat. Wir haben zwar persönlich keine Schuld in einem moralischen oder kriminellen Sinne. Aber da wir in diesem Staate als dessen Bürger gelebt haben, können wir uns nicht von ihm trennen. Das heißt: Wir haften mit dem neuen Staat für das, was der vorhergehende Verbrecherstaat getan hat. Wir müssen die Folgen tragen. Das bedeutet politische Haftung.

Dieser Begriff der Haftung, den ich damals in einer Schrift über die Schuldfrage, die bis heute unbeachtet geblieben ist, ausführte, ist nicht angenommen worden. Daß er nicht angenommen worden ist, ist einer der Gründe unserer heutigen verfehlten Außenpolitik!

Was ist nun weiter erfolgt? 1945 lebte ich in der Hoffnung, als politischer Schriftsteller mit vielen anderen die Sprache zu finden für die Deutschen, die jetzt die Dinge in die Hand nehmen und irgendwann mit Hilfe der Alliierten, wer weiß wie, einen neuen Staat bilden würden. Diese Hoffnung war so groß, daß sie fast an Gewißheit grenzte.

Dann folgte Enttäuschung auf Enttäuschung – bis heute, wo wir wieder sagen: Die herrlichen Deutschen, Hunderttausende, vielleicht ein paar Millionen, werden wieder hinweggespült, überspült von der Menge der Gedankenlosen, der Eigensüchtigen, der Opportunisten, der Gemeinen, der »Gebildeten«. Es ist schon geschehen!

Wir leben in dem Bewußtsein: Diese anderen Deutschen sind da, wir hören sie, aber sie haben keine Macht. Ich, der ich mich zu ihnen rechne, muß dasselbe wie von den anderen auch von mir sagen, nämlich: Daß wir nicht zur Macht gelangen, beruht auf dem Geist selber, denn dieser Geist ist ein betrachtender, ein analysierender, ein urteilender Geist, ein Geist der Gesinnung, aber nicht ein Geist, der sein Leben einsetzt. Liest man historische Schriften aus der antiken Welt und hört dort überall von der Würde, die bei dem Schrecklichen jener Zeiten die Menschen trug, dann können wir wohl klagen: Wir haben diese Würde nicht! Es liegt am Geist selber, daß er nicht die Macht erringt, weil er nur Geist ist.

Dann aber denke ich: Es ist anzuerkennen, daß wir doch wenigstens diesen ohnmächtigen Geist in Deutschland haben. Man riskiert zwar sein Leben nicht, es kostet kein Blut, aber man kann sagen, was man will, und das Sagen-können, was ist, das ist schon eine gute Sache, zwar kein realer Faktor, aber das Alibi im öffentlichen Urteil.

Grundfragen
der Philosophie

1. Was ist Philosophie?

Was Philosophie sei und was sie wert sei, ist umstritten. Man erwartet von ihr außerordentliche Aufschlüsse oder läßt sie als gegenstandsloses Denken gleichgültig beiseite. Man sieht sie mit Scheu als das bedeutende Bemühen ungewöhnlicher Menschen oder verachtet sie als überflüssiges Grübeln von Träumern. Man hält sie für eine Sache, die jedermann angeht und daher im Grunde einfach und verstehbar sein müsse, oder man hält sie für so schwierig, daß es hoffnungslos sei, sich mit ihr zu beschäftigen. Was unter dem Namen der Philosophie auftritt, liefert in der Tat Beispiele für so entgegengesetzte Beurteilungen.

Für einen wissenschaftsgläubigen Menschen ist das Schlimmste, daß die Philosophie gar keine allgemeingültigen Ergebnisse hat, etwas, das man wissen und damit besitzen kann. Während die Wissenschaften auf ihren Gebieten zwingend gewisse und allgemein anerkannte Erkenntnisse gewonnen haben, hat die Philosophie dies trotz der Bemühungen der Jahrtausende nicht erreicht. Es ist nicht zu leugnen: in der Philosophie gibt es keine Einmütigkeit des endgültig Erkannten. Was aus zwingenden Gründen von jedermann anerkannt wird, das ist damit eine wissenschaftliche Erkenntnis geworden, ist nicht mehr Philosophie, sondern bezieht sich auf ein besonderes Gebiet des Erkennbaren.

Das philosophische Denken hat auch nicht, wie die Wissenschaften, den Charakter eines Fortschrittsprozesses. Wir sind gewiß viel weiter als Hippokrates, der griechische Arzt. Wir dürfen kaum sagen, daß wir weiter seien als Plato. Nur im Material wissenschaftlicher Erkenntnisse, die er benutzt, sind wir weiter. Im Philosophieren selbst sind wir vielleicht noch kaum wieder bei ihm angelangt.

Daß jede Gestalt der Philosophie, unterschieden von den Wissenschaften, der einmütigen Anerkennung aller entbehrt, das muß in der Natur ihrer Sache liegen. Die Art der in ihr zu gewinnenden Gewißheit ist nicht die wissenschaftliche, nämlich die gleiche für jeden Verstand, sondern ist eine Vergewisserung, bei deren Gelingen das ganze Wesen des Menschen mitspricht. Während wissenschaftliche Erkenntnisse auf je einzelne Gegenstände gehen, von denen zu wissen keineswegs für jedermann notwendig ist, handelt es sich in der Philosophie um das Ganze des Seins, das den Menschen als Menschen angeht, um Wahrheit, die, wo sie aufleuchtet, tiefer ergreift als jede wissenschaftliche Erkenntnis.

Ausgearbeitete Philosophie ist zwar an die Wissenschaften gebunden. Sie setzt die Wissenschaften in dem fortgeschrittenen Zustand voraus, den sie in dem jeweiligen Zeitalter erreicht haben. Aber der Sinn der Philosophie hat einen anderen Ursprung. Vor aller Wissenschaft tritt sie auf, wo Menschen wach werden.

Diese *Philosophie ohne Wissenschaft* vergegenwärtigen wir an einigen merkwürdigen Erscheinungen:

Erstens: In philosophischen Dingen hält sich fast jeder für urteilsfähig. Während man anerkennt, daß in den Wissenschaften Lernen, Schulung, Methode Bedingung des Verständnisses sei, erhebt man in bezug auf die Philosophie den Anspruch, ohne weiteres dabeizusein und mitreden zu können. Das eigene Menschsein, das eigene Schicksal und die eigene Erfahrung gelten als genügende Voraussetzung.

Die Forderung der Zugänglichkeit der Philosophie für jedermann muß anerkannt werden. Die umständlichsten Wege der Philosophie, die die Fachleute der Philosophie gehen, haben doch ihren Sinn nur, wenn sie münden in das Menschsein, das dadurch bestimmt ist, wie es des Seins und seiner selbst darin gewiß wird.

Zweitens: Das philosophische Denken muß jederzeit ursprünglich sein. Jeder Mensch muß es selber vollziehen.

Ein wunderbares Zeichen dafür, daß der Mensch als solcher ursprünglich philosophiert, sind die Fragen der Kinder. Gar nicht selten hört man aus Kindermund, was dem Sinne nach unmittelbar in die Tiefe des Philosophierens geht. Ich erzähle Beispiele:

Ein Kind wundert sich: »Ich versuche immer zu denken, ich sei ein anderer und bin doch immer wieder ich.« Dieser Knabe rührt an einem Ursprung aller Gewißheit, das Seinsbewußtsein im Selbstbewußtsein. Er staunt vor dem Rätsel des Ichseins, diesem aus keinem anderen zu Begreifenden. Er steht fragend vor dieser Grenze.

Ein anderes Kind hört die Schöpfungsgeschichte: Am Anfang schuf Gott Himmel und Erde . . ., und fragt alsbald: »Was war denn vor dem Anfang?« Dieser Knabe erfuhr die Endlosigkeit des Weiterfragens, das Nichthaltmachenkönnen des Verstandes, daß für ihn keine abschließende Antwort möglich ist.

Ein anderes Kind läßt sich bei einem Spaziergang angesichts einer Waldwiese Märchen erzählen von den Elfen, die dort nächtlich ihre Reigen aufführen . . . »Aber die gibt es doch gar nicht . . .« Man erzählt ihm nun von Realitäten, beobachtet die Bewegung der Sonne, erklärt die Frage, ob sich die Sonne bewege oder die Erde sich drehe, und bringt die Gründe, die für die Kugelgestalt der Erde und ihre Bewegung um sich selbst sprechen . . . »Ach, das ist ja gar nicht wahr«, sagt das Mädchen und stampft mit dem Fuß auf den Boden, »die Erde steht doch fest. Ich glaube doch nur, was ich sehe.« Darauf: »Dann glaubst du nicht an den lieben Gott, den kannst du doch auch nicht sehen.« – Das Mädchen stutzt und sagt dann sehr entschieden: »Wenn er nicht wäre, dann wären wir doch gar nicht da.« Dieses Kind wurde ergriffen von dem Erstaunen des Daseins: es ist nicht durch sich selbst. Und es begriff den Unterschied des Fragens: ob es auf einen Gegenstand in der Welt geht oder auf das Sein und unser Dasein im Ganzen.

Ein anderes Mädchen geht zum Besuch eine Treppe hinauf. Es wird ihm gegenwärtig, wie doch alles immer anders wird, dahinfließt, vorbei ist, als ob es nicht gewesen wäre. »Aber es muß doch etwas Festes geben können . . . daß ich jetzt hier die Treppe zur Tante hinaufgehe, das will ich behalten.« Das Staunen und Erschrecken über die universale Vergänglichkeit im Hinschwinden sucht sich einen hilflosen Ausweg.

Wer sammeln würde, könnte eine reiche Kinderphilosophie berichten. Der Einwand, die Kinder hätten das vorher von Eltern oder anderen gehört, gilt offenbar gar nicht für die ernsthaften Gedanken. Der Einwand, daß diese Kinder doch nicht weiter philosophieren und daß also solche Äußerungen nur zufällig sein könnten, übersieht eine Tatsache: Kinder besitzen oft eine Genialität, die im Erwachsenwerden verlorengeht. Es ist, als ob wir mit den Jahren in das Gefängnis von Konventionen und Meinungen, der Verdeckungen und Unbefragtheiten eintreten, wobei wir die Unbefangenheit des Kindes verlieren. Das Kind ist noch offen im Zustand des sich hervorbringenden Lebens, es fühlt und sieht und fragt, was ihm dann bald entschwindet. Es läßt fallen, was einen Augenblick sich ihm offenbarte, und ist überrascht, wenn die aufzeichnenden Erwachsenen ihm später berichten, was es gesagt und gefragt habe.

Drittens: Ursprüngliches Philosophieren zeigt sich wie bei Kindern so bei Geisteskranken. Es ist zuweilen – selten –, als ob die Fesseln der allgemeinen Verschleierungen sich lösten und ergreifende Wahrheit spräche. Im Beginn mancher Geisteskrankheiten erfolgen metaphysische Offenbarungen erschütternder Art, die zwar durchweg in Form und Sprache nicht von dem Range sind, daß ihre Kundgabe eine objektive Bedeutung gewönne, außer in Fällen wie dem Dichter Hölderlin oder dem Maler van Gogh. Aber wer dabei ist, kann sich dem

Eindruck nicht entziehen, daß hier eine Decke reißt, unter der wir gemeinhin unser Leben führen. Manchem Gesunden ist auch bekannt die Erfahrung unheimlich tiefer Bedeutungen im Erwachen aus dem Schlafe, die sich bei vollem Wachsein wieder verlieren und nur fühlbar machen, daß wir nun nicht mehr hindurchdringen. Es ist ein tiefer Sinn in dem Satz: Kinder und Narren sagen die Wahrheit. Aber die schaffende Ursprünglichkeit, der wir die großen philosophischen Gedanken schulden, liegt doch nicht hier, sondern bei Einzelnen, die in ihrer Unbefangenheit und Unabhängigkeit als wenige große Geister in den Jahrtausenden aufgetreten sind.

Viertens: Da die Philosophie für den Menschen unumgänglich ist, ist sie jederzeit da in einer Öffentlichkeit, in überlieferten Sprichwörtern, in geläufigen philosophischen Redewendungen, in herrschenden Überzeugungen, wie etwa in der Sprache der Aufgeklärtheit, der politischen Glaubensanschauungen, vor allem aber vom Beginn der Geschichte an in Mythen. Der Philosophie ist nicht zu entrinnen. Es fragt sich nur, ob sie bewußt wird oder nicht, ob sie gut oder schlecht, verworren oder klar wird. Wer die Philosophie ablehnt, vollzieht selber eine Philosophie, ohne sich dessen bewußt zu sein.

Was ist nun die Philosophie, die so universell und in so sonderbaren Gestalten sich kundgibt?

Das griechische Wort Philosoph (philosophos) ist gebildet im Gegensatz zum Sophos. Es heißt: der die Erkenntnis (das Wesen) Liebende im Unterschied von dem, der im Besitze der Erkenntnis sich einen Wissenden nannte. Dieser Sinn des Wortes besteht bis heute: das Suchen der Wahrheit, nicht der Besitz der Wahrheit ist das Wesen der Philosophie, mag sie es noch so oft verraten im Dogmatismus, daß heißt in einem in Sätzen ausgesprochenen, endgültigen, vollständigen und lehrhaften Wissen. Philosophie heißt: auf dem Wege sein. Ihre Fragen sind wesentlicher als ihre Antworten, und jede Antwort wird zur neuen Frage.

Aber dieses Auf-dem-Wege-Sein – das Schicksal des Menschen in der Zeit – verbirgt in sich die Möglichkeit tiefer Befriedigung, ja in hohen Augenblicken einer Vollendung. Diese liegt nie in einem aussagbaren Gewußtsein, nicht in Sätzen und Bekenntnissen, sondern in der geschichtlichen Verwirklichung des Menschseins, dem das Sein selber aufgeht. Diese Wirklichkeit in der Situation zu gewinnen, in der jeweils ein Mensch steht, ist der Sinn des Philosophierens.

Suchend auf dem Wege sein, oder: Ruhe und Vollendung des Augenblicks finden – das sind keine Definitionen der Philosophie. Philosophie hat nichts Übergeordnetes, nichts Nebengeordnetes. Sie ist nicht aus einem andern abzuleiten. Jede Philosophie definiert sich selbst durch ihre Verwirklichung. Was Philosophie sei, das muß man versuchen. Dann ist Philosophie in eins der Vollzug des lebendigen Gedankens und die Besinnung auf diese Gedanken (die Reflexion) oder das Tun und das Darüberreden. Aus dem eigenen Versuch heraus erst kann man wahrnehmen, was in der Welt als Philosophie uns begegnet.

Aber wir können weitere Formeln vom Sinn der Philosophie aussprechen. Keine Formel erschöpft diesen Sinn, und keine erweist sich als die einzige. Wir hören aus dem Altertum: Philosophie sei (je nach ihrem Gegenstand) Erkenntnis der göttlichen und menschlichen Dinge, Erkenntnis des Seienden als Seienden, sei weiter (ihrem Ziel nach) Sterbenlernen, sei das denkende Erstreben der Glückseligkeit, Anähnlichung an das Göttliche, sei schließlich (ihrem umgreifenden Sinne nach) das Wissen alles Wissens, die Kunst aller Künste, die Wissenschaft überhaupt, die nicht auf ein einzelnes Gebiet gerichtet sei.

Heute läßt sich von der Philosophie vielleicht in folgenden Formeln sprechen; ihr Sinn sei:

Die Wirklichkeit im Ursprung erblicken –

die Wirklichkeit ergreifen durch die Weise, wie ich denkend mit mir selbst umgehe, im inneren Handeln –

uns aufschließen für die Weite des Umgreifenden –

Kommunikation von Mensch zu Mensch durch jeden Sinn von Wahrheit in liebendem Kampfe wagen –

Vernunft noch vor dem Fremdesten und vor dem Versagenden geduldig und unablässig wach erhalten.

Philosophie ist das Konzentrierende, wodurch der Mensch er selbst wird, indem er der Wirklichkeit teilhaftig wird.

Obgleich Philosophie jeden Menschen, ja das Kind in Gestalt einfacher und wirksamer Gedanken bewegen kann, ist ihre bewußte Ausarbeitung eine nie vollendete und jederzeit sich wiederholende, stets als ein gegenwärtiges Ganzes sich vollziehende Aufgabe – sie erscheint in den Werken der großen Philosophen und als Echo bei den kleineren. Das Bewußtsein dieser Aufgabe wird, in welcher Gestalt auch immer, wach sein, solange Menschen Menschen bleiben.

Nicht erst heute wird Philosophie radikal angegriffen und im Ganzen verneint als überflüssig und schädlich. Wozu sei sie da? Sie halte nicht stand in der Not.

Kirchlich autoritäre Denkart hat die selbständige Philosophie verworfen, weil sie von Gott entferne, zur Weltlichkeit verführe, mit Nichtigem die Seele verderbe. Die politisch-totalitäre Denkart erhob den Vorwurf: die Philosophen hätten die Welt nur verschieden interpretiert, es komme aber darauf an, sie zu verändern. Beiden Denkarten galt Philosophie als gefährlich, denn sie zersetze die Ordnung, sie fördere den Geist der Unabhängigkeit, damit der Empörung und Auflehnung, sie täusche und lenke den Menschen ab von seiner realen Aufgabe. Die Zugkraft eines uns vom offenbarten Gott erleuchteten Jenseits oder die alles für sich fordernde Macht eines gottlosen Diesseits, beide möchten die Philosophie zum Erlöschen bringen.

Dazu kommt vom Alltag des gesunden Menschenverstandes her der einfache Maßstab der Nützlichkeit, an dem die Philosophie versagt. Thales, der für den frühesten der griechischen Philosophen gilt, wurde schon von der Magd verlacht, die ihn bei Beobachtung des Sternenhimmels in den Brunnen fallen sah. Warum suchte er das Fernste, wenn er im Nächsten so ungeschickt ist!

Die Philosophie soll sich also rechtfertigen. Das ist unmöglich. Sie kann sich nicht rechtfertigen aus einem anderen, für das sie infolge ihrer Brauchbarkeit Berechtigung habe. Sie kann sich nur wenden an die Kräfte, die in jedem Menschen in der Tat zum Philosophieren drängen. Sie kann wissen, daß sie eine zweckfreie, jeder Frage nach Nutzen und Schaden in der Welt enthobene Sache des Menschen als solchen betreibt, und daß sie sich verwirklichen wird, solange Menschen leben. Noch die ihr feindlichen Mächte können nicht umhin, den ihnen selbst eigenen Sinn zu denken und dann zweckgebundene Denkgebilde hervorzubringen, die ein Ersatz der Philosophie sind, aber unter den Bedingungen einer gewollten Wirkung stehen – wie der Marxismus, der Faszismus. Auch diese Denkgebilde bezeigen noch die Unausweichlichkeit der Philosophie für den Menschen. Die Philosophie ist immer da.

Nicht kämpfen kann sie, nicht sich beweisen, aber sich mitteilen. Sie leistet keinen Widerstand, wo sie verworfen wird, sie triumphiert nicht, wo sie gehört wird. Sie lebt in der Einmütigkeit, die im Grunde der Menschheit alle mit allen verbinden kann.

Philosophie in großem Stil und im systematischen Zusammenhang gibt es seit zweieinhalb Jahrtausenden im Abendland, in China und Indien. Eine große Überlieferung spricht uns an. Die Vielfachheit des Philosophierens, die Widersprüche und die sich gegenseitig ausschließenden Wahrheitsansprüche können nicht verhindern, daß im Grunde ein Eines wirkt, das niemand besitzt und um das jederzeit alle ernsten Bemühungen kreisen: die ewige eine Philosophie, die philosophia perennis. Auf diesen geschichtlichen Grund unseres Denkens sind wir angewiesen, wenn wir mit hellstem Bewußtsein und wesentlich denken wollen.

2. Ursprünge der Philosophie

Die Geschichte der Philosophie als methodisches Denken hat ihre Anfänge vor zweieinhalb Jahrtausenden, als mythisches Denken aber viel früher.

Doch Anfang ist etwas anderes als Ursprung. Der Anfang ist historisch und bringt für die Nachfolgenden eine wachsende Menge von Voraussetzungen durch die nun schon geleistete Denkarbeit. Ursprung aber ist jederzeit die Quelle, aus der der Antrieb zum Philosophieren kommt. Durch ihn erst wird die je gegenwärtige Philosophie wesentlich, die frühere Philosophie verstanden.

Dieses Ursprüngliche ist vielfach. Aus dem *Staunen* folgt die Frage und die Erkenntnis, aus dem *Zweifel* am Erkannten die kritische Prüfung und die klare Gewißheit, aus der *Erschütterung des Menschen* und dem Bewußtsein seiner Verlorenheit die Frage nach sich selbst. Vergegenwärtigen wir uns zunächst diese drei Motive.

Erstens: Plato sagte, der Ursprung der Philosophie sei das *Erstaunen.* Unser Auge hat uns »des Anblicks der Sterne, der Sonne und des Himmelsgewölbes teilhaftig werden lassen«. Dieser Anblick hat uns »den Trieb zur Untersuchung des Alls gegeben. Daraus ist uns die Philosophie erwachsen, das größte Gut, das dem sterblichen Geschlecht von den Göttern verliehen ward«. Und Aristoteles: »Denn die Verwunderung ist es, was die Menschen zum Philosophieren trieb: sie wunderten sich zuerst über das ihnen aufstoßende Befremdliche, gingen dann allmählich weiter und fragten nach den Wandlungen des Monds, der Sonne, der Gestirne und der Entstehung des Alls.«

Sich wundern drängt zur Erkenntnis. Im Wundern werde ich mir des Nichtwissens bewußt. Ich suche das Wissen, aber um des Wissens selber willen, nicht »zu irgendeinem gemeinen Bedarf«.

Das Philosophieren ist wie ein Erwachen aus der Gebundenheit an die Lebensnotdurft. Das Erwachen vollzieht sich im zweckfreien Blick auf die Dinge, den Himmel und die Welt, in den Fragen: was das alles und woher das alles sei – Fragen, deren Antwort keinem Nutzen dienen soll, sondern an sich Befriedigung gewährt.

Zweitens: Habe ich Befriedigung meines Staunens und Bewunderns in der Erkenntnis des Seienden gefunden, so meldet sich bald der *Zweifel.* Zwar häufen sich die Erkenntnisse, aber bei kritischer Prüfung ist nichts gewiß. Die Sinneswahrnehmungen sind durch unsere Sinnesorgane bedingt und täuschend, jedenfalls nicht übereinstimmend mit dem, was außer mir unabhängig von Wahrgenommenwerden an sich ist. Unsere Denkformen sind die unseres menschlichen Verstandes. Sie verwickeln sich in unlösbare Widersprüche. Überall stehen Behauptungen gegen Behauptungen. Philosophierend ergreife ich den Zweifel, versuche ihn radikal durchzuführen, nun aber entweder mit der Lust an der Verneinung durch den Zweifel, der nichts mehr gelten läßt, aber auch seinerseits keinen Schritt voran tun kann – oder mit der Frage: wo denn Gewißheit sei, die allem Zweifel sich entziehe und bei Redlichkeit jeder Kritik standhalte.

Der berühmte Satz des Descartes »Ich denke, also bin ich« war ihm unbezweifelbar gewiß, wenn er an allem anderen zweifelte. Denn selbst die vollkommene Täuschung in meinem Erkennen, die ich vielleicht nicht durchschaue, kann mich nicht auch darüber täuschen, daß ich doch bin, wenn ich in meinem Denken getäuscht werde.

Der Zweifel wird als methodischer Zweifel die Quelle kritischer Prüfung jeder Erkenntnis. Daher: ohne radikalen Zweifel kein wahrhaftiges Philosophieren. Aber entscheidend ist, wie und wo durch den Zweifel selbst der Boden der Gewißheit gewonnen wird.

Und nun *drittens*: Hingegeben an die Erkenntnis der Gegenstände in der Welt, im Vollzug des Zweifels als des Weges zur Gewißheit bin ich bei den Sachen, denke ich nicht an mich, nicht an meine Zwecke, mein Glück, mein Heil. Vielmehr bin ich selbstvergessen befriedigt im Vollzug jener Erkenntnisse.

Das wird anders, wenn ich meiner selbst in meiner Situation mir bewußt werde.

Der Stoiker Epiktet sagte: »Der Ursprung der Philosophie ist das *Gewahrwerden der eigenen Schwäche und Ohnmacht.*« Wie helfe ich mir in der Ohnmacht? Seine Antwort lautete: indem ich alles, was nicht in meiner Macht steht, als für mich gleichgültig betrachte in seiner Notwendigkeit, dagegen, was an mir liegt, nämlich die Weise und den Inhalt meiner Vorstellungen, durch Denken zur Klarheit und Freiheit bringe.

Vergewissern wir uns unserer menschlichen Lage. Wir sind immer in Situationen. Die Situationen wandeln sich, Gelegenheiten treten auf. Wenn sie versäumt werden, kehren sie nicht wieder. Ich kann selber an der Veränderung der Situation arbeiten. Aber es gibt Situationen, die in ihrem Wesen bleiben, auch wenn ihre augenblickliche Erscheinung anders wird und ihre überwältigende Macht sich in Schleier hüllt: ich muß sterben, ich muß leiden, ich muß kämpfen, ich bin dem Zufall unterworfen, ich verstricke mich unausweichlich in Schuld. Diese Grundsituationen unseres Daseins nennen wir *Grenzsituationen.* Das heißt, es sind Situationen, über die wir nicht hinaus können, die wir nicht ändern können. Das Bewußtwerden dieser Grenzsituationen ist nach dem Staunen und dem Zweifel der tiefere Ursprung der Philosophie. Im bloßen Dasein weichen wir oft vor ihnen aus, indem wir die Augen schließen und leben, als ob sie nicht wären. Wir vergessen, daß wir sterben müssen, vergessen unser Schuldigsein und unser Preisgegebensein an den Zufall. Wir haben es dann nur mit den konkreten Situationen zu tun, die wir meistern zu unseren Gunsten und auf die wir reagieren durch Plan und Handeln in der Welt, getrieben von unseren Daseinsinteressen. Auf Grenzsituationen aber reagieren wir entweder durch Verschleierung oder, wenn wir sie wirklich erfassen, durch Verzweiflung und durch Wiederherstellung: wir werden wir selbst in einer Verwandlung unseres Seinsbewußtseins.

Machen wir uns unsere menschliche Lage auf andere Weise deutlich als die *Unzuverlässigkeit allen Weltseins.*

Die Fraglosigkeit in uns nimmt die Welt als das Sein schlechthin. In glücklicher Lage jubeln wir aus unserer Kraft, haben gedankenloses Zutrauen, kennen nichts anderes als unsere Gegenwärtigkeit. Im Schmerz, in der Kraftlosigkeit, in der Ohnmacht verzweifeln wir. Und wenn es überstanden ist und wir noch leben, so lassen wir uns wieder selbstvergessen hineingleiten in das Leben des Glücks.

Aber der Mensch ist durch solche Erfahrungen klug geworden. Die Bedrohung drängt ihn, sich zu sichern. Naturbeherrschung und menschliche Gemeinschaft sollen das Dasein garantieren.

Der Mensch bemächtigt sich der Natur, um ihren Dienst sich verfügbar zu machen; Natur soll durch Erkenntnis und Technik verläßlich werden.

Doch in der Beherrschung der Natur bleibt die Unberechenbarkeit und damit die ständige Bedrohung, und dann das Scheitern im ganzen: die schwere mühsame Arbeit, Alter, Krankheit und Tod sind nicht abzuschaffen. Alles Verläßlichwerden beherrschter Natur ist nur ein Besonderes im Rahmen der totalen Unverläßlichkeit.

Und der Mensch vereinigt sich zur Gemeinschaft, um den endlosen Kampf aller gegen alle einzuschränken und am Ende auszuschalten; in gegenseitiger Hilfe will er Sicherheit gewinnen.

Aber auch hier bleibt die Grenze. Nur wo Staaten in einem Zustand wären, daß jeder Bürger so zum anderen steht, wie es die absolute Solidarität fordert, da könnten Gerechtigkeit und Freiheit im Ganzen sicher sein. Denn nur dann stehen, wenn einem Unrecht geschieht, die anderen wie ein Mann dagegen. Das war niemals so. Immer ist es ein begrenzter Kreis von Menschen oder es sind nur einzelne, die füreinander im Äußersten, auch in der Ohnmacht, wirklich da bleiben. Kein Staat, keine Kirche, keine Gesellschaft schützt absolut. Solcher Schutz war die schöne Täuschung ruhiger Zeiten, in denen die Grenze verschleiert blieb.

Gegen die gesamte Unverläßlichkeit der Welt aber steht doch das andere: In der Welt gibt es das Glaubwürdige, das Vertrauenerweckende, gibt es den tragenden Grund: Heimat und Landschaft – Eltern und Vorfahren – Geschwister und Freunde – die Gattin. Es gibt den geschichtlichen Grund der Überlieferung in der eigenen Sprache, im Glauben, im Werk der Denker, der Dichter und Künstler. Aber auch diese gesamte Überlieferung gibt keine Geborgenheit, auch sie keine absolute Verläßlichkeit. Denn als was sie an uns herantritt, ist alles Menschenwerk, nirgends ist Gott in der Welt. Die Überlieferung bleibt immer zugleich Frage. Jederzeit muß der Mensch im Blick auf sie aus eigenem Ursprung finden, was ihm Gewißheit, Sein, Verläßlichkeit ist. Aber in der Unverläßlichkeit allen Weltseins ist der Zeiger aufgerichtet. Er verbietet, in der Welt Genüge zu finden; er weist auf ein anderes.

Die Grenzsituationen – Tod, Zufall, Schuld und die Unzuverlässigkeit der Welt – zeigen mir das Scheitern. Was tue ich angesichts dieses absoluten Scheiterns, dessen Einsicht ich mich bei redlicher Vergegenwärtigung nicht entziehen kann?

Der Rat des Stoikers, sich auf die eigene Freiheit in der Unabhängigkeit des Denkens zurückzuziehen, tut uns nicht genug. Der Stoiker irrte, indem er die Ohnmacht des Menschen nicht radikal genug sah. Er verkannte die Abhängigkeit auch des Denkens, das an sich leer ist, angewiesen auf das, was ihm gegeben wird, und die Möglichkeit des Wahnsinns. Der Stoiker läßt uns trostlos in der bloßen Unabhängigkeit des Denkens, weil diesem Denken aller Gehalt fehlt. Er läßt uns hoffnungslos, weil jeder Versuch einer Spontaneität innerer Überwindungen, weil jede Erfüllung durch ein Sichgeschenktwerden in der Liebe und weil die hoffende Erwartung des Möglichen ausbleibt.

Aber was der Stoiker will, ist echte Philosophie. Der Ursprung in den Grenzsituationen bringt den Grundantrieb, im Scheitern den Weg zum Sein zu gewinnen.

Es ist entscheidend für den Menschen, wie er das Scheitern erfährt: ob es ihm verborgen bleibt und ihn nur faktisch am Ende überwältigt oder ob er es unverschleiert zu sehen vermag und als ständige Grenze seines Daseins gegenwärtig hat; ob er phantastische Lösungen und Beruhigungen ergreift oder ob er redlich hinnimmt im Schweigen vor dem Undeutbaren. Wie er sein Scheitern erfährt, das begründet, wozu der Mensch wird.

In den Grenzsituationen zeigt sich entweder das Nichts, oder es wird fühlbar, was trotz und über allem verschwindenden Weltsein eigentlich ist. Selbst die Verzweiflung wird durch ihre Tatsächlichkeit, daß sie in der Welt möglich ist, ein Zeiger über die Welt hinaus.

Anders gesagt: der Mensch sucht Erlösung. Erlösung wird geboten durch die großen, universalen Erlösungsreligionen. Ihr Kennzeichen ist eine objektive Garantie für die Wahrheit und Wirklichkeit der Erlösung. Ihr Weg führt zum Akt der Bekehrung des Einzelnen. Dies vermag Philosophie nicht zu geben. Und doch ist alles Philosophieren ein Weltüberwinden, ein Analogon der Erlösung.

Fassen wir zusammen: Der Ursprung des Philosophierens liegt im Verwundern, im Zweifel, im Bewußtsein von Verlorenheit. In jedem Falle beginnt es mit einer den Menschen ergreifenden Erschütterung, und immer sucht es aus der Betroffenheit heraus ein Ziel.

Plato und Aristoteles suchten aus der Verwunderung das Wesen des Seins.

Descartes suchte in der Endlosigkeit des Ungewissen das zwingend Gewisse.

Die Stoiker suchten in den Leiden des Daseins die Ruhe der Seele.

Jede der Betroffenheiten hat ihre Wahrheit, je in dem geschichtlichen Kleid ihrer Vorstellungen und ihrer Sprache. Wir dringen in geschichtlicher Aneignung durch sie zu den Ursprüngen, die noch in uns gegenwärtig sind.

Der Drang geht zum verläßlichen Boden, zur Tiefe des Seins, zur Verewigung.

Aber vielleicht ist keiner dieser Ursprünge der auch für uns ursprünglichste, bedingungslose. Die Offenbarkeit des Seins für die Verwunderung läßt uns Atem holen, aber verführt uns, uns den Menschen zu entziehen und einer reinen, zauberhaften Metaphysik zu verfallen. Die zwingende Gewißheit hat ihren Bereich nur in der Weltorientierung durch wissenschaftliches Wissen. Die unerschütterliche Haltung der Seele im Stoizismus gilt uns nur als Übergang in der Not, als Rettung vor dem völligen Verfall, aber sie selbst bleibt ohne Gehalt und Leben.

Die drei wirksamen Motive – der Verwunderung und des Erkennens, des Zweifels und der Gewißheit, der Verlorenheit und des Selbstwerdens – erschöpfen nicht, was uns im gegenwärtigen Philosophieren bewegt.

In diesem Zeitalter des radikalsten Einschnitts der Geschichte, von unerhörtem Zerfall und nur dunkel geahnten Chancen, sind die bisher vergegenwärtigten drei Motive zwar gültig, aber nicht ausreichend. Sie werden unter eine Bedingung gestellt, die der *Kommunikation* zwischen Menschen.

In der Geschichte bis heute war eine selbstverständliche Verbundenheit von Mensch zu Mensch in verläßlichen Gemeinschaften, in Institutionen und im allgemeinen Geist. Noch der Einsame war in seiner Einsamkeit gleichsam getragen. Heute ist der Zerfall am fühlbarsten darin, daß immer mehr Menschen sich nicht verstehen, sich begegnen und auseinanderlaufen, gleichgültig gegeneinander, daß keine Treue und Gemeinschaft mehr fraglos und verläßlich ist.

Jetzt wird uns die allgemeine Situation, die faktisch immer war, entscheidend wichtig: Daß ich mit dem anderen in der Wahrheit einig werden kann und es nicht kann; daß mein Glaube, gerade wenn ich mir gewiß bin, auf anderen Glauben stößt; daß irgendwo an der Grenze immer nur der Kampf ohne Hoffnung auf Einheit zu bleiben scheint, mit dem Ausgang von Unterwerfung oder Vernichtung; daß Weichheit und Widerstandslosigkeit die Glaubenslosen sich entweder blind anschließen oder eigensinnig trotzen läßt – alles das ist nicht beiläufig und unwesentlich.

Das könnte es sein, wenn es für mich in der Isolierung eine Wahrheit gäbe, an der ich genug hätte. Jenes Leiden an mangelnder Kommunikation und jene einzigartige Befriedigung in echter Kommunikation machte uns philosophisch nicht so betroffen, wenn ich für mich selbst in absoluter Einsamkeit der Wahrheit gewiß wäre. Aber ich bin nur mit dem andern, allein bin ich nichts.

Kommunikation nicht bloß von Verstand zu Verstand, von Geist zu Geist, sondern von Existenz zu Existenz hat alle unpersönlichen Gehalte und Geltungen nur als ein Medium. Rechtfertigen und Angreifen sind dann Mittel, nicht um Macht zu gewinnen, sondern um sich nahezukommen. Der Kampf ist ein liebender Kampf, in dem jeder dem anderen alle Waffen ausliefert. Gewißheit eigentlichen Seins ist allein in jener Kommunikation, in der Freiheit mit Freiheit in rückhaltlosem Gegeneinander durch Miteinander steht, alles Umgeben mit dem anderen nur Vorstufe ist, im Entscheidenden aber gegenseitig alles zugemutet, an den Wurzeln gefragt wird. Erst in der Kommunikation verwirklicht sich alle andere Wahrheit, in ihr allein bin ich ich selbst, lebe ich nicht bloß, sondern erfülle das Leben. Gott zeigt sich nur indirekt und nicht ohne Liebe von Mensch zu Mensch; die zwingende Gewißheit ist partikular und relativ, dem Ganzen untergeordnet; der Stoizismus wird zur leeren und starren Haltung.

Die philosophische Grundhaltung, deren gedanklichen Ausdruck ich Ihnen vortrage, wurzelt in der Betroffenheit vom Ausbleiben der Kommunikation, in dem Drang zu echter Kommunikation und in der Möglichkeit liebenden Kampfes, der Selbstsein mit Selbstsein in der Tiefe verbindet.

Und dieses Philosophieren wurzelt zugleich in jenen drei philosophischen Betroffenheiten, die alle unter die Bedingung gestellt werden, was sie bedeuten, sei es als Helfer oder sei es als Feinde, für die Kommunikation von Mensch zu Mensch.

So gilt: der Ursprung der Philosophie liegt zwar im Sichverwundern, im Zweifel, in der Erfahrung der Grenzsituationen, aber zuletzt, dieses alles in sich schließend, in dem Willen zur eigentlichen Kommunikation. Das zeigt sich von Anfang an schon darin, daß alle Philosophie zur Mitteilung drängt, sich ausspricht, gehört werden möchte, daß ihr Wesen die Mitteilbarkeit selbst und diese unablösbar vom Wahrsein ist.

Erst in der Kommunikation wird der Zweck der Philosophie erreicht, in dem der Sinn aller Zwecke zuletzt gegründet ist: das Innewerden des Seins, die Erhellung der Liebe, die Vollendung der Ruhe.

3. Das Umgreifende

Heute möchte ich Ihnen einen philosophischen Grundgedanken vortragen, der einer der schwierigsten ist. Er ist unerläßlich, weil er den Sinn eigentlich philosophischen Denkens begründet. Er muß auch in einfachster Form verständlich sein, obgleich seine Ausarbeitung ein verwickeltes Geschäft ist. Ich versuche es, ihn anzudeuten.

Philosophie begann mit der Frage: Was ist? – es gibt zunächst vielerlei Seiendes, die Dinge in der Welt, die Gestalten des Leblosen und des Lebendigen, endlos vieles, alles kommend und gehend. Was ist aber das eigentliche Sein, das heißt das Sein, das alles zusammenhält, allem zugrunde liegt, aus dem alles, was ist, hervorgeht?

Die Antwort darauf ist sonderbar vielfältig. Ehrwürdig, die älteste Antwort des ältesten Philosophen, ist die des Thales: alles ist Wasser, ist aus dem Wasser. In der Folge hieß es statt dessen, alles sei im Grunde Feuer oder Luft oder das Unbestimmte oder die Materie oder die Atome oder: das Leben, das erste Sein sei, woraus alles Leblose nur Abfall bedeute, oder: der Geist, für den die Dinge Erscheinungen sind, seine Vorstellungen, durch ihn gleichsam als ein Traum hervorgebracht. Man sieht so eine große Reihe von Weltanschauungen, die man mit dem Namen Materialismus (alles ist Stoff und naturmechanisches Geschehen), Spiritualismus (alles ist Geist), Hylozoismus (das All ist eine seelisch lebendige Materie) und unter anderen Gesichtspunkten benannt hat. In allen Fällen wurde die Antwort auf die Frage, was eigentlich das Sein sei, gegeben durch Hinweis auf ein in der Welt vorkommendes Seiendes, das den besonderen Charakter haben sollte, aus ihm sei alles andere.

Aber was ist denn richtig? Die Begründungen im Kampfe der Schulen haben in Jahrtausenden nicht vermocht, einen dieser Standpunkte als den wahren zu erweisen. Für jeden zeigt sich etwas Wahres, nämlich eine Anschauung und eine Forschungsweise, die in der Welt etwas zu sehen lehrt. Aber jeder wird falsch, wenn er sich zum einzigen macht und alles, was ist, durch seine Grundauffassung erklären will.

Woran liegt das? Allen diesen Anschauungen ist eines gemeinsam: sie erfassen das Sein als etwas, das mir als Gegenstand gegenübersteht, auf das ich als auf ein mir gegenüberstehendes Objekt, es meinend, gerichtet bin. Dieses Urphänomen unseres bewußten Daseins ist uns so selbstverständlich, daß wir sein Rätsel kaum spüren, weil wir es gar nicht befragen. Das, was wir denken, von dem wir sprechen, ist stets ein anderes als wir, ist das, worauf wir, die Subjekte, als auf ein Gegenüberstehendes, die Objekte, gerichtet sind. Wenn wir uns selbst zum Gegenstand unseres Denkens machen, werden wir selbst gleichsam zum anderen und sind immer zugleich als ein denkendes Ich wieder da, das dieses Denken seiner selbst vollzieht, aber doch selbst nicht angemessen als Objekt gedacht werden kann, weil es immer wieder die Voraussetzung jedes Objektgewordenseins ist. Wir nennen diesen Grundbefund unseres denkenden Daseins die Subjekt-Objekt-Spaltung. Ständig sind wir in ihr, wenn wir wachen und bewußt sind. Wir können uns denkend drehen und wenden, wie wir wollen, immer sind wir in dieser Spaltung auf Gegenständliches gerichtet, sei der Gegenstand die Realität unserer Sinneswahrnehmung, sei es der Gedanke idealer Gegenstände, etwa Zahlen und Figuren, sei es ein Phantasieinhalt oder gar die Imagination eines Unmöglichen. Immer sind Gegenstände als Inhalt unseres Bewußtseins äußerlich oder innerlich uns gegenüber. Es gibt – mit Schopenhauers Ausdruck – kein Objekt ohne Subjekt und kein Subjekt ohne Objekt.

Was hat dieses jeden Augenblick gegenwärtige Geheimnis der Subjekt-Objekt-Spaltung zu bedeuten? Offenbar doch, daß das Sein im Ganzen weder Objekt noch Subjekt sein kann, sondern das »Umgreifende« sein muß, das in dieser Spaltung zur Erscheinung kommt.

Das Sein schlechthin kann nun offenbar nicht ein Gegenstand (Objekt) sein. Alles, was mir Gegenstand wird, tritt aus dem Umgreifenden an mich heran, und ich als Subjekt aus ihm heraus. Der Gegenstand ist ein bestimmtes Sein für das Ich. Das Umgreifende bleibt für mein Bewußtsein dunkel. Es wird hell nur durch die Gegenstände und um so heller, je bewußter und klarer die Gegenstände werden. Das Umgreifende wird nicht selbst zum Gegenstand, aber kommt in der Spaltung von Ich und Gegenstand zur Erscheinung. Es selbst bleibt Hintergrund, aus ihm grenzenlos in der Erscheinung sich erhellend, aber es bleibt immer das Umgreifende.

Nun liegt in allem Denken eine zweite Spaltung. Jeder Gegenstand als bestimmter steht, wenn klar gedacht, immer in bezug auf andere Gegenstände. Die Bestimmtheit bedeutet Unterscheidung des einen vom anderen. Noch wenn ich das Sein überhaupt denke, denke ich als Gegensatz das Nichts.

Also steht jeder Gegenstand, jeder gedachte Inhalt, jedes Objekt in der doppelten Spaltung. Er steht erstens in bezug auf mich, das denkende Subjekt, und zweitens in bezug auf andere Gegenstände. Er kann als gedachter Inhalt niemals alles sein, nie das Ganze des Seins, nie das Sein selbst. Jedes Gedachtsein bedeutet Herausgefallensein aus dem Umgreifenden. Es ist ein je Besonderes, das gegenübersteht sowohl dem Ich wie den anderen Gegenständen.

Das Umgreifende ist also das, was sich im Gedachtsein immer nur ankündigt. Es ist das, was nicht selbst, sondern worin alles andere uns vorkommt.

Was bedeutet solche Vergewisserung?

Der Gedanke ist, gemessen an unserem gewohnten Verstand im Verhältnis zu den Dingen, unnatürlich. Unser auf das Praktische in der Welt gerichteter Verstand sträubt sich.

Die Grundoperation, mit der wir uns denkend über alles Gedachte hinausschwingen, ist vielleicht nicht schwierig, aber doch so fremdartig, weil sie nicht die Erkenntnis eines neuen Gegenstandes bedeutet, der dann faßlich wird, sondern mit Hilfe des Gedankens eine Verwandlung unseres Seinsbewußtseins bewirken möchte.

Weil der Gedanke uns keinen neuen Gegenstand zeigt, ist er im Sinne des uns gewohnten Weltwissens leer. Aber durch seine Form öffnet er die unendlichen Möglichkeiten der Erscheinung des Seienden für uns und läßt er zugleich alles Seiende transparent werden. Er verwandelt den Sinn der Gegenständlichkeit für uns, indem er in uns die Fähigkeit erweckt, in Erscheinungen hören zu können, was eigentlich ist.

Versuchen wir noch einen Schritt zur Erhellung des Umgreifenden.

Vom Umgreifenden philosophieren, das würde bedeuten, einzudringen in das Sein selbst. Dies kann nur indirekt geschehen. Denn indem wir sprechen, denken wir in Gegenständen. Wir müssen durch gegenständliches Denken die Zeiger auf das Ungegenständliche des Umgreifenden gewinnen.

Ein Beispiel ist das, was wir eben denkend vollzogen haben: Die Subjekt-Objekt-Spaltung, in der wir immer darin sind, die wir nicht von außen zu sehen vermögen, machen wir, indem wir sie aussprechen, zum Gegenstand, aber unangemessen. Denn Spaltung ist ein Verhältnis von Dingen in der Welt, die mir als Objekte gegenüberstehen. Dieses Verhältnis wird ein Bild, um auszudrücken, was gar nicht sichtbar, niemals selber gegenständlich ist.

Diese Subjekt-Objekt-Spaltung vergewissern wir uns, bildhaft weiter denkend aus dem, was uns ursprünglich gegenwärtig ist, als ihrerseits von mehrfachem Sinn. Sie ist ursprünglich verschieden, ob ich als Verstand auf Gegenstände, als lebendiges Dasein auf meine Umwelt, als Existenz auf Gott gerichtet bin.

Als Verstand stehen wir faßbaren Dingen gegenüber und haben von ihnen, soweit es gelingt, zwingend allgemeingültige Erkenntnis, je von bestimmten Gegenständen.

Als daseiende Lebewesen in unserer Umwelt sind wir in ihr betroffen von dem, was sinnlich anschaulich erfahren, im Erleben wirklich wird als das Gegenwärtige, das in kein allgemeines Wissen aufgeht.

Als Existenz sind wir auf Gott – die Transzendenz – bezogen und dies durch die Sprache der Dinge, die sie zu Chiffren oder Symbolen werden läßt. Weder unser Verstand noch unsere vitale Sinnlichkeit erfaßt die Wirklichkeit dieses Chifferseins. Gottes Gegenstandsein ist eine Wirklichkeit nur für uns als Existenz und liegt in durchaus anderer Dimension als empirisch reale, zwingend denkbare, sinnlich affizierende Gegenstände.

So gliedert sich das Umgreifende, wenn wir uns seiner vergewissern wollen, alsbald in mehrere Weisen des Umgreifendseins, und so geschah die Gliederung eben am Leitfaden der drei Weisen von Subjekt-Objekt-Spaltung in erstens den Verstand als Bewußtsein überhaupt, als das wir alle identisch sind, zweitens des lebendigen Daseins, als das wir jeder eine besondere Individualität sind, drittens die Existenz, als die wir eigentlich wir selbst in unserer Geschichtlichkeit sind.

Die Ausarbeitung solcher Vergewisserung kann ich nicht in Kürze berichten. Es muß genügen, zu sagen, daß das Umgreifende, gedacht als das Sein selbst, Transzendenz (Gott) und die Welt genannt wird, als das, was wir selber sind: Dasein, Bewußtsein überhaupt, Geist und Existenz.

Haben wir mit unserer philosophischen Grundoperation die Fesseln gelöst, die uns am Objekte als an das vermeintliche Sein selbst binden, so verstehen wir den Sinn der *Mystik*. Seit Jahrtausenden haben Philosophen in China, Indien und dem Abendlande etwas ausgesprochen, was überall und durch alle Zeiten gleich, wenn auch in der Mitteilungsweise mannigfach ist: Der Mensch vermag die Subjekt-Objekt-Spaltung zu überschreiten zu einem völligen Einswerden von Subjekt und Objekt, unter Verschwinden aller Gegenständlichkeit und unter Erlöschen des Ich. Da öffnet sich das eigentliche Sein und hinterläßt beim Erwachen ein Bewußtsein tiefster, unausschöpfbarer Bedeutung. Für den aber, der es erfuhr, ist jenes Einswerden das eigentliche Erwachen und das Erwachen zum Bewußtsein in der Subjekt-Objekt-Spaltung vielmehr Schlaf. So schreibt Plotin, der größte der mystischen Philosophen des Abendlandes:
»Oft wenn ich aus dem Schlummer des Leibes zu mir selbst erwache, schaue ich eine wundersame Schönheit: ich glaube dann am festesten an meine Zugehörigkeit zu einer besseren und höheren Welt, wirke kräftig in mir das herrlichste Leben und bin mit der Gottheit eins geworden.«
An den mystischen Erfahrungen kann kein Zweifel sein, auch nicht daran, daß jedem Mystiker in der Sprache, durch die er sich mitteilen möchte, das Wesentliche nicht sagbar wird. Der Mystiker versinkt im Umgreifenden. Was sagbar wird, tritt in die Subjekt-Objekt-Spaltung, und ein ins Unendliche vorandringendes Hellwerden im Bewußtsein erreicht nie die Fülle jenes Ursprungs. Reden können wir aber nur von dem, was gegenständliche Gestalt gewinnt. Das andere ist unmitteilbar. Daß es aber im Hintergrund jener philosophischen Gedanken steht, die wir die spekulativen nennen, macht deren Gehalt und Bedeutung aus.

Auf dem Grunde unserer philosophischen Vergewisserung des Umgreifenden verstehen wir auch besser die großen Seinslehren und *Metaphysiken* der Jahrtausende vom Feuer, von der Materie, vom Geist, vom Weltprozeß usw. Denn sie waren in der Tat nicht erschöpft von einem gegenständlichen Wissen, als das sie sich oft verstanden und als das sie durchweg falsch sind, sondern sie waren eine Chifferschrift des Seins, aus der Gegenwart des Umgreifenden von den Philosophen zur Selbst- und Seinserhellung entworfen – und dann alsbald fälschlich für ein bestimmtes Objektsein als das eigentliche Sein gehalten.

Wenn wir uns in den Erscheinungen der Welt bewegen, werden wir uns bewußt, daß Sein selbst weder in dem immer verengenden Gegenstand, noch in dem Horizont unserer immer beschränkten Welt als der Gesamtheit der Erscheinungen zu haben, sondern allein in dem Umgreifenden, das über alle Gegenstände und Horizonte hinaus, hinaus über die Subjekt-Objekt-Spaltung ist.

Wenn wir durch die philosophische Grundoperation des Umgreifenden innegeworden sind, so fallen die anfänglich aufgezählten Metaphysiken, alle jene vermeintlichen Seinserkenntnisse dahin, sobald sie irgendein noch so großes und wesentliches Seiendes in der Welt für das Sein selbst halten wollten. Aber sie sind die einzige uns mögliche Sprache, wenn wir hinausdringen über alles Seiende in Gegenständen, Gedachtheiten, Welthorizonten, über alle Erscheinungen, um das Sein selbst zu erblicken.

Denn dieses Ziel erreichen wir nicht, indem wir die Welt verlassen, es sei denn in der inkommunikablen Mystik. Nur im deutlichen, gegenständlichen Wissen kann unser Bewußtsein hell bleiben. Nur in ihm kann es im Erfahren seiner Grenzen durch das, was an der Grenze fühlbar ist, seinen Gehalt empfangen. Im Darüber-hinaus-Denken bleiben wir immer zugleich darin. Indem uns die Erscheinung durchsichtig wird, bleiben wir an sie gebannt.

Durch Metaphysik hören wir das Umgreifende der Transzendenz. Wir verstehen diese Metaphysik als Chifferschrift.

Aber wir verfehlen ihren Sinn, wenn wir in den unverbindlichen ästhetischen Genuß dieser Gedanken verfallen. Denn ihr Gehalt zeigt sich uns nur, wenn wir die Wirklichkeit in der Chiffer hören. Und wir hören nur aus der Wirklichkeit unserer Existenz, nicht aus dem bloßen Verstande, der vielmehr hier überall keinen Sinn zu sehen meint.

Aber wir dürfen erst recht nicht die Chiffer (das Symbol) der Wirklichkeit für leibhaftige Realität halten wie die Dinge, die wir fassen, mit denen wir hantieren und die wir verzehren. Das Objekt als solches für eigentliches Sein zu halten, das ist das Wesen aller Dogmatik, und die Symbole als materielle Leibhaftigkeit für real zu halten, ist insbesondere das Wesen des Aberglaubens. Denn Aberglaube ist Fesselung an das Objekt, Glaube ist Gründung im Umgreifenden.

Und nun die letzte, methodologische Folge der Vergewisserung des Umgreifenden: Das Bewußtsein der Gebrochenheit unseres philosophischen Denkens.

Erdenken wir das Umgreifende in philosophischer Ausarbeitung, so machen wir doch wieder zum Gegenstand, was seinem Wesen nach nicht Gegenstand ist. Daher ist der ständige Vorbehalt nötig, das Gesagte als gegenständlichen Inhalt rückgängig zu machen, um dadurch jenes Innewerden des Umgreifenden zu gewinnen, das nicht Ergebnis einer Forschung als nunmehr aufsagbarer Inhalt ist, sondern eine Haltung unseres Bewußtseins. Nicht mein Wissen, sondern mein Selbstbewußtsein wird anders.

Das aber ist nun der Grundzug alles eigentlichen Philosophierens. Im Medium des gegenständlich bestimmten Denkens und nur in ihm erfolgt der Aufschwung des Menschen in das Umgreifende. Er bringt zur Wirksamkeit im Bewußtsein den Grund unseres Daseins im Sein selbst, die Führung von da, die Grundstimmung, die Sinngebung unseres Lebens und Tuns. Er löst uns aus den Fesseln des bestimmten Denkens, indem er dieses nicht etwa preisgibt, sondern bis zum Äußersten treibt. Er läßt in dem allgemeinen philosophischen Gedanken die Flanke offen für seine Verwirklichung in unserer Gegenwärtigkeit.

Damit Sein für uns sei, ist Bedingung, daß das Sein in der Spaltung von Subjekt und Objekt durch Erfahrung auch für die Seele gegenwärtig wird. Daher der Drang in uns zur Klarheit. Alles nur dunkel Gegenwärtige soll in gegenständlicher Gestalt und aus dem Wesen des sich erfüllenden Ichs ergriffen werden. Auch das Sein selbst, das Allbegründende, das Unbedingte will in der Form der Gegenständlichkeit vor Augen stehen, wenn auch in einer Form, die, weil als Gegenständlichkeit unangemessen, sich wieder zertrümmert und in der Zerstörung die reine Klarheit der Gegenwart des Umgreifenden hinterläßt.

Das Bewußtwerden der Subjekt-Objekt-Spaltung als Grundtatbestand unseres denkenden Daseins und des Umgreifenden, das in ihm gegenwärtig wird, bringt uns erst die Freiheit des Philosophierens.

Der Gedanke löst uns aus jedem Seienden. Er zwingt uns zur Umkehr aus jeder Sackgasse einer Verfestigung. Es ist ein uns gleichsam umwendender Gedanke.

Der Verlust der Absolutheit der Dinge und der gegenständlichen Erkenntnistheorie heißt dem, der darin seinen Halt besaß, Nihilismus. Für alles, was durch Sprache und Gegenständlichkeit seine Bestimmtheit und damit Endlichkeit gewinnt, schwindet der ausschließende Anspruch, Wirklichkeit und Wahrheit zu sein.

Unser philosophisches Denken geht durch diesen Nihilismus, der vielmehr die Befreiung zum eigentlichen Sein ist. Durch eine Wiedergeburt unseres Wesens im Philosophieren erwächst der je begrenzte Sinn und Wert aller endlichen Dinge, wird die Unumgänglichkeit der Wege durch sie hindurch gewiß, aber wird zugleich der Grund gewonnen, aus dem erst der freie Umgang mit diesen Dingen möglich ist.

Der Sturz aus den Festigkeiten, die doch trügerisch waren, wird Schwebenkönnen – was Abgrund schien, wird Raum der Freiheit – das scheinbare Nichts verwandelt sich in das, woraus das eigentliche Sein zu uns spricht.

4. Der Gottesgedanke

Unser abendländischer Gottesgedanke hat geschichtlich zwei Wurzeln: die Bibel und die griechische Philosophie.

Als Jeremias den Untergang von allem sah, für das er sein langes Leben hindurch gewirkt hatte, als sein Land und sein Volk verloren waren, als in Ägypten die letzten Reste seines Volkes auch noch dem Glauben an Jahwe untreu wurden und der Isis opferten, und als sein Jünger Baruch verzweifelte: »Ich bin matt vom Seufzen und finde keine Ruhe«, da antwortete Jeremias: »So spricht Jahwe: Fürwahr, was ich aufgebaut habe, reiße ich nieder, und was ich eingepflanzt habe, reiße ich aus, und da verlangst du für dich Großes? Verlange nicht!«

In solcher Situation haben diese Worte den Sinn: daß Gott ist, das ist genug. Ob es »Unsterblichkeit« gibt, danach wird nicht gefragt; ob Gott »vergibt«, solche Frage steht nicht mehr im Vordergrund. Auf den Menschen kommt es gar nicht mehr an, sein Eigenwille ist wie sein Kümmern um eigene Seligkeit und Ewigkeit erloschen. Aber auch, daß die Welt im ganzen einen in sich vollendbaren Sinn, daß sie in irgendeiner Gestalt Bestand habe, ist als unmöglich begriffen; denn alles ist aus dem Nichts von Gott geschaffen und in seiner Hand. Im Verlust von allem bleibt allein: Gott ist. Wenn ein Leben in der Welt auch unter geglaubter Führung Gottes das Beste versuchte und doch scheiterte, so bleibt die eine ungeheure Wirklichkeit: Gott ist. Wenn der Mensch ganz und gar auf sich und seine Ziele verzichtet, dann vermag sich ihm diese Wirklichkeit als die einzige Wirklichkeit zu zeigen. Aber sie zeigt sich nicht vorher, nicht abstrakt, sondern nur bei eigener Einsenkung in das Dasein der Welt und zeigt sich hier erst an der Grenze.

Jeremias' Worte sind herbe Worte. Sie sind nicht mehr verbunden einem geschichtlichen Wirkungswillen in der Welt, der aber lebenwährend vorherging und am Ende im vollkommenen Scheitern erst diesen Sinn ermöglichte. Sie sprechen schlicht, ohne Phantastik und enthalten unergründliche Wahrheit, gerade weil sie auf jeden Inhalt in der Aussage, auf jede Festigung in der Welt verzichten.

Anders und doch übereinstimmend klingen die Aussagen der griechischen Philosophie.

Xenophanes um 500 v. Chr. kündete: Es herrscht nur ein einziger Gott, weder an Aussehen den Sterblichen ähnlich noch an Gedanken. Plato dachte die Gottheit – er nennt sie das Gute – als Ursprung aller Erkenntnis. Das Erkennbare wird nicht nur im Licht der Gottheit erkannt, sondern hat sein Sein von ihr, die selber an Würde und Kraft über das Sein hinausragt.

Die griechischen Philosophen haben begriffen: nur der Sitte nach gibt es viele Götter, von Natur nur einen, man sieht Gott nicht mit Augen, er gleicht niemandem, er ist aus keinem Bilde zu erkennen.

Gedacht wird die Gottheit als Weltvernunft oder als Weltgesetz, oder als Schicksal und Vorsehung, oder als Weltbaumeister.

Aber es handelt sich bei den griechischen Denkern um einen gedachten Gott, nicht um den lebendigen Gott des Jeremias. Der Sinn beider trifft zusammen. Die abendländische Theologie und Philosophie hat in unendlichen Abwandlungen aus dieser zweifachen Wurzel gedacht, daß Gott sei und was Gott sei.

Philosophen unserer Zeit scheinen die Frage, ob Gott sei, gern zu umgehen. Weder behaupten sie sein Dasein, noch leugnen sie es. Aber wer philosophiert, hat Rede zu stehen. Wird Gott bezweifelt, hat der Philosoph eine Antwort zu geben, oder er verläßt nicht die skeptische Philosophie, in der überhaupt nichts behauptet, nichts bejaht und nichts verneint wird. Oder unter Beschränkung auf gegenständlich bestimmtes Wissen, das heißt auf wissenschaftliches Erkennen, hört er auf zu philosophieren mit dem Satze: Was man nicht wissen kann, davon soll man schweigen.

Die Frage nach Gott wird erörtert auf Grund von sich widersprechenden Sätzen, die wir nacheinander durchgehen:

Der theologische Satz ist: Von Gott können wir nur wissen, weil er sich geoffenbart hat von den Propheten bis zu Jesus. Ohne Offenbarung ist keine Wirklichkeit Gottes für den Menschen. Nicht im Denken, sondern im Glaubensgehorsam ist Gott zugänglich.

Aber längst vor und außerhalb der Welt biblischer Offenbarung gab es Gewißheit von der Wirklichkeit der Gottheit. Und innerhalb der christlich-abendländischen Welt haben viele Menschen eine Gottesgewißheit ohne die Garantie der Offenbarung vollzogen.

Gegen den theologischen steht ein alter philosophischer Satz: Von Gott wissen wir, weil sein Dasein bewiesen werden kann. Die Gottesbeweise seit dem Altertum sind in ihrer Gesamtheit ein großartiges Dokument.

Wenn aber die Gottesbeweise aufgefaßt werden als wissenschaftlich zwingende Beweise im Sinne der Mathematik oder der empirischen Wissenschaften, so sind sie falsch. In der radikalsten Weise hat sie Kant in ihrer zwingenden Gültigkeit widerlegt.

Nun folgte die Umkehrung: Die Widerlegung aller Gottesbeweise bedeutet, daß es keinen Gott gibt.

Diese Folgerung ist falsch. Denn sowenig Gottes Dasein bewiesen werden kann, ebensowenig sein Nichtdasein. Die Beweise und ihre Widerlegungen zeigen nur: ein bewiesener Gott ist kein Gott, sondern wäre bloß eine Sache in der Welt.

Gegen vermeintliche Beweise und Widerlegungen des Daseins Gottes scheint die Wahrheit diese zu sein: Die sogenannten Gottesbeweise sind ursprünglich gar nicht Beweise, sondern Wege denkenden Sichvergewisserns. Die in Jahrtausenden erdachten und in Abwandlungen wiederholten Gottesbeweise haben in der Tat einen anderen Sinn als wissenschaftliche Beweise. Sie sind Vergewisserungen des Denkens in der Erfahrung des Aufschwungs des Menschen zu Gott. Es lassen sich Wege des Gedankens gehen, durch die wir an Grenzen kommen, wo im Sprung das Gottesbewußtsein zur natürlichen Gegenwart wird.

Sehen wir einige Beispiele:

Der älteste Beweis heißt der kosmologische. Aus dem Kosmos (der griechische Name für Welt) wird auf Gott geschlossen: aus dem immer Verursachten des Weltgeschehens auf die letzte Ursache, aus der Bewegung auf den Ursprung der Bewegung, aus der Zufälligkeit des Einzelnen auf die Notwendigkeit des Ganzen.

Wenn dieser Schluß gemeint ist als vom Dasein einer Sache auf eine andere, so wie aus der uns zugekehrten Seite des Monds auf dessen Rückseite, die wir nie zu sehen bekommen, so gilt er nicht. Vielmehr können wir so nur schließen von Dingen in der Welt auf andere Dinge. Die Welt als Ganzes ist kein Gegenstand, weil wir immer darin sind und die Welt nie als ein Ganzes uns gegenüber haben. Daher kann von der Welt im Ganzen nicht geschlossen werden auf etwas anderes als Welt.

Der Gedanke dieses Schlusses verwandelt jedoch seinen Sinn, wenn er nicht mehr als Beweis gilt. Darum bringt er im Gleichnis eines Schlusses vom einen auf das andere das Geheimnis zum Bewußtsein, das darin liegt, daß die Welt und wir darin überhaupt sind. Versuchen wir den Gedanken, es könnte auch nichts sein, und fragen mit Schelling: warum ist überhaupt etwas und nicht nichts?, so ist die Gewißheit des Daseins von der Art, daß wir auf die Frage nach seinem Grunde zwar keine Antwort erhalten, aber auf das Umgreifende geführt werden, das seinem Wesen nach schlechthin ist und nicht nicht sein kann und durch das alles andere ist.

Wohl hat man die Welt für ewig gehalten und hat der Welt selbst den Charakter gegeben, aus sich selbst, daher identisch mit Gott zu sein. Das aber gelingt nicht:

Alles, was in der Welt schön, zweckmäßig, geordnet und in der Ordnung von einer gewissen Vollendung ist – alles, was wir im unmittelbaren Naturanschauen mit Ergriffenheit in unerschöpflicher Fülle erfahren, das ist nicht aus einem radikal erkennbaren Weltsein, etwa aus einer Materie zu begreifen. Die Zweckmäßigkeit des Lebendigen, die Schönheit der Natur in allen Gestalten, die Ordnung der Welt überhaupt wird im Maße des Fortschreitens faktischer Erkenntnis immer geheimnisvoller.

Wenn aber nun daraus geschlossen wird auf Gottes Dasein, des gütigen Schöpfergottes, so steht sofort dagegen alles Häßliche, Verworrene, Ungeordnete in der Welt. Dem entsprechen Grundstimmungen, denen die Welt unheimlich, fremd, schaurig, furchtbar ist. Der Schluß auf einen Teufel scheint ebenso zwingend wie der auf Gott. Das Geheimnis der Transzendenz hört damit nicht auf, sondern vertieft sich.

Entscheidend aber ist, was wir die Unvollendbarkeit der Welt nennen. Die Welt ist nicht am Ende, sondern in ständiger Verwandlung – unsere Erkenntnis der Welt kann keinen Abschluß finden –, die Welt ist aus sich selbst nicht begreifbar.

Alle diese sogenannten Beweise beweisen nicht nur nicht das Dasein Gottes, sondern verführen auch, Gott in eine Weltrealität zu verwandeln, die sozusagen an den Weltgrenzen festgestellt werde, als eine dort anzutreffende zweite Welt. Dann trüben sie den Gottesgedanken.

Sie werden aber um so eindrucksvoller, je mehr sie durch die konkreten Welterscheinungen hindurch vor das Nichts und vor die Unvollendbarkeit führen. Dann lassen sie gleichsam den Abstoß gewinnen, uns nicht in der Welt als einzigem Sein mit ihr zufriedenzugeben.

Es zeigt sich immer wieder: Gott ist kein Gegenstand des Wissens, er ist nicht zwingend erschließbar. Gott ist auch kein Gegenstand der sinnlichen Erfahrung. Er ist unsichtbar, kann nicht geschaut, sondern nur geglaubt werden.

Woher aber dieser Glaube? Er kommt nicht ursprünglich aus den Grenzen der Welterfahrung, sondern aus der Freiheit des Menschen. Der Mensch, der sich wirklich seiner Freiheit bewußt wird, wird sich zugleich Gottes gewiß. Freiheit und Gott sind untrennbar. Warum?

Ich bin mir gewiß: in meiner Freiheit bin ich nicht durch mich selbst, sondern werde mir in ihr geschenkt, denn ich kann mir ausbleiben und mein Freisein nicht erzwingen. Wo ich eigentlich ich selbst bin, bin ich gewiß, daß ich es nicht durch mich selbst bin. Die höchste Freiheit weiß sich in der Freizeit von der Welt zugleich als tiefste Gebundenheit an Transzendenz.

Das Freisein des Menschen nennen wir auch seine Existenz. Gott ist für mich gewiß mit der Entschiedenheit, in der ich existiere. Er ist gewiß nicht als Wissensinhalt, sondern als Gegenwärtigkeit für die Existenz.

Wenn die Gewißheit der Freiheit die Gewißheit vom Sein Gottes in sich schließt, so ist ein Zusammenhang zwischen Leugnung der Freiheit und Gottesleugnung. Erfahre ich nicht das Wunder des Selbstseins, so brauche ich keine Beziehung auf Gott, sondern bin zufrieden mit dem Dasein der Natur, vieler Götter, der Dämonen.

Und es besteht andrerseits ein Zusammenhang zwischen der Behauptung einer Freiheit ohne Gott und der Vergötterung des Menschen. Es ist die Scheinfreiheit der Willkür, die sich als vermeintliche absolute Selbständigkeit des »ich will« versteht. Ich verlasse mich auf die eigene Kraft des »ich will nun einmal so« und auf das trotzige Sterbenkönnen. Aber diese Täuschung vor mir selbst, daß ich ich selbst durch mich allein sei, läßt die Freiheit umschlagen in die Ratlosigkeit des Leerseins. Die Wildheit des Sichdurchsetzenwollens schlägt um in die Verzweiflung, in der eins wird, was Kierkegaard nennt: Verzweifelt man selbst sein wollen, und verzweifelt nicht man selbst sein wollen.

Gott ist für mich in dem Maße, als ich in Freiheit wirklich ich selbst werde. Er ist gerade nicht als Wissensinhalt, sondern nur als Offenbarwerden für die Existenz.

Durch die Erhellung unserer Existenz als Freiheit wird nun aber wiederum nicht Gottes Dasein bewiesen, sondern nur gleichsam der Ort gezeigt, an dem seine Gewißheit möglich ist.

In keinem Gottesbeweis kann der Gedanke, wenn er zwingende Gewißheit bringen soll, sein Ziel erreichen. Aber das Scheitern des

Gedankens hinterläßt nicht nichts. Es weist hin auf das, was im unerschöpflichen, ständig in Frage stellenden umgreifenden Gottesbewußtsein aufgeht.

Daß Gott keine Greifbarkeit in der Welt wird, das bedeutet zugleich, daß der Mensch seiner Freiheit sich nicht entäußern soll zugunsten der in der Welt vorkommenden Faßlichkeiten, Autoritäten, Gewalten, daß er vielmehr die Verantwortung hat für sich selbst, der er nicht entlaufen darf, indem er, vermeintlich aus Freiheit, auf Freiheit verzichtet. Er soll sich selber verdanken, wie er sich entscheidet und den Weg findet. Daher sagt Kant: Die unerforschliche Weisheit sei so bewunderungswürdig in dem, wie sie uns gebe, wie in dem, was sie uns versage. Denn wenn sie in ihrer Majestät uns ständig vor Augen stände, als zwingende Autorität in der Welt eindeutig spräche, so würden wir Marionetten ihres Willens. Sie aber wollte uns frei.

Statt des Wissens von Gott, das unerreichbar ist, vergewissern wir uns philosophierend des umgreifenden Gottesbewußtseins:

»Gott ist«, in diesem Satze ist die Wirklichkeit entscheidend, auf die er weist. Diese Wirklichkeit ist nicht schon im Denken des Satzes begriffen; sein bloßes Gedachtwerden läßt vielmehr leer. Denn was für Verstand und sinnliche Erfahrung darin liegt, ist nichts. Was in ihm eigentlich gemeint wird, das ist erst im Transzendieren, im Hinausschreiten über die Realität durch diese selber fühlbar als die eigentliche Wirklichkeit. Daher ist Höhepunkt und Sinn unseres Lebens, wo wir eigentlicher Wirklichkeit, daß heißt Gottes gewiß werden.

Diese Wirklichkeit ist zugänglich der Existenz in der Ursprünglichkeit ihrer Gottbezogenheit. Daher verwehrt die Ursprünglichkeit des Gottesglaubens jedes Mittlertum. Er ist wirklich nicht schon in irgendwelchen bestimmten, für alle Menschen aussagbaren Glaubensinhalten und nicht in einer für alle Menschen gleichen, Gott vermittelnden geschichtlichen Wirklichkeit. Vielmehr findet in jeweiliger Geschichtlichkeit die unmittelbare, keines Mittlers bedürfende, unabhängige Beziehung des Einzelnen zu Gott statt.

Diese Geschichtlichkeit, aussagbar und darstellbar geworden, ist in dieser Gestalt nicht die absolute Wahrheit für alle, aber doch in ihrem Ursprung unbedingt wahr.

Was Gott wirklich ist, muß er absolut sein und nicht nur in einer der geschichtlichen Erscheinungen seiner Sprache, in der Sprache des Menschen. Wenn er ist, muß er daher unmittelbar ohne Umwege fühlbar sein für den Menschen als Einzelnen.

Wenn die Wirklichkeit Gottes und die Unmittelbarkeit der geschichtlichen Gottbezogenheit die allgemeingültige Gotteserkenntnis ausschließen, so ist gefordert statt der Erkenntnis unser Verhalten zu Gott. Von jeher ist Gott gedacht in Gestalten des Weltseins bis zur Gestalt der Persönlichkeit nach Analogien des Menschen. Und doch ist jede solche Vorstellung zugleich wie ein Schleier. Gott ist nicht, was auch immer wir vor Augen stellen.

Unser wahres Verhalten zu Gott hat seinen tiefsten Ausdruck in folgenden Sätzen der Bibel gefunden:

Du sollst dir kein Bildnis und Gleichnis machen. Das hieß einmal: Gottes Unsichtbarkeit verbietet es, ihn in Götterbildern, Idolen, Schnitzwerken anzubeten. Dies handgreifliche Verbot vertieft sich zu dem, daß Gott nicht nur unsichtbar, sondern unvorstellbar, unerdenkbar sei. Kein Gleichnis kann ihm entsprechen und keines darf sich an seine Stelle setzen. Alle Gleichnisse ohne Ausnahme sind Mythen, als solche sinnvoll im verschwindenden Charakter bloßen Gleichnisseins, jedoch Aberglauben, wenn sie für die Realität Gottes selbst genommen werden.

Weil jede Anschauung als Bild im Zeigen gerade verbirgt, ist die entschiedenste Gottnähe in der Bildlosigkeit. Diese wahre Forderung des Alten Testaments ist jedoch nicht einmal in diesem selber erfüllt worden: es blieb die Persönlichkeit Gottes als Bild, sein Zorn und seine Liebe, sein Richtertum und seine Gnade. Die Forderung ist unerfüllbar. Das Überpersönliche, das rein Wirkliche Gottes ist zwar in seiner Unfaßlichkeit bildlos zu ergreifen versucht vom spekulativen Seinsdenken des Parmenides und Plato, vom indischen Atman-Brahman-Denken, vom chinesischen Tao – aber auch alle diese Gedanken können in der Durchführung nicht erreichen, was sie wollen. Immer stellt sich für menschliches Denk- und Anschauungsvermögen das Bild ein. Wenn aber im philosophischen Gedanken Anschauung und Gegenstand fast verschwinden, so bleibt vielleicht am Ende ein leisestes Bewußtsein gegenwärtig, das doch in seiner Wirkung lebensgründend werden kann.

Dann ist nach der Aufhellung aller Naturvergötterung, alles nur Dämonischen, alles Ästhetischen und Abergläubigen, alles spezifisch Numinosen im Medium der Vernunft doch das tiefste Geheimnis unverloren.

Jenes leise Bewußtsein am Ende des Philosophierens ist vielleicht zu umkreisen.

Es ist das Schweigen vor dem Sein. Die Sprache hört auf vor dem, was uns verloren ist, wenn es Gegenstand wird.

Dieser Grund ist nur im Überschreiten jedes Gedachten zu erreichen. Er selbst ist unüberschreitbar. Vor ihm ist Sichbescheiden und Erlöschen allen Verlangens.

Dort ist Zuflucht und doch kein Ort. Dort ist Ruhe, die uns tragen kann in der unaufhebbaren Unruhe unseres Weges in der Welt.

Dort muß das Denken sich auflösen in die Helligkeit. Wo keine Frage mehr ist, ist auch keine Antwort. Im Überschreiten des Fragens und Antwortens, das im Philosophieren bis zum Äußersten vorangetrieben wird, gelangen wir in die Stille des Seins.

Ein anderer biblischer Satz lautet:

Du sollst keinen anderen Gott haben. Dieses Gebot bedeutet zunächst die Verwerfung der fremden Götter. Es wurde vertieft zu dem einfachen und unergründlichen Gedanken: es gibt nur einen Gott. Das Leben des Menschen, der den einen, einzigen Gott glaubt, ist gegenüber dem Leben mit vielen Göttern auf einen radikal neuen Boden gestellt. Die Konzentration auf das Eine gibt dem Entschluß der Existenz erst seinen wirklichen Grund. Der unendliche Reichtum ist doch am Ende Zerstreutheit; das Herrliche entbehrt der Unbedingtheit, wenn der Grund im Einen fehlt. Es ist ein bleibendes Problem des Menschen, so gegenwärtig wie vor Jahrtausenden, ob er das Eine zum Grunde seines Lebens gewinnt.

Ein dritter Satz der Bibel lautet:

Dein Wille geschehe. Diese Grundhaltung zu Gott besagt: Sich beugen vor dem Unbegreiflichen im Vertrauen, daß es über, nicht unter der Begreiflichkeit liege. »Deine Gedanken sind nicht unsere Gedanken, deine Wege sind nicht unsere Wege.«

Das Vertrauen in dieser Grundhaltung ermöglicht ein umgreifendes Dankgefühl, eine zugleich wortlose und unpersönliche Liebe.

Der Mensch steht vor der Gottheit als dem verborgenen Gott und kann das Entsetzlichste hinnehmen als Ratschluß dieses Gottes, wohl wissend, daß, wie immer er diesen in bestimmter Weise ausdrückt, es schon in Menschenauffassung ausgesprochen und daher falsch ist.

Zusammengefaßt: Unser Verhalten zur Gottheit ist möglich unter den Forderungen: »kein Bildnis und Gleichnis« – »der eine Gott« – in der Hingabe: »dein Wille geschehe«.

Erdenken Gottes ist Erhellung des Glaubens. Glaube aber ist nicht Schauen. Er bleibt in der Distanz und in der Frage. Aus ihm leben, das heißt nicht, sich auf ein berechenbares Wissen stützen, sondern so leben, daß wir es daraufhin wagen, daß Gott ist.

Gott glauben, das heißt, aus etwas leben, das in keiner Weise in der Welt ist, außer in vieldeutiger Sprache der Erscheinungen, die wir Chiffer oder Symbole der Transzendenz nennen.

Der geglaubte Gott ist der ferne Gott, der verborgene Gott, der unerweisbare Gott.

Daher muß ich nicht nur erkennen, daß ich Gott nicht weiß, sondern sogar: daß ich nicht weiß, ob ich glaube. Glaube ist kein Besitz. Es gibt in ihm keine Sicherheit des Wissens, sondern nur Gewißheit in der Praxis des Lebens.

Der Glaubende lebt daher in der bleibenden Vieldeutigkeit des Objektiven, in der ständigen Bereitschaft des Hörens. Er ist weich in der Hingabe an das Hörbare und zugleich unbeirrbar. Er ist im Gewande der Schwäche stark, ist Offenheit bei Entschiedenheit seines wirklichen Lebens.

Das Erdenken Gottes ist zugleich ein Beispiel alles wesentlichen Philosophierens: es bringt nicht die Sicherheit des Wissens, sondern dem eigentlichen Selbstsein den freien Raum seiner Entscheidung; es legt alles Gewicht auf die Liebe in der Welt und das Lesen der Chiffernschrift der Transzendenz und die Weite des in der Vernunft Aufgehenden.

Darum ist alles philosophisch Gesagte so karg. Denn es erfordert die Ergänzung aus dem eigenen Sein des Hörenden.

Die Philosophie gibt nicht, sie kann nur erwecken – sie kann dann erinnern, befestigen und bewahren helfen.

Ein jeder versteht in ihr, was er eigentlich schon wußte.

5. Die unbedingte Forderung

Unbedingte Handlungen geschehen in der Liebe, im Kampf, im Ergreifen hoher Aufgaben. Kennzeichen aber des Unbedingten ist, daß das Handeln gegründet ist auf etwas, demgegenüber das Leben als Ganzes bedingt und nicht das Letzte ist.

In der Verwirklichung des Unbedingten wird das Dasein gleichsam zum Material der Idee, der Liebe, der Treue. Es wird hineingenommen in einen ewigen Sinn, gleichsam verzehrt und nicht freigelassen zur Beliebigkeit des bloßen Lebens. Erst an der Grenze, in Ausnahmesituationen, kann der Einsatz aus dem Unbedingten auch zum Verlust des Daseins und zum Aufsichnehmen des unumgänglichen Todes führen, während das Bedingte zuerst und jederzeit und um jeden Preis im Dasein bleiben, leben will.

Menschen haben zum Beispiel ihr Leben eingesetzt im solidarischen Kampf für ein gemeinsames Dasein in der Welt. Die Solidarität stand unbedingt vor dem durch sie bedingten Leben.

Das geschah ursprünglich in der Gemeinschaft des Vertrauens, dann aber oft auch unter dem beschwingenden Befehl einer geglaubten Autorität, so daß der Glaube an diese Autorität Quelle des Unbedingten wurde. Dieser Glaube befreite aus Unsicherheit, er ersparte eigene Prüfung. Im Unbedingten dieser Gestalt war aber eine heimliche Bedingung verborgen, nämlich der Erfolg der Autorität. Der Glaubende wollte durch seinen Gehorsam leben. Wenn die Autorität keinen Erfolg als Macht mehr hatte und damit auch der Glaube an sie zerbrach, dann entstand eine vernichtende Leere.

Eine Rettung aus dieser Leere kann dann nur der Anspruch nunmehr an den Menschen selbst als Einzelnen sein, daß er in Freiheit gewinne, was eigentlich Sein und der Grund seiner Entschlüsse ist.

Dieser Weg wurde in der Geschichte dort gegangen, wo Einzelne ihr Leben wagten, weil sie einer unbedingten Forderung gehorchten: Sie bewahrten die Treue dort, wo Treulosigkeit alles zunichte machen, das in der Treulosigkeit gerettete Leben vergiftet sein würde, wo dieser Verrat des ewigen Seins das nun noch bleibende Dasein unselig werden ließe.

Die reinste Gestalt ist vielleicht Sokrates. In der Helle seiner Vernunft lebend aus dem Umgreifenden des Nichtwissens, ging er unbeirrbar, ohne Störung durch Leidenschaften der Empörung, des Hasses, des Rechthabens seinen Weg; er machte kein Zugeständnis, er ergriff nicht die Möglichkeit der Flucht und starb heiteren Sinns, es wagend auf seinen Glauben hin.

Es gab Märtyrer von reinster sittlicher Energie in der Treue zu ihrem Glauben, wie Thomas Morus. Fragwürdig sind manche andere. Für etwas sterben, um es zu bezeugen, bringt eine Zweckhaftigkeit und damit Unreinheit in das Sterben. Wenn Märtyrer gar angetrieben wurden von dem Drang zu sterben, etwa in vermeintlicher Nachfolge Christi, von einem Todesdrang, der die Seele nicht selten verschleiert durch hysterische Erscheinungen, so wuchs die Unreinheit.

Selten sind die philosophischen Gestalten, die, ohne eine ihnen wesentliche Zugehörigkeit zu einer Glaubensgemeinschaft in der Welt, auf sich allein vor Gott stehend, den Satz verwirklichten: Philosophieren heißt sterben lernen. Seneca, der jahrelang auf das Todesurteil wartete, überwand seine klugen Bemühungen der Rettung, so daß er schließlich weder in unwürdigen Handlungen sich selbst aufgab noch die Fassung verlor, als Nero seinen Tod forderte. Boethius starb unschuldig den von einem Barbaren über ihn verhängten Tod: in hellem Bewußtsein philosophierend, zugewandt dem eigentlichen Sein. Bruno überwand sein Zweifeln und halbes Nachgeben zu dem hohen

Entschluß unerschütterlichen zweckfreien Standhaltens bis auf den Scheiterhaufen.

Seneca, Boethius, Bruno sind Menschen mit ihren Schwächen, ihrem Versagen, wie wir es sind. Sie haben sich selbst erst gewonnen. Sie sind darum wirkliche Wegweiser auch für uns. Denn Heilige sind doch Gestalten, die sich für uns nur in der Dämmerung oder in dem irrealen Licht mythischer Anschauung halten können, dem realistischen Zusehen aber nicht standhalten. Die Unbedingtheit, deren Menschen als Menschen fähig waren, gibt uns wirkliche Ermutigung, während das Imaginäre nur unwirksame Erbauung ermöglicht.

Wir erinnerten an historische Beispiele des Sterbenkönnens. Versuchen wir jetzt das Wesen der unbedingten Forderung deutlich zu machen.

Auf die Frage: Was soll ich tun? erhalte ich Antwort durch Angabe endlicher Zwecke und deren Mittel. Es muß Nahrung erworben werden, und dazu ist Arbeit gefordert. Ich soll mit Menschen in Gemeinschaft auskommen: die Regeln der Lebensklugheit geben mir Anweisungen. Jedesmal ist ein Zweck die Bedingung für den Gebrauch der dazu gehörenden Mittel.

Der Grund aber, warum diese Zwecke gelten, ist entweder das unbefragte Daseinsinteresse, der Nutzen. Dasein als solches aber ist kein Endzweck, weil die Frage bleibt: was für ein Dasein? – und die Frage: wozu? – Oder der Grund der Forderung ist die Autorität, der ich zu gehorchen habe, entweder durch Befehl eines fremden »ich will so« oder dem »so steht geschrieben«. Aber solche Autorität bleibt unbefragt und daher ungeprüft.

Alle solchen Forderungen sind bedingt. Denn sie machen mich abhängig von einem anderen, von Daseinszwecken oder von Autorität. Unbedingte Forderungen dagegen haben ihren Ursprung in mir selbst. Bedingte Forderungen treten mir gegenüber als eine jeweilige Bestimmtheit, an die ich mich äußerlich halten kann. Unbedingte Forderungen kommen aus mir, indem sie mich innerlich tragen durch das, was in mir selbst nicht nur ich selbst ist.

Die unbedingte Forderung tritt an mich heran als die Forderung meines eigentlichen Seins an mein bloßes Dasein. Ich werde meiner inne als dessen, was ich selbst bin, weil ich es sein soll. Dieses Innewerden steht dunkel am Anfang, hell am Ende meines unbedingten Tuns. Ist das Innewerden im Unbedingten vollzogen, so hört in der Gewißheit des Seinssinnes das Fragen auf – wenn auch in der Zeit alsbald das Fragen wieder entsteht und in verwandelter Situation die Gewißheit immer von neuem erworben werden muß.

Dieses Unbedingte steht vor allem Zweckhaften als das, was die Zwecke setzt. Das Unbedingte ist daher nicht das, was gewollt wird, sondern das, woraus gewollt wird.

Das Unbedingte als Grund des Handelns ist daher nicht Sache der Erkenntnis, sondern Gehalt eines Glaubens. Soweit ich die Gründe und Ziele meines Handelns erkenne, bleibe ich im Endlichen und Bedingten. Erst wo ich aus einem nicht mehr gegenständlich Begründbaren lebe, lebe ich aus dem Unbedingten.

Den Sinn der Unbedingtheit umkreisen wir durch einige charakterisierende Sätze:

Erstens: Unbedingtheit ist nicht Sosein, sondern ein durch Reflexion aus einer unbegreiflichen Tiefe hell werdender Entschluß, mit dem ich selbst identisch bin. Was heißt das?

Unbedingtheit bedeutet Teilnahme am Ewigen, am Sein. Aus ihr erwächst daher die absolute Verläßlichkeit und Treue. Sie ist nicht von Natur, sondern durch jenen Entschluß. Der Entschluß ist nur durch Helligkeit, die durch Reflexion entsteht. Psychologisch ausgedrückt, liegt Unbedingtheit nicht im augenblicklichen Zustand eines Menschen. Trotz überwältigender Energie seines augenblicklichen Wirkens erlahmt dieses Sosein plötzlich, zeigt sich vergeßlich und unverläßlich. Die Unbedingtheit liegt auch nicht im angeborenen Charakter, denn dieser kann sich verwandeln in einer Wiedergeburt. Unbedingtheit liegt auch nicht in dem, was man mythisch den Dämon des Menschen nennt, denn dieser ist treulos. Alle Weisen der Leidenschaft, des Daseinswillens, der Selbstbehauptung sind, obgleich übermächtig, im Augenblick noch nicht unbedingt, sondern bedingt und daher hinfällig.

Unbedingtheit ist also erst im Entschluß der Existenz, der durch Reflexion hindurchgegangen ist. Das heißt: Unbedingtheit ist nicht aus Sosein, sondern aus Freiheit, aber aus Freiheit, die gar nicht anders kann, nicht wegen Naturgesetzlichkeit, sondern aus ihrem transzendenten Grunde.

Das Unbedingte entscheidet, worauf zuletzt eines Menschen Leben ruht, ob es Gewicht hat oder nichtig ist. Das Unbedingte ist verborgen, nur im Grenzfall lenkt es durch stumme Entscheidung den Lebensweg, ist nie geradezu nachweisbar, während es doch in der Tat das Leben aus der Existenz allezeit trägt und ins Unendliche erhellbar ist.

Wie Bäume tief wachsen, wenn sie hoch ragen, so gründet tief im Unbedingten, wer ganz Mensch ist; das andere ist wie Gesträuch; das sich ausreißen und umpflanzen, gleichmachen und in Masse unverwüstlich halten läßt. Doch dieser Vergleich ist unangemessen, sofern nicht durch eine Steigerung, sondern durch einen Sprung in eine andere Dimension der Grund im Unbedingten ergriffen wird.

Zweitens: Ein zweiter Satz zur Charakterisierung des Unbedingten lautet: Unbedingtheit ist wirklich allein im Glauben, aus dem sie vollzogen wird, und für den Glauben, der sie sieht.

Das Unbedingte kann nicht nachgewiesen, nicht als Dasein in der Welt gezeigt werden – historische Beweise sind nur Hinweise. Was wir wissen, ist immer ein Bedingtes. Das, wovon wir erfüllt sind im Unbedingten, ist, gemessen am Nachweisbaren, wie nicht da. Eine nachgewiesene Unbedingtheit ist als solche nur eine starke Gewalt, ein Fanatismus, eine Wildheit oder ein Wahnsinn. Auf die Frage, ob es eigentliche Unbedingtheit gibt, hat in der Welt die skeptische Erörterung die allgemeine Überzeugungskraft.

Zum Beispiel: ob es Liebe gibt im Sinne des Unbedingten, verwurzelt in ewigem Grunde und nicht bloße menschliche Neigung und Hingerissenheit, Gewohnheit und Vertragstreue, das ist zweifelhaft. Ob eigentliche Kommunikation in liebendem Kampfe möglich ist, läßt sich leugnen. Was aufzeigbar ist, das ist gerade darum nicht unbedingt.

Drittens: Ein dritter Satz besagt: Das Unbedingte ist zeitlos in der Zeit.

Die Unbedingtheit des Menschen ist ihm nicht wie sein Dasein gegeben. Sie erwächst ihm in der Zeit. Erst wo im Menschen die Überwindung stattfindet und der Weg gegangen wird dorthin, wo der unbedingte Entschluß unbeirrbar wurde, kommt sie zu sich. Dagegen lassen eine von Anfang an bestehende Endgültigkeit, die abstrakte Unerschütterlichkeit der Seele, das bloß Dauerhafte den in seiner Unbedingtheit glaubwürdigen Menschen nicht fühlbar werden.

Die Unbedingtheit wird sich zeitlich offenbar in der Erfahrung der Grenzsituationen und in der Gefahr des Sichuntreuwerdens.

Aber das Unbedingte selber wird nicht ganz und gar zeitlich. Wo es ist, ist es zugleich quer zur Zeit. Wo es erworben ist, ist es doch als Ewigkeit des Wesens in jedem neuen Augenblick wie durch immer zu wiederholende Wiedergeburt ursprünglich. Darum: Wo die zeitliche Entwicklung zu einem Besitz geführt zu haben scheint, kann doch noch in einem Augenblick alles verraten sein. Wo umgekehrt seine Vergangenheit den Menschen als bloßes Sosein unter endlosen Bedingungen bis zur Vernichtung zu belasten scheint, kann er doch noch in jedem Augenblick gleichsam von vorn anfangen, indem er des Unbedingten plötzlich innewird.

Der Sinn der Unbedingtheit wurde mit diesen Erörterungen zwar umkreist, aber nicht in seinem Gehalt getroffen. Dieser wird erst offenbar aus dem Gegensatz von Gut und Böse.

Im Unbedingten ist eine Wahl vollzogen. Ein Entschluß wurde zur Substanz des Menschen. Er hat gewählt, was er in der Entscheidung zwischen Gut und Böse als das Gute versteht.

Gut und Böse wird auf drei Stufen unterschieden.

Erstens: Als böse gilt die unmittelbare und uneingeschränkte Hingabe an Neigungen und sinnliche Antriebe, an die Lust und das Glück dieser Welt, an das Dasein als solches, kurz: böse ist das Leben des Menschen, das im Bedingten bleibt, daher nur abläuft wie das Leben der Tiere, wohlgeraten oder mißraten, in der Unruhe des Anderswerdens, und das nicht entschieden wird.

Dagegen ist gut das Leben, das zwar nicht jenes Glück des Daseins verwirft, aber es unter die Bedingung des moralisch Gültigen stellt. Dieses moralisch Gültige wird verstanden als allgemeines Gesetz des moralisch richtigen Handelns. Diese Geltung ist das Unbedingte.

Zweitens: Gegenüber der bloßen Schwäche, die den Neigungen nachgibt, gilt als eigentlich böse erst die Verkehrung, wie Kant sie verstand, daß ich das Gute nur tue, wenn es mir keinen Schaden bringt oder doch nicht zuviel kostet, abstrakt gesagt: daß das Unbedingte der moralischen Forderung zwar gewollt, im Gehorsam gegen das Gesetz des Guten jedoch nur so weit befolgt wird, als es unter der Bedingung einer ungestörten Befriedigung der sinnlichen Glücksbedürfnisse möglich ist; nur unter dieser Bedingung, nicht unbedingt will ich gut sein. Diese Scheingüte ist sozusagen ein Luxus glücklicher Verhältnisse, in denen ich mir das Gutsein leisten kann. Im Falle des Konflikts zwischen moralischer Forderung und meinem Daseinsinteresse bin ich je nach der Größe dieses Interesses uneingestandenerweise vielleicht zu jeder Schandtat bereit. Um nicht selbst zu sterben, begehe ich auf Befehl Morde. Durch die Gunst meiner Lage, die mir den Konflikt erspart, lasse ich mich über mein Bösesein täuschen.

Dagegen ist gut das Sichherausholen aus dieser Verkehrung des Bedingungsverhältnisses, die in der Unterwerfung des Unbedingten unter die Bedingungen des Daseinsglücks besteht, und damit die Rückkehr zur eigentlichen Unbedingtheit. Es ist die Verwandlung aus ständigem Selbstbetrug in der Unreinheit der Motive zu dem Ernst des Unbedingten.

Drittens: Als böse gilt erst der Wille zum Bösen, das heißt der Wille zur Zerstörung als solcher, der Antrieb zum Quälen, zur Grausamkeit, zur Vernichtung, der nihilistische Wille zum Verderben von allem, was ist und was Wert hat. Gut ist dagegen das Unbedingte, das die Liebe und damit der Wille zur Wirklichkeit ist.

Vergleichen wir die drei Stufen:

Auf der ersten Stufe ist das Verhältnis von Gut und Böse das moralische: die Beherrschung der unmittelbaren Antriebe durch den Willen, der den sittlichen Gesetzen folgt. Es steht – mit Kants Worten – die Pflicht gegen die Neigung.

Auf der zweiten Stufe ist das Verhältnis das ethische: die Wahrhaftigkeit der Motive. Es steht die Reinheit des Unbedingten gegen die Unreinheit in der Verkehrung des Bedingungsverhältnisses, in der faktisch das Unbedingte vom Bedingten abhängig wird.

Auf der dritten Stufe ist das Verhältnis das metaphysische: das Wesen der Motive. Es steht die Liebe gegen den Haß. Liebe drängt zum Sein, Haß zum Nichtsein. Liebe wächst aus dem Bezug auf Transzendenz, Haß sinkt zum selbstischen Punkt in der Loslösung von Transzendenz. Liebe wirkt als stilles Bauen in der Welt, Haß als laute, das Sein im Dasein auslöschende und das Dasein selbst vernichtende Katastrophe.

Jedesmal zeigt sich eine Alternative und damit die Forderung der Entscheidung. Der Mensch kann nur das eine oder das andere wollen, wenn er wesentlich wird. Er folgt der Neigung oder der Pflicht, er steht in der Verkehrung oder in der Reinheit seiner Motive, er lebt aus dem Haß oder aus der Liebe. Aber die Entscheidung kann er aussetzen. Statt zu entscheiden, schwanken und taumeln wir durch das Leben, verbinden das eine mit dem andern und erkennen dies gar an als notwendigen Widerspruch. Schon diese Unentschiedenheit ist böse. Es erwacht der Mensch erst, wenn er Gut und Böse unterscheidet. Er wird er selbst, wenn er in seinem Tun entschieden ist, wohin er will. Wir alle müssen ständig von neuem uns wiedergewinnen aus der Unentschiedenheit. Wir sind so wenig fähig, uns zum Guten zu vollenden, daß sogar die Kraft unserer uns hinreißenden Neigungen im Dasein unerläßlich ist für die Helligkeit der Pflicht; daß wir nicht umhin können, wenn wir wirklich lieben, gerade dann auch zu hassen, nämlich das, was das Geliebte bedroht, daß wir in die Verkehrung der Unreinheit gerade dann geraten, wenn wir unsere Motive gewiß für rein halten.

Die Entscheidung hat auf jeder der drei Stufen ihren eigenen Charakter. Moralisch meint der Mensch seinen Entschluß denkend als den richtigen zu begründen. Ethisch stellt er sich aus der Verkehrung durch eine Wiedergeburt seines guten Willens wieder her. Metaphysisch wird er sich bewußt, sich selbst geschenkt zu sein in seinem Liebenkönnen. Er wählt das Richtige, wird wahr in seinen Beweggründen, lebt aus der Liebe. Erst in der Einheit dieses Dreifachen geschieht die Verwirklichung des Unbedingten.

Aus der Liebe zu leben, das scheint alles andere einzuschließen. Wirkliche Liebe macht zugleich die sittliche Wahrheit ihres Tuns gewiß. Darum sagte Augustin: Liebe und tue, was du willst. Aber es ist uns Menschen unmöglich, etwa allein aus der Liebe, dieser Kraft der dritten Stufe, zu leben; denn wir geraten ständig in Abgleitungen und Verwechslungen. Daher dürfen wir uns auf unsere Liebe nicht blind und nicht für jeden Augenblick verlassen, sondern müssen sie erhellen. Und daher sind für uns endliche Wesen weiter unumgänglich die Disziplin des Zwangs, mit dem wir unsere Leidenschaften in unsere Gewalt bekommen, unumgänglich das Mißtrauen gegen uns selber wegen der Unreinheit unserer Motive. Wenn wir uns sicher fühlen, gehen wir gerade in die Irre.

Erst die Unbedingtheit des Guten erfüllt die bloßen Pflichten mit Gehalt, kann die sittlichen Motive zur Reinheit läutern, vermag den Vernichtungswillen des Hasses aufzulösen.

Der Grund der Liebe aber, in der das Unbedingte gegründet ist, ist eins mit dem Willen zur eigentlichen Wirklichkeit. Was ich liebe, von dem will ich, daß es sei. Und was eigentlich ist, das kann ich nicht erblicken, ohne es zu lieben.

6. Der Mensch

Was ist der Mensch? Er wird erforscht als Leib durch die Physiologie, als Seele durch die Psychologie, als Gemeinschaftswesen durch die Soziologie. Wir wissen vom Menschen als Natur, die wir erkennen wie die Natur anderer Lebewesen, und als Geschichte, die wir erkennen durch kritische Reinigung der Überlieferung, durch Verstehen des von Menschen in Tun und Denken gemeinten Sinnes und durch Erklären der Geschehnisse aus Motiven, Situationen, Naturrealitäten. Unsere Erforschung des Menschen hat vielerlei Wissen gebracht, aber nicht das Wissen vom Menschen im Ganzen.

Es ist die Frage, ob der Mensch überhaupt erschöpfend begriffen werden kann in dem, was von ihm wißbar ist. Oder ob er darüber hinaus etwas ist, nämlich Freiheit, die sich jeder gegenständlichen Erkenntnis entzieht, aber ihm doch als unentrinnbare Möglichkeit gegenwärtig ist.

In der Tat ist der Mensch sich zugänglich in der doppelten Weise: als Objekt der Forschung und als Existenz der aller Forschung unzugänglichen Freiheit. Im einen Falle sprechen wir vom Menschen als

Gegenstand, im anderen Falle von dem Ungegenständlichen, das der Mensch ist und dessen er innewird, wenn er sich seiner selbst eigentlich bewußt ist. Was der Mensch ist, können wir nicht erschöpfen in einem Gewußtsein von ihm, sondern nur erfahren im Ursprung unseres Denkens und Tuns. Der Mensch ist grundsätzlich mehr, als er von sich wissen kann.

Unserer Freiheit sind wir uns bewußt, wenn wir Ansprüche an uns erkennen. Es liegt an uns, ob wir sie erfüllen oder ihnen ausweichen. Wir können im Ernste nicht bestreiten, daß wir etwas entscheiden und damit über uns selbst entscheiden, und daß wir verantwortlich sind.

Wer etwa versucht, das abzulehnen, kann konsequenterweise auch an andere Menschen keine Forderungen stellen. Als ein Angeklagter vor Gericht seine Unschuld damit begründete, daß er so geboren sei und nicht anders könne, daher nicht haftbar zu machen sei, antwortete der gut gelaunte Richter: das sei ebenso richtig wie die Auffassung vom Handeln des ihn strafenden Richters: nämlich auch dieser könne nicht anders, da er nun einmal so sei und notwendig nach den gegebenen Gesetzen so handeln müsse.

Sind wir unserer Freiheit gewiß, so wird alsbald ein zweiter Schritt zu unserer Selbsterfassung getan: der Mensch ist das gottbezogene Wesen. Was heißt das?

Wir haben uns nicht selbst geschaffen. Jeder kann von sich denken, es sei möglich gewesen, daß er nicht sei. Dies ist uns mit den Tieren gemeinsam. Aber dazu sind wir in unserer Freiheit, wo wir durch uns entscheiden und nicht einem Naturgesetz automatisch unterliegen, nicht durch uns selbst, sondern wir werden uns in unserer Freiheit geschenkt. Wir können, wenn wir nicht lieben, nicht wissen, was wir sollen, unsere Freiheit nicht erzwingen. Wenn wir frei entscheiden und erfüllt vom Sinn unser Leben ergreifen, so sind wir uns bewußt, uns nicht uns selbst zu verdanken. Auf der Höhe der Freiheit, auf der uns unser Tun notwendig erscheint, nicht durch äußeren Zwang des nach Naturgesetzen unausweichlichen Geschehens, sondern als inneres Einverständnis eines gar nicht anders Wollenden, dann sind wir in unserer Freiheit als uns von der Transzendenz gegeben bewußt. Je mehr der Mensch eigentlich frei ist, desto gewisser ist ihm Gott. Wo ich eigentlich frei bin, bin ich gewiß, daß ich es nicht durch mich selbst bin. – Wir Menschen sind uns niemals selbst genug. Wir drängen über uns hinaus und wachsen selber mit der Tiefe unseres Gottesbewußtseins, durch das wir zugleich uns durchsichtig werden in unserer Nichtigkeit.

Die Gottbezogenheit des Menschen ist nicht eine naturgegebene Eigenschaft. Weil sie nur ist ineins mit der Freiheit, leuchtet sie jedem einzelnen erst auf, wo er den Sprung vollzieht aus seiner bloß vitalen Daseinsbehauptung zu sich selbst, das heißt dorthin, wo er eigentlich frei von der Welt nun erst der Welt ganz offen wird, wo er unabhängig von der Welt sein kann, weil er gebunden an Gott lebt. Gott ist für mich in dem Maße, als ich eigentlich existiere.

Ich wiederhole noch einmal: der Mensch ist als Dasein in der Welt ein erkennbarer Gegenstand. Zum Beispiel wird er in den Rassentheorien in besonderen Artungen begriffen, in der Psychoanalyse in seinem Unbewußten und dessen Wirkungen, im Marxismus als durch Arbeit produzierendes Lebewesen, das durch seine Produktion Naturbeherrschung und Gemeinschaft, beides in einer vermeintlich vollendbaren Weise, gewinnt. Aber alle solche Erkenntniswege begreifen etwas am Menschen, etwas in der Tat Geschehendes, aber niemals den Menschen im Ganzen. Indem solche Forschungstheorien sich zu absoluter Erkenntnis des ganzen Menschen steigern – und sie alle haben es getan –, verlieren sie den eigentlichen Menschen aus dem Auge und bringen in den an diese Theorien Glaubenden das Bewußtsein vom Menschen und schließlich die Menschlichkeit selbst bis an die Grenze des Verlöschens – das Menschsein, das Freiheit ist und Gottbezogenheit.

Es ist von höchstem Interesse, den Erkenntnissen vom Menschen zu folgen, und es ist lohnend, wenn es mit wissenschaftlicher Kritik geschieht. Dann weiß man methodisch, was und wie und in welchen Grenzen man etwas weiß und wie wenig es ist, wenn man es an der Gesamtheit des Möglichen mißt, und wie radikal unzugänglich diesem Erkennen das eigentliche Menschsein bleibt. Dann sind die Gefahren abgewendet, die in den Verschleierungen des Menschen durch Scheinwissen von ihm erwachsen.

Im Wissen um die Grenzen des Wissens vertrauen wir uns um so klarer der Führung an, die wir für unsere Freiheit durch die Freiheit selbst finden, wenn sie auf Gott bezogen ist.

Das ist die große Frage des Menschseins, woher der Mensch seine Führung hat. Denn gewiß ist: sein Leben läuft nicht wie das der Tiere in der Folge der Generationen nur in naturgesetzlich gleichen Wiederholungen ab, sondern die Freiheit des Menschen eröffnet ihm mit der Unsicherheit seines Seins zugleich die Chancen, noch zu werden, was er eigentlich sein kann. Dem Menschen ist gegeben, aus Freiheit mit seinem Dasein gleichsam wie mit einem Material umzugehen. Er erst hat daher Geschichte, das heißt er lebt statt nur aus seinem biologischen Erbe aus der Überlieferung. Des Menschen Dasein läuft nicht nur ab wie Naturgeschehen. Seine Freiheit aber ruft nach Führung.

Daß die Führung durch eine Gewalt von Menschen über Menschen ersetzt wird, erörtern wir hier nicht. Wir fragen nach der letzten Führung des Menschen. Die These philosophischen Glaubens ist: der Mensch kann in Führung durch Gott leben. Was das heißt, haben wir zu klären.

Im Unbedingten glauben wir die Führung durch Gott zu spüren. Aber wie ist das möglich, wenn Gott nicht leibhaftig, in keiner Weise eindeutig als Gott selber da ist? Wenn Gott führt: wodurch hört der Mensch, was Gott will? Gibt es eine Begegnung des Menschen mit Gott? Wie vollzieht sie sich?

In autobiographischen Schilderungen wird berichtet, wie in Entscheidungsfragen des Lebenswegs nach langen Zweifeln plötzliches Gewißsein eintritt. Diese Gewißheit ist nach ratlosem Schwanken die Freiheit des Handelnkönnens. Aber je entschiedener sich der Mensch in der Klarheit dieser Gewißheit frei weiß, desto heller wird ihm auch die Transzendenz, durch die er ist.

Kierkegaard vollzog seine Selbstreflexion alle Tage in bezug auf Gottes Führung derart, daß er ständig sich in Gottes Hand wußte: durch das von ihm Getane und durch das in der Welt ihm Geschehende hörte er Gott und erfuhr doch jedes Gehörte in seiner Vieldeutigkeit. Nicht eine Führung in Greifbarkeit und eindeutigem Gebotensein lenkte ihn, sondern die Führung durch die Freiheit selbst, die sich entschieden, weil im transzendenten Grunde gebunden weiß.

Die Führung durch die Transzendenz ist anders als jede Führung in der Welt, denn es gibt nur eine Weise der Führung durch Gott. Sie geschieht auf dem Wege über die Freiheit selbst. Gottes Stimme liegt in dem, was dem einzelnen Menschen aufgeht in Selbstvergewisserung, wenn er aufgeschlossen ist für alles, was aus Überlieferung und Umwelt an ihn herantritt.

Der Mensch wird geführt im Medium seines Urteils über sein eigenes Tun. Dieses Urteil hemmt oder treibt an, korrigiert oder bestätigt. Die Stimme Gottes als Urteil über des Menschen Tun hat keinen andern Ausdruck in der Zeit als in diesem Urteil des Menschen über seine Gefühle, Motive, Handlungen. In der freien, redlichen Weise des urteilenden Selbstwahrnehmens, in Selbstanklage, in Selbstbejahung findet der Mensch indirekt nie endgültig und immer auch noch zweideutig Gottes Urteil.

Daher ist das menschliche Urteil von vornherein im Irrtum, wenn der Mensch darin Gottes Stimme selber endgültig zu finden oder sich auf sich darin verlassen zu können meint. Unerbittlich müssen wir durchschauen unsere Eigenmächtigkeit schon in der Selbstzufriedenheit unseres moralischen Handelns und gar unseres vermeintlichen Rechthabens.

In der Tat kann der Mensch nie im ganzen und endgültig mit sich zufrieden sein; im Urteil über sich kann er sich nicht auf sich allein stützen. Er verlangt aber notwendig nach einem Urteil seiner Mitmenschen über sein Tun. Dabei ist er empfindlich für den Rang der Menschen, deren Urteil er erfährt. Weniger berührt ihn, was der Durchschnitt und die Menge und was Abgeglittene und was verwahrloste Institutionen sagen; auch dies ist ihm nicht gleichgültig. Aber das entscheidende Urteil ist am Ende auch nicht das der ihm wesentlichen Menschen, obgleich dieses das einzige in der Welt zugängliche ist; entscheidend wäre das Urteil Gottes.

Die volle Eigenmächtigkeit des Einzelnen im Urteil über sich tatsächlich ist kaum je wirklich gewesen. Immer liegt ihm wesentlich am Urteil eines anderen. So lebt die heroische Haltung der Primitiven, welche unbeirrbar tapfer in den Tod gehen, doch im Blick auf andere: daß ihr Ruhm unvergänglich sei, ist der Trost der sterbenden Helden der Edda.

Anders der eigentliche einsame Heroismus, der weder in der Gemeinschaft gestützt ist noch Nachruhm im Auge hat. Dieses echte Auf-sich-selber-Stehen ist vielleicht getragen von dem Einklang eines glücklich gearteten Wesens mit sich selbst, zehrt vielleicht unbewußt noch von einer geschichtlich überlieferten Substanz als der erinnerten Gemeinschaft, findet jedoch für sein Bewußtsein nichts in der gegenwärtigen Welt, an das es sich hält. Aber wenn dieser Heroismus nicht ins Nichts versinkt, so weist er auf eine tiefe Bindung in dem, was eigentlich ist und das ausgesprochen statt des Urteils des Menschen das Urteil Gottes wäre.

Wenn die Wahrheit des führenden Urteils allein auf dem Wege über die Selbstüberzeugung sich zeigt, so in zwei Formen: als *allgemeingültige Forderung* und als *geschichtlicher Anspruch*.

Die allgemeingültigen sittlichen Forderungen sind der Einsicht überzeugend. Seit den Zehn Geboten sind sie eine Form der Gegenwart Gottes. Diese Forderungen können zwar anerkannt und befolgt werden ohne Gottesglauben in herber Beschränkung auf das, was der Mensch von sich aus tun kann. Aber der Ernst des Gehorsams gegen das in Freiheit einsichtige sittliche Gebot pflegt verbunden zu sein mit dem Hören der Transzendenz gerade in dieser Freiheit.

Aus dem allgemeinen Gebot und Verbot läßt sich jedoch das Handeln in der konkreten Situation nicht zureichend ableiten. Vielmehr liegt in der geschichtlich je gegenwärtigen Situation die Führung durch die unmittelbare und unableitbare Forderung des So-tun-Müssens. Was der Einzelne hier als das, was er soll, zu hören glaubt, bleibt aber in aller Gewißheit fraglich. Im Wesen dieses Hörens auf Gottes Führung liegt das Wagnis des Verfehlens, daher die Bescheidung. Diese schließt die Sicherheit in der Gewißheit aus, verbietet die Verallgemeinerung des eigenen Tuns zur Forderung für alle und verwehrt den Fanatismus. Auch die reinste Klarheit des Weges, wie er unter Gottes Führung gesehen wird, darf daher nicht zu der Selbstgewißheit führen, daß der Weg der einzige wahre für alle sei.

Denn es kann in der Folge immer alles noch anders aussehen. In der Helle kann doch ein Irrweg beschritten sein. Selbst in der Gewißheit des Entschlusses muß, soweit er in der Welt erscheint, eine Schwebe bleiben. Denn der Hochmut des absolut Wahren ist die eigentlich vernichtende Gefahr für die Wahrheit in der Welt. In der augenblicklichen Gewißheit ist die Demut der bleibenden Frage unerläßlich.

Erst im Rückblick kann das große Staunen möglich sein angesichts einer unbegreiflichen Führung. Aber auch da ist es nie gewiß, wird die Führung Gottes nicht zu einem Besitz.

Psychologisch gesehen, ist die Stimme Gottes nur in hohen Augenblicken wahrnehmbar. Aus ihnen her und zu ihnen hin leben wir.

Wenn der Mensch die Führung durch Transzendenz erfährt, ist dann Transzendenz für ihn wirklich? Wie verhält er sich zu ihr?

Der Bezug unseres Wesens auf Transzendenz kann in der Kargheit des Anschauungslosen doch von alles entscheidendem Ernst sein. Aber als Menschen in unserer Welt drängen wir doch auf Stützpunkte unserer Gewißheit in einer Anschaulichkeit. Die in der Welt höchste Anschaulichkeit ist die Kommunikation von Persönlichkeit zu Persönlichkeit. Daher wird der Bezug auf Transzendenz – wenn wir das Ungemäße vollziehen – anschaulich gegenwärtig in der Begegnung mit dem persönlichen Gott. Die Gottheit wird zu uns gezogen in ihrem Aspekt des Persönlichseins, und zugleich steigern wir uns zu einem Wesen, das mit diesem Gott sprechen dürfe.

In der Welt wollen die Mächte uns beherrschen, die uns zu Boden werfen: die Furcht vor der Zukunft, die angstvolle Bindung an den gegenwärtigen Besitz, die Sorge angesichts der schrecklichen Möglichkeiten. Gegen sie kann der Mensch angesichts des Todes vielleicht ein Vertrauen gewinnen, das noch im Äußersten, Undeutbaren, Sinnfremdesten doch in Ruhe sterben läßt.

Das Vertrauen zum Seinsgrunde kann als zweckfreier Dank, als Ruhe im Glauben an Gottes Sein sich aussprechen.

Im Leben ist unserer Freiheit zumute, als ob wir von dort Hilfe erführen.

Helfer und Widersacher sieht die Vielgötterei in Göttern und Dämonen. »Ein Gott tat es«, ist das Bewußtsein den Ereignissen und den eigenen Handlungen gegenüber; ein solches Bewußtsein steigert und heiligt sie, aber läßt sie auch sich zerstreuen in der Mannigfaltigkeit der vitalen und geistigen Daseinsmöglichkeiten.

Die Hilfe Gottes dagegen im eigentlichen Selbstsein, das sich darin radikal abhängig weiß, ist die Hilfe des Einen. Wenn Gott ist, gibt es keine Dämonen.

Diese Hilfe Gottes wird oft in einem bestimmten Sinn eingeschlossen und damit verfehlt. So, wenn das Gebet – als Begegnung mit dem unsichtbaren Gotte – abgleitet von der stillsten sprachlos werdenden Kontemplation, über die Leidenschaft des Suchens der Hand des persönlichen Gottes, bis zum Anruf dieses Gottes für Zwecke des Daseinsbegehrens.

Dem Menschen, dem das Leben transparent wurde, sind alle Möglichkeiten, darunter auch die Situationen der ausweglosen Vernichtung, von Gott geschickt. Dann ist eine jede Situation Aufgabe für die Freiheit des Menschen, der darin steht, wächst und scheitert. Die Aufgabe ist aber nicht als immanentes Glücksziel zureichend bestimmbar, sondern erst klar durch die Transzendenz, diese einzige Wirklichkeit und die in ihr offenbar werdende Unbedingtheit der Liebe, die aus ihrer Vernunft unendlich aufgeschlossen sieht, was ist, und in den Realitäten der Welt die Chiffern der Transzendenz zu lesen vermag.

Priester erheben wohl den Vorwurf der hochmütigen Eigenmächtigkeit des Einzelnen, der sich philosophierend auf Gott bezieht. Sie verlangen Gehorsam gegen den offenbaren Gott. Ihnen ist zu antworten: der philosophierende Einzelne glaubt, wo er aus der Tiefe entschieden ist, Gott zu gehorchen, ohne in objektiver Garantie zu wissen, was Gott will, vielmehr in ständigem Wagnis. Gott wirkt durch freie Entschlüsse der Einzelnen.

Die Priester verwechseln Gehorsam gegen Gott mit dem Gehorsam gegen in der Welt vorkommende Instanzen der Kirche, der Bücher und Gesetze, die als direkte Offenbarung gelten.

Schließlich ist zwar eine wahre Koinzidenz zwischen dem Gehorsam gegen objektive Instanzen in der Welt und gegen den ursprünglich erfahrenen Willen Gottes möglich. Aber um diese Koinzidenz muß gerungen werden.

Wird der vom Einzelnen erfahrene Wille Gottes ausgespielt gegen die objektiven Instanzen, so ist es die Verführung zur Willkür, auszuweichen vor der Prüfung am Allgemeinen und Gemeinschaftlichen. Wird dagegen umgekehrt die objektive Instanz ausgespielt gegen den vom Einzelnen erfahrenen Willen Gottes, so ist die Verführung, auszuweichen vor dem Wagnis, Gott gehorsam zu sein, auch gegen die objektiven Instanzen im Hören seines Willens aus der Wirklichkeit selber.

Es gibt eine Ratlosigkeit im Greifen nach dem Halt in vertrauenswürdigen Gesetzen und Befehlen einer Autorität. Es gibt dagegen die sich aufschwingende Energie der Verantwortung des Einzelnen im Hören aus dem Ganzen der Wirklichkeit.

Der Rang des Menschseins liegt an der Tiefe, aus der es in diesem Hören seine Führung gewinnt.

Menschsein ist Menschwerden.

7. Die Welt

Wir nennen Realität, was uns gegenwärtig ist in der Praxis, was im Umgang mit den Sachen, mit dem Lebendigen und mit den Menschen Widerstand ist oder Stoff wird. Wir lernen die Realität kennen im alltäglichen Verkehr, dann im handwerklichen Können, im technischen Einrichten, dann im geschulten Umgang mit Menschen, dem methodischen Ordnen und Verwalten.

Was in der Praxis begegnet, wird in wissenschaftlicher Erkenntnis geklärt und als Wissen von der Realität wiederum für neue Praxis zur Verfügung gestellt.

Aber Wissenschaft von der Realität geht von vornherein über die unmittelbaren Interessen des Daseins hinaus. Sie hat in der Praxis, die immer zugleich Kampf ist, in dieser Erfahrung der Meisterung der Widerstände nur einen ihrer Ursprünge. Der Mensch will wissen, was wirklich ist, unabhängig von allem praktischen Interesse. Ein tieferer Ursprung der Wissenschaften ist die reine, hingebende Kontemplation, das sehende Sichvertiefen, das Hören auf die Antworten aus der Welt.

Wissen ist wissenschaftlich durch Methode, durch systematische Einheit alles jeweils Gewußten, das heißt durch Fortschreiten über das vielerlei Zerstreute zu den Prinzipien, in denen es zusammenhängt.

Dieses Wissen von der Realität scheint sich abzuschließen im Weltbild. Die gesamte Realität soll als eine einzige überall in sich bezogene Welt, als das Weltganze im Weltbild vor Augen treten. Wenn dieses auch jederzeit unvollständig und korrekturbedürftig sei, meint man, so sei es doch jederzeit das Ergebnis des Erkennens und sei im Prinzip erreichbar als die Gestalt, in der das Sein als Realität im Ganzen zugänglich wird. Das Weltbild soll die Gesamtheit des in sich zusammenhängenden Wissens umfassen. Weltbilder standen am Anfang des menschlichen Erkennens; und ein Weltbild will jederzeit der Erkennende, um des Ganzen in einem gewiß zu sein.

Nun ist es merkwürdig und folgenreich, daß das Suchen nach einem umfassenden Weltbilde, in dem die Welt ein Ganzes wird und sich schließt, daß dieses so selbstverständliche Begehren nach einer totalen Weltanschauung auf einem grundsätzlichen Irrtum beruht, der erst in neuerer Zeit ganz durchsichtig geworden ist.

Denn die kritische Wissenschaft lehrt in ihrem Fortgang, daß nicht nur bisher jedes Weltbild als falsch zusammengebrochen ist, sondern daß die systematischen Einheiten des Erkennens, die in der Tat Aufgabe der Wissenschaften sind, mehrfach und grundsätzlich in ihrer Wurzel verschieden werden. Das geschieht um so klarer, je fruchtbarer die Erkenntnis wird. Während die Einheiten universaler werden – vor allem in der Physik –, zeigen sich um so entschiedener die Sprünge zwischen den Einheiten, zwischen der physikalischen Welt, der Welt des Lebens, der Welt der Seele, der Welt des Geistes. Zwar stehen diese Welten in einem Zusammenhang. Sie sind geordnet in einer Stufenfolge, derart, daß die Realität der späteren Stufe zu ihrem Dasein die der früheren voraussetzt, während die Realität der früheren ohne die der späteren bestehen zu können scheint, zum Beispiel: kein Leben ohne Materie, wohl aber Materie ohne Leben. Es wurden vergebliche Versuche gemacht, die späteren aus den früheren abzuleiten, wobei jedesmal nur um so deutlicher am Ende der Sprung zutage trat. Das eine Ganze der Welt, zu der alle die erkenntnismäßig erforschbaren Einheiten gehören, ist selber keine Einheit, die etwa einer umfassenden Theorie unterworfen werden, als eine Idee der Forschung voranleuchten könnte. Es gibt kein Weltbild, sondern nur eine Systematik der Wissenschaften.

Weltbilder sind immer partikulare Erkenntniswelten, die fälschlich zum Weltsein überhaupt verabsolutiert wurden. Aus verschiedenen grundsätzlichen Forschungsideen erwachsen je besondere Perspektiven. Jedes Weltbild ist ein Ausschnitt aus der Welt; die Welt wird nicht zum Bilde. Das »wissenschaftliche Weltbild« im Unterschied vom mythischen war selber jederzeit ein neues mythisches Weltbild mit wissenschaftlichen Mitteln und dürftigem, mythischem Gehalt.

Die Welt ist kein Gegenstand, wir sind immer in der Welt, haben Gegenstände in ihr, aber nie sie selbst zum Gegenstand. So weit auch unsere methodisch untersuchenden Horizonte reichen, zumal in dem astronomischen Bilde der Sternnebel, unter denen unsere Milchstraße mit ihren Milliarden Sonnen nur einer unter Millionen ist, und in dem mathematischen Bild der universalen Materie, was immer wir hier sehen, das sind Aspekte der Erscheinungen, ist nicht der Grund der Dinge, nicht die Welt im Ganzen.

Die Welt ist ungeschlossen. Sie ist nicht aus sich selbst erklärbar, sondern in ihr wird eines aus dem anderen ins Unendliche erklärt. Niemand weiß, an welche Grenze eine künftige Forschung noch dringen wird, welche Abgründe sich ihr noch auftun werden.

Verzicht auf ein Weltbild ist schon eine Forderung der wissenschaftlichen Kritik, dann aber eine Voraussetzung philosophischen Seinsinnewerdens. Die Voraussetzung des philosophischen Seinsbewußtseins ist zwar die Bekanntschaft mit allen Richtungen wissenschaftlicher Welterforschung. Aber der verborgene Sinn des wissenschaftlichen Weltwissens scheint doch zu sein, durch das Forschen an die Grenze zu kommen, wo dem hellsten Wissen der Raum des Nichtwissens offen wird. Denn allein das vollendete Wissen kann das eigentliche Nichtwissen erwirken. Dann zeigt sich, was eigentlich ist, statt in einem gewußten Weltbilde vielmehr im erfüllten Nichtwissen, und zwar allein auf diesem Wege wissenschaftlichen Erkennens, nicht ohne es und nicht vor ihm. Die Leidenschaft des Erkennens ist es, durch seine höchste Steigerung gerade dorthin zu gelangen, wo das Erkennen scheitert. Im Nichtwissen, aber nur im erfüllten, erworbenen Nichtwissen liegt eine unersetzliche Quelle unseres Seinsbewußtseins.

Was Realität der Welt sei, klären wir uns auf einem anderen Wege. Das Erkennen mit wissenschaftlichen Methoden ist unter den allgemeinen Satz zu bringen: Alles Erkennen ist *Auslegung*. Das Verfahren beim Verstehen von Texten ist ein Gleichnis für alles Auffassen vom Sein. Dieses Gleichnis ist nicht zufällig.

Denn alles Sein haben wir nur im Bedeuten. Wenn wir es aussagen, haben wir es in der Bedeutung des Gesprochenen; und erst was in der Sprache getroffen wird, haben wir auf der Ebene der Wißbarkeit ergriffen. Aber schon vor unserm Sprechen ist in der Sprache des praktischen Umgangs mit den Dingen Sein für uns im Bedeuten; es ist jeweils bestimmt nur, indem es auf anderes verweist. Sein ist für uns im Zusammenhang seines Bedeutens. Sein und Wissen um Sein, das Seiende und unsere Sprache vom Seienden sind daher ein Geflecht mannigfachen Bedeutens. Alles Sein für uns ist Ausgelegtsein.

Bedeuten schließt in sich die Trennung von etwas, das ist, von dem, das es bedeutet, wie das Bezeichnete vom Zeichen. Wenn das Sein als Ausgelegtsein begriffen ist, so scheint auf dieselbe Weise getrennt werden zu müssen: Auslegung legt etwas aus; unserer Auslegung steht das Ausgelegte, das Sein selber gegenüber. Aber diese Trennung gelingt nicht. Denn es bleibt für uns nichts Bestehendes, geradezu Wißbares, das nur ausgelegt würde und nicht selber schon Auslegung wäre. Was immer wir wissen, es ist nur ein Lichtkegel unseres Auslegens in das Sein oder das Ergreifen einer Auslegungsmöglichkeit. Das Sein im Ganzen muß so beschaffen sein, daß es alle diese Auslegungen für uns ins Unabsehbare ermöglicht.

Aber die Auslegung ist nicht willkürlich. Sie ist als richtige von einem objektiven Charakter. Das Sein erzwingt diese Auslegungen. Alle Seinsweisen für uns sind zwar Weisen des Bedeutens, aber doch auch Weisen notwendigen Bedeutens. Die Kategorienlehre als die Lehre von den Strukturen des Seins entwirft daher die Seinsweisen als Bedeutungsweisen, zum Beispiel als Kategorien des »Gegenständlichen« in Identität, Beziehung, Grund und Folge oder als Freiheit oder als Ausdruck usw.

Alles Sein in seinem Bedeuten ist für uns wie eine nach allen Seiten sich erweiternde Spiegelung.

Auch die Weisen der Realität sind Weisen des Ausgelegtseins. Auslegung heißt, daß das Ausgelegte nicht die Wirklichkeit des Seins an sich selber ist, sondern eine Weise, die das Sein darbietet. Absolute Wirklichkeit ist nicht durch eine Auslegung geradezu zu treffen. Es ist jedesmal eine Verkehrung unseres Wissens, wenn der Inhalt einer Auslegung für die Wirklichkeit selber gehalten wird.

Den Charakter der Realität der Welt können wir grundsätzlich aussprechen als die *Erscheinungshaftigkeit* des Daseins. Was wir bisher erörterten: das Schwebende aller Weisen der Realität, der Charakter der Weltbilder als nur relativer Perspektiven, der Charakter des Erkennens als Auslegung, das Gegebensein des Seins für uns in Subjekt-Objekt-Spaltung, diese Grundzüge des uns möglichen Wissens bedeuten: alle Gegenstände sind nur Erscheinungen; kein erkanntes Sein ist das Sein an sich und im Ganzen. Die Erscheinungshaftigkeit des Daseins ist von Kant zu voller Klarheit gebracht. Wenn sie auch nicht zwingend, weil selber nicht gegenständlich, sondern nur transzendierend einsehbar ist, so kann eine Vernunft, die überhaupt zu transzendieren vermag, sich ihr nicht entziehen. Dann aber bringt sie nicht zu bisherigem Wissen ein neues einzelnes Wissen hinzu, sondern erwirkt einen Ruck des Seinsbewußtseins im Ganzen. Daher das plötzliche, aber dann unverlierbare Licht, das im philosophischen Denken des Weltseins aufgeht. Bleibt es aus, so bleiben die Sätze im Grunde unverstanden, weil unvollzogen.

Nicht nur die absoluten Weltbilder sind dahin. Die Welt ist ungeschlossen und für das Erkennen in Perspektiven zerrissen, weil nicht auf ein einziges Prinzip zu bringen. Das Weltsein im Ganzen ist kein Gegenstand des Erkennens.

Wir vertiefen unsere Vergewisserung des Weltseins in Hinsicht auf unsere frühere Vergewisserung von Gott und Existenz zu dem Satze: Die Realität in der Welt hat *ein verschwindendes Dasein zwischen Gott und Existenz.*

Der Alltag scheint das Gegenteil zu lehren: uns Menschen gilt die Welt oder etwas in der Welt als absolut. Und man kann vom Menschen, der so vieles zum letzten Inhalt seines Wesens gemacht hat, mit Luther sagen: Woran du dich hältst, worauf du setzest, das ist eigentlich dein Gott. Der Mensch kann nicht anders als etwas absolut nehmen, mag er es wollen und wissen oder nicht, mag er es zufällig und wechselnd oder entschieden und kontinuierlich tun. Für den Menschen gibt es gleichsam den Ort des Absoluten. Dieser Ort ist für ihn unumgehbar. Er muß ihn ausfüllen.

Die Geschichte der Jahrtausende zeigt wunderbare Erscheinungen von Menschen, die die Welt überschritten. Indische Asketen – und einzelne Mönche in China und im Abendland – verließen die Welt, um in weltloser Meditation des Absoluten innezuwerden. Die Welt war wie verschwunden, das Sein – von der Welt her gesehen das Nichts – alles.

Chinesische Mystiker befreiten sich vom haftenden Begehren in der Welt zu reiner Beschauung, in der ihnen alles Dasein Sprache wurde, transparent, verschwindende Erscheinung des Ewigen und unendliche Allgegenwart seines Gesetzes. Ihnen tilgte sich die Zeit in der Ewigkeit zur Gegenwärtigkeit der Sprache der Welt.

Abendländische Forscher, Philosophen, Dichter, selten auch Täter, gingen durch die Welt, als ob sie, in aller Bindung an sie, ständig wie von außen her kämen. Aus einer fernen Heimat stammend, fanden sie in der Welt sich und die Dinge und überschritten in innigster Nähe zu ihnen die zeitliche Erscheinung zugunsten ihrer Erinnerung des Ewigen.

An die Welt gebunden, neigen wir anderen, die jenen Boden im Sein nicht mit eindeutiger Gewißheit der Lebenspraxis und des Wissens gefunden haben, zur Abschätzung der Welt:

Die Welt als eine Seinsharmonie zu erblicken, dazu verführt in glücklichen Situationen der Zauber der weltlichen Erfüllung. Dagegen empört sich die Erfahrung des entsetzlichen Unheils und die dieser Realität ins Angesicht blickende Verzweiflung. Ihr Trotz stellt gegen die Seinsharmonie den Nihilismus im Satz: alles ist Unsinn.

Unbefangene Wahrhaftigkeit muß sowohl die Seinsharmonie wie die nihilistische Zerrissenheit in ihrer Unwahrheit durchschauen. In beiden steckt ein Totalurteil, und jedes Totalurteil über die Welt und die Dinge beruht auf unzureichendem Wissen. Gegen die Fixierung der entgegengesetzten Totalurteile aber ist uns Menschen aufgegeben, bereit zu sein zum unablässigen Hören auf Ereignis, Schicksal und eigenes Getanhaben im zeitlichen Gang des Lebens. Solche Bereitschaft schließt in sich zwei Grunderfahrungen:

Erstens die Erfahrung der absoluten Transzendenz Gottes zur Welt: der verborgene Gott rückt in immer größere Ferne, wenn ich ihn allgemein und für immer fassen und begreifen möchte; er ist unberechenbar nah durch absolut geschichtliche Gestalt seiner Sprache in je einmaliger Situation.

Zweitens die Erfahrung der Sprache Gottes in der Welt: das Weltsein ist nicht an sich, sondern in ihm geschieht in bleibender Vieldeutigkeit die Sprache Gottes, die nur geschichtlich ohne Verallgemeinerung im Augenblick für Existenz eindeutig werden kann.

Freiheit für das Sein sieht die Welt an sich, so wie sie ist, nicht als das letzte. In ihr trifft sich, was ewig ist und zeitlich erscheint.

Aber ewiges Sein erfahren wir doch nicht außer dem, das reale zeitliche Erscheinung für uns wird. Weil, was für uns ist, in der Zeitlichkeit des Weltseins erscheinen muß, gibt es kein direktes Wissen von Gott und der Existenz. Es gibt hier nur den Glauben.

Die Glaubensgrundsätze – Gott ist; es gibt die unbedingte Forderung; der Mensch ist endlich und unvollendbar; der Mensch kann in Führung durch Gott leben – lassen uns ihre Wahrheit nur fühlbar werden, insofern in ihnen mitschwingt ihre Erfüllung in der Welt als Sprache Gottes. Sollte Gott, die Welt gleichsam umgehend, direkt sich der Existenz nahen, so ist, was geschieht, inkommunikabel. Alle Wahrheit der allgemeinen Grundsätze spricht in einer Gestalt der Überlieferung und der im Leben erworbenen Besonderung; das einzelne Bewußtsein ist in diesen Gestalten zu dieser Wahrheit erwacht; die Eltern haben es gesagt. Es spricht eine unendliche geschichtliche

Tiefe der Herkunft von Formeln: »um seines heiligen Namens willen« . . . »Unsterblichkeit« . . . »Liebe« . . .

Je allgemeiner die Glaubensgrundsätze, desto weniger geschichtlich sind sie. Sie erheben den hohen Anspruch rein in der Abstraktion. Aber mit solchen Abstraktionen allein kann kein Mensch leben, sie bleiben im Versagen konkreter Erfüllung nur als ein Minimum, an dem Erinnerung und Hoffnung einen Leitfaden haben. Sie haben zugleich eine säubernde Kraft: sie machen frei von Fesseln der bloßen Leibhaftigkeit und von abergläubischen Engen für das Aneignen der großen Überlieferung zugunsten gegenwärtiger Verwirklichung.

Gott ist das Sein, an das restlos mich hinzugeben die eigentliche Weise der Existenz ist. An was ich mich hingebe in der Welt, bis zum Einsatz meines Lebens, das steht in bezug auf Gott, unter der Bedingung von Gottes geglaubtem Willen, unter ständiger Prüfung. Denn in blinder Hingabe dient der Mensch gedankenlos der Macht, die nur faktisch, nicht durchhellt, über ihm ist, dient schuldhaft (infolge seines Mangels an Sehen, Fragen, Denken) vielleicht dem »Teufel«.

In der Hingabe an Realität in der Welt – das unerläßliche Medium der Hingabe an Gott – wächst das Selbstsein, das sich zugleich in dem behauptet, an das es sich hingibt. Wenn aber alles Dasein eingeschmolzen wurde in der Realität, in Familie, Volk, Beruf, Staat, in die Welt, und wenn dann die Realität dieser Welt versagt, dann wird die Verzweiflung des Nichts nur dadurch besiegt, daß auch gegen alles bestimmte Weltsein die entscheidende Selbstbehauptung vollzogen wurde, die allein vor Gott steht und aus Gott ist. Erst in der Hingabe an Gott, nicht an die Welt, wird dieses Selbstsein selber hingegeben und als Freiheit empfangen, es in der Welt zu behaupten.

Zum verschwindenden, zwischen Gott und Existenz sich vollziehenden Weltsein gehört ein Mythus, der – in biblischen Kategorien – die Welt als Erscheinung einer transzendenten Geschichte denkt: Von der Weltschöpfung über den Abfall und dann durch die Schritte des Heilsgeschehens bis zum Weltende und zur Wiederherstellung aller Dinge. Für diesen Mythus ist die Welt nicht aus sich, sondern ein vorübergehendes Dasein im Gang eines überweltlichen Geschehens. Während die Welt etwas Verschwindendes ist, ist die Wirklichkeit in diesem Verschwinden Gott und Existenz.

Was ewig ist, erscheint in der Weltzeit. So weiß um sich auch der Mensch als einzelner. Diese Erscheinung hat den paradoxen Charakter, daß in ihr für sie noch entschieden wird, was in sich ewig ist.

8. Glaube und Aufklärung

Wir haben philosophische Glaubensgrundsätze ausgesprochen: Gott ist; es gibt die unbedingte Forderung; der Mensch ist endlich und unvollendbar; der Mensch kann in Führung durch Gott leben; die Realität der Welt hat ein verschwindendes Dasein zwischen Gott und Existenz.

Die fünf Sätze stärken sich gegenseitig und treiben sich wechselweise hervor. Aber jeder hat seinen eigenen Ursprung in einer Grunderfahrung der Existenz.

Keiner dieser fünf Grundsätze ist beweisbar wie ein endliches Wissen von Gegenständen in der Welt. Ihre Wahrheit ist nur »aufweisbar« durch Aufmerksammachen oder »erhellbar« durch eine Gedankenführung oder zu »erinnern« durch Appell. Sie sind nicht als ein Bekenntnis gültig, sondern bleiben trotz der Kraft ihres Geglaubtseins in der Schwebe des Nichtgewußtseins. Ich folge ihnen nicht, indem ich im Bekennen einer Autorität gehorche, sondern indem ich ihrer Wahrheit mit meinem Wesen selbst mich nicht entziehen kann.

Es besteht eine Scheu vor dem glatten Aussprechen der Sätze. Sie werden zu schnell wie ein Wissen behandelt und haben darin ihren Sinn verloren. Sie werden als Bekenntnis zu leicht an die Stelle der Wirklichkeit gesetzt. Sie wollen zwar mitgeteilt sein, damit Menschen sich in ihnen verstehen, damit sie in Kommunikation vergewissert werden, damit sie erwecken, wo ein entgegenkommendes Sein es will. Aber sie verführen durch Eindeutigkeit der Aussage zu einem Scheinwissen.

Zum Aussagen gehört Diskussion. Denn wo wir denken, da ist sogleich die doppelte Möglichkeit: wir können das Wahre treffen oder verfehlen. Daher ist mit allen positiven Aussagen die Abwehr des Irrtums verbunden, geschieht neben dem ordnungsgemäßen Aufbau des Gedachten die Verkehrung. Die entwickelnde Darstellung des Positiven muß daher durchdrungen sein von negativen Urteilen, von Abgrenzung und Abwehr. Solange aber philosophiert wird, ist dieser Kampf der Diskussion nicht Kampf um Macht, sondern Kampf als Weg des Hellwerdens im Infragegestelltsein, Kampf um Klarheit des Wahren, in dem alle Waffen des Intellekts dem Gegner ebenso zur Verfügung gestellt werden wie dem Ausdruck des eigenen Glaubens.

Zur direkten Aussage komme ich im Philosophieren, wo geradezu gefragt wird. Gibt es Gott? Gibt es unbedingte Forderung im Dasein?

Ist der Mensch unvollendbar? Gibt es Führung durch Gott? Ist das Weltsein schwebend und verschwindend? Zur Antwort werde ich gezwungen, wenn die Aussagen der Glaubenslosigkeit entgegenstehen, welche etwa lauten:

Erstens: Es ist kein Gott, denn es gibt nur die Welt und die Regeln ihres Geschehens; die Welt ist Gott.

Zweitens: Es gibt kein Unbedingtes, denn die Forderungen, denen ich folge, sind entstanden und wandeln sich. Sie sind bedingt durch Gewohnheit, Übung, Überlieferung, Gehorsam; alles steht unter Bedingungen im Endlosen.

Drittens: Es gibt den vollendeten Menschen, denn der Mensch kann ein so wohlgeratenes Wesen sein wie das Tier; man wird ihn züchten können. Es gibt keine grundsätzliche Unvollendung, kein Brüchigsein des Menschen im Grunde. Der Mensch ist kein Zwischensein, sondern fertig und ganz. Wohl ist er wie alles in der Welt vergänglich, aber er ist eigengegründet, selbständig, sich genug in seiner Welt.

Viertens: Es gibt keine Führung durch Gott; diese Führung ist eine Illusion und eine Selbsttäuschung. Der Mensch hat die Kraft, sich selbst zu folgen, und kann sich auf die eigene Kraft verlassen.

Fünftens: Die Welt ist alles, ihre Realität ist die einzige und eigentliche Wirklichkeit. Da es keine Transzendenz gibt, ist zwar in der Welt alles vergänglich, die Welt aber absolut, ewig nicht verschwindend, kein schwebendes Übergangsein.

Solchen Aussagen der Glaubenslosigkeit gegenüber ist die philosophische Aufgabe zwiefach: ihre Herkunft zu begreifen und den Sinn der Glaubenswahrheit zu klären.

Die Glaubenslosigkeit gilt als Folge der Aufklärung. Was aber ist Aufklärung?

Die Forderungen der Aufklärung richten sich gegen Blindheit des fraglosen Fürwahrhaltens; gegen Handlungen, die nicht bewirken können, was sie meinen – wie magische Handlungen –, da sie auf nachweislich falschen Voraussetzungen beruhen; gegen das Verbot des einschränkungslosen Fragens und Forschens; gegen überkommene Vorurteile. Aufklärung fordert unbegrenztes Bemühen um Einsicht und ein kritisches Bewußtsein von der Art und Grenze jeder Einsicht.

Es ist der Anspruch des Menschen, es solle ihm einleuchtend werden, was er meint, will und tut. Er will selbst denken. Er will mit dem Verstande fassen und möglichst bewiesen haben, was wahr ist. Er verlangt Anknüpfung an grundsätzlich jedermann zugängliche Erfahrungen. Er sucht Wege zum Ursprung der Einsicht, statt sie als fertiges Ergebnis zur Annahme vorgelegt zu erhalten. Er will einsehen, in welchem Sinne ein Beweis gilt und an welchen Grenzen der Verstand scheitert. Begründung möchte er auch noch für das, was er am Ende als unbegründbare Voraussetzungen zum Grunde seines Lebens machen muß: für die Autorität, der er folgt, für die Ehrfurcht, die er fühlt, für den Respekt, den er dem Gedanken und Tun großer Menschen erweist, für das Vertrauen, das er einem, sei es zur Zeit und in dieser Situation, sei es überhaupt Unbegriffenen und Unbegreifbaren schenkt. Noch im Gehorsam will er wissen, warum er gehorcht. Alles, was er für wahr hält und als recht tut, stellt er ohne Ausnahme unter die Bedingung, selbst innerlich dabeisein zu können. Er ist nur dabei, wenn seine Zustimmung in seiner Selbstüberzeugung die Bestätigung findet. Kurz: Aufklärung ist – mit Kants Worten – der »Ausgang des Menschen von seiner selbstverschuldeten Unmündigkeit«. Sie ist zu ergreifen als der Weg, auf dem der Mensch zu sich selbst kommt.

Aber die Ansprüche der Aufklärung werden so leicht mißverstanden, daß der Sinn der Aufklärung zweideutig ist. Sie kann wahre und sie kann falsche Aufklärung sein. Und daher ist der Kampf gegen die Aufklärung seinerseits zweideutig. Er kann – mit Recht – gegen die falsche oder – mit Unrecht – gegen die wahre Aufklärung sich richten. Oft vermengen sich beide in eins.

Im Kampf gegen die Aufklärung sagt man: sie zerstöre die Überlieferung, auf der alles Leben ruhe; sie löse den Glauben auf und führe zum Nihilismus; sie gebe jedem Menschen die Freiheit seiner Willkür, werde daher Ausgang der Unordnung und Anarchie; sie mache den Menschen unselig, weil bodenlos.

Diese Vorwürfe treffen eine falsche Aufklärung, die selber den Sinn der echten Aufklärung nicht mehr versteht. *Falsche* Aufklärung meint alles Wissen und Wollen und Tun auf den bloßen Verstand gründen zu können (statt den Verstand nur als den nie zu umgehenden Weg der Erhellung dessen, was ihm gegeben werden muß, zu nutzen); sie verabsolutiert die immer partikularen Verstandeserkenntnisse (statt sie nur in dem ihnen zukommenden Bereich sinngemäß anzuwenden); sie verführt den Einzelnen zum Ausspruch, für sich allein wissen und auf Grund seines Wissens allein handeln zu können, als ob der Einzelne alles wäre (statt sich auf den lebendigen Zusammenhang des in Gemeinschaft in Frage stellenden und fördernden Wissens zu gründen); ihr mangelt der Sinn für Ausnahme und Autorität, an denen beiden alles menschliche Leben sich orientieren muß. Kurz, sie will den Menschen auf sich selbst stellen, derart, daß er alles Wahre und ihm Wesentliche durch Verstandeseinsicht erreichen kann. Sie will nur wissen und nicht glauben.

Wahre Aufklärung dagegen zeigt zwar dem Denken und dem Fragenkönnen nicht absichtlich, von außen und durch Zwang, eine Grenze, wird sich aber der faktischen Grenze bewußt. Denn sie klärt nicht nur das bis dahin Unbefragte, die Vorurteile und vermeintlichen Selbstverständlichkeiten, sondern auch sich selber auf. Sie verwechselt nicht die Wege des Verstandes mit den Gehalten des Menschseins. Diese zeigen sich der Aufklärung zwar erhellbar durch einen vernünftig geführten Verstand, sind aber nicht auf den Verstand zu gründen.

Wir gehen auf einige besondere Angriffe gegen die Aufklärung ein. Es wird ihr der Vorwurf gemacht, sie sei die *Eigenmächtigkeit* des Menschen, der sich selbst verdanken wolle, was ihm nur durch Gnade zuteil werde.

Dieser Vorwurf verkennt, daß Gott nicht durch Befehle und Offenbarungen anderer Menschen, sondern im Selbstsein des Menschen durch dessen Freiheit spricht, nicht von außen, sondern von innen. Wird die von Gott geschaffene, auf Gott bezogene Freiheit des Menschen beeinträchtigt, so gerade das, wodurch indirekt Gott sich kundgibt. Es erwächst mit der Bekämpfung der Freiheit, mit diesem Kampf gegen die Aufklärung in der Tat ein Aufstand gegen Gott selbst zugunsten vermeintlich göttlicher, von Menschen erdachter Glaubensinhalte, Gebote und Verbote, von Menschen eingerichteter Ordnungen und Handlungsweisen, in denen wie bei allen menschlichen Dingen Torheit und Weisheit ungeschieden durcheinandergehen. Wenn diese dem Befragen entzogen werden, so fordern sie damit die Preisgabe der menschlichen Aufgabe. Denn die Verwerfung der Aufklärung ist wie ein Verrat am Menschen.

Ein Hauptmoment der Aufklärung ist die *Wissenschaft,* und zwar die *voraussetzungslose,* das heißt durch keine vorher festgesetzten Ziele und Wahrheiten in ihrem Fragen und Forschen eingeschränkte Wissenschaft, außer den sittlichen Einschränkungen, die etwa gegen Experimente am Menschen aus den Forderungen der Humanität entspringen.

Man hat den Ruf gehört: Wissenschaft zerstört den Glauben. Griechische Wissenschaft war noch einzubauen in den Glauben und brauchbar zu seiner Erhellung. Aber die moderne Wissenschaft ist schlechthin ruinös. Sie ist ein bloß historisches Phänomen einer verhängnisvollen Weltkrise. Ihr Ende ist zu erwarten und nach Kräften zu beschleunigen. Man bezweifelt die in ihr für immer aufleuchtende Wahrheit. Man leugnet die Würde des Menschen, die heute ohne wissenschaftliche Haltung nicht mehr möglich ist. Man wendet sich gegen Aufklärung und sieht diese nur in Verstandesplattheit, nicht in der Weite der Vernunft. Man wendet sich gegen den Liberalismus, sieht nur dessen Erstarrung im Gehenlassen und im äußerlichen Fortschrittsglauben, nicht die tiefe Kraft der Liberalität. Man wendet sich gegen Toleranz als herzlose Gleichgültigkeit der Glaubenslosen und sieht nicht die universale menschliche Kommunikationsbereitschaft. Kurz, man verwirft unseren Grund von Menschenwürde, Erkennenkönnen, Freiheit und rät zum geistigen Selbstmord der philosophischen Existenz.

Dagegen ist uns gewiß: Es gibt keine Wahrhaftigkeit, keine Vernunft und keine Menschenwürde mehr ohne echte Wissenschaftlichkeit, wenn diese durch Überlieferung und Situation für den Menschen möglich ist. Wird Wissenschaft verloren, so erwachsen die Dämmerungen, das Zwielicht, die unklar erbaulichen Gefühle und die fanatischen Entschlüsse in selbstgewollter Blindheit. Schranken werden aufgerichtet, der Mensch in neue Gefängnisse geführt.

Warum die Kämpfe gegen die Aufklärung?

Sie entspringen nicht selten einem Drang ins Absurde, in den Gehorsam gegen Menschen, die als Sprachrohr Gottes geglaubt werden. Sie entspringen der Leidenschaft zur Nacht, die dem Gesetze des Tages nicht mehr folgt, sondern in erfahrener Bodenlosigkeit eine vermeintlich rettende Scheinordnung grundlos erbaut. Es gibt einen Drang der Glaubenslosigkeit, der Glauben will und sich ihn einredet. Und der Machtwille meint die Menschen gefügiger zu machen, je mehr sie in blindem Gehorsam der Autorität folgen, die ein Mittel dieser Macht wird.

Wenn dabei eine Berufung auf Christus und das Neue Testament erfolgt, so mit Recht nur in bezug auf manche kirchliche und theologische Erscheinungen der Jahrtausende, zu Unrecht, wenn der Ursprung und die Wahrheit der biblischen Religion selber gemeint werden. Diese sind lebendig in der echten Aufklärung, werden von der Philosophie erhellt, die vielleicht teilnimmt an der Ermöglichung der Bewahrung dieser Gehalte für das Menschsein in der neuen technischen Welt.

Daß aber die Angriffe gegen die Aufklärung immer wieder sinnvoll erscheinen, beruht auf den Verkehrungen der Aufklärung, gegen die der Angriff in der Tat berechtigt ist. Die Verkehrungen sind möglich wegen der Schwere der Aufgabe. Mit der Aufklärung zwar geht der Enthusiasmus des frei werdenden Menschen einher, der sich durch seine Freiheit offener für die Gottheit fühlt, ein Enthusiasmus, den jeder neu erwachsende Mensch wiederholt. Aber dann kann bald die Aufklärung zu einem kaum tragbaren Anspruch werden. Denn Gott wird aus der Freiheit keineswegs eindeutig gehört, sondern nur im Gang lebenwährenden Bemühens durch Augenblicke, in denen dem Menschen geschenkt wird, was er sich nie erdenken könnte. Der Mensch vermag die Last des kritischen Nichtwissens in bloßer Bereitschaft für das Hören im gegebenen Augenblick nicht immer zu tragen. Er möchte das Letzte bestimmt wissen.

Nachdem er den Glauben verworfen hat, überläßt er sich dem Denken des Verstandes als solchem, von dem er fälschlich Gewißheit erwartet in dem, worauf es im Leben entscheidend ankommt. Da jedoch das Denken dies nicht leisten kann, kann die Erfüllung des Anspruchs nur durch Täuschungen gelingen: Das endlich Bestimmte, einmal dieses, einmal jenes, in endloser Vielfachheit, wird verabsolutiert zum Ganzen. Die jeweilige Denkform wird für das Erkennen schlechthin gehalten. Es geht verloren die Kontinuität der ständigen Selbstprüfung, der man sich durch eine endgültige Scheingewißheit überhebt. Das beliebige Meinen nach Zufall und Situation macht den Anspruch auf Wahrheit, wird aber in einer Scheinhelle vielmehr zu einer neuen Blindheit. Da solche Aufklärung behauptet, alles aus eigener Einsicht wissen und denken zu können, liegt in ihr in der Tat die Willkür. Sie verwirklicht diesen unmöglichen Anspruch durch halbes und ungezügeltes Denken.

Gegen alle diese Verkehrungen hilft nicht die Abschaffung des Denkens, sondern nur die Verwirklichung des Denkens mit seinen gesamten Möglichkeiten, mit seinem kritischen Grenzbewußtsein und mit seinen gültigen Erfüllungen, die standhalten im Zusammenhang des Erkennens. Nur eine mit der Selbsterziehung des ganzen Menschen sich vollziehende Ausbildung des Denkens verhindert es, daß ein beliebiges Denken zum Gift, die Helle der Aufklärung zu einer tötenden Atmosphäre wird.

Gerade der reinsten Aufklärung wird die Unumgänglichkeit des Glaubens klar. Die fünf Grundsätze philosophischen Glaubens sind nicht wie wissenschaftliche Thesen zu beweisen. Es ist nicht möglich, den Glauben rational zu erzwingen, gar nicht durch Wissenschaften, auch nicht durch Philosophie.

Es ist ein Irrtum falscher Aufklärung, daß der Verstand aus sich selber allein Wahrheit und Sein erkennen könne. Der Verstand ist angewiesen auf anderes. Als wissenschaftliche Erkenntnis ist er angewiesen auf Anschauung in der Erfahrung. Als Philosophie ist er angewiesen auf Glaubensgehalte.

Der Verstand kann wohl im Denken vor Augen bringen, reinigen, entfalten, aber es muß ihm gegeben sein, was seinem Meinen gegenständliche Bedeutung, seinem Denken Erfüllung, seinem Tun Sinn, seinem Philosophieren Seinsgehalt gibt.

Woher diese Voraussetzungen kommen, auf die das Denken angewiesen bleibt, ist am Ende unverkennbar. Sie wurzeln im Umgreifenden, aus dem wir leben. Bleibt die Kraft des Umgreifenden in uns aus, dann neigen wir zu jenen fünf Leugnungen seitens unseres Unglaubens.

Äußerlich greifbar kommen die Voraussetzungen der anschaulichen Erfahrungen aus der Welt, die Voraussetzungen des Glaubens aus geschichtlicher Überlieferung. In dieser äußeren Gestalt sind die Voraussetzungen nur Leitfäden, an denen erst zu den eigentlichen Voraussetzungen zu finden ist. Denn diese äußeren Voraussetzungen unterliegen noch ständiger Prüfung, und zwar nicht durch den Verstand als Richter, der von sich aus wüßte, was wahr sei, sondern durch den Verstand als Mittel: der Verstand prüft Erfahrung an anderer Erfahrung; er prüft auch überlieferten Glauben an überliefertem Glauben und darin alle Überlieferung an dem ursprünglichen Wachwerden der Gehalte aus dem Ursprung eigenen Selbstseins. In den Wissenschaften werden für die Erfahrung die unentrinnbaren Anschauungen hergestellt, denen sich niemand entziehen kann, der die angegebenen Wege beschreitet; in der Philosophie wird durch verstehende Vergegenwärtigung der Überlieferung das Innewerden des Glaubens ermöglicht.

Eine Abwehr des Unglaubens aber ist nicht möglich durch seine direkte Überwindung, sondern nur gegen nachweisbare falsche rationale Ansprüche vermeintlichen Wissens und gegen falsch erscheinende rationalisierte Glaubensansprüche.

Der Irrtum in der Aussage der philosophischen Glaubenssätze beginnt, wo sie als Mitteilung eines Inhalts genommen werden. Denn im Sinne eines jeden dieser Sätze liegt nicht ein absoluter Gegenstand, sondern das Signum einer konkret werdenden Unendlichkeit. Wo diese Unendlichkeit im Glauben gegenwärtig ist, da ist das Endlose des Weltseins eine vieldeutige Erscheinung dieses Grundes geworden.

Spricht der Philosophierende jene Glaubenssätze aus, so ist es wie das Analogon eines Bekenntnisses. Der Philosoph soll sein Nichtwissen nicht ausnützen, um sich jeder Antwort zu entziehen. Philosophisch wird er zwar behutsam bleiben und wiederholen: ich weiß es nicht; ich weiß auch nicht, ob ich glaube; aber solcher Glaube, in solchen Grundsätzen ausgesprochen, scheint mir sinnvoll, und ich möchte wagen, so zu glauben, und die Kraft haben, daraufhin zu leben. Im Philosophieren wird daher immer eine Spannung sein zwischen der scheinbaren Unentschiedenheit des schwebenden Aussagens und der Wirklichkeit entschiedenen Sichverhaltens.

9. Die Geschichte der Menschheit*

Keine Realität ist wesentlicher für unsere Selbstvergewisserung als die Geschichte. Sie zeigt uns den weitesten Horizont der Menschheit, bringt uns die unser Leben begründenden Gehalte der Überlieferung, zeigt uns die Maßstäbe für das Gegenwärtige, befreit uns aus der bewußtlosen Gebundenheit an das eigene Zeitalter, lehrt uns den Menschen in seinen höchsten Möglichkeiten und in seinen unvergänglichen Schöpfungen sehen.

Unsere Muße können wir nicht besser verwenden, als mit den Herrlichkeiten der Vergangenheit vertraut zu werden und vertraut zu bleiben und das Unheil zu sehen, in dem alles zugrunde ging. Was wir gegenwärtig erfahren, verstehen wir besser im Spiegel der Geschichte. Was die Geschichte überliefert, wird uns lebendig aus unserem eigenen Zeitalter. Unser Leben geht voran in der wechselseitigen Erhellung von Vergangenheit und Gegenwart.

Nur in der Nähe, bei leibhaftiger Anschauung, bei Zuwendung im einzelnen geht uns Geschichte wirklich an. Philosophierend ergehen wir uns in einigen abstrakt bleibenden Erörterungen.

Die Weltgeschichte kann aussehen wie ein Chaos zufälliger Ereignisse. Sie scheint im Ganzen ein Durcheinander wie der Wirbel einer Wasserflut. Es geht immer weiter, von einer Verwirrung in die andere, von einem Unheil in das andere, mit kurzen Lichtblicken des Glücks, mit Inseln, die vom Strom eine Weile verschont bleiben, bis auch sie überspült werden, alles in allem – mit einem Bild Max Webers – eine Straße, die der Teufel pflastert mit zerstörten Werten.

Wohl zeigen sich für die Erkenntnis Zusammenhänge des Geschehens, so einzelne Kausalzusammenhänge, etwa die Wirkungen technischer Erfindungen für die Arbeitsweise, der Arbeitsweise für die

---

* In diesem Vortrag sind Ausführungen aus meinem Buch »Vom Ursprung und Ziel der Geschichte« zum Teil wörtlich benutzt.

Gesellschaftsstruktur, der Eroberungen für Völkerschichtungen, der Kriegstechnik für die militärischen Organisationen und dieser für den Staatsaufbau und so fort ins Endlose. Es zeigen sich über Kausalzusammenhänge hinaus gewisse Totalaspekte, etwa in der Stilfolge des Geistigen durch eine Reihe von Generationen, als auseinander hervorgehende Zeitalter der Kultur, als große geschlossene Kulturkörper in ihrer Entwicklung. Spengler und die ihm Folgenden sahen solche Kulturen aus der Masse des bloß dahinlebenden Menschseins erwachsen gleichsam wie Pflanzen aus dem Boden, die blühen und absterben, in nicht begrenzbarer Zahl – Spengler zählte bisher acht, Toynbee einundzwanzig – und so, daß sie sich gegenseitig wenig oder nichts angehen.

So gesehen, hat Geschichte keinen Sinn, keine Einheit und keine Struktur, als nur in den unübersehbar zahlreichen kausalen Verkettungen und in den morphologischen Gestaltungen, wie sie auch im Naturgeschehen vorkommen, nur daß sie in der Geschichte viel weniger exakt feststellbar sind.

Geschichtsphilosophie aber bedeutet, solchen Sinn, solche Einheit, die Struktur der Weltgeschichte zu suchen. Diese kann nur die Menschheit im ganzen treffen.

Entwerfen wir ein Schema der Weltgeschichte:

Seit Jahrhunderttausenden lebten schon Menschen; sie sind nachgewiesen durch Knochenfunde in zeitlich datierbaren geologischen Schichten. Seit Jahrzehntausenden lebten uns anatomisch völlig ähnliche Menschen, gibt es Reste von Werkzeugen, ja von Malereien. Erst seit fünf- bis sechstausend Jahren haben wir eine dokumentierte zusammenhängende Geschichte.

Die Geschichte hat vier tiefgreifende Einschnitte:

Erstens: Nur erschließbar ist der erste große Schritt der Entstehung der Sprachen, der Erfindung von Werkzeugen, des Entzündens und Gebrauchens des Feuers. Es ist das prometheische Zeitalter, die Grundlage aller Geschichte, durch die der Mensch erst Mensch wurde gegenüber einem uns nicht vorstellbaren nur biologischen Menschsein. Wann das war, durch welche langen Zeiträume sich die einzelnen Schritte verteilten, wissen wir nicht. Dieses Zeitalter muß sehr lange zurückliegen und das Vielfache der dokumentierten, demgegenüber fast verschwindenden geschichtlichen Zeit betragen.

Zweitens: Zwischen 5000 und 3000 vor Christus erwuchsen die alten Hochkulturen in Ägypten, Mesopotamien, am Indus, etwas später am Hoangho in China. Es sind kleine Lichtinseln in der breiten Masse der schon den ganzen Planeten bevölkernden Menschheit.

Drittens: Um 500 vor Christus – in der Zeit von 800 bis 200 – erfolgte die geistige Grundlegung der Menschheit, von der sie bis heute zehrt, und zwar gleichzeitig und unabhängig in China, Indien, Persien, Palästina, Griechenland.

Viertens: Seitdem ist nur ein einziges, ganz neues, geistig und materiell einschneidendes Ereignis erfolgt, von gleichem Rang weltgeschichtlicher Wirkung: das wissenschaftlich-technische Zeitalter, vorbereitet in Europa seit dem Ende des Mittelalters, geistig konstituiert im siebzehnten Jahrhundert, in breiter Entfaltung seit dem Ende des achtzehnten Jahrhunderts, in überstürzt schneller Entwicklung erst seit einigen Jahrzehnten.

Wir werfen einen Blick auf den dritten Einschnitt, um 500 vor Christus. Hegel sagte: »Alle Geschichte geht zu Christus hin und kommt von ihm her. Die Erscheinung des Gottessohnes ist die Achse der Weltgeschichte.« Für diese christliche Struktur der Weltgeschichte ist unsere Zeitrechnung die tägliche Bezeugung. Der Mangel ist, daß solche Ansicht der Universalgeschichte nur für gläubige Christen Geltung haben kann. Auch im Abendland hat aber der Christ seine empirische Geschichtsauffassung nicht an diesen Glauben gebunden. Die heilige Geschichte trennte sich dem Christen als sinnverschieden von der profanen.

Eine Achse der Weltgeschichte, falls es sie gibt, wäre nur für die profane Geschichte und hier empirisch als ein Tatbestand zu finden, der als solcher für alle Menschen, auch für die Christen gültig sein kann. Er müßte für das Abendland und Asien und alle Menschen ohne den Maßstab eines bestimmten Glaubensinhalts überzeugend sein. Für alle Völker würde ein gemeinsamer Rahmen geschichtlichen Selbstverständnisses erwachsen. Diese Achse der Weltgeschichte scheint nun zu liegen in dem zwischen 800 und 200 vor Christus stattfindenden geistigen Prozeß. Es entstand der Mensch, mit dem wir bis heute leben. Diese Zeit sei in Kürze die »Achsenzeit« genannt.

In dieser Zeit drängt sich Außerordentliches zusammen. In China lebten Konfuzius und Laotse, entstanden alle Richtungen der chinesischen Philosophie, dachten Mo-ti, Tschuang-tse, Liädsi und ungezählte andere; in Indien entstanden die Upanischaden, lebte Buddha, wurden alle philosophischen Möglichkeiten bis zur Skepsis und bis zum Materialismus, bis zur Sophistik und zum Nihilismus, wie in China, entwickelt; in Iran lehrte Zarathustra das fordernde Weltbild des Kampfes zwischen Gut und Böse; in Palästina traten die Propheten auf, von Elias über Jesaja und Jeremias bis zu Deuterojesajas; Griechenland sah Homer, die Philosophen Parmenides, Heraklit, Plato, die Tragiker, Thukydides und Archimedes. Alles, was durch solche Namen nur angedeutet ist, erwuchs in diesen wenigen Jahrhunderten annähernd gleichzeitig in China, Indien und dem Abendland, ohne daß sie gegenseitig voneinander wußten.

Das Neue dieses Zeitalters ist überall, daß der Mensch sich des Seins im Ganzen, seiner selbst und seiner Grenzen bewußt wird. Er erfährt die Furchtbarkeit der Welt und die eigene Ohnmacht. Er stellt radikale Fragen, drängt vor dem Abgrund auf Befreiung und Erlösung. Indem er mit Bewußtsein seine Grenzen erfaßt, steckt er sich die höchsten Ziele. Er erfährt die Unbedingtheit in der Tiefe des Selbstseins und in der Klarheit der Transzendenz.

Es wurden die widersprechenden Möglichkeiten versucht. Diskussion, Parteibildung, Zerspaltung des Geistigen, das sich doch im Gegensätzlichen aufeinander bezog, ließ Unruhe und Bewegung entstehen bis an den Rand des geistigen Chaos.

In diesem Zeitalter wurden die Grundkategorien hervorgebracht, in denen wir bis heute denken, und es wurden die Weltreligionen geschaffen, aus denen die Menschen bis heute leben.

Durch diesen Prozeß wurden die bis dahin unbewußt geltenden Anschauungen, Sitten und Zustände in Frage gestellt. Alles geriet in einen Strudel.

Das mythische Zeitalter war in seiner Ruhe und Selbstverständlichkeit zu Ende. Es begann der Kampf mit dem Mythos aus Rationalität und aus realer Erfahrung, der Kampf um die Transzendenz des einen Gottes gegen die Dämonen, der Kampf gegen die unwahren Götter aus ethischer Empörung. Mythen wurden umgeformt, mit neuer Tiefe erfaßt, im Augenblick, als der Mythus im ganzen zerstört wurde.

Der Mensch ist nicht mehr in sich geschlossen. Er ist sich selber ungewiß, damit aufgeschlossen für neue, grenzenlose Möglichkeiten.

Zum erstenmal gab es Philosophen. Menschen wagten es, als Einzelne sich auf sich selbst zu stellen. Einsiedler und wandernde Denker in China, Asketen in Indien, Philosophen in Griechenland, Propheten in Israel gehören zusammen, sosehr sie in Glauben, Gehalten, innerer Verfassung voneinander unterschieden sind. Der Mensch vermochte es, sich der ganzen Welt innerlich gegenüberzustellen. Er entdeckte in sich den Ursprung, aus dem er sich über sich selbst und die Welt erhebt.

Man wird sich damals der Geschichte bewußt. Außerordentliches beginnt, aber man fühlt und weiß: unendliche Vergangenheit ging vorher. Schon im Anfang dieses Erwachens des eigentlich menschlichen Geistes ist der Mensch getragen von Erinnerung, hat er das Bewußtsein des Spätseins, ja des Verfallenseins.

Man will planend den Gang der Ereignisse in die Hand nehmen, man will die rechten Zustände wiederherstellen oder erstmalig hervorbringen. Man erdenkt, auf welche Weise die Menschen am besten zusammen leben, verwaltet und regiert werden. Reformgedanken beherrschen das Handeln.

Auch der soziologische Zustand zeigt in allen drei Gebieten Analogien. Es gab eine Fülle kleiner Staaten und Städte, einen Kampf aller gegen alle, bei dem doch zunächst ein erstaunliches Gedeihen möglich war.

Das Zeitalter, in dem dies durch Jahrhunderte sich entfaltete, war aber keine einfach aufsteigende Entwicklung. Es war Zerstören und Neuhervorbringen zugleich. Eine Vollendung wurde keineswegs erreicht. Die höchsten Möglichkeiten, die in einzelnen verwirklicht waren, wurden nicht Gemeingut. Was zuerst Freiheit der Bewegung war, wurde am Ende Anarchie. Als das Schöpfertum dem Zeitalter verlorenging, geschah in den drei Kulturbereichen die Fixierung von Lehrmeinungen und die Nivellierung. Aus der unerträglich werdenden Unordnung erwuchs der Drang zu neuer Bindung in der Wiederherstellung dauernder Zustände.

Der Abschluß ist zunächst politisch. Es entstehen große, allbeherrschende Reiche fast gleichzeitig in China (Tsin-Schi-Huang-ti), in Indien (Maurya-Dynastie), im Abendland (die hellenistischen Reiche und das Imperium romanum). Überall wurde im Zusammenbruch zunächst eine technische und organisatorische planmäßige Ordnung gewonnen.

Auf die Achsenzeit bezieht sich das geistige Leben der Menschheit bis heute zurück. In China, in Indien und im Abendland gibt es die bewußten Rückgriffe, die Renaissancen. Wohl sind wiederum neue große geistige Schöpfungen entstanden, aber erweckt durch das Wissen um die in der Achsenzeit erworbenen Gehalte.

So geht der große Zug der Geschichte vom ersten Menschwerden über die alten Hochkulturen bis zur Achsenzeit und ihren Folgen, die schöpferisch bis nahe an unsere Zeit waren.

Seitdem, so scheint es, hat ein zweiter Zug begonnen. Unser wissenschaftlich-technisches Zeitalter ist wie ein zweiter Anfang, vergleichbar nur dem ersten Erfinden von Werkzeugen und der Feuerbereitung.

Würden wir eine Vermutung durch Analogie wagen, so diese: Wir werden durch Gestaltungen hindurchgehen, die analog sind den Organisationen und Planungen der alten Hochkulturen, wie Ägypten, aus dem die alten Juden auswanderten und das sie als Arbeitshaus verabscheuten, als sie einen neuen Grund legten. Vielleicht geht die Menschheit durch diese Riesenorganisationen hindurch auf eine neue, uns noch ferne und unsichtbare und unvorstellbare neue Achsenzeit der eigentlichen Menschwerdung zu.

Jetzt aber leben wir in einem Zeitalter der furchtbarsten Katastrophen. Es scheint, als ob alles, was überkommen ist, eingeschmolzen werden sollte, und doch ist der Grund eines neuen Baus noch nicht überzeugend sichtbar.

Neu ist, daß die Geschichte in unserer Zeit zum erstenmal Weltgeschichte wird. Verglichen mit der gegenwärtigen Verkehrseinheit des Erdballs ist alle frühere Geschichte ein Aggregat von Lokalgeschichten.

Was wir Geschichte nennen, ist im bisherigen Sinn zu Ende. Es war ein Zwischenaugenblick von fünftausend Jahren zwischen der durch vorgeschichtliche Jahrhunderttausende sich erstreckenden Besiedlung des Erdballs und dem heutigen Beginn der eigentlichen Weltgeschichte. Es waren diese Jahrtausende, gemessen an den Zeiten des vorhergehenden Menschseins und den zukünftigen Möglichkeiten, ein winziger Zeitraum. Diese Geschichte bedeutete gleichsam das Sichtreffen, das Sichversammeln der Menschen zur Aktion der Weltgeschichte, war der geistige und technische Erwerb der Ausrüstung zum Bestehen der Reise. Wir fangen gerade an.

In solchen Horizonten müssen wir uns orientieren, wenn wir in den Realitäten unseres Zeitalters schwarzsehen und die ganze menschliche Geschichte für verloren halten mögen. Wir dürfen glauben an die kommenden Möglichkeiten des Menschseins. Auf kurze Sicht ist heute alles trübe, auf lange Sicht nicht. Uns dessen zu vergewissern, bedürfen wir der Maßstäbe der Weltgeschichte im Ganzen.

Wir dürfen an die Zukunft um so entschiedener glauben, wenn wir gegenwärtig wirklich werden, Wahrheit suchen und die Maßstäbe des Menschseins erblicken.

Fragen wir nach dem *Sinn der Geschichte,* so liegt für den, der an ein Ziel der Geschichte glaubt, es nahe, das Ziel nicht nur zu denken, sondern planend zu verwirklichen.

Aber unsere Ohnmacht erfahren wir, wenn wir im Ganzen planend uns einrichten möchten. Die übermütigen Planungen von Gewalthabern aus einem vermeintlichen Totalwissen von der Geschichte scheitern in Katastrophen. Die Planungen der Einzelnen in ihrem engen Kreise mißlingen oder werden Momente ganz anderer, ungeplanter Sinnzusammenhänge. Der Gang der Geschichte erscheint entweder wie eine Walze, gegen die niemand sich halten kann, oder sie erscheint wie ein Sinn, der ins Unendliche hinein deutbar ist, durch neue Ereignisse sich wider Erwarten kundgibt, immer vieldeutig bleibt, ein Sinn, den wir nie wissen, wenn wir uns ihm anvertrauen.

Setzen wir den Sinn in einen auf Erden zu erreichenden glücklichen Endzustand, so finden wir ihn in keiner für uns denkbaren Vorstellung und in keinem Anzeichen der bisherigen Geschichte. Vielmehr spricht gegen solchen Sinn die Geschichte der Menschheit in ihrem chaotischen Gang, dieser Weg mäßigen Gelingens und totaler Zerstörungen. Die Frage nach dem Sinn der Geschichte ist durch eine Antwort, die ihn als ein Ziel ausspricht, nicht zu lösen.

Jedes Ziel ist ein partikulares, vorläufiges, überholbares. Die Gesamtgeschichte als eine einmalige Entscheidungsgeschichte im Ganzen zu konstruieren, das gelingt immer um den Preis, Wesentliches zu vernachlässigen.

Was will Gott mit den Menschen? Vielleicht ist eine weite unbestimmte Sinnvorstellung möglich: Geschichte ist die Stätte des Offenbarwerdens, was der Mensch sei, sein könne und was aus ihm werde und was er vermöge. Auch die größte Bedrohung ist eine dem Menschsein gestellte Aufgabe. Es gilt in der Wirklichkeit hohen Menschseins nicht nur der Maßstab der Sekurität.

Dann aber bedeutet Geschichte viel mehr: sie ist eine Stätte des Offenbarwerdens des Seins der Gottheit. Das Sein wird offenbar im Menschen mit dem andern Menschen. Denn Gott zeigt sich in der Geschichte nicht auf eine einzige, ausschließliche Weise. Jeder Mensch steht der Möglichkeit nach unmittelbar zu Gott. In der geschichtlichen Mannigfaltigkeit steht das eigene Recht des überall Unersetzlichen, Unableitbaren.

Bei solcher unbestimmten Sinnvorstellung gilt: Nichts ist zu erwarten, wenn ich das handgreifliche Glück als eine Vollendung auf Erden, als Paradies menschlicher Zustände voraussehen möchte, alles, wenn es auf die Tiefe des Menschseins ankommt, die mit dem Glauben an die Gottheit sich öffnet. Nichts ist zu hoffen, wenn ich es nur von außen erwarte, alles, wenn ich im Ursprung der Transzendenz mich anvertraue.

Nicht das Endziel der Geschichte, aber ein Ziel, das selber die Bedingung für das Erreichen der höchsten Möglichkeiten des Menschseins wäre, ist formal zu bestimmen: die *Einheit der Menschheit.*

Die Einheit ist nicht schon durch ein rational Allgemeines der Wissenschaft zu erreichen. Denn diese bringt nur die Einheit des Verstandes, nicht des ganzen Menschen. Die Einheit ist auch nicht gelegen in einer allgemeinen Religion, die etwa auf Religionskongressen durch Beratschlagung einmütig festgestellt würde. Sie ist auch nicht wirklich durch die Konventionen einer aufgeklärten Sprache des gesunden Menschenverstandes. Einheit kann nur gewonnen werden aus der Tiefe der Geschichtlichkeit, nicht als wißbarer gemeinsamer Inhalt, sondern nur in der grenzenlosen Kommunikation des geschichtlich Verschiedenen im unabschließbaren, auf der Höhe zu reinem liebendem Kampf werdenden Miteinandersprechen.

Für dieses menschenwürdige Miteinander ist Voraussetzung ein Raum der Gewaltlosigkeit. Ihn zu gewinnen, ist eine Einheit der Menschheit in der Ordnung der Daseinsgrundlagen denkbar und für viele schon ein Ziel ihres Strebens. Dieses Einheitsziel, das nur die Daseinsfundamente trifft, nicht einen gemeinsamen, allgemeingültigen Glaubensinhalt will, scheint für ein zähes geistiges Ringen im Medium der faktischen Machtverhältnisse unter Hilfe zwingender Situationen nicht völlig utopisch.

Bedingung dieser Einheit ist eine politische Daseinsform, auf die sich alle einigen können, weil sie die Chancen der Freiheit für alle auf das höchste Maß bringt. Diese Form, nur im Abendland zum Teil verwirklicht und grundsätzlich durchdacht, ist der Rechtsstaat, die Legitimität durch Wahlen und Gesetze, die Möglichkeit der Veränderung der Gesetze nur auf gesetzlichem Wege. Hier ringen die Geister um die Erkenntnis der rechten Sache, um die öffentliche Meinung, um die Heranziehung möglichst vieler zu hellster Einsicht und vollständigem Orientiertsein durch Nachrichten.

Das Ende der Kriege würde in einer Weltordnung des Rechts erreicht, in der kein Staat noch die absolute Souveränität besäße, die vielmehr allein der Menschheit in ihrer Rechtsordnung und deren Funktionen zukäme.

Wenn aber die Humanität die Kommunikation will und den Verzicht auf Gewalt zugunsten einer wenn auch immer noch ungerechten, doch gerechter werdenden Rechtsordnung, dann hilft uns kein Optimismus, der aus der Überzeugungskraft solcher Gesinnung die Zukunft eindeutig heilvoll sieht. Eher haben wir Anlaß zum Gegenteil.

Wir sehen, jeder in sich selbst, den Eigenwillen, den Widerstand gegen Selbstdurchleuchtung, die Sophistik, mit der auch die Philosophie zum Verschleiern benutzt wird, sehen das Abstoßen des Fremden statt der Kommunikation, die Lust an Macht und Gewalt, das Hingerissenwerden der Massen durch Kriegschancen in blinder Hoffnung auf Gewinn und durch das wilde, alles opfernde, todbereite Abenteuer, sehen dagegen die geringe Bereitschaft der Massen zum Verzicht, zum Sparen, zur Geduld und zu nüchternem Aufbau solider

Zustände, und wir sehen die Leidenschaften, die fast hemmungslos durch alle Kulissen des Geistes hindurch ihren Weg erzwingen.

Wir sehen weiter, ganz abgesehen von Charakterzügen des Menschen, die unaufhebbare Ungerechtigkeit in allen Institutionen, sehen die Situationen entstehen, die mit Gerechtigkeit unlösbar sind, etwa infolge der Bevölkerungszunahme und ihre Verteilung oder infolge eines ausschließenden Besitzes von etwas, das alle begehren und das nicht teilbar ist.

Daher scheint fast unaufhebbar die Grenze, wo in irgendeiner Form wieder die Gewalt durchbricht. Die Frage kehrt wieder, ob Gott oder der Teufel die Welt regiere. Und es ist ein unbegründeter Glaube, daß am Ende doch der Teufel im Dienste Gottes stehe.

Wenn wir als Einzelne unser Leben zerrinnen sehen in bloßer Augenblicklichkeit, hineingerissen in die Zusammenhanglosigkeit von Zufällen und übermächtigen Ereignissen, angesichts der Geschichte, die am Ende zu sein und nur Chaos übrigzulassen scheint, dann suchen wir uns aufzuschwingen und damit alle Geschichte zu überwinden.

Wohl müssen wir uns unseres Zeitalters und unserer Situation bewußt bleiben. Eine moderne Philosophie kann ohne Erhellung dieses Sichgegebenseins in der Zeit an bestimmtem Ort nicht erwachsen. Aber wenn wir unter den Bedingungen des Zeitalters stehen, so philosophieren wir darum nicht etwa aus diesen Bedingungen, sondern wie jederzeit aus dem Umgreifenden. Wir dürfen, was wir sein können, nicht auf unser Zeitalter abwälzen, uns ihm unterwerfen, vielmehr versuchen wir durch die Erhellung des Zeitalters vorzudringen dorthin, wo wir aus der Tiefe leben können.

Wir sollen auch nicht die Geschichte zur Gottheit machen. Wir brauchen das gottlose Wort, die Weltgeschichte sei das Weltgericht, nicht anzuerkennen. Sie ist keine letzte Instanz. Scheitern ist kein Gegenargument gegen die Wahrheit, die sich transzendent gegründet findet. Mit der Aneignung der Geschichte quer zu ihr werfen wir den Anker in die Ewigkeit.

10. *Die Unabhängigkeit des philosophierenden Menschen*

Die Unabhängigkeit des Menschen wird verworfen von allem Totalitären, mag es als religiöser Glaube den Anspruch alleiniger Wahrheit an alle erheben, mag es als Staat bei der Einschmelzung alles Menschlichen in den Bau des Machtapparates nichts mehr übriglassen an Eigenem, wenn selbst Beschäftigung in der Freizeit der Gesinnungslinie entsprechen muß. Unabhängigkeit scheint lautlos verlorenzugehen in der Überflutung allen Daseins durch das Typische, die Gewohnheiten, die unbefragten Selbstverständlichkeiten.

Philosophieren aber heißt, um seine innere Unabhängigkeit ringen unter allen Bedingungen. Was ist die innere Unabhängigkeit?

Es lebt ein Bild des Philosophen als des unabhängigen Menschen seit der späteren Antike. Das Bild hat mehrere Grundzüge. Dieser Philosoph ist unabhängig, erstens, weil er bedürfnislos ist, frei von der Welt der Güter und von der Herrschaft der Triebe, er lebt asketisch; zweitens, weil er ohne Angst ist, denn er hat die Schreckbilder der Religionen in ihrer Unwahrheit durchschaut; drittens, weil er unbeteiligt an Staat und Politik ist, in der Verborgenheit in Ruhe lebt, ohne Bindungen, als Weltbürger. In jedem Falle glaubt dieser Philosoph einen absolut unabhängigen Punkt, einen Standpunkt außerhalb aller Dinge, damit eine Unbetroffenheit und Unerschütterlichkeit erreicht zu haben.

Dieser Philosoph ist Gegenstand der Bewunderung, aber auch Gegenstand des Mißtrauens geworden. Seine Wirklichkeit bezeugt wohl in mannigfachen Gestalten eine ungewöhnliche Unabhängigkeit in Armut, Ehelosigkeit, Berufslosigkeit, apolitischem Leben, bezeugt ein Glück, das nicht bedingt ist durch etwas von außen Kommendes, sich vollzieht im Bewußtsein einer Wanderschaft und der Gleichgültigkeit gegen die Schläge des Schicksals. Aber manche dieser Gestalten bezeugen auch ein gewaltiges Selbstgefühl, einen Wirkungswillen und damit Stolz und Eitelkeit, eine Kälte im Menschlichen und eine Häßlichkeit der Feindschaft gegen andere Philosophen. Allen ist eine dogmatische Haltung in der Lehre eigen.

Die Unabhängigkeit ist so wenig rein, daß sie als undurchschaute, manchmal lächerliche Abhängigkeit erscheint.

Doch liegt hier geschichtlich neben der biblischen Religion eine Quelle möglicher Unabhängigkeit. Der Umgang mit diesen Philosophen ermuntert den eigenen Unabhängigkeitswillen vielleicht gerade dadurch, daß man sieht: Der Mensch kann sich nicht halten auf einem isolierten Punkt der Losgelöstheit. Diese vermeintlich absolute Freiheit schlägt sogleich um in eine andere Abhängigkeit, im Äußeren von der Welt, um deren Anerkennung gebuhlt wird, im Inneren von undurchhellten Leidenschaften. Auf dem Wege der spätantiken Philosophen geht es nicht. Trotz ihrer zum Teil großartigen Erscheinungen haben sie im Kampf um die Freiheit starre Figuren und hintergrundlose Masken erzeugt.

Wir sehen: die Unabhängigkeit verkehrt sich ins Gegenteil, wenn sie sich für absolut hält. In welchem Sinne wir um Unabhängigkeit ringen können, ist gar nicht leicht zu beantworten.

Die Unabhängigkeit ist fast unüberwindbar zweideutig. Sehen wir Beispiele:

Philosophie, zumal als Metaphysik, entwirft ihre Spiele des Gedankens, gleichsam Figuren des Denkens, denen der Denkende, der sie hervorbringt, durch seine unendliche Möglichkeit überlegen bleibt. Damit ist aber die Frage: Ist der Mensch Herr seiner Gedanken, weil er gottlos ist und ohne Bezug auf einen Grund sein schaffendes Spiel treiben kann, eigenmächtig, nach je selbstgesetzten Spielregeln, entzückt von seiner Form, oder umgekehrt, weil er auf Gott bezogen, seiner Sprache überlegen bleibt, in die als Kleider und Figuren er bannen muß, was als absolutes Sein in ihnen immer unangemessen erscheint und daher ins Unendliche des Wandels bedarf? Hier liegt die Unabhängigkeit des Philosophierenden darin, daß er seinen Gedanken nicht als Dogmen verfällt und damit ihnen unterworfen wäre, sondern daß er Herr seiner Gedanken wird. Aber Herr seiner Gedanken sein, das bleibt zweideutig – Bindungslosigkeit in der Willkür oder Bindung in der Transzendenz.

Ein anderes Beispiel: Wir suchen, um unsere Unabhängigkeit zu gewinnen, den archimedischen Punkt außerhalb der Welt. Das ist ein wahres Suchen, aber die Frage ist: Ist der archimedische Punkt ein Außerhalbsein, das den Menschen in totaler Unabhängigkeit gleichsam zum Gotte macht, oder ist er der Punkt außerhalb, wo er eigentlich Gott begegnet und seine einzige vollkommene Abhängigkeit erfährt, die ihn erst unabhängig in der Welt macht?

Wegen dieser Zweideutigkeit vermag Unabhängigkeit so leicht, statt Weg zum eigentlichen Selbstsein in geschichtlicher Erfüllung zu werden, vielmehr als Unverbindlichkeit des stets auch anders Könnens zu erscheinen. Dann geht das Selbstsein verloren an die bloßen Rollen, die jeweils gespielt werden. Diese scheinbare Unabhängigkeit hat, wie alles Täuschende, endlose Gestalten, zum Beispiel:

Es wird möglich ein Erblicken aller Dinge in ästhetischer Haltung, gleichgültig ob diese Dinge Menschen, Tiere oder Steine sind, vielleicht mit einer Kraft der Vision, als ob eine mythische Wahrnehmung sich wiederhole, aber ein Erblicken, das gleichsam »tot mit wachem Auge« ist, weil ohne Entscheidung im lebengründenden Entschluß, zwar bereit, sich bis in jede Lebensgefahr zu engagieren, aber nicht, sich im Unbedingten zu verankern. Unempfindlich gegen Widersprüche und gegen Absurditäten, in grenzenloser Begierde nach Wahrnehmen, wird ein Leben geführt, das in den Zwängen des Zeitalters versucht, möglichst wenig vom Zwang betroffen in Unabhängigkeit des eigenen Willens und Erfahrens durchzukommen, ein Leben, das in aller Betroffenheit durch den Zwang eine innere Unbetroffenheit wahrt, den Gipfel des Daseins in der Formulierung des Gesehenen findet, die Sprache zum Sein macht.

Diese unverbindliche Unabhängigkeit sieht gern von sich selbst ab. Die Befriedigung im Sehen wird zur Hingerissenheit für das Sein. Das Sein scheint sich zu enthüllen in diesem mythischen Denken, das eine Weise spekulativer Dichtung ist.

Aber das Sein enthüllt sich nicht der Hingabe bloßen Sehens. Es genügt nicht die noch so ernsthafte einsame Vision, die kommunikationslose Mitteilung in sprechenden Wendungen, ergreifenden Bildern – in der diktatorischen Sprache des Wissens und Verkündens.

So können sich in der Täuschung, das Sein selbst zu haben, Bemühungen vollziehen, den Menschen sich selbst vergessen zu lassen. In Seinsfiktionen erlischt der Mensch, aber in diesen Fiktionen liegt immer noch der Ansatz zur Umkehr, vermag das verborgene Nichtzufriedensein Folgen zu haben für die Rückgewinnung eigentlichen Ernstes, der nur in der Gegenwart der Existenz wirklich wird und sich befreit von der ruinösen Haltung: Sehen, was ist, und tun, was man mag.

Die unverbindliche Unabhängigkeit zeigt sich weiter in dem beliebigen Denken. Das verantwortungslose Spiel der Gegensätze erlaubt, nach Bedarf jede Position einzunehmen. Man ist in allen Methoden versiert, ohne irgendeine rein zu vollziehen. Man ist unwissenschaftlich in der Gesinnung, aber ergreift die Gebärde der Wissenschaftlichkeit. Der so Redende ist in seiner ständigen Verwandlung ein Proteus, unfaßbar, er sagt eigentlich nichts und scheint Außerordentliches zu versprechen. Ein ahnungsvolles Andeuten, ein Raunen, ein Spürenlassen des Geheimnisvollen macht ihn anziehend. Aber eine eigentliche Diskussion ist nicht möglich, sondern nur ein Hin- und Herreden in reizvoller Vielfachheit des Interessanten. Man kann nur mit eintreten in ein gemeinsames zielloses Zerfließen täuschender Ergriffenheit.

Die unverbindliche Unabhängigkeit kann erscheinen in der Form des Sich-nichts-angehen-Lassens in der Welt, die unerträglich wurde:

Der Tod ist gleichgültig. Er wird kommen. Warum sich erregen?

Man lebt aus der Lust der vitalen Kraft und im Schmerz ihres Versagens. Ein natürliches Ja gestattet, je zu fühlen und zu leben, wie es gerade ist. Man ist unpolemisch. Es lohnt nicht mehr. Liebe mit Wärme ist möglich, aber sie wird anvertraut der Zeit, dem Zerfließenden, schlechthin Unbeständigen. Es gibt nichts Unbedingtes.

Man lebt unbefangen, will nichts Besonderes tun oder sein. Man tut, was verlangt wird oder was gehörig scheint. Pathetik ist lächerlich. Man ist hilfsbereit in der Gemeinschaft des Alltäglichen.

Kein Horizont, keine Ferne, weder Vergangenheit noch Zukunft empfangen dieses Dasein, das nichts mehr erwartet, nur hier und jetzt lebt.

Die vielen Gestalten täuschender Unabhängigkeit, in die wir geraten können, macht die Unabhängigkeit selber verdächtig. Das ist gewiß: um wahre Unabhängigkeit zu gewinnen, bedarf es nicht nur der Durchhellung dieser Zweideutigkeiten, sondern auch des Bewußtseins der Grenzen aller Unabhängigkeit.

Absolute Unabhängigkeit ist unmöglich. Im Denken sind wir angewiesen auf Anschauung, die uns gegeben werden muß, im Dasein auf andere, mit denen wir in gegenseitiger Hilfe erst unser Leben ermöglichen. Als Selbstsein sind wir angewiesen auf anderes Selbstsein, mit dem in Kommunikation wir beide erst eigentlich zu uns selbst kommen. Es gibt keine isolierte Freiheit. Wo Freiheit ist, da ringt sie mit Unfreiheit, mit deren völliger Überwindung infolge Wegfalls aller Widerstände die Freiheit selbst aufgehoben wäre.

Daher sind wir unabhängig nur dann, wenn wir zugleich in die Welt verflochten sind. Unabhängigkeit kann nicht dadurch wirklich werden, daß ich die Welt verlasse. In der Welt unabhängig sein bedeutet vielmehr ein eigentümliches Verhalten zur Welt: dabeisein und zugleich nicht dabeisein, in ihr zugleich außer ihr sein. Das ist in folgenden Sätzen großer Denker bei aller Sinnverschiedenheit ein Gemeinsames:

Aristipp sagt in bezug auf alle Erfahrungen, Genüsse, Zustände des Glücks und Unglücks: Ich habe, aber ich werde nicht gehabt. Paulus fordert von der notwendigen Teilnahme am irdischen Leben: Haben, als ob man nicht hätte. In der Bhagavadgita heißt es: Das Werk tun, aber nicht nach seinen Früchten streben. Bei Laotse ist der Anspruch: Handeln durch Nichthandeln.

Worauf diese unvergänglichen philosophischen Sätze hinweisen, das bedarf der Deutung, und man kommt dabei nicht ans Ende. Es genügt hier für uns, daß es Weisen sind, die innere Unabhängigkeit auszusprechen. Unsere Unabhängigkeit von der Welt ist unlösbar von einer Weise der Abhängigkeit in der Welt.

Eine zweite Grenze der Unabhängigkeit ist, daß sie als sie selbst allein zu nichts wird:

Unabhängigkeit war negativ ausgedrückt als Freiheit von Angst, als Gleichgültigkeit gegen Unheil und Heil, als Unbeirrbarkeit des nur zusehenden Denkens, als Unerschütterlichkeit durch Gefühle und Triebe. Aber was hier unabhängig wurde, ist ein bloßer Punkt eines Ich überhaupt.

Der Gehalt der Unabhängigkeit kommt nicht aus ihr selbst. Sie ist nicht die Kraft einer Anlage, Vitalität, Rasse, nicht der Machtwille, nicht das Sichselberschaffen.

Das Philosophieren erwächst einer Unabhängigkeit in der Welt, welche identisch ist mit absoluter Bindung durch ihre Transzendenz. Eine vermeintliche Unabhängigkeit ohne Bindung wird alsbald leeres Denken, das heißt formales Denken, ohne beim Inhalt gegenwärtig zu sein, ohne an der Idee teilzunehmen, ohne auf Existenz gegründet zu sein. Diese Unabhängigkeit wird zur Beliebigkeit vor allem des Negierens. Es kostet sie nichts, alles in Frage zu stellen ohne irgendeine die Frage führende, bindende Macht.

Dagegen steht Nietzsches radikale These: Erst wenn kein Gott ist, wird der Mensch frei. Denn wenn Gott ist, wächst der Mensch nicht, weil er ständig gleichsam in Gott ausläuft wie ein ungestautes Wasser, das keine Kraft gewinnt. Aber gegen Nietzsche müßte man in diesem gleichen Bilde gerade umgekehrt sagen: Erst im Blick auf Gott steigert sich der Mensch, statt ungestaut auszulaufen in die Nichtigkeit bloßen Geschehens des Lebens.

Eine dritte Grenze unserer möglichen Unabhängigkeit ist die Grundverfassung unseres Menschseins. Wir stecken als Menschen in Grundverkehrungen, aus denen wir uns nicht herausreißen können. Mit dem ersten Erwachen unseres Bewußtseins geraten wir schon in Täuschungen.

Die Bibel deutet das mythisch aus dem Sündenfall. In der Philosophie Hegels wird die Selbstentfremdung des Menschen auf eine großartige Weise erhellt. Kierkegaard zeigt ergreifend das Dämonische in uns, daß man verzweifelt in Verschlossenheit sich verfängt. In der Soziologie wird auf gröbere Weise von den Ideologien, in der Psychologie von Komplexen geredet, die uns beherrschen.

Können wir des Verdrängens und Vergessens, des Verdeckens und Verhüllens, der Verkehrungen Herr werden, um wahrhaft zu unserer Unabhängigkeit zu gelangen? Paulus hat gezeigt, daß wir nicht wahrhaft gut sein können. Denn ohne Wissen ist gutes Handeln nicht möglich, weiß ich aber mein Handeln als gutes, so bin ich schon im Stolz, in der Sicherheit. Kant zeigte, wie bei unserem guten Handeln dieses das verborgene Motiv zu seiner Bedingung macht, daß es unserem Glück nicht allzusehr schade und es dadurch unrein werden läßt. Dieses radikal Böse können wir nicht überwinden.

Unsere Unabhängigkeit selbst bedarf der Hilfe. Wir können uns nur bemühen und müssen hoffen, daß uns – ohne Sichtbarkeit in der Welt – im Innern dann unbegreiflich zu Hilfe komme, was uns herausreißt aus der Verkehrung. Unsere mögliche Unabhängigkeit ist stets Abhängigkeit von der Transzendenz.

Wie läßt sich die heute mögliche Unabhängigkeit des Philosophierens umkreisen?

Keiner philosophischen Schule sich verschreiben, keine aussagbare Wahrheit als solche für die ausschließend eine und einzige halten, Herr seiner Gedanken werden;

nicht einen Besitz der Philosophie häufen, sondern das Philosophieren als Bewegung vertiefen;

ringen um Wahrheit und Menschlichkeit in der bedingungslosen Kommunikation;

sich fähig machen, von allem Vergangenen aneignend zu lernen, auf die Zeitgenossen zu hören, aufgeschlossen zu werden für alle Möglichkeiten;

und je als dieser Einzelne sich einsenken in die eigene Geschichtlichkeit, in diese Herkunft, in dies, was ich getan habe, übernehmen, was ich war, wurde und was mir geschenkt wird;

nicht aufhören, durch die eigene Geschichtlichkeit hineinzuwachsen in die Geschichtlichkeit des Menschseins im Ganzen und damit in das Weltbürgertum.

Wir glauben kaum einem Philosophen, der sich nicht anfechten läßt, glauben nicht der Ruhe des Stoikers, begehren nicht einmal die Unerschütterlichkeit, denn es ist unser Menschsein selbst, das uns in Leidenschaft und Angst geraten, in Tränen und im Jubel uns erfahren läßt, was ist. Daher: nur im Aufschwung aus der Gebundenheit an die Gemütsbewegungen, nicht durch ihre Tilgung kommen wir zu uns. Darum müssen wir uns hineinwagen, Menschen zu sein, und dann tun, was wir können, darin zu unserer erfüllten Unabhängigkeit vorzudringen. Dann werden wir leiden, ohne zu jammern, verzweifeln, ohne zu versinken, geschüttelt sein, ohne ganz umgeworfen zu werden, wenn uns auffängt, was als innere Unabhängigkeit uns erwächst.

Philosophieren aber ist die Schule dieser Unabhängigkeit, nicht der Besitz der Unabhängigkeit.

Soll unser Leben nicht in Zerstreuung verlorengehen, so muß es in einer Ordnung sich finden. Es muß im Alltag von einem Umgreifenden getragen sein, Zusammenhang gewinnen im Aufbau von Arbeit, Erfüllung und hohen Augenblicken, sich vertiefen in der Wiederholung. Dann wird das Leben noch in der Arbeit eines immer gleichen Tuns durchdrungen von einer Stimmung, die sich bezogen weiß auf einen Sinn. Dann sind wir wie geborgen in einem Welt- und Selbstbewußtsein, haben unseren Boden in der Geschichte, der wir angehören, und in dem eigenen Leben durch Erinnerung und Treue.

Solche Ordnung kann dem Einzelnen zukommen aus der Welt, in der er geboren ist, aus der Kirche, die die großen Schritte von der Geburt bis zum Tode und die kleinen des Alltags formt und durchseelt. Der Einzelne erwirbt dann durch eigene Spontaneität, was ihm täglich sichtbar und gegenwärtig ist in seiner Umwelt. Anders in einer zerbrechenden Welt, in der das Überlieferte immer weniger geglaubt wird, und in einer Welt, die nur als äußere Ordnung besteht, ohne Symbolik und Transzendenz bleibt, die Seele leer läßt, dem Menschen nicht genugtut, sondern wo sie ihn freiläßt, ihn sich selber überläßt in Begehrlichkeit und Langeweile, in Angst und Gleichgültigkeit. Dann ist der Einzelne auf sich angewiesen. In philosophischer Lebensführung sucht er aus eigenen Kräften sich aufzubauen, was die Umwelt ihm nicht mehr bringt.

Der Wille zur philosophischen Lebensführung geht aus von dem Dunkel, in dem der Einzelne sich findet, von der Verlorenheit, wenn er ohne Liebe gleichsam ins Leere starrt, von der Selbstvergessenheit im Verzehrtsein durch den Betrieb, wenn er plötzlich erwacht, erschrickt und sich fragt: Was bin ich, was versäume ich, was soll ich tun?

Jene Selbstvergessenheit wird gefördert durch die technische Welt. Geordnet durch die Uhr, abgeteilt in absorbierende oder leerlaufende Arbeiten, die immer weniger den Menschen als Menschen erfüllen, bringt sie zu dem Extrem, daß der Mensch sich als Maschinenteil fühlt, das wechselnd hier und dort eingesetzt wird, und, wenn freigelassen, nichts ist und mit sich nichts anfangen kann. Und wenn er gerade beginnt, zu sich zu kommen, will der Koloß dieser Welt ihn doch wieder hineinziehen in die alles verzehrende Maschinerie von leerer Arbeit und leerem Vergnügen der Freizeit.

Aber die Neigung zur Selbstvergessenheit liegt schon im Menschen als solchem. Es bedarf eines Sichherausreißens, um sich nicht zu verlieren an die Welt, an Gewohnheiten, an gedankenlose Selbstverständlichkeiten, an die festen Geleise.

Philosophieren ist der Entschluß, den Ursprung wach werden zu lassen, zurückzufinden zu sich und im inneren Handeln nach Kräften sich selbst zu helfen.

Zwar ist im Dasein das greifbar Erste: den sachlichen Aufgaben, der Forderung des Tages zu folgen. Aber darin nicht schon Genüge zu finden, vielmehr das bloße Arbeiten, das Aufgehen in den Zwecken schon als Weg zur Selbstvergessenheit und damit als Versäumnis und Schuld zu erfahren, das ist der Wille zur philosophischen Lebensführung. Und dann das Ernstnehmen der Erfahrung mit Menschen, des Glücks und der Kränkung, des Gelingens und Versagens, des Dunkeln und Verworrenen. Nicht vergessen, sondern innerlich aneignen, nicht sich ablenken, sondern innerlich durcharbeiten, nicht erledigt sein lassen, sondern durchhellen, das ist philosophische Lebensführung.

Sie geht zwei Wege: in der Einsamkeit die *Meditation* durch jede Weise der Besinnung – und mit Menschen die *Kommunikation* durch jede Weise des gegenseitigen Sichverstehens im Miteinanderhandeln, Miteinanderreden, Miteinanderschweigen.

Unerläßlich sind uns Menschen die täglichen Augenblicke tiefer Besinnung. Wir vergewissern uns, damit die Gegenwart des Ursprungs in der unausweichlichen Zerstreuung des Tages nicht ganz verschwindet.

Was die Religionen in Kultus und Gebet vollziehen, hat sein philosophisches Analogon in der ausdrücklichen Vertiefung, der Einkehr in sich zum Sein selbst. Das muß in Zeiten und Augenblicken geschehen, in denen wir nicht in der Welt für Zwecke der Welt beschäftigt sind und in denen wir doch nicht leer bleiben, sondern gerade das Wesentliche berühren, sei es am Tagesbeginn, am Tagesabschluß, in Zwischenaugenblicken.

Die philosophische Besinnlichkeit hat im Unterschied von der kultischen kein heiliges Objekt, keinen heiligen Ort, keine feste Form. Die Ordnung, die wir uns für sie machen, wird nicht zur Regel, bleibt Möglichkeit in freier Bewegung. Die Besinnung ist im Unterschied von der kultischen Gemeinschaft eine einsame.

Was ist der mögliche Inhalt solcher Besinnung?

Erstens die Selbstreflexion. Ich vergegenwärtige mir, was ich den Tag getan, gedacht, gefühlt habe. Ich prüfe, was falsch war, wo ich unwahrhaftig mit mir selbst war, wo ich ausweichen wollte, wo ich unaufrichtig war. Ich sehe, wo ich mir zustimme und mich steigern möchte. Ich mache mir die Kontrolle bewußt, die ich über mich selbst vollziehe, und wie ich sie festhalte den Tag hindurch. Ich urteile über mich – in bezug auf mein einzelnes Verhalten, nicht in bezug auf das mir unzugängliche Ganze, das ich bin –, ich finde Grundsätze, nach denen ich mich richten will, fixiere mir vielleicht Worte, die ich im Zorn, in der Verzweiflung, in der Langeweile und anderen Selbstverlorenheiten mir zusprechen will, gleichsam Zauberworte, die mich erinnern (etwa: maßhalten, an den anderen denken, warten, Gott ist). Ich lerne aus der Überlieferung, die von den Pythagoräern über die Stoiker und Christen bis zu Kierkegaard und Nietzsche geht, mit ihren Forderungen der Selbstreflexion und der Erfahrung ihrer Unabschließbarkeit und der unbegrenzten Täuschungsfähigkeit.

Zweitens die transzendierende Besinnung. Am Leitfaden philosophischer Gedankengänge vergewissere ich mich des eigentlichen Seins, der Gottheit. Ich lese die Chiffern des Seins mit Hilfe der Dichtung und Kunst. Ich mache sie mir verständlich durch philosophische Vergegenwärtigung. Ich suche mich zu vergewissern des Zeitunabhängigen oder des Ewigen in der Zeit, suche zu berühren den Ursprung meiner Freiheit und durch sie das Sein selbst, suche hinabzudringen in den Grund gleichsam einer Mitwissenschaft mit der Schöpfung.

Drittens besinnen wir uns auf das, *was gegenwärtig zu tun ist.* Die Erinnerung des eigenen Lebens in Gemeinschaft ist der Hintergrund, auf dem die gegenwärtige Aufgabe bis zu den Kleinigkeiten dieses Tages hell wird, wenn ich in der unerläßlichen Intensität zweckhaften Denkens des umgreifenden Sinns verlustig gehe.

Was ich in der Besinnung für mich allein gewinne, das ist – wenn es alles wäre – wie nicht gewonnen.

Was sich nicht in Kommunikation verwirklicht, ist noch nicht, was nicht zuletzt in ihr gründet, ist ohne genügenden Grund. Die Wahrheit beginnt zu zweien.

Daher fordert die Philosophie: ständig Kommunikation suchen, sie rückhaltlos wagen, meine trotzige, sich in immer anderen Verkleidungen aufzwingende Selbstbehauptung hingeben, in der Hoffnung leben, daß ich mir unberechenbar wiedergeschenkt werde aus der Hingabe.

Daher muß ich ständig mich in Zweifel ziehen, darf nicht sicher werden, mich nicht halten an einen vermeintlichen festen Punkt in mir, der mich verläßlich durchleuchte und wahr beurteile. Solche Selbstgewißheit ist die verführendste Form der unwahrhaftigen Selbstbehauptung.

Vollziehe ich die Besinnung in der dreifachen Gestalt – der Selbstreflexion, der transzendierenden Besinnung, der Vergegenwärtigung der Aufgabe – und öffne ich mich uneingeschränkter Kommunikation, so wird mir unberechenbar gegenwärtig, was ich doch nie erzwingen kann: die Klarheit meiner Liebe, die verborgene und immer unsicher bleibende Forderung der Gottheit, die Offenbarkeit des Seins – und damit vielleicht die Ruhe in der bleibenden Unruhe unseres Lebens, das Vertrauen in den Grund der Dinge trotz entsetzlichen Unheils, die Unbeirrbarkeit des Entschlusses in den Schwankungen der Leidenschaften, die Verläßlichkeit der Treue in den verführenden Augenblicklichkeiten dieser Welt.

Werde ich in der Besinnung des Umgreifenden inne, aus dem ich lebe und besser leben kann, so strahlt die Besinnung aus als die Grundstimmung, die mich den Tag hindurch trägt in den unendlichen Tätigkeiten und noch in dem Hineingerissenwerden in den technischen Apparat. Denn das ist der Sinn der Augenblicke, in denen ich gleichsam zu mir heimkehre, daß eine Grundhaltung erworben werde, die hinter allen Stimmungen und Bewegungen des Tages noch gegenwärtig bleibt, bindet und mich bei Entgleisungen, Verwirrungen, Affekten doch nicht ganz ins Bodenlose sinken läßt. Denn durch sie ist im Gegenwärtigen zugleich Erinnerung und Zukunft, etwas, das im Zusammenhang hält und Dauer hat.

Dann ist Philosophieren ineins Lebenlernen und Sterbenkönnen. Wegen der Unsicherheit des Daseins in der Zeit ist das Leben ständig ein Versuchen.

In diesem Versuchen kommt es darauf an, es zu wagen, hineinzugehen in das Leben, sich auszusetzen auch dem Äußersten und es nicht zu verschleiern, Redlichkeit im Sehen, Fragen und Antworten uneingeschränkt walten zu lassen. Und dann seinen Weg zu gehen, ohne das Ganze zu wissen, ohne handgreiflich zu haben, was eigentlich ist, ohne durch fälschliche Argumentation oder trügende Erfahrungen gleichsam das Guckloch zu finden, das objektiv aus der Welt unmittelbar in die Transzendenz zu blicken erlaubt, ohne das Wort Gottes, das eindeutig und direkt uns träfe, vielmehr die Chiffern der immer vieldeutigen Sprache der Dinge zu hören, und doch zu leben mit der Gewißheit der Transzendenz.

Von da her erst wird in diesem fragwürdigen Dasein das Leben gut, die Welt schön, das Dasein selbst erfüllend.

Wenn Philosophieren Sterbenlernen ist, so ist dieses Sterbenkönnen gerade die Bedingung für das rechte Leben. Lebenlernen und Sterbenkönnen ist dasselbe.

Besinnung lehrt die *Macht des Gedankens.*

Denken ist der Beginn des Menschseins. Im richtigen Erkennen der Gegenstände erfahre ich die Macht des Rationalen, so in den Operationen des Rechnens, in dem Erfahrungswissen von der Natur, in der technischen Planung. Die zwingende Kraft der Logik in den Schlüssen, die Einsicht in Kausalfolgen, die Handgreiflichkeit der Erfahrung sind um so größer, je reiner die Methode wird.

Aber das Philosophieren beginnt an den Grenzen dieses Wissens des Verstandes. Die Ohnmacht des Rationalen in dem, worauf es uns eigentlich ankommt: im Setzen der Ziele und letzten Zwecke, in der Erkenntnis des höchsten Gutes, in der Erkenntnis Gottes und der menschlichen Freiheit, erweckt ein Denken, das mit den Mitteln des Verstandes mehr als Verstand ist. Daher drängt das Philosophieren an die Grenzen der Verstandeserkenntnis, um sich zu entzünden.

Wer meint, alles zu durchschauen, philosophiert nicht mehr. Wer das Bescheidwissen durch Wissenschaften für Erkenntnis des Seins selbst und im Ganzen nimmt, ist einem Wissenschaftsaberglauben anheimgefallen. Wer nicht mehr staunt, fragt nicht mehr. Wer kein Geheimnis mehr kennt, sucht nicht mehr. Philosophieren kennt mit der Grundbescheidung an den Grenzen der Wissensmöglichkeiten die volle Offenheit für das an den Grenzen des Wissens sich unwißbar Zeigende.

An diesen Grenzen hört zwar das Erkennen, aber nicht das Denken auf. Mit meinem Wissen kann ich in technischer Anwendung äußerlich handeln, im Nichtwissen aber ist ein inneres Handeln möglich, in dem ich mich verwandle. Hier zeigt sich eine andere und tiefere Macht des Gedankens, der nicht mehr losgelöst auf einen Gegenstand geht, sondern im Innersten meines Wesens der Vollzug ist, in dem Denken und Sein dasselbe werden. Dieses Denken als inneres Handeln ist gemessen an äußerer Macht des Technischen wie nichts, es ist nicht als Anwendung meines Wissens zu gewinnen, nicht nach Absicht und Plan zu machen, aber es ist das eigentliche Hellwerden und Wesentlichwerden ineins.

Der Verstand (die ratio) ist der große Erweiterer, der die Gegenstände fixiert, die Spannungen des Seienden entfaltet und der auch erst alles, was nicht durch den Verstand faßbar ist, als es selbst machtvoll und klarwerden läßt. Die Klarheit des Verstandes ermöglicht die Klarheit der Grenzen und wird zum Erwecker der eigentlichen Impulse, die Denken und Tun zugleich, inneres und äußeres Handeln ineins sind.

Man fordert vom Philosophen, er solle nach seiner Lehre leben. Dieser Satz drückt das mit ihm Gemeinte schlecht aus. Denn der Philosoph hat keine Lehre im Sinne von Vorschriften, unter die die einzelnen Fälle des realen Daseins subsumiert werden könnten, wie Dinge unter empirisch erkannte Gattungen, oder Tatbestände unter juristische Normen. Philosophische Gedanken lassen sich nicht anwenden, vielmehr sind sie die Wirklichkeit, von der man sagen kann: im Vollzug dieser Gedanken lebt der Mensch selbst oder: das Leben ist mit dem Gedanken durchdrungen. Daher die Untrennbarkeit von Menschsein und Philosophieren (im Unterschied von der Trennbarkeit des Menschen von seiner wissenschaftlichen Erkenntnis) und die Notwendigkeit, einen philosophischen Gedanken nicht nur nachzudenken, sondern mit diesem Gedanken zugleich des philosophischen Menschseins innezuwerden, das ihn gedacht hat.

Das philosophische Leben droht ständig in *Verkehrungen* verlorenzugehen, zu denen die philosophischen Sätze selber als Rechtfertigung genutzt werden. Die Ansprüche des Daseinswillens verschleiern sich in Formeln der Existenzerhellung:

Die Ruhe wird zur Passivität, das Vertrauen zu täuschendem Glauben an die Harmonie aller Dinge, das Sterbenkönnen zur Weltflucht, die Vernunft zur alles gehenlassenden Gleichgültigkeit. Das Beste verkehrt sich in das Schlechteste.

Der Kommunikationswille täuscht sich in widersprüchlichen Verschleierungen: Man will geschont sein und hält doch den Anspruch aufrecht auf absolute Selbstgewißheit in Selbstdurchleuchtung. Man begehrt Entschuldigung wegen seiner Nerven und beansprucht doch, als frei anerkannt zu werden. Man übt Vorsicht, Schweigen und verborgene Abwehr, während man rückhaltlose Kommunikationsbereitschaft ausspricht. Man denkt an sich, während man von der Sache zu reden meint.

Das philosophische Leben, das diese Verkehrungen in sich durchschauen und überwinden will, weiß sich in der Unsicherheit, die darum ständig ausschaut nach Kritik, die den Gegner sucht und die Infragestellung begehrt, hören will, nicht um sich zu unterwerfen, sondern um in der eigenen Selbstdurchhellung vorangetrieben zu werden. Dieses Leben findet Wahrheit und ungesuchte Bestätigung im sich ergebenden Einklang mit dem andern, wenn alle Offenheit und Rücksichtslosigkeit in der Kommunikation war.

Das Philosophieren muß sogar die Möglichkeit voller Kommunikation unsicher bleiben lassen, wenn es auch aus dem Glauben an Kommunikation lebt und es daraufhin wagt. Man kann an sie glauben, aber sie nicht wissen. Man hat sie verloren, wenn man sich in ihrem Besitz meint.

Denn es sind die schrecklichen Grenzen, die doch vom Philosophieren nie als endgültig anerkannt werden: das In-Vergessenheit-versinken-Lassen, das Zulassen und Anerkennen des Nichtdurchhellten. Ach, wir reden so viel, wo das, worauf es ankommt, ganz einfach, zwar nicht in einem allgemeinen Satze, aber in einem Signum für die konkrete Situation zu treffen ist.

Wo die Verkehrungen sind und die Verstrickungen und die Verwirrungen, da ruft der moderne Mensch nach dem Nervenarzt. In der Tat gibt es körperliche Krankheiten und Neurosen, die in Beziehung stehen zu unserer seelischen Verfassung. Sie auffassen, sie kennen, mit ihnen umgehen, das gehört zum realistischen Verhalten. Die menschliche Instanz des Arztes soll nicht umgangen werden, wo der Arzt wirklich etwas auf Grund kritischer Erfahrung weiß und kann. Aber heute ist auf Grund der Psychotherapie etwas erwachsen, was nicht mehr ärztlich auf Grund medizinischer Wissenschaft ist, sondern philosophisch, und das daher der ethischen und metaphysischen Prüfung bedarf wie jede philosophische Bemühung.

Das Ziel der philosophischen Lebensführung ist nicht zu formulieren als ein Zustand, der erreichbar und dann vollendet wäre. Unsere Zustände sind nur die Erscheinung des ständigen Bemühens unserer Existenz oder ihres Versagens. Unser Wesen ist Auf-dem-Wege-Sein. Wir möchten durchstoßen durch die Zeit. Das ist nur in Polaritäten möglich:

Nur ganz in dieser Zeit unserer Geschichtlichkeit existierend, erfahren wir etwas von ewiger Gegenwart.

Nur als je bestimmter Mensch in dieser Gestalt werden wir des Menschseins schlechthin gewiß.

Nur wenn wir das eigene Zeitalter als unsere umgreifende Wirklichkeit erfahren, können wir dieses Zeitalter im Einen der Geschichte ergreifen und in dieser die Ewigkeit.

Im Aufschwung berühren wir hinter unseren Zuständen den heller werdenden Ursprung, aber in ständiger Gefahr der Verdunkelung.

Dieser Aufschwung philosophischen Lebens ist je dieser dieses Menschen. Er muß als einzelner in Kommunikation vollziehen, in der es kein Abschieben auf andere gibt.

Den Aufschwung gewinnen wir nur in den geschichtlich konkreten Wahlakten unseres Lebens, nicht durch die Wahl einer in Sätzen mitgeteilten sogenannten Weltanschauung.

Die philosophische Situation in der Zeit sei zum Abschluß im Gleichnis charakterisiert:

Nachdem der Philosoph auf dem sicheren Boden des Festlandes –

in realistischer Erfahrung, in Einzelwissenschaften, in Kategorien- und Methodenlehre – sich orientiert und an den Grenzen dieses Landes die Welt der Ideen in ruhigen Bahnen durchlaufen hat, flattert er schließlich am Gestade des Ozeans wie ein Schmetterling, hinausdrängend auf das Wasser, erspähend ein Schiff, mit dem er auf die Entdeckungsreise fahren möchte zur Erforschung des Einen, das als Transzendenz ihm in seiner Existenz gegenwärtig ist. Er späht nach dem Schiffe – der Methode des philosophischen Denkens und der philosophischen Lebensführung –, dem Schiff, das er sieht und doch nicht endgültig erreicht hat; so müht er sich und macht vielleicht die wunderlichsten Taumelbewegungen.

Wir sind solche Falter, und wir sind verloren, wenn wir die Orientierung am festen Lande aufgeben. Aber wir sind nicht zufrieden, dort zu bleiben. Darum ist unser Flattern so unsicher und vielleicht so lächerlich für die, die auf dem festen Lande sicher sitzen und befriedigt sind, nur begreiflich für jene, die die Unruhe erfaßt hat. Ihnen wird die Welt zum Ausgangspunkt für jenen Flug, auf den alles ankommt, den jeder aus eigenem antreten und in Gemeinschaft wagen muß und der als solcher nie Gegenstand einer eigentlichen Lehre werden kann.

12. Geschichte der Philosophie

Die Philosophie ist so alt wie die Religion und älter als alle Kirchen. Sie war durch die Höhe und Reinheit ihrer vereinzelten menschlichen Erscheinungen und durch die Wahrhaftigkeit ihres Geistes der kirchlichen Welt, die sie als das andere bejaht, nicht immer, aber zumeist gewachsen. Doch sie ist ihr gegenüber in Ohnmacht mangels eigener soziologischer Gestalt. Sie lebt im zufälligen Schutz von Mächten in der Welt, auch kirchlichen. Sie bedarf glücklicher soziologischer Situationen, um sich objektiv im Werk zu zeigen. Ihre eigentliche Wirklichkeit ist jedem Menschen jederzeit offen; sie ist in irgendeiner Gestalt allgegenwärtig, wo Menschen leben.

Die Kirchen sind für alle, die Philosophie für einzelne. Die Kirchen sind sichtbare Machtorganisationen der Menschenmassen in der Welt. Die Philosophie ist Ausdruck eines Reichs der Geister, die durch alle Völker und Zeitalter hindurch miteinander verbunden sind ohne Instanz in der Welt, die ausschließt oder aufnimmt.

Solange die Kirchen dem Ewigen verbunden sind, ist ihre äußere Macht zugleich erfüllt aus dem Innersten der Seele. Je mehr sie das Ewige in den Dienst ihrer Macht in der Welt stellen, desto unheimlicher zeigt sich dann diese Macht, die wie jede andere Macht böse wird.

Solange die Philosophie ewige Wahrheit berührt, beflügelt sie ohne Gewalt, bringt sie der Seele Ordnung aus ihrem innersten Ursprung. Je mehr sie aber ihre Wahrheit in den Dienst zeitlicher Mächte stellt, desto mehr verführt sie zur Selbsttäuschung in Daseinsinteressen und zur Anarchie der Seele. Je mehr sie schließlich nichts weiter als Wissenschaft sein will, desto leerer wird sie dann als eine Spielerei, die weder Wissenschaft noch Philosophie ist.

Die unabhängige Philosophie fällt keinem Menschen von selber zu. Niemand wird in sie hineingeboren. Sie muß stets neu erworben werden. Sie ist zu ergreifen nur von dem, der sie aus seinem eigenen Ursprung heraus erblickt. Der erste noch verschwindende Blick auf sie kann den Einzelnen entzünden. Auf die Entzündung durch Philosophie folgt das Studium der Philosophie.

Dieses ist dreifach: *Praktisch* an jedem Tage im inneren Handeln; *sachlich* im Erfahren der Gehalte, durch Studium der Wissenschaften, der Kategorien, der Methoden und der Systematiken; *historisch* durch Aneignung der philosophischen Überlieferung. Was in der Kirche die Autorität, ist für den Philosophierenden die Wirklichkeit, die aus der Geschichte der Philosophie ihn anspricht.

Wenden wir uns der Philosophiegeschichte zu im Interesse für das eigene gegenwärtige Philosophieren, so können wir den Horizont nicht weit genug nehmen.

Die Mannigfaltigkeit der philosophischen Erscheinungen ist außerordentlich. Die Upanischaden wurden gedacht in den indischen Dörfern und Wäldern, abseits von der Welt in Einsamkeit oder innigem Zusammenleben von Lehrer und Schüler, Kautilya dachte als Minister, der ein Reich gründete, Konfuzius als Lehrer, der seinem Volke die Bildung und die wahre politische Wirklichkeit zurückbringen wollte, Plato als Aristokrat, dem die ihm seiner Herkunft nach bestimmte politische Tätigkeit in seinem Gemeinwesen wegen dessen sittlicher Verwahrlosung unmöglich schien, Bruno, Descartes, Spinoza als auf sich gestellte Menschen, die im einsamen Denken die Wahrheit für sich entschleiern wollten, Anselm als Mitbegründer kirchlich-aristokratischer Wirklichkeit, Thomas als Glied der Kirche, Nicolaus Cusanus, der Kardinal, in Einheit seines kirchlichen und philosophischen Lebens, Macchiavelli als gescheiterter Staatsmann, Kant, Hegel, Schelling als Professoren im Zusammenhang ihrer Lehrtätigkeit.

Wir müssen uns befreien von der Vorstellung, daß das Philosophieren an sich und wesentlich eine Professorenangelegenheit sei. Es ist eine Sache des Menschen, wie es scheint, unter allen Bedingungen und Umständen, des Sklaven wie des Herrschers. Wir verstehen die geschichtliche Erscheinung des Wahren erst in der Welt, in der sie erwuchs, und in dem Schicksal der Menschen, die sie dachten. Sind diese Erscheinungen der unseren fern und fremd, so werden sie gerade dadurch erhellend für uns. Den philosophischen Gedanken und den Denker müssen wir in ihrer leibhaften Wirklichkeit aufsuchen. Das Wahre schwebt nicht losgelöst in der Luft der Abstraktion für sich, sich selber tragend.

Berührung mit der Philosophiegeschichte gewinnen wir dort, wo wir in gründlichem Studium eines Werkes zusammen mit der Welt, in der es entstand, in möglichst nächster Nähe dabei sind.

Von da aber suchen wir Aspekte, die uns das geschichtliche Ganze des Philosophierens in einer Gliederung vor Augen stellen, fragwürdig zwar, aber als Leitfaden zur Orientierung in den weiten Räumen.

Das Ganze der Philosophiegeschichte von zweieinhalb Jahrtausenden ist wie ein einziger großer Augenblick des Sichbewußtwerdens des Menschen. Dieser Augenblick ist zugleich die unendliche Diskussion, zeigt die Kräfte, die aufeinanderstoßen, die Fragen, die unlösbar scheinen, die hohen Werke und die Abgleitungen, tiefe Wahrheit und einen Wirbel des Irrens.

Im philosophiegeschichtlichen Wissen suchen wir das Schema eines Rahmens, in dem die philosophischen Gedanken ihren historischen Ort haben. Nur eine Weltgeschichte der Philosophie zeigt, wie Philosophie historisch zur Erscheinung gekommen ist, in den verschiedensten gesellschaftlichen und politischen Zuständen und persönlichen Situationen.

In sich selbständige Entwicklungen des Gedankens finden in China, Indien und dem Abendland statt. Trotz gelegentlicher Verbindung ist die Trennung dieser drei Welten bis um die Zeit um Christi Geburt so einschneidend, daß jede wesentlich aus sich selbst begriffen werden muß. Später ist die stärkste Einwirkung die des in Indien entstandenen Buddhismus auf China, vergleichbar der des Christentums auf das westliche Abendland.

In den drei Welten hat die Entwicklung eine analoge Kurve. Nach einer historisch schwer aufhellbaren Vorgeschichte entstehen die Grundgedanken überall in der Achsenzeit (800–200 v. Chr.). Dann folgt eine Auflösung und die Konsolidierung der großen Erlösungsreligionen, folgen immer wiederkehrende Erneuerungen, folgen zusammenfassende, systematisch entworfene Systeme (Scholastik) und besonders bis ins Äußerste getriebene logische Spekulationen von sublimem metaphysischem Sinn.

Diese synchronistische Typengliederung der dreifachen historischen Entwicklung hat im Abendland ihre Besonderheit erstens durch viel stärkere, in geistigen Krisen und Entwicklungen sich erneuernde Bewegung, zweitens durch die Mannigfaltigkeit der Sprachen und Völker, die die Gedanken zum Ausdruck bringen, drittens durch die einzigartige Entwicklung der Wissenschaft.

Die abendländische Philosophie gliedert sich historisch in vier aufeinander folgende Bereiche:

Erstens: *Die griechische Philosophie.* Sie ging den Weg vom Mythos zum Logos, schuf die Grundbegriffe des Abendlandes, die Kategorien und möglichen Grundpositionen im Erdenken des Ganzen von Sein, Welt und Mensch. Uns bleibt sie das Reich der Typik des Einfachen, durch deren Aneignung wir Klarheit bewahren müssen.

Zweitens: *Die christlich-mittelalterliche Philosophie.* Sie ging den Weg von der biblischen Religion zu ihrem gedanklichen Verständnis, von der Offenbarung zur Theologie. In ihr erwuchs nicht nur die bewahrende und erziehende Scholastik. In schaffenden Denkern trat eine Welt an das Licht, die ursprünglich religiös und philosophisch in einem ist, vor allem in Paulus, Augustin, Luther. Uns bleibt, das Geheimnis des Christentums in diesem weiten Denkbereich für uns lebendig zu erhalten.

Drittens: *Neuere europäische Philosophie.* Sie entstand gemeinsam mit der modernen Naturwissenschaft und der neuen persönlichen Unabhängigkeit des Menschen gegenüber jeglicher Autorität. Kepler und Galilei auf der einen Seite, Bruno und Spinoza auf der anderen, repräsentieren die neuen Wege. Uns bleibt dort die Vergewisserung des Sinns eigentlicher Wissenschaft – der zugleich von Anfang an auch verkehrt wurde – und des Sinns der persönlichen Freiheit der Seele.

Viertens: *Die Philosophie des deutschen Idealismus.* Von Lessing und Kant bis zu Hegel und Schelling geht ein Weg von Denkern, die an kontemplativer Tiefe vielleicht alles überragen, was bis dahin im Abendland gedacht worden war. Ohne den Hintergrund einer großen Wirklichkeit von Staat und Gesellschaft, in verborgenem privatem Dasein, erfüllt vom Ganzen der Geschichte und des Kosmos, reich an spekulativer Kunst des Gedankens und an Visionen der menschlichen Gehalte, richteten sie, welthaltig, ohne wirkliche Welt, ihre großen Werke auf. Uns bleibt, in ihnen die mögliche Tiefe und Weite zu gewinnen, die ohne sie verloren wäre.

Bis ins siebzehnte Jahrhundert und noch länger stand alles Denken im Abendland unter Führung der Antike, der Bibel, Augustins. Das hört seit dem achtzehnten Jahrhundert langsam auf. Man glaubt, sich ohne Geschichte auf die eigene Vernunft allein gründen zu können. Während als wirksame Kraft das überlieferte Denken verschwand, nahm ein gelehrtes historisches Wissen von der Philosophiegeschichte zu, aber beschränkt auf engste Kreise. Man kann heute alles überlieferte Denken leichter kennenlernen, in Editionen und Nachschlagewerken zur Verfügung haben, als zu irgendeiner früheren Zeit.

Seit dem zwanzigsten Jahrhundert steigerte sich das Vergessen jener tausendjährigen Grundlagen zugunsten eines zerstreuten technischen Wissens und Könnens, eines Wissenschaftsaberglaubens, illusionärer Diesseitsziele, passiver Gedankenlosigkeit.

Schon seit der Mitte des neunzehnten Jahrhunderts tritt das Bewußtsein des Endes auf und die Frage, wie nun noch Philosophie möglich sei. Die Kontinuität der neueren Philosophie in den westlichen Ländern, die Professorenphilosophie in Deutschland, die das große Erbe historisch pflegte, konnten über das Ende einer tausendjährigen Erscheinungsform der Philosophie nicht hinwegtäuschen.

Die epochalen Philosophen sind Kierkegaard und Nietzsche, Gestalten eines Typus, wie sie früher nicht da waren, offenbar zugeordnet zur Krisis dieses Zeitalters, geistig in weitem Abstand von ihnen auch Marx, der in der Massenwirkung alle übertraf.

Ein Denken im Äußersten wird möglich, das alles in Frage stellt, um zum tiefsten Ursprung zu gelangen, alles abschüttelt, um den Blick in die Existenz, das Unbedingte, die Gegenwärtigkeit freizubekommen in einer durch das technische Zeitalter radikal verwandelten Welt.

Solche Übersichten werden im Blick auf die Gesamtheit der Philosophiegeschichte entworfen. Sie sind oberflächlich. Man möchte tiefere Zusammenhänge im Ganzen spüren. Folgende Fragen sind zum Beispiel versucht.

Erstens: *Die Frage nach der Einheit der Philosophiegeschichte.* Diese Einheit ist nicht Tatbestand, sondern Idee. Wir suchen diese Einheit, aber erreichen nur partikulare Einheiten.

Wir sehen etwa einzelne Problementfaltungen (zum Beispiel der Frage nach dem Leib-Seele-Verhältnis), aber die historischen Tatbestände koinzidieren zeitlich nur zum Teil mit einer gedanklich konsequenten Konstruktion. Es lassen sich Systemfolgen zeigen, so zum Beispiel die Konstruktion der deutschen, dann aller Philosophie auf Hegel hin, wie sie von ihm gesehen wurde. Aber solche Konstruktion vergewaltigt, bemerkt nicht, was aus früherem Philosophieren dem Hegelschen Denken tödlich ist, für dieses daher als nicht vorhanden gilt, läßt aus, was dem andern Denken gerade das Wesentliche war. Keine Konstruktion der Philosophiegeschichte als einer sinnvoll konsequenten Folge von Positionen fällt mit der historischen Tatsächlichkeit zusammen.

Jeder konstruktive Rahmen eines Einheitsentwurfs wird gesprengt durch die Genialität des einzelnen Philosophen. In der faktischen Bindung an nachweisbare Zusammenhänge bleibt doch das Unvergleichliche alles Großen, das immer wie ein Wunder gegenüber der verstehbaren Entwicklung da ist.

Die Idee der Einheit der Philosophiegeschichte möchte jene ewige Philosophie treffen, welche als ein in sich zusammenhängendes Leben sich geschichtlich ihre Organe und Gebilde, ihre Kleider und Werkzeuge schafft, aber in ihnen nicht aufgeht.

Zweitens: Die Frage nach dem Anfang und seiner Bedeutung. Anfang ist das einmal in der Zeit beginnende Denken. Ursprung ist das jederzeit zugrundeliegende Wahre.

Aus den Mißverständnissen und Verkehrungen des Gedankens müssen wir jederzeit zurückkehren zum Ursprung. Statt diesen zu suchen am Leitfaden der gehaltvollen überlieferten Texte auf dem Wege zum eigenen ursprünglichen Philosophieren, entsteht die Verwechslung: im zeitlichen Anfang sei der Ursprung zu finden; so bei den ersten vorsokratischen Philosophen, im anfänglichen Christentum, in der anfänglichen Buddhalehre. Der jederzeit notwendige Weg zum Ursprung nimmt fälschlich die Form an des Weges zur Entdeckung der Anfänge.

Die für uns noch erreichbaren Anfänge sind zwar von hohem Zauber. Aber ein absoluter Anfang ist in der Tat unauffindbar. Was für unsere Überlieferung Anfang ist, ist ein relativer Anfang, war selber immer schon ein Ergebnis aus Voraussetzungen.

Es ist daher ein Grundsatz geschichtlicher Vergegenwärtigung, uns an das zu halten, was in überlieferten echten Texten wirklich da ist. Geschichtliche Anschauung gewährt allein das Sichvertiefen in das Erhaltene. Es ist vergebliches Bemühen, das Verlorene zu ergänzen, das ihm Vorhergehende zu konstruieren, die Lücken zu füllen.

Drittens: Die Frage nach Entwicklung und Fortschritt in der Philosophie. Es sind Gestaltenfolgen in der Philosophiegeschichte zu beobachten, zum Beispiel der Weg von Sokrates zu Plato und Aristoteles, der Weg von Kant bis Hegel, von Locke bis Hume. Aber schon solche Reihen sind falsch, wenn man meint, der je spätere habe die Wahrheit des früheren bewahrt und übertroffen. Das jeweils Neue wird auch in solchen zusammenhängenden Generationsfolgen aus dem Vorhergehenden nicht begriffen. Das Wesentliche im Vorhergehenden ist oft verlassen, vielleicht nicht einmal mehr verstanden.

Es gibt Welten geistigen Austausches, die für eine Weile sich halten, in die hinein der einzelne Denker sein Wort spricht, so die griechische Philosophie, die Scholastik, die »deutsche philosophische Bewegung« von 1760 bis 1840. Es sind Zeitalter lebendigen Miteinanders im ursprünglichen Denken. Dann gibt es andere Zeitalter, wo die Philosophie als Bildungsphänomen fortdauert, andere, wo sie fast verschwunden scheint.

Irreführend ist der Aspekt einer Totalentwicklung der Philosophie als Fortschrittsprozeß. Die Philosophiegeschichte ähnelt der Kunstgeschichte durch Unersetzlichkeit und Einmaligkeit ihrer höchsten Werke. Sie ähnelt der Wissenschaftsgeschichte darin, daß sich vermehrende Kategorien und Methoden ihre Werkzeuge sind, die bewußter gebraucht werden. Sie ähnelt der Religionsgeschichte durch eine Folge ursprünglicher Glaubenshaltungen, die sich in ihr gedanklich aussprechen.

Auch Philosophiegeschichte hat ihre schöpferischen Zeitalter. Aber Philosophie ist jederzeit ein Wesenszug des Menschen. Abweichend von anderer Geistesgeschichte kann in vermeintlichen Verfallzeiten plötzlich ein Philosoph ersten Ranges auftreten. Plotin im dritten, Scotus Eriugena im neunten Jahrhundert sind isolierte Gestalten, sind einmalige Gipfel. Sie stehen mit dem Material ihrer Gedanken im Zusammenhang der Überlieferung, sind vielleicht in allen einzelnen Gedanken abhängig und bringen doch im Ganzen eine neue, große Grundbestimmung des Denkens.

In der Philosophie ist es darum nie in bezug auf ihr Wesen zu sagen erlaubt, sie sei zu Ende. In jeder Katastrophe bleibt vielleicht die Philosophie immer als tatsächliches Denken Einzelner, unberechenbar auch in einsamen Werken aus geistig sonst fruchtlosen Zeiten. Philosophie ist wie Religion in jeder Zeit.

Entwicklung ist für Philosophiegeschichte auch darum nur ein unwesentlicher Gesichtspunkt, weil jede große Philosophie in sich vollendet, ganz, eigenständig ohne Bezug auf geschichtliche umfassendere Wahrheit lebt. Wissenschaft geht auf einem Wege, auf dem jeder Schritt durch einen späteren übertroffen wird. Philosophie muß ihrem Sinne nach je in einem einzelnen Menschen ganz werden. Darum ist es sinnwidrig, Philosophen zu subalternisieren als Schritte auf einem Wege, als Vorstufen.

Viertens: *Die Frage nach der Rangordnung.* Das Philosophieren wird sich im einzelnen Denker und in typischen Zeitanschauungen einer Rangordnung bewußt. Die Philosophiegeschichte ist kein nivelliertes Feld zahlloser gleichberechtigter Werke und Denker. Es gibt Sinnzusammenhänge, die nur von wenigen erreicht werden. Vor allem gibt es Höhepunkte, Sonnen im Heer der Sterne. Aber es gibt dies alles nicht in einer Weise, daß es als einzige, für alle geltende endgültige Rangordnung bestände.

Es ist ein gewaltiger Abstand zwischen dem, was in einem Zeitalter alle meinen, und dem Gehalt der in dieser Zeit geschaffenen philosophischen Werke. Was der Verstand aller selbstverständlich findet, kann ebenso als Philosophie ausgesprochen werden wie das unendlich Deutbare der Werke der großen Philosophen. Die Ruhe beschränkter Einsicht einer Zufriedenheit mit der von ihr gesehenen Welt, dann der Drang ins Weite, dann das fragende Stehen an der Grenze – alles heißt Philosophie.

Wir nannten die Geschichte der Philosophie das Analogon der Autorität religiöser Überlieferung. Im Philosophieren haben wir zwar keine kanonischen Bücher, wie sie die Religionen besitzen, keine Autorität, der einfach zu folgen wäre, keine Endgültigkeit der Wahrheit, die da ist. Aber die Gesamtheit der geschichtlichen Überlieferung des Philosophierens, dieses Depositum unerschöpflicher Wahrheit, zeigt die Wege zum gegenwärtigen Philosophieren. Die Überlieferung ist die mit nie aufhörender Erwartung erblickte Tiefe der schon gedachten Wahrheit, ist die Unergründlichkeit der wenigen großen Werke, ist die mit Ehrfurcht hingenommene Wirklichkeit der großen Denker.

Das Wesen dieser Autorität ist, daß man ihr nicht eindeutig gehorchen kann. Es ist die Aufgabe, durch sie in eigener Vergewisserung zu sich selbst zu kommen, in ihrem Ursprung den eigenen Ursprung wiederzufinden.

Nur aus dem Ernst gegenwärtigen Philosophierens kann eine Berührung mit der ewigen Philosophie in historischer Erscheinung gelingen. Die historische Erscheinung ist das Mittel für die Verbundenheit in der Tiefe zu gemeinsamer Gegenwart.

Historische Forschung erfolgt daher in Stufen der Nähe und Ferne. Der gewissenhaft Philosophierende weiß, womit er jeweils zu tun hat, wenn er in den Texten forscht. Die Vordergründe müssen klar und zum sicheren Besitz verständigen Wissens werden. Aber Sinn und Gipfel historischen Eindringens sind die Augenblicke des Einverständnisses im Ursprung. Da leuchtet auf, was allen Vordergrundsforschungen erst ihren Sinn gibt und sie zugleich zur Einheit bringt. Ohne diese Mitte des philosophischen Ursprungs ist alle Historie der

Philosophie am Ende der Bericht einer Kette von Irrtümern und Kuriositäten.

So wird die Geschichte, nachdem sie erweckte, zum Spiegel des Eigenen: im Bild schaue ich an, was ich selber denke.

Philosophiegeschichte – ein Raum, in dem ich denkend atme – zeigt Vorbilder für das eigene Suchen, in nicht nachahmbarer Vollendung. Sie stellt in Frage durch das, was in ihr versucht wurde, gelang und scheiterte. Sie ermutigt durch das sichtbare Menschsein Einzelner in ihrer Unbedingtheit auf dem Gang ihres Weges.

Eine vergangene Philosophie als die unsere nehmen, das ist so wenig möglich, wie ein altes Kunstwerk noch einmal hervorzubringen. Man kann es nur täuschend kopieren. Wir haben keinen Text wie die frommen Bibelleser, in dem wir die absolute Wahrheit hätten. Daher lieben wir die alten Texte, wie wir alte Kunstwerke lieben, wir versenken uns in die Wahrheit der einen wie der anderen, greifen zu ihnen, aber es bleibt eine Ferne, etwas Unerreichbares und etwas Unerschöpfbares, mit dem wir doch ständig leben, und schließlich etwas, in dem wir den Absprung gewinnen zum gegenwärtigen Philosophieren.

Denn der Sinn des Philosophierens ist Gegenwärtigkeit. Wir haben nur eine Wirklichkeit, hier und jetzt. Was wir durch unser Ausweichen versäumen, kehrt nie wieder, aber wenn wir uns vergeuden, auch dann verlieren wir das Sein. Jeder Tag ist kostbar: ein Augenblick kann alles sein.

Wir werden schuldig an unserer Aufgabe, wenn wir aufgehen in Vergangenheit oder Zukunft. Nur durch gegenwärtige Wirklichkeit ist das Zeitlose zugänglich, nur durch Ergreifen der Zeit kommen wir dahin, wo alle Zeit getilgt ist.

Philosophie
in der Zeit

1. Was immer auch Philosophie sein mag, sie ist in unserer Welt und muß sich auf sie beziehen.

Sie durchbricht zwar die Weltgehäuse, um ins Unendliche sich zu bewegen. Aber sie kehrt zurück, um im Endlichen den je einzigen geschichtlichen Boden zu finden.

Sie drängt zwar in die weitesten, das Weltsein überschreitenden Horizonte, um das Gegenwärtige im Ewigen zu erfahren. Aber noch die tiefste Meditation gewinnt ihren Sinn in der Rückbeziehung auf die Existenz des Menschen hier und jetzt.

Die Philosophie erblickt die höchsten Maßstäbe, den Sternenhimmel der Möglichkeiten und sucht im Licht des scheinbar Unmöglichen den Weg zum Adel des Menschen in der Erscheinung seines Daseins.

Philosophie wendet sich an die Einzelnen. Sie stiftet die freie Gemeinschaft derer, die im Wahrheitswillen sich aufeinander verlassen. In diese Gemeinschaft möchte der Philosophierende eintreten dürfen. Sie ist jederzeit in der Welt, aber kann in ihr nicht Institution werden, ohne die Freiheit ihrer Wahrheit zu verlieren. Der Philosophierende kann nicht wissen, ob er zu ihr gehört. Keine Instanz entscheidet über seine Aufnahme. Er will denkend so leben, daß solche Aufnahme möglich würde.

2. Wie aber verhält sich die Welt zur Philosophie?

Es gibt die Lehrstühle für Philosophie an den Universitäten. Sie sind dort heute eine Verlegenheit. Die Philosophie wird aus Überlieferung höflich respektiert, im geheimen verachtet. Verbreitete Meinung ist: etwas von Belang habe sie nicht zu sagen. Sie habe auch keine praktische Bedeutung. So wird zwar ihr Name in der Öffentlichkeit genannt; aber ist sie wie nichtexistent? Ihre Existenz bezeugt sich zum mindesten durch die Abwehr gegen sie.

Diese ist fühlbar in Wendungen wie: Die Philosophie ist zu kompliziert. Ich verstehe sie nicht. Mir ist sie zu hoch. Das ist eine Sache für Fachleute. Ich habe dafür keine Begabung. Daher geht sie mich nichts an. – Aber das ist, als ob man sagen wollte: um die Grundfrage des Lebens brauche man sich nicht zu kümmern; man dürfe sich, im ganzen gedankenlos, in irgendeiner besonderen Sache der Praxis oder

der Gelehrsamkeit ohne Frage nach deren Sinn mit tüchtiger Arbeit verlieren und im übrigen seine »Meinungen« haben und damit zufrieden sein.

Die Abwehr wird erbittert. Ein sich selbst undurchsichtiger Lebensinstinkt haßt die Philosophie. Sie ist gefährlich. Würde ich sie verstehen, müßte ich mein Leben ändern. Ich würde in eine andere Verfassung gelangen, alle Dinge in einem mir bisher fremden Licht sehen, neu urteilen müssen. Besser nicht philosophisch denken!

Dann kommen die Ankläger, die die überholte Philosophie durch etwas Neues, ganz Anderes ersetzen wollen. Man mißachtet sie als vollends unwahrhaftiges Endprodukt der zerbrochenen Theologie. Man verhöhnt den Unsinn philosophischer Sätze. Man denunziert die Philosophie als willfährige Magd politischer und anderer Mächte.

Vielen Politikern ist ihr heilloser Betrieb leichter, wenn die Philosophie gar nicht da ist. Massen und Funktionäre sind leichter zu manipulieren, wenn sie nicht denken, sondern nur eine dressierte Intelligenz haben. Man muß es verhindern, daß es den Menschen ernst wird. Darum ist es besser, daß die Philosophie langweilig sei. Die philosophischen Lehrstühle mögen verkümmern. Je mehr Unwesentliches gelehrt wird, desto eher werden die Menschen abgehalten, von der Leuchtkraft der Philosophie getroffen zu werden.

So ist die Philosophie von Feinden umgeben, zumeist von solchen, die es gar nicht recht wissen. Die bürgerliche Selbstzufriedenheit, das Leben in Konventionen, das Genügen am wirtschaftlichen Wohlergehen, die Schätzung der Wissenschaft allein nach ihrer technischen Brauchbarkeit, der bedingungslose Machtwille, die Kameraderie von Politikern, der Fanatismus von Ideologien, der literarische Geltungswille begabter Schreiber, alle behaupten sich selbst in der Unphilosophie. Sie merken es nicht, weil sie es nicht begreifen. Es wird ihnen nicht bewußt, daß ihre Unphilosophie selber Philosophie, aber verkehrte ist, und daß diese Unphilosophie, zur Klarheit gebracht, sich selber auflösen würde.

3. Das Entscheidende ist: Philosophie will die ganze Wahrheit, die Welt aber will sie nicht. Philosophie ist der Störenfried.

Was aber Wahrheit sei, das wird selber zur Frage. Philosophie vergewissert sich der Wahrheit in dem mehrfachen Sinn des Wahrseins in den Weisen des Umgreifenden. Sie sucht, aber hat nicht den Sinn und Gehalt der einen Wahrheit. Denn die Wahrheit ist für uns nicht unbewegtes Sosein, sondern unabschließbare, unendliche Bewegung.

Wahrheit in der Welt ist im Kampf. Philosophie treibt diesen Kampf aufs Äußerste, aber nimmt ihm jede Gewalt. Im Umgang mit allem, was ist, zeigt sich dem Philosophierenden die Wahrheit auf dem Wege der Kommunikation der Denkenden und des Durchsichtigwerdens seiner selbst.

Wer philosophiert, schaut nach den Menschen aus, den Einzelnen, hört, was diese sagen, und sieht, was sie tun, und läßt es sich angehen im Willen zur Schicksalsgemeinschaft des Menschseins.

Daher wird Philosophie kein Bekenntnis. Sie vollzieht einen ständigen Kampf in sich selber.

4. Wahrheit zu erblicken, ist die Würde des Menschen. Durch Wahrheit allein werden wir frei, und nur Freiheit macht uns für Wahrheit bedingungslos bereit.

Ist Wahrheit der letzte Sinn für den Menschen in der Welt? Ist Wahrhaftigkeit die letzte Forderung? Wir glauben es, weil die Wahrhaftigkeit, die rückhaltlos offen ist und nicht in Meinungen verlorengeht, zusammenfällt mit Liebe.

Im Ergreifen der Leitfäden, die die Wahrheit uns zuwirft, liegt unsere Kraft. Aber Wahrheit ist nur die ganze Wahrheit. Die vielfache Wahrheit muß zusammengehalten werden im Einen. Nie haben wir diese ganze Wahrheit. Sie wird verfehlt, wenn ich im Behaupten mich erschöpfe, mein Gewußtes zum Absoluten mache. Und sie wird verfehlt durch ein System der Wahrheit im Ganzen, weil es diese für Menschen nicht geben kann und diese Täuschung ihn lähmt.

Wer philosophiert, will für Wahrheit leben. Wohin er kommt, was er selber erfährt, welchen Menschen er begegnet, überall und vor allem vor dem, was er selber denkt, fühlt und tut, fragt er. Die Dinge und Menschen und er selbst sollen hell werden. Er entzieht sich ihnen nicht. Er setzt sich ihnen aus. Er will lieber an der Wahrheit scheitern als glücklich im Wahn sein.

Es soll sich zeigen, was ist.

Ein Vertrauen ist möglich, aber nicht die Gewißheit: In der äußersten Wahrheit, mag sie uns auch niederschlagen, offenbart sich, wenn sie nur wirklich Wahrheit ist, was uns birgt. Dann ist das Wundersame der Philosophie: Wenn wir nur jede Täuschung meiden, jede Verschleierung durchstoßen, jede Unwahrhaftigkeit durchdringen, und wenn wir nur hartnäckig mit hellem Auge vorgehen, noch unsere Kritik selber der Kritik unterwerfen, so ist am Ende solche Kritik nicht zerstörend. Vielmehr zeigt sich gleichsam wie von selber der Grund, der uns entgegenleuchtet wie dem Restaurator das Gemälde Rembrandts, das er von der Übermalung befreit, die es unsichtbar machte.

Aber wenn es sich nicht zeigt? Wenn am Ende der Mensch das Antlitz der Gorgo erblickt und erstarrt? Daß dies geschehen kann, dürfen wir nicht vergessen. Philosophie steht vor Abgründen, die sie weder dem Blick abschirmen soll noch fortschaffen kann.

Was für den Menschen von Anfang an die Frage war, das ist klarer als je. Das Ja zum Dasein ist das große und schöne Wagnis, weil es die Stätte der Verwirklichung von Wahrheit, Liebe, Vernunft ist. Das Nein aber zum Dasein im Selbstmord ist die Wirklichkeit von Menschen, vor deren Geheimnis wir still werden. Wir dürfen diese Grenze nicht vergessen.

5. Ist die Philosophie für Menschen als Menschen da oder für eine Elite, abgesondert, unter sich? Nur wenige sind, nach Platos Lehre, zu ihr fähig, und diese nur nach langer Schulung. Zweierlei Leben, sagt Plotin, gibt es auf Erden, eines für die Weisen und eines für die Menge der Menschen. Auch Spinoza erwartet nur von seltenen Menschen Philosophie. Erst Kant denkt, der von ihm gebahnte Fußsteig könne zur Heeresstraße werden: Die Philosophie ist für alle; es wäre schlimm, wenn es anders wäre; die Philosophen verwalten und schaffen nur gleichsam das Depositum der Akten, in denen alles auf das sorgfältigste begründet sein soll.

Gegen Plato und Plotin und fast die gesamte Überlieferung folgen wir Kant. Es handelt sich um eine selber philosophische Entscheidung von großer Tragweite für die innere Verfassung der Philosophierenden. Sie schlägt der Realität ins Gesicht. Sie sagt: so war es bisher, so ist es heute. Aber so darf es nicht bleiben, so soll es nicht bleiben. Die Forderung des Menschen als Menschen, oft verborgen und getrübt, beiseite geschoben und vernachlässigt, will gehört werden. Die Entscheidung liegt in jedem Einzelnen.

Machen wir etwa aus der Not des Ausbleibens genialer Philosophie in unserer Zeit eine Tugend? Nein, die Erfahrung der eigenen Durchschnittlichkeit, des Menschen als Menschen, der doch die Großen der Vergangenheit versteht, aneignet, sich ihnen voll Ehrfurcht, aber ohne Vergötterung naht, diese Erfahrung ermutigt: Was uns möglich ist, ist fast allen möglich, wenn sie wollen.

Es gibt eine große Ausnahme in der Geschichte. Die christlichen Kirchenväter, mit dem Bewußtsein der Aufgabe der Heilsverkündigung und der Liebespflicht, wandten sich an alle. Daß die griechischen Philosophen nur an die Auserlesenen sich gewandt hätten, war ihnen ein Argument gegen die Wahrheit dieser Philosophen. Der Sinn der Kirche wurde: Niemand, der glauben will, ist ausgeschlossen. Der einfachste Glaube enthält, was im sublimen Denken der Erlesenen sich zur hellsten Fülle entfaltet.

Aber diese Fürsorge für die Menge hat die Zweideutigkeit, daß sie zugleich über sie herrschen will und daß sie, der Herrschaft wegen,

Unwahrheit und Aberglauben duldet und daß sie Politik treibt. Dies große historische Beispiel kann uns kein Vorbild sein.

Der andere Feind des eigenständigen Philosophierens und damit der Freiheit des Menschen ist das vermeintlich demokratische Denken. Man sagt zwar mit Recht: Was nicht der Menge gemäß ist, muß auf die Dauer verschwinden. Was überhaupt keinen Widerhall hat, ist von vornherein ohne Wirklichkeit. Aber man meint mit Unrecht: Wir wissen, was diese Wirklichkeit ist. Was jetzt ist, wird immer sein. Was jetzt nicht wirkt, wird nie wirken. Der Mensch wandelt sich nicht. Dagegen gilt vielmehr: Was noch vereinzelt ist, kann sich ausbreiten. Was noch ohne Widerhall ist, kann ihn gewinnen. Vor allem aber: Was in kleinsten Kreisen wirklich ist, kann die höchste Wirklichkeit einer Zeit sein und sich als solche in der Folge bewähren. Was die Menge noch nicht erreicht, kann sie in Zukunft durchdringen.

Der Weg zur Menge, in den lärmenden Wirrwarr der Öffentlichkeit, ist unumgänglich für die Freiheit der Wahrheit. Die Alternative dazu ist die Herrschaft über die Menge, die Zensur, die nivellierte Erziehung. Die Menschen werden Material für Gewaltherrscher.

In der Ungewißheit bleibt nur eines: An die Möglichkeit der Freiheit des Menschen zu glauben und darin in bezug auf Transzendenz zu stehen, ohne die jener Glaube im Ernst nicht standhält.

6. Noch ist es richtig: Philosophie kommt in der Welt zum Bewußtsein ihrer Ohnmacht: geringer Widerhall, keine Macht zur Weltgestaltung, kein Faktor der Geschichte! So scheint es bisher.

Keineswegs aber ist sie ohnmächtig in dem, was sie dem einzelnen Menschen sein kann. Hier ist sie vielmehr die große einzige Macht, durch die der Mensch seinen Weg in Freiheit findet. Sie allein ermöglicht die innere Unabhängigkeit.

Diese Unabhängigkeit steht an dem Ort, wo die einzige vollkommene Abhängigkeit darin liegt, daß ich mir in meiner Freiheit, meiner Liebe, meiner Vernunft geschenkt werde. Ich kann sie nicht hervorbringen, sondern nur aus ihnen hervorbringen.

Gelange ich dorthin, wo ich mir geschenkt werde, so gewinne ich die Distanzierung zu allen Dingen und mir selbst. Gleichsam von einem Standpunkt außerhalb, den ich doch faktisch nie einnehmen kann, blicke ich auf das, was geschieht und was ich selbst tue. Es ist, als ob ich erst von dort her mich einsenke in die geschichtliche Wirklichkeit. Von dort her kommt das Licht, das meine innere Freiheit zum Wachsen bringt. Ich werde unabhängig in dem Maße, als ich die Dinge in jenem Licht sehe.

Diese Unabhängigkeit ist still, ohne Gewaltsamkeit, ohne Trotz.

Sie ist um so weniger anspruchsvoll, je mehr sie sich ihrer gewiß wird. Sie bewährt sich, indem sie in der Verborgenheit standhält.

In der Unabhängigkeit bleibt die Freiheit nicht leer. Sich auf sich beschränken, wäre keine Unabhängigkeit. Diese will vielmehr in der Welt dabeisein. Sie greift zu. Sie folgt, wenn die Gelegenheit, die Chance ruft. Sie versagt sich nicht den Forderungen des Tages. Sie wagt es, wenn das Schicksal zu führen scheint, sich auf für sie selbst gefährliche Situationen einzulassen in der Hoffnung, sie zu meistern.

Immer aber steht sie unter den Bedingungen der Maßstäbe, die sie nicht verraten kann, weil sie von dort kommen, wo ihr eigener Ursprung ist. Der Verrat wäre Selbstvernichtung.

7. Die Unabhängigkeit des Philosophen im Menschen wird falsch, wenn ein Stolz darin liegt. Denn das Bewußtsein seiner Eigenständigkeit bleibt im wahrhaftigen Menschen stets begleitet vom Bewußtsein seiner Ohnmacht, der Enthusiasmus des Könnens von der Entsagung des Nichtkönnens, die Hoffnung vom Blick auf das Ende. Philosophieren bringt die Abhängigkeiten zu vollem Bewußtsein, aber so, daß wir in der Ohnmacht doch von jener Unabhängigkeit her, statt uns zu unterwerfen, eine Wendung zur Wiederherstellung finden. Zwei Beispiele dafür, wie das im Denken geschieht:

a) Das Quantitative hat die Übermacht über das Qualitative. Das Weltall, in dem die Erde mit all ihren Menschen weniger als ein Stäubchen ist, hat den Vorrang vor ihr. Diese Art von Vorrang hat in der Stufenfolge: Materie, Leben, Seele, Geist die je vorhergehende Stufe über die folgende. Schließlich haben die Massen den Vorrang. Ihnen gegenüber kommt der Einzelne gar nicht in Betracht. Auf das Weltall, die Materie, die Massen, das quantitativ Übermächtige kommt es an.

Aber wir kehren die Wertschätzung um: Das Kostbarste ist im Weltall die Menschheit, in der Stufenfolge der Realitäten der Geist, in den Massen der einzelne Mensch als er selbst, in den Gebilden der Natur das von Menschen geschaffene Werk der Kunst und Dichtung. Wenn wir anders urteilen, erliegen wir der Suggestion des Quantitativen, verzichten auf den Sinn des Menschseins.

b) Das Ganze der Geschichte, das niemand kennen kann, das nicht einmal ein Ganzes im Sinne der Denkbarkeit zu sein braucht, ist übermächtig. Der Einzelne fühlt sich wehrlos. Alles, was er ist, wird durch dieses Ganze bestimmt. Er muß sich fügen.

Aber, was mit der Menschheit geschieht, das geschieht doch auch durch jede winzige Kraft der Milliarden Einzelner. Jeder trägt eine Mitverantwortung durch das, was er tut und wie er lebt. Mutet die

Geschichte an als Sinnlosigkeit, so ist doch auch Vernunft in ihr. Das liegt an uns.

Dann aber: Unmittelbar wirklich für uns ist unsere kleine Umwelt. Ihr zu genügen, ist unsere erste Aufgabe. Wenn wir, weil wir den Gang der Dinge nicht in unsere Hand bekommen können, an der Zukunft verzweifeln oder wenn wir in leeren Demonstrationen uns ergehen, als ob wir das Ganze geradezu bewegen könnten, dann versäumen wir das Nächstliegende. Unsere Selbstbehauptung liegt in der Wirklichkeit dieser kleinsten Umwelt. Durch sie auch wirken wir mit am Ganzen.

8. Unsere Ohnmacht wird durch unser Zeitalter auf neue Weise bewußt. Wir wissen es alle:

Die Demokratie ist in der Realität korrumpiert, aber bleibt der einzige mögliche Weg für die Freiheit. Sie ist noch fragwürdiger in Völkern, in denen sie nicht eigenen geschichtlichen Ursprung hat.

Die Zufriedenheit mit dem Wirtschaftswunder schläfert die freie Welt ein. Die übrige begehrt nach diesem Wunder, ist aber nicht bereit, dessen Bedingungen zu übernehmen, sondern bürdet die Schuld für das eigene Unheil der freien Welt auf.

Die Wirtschaft hat in der westlichen Welt den Vorrang vor der Politik. Dadurch schaufelt diese Welt sich ihr eigenes Grab. Ihre politische Freiheit wird immer geringer. Diese wird oft nicht mehr verstanden. Freiheitsbewußtsein und Opfermut verschwinden.

Wir sehen in der ganzen Welt die Tendenzen zu Militärdiktaturen und zur totalen Herrschaft, weil die Freiheit versagt. Die Völker werden die Beute der Gewaltmenschen.

Die Bevölkerungsvermehrung, wenn sie anhält, muß zu einer Menschenmassen vernichtenden Explosion führen.

Das Bewußtsein der farbigen Rassen (mehr als zwei Drittel der Menschen) wendet sich mit wachsender Empfindlichkeit und Wildheit gegen die Weißen.

Die Atombombe steht über allem. Für eine kurze Weile verhindert sie noch den großen Krieg, der doch, man weiß nicht, wann, seinen totalen Zerstörungsprozeß beginnen wird, wenn Menschen so bleiben, wie sie heute sind.

Bisher traten, wenn Staaten, Völker und Kulturen zugrunde gingen, andere auf den Plan. Die Menschheit war das Dauernde. Heute ist die Frage, ob die Menschheit insgesamt sich vernichten wird.

Wir dürfen in dem uns vergönnten Zwischenaugenblick das Glück des Daseins genießen. Aber es ist eine Galgenfrist. Sie ist uns gegeben, sei es zur Überwindung der tödlichen Gefahr, sei es zur Vorbereitung auf die Katastrophe.

Die Ruhe des Abendlandes, als ob das sich genießende Dasein so bleiben könne, scheint frevelhaft. Die Folgen des Sichbeschwindelns vor 1914 und immer wieder haben doch gezeigt, wohin diese sittlich-politische Verantwortungslosigkeit führt.

Der Augenblick heute steht auf des Messers Schneide. Wir haben zu wählen: entweder in den Abgrund zu stürzen der Verlorenheit des Menschen und seiner Welt und als Folge das Aufhören seines Daseins überhaupt – oder den Sprung zu tun durch Selbstverwandlung zum eigentlichen Menschen und seinen unabsehbaren Chancen.

9. Was soll da Philosophie?

Sie lehrt wenigstens, sich nicht täuschen zu lassen. Keine Tatsache und keine Möglichkeit läßt sie beiseite schieben. Sie lehrt, dem wahrscheinlichen Unheil ins Angesicht zu blicken. Sie stört die Ruhe in der Welt. Aber sie verwehrt auch die Unbesonnenheit, das Unheil für unausweichlich zu halten. Denn noch liegt es auch an uns, was wird.

Die Philosophie könnte, wenn sie in ihrem Denken kräftig, für Menschen überzeugend und durch Menschen, aus denen sie spricht, glaubwürdig würde, ein Faktor der Rettung sein. Sie allein ist es, die die Denkungsart wandeln kann.

Dann aber, angesichts des möglichen totalen Scheiterns, würde Philosophie die Würde des Menschen noch im Untergang bewahren. In der auf Wahrheit gegründeten Gemeinschaft der Schicksalsgefährten sieht der Mensch dem entgegen, was kommen mag.

Denn im Untergang ist nicht Nichts. Das Letzte ist der im Scheitern liebende, ein unbegreifliches Vertrauen in den Grund der Dinge bewahrende Mensch.

Sprechen wir in Chiffern: Der Ursprung, aus dem der Kosmos, die Erde, das Leben, der Mensch und die Geschichte hervorgegangen sind, hat uns unzugängliche Möglichkeiten. Die Erfahrung des sehenden Scheiterns kann ihrer gewiß sein.

Es war ein Versuch, unendlich andere werden folgen. Aber Liebe und Wahrheit, in solchem Versuch eine Zeitlang gegenwärtig, bezeugen, daß es sich um mehr als einen Versuch handelte. Ein Wort der Ewigkeit wurde gesprochen.

Kein erfüllbarer Gedanke, kein Wissen, kein leibhaftig Faßliches, keine jener eben ausgesprochenen Chiffern reicht dorthin.

Jenseits aller Chiffern erreicht der Gedanke das vom unergründlichen Grunde erfüllte Schweigen.

Die Aufgabe der Philosophie
in der Gegenwart

Welche Aufgabe hat die Philosophie heute? Man hört die Antwort: keine, denn sie sei ohne Wirklichkeit, sei abseitiger Betrieb von Fachleuten einer Zunft. Diese Philosophen auf Lehrstühlen, deren Existenz aus dem Mittelalter stamme, träfen sich vergeblich auf Kongressen, die die moderne Form des Sich-zur-Geltung-Bringens seien. Eine umfangreiche Literatur zeuge von ihren Monologen, werde kaum gelesen, wenig gekauft, abgesehen von einigen wenigen Modeerscheinungen für Snobisten. Die Presse als Ausdruck der öffentlichen Meinung nehme von diesen in Bibliotheken verstaubenden Büchern und Zeitschriften zwar Notiz, jedoch ohne eigentliches Interesse. Alles in allem: die Philosophie sei überflüssig, ein Petrefakt aus vergangenen Zeiten, das darauf warte, zu verschwinden; sie habe keine Aufgabe mehr.

Gegen solche Verwerfung dürfen wir zunächst sagen: Was alles den Namen der Philosophie trägt, sollte nicht mit der Philosophie selbst verwechselt werden. Philosophie ist überall, wo Menschen sich ihres Daseins denkend bewußt werden. Sie ist allgegenwärtig, ohne als solche benannt zu sein. Denn der Mensch, der denkt, philosophiert auch, wahr oder verkehrt, oberflächlich oder tief, kurzatmig oder in langsamer Gründlichkeit. Wo immer eine Welt ist, wo Maßstäbe gelten, wo beurteilt wird, da ist Philosophie. Sie ist im zusammenhaltenden Glauben der Kirche nicht weniger als im Glauben einer auf sich stehenden bewußten Philosophie, sie ist noch im Glauben des Nichtgläubigen, ist in der nihilistischen Auflösung, ist im Marxismus, in der Psychoanalyse und in den vielen heute verbreiteten Lebenslehren, wie der Anthroposophie und anderen. Die Verwerfung der Philosophie erfolgt selber aus einer sich als solcher nicht bewußten Philosophie. Die Aufgabe des auf den Lehrstühlen vertretenen berufsmäßigen Philosophierens ist, diese überall gegenwärtige unentrinnbare Philosophie hell werden zu lassen, zumal durch die Überlieferung der großen geschichtlichen Gestalten der Philosophie. Das ist eine dienende, nicht zu verachtende Arbeit.

Aber wie harmlos klingen solche Erörterungen, wenn wir an die Grundrealität der gegenwärtigen Menschheit denken.

Heute sind die beiden auf dem Erdball herrschenden gewaltigen Mächte die Welt der Freiheit und die des Totalitarismus. Beide im Auge zu haben, ist unumgänglich für unser philosophisches Bewußtsein. Denn durch sie ist heute auch die Wirklichkeit der Philosophie bestimmt. Das philosophische Denken hat den Gang dieser Realitäten mit hervorgebracht und wird durch Kraft oder Schwäche ein Grund der Weise unserer Zukunft sein.

Auf der einen Seite die Freiheit der Möglichkeiten, auf der anderen die absolute Macht des einen Geistes – auf der einen Seite Forschung und Diskussion und ständiger Kampf der Geister und Sachen, auf der anderen Totalwissen und Kampf der Intrigen – auf der einen Seite partikulares Planen mit dem Grenzbewußtsein des Unplanbaren, auf der anderen Totalplanung ohne Grenzbewußtsein – auf der einen Seite Mannigfaltigkeit bis an die Grenze von Anarchie, auf der anderen Einheitlichkeit bis an die Grenze des Ameisenstaates nicht mehr sie selbst seiender Menschen, die als an sich gleichgültiges Material in einer Apparatur der Partei, der Bürokratie, der Polizei, der Armee verzehrt werden.

Totalitäre Regime verfahren nach der Voraussetzung, daß sie Bescheid wissen über Geschichtsverlauf und Naturgeschehen. Auf Grund dieses Totalwissens können sie total planen. Da aber kein Mensch, weder wissend noch handelnd, das Ganze wirklich in die Hand bekommen kann, vermag, wer dies trotzdem zu unternehmen meint, vielleicht mit Gewalt die Welt zu erobern, aber er nimmt sie in Besitz wie der Mörder den Leichnam, nicht wie der Mensch, der mit Menschen in Schicksalsgemeinschaft tritt zur Gestaltung der gemeinsamen Welt.

Wer mit seinem vermeintlichen Totalwissen das Ganze ergreift, philosophiert in einer gleichsam umgekehrten Philosophie. Er denkt mit logisch-dialektischer Intensität in formalen Konsequenzen, aber kritiklos. Denn er ist nicht berührt von der Wirklichkeit, daher durch sie nicht widerlegbar, und er klärt nicht die Voraussetzung seines eigenen Glaubens, etwa des Glaubens an das künftige Heil, an dies ganz Unbestimmte, für dessen Verwirklichung die Lüge noch ein als notwendig begriffener Faktor ist, während es selbst automatisch durch den magischen Prozeß der dialektischen Geschichte erzeugt wird.

Im Bereich des Totalitarismus ist öffentlich die Philosophie am Ende. Der Nationalsozialismus erklärte sie für eine erledigte Angelegenheit. Sie wurde ersetzt durch rassisch denkende Anthropologie und politisch gelenkte Wissenschaft. Im Bolschewismus wird sie entsprechend ersetzt durch die Marxistische Doktrin. An den ostdeutschen Universitäten ist daher nicht Philosophie, sondern die marxistische Soziologie das Grundstudium für alle. Nationalsozialismus und Bolschewismus erheben den absoluten Wahrheitsanspruch für ihre Lehren. Wer dieser Wahrheit widersteht, ist zu vernichten. Der Grund des Nichtglaubens kann nur böser Wille, minderwertige Artung, falsche Klassengesinnung, falsches Bewußtsein sein.

Welche Aufgabe kann der philosophierende Mensch unter diesem Terror der Gewalt ergreifen? Die Geschichte kennt die Märtyrer und kennt die Einsamen, die in Wüsten und Wälder gingen. Aber bisher waren diese sichtbar in ihrem Tun, noch getragen von einer Welt, die sie kannte. Heute ist das grundsätzlich Neue: daß Menschen in großer Zahl einfach verschwinden, nie hört jemand wieder etwas von ihnen. Die Ohnmacht des Einzelnen ist vollkommen. Solange sein Dasein bleibt, kann er sich in die absolute Verborgenheit des Intimsten zurückziehen, wenn es ihm vergönnt ist, den Freund, die Gattin, den Gatten in Verläßlichkeit zu finden im Sinne des Nietzsche-Wortes: Die Wahrheit beginnt zu zweien. Denn in völliger Verlassenheit des Einzelnen kann das Zutrauen zu sich selber aufhören, kann der Zweifel beginnen an der offenbaren Wahrheit, wenn nur er allein sie sieht, ohne Sprache mit den Anderen bleibt. Der Einzelne scheint das Absurdeste für wahr halten zu können, wenn eine übermächtige Umwelt es ihm durch Dauer und Einwirkung aufzwingt. Unter diesem suggestiven Zwang und unter der Drohung der lautlosen Vernichtung bleibt für sein Philosophieren die Wirklichkeit dessen, was auch bei Unsichtbarkeit das Eigentliche ist, das, was den sogenannten Realisten als Illusion, Wunschbild, Traum gilt, die Transzendenz der Gottheit. Und bleiben kann das Bewußtsein des Sichbewahrens, des Bereitseins für den in aller Unwahrscheinlichkeit immer noch möglichen befreienden Augenblick. Die Aufgabe der Philosophie ist es, durch ihre Denkungsart die innere Widerstandskraft zu stärken gegen den Zynismus der Propaganda einer eintönig gewordenen Öffentlichkeit, gegen das Verfallen an den Glauben des Absurden, das in den Schuldbekenntnissen der Schauprozesse einen seiner schrecklichen Höhepunkte erreicht.

Ganz anders im Bereich der Freiheit. Hier hat niemand die Welt des Menschen, wie außerhalb stehend, in der Hand. Hier sucht der Mensch mit dem Menschen sich in den Besitz seiner Welt zu setzen. Hier ringt er im Rahmen gesetzlicher Ordnungen durch Wettstreit um sein Dasein und seine Wirkung. Er versucht den Gang durch die Zeit, die schaffende Kraft aller vereinigend, ohne eine vom Menschen errichtete und usurpierte oberste, total wissende und planende Instanz. Die immer noch bleibenden ungerechten Bedingungen sucht er durch bessere Gesetze zu gerechteren Chancen für alle umzubilden. Er bleibt auf dem Wege, in ehrfürchtiger Unzufriedenheit voranschreitend. Entsteht in dieser Welt der Freiheit die Vision des Endes im Totalitarismus, so scheint dieser als Bestand unausdenkbar: er selbst müßte explodieren, eine Wüste hinterlassen, aus der aber nicht die Vergangenheit sich wiederherstellen, sondern ein unabsehbar Anderes, Neues folgen würde.

Hier im Bereich der Freiheit geschieht das Philosophieren unter sehr verschiedenen Bedingungen in der Vielfachheit der Möglichkeiten. Auch hier gibt es heute das Gefühl der Ohnmacht des Einzelnen, einer unter Milliarden zu sein, verschwindend mit der Wirkung des eigenen Tuns. Aber dieses Ohnmachtbewußtsein ist grundsätzlich anders als unter der Gewalt des Totalitarismus. Wie bei echten Abstimmungen die einzelne Stimme in ihrer Wirkung vermöge ihrer Geringfügigkeit als Wirkungslosigkeit erscheint und doch das Ergebnis der Abstimmungen aus diesen Stimmen, deren jede nur eine einzelne ist, erwächst, so scheint alles Tun des Einzelnen im Bereich der Freiheit von verschwindender Gleichgültigkeit für den Gang der Dinge. Der Machtwille wendet sich unlustig von diesem Tatbestand ab. Dagegen ergreift der humane Wille, im Bewußtsein der Verbundenheit mit allen, feierlich und verantwortlich die Abgabe der eigenen Stimme als in der Winzigkeit unerläßliche Mitentscheidung, und so lebt er sein gesamtes Dasein als die winzige Substanz, die das Ganze mitträgt. In dieser Ohnmacht ist die Freiheit lebendig.

In der Welt der Freiheit gibt es nun aber all die geistigen Mächte, die die Freiheit ohne Willen zerstören oder bewußt zerstören wollen. Es gibt manchen, der gegen Totalitarismus schreit, aber ihn selbst durch sein Denken fördert, weil seine eigene Geisteshaltung nicht in der Wahrheit seiner verläßlichen Existenz wurzelt, sondern verborgen zu Gewalt und Gehorsam drängt, und im Ernstfall wie selbstverständlich sich ihnen anschließt. Plötzlich fallen dann die Schleier, und der Mensch zeigt, wer er ist.

Schon mancher Philosophieprofessor hat die Meinung gehabt, nur ein einziger Vertreter der Philosophie an einer Universität sei gehörig, durch mehrere werde Verwirrung unter den Studenten gestiftet, – einige haben sogar nur einen Philosophen, natürlich sich selbst, für die ganze Nation gewünscht; nur eine Philosophie sei wahr. Mag der Inhalt der Philosophie derer, die solchen Anspruch erheben, noch so heterogen sein, ihrer aller Denkungsart ist die gleiche. Sie bahnen den Weg zum Totalitarismus.

Eine große Aufgabe des Philosophierens ist heute, dieser Mächte ansichtig zu werden, die es selber überrumpeln und vernichten wollen, dieser Mächte, die so verführerisch auftreten, so indirekt wirken, Wahrheit in sich bergen, aber ständig verdrehen, großer Begabungen sich bemächtigen. Man kann sie luziferisch nennen. Denn ihre gänzliche Unverläßlichkeit, der alles möglich ist, kann glänzen durch Geist, zumal in Dichtung und Kunst, durch zugleich treffende und vernebelnde Ausdruckskraft. Sie können bezwingen durch einen extremen Zynismus, ob sie nun in einem Naturmythus der hemmungslosen Vitalität, ob in den wilden Benennungen des Schrecklichen, ob in der Sprache einer radikalistischen Wahrhaftigkeit sich ergehen. Am Grunde sitzt die Verlogenheit, die noch die Wahrheit zur Lüge benützt. Sie gebrauchen den Verstand, um die Vernunft zu zerstören. Sie fordern Freiheit, um alle Freiheit zu nehmen. Die Unaufrichtigkeit verdreht den Wortsinn und macht die Sprache selbst unwahr, indem sie spricht, ohne mitzuteilen, aber um zu düpieren. Sie erregt, aber führt mit disziplinierter Technik in das Nichts, wo mit dem Schauer vor dem Ungeheuren die Gedankenlosigkeit unterwerfungsbereit macht. Alle diese Erscheinungen sind wie Einübungen der Bereitschaft, sich dem Totalitarismus zu ergeben.

Aufgabe der Philosophie ist es, diese Mächte geistig zu bekämpfen. Von jedem von uns wird die Freiheit des Denkens nur gewonnen in ständiger Überwindung dieser Gegner in uns selbst und in der öffentlichen Begegnung. Daher ist heute mit jedem geistigen Akt die Verantwortung für die Freiheit des Menschen verbunden. Diese Verantwortung aber verwirklicht sich nur mit der Freiheit des Urteils eines jeden in der öffentlichen Auseinandersetzung ohne die Anmaßung einer Zensur als auswählender und verbietender Instanz. Aber der Kampf, der gegen die Unphilosophie des Totalitären geführt wird, hat in sich selbst eine große Gefahr: Der Gegner, gegen den ich kämpfe, zwingt mir Waffen in die Hand, die der eigenen Gesinnung ungemäß sind. Im Kampfe gegen den Geist der gewaltsamen, verkündigenden Denkweise kann die liberale, kommunikative Grundhaltung in die Lage geraten, nicht mehr tolerant zu bleiben gegen die totale Intoleranz. In dem Willen zur Kommunikation sieht sie sich vor den faktischen Abbruch der Kommunikation dann gestellt, wenn der andere ständig ausweicht, schweigt, etwas anderes redet, ablenkt und hintergeht. Der Gegner zwingt die Kampfmethoden auf. Durch sie wird das Wesen des Kämpfenden selber verändert. Die Freiheit würde noch in ihrem Siege den Kampf verlieren, wenn sie diese Verwandlung in sich geschehen ließe.

Die Idee des ritterlichen Kampfes bewahrt die Verbindung noch der

Kämpfenden unter gemeinsamen Maßstäben. Der totale Kampf aber sieht in den Gegnern nur Dummköpfe, Betrüger, Verbrecher und zwingt diese wiederum, solche Kategorien auf die Funktionäre der Totalität anzuwenden. Der totale Kampf kennt keine Verpflichtung, die von einer übergeordneten Instanz der Gemeinsamkeit ausgeht. Was damit zwischen Menschen zerreißt, hat furchtbare Folgen: der Zustand bedingungslos um das Dasein kämpfender Bestien wird wiederhergestellt. In der Weise des geistigen Kampfes wird dieser Zustand vorbereitet und vorweggenommen. Bei solchen Erfahrungen überfällt uns wohl der Schrecken. In der Harmlosigkeit von Diskussionspartnern und der Weise ihrer Polemik fühlen wir die Begegnung von potentiellen Propagandisten und Mördern des Totalitarismus, ohne daß wir doch wissen, ob von ihnen selbst solches zu erwarten wäre.

Ein wesentlicher Faktor dieses geistigen Unheils heute ist die Beherrschung durch ein unklares Wissenschaftsdenken. Man glaubt an Wissenschaft. Wissenschaft ist die Autorität, auf die man sich beruft.

Einige Beispiele:

Russell, der bedeutende englische Philosoph und Logistiker, erwartet am Ende seines Gesamtbildes der abendländischen Philosophie die Einigung der Menschheit durch Wissenschaft. Jedoch es ist merkwürdig: Menschen sind durch Wissenschaft einig nur als Verstand überhaupt, nicht als lebendige, geschichtlich gegründete ganze Menschen. Die Einigkeit im Wissenschaftlichen bringt etwa in bezug auf die Wirksamkeit physikalischer Einsicht dazu, die gemeinschaftliche Erkenntnis, vom Steinbeil bis zur Atombombe, als Waffe gegeneinander zu gebrauchen. Übereinstimmung in wissenschaftlicher Erkenntnis stiftet mit der Einigkeit der Meinung noch keine Einmütigkeit der Gesinnung. Die Wissenschaft ist falsch beansprucht, wenn sie das leisten soll.

Im Modernisteneid von 1910 findet sich der Satz: »Ich bekenne, daß Gott durch die sichtbaren Werke der Schöpfung wie die Ursache aus der Wirkung mit Sicherheit erkannt und auch bewiesen werden kann.«

Merkwürdig: Die Beweisbarkeit des Daseins Gottes soll geglaubt werden. Was aber beweisbar ist, das bedürfte nicht des Glaubens. Denn ein Bekenntnis wäre nicht notwendig, wo der Verstand dessen Inhalt zwingend begründet.

Ein drittes Beispiel ist das Denken der totalitären Regime. Sie gründen sich auf Wissenschaft, fordern aber für diese Wissenschaft

Glauben. Etwa: Es gibt nur die Welt und was der Mensch vermag. Statt auf Offenbarung soll er sich auf Wissenschaft gründen. Aber merkwürdig: diese Wissenschaft ist in ihren Grunderkenntnissen endgültig, sie weiß das Ganze. Ich soll dies glauben, darf also nicht mehr Einwände machen, zweifeln, prüfen, also nicht mehr wissenschaftlich untersuchen, außer in technischen Erfindungen, die materiell sofort zu brauchen sind.

Aber Russell und die Verfasser des Modernisteneids und die Denker der totalitären Wissenschaft haben etwas anderes als Wissenschaft im Sinne. Sie meinen ein Denken, das selber schon Glauben ist. Russell glaubt an die Kraft der Redlichkeit in den Wissenschaften als an die eine allverbindende Vernunft des Menschen. Der Verfasser des Modernisteneids hat einen philosophischen Glauben, der sich in Denkformen vergewissert, die keine Sache erkennen, aber das glaubende Bewußtsein erhellen. Der marxistische Dogmatiker glaubt den notwendigen Gang der Geschichte, der nationalsozialistische das Naturgesetz des Überlebens der Tüchtigen zu kennen. Beide wollen nur beschleunigen, was ohnehin geschieht, und zwar durch Ausrotten der dem Gang der Dinge widerstrebenden, zur Vernichtung vorbestimmten, minderwertigen Menschen, Klassen und Rassen. Beide unterwerfen sich in glaubendem Gehorsam unter eine für Wissen gehaltene Voraussetzung.

Diese Beispiele, so verschieden sie sind, weisen auf einen Punkt, von dem her das moderne Bewußtsein in Verwirrung gebracht wird. Der unwillkürliche Anspruch ist: durch Wissen als Wissen zu haben, was Glaube ist. Glaube aber ist das unumgängliche Grundwesen des Menschen, das nie durch Wissen ersetzt werden kann, hier jedoch sich fälschlich als Wissen gibt. Ich soll von der Wissenschaft erwarten, was sie nie leisten kann. Ich soll auch noch glauben, was ich vermeintlich als Wissen schon einsehen kann. Absurde Glaubensinhalte werden als Wissenschaftsergebnisse behauptet. Alle sprechen etwas aus, das mehr ist als wissenschaftliche Erkenntnis, so als ob es wissenschaftliche Erkenntnis sei. Sie stehen unter dem Druck der modernen Überschätzung der Möglichkeiten der Wissenschaft, des Wissenschaftsaberglaubens.

Es ist die große, keineswegs erfüllte Aufgabe der Philosophie heute, das Verhältnis von Philosophie und Wissenschaft, das heißt überhaupt die Weisen des Denkens und Erkennens, zur Klarheit zu bringen. Diese Aufgabe ist in ihrer gründlichen und umsichtigen Verwirklichung eine Sache der Fachleute, in der Auffassung ihrer einfachen Lösung die Sache aller. Diese Lösung würde zur Befreiung von Wissenschaftsaberglauben führen und damit sowohl zur Begründung von Sinn und Grenzen der großartigen, unumgänglichen modernen Wissenschaften als auch zur Selbstvergewisserung in den Möglichkeiten eigentlichen Philosophierens.

Die Wissenschaftsfrage ist eine der großen Aufgaben sachlicher Untersuchung seitens der Philosophie. Eine ganz andere Aufgabe ist der Philosophie heute durch den neuen gesellschaftlichen Zustand in der freien Welt gegeben, durch den Tatbestand, daß heute die Massen nicht bloß durch Eingesetztwerden ihrer Kräfte seitens eines ihnen fremden Willens, sondern durch ihr eigenes Wissen und Wollen eine in den Abstimmungen entscheidende Rolle spielen. Die Wirkung der philosophischen Gedanken in der Welt ist heute nur möglich, wenn sie die Mehrheit der Einzelnen erreicht. Denn gegenwärtig ist der Zustand: die Massen der Bevölkerung können lesen und schreiben, ohne doch den vollen Umfang abendländischer Bildung zu gewinnen. Aber sie sind die Mitwissenden und Mitdenkenden und Mithandelnden. Sie können dieser neuen Chance um so mehr genügen, je mehr sie in den vollen Umfang der hohen Anschauungen und der kritischen Unterscheidungen gelangen. Es ist für die Stunden der Besinnlichkeit aller Menschen daher notwendig, das Wesentliche so einfach, so klar wie möglich, ohne Einbuße an Tiefe, mitteilbar zu machen. Heute ist es noch so, daß viele Menschen nicht eigentlich wissen, was sie wollen. Die Propaganda bemächtigt sich durch Interessen und Mächte ohne Rücksicht auf Wahr und Falsch der nicht selbst denkenden, widerstandsarmen Seelen. Es ist unausweichlich, daß das Wahre selber heute in die Gestalt der Propaganda gelangen muß, um die Ohren der Menschen zu erreichen. Die große Aufgabe schaffenden Denkens ist daher die Erarbeitung der einfachen Gestalten des Wahren, damit es Widerhall findet in der jedem Menschen ursprünglich eigenen Vernunft. Wesentlich sind die einfachen Gedanken, die den Nachvollziehenden mit der Klarheit der Operation an jenem Punkte treffen, wo er nicht nur weiß, sondern innerlich handelt, das heißt, wo die Vernunft im ganzen wach wird.

Gegen die anfangs gezeigte Position, die das Ende der Philosophie behauptet, meine ich auf einige Aufgaben hingewiesen zu haben, die die Philosophie heute zu einer Sache des Menschen als Menschen machen. Gegen das vermeintliche Totalwissen hat die Philosophie die Aufgabe, das Selbstdenken und dadurch das Selbstsein des Einzelnen, das unter den totalitären Mächten erlöschen soll, wachzuhalten. Sie hat jeden Einzelnen zu erinnern, daß er er selbst sein kann und daß er aufhört Mensch zu sein, wenn er darauf verzichtet. Für unsere gemeinschaftliche Zukunft ist entscheidend, daß das Denken durch Vernunft in der Helligkeit des Willens aus der tiefsten Verantwortung zur Wirklichkeit gelangt.

Wir, die wir beauftragt sind, beruflich die Philosophie als Lehrgegenstand zu pflegen, leisten heute nicht annähernd das, was die Aufgabe in dieser Situation verlangt. Das Wenige, was von zahlreichen Männern mit bestem Willen versucht wird, sollte jedoch nicht für nichts gehalten werden.

Die Frage hat einen dreifachen Sinn. Erstens: Hat es die Weltgeschichte der Philosophie gegeben als die Wirklichkeit der einen in
ständigem gegenseitigen Austausch erfolgenden Geschichte? Die
Antwort muß dies verneinen. Es ist im Gegenteil das erstaunliche
Grundfaktum dieser Geschichte, daß sie aus drei selbständigen Ursprüngen, in China, Indien und Griechenland, im letzten Jahrtausend
vor Christus (seit 700 oder 600) fast gleichzeitig erwachsen ist, und
zwar auf der Grundlage eines mythischen Ordnungsbewußtseins, das
den großen Schritt zur gedanklichen Durchdringung der Daseinsfra-
gen vorbereitete. Es ist wahrscheinlich, daß der Schritt am frühesten,
jedoch mit einer nur kleinen zeitlichen Differenz, in Indien getan ist.
Die Hypothese aber, von Indien sei die Philosophie nach China und
Griechenland übertragen, ist durch keine Realitäten zu stützen und
bei der ungemein verschiedenen Grundstimmung in den drei Ursprüngen sehr unwahrscheinlich. Die Frage, wodurch jene Gleichzeitigkeit zu erklären sei, ist vorläufig durchaus ungenügend und nur
durch den Blick auf die großen soziologischen Wandlungen gemeinsamer Herkunft zu beantworten. (Zum Beispiel nach Alfred Weber
als Folge der Verbreitung des Pferdes als Kriegsinstrument – Reiter
und Kampfwagen – aus Mittelasien bis nach China, Indien und Europa.)

Im weiteren Verlauf haben Einflüsse zwischen den drei philosophischen Entwicklungen stattgefunden, der mächtigste, bald nach Christus beginnend, durch den indischen Buddhismus in China. Wahrscheinlich sind indische Einflüsse im Abendland während der
hellenistischen und römischen Zeit wirksam, vermittelt vor allem
durch Alexandria, wo nachweislich Inder und Abendländer sich trafen. Im Neuplatonismus sind sie fühlbar. Schon früher weisen einige
Grundgedanken des Pythagoreismus auf indische Herkunft. Jedoch
ist das alles unwesentlich. Eine Geschichte der geistigen Beziehungen
der drei großen Kulturen hat für ihre Philosophie keine entscheidende
Bedeutung. Vielmehr geht durch die Jahrtausende ihre eigenständige,
gesonderte Entwicklung. Merkwürdig, daß der Vergleich dieser drei
Entwicklungen Parallelen im Typus der Zeitalter aufweist: die freie

Mannigfaltigkeit und größte Selbständigkeit in der Frühzeit, später die großen Systembildungen des scholastischen Typus. Völlig neu und unvergleichlich in ihrem Einfluß auf das philosophische Denken ist nur die moderne wissenschaftliche Entwicklung im Abendland (nach Vorbereitungen seit dem 14. Jahrhundert, wachsend seit dem 16. Jahrhundert und weltbeherrschend seit dem 19. Jahrhundert).

Die zweite Frage ist: Gibt es eine Weltgeschichte der Philosophie als die Auffassung dieser mannigfaltigen selbständigen Entwicklungen als eines Ganzen? Diese Auffassung müßte die Einheit in der sachlichen Zusammengehörigkeit der Fragen, der Antworten und der Motive finden. Die Einheit der Weltgeschichte der Philosophie in diesem Sinn gibt es heute als Aufgabe. Seit die Tätigkeit der Missionare und der Kolonialverwaltungen beträchtliche Kunde nach Europa brachte, hörte man erstaunt von dem Dasein dieser großen geistigen Welten und suchte die Erfahrung gegenseitigen Verstehens. Indologie und Sinologie, heute gefördert nicht nur durch Abendländer, sondern auch durch Inder, Chinesen und Japaner, haben ein umfangreiches Material historischen Wissens auch für die Philosophie herbeigeschafft.

Aber daß man sich gegenseitig versteht und sich selbst in seiner Geschichte versteht, ist heute doch noch mehr Aufgabe als Resultat. Denn es handelt sich in der Weltgeschichte der Philosophie nicht um die eine, gleiche, allumfassende Wahrheit, sondern um den Raum der Möglichkeiten, in dem wir uns begegnen, und es handelt sich um Einsicht und Lebenspraxis, durch die wir noch in aller Fremdheit uns angehen. Wenn die Wahrheit, die darin offenbar wird, auf eine Mitte sich beziehen muß, so ist doch niemand im Besitz dieser Mitte, derart, daß er sie für sich allein in Anspruch nehmen könnte. Aber durch die Idee dieser zusammenhaltenden Mitte gehören alle zusammen.

Die Auffassung der Einheit dieser Weltgeschichte der Philosophie ist durch eine Aneinanderreihung der Philosophiegeschichten Chinas, Indiens und des Abendlandes noch nicht gewonnen. Auch besitzen wir sie noch nicht durch die bewunderungswürdigen Werke der fachlichen Forscher, die sich je ein Gebiet zum Thema gemacht haben. Die vergleichende Auffassung und damit die Gestaltung des universalen geschichtlichen Bildes der Philosophie steht in den ersten Anfängen. Es ist die Aufgabe, zu den großen Artikulationen in dem sonst endlosen Strom des Gedankenstoffes und zu den Rangordnungen des Wesentlichen zu gelangen. Das geschieht nur aus einer Beteiligung an den Fragen und Antworten als eigener. Nur in dem Maße, als der Philosophiehistoriker selbst philosophiert, kann er die Geschichte der Philosophie in dem, worauf es eigentlich ankommt, verstehen.

Dann aber zeigt sich, daß wir mit der Strukturierung eines universalen Wissens von der Philosophie nicht die für alle schlechthin gültige allgemeine Position gewinnen, sondern mit unserer philosophiegeschichtlichen Auffassung wie mit unserem Philosophieren überhaupt im Raum der Mächte stehen, die wir nicht überblicken. Das enzyklopädisch gehäufte Material der Texte ist die einzige für alle gleiche, äußerliche Objektivität, die niemand umgehen kann, wenn er historische Wahrheit will. Aber schon die Einreihung der großen Gedanken in Kategorien, in sachliche Zusammenhänge, zeigt nur eine Seite von ihnen. Es gibt nicht die eine allgemeingültige sachliche Struktur allen philosophischen Denkens.

Ich fasse zusammen: Die Weltgeschichte der Philosophie wird gesehen in ihrer Herkunft aus verschiedenen unabhängigen geschichtlichen Ursprüngen – als sachlich zusammengehörig in Fragestellungen und Antworten, in Tendenzen und Erschütterungen, im Willen zum Heil –, als Raum der Mächte, in dem wir stehen, aber so, daß die Mächte nicht zusammenfallen mit den historischen Gebieten, sondern quer durch sie hindurchgehen. Jede geschichtliche Auffassung aber ist selber ein Akt, in dem ein philosophischer Entwurf dargeboten wird als Frage, um in der Kommunikation der Geister das geschichtliche Bewußtsein mit dem Wachsen des Wissens ins Unabsehbare zu vertiefen.

Die dritte Frage ist: Wird es eine Weltgeschichte der Philosophie geben, die eben jetzt als real in wirklich universaler geistiger Kommunikation der Menschheit beginnen könnte? Denn möglich ist sie erst seit unserem Zeitalter, nachdem die Verkehrseinheit des Erdballs technisch vollendet ist.

Es meldet sich heute der Zweifel: Ist nicht die Weltgeschichte der Philosophie im Augenblick, da sie beginnen könnte, vielmehr schon zu Ende? Ist nicht überall in der Welt der Zusammenbruch der Religionen und Philosophien, die Brüchigkeit des Überlieferten, die Macht des Wissenschaftsaberglaubens und der technischen Ziellosigkeit das Grundfaktum? Wächst nicht die Gefahr, daß die Philosophie zugrunde geht durch die Strukturierung der überflüssigen Menschenmassen in Terrorapparaten? Wird nicht die verkehrstechnisch endlich mögliche universale Kommunikation durch die eisernen Vorhänge dieser Terrorapparate total aufgehoben zugunsten einer noch nie dagewesenen Unfreiheit in der Isolierung? Überall auf der Welt sieht man bei den Denkenden die gleiche Sorge, das Menschsein werde preisgegeben an Funktionen des technischen Kolosses, bei den Massen der Gedankenlosen dagegen die bewußtlose Vorbereitung des Sieges des nihilistischen Kolosses. Dann wäre Philosophie am Ende wie Religion, und beide wären ersetzt durch das zwangsläufige, fraglose, befohlene, eingewöhnte Denken und Glauben, das weder Denken noch Glauben ist, sondern Funktion eines neuen Wesens, das den Namen des Menschen in unserem Sinn nicht mehr verdient.

Gegen solchen Zweifel steht kein Beweis, daß ausgeschlossen sei, was er befürchtet, sondern der Glaube an den Menschen. Diesem Glauben scheint es unmöglich, daß das Wesen des Menschen zugrunde geht, solange Menschen nur leiblich leben mit dem Antlitz, das in der Jugend strahlt und noch in den Verschleierungen der Älteren die untilgbaren Möglichkeiten uns jeden Augenblick zeigt. Wohl ist es unvoraussehbar, worum zu leben es dem Menschen sich lohnen wird, aber gewiß nicht um das Nichts.

Die Impulse, die aus der verzweifelten Frage herausreißen, verlangen die Arbeit an der Weltgeschichte des Philosophierens, im Auffassen und Aneignen ihrer uns den Grund gebenden Vergangenheit und im Philosophieren in universaler Kommunikation, hinwirkend auf die der Menschheit mögliche Zukunft. Weltgeschichte der Philosophie ist eine Aufgabe, die den geistigen Gang des Menschseins mitbestimmen wird.

Ist die Philosophie am Ende?

Ein Gespräch mit Willy Hochkeppel
über die Zukunft der Philosophie

Hochkeppel: Ich freue mich, Herr Professor Jaspers, daß ich Ihnen einige Fragen stellen kann über das Thema: »Ist die Philosophie am Ende?« Viele Tatsachen, aber auch Äußerungen der Philosophen selber scheinen ja darauf hinzuweisen. Darf ich Ihnen nun nacheinander und unter verschiedenen Gesichtspunkten zu dieser Hauptfrage je besondere Fragen stellen? Zunächst einmal: Soll man die schwindende Bedeutung der Philosophie an den Hochschulen nur für scheinbar und vorübergehend halten?

Jaspers: Die Tatsache ist zuzugeben. Das geistige Niveau und die menschliche Erscheinung ist in dem letzten halben Jahrhundert, wenigstens in Deutschland, enorm gesunken. Heute scheint es fast so, als ob Leute von geistigem Rang die Laufbahn zum Philosophiedozenten hin gar nicht mehr suchten. Aber man muß immerhin auch anerkennen: Es gibt in der Universitätsphilosophie eine noch heute lebendige historische Forschung, die beträchtliche Verdienste hat und die um so besser ist, je weniger sie als Vorwand für eigene philosophische Tendenzen benutzt wird. Es ist heute andererseits aber ein philosophischer Betrieb mit dem Anspruch, Philosophie zu treiben im ewigen Sinne, als ob Philosophie eine unpersönliche Sache sei, die man betreiben könne wie Wissenschaften, die in einem Fortschritt sich befinden. Hier beobachte ich eigentlich nicht viel mehr als eine gewisse intellektuelle Fingerfertigkeit, die beträchtliche Ausmaße annehmen kann. Daß diese Art Philosophie keinen Widerhall findet, weder an der Universität noch in der Öffentlichkeit, zeigt sich darin, daß die Mehrzahl der Publikationen mit Druckkosten-Zuschussen erscheinen müssen, weil sie sonst nicht möglich sind.

Demgegenüber ist es wunderlich, wenn heute so manche Dozenten das Bewußtsein haben, in der ungeheuren Zeitwende, die niemand bestreitet, philosophisch etwas Entsprechendes zu tun und zu leisten, als ob – wie Hegel sich ausdrückte – der Weltgeist das Kommando gebe, dem sie in ihrem Philosophieren folgen. Beobachtet man die Realität in Zeitschriften und Kongressen, so sind es großenteils Monologe und ein konventionelles Verhalten einer Zunft, der gegenüber die Universität im ganzen sich in einer Verlegenheit befindet. Heute würde man philosophische Lehrstühle, wenn sie nicht aus der Vergangenheit da wären, kaum noch errichten. Die Soziologie, die Psychologie, die Mathematik, die Sprachwissenschaft leisten scheinbar alles das, was in der Gegenwart gefordert wird. Aber der Niedergang der akademischen Gestalt der Philosophie bedeutet keineswegs den Niedergang der Philosophie überhaupt. Man kann nicht wissen, wie die Situation eigentlich ist. Es hat schon Zeiten gegeben, immer wieder, in denen die Philosophie nicht an den Universitäten war. Leibniz verleugnete es, Professor zu werden; das wäre ihm viel zu minderwertig gewesen. Spinoza entzog sich der Universität, weil sie nicht frei war. Es könnte sein, daß es heute manchen jungen Leuten wieder so geht. Das bedeutet alles nichts darüber, ob man an der Universität philosophische Lehrstühle haben sollte. Diese würde ich unter allen Umständen bejahen. Denn es müssen diese Lehrstühle da sein, mindestens von Platzhaltern versorgt, die in der Zukunft Menschen, die philosophieren, wieder den Ort geben, wo sie den großen Wirkungskreis haben können. Aber was für Platzhalter, wer ist Platzhalter? Da würde ich meinen, bei den Berufungen auf philosophische Lehrstühle heute sollte man sich nicht binden, wie es bis jetzt noch durchweg geschieht, an die langweilige Karriere: Abitur, philosophischer Doktor, Habilitation und Professor, sondern sich umschauen, wo in den Wissenschaften oder in der Lebenspraxis Menschen erwachsen, die zum Philosophieren kommen und bereit wären, auf einem akademischen Lehrstuhl, nun im Zusammenhang mit der großen Überlieferung, das, was sie denken und erfahren, mitzuteilen. Ich sage das nicht in dem Sinne, daß man es allgemein so machen, sondern unter Umständen es versuchen sollte. Zunächst wird immer noch die normale Laufbahn vom Doktor an die Voraussetzung der Lehrstühle sein.

Hochkeppel: Ist nun aber nicht ebenfalls in der gesamten Öffentlichkeit das allgemeine Interesse an der Philosophie am Schwinden?

Jaspers: Offenbar in bezug auf die Universitätsphilosophie, mit ganz wenigen Ausnahmen. Aber das Schwinden dieses Interesses an der Universitätsphilosophie bedeutet keineswegs das Schwinden der Philosophie. Denn die Philosophie gehört zum Menschen als Menschen. Aber wo ist sie lebendig, wo ist sie von der Art, daß Menschen ergriffen sind und sie als Lebensnotwendigkeit verwirklichen? Unter Anthroposophen etwa, die Steiner folgen, finden sich erstaunlich viele menschlich hervorragende Figuren, obgleich, von uns her gesehen, der Inhalt der Anthroposophie eine Unmöglichkeit ist. Da gibt es ferner die Menschen, die in der moralischen Aufrüstung Frank Buchmann folgen, ein Symptom der Begierde nach Philosophie, nach Lebenspraxis aus philosophischem Grunde. Und dann sieht man die modernen Propheten wie Billy Graham und andere, die einen Massenzulauf von Zehntausenden haben. Warum kommen sie? Weil sie etwas suchen, was der Philosophie analog ist oder Philosophie selber ist, und was immer mit religiösen Motiven zusammenhängt. Diese Tatsachen bezeugen meines Erachtens die bleibende Bedeutung der Philosophie, die bleibende Neigung, ja die Unmöglichkeit für den Menschen, ohne Philosophie zu leben.

Hochkeppel: Darf man die Auffächerung der Philosophie in Spezialdisziplinen und die Loslösung immer weiterer Themenkomplexe aus dem Gesamtverband der Philosophie, zuletzt also beispielsweise die Psychologie und die Logik bzw. Logistik, darf man diese Loslösung als Auflösungserscheinung deuten?

Jaspers: Ich glaube nicht. Es ist eine alte Auffassung, daß ursprünglich das gesamte Wissen Philosophie war und daß sich aus der Philosophie die einzelnen Wissenschaften herausgelöst haben. So schon in Alexandria nach der aristotelischen Zeit, so in der modernen Welt. Diese Auffassung ist nicht völlig unrichtig und trotzdem im entscheidenden Punkte falsch. Nicht eine Zersplitterung der Philosophie in Fachwissenschaften, wie das 19. Jahrhundert meinte, hat der Philosophie einen Rest übriggelassen. Der Vorgang ist völlig anders. Die modernen Wissenschaften haben sich als Wissenschaften gereinigt. Unter Wissenschaft ist hier zu verstehen das Erkennen, das methodisch bewußt, zwingend allgemeingültig wird, sich immer auf partikulare Dinge erstreckt und äußerlich dadurch gekennzeichnet ist, daß diese Erkenntnisse sich über den Erdball bei allen Menschen identisch verbreiten. Die modernen Wissenschaften in ihrer Universalität sind erst in diesen letzten Jahrhunderten, aber heute noch nicht endgültig, zur Klarheit über sich selbst gekommen. Gleichzeitig damit hat die Philosophie das Bewußtsein ihres gänzlich anderen Ursprungs bekommen und kann nunmehr, wo die Wissenschaften rein und sauber, reine Wissenschaften werden, um so entschiedener aus ihrem anderen Ursprung denken und eigentlich Philosophie sein. Dann gibt es keinen Rest, der der Philosophie zur Verfügung stünde; alles, was wissenschaftlich zugänglich ist, ist restlos den Wissenschaften zu überliefern. Was den Wissenschaften nicht zugänglich ist, das philosophische Denken, das kann nunmehr mit gleicher Sauberkeit als ein

Denken, das nicht den allgemeingültigen wissenschaftlichen Anspruch macht, vollzogen werden. Dieses eigentlich philosophische Denken, das von sich selber weiß, es ist nicht in dem Sinn allgemeingültig, daß jeder Verstand es auch verstehen muß und daß es sich um die ganze Welt identisch verbreitet; dieses eigentliche Philosophieren, das in bestimmten geschichtlichen Erscheinungen auftritt und eine Welt bildet des Verkehrs zwischen diesen geschichtlichen Erscheinungen, deren keine die endgültige Wahrheit ist; dieses echte Philosophieren, das ist jetzt erst mit voller Klarheit möglich geworden. Wenn Sie davon sprechen, daß etwa die Psychologie solch ein Gebiet sei, das zuletzt sich losgelöst habe, so bin ich nicht ganz einverstanden. Psychologie ist als Ganzes keine übersehbare, deutliche Wissenschaft, sondern eine Mischung höchst heterogener Dinge, angefangen bei physiologischen Problemen der Sinneswahrnehmung, bei fast physiologischen Untersuchungen über Gedächtnis, Ermüdung und dergleichen bis zur Deutung von Handschrift oder von Mythen. Diese Psychologie, die gar nicht definiert und nicht begrenzt ist, ist heute in der Tat nicht eine Wissenschaft. In ihr kommen wissenschaftliche Möglichkeiten und Wirklichkeiten vor. Diese Psychologie ist der typisch moderne, sich selbst täuschende Ersatz für Philosophie. Der große philosophische »Erfolg« modernen Denkens liegt etwa bei der Psychoanalyse, nicht bei dem, was wir Philosophie nennen. Psychoanalyse aber ist dieses unsaubere Gebilde, das in den Formen moderner Wissenschaftlichkeit auftritt, wissenschaftliche Ansprüche erhebt, ohne in dem Sinn moderner Wissenschaft wirklich Wissenschaft zu sein. Sie wird in der Tat so betrieben, daß, wer mit der Psychoanalyse geht, sich verhält wie Sektenangehörige. – Es handelt sich also nirgends um einen Rest, der der Philosophie übrigbliebe, sondern um den eigenen philosophischen Ursprung, der jetzt in Reinheit herauskommen kann.

Hochkeppel: Man könnte aber nun sagen, daß der Rückgang der Philosophie durch den Aufstieg der Naturwissenschaften bestimmt ist. Denn, werden nicht heute schon nicht nur die wissenschaftlichen Antworten, sondern auch die philosophischen Fragen von Naturwissenschaftlern formuliert?

Jaspers: Was Sie sagen, ist heute eine verbreitete Meinung. Ich teile sie nicht, denn alle Fragen, die von den Naturforschern in den Grundsatzfragen formuliert werden, und ihr Nachdenken über die Methoden und die Voraussetzungen gehören meines Erachtens zur Wissenschaft. Wo dieses Denken nicht mehr zur Wissenschaft gehört, das heißt, wo es irgendeinen absoluten Anspruch macht, da ist es eben eine Philosophie, die sich gründet auf Wissenschaft und sich für wissenschaftlich hält, und nun verwechselt das versuchsweise Unternehmen mit bestimmten Methoden und Voraussetzungen als Forschungsprinzip mit dem, was das Philosophieren tut in gedanklichen Gebilden, die jedesmal auch ihre Voraussetzungen haben und zum Bewußtsein bringen, etwas mitzuteilen oder mitteilbar zu machen, was einen unbedingten, lebensgründigen Charakter hat. Dies letztere kann niemals bei den Naturwissenschaften oder irgendeiner anderen Wissenschaft stattfinden. Man kommt damit auf die Frage des Verhältnisses von Naturwissenschaften – wollen wir bei ihnen bleiben – zur Philosophie. Da liegt es auf der Hand, daß philosophische Motive bei der Naturwissenschaft eine erhebliche Rolle gespielt haben. Man denkt an Demokrits Atomismus, man denkt etwa an Fechners philosophische Gedanken, die ihn zur Psychophysik geführt haben, die eine physiologisch einwandfreie wissenschaftliche Forschung wurde, man denkt an die kosmologischen Vorstellungen Keplers von der Harmonie der Welt mit ihren phantastischen, großartig schönen Gebilden, aus denen ihm seine Wissenschaft entstand. Dieser Zusammenhang ist ein historischer und psychologischer, nicht aber ein Zusammenhang der Begründung. Wenn aus der Philosophie Antriebe kamen für die Wissenschaften, so sind in diesen Fällen immer diese Antriebe für die Richtigkeit des Ergebnisses sowohl wie für den Sinn dieser Wissenschaften unerheblich. Dagegen besteht eine Verbindung zwischen Philosophie und Wissenschaft in einem ganz anderen Sinn. Nämlich: wer Wissenschaft treibt, muß dabei das Bewußtsein haben, es habe einen Sinn. Warum will er Wissenschaft? Die Antwort darauf, wenn sie nicht einfach gegeben wird durch Opportunitätsmotive wie Machtwillen, Geltungswillen, Zweckwillen in bezug auf technische Prämien, ist das Wissenwollen als solches, und zwar das grenzenlose Wissenwollen. Das ist ein philosophisches Motiv. Die Wissenschaft kann niemals selber begründen, warum sie dasein will. Philosophie und Wissenschaft gehören insofern wieder zusammen. Ich will über die Beziehung zwischen Philosophie und Wissenschaft nicht weiter lange Erörterungen anstellen. Sie sind sehr verwickelt. In die kürzeste Form gebracht: Keine Philosophie heute ohne wissenschaftliche Gesinnung und ohne radikale Bereitschaft, jeder wissenschaftlichen Forschung ihre Gerechtigkeit widerfahren zu lassen, ihr nicht zu widersprechen, anzunehmen, was erkannt ist; und umgekehrt beim Forscher die Neigung, wissen zu wollen, nein, sich bewußt werden zu wollen: warum treibe ich Wissenschaft? Es wäre eine lange Auseinandersetzung notwendig, um zu zeigen, warum die ungemein interessanten und wichtigen Erörterungen der modernen Physiker über den Wandel der Denkweise meines Erachtens nicht als Philosophie dastehen, sondern höchstens eine philosophische Relevanz haben, wie alles, was in den Wissenschaften hervorgebracht wird. Sie sind darum nicht Philosophie, weil sie jeweils, solange der Forscher Forscher bleibt, auch als Denkweise nur zum Versuch stattfinden. Es ist heute soweit gegangen, daß die Mathematik in ihren erst seit dem 19. Jahrhundert entdeckten Gestalten in Verbindung mit der experimentellen Naturforschung dazu geführt hat, daß die klassische Physik, wie man sich ausdrückt, ein Vordergrund ist, in dem man Experimente macht und die Ergebnisse abliest, aber etwas Zugrundeliegendes, etwas ganz anderes im Auge hat, das allen Modellvorstellungen früherer Art widerspricht – an dem berühmten Beispiel Korpuskel und Welle zu zeigen –, das aber mathematisch eindeutig ist oder vielmehr so, daß es im mathematischen Sinne alle Nicht-Eindeutigkeiten mathematisch faßbar macht. Es ist gleichsam eine magische Welt; nicht die Materie ist mehr da, sondern die mathematische Formel, und von der Magie ist es nur dadurch – nein nicht *nur*, sondern *entscheidend* dadurch unterschieden, daß diese Wissenschaft mit ihrer mathematischen Denkweise etwas hervorgebracht hat, was sich stets bewähren muß an Realitäten der Beobachtung, durch Experimente, die durch technische Mittel gefunden werden müssen, um auf die mit mathematischen Mitteln gestellten Fragen antworten, ja oder nein sagen zu können. Diese Bindung an die Realität der Beobachtung in Verbindung mit dem erstaunlichen mathematischen Können, das der Nichtmathematiker nicht eigentlich begreifen kann, das ist das Neue. Aber dieses Neue besteht, seit die mathematische Naturwissenschaft da ist, und der große Schritt liegt nicht im Prinzip dieser Wissenschaft, sondern liegt darin, daß etwas, was zu dieser Wissenschaft gar nicht gehörte, nun leichter überwindbar geworden ist, nämlich die mechanisch materialistische Auffassung, die sich von Demokrit her schreibt, in allen möglichen Umformungen. Sie war niemals Wissenschaft, hat sich fälschlicherweise mit der modernen klassischen Physik als Weltanschauung und mit der Auffassung ihrer Ergebnisse verbunden, nicht aber bei den echten Forschern, nicht mit der wirklichen Forschung. Diese Verbindung einer dürren, materialistisch-mechanistischen Philosophie eines mechanistischen Weltbildes mit der Wissenschaft ist durch die gegenwärtige Physik so großartig radikal aufgehoben, daß das, was früher durch philosophisches Selbstbewußtsein längst klar war, nunmehr durch die Wissenschaft selber ungemein erleichtert ist zu erkennen. Aber, im selben Augenblick, da diese Befreiung stattgefunden hat, ist die Gefahr (und man erliegt ihr nicht selten), daß diese moderne Form der mathematischen Auffassung des gleichsam materielos gewordenen Grundes der physikalischen Ereignisse nun ihrerseits verabsolutiert wird und man daraus ein einheitliches Weltbild macht und meint, das sei nun das Absolute. Das wäre nicht besser als die frühere materialistisch-mechanistische Auffassung und ist von bedeutenden Physikern heute auch keineswegs gemeint. Es ist weiter darauf hinzuweisen, daß in der modernen Naturwissenschaft die großen Physiker fast unvermeidlich und menschlich gehörig philosophieren, auf eine Art, die man keineswegs in Verbindung bringen muß mit ihrer Wissenschaft. So ist es etwa auf eine eigentümlich großartige und kindliche Weise bei Einstein zu beobachten, der offensichtlich seine ganze Wissenschaft im Raum einer philosophischen Grundverfassung treibt, wenn er sagt, er könne nicht glauben, daß Gott Würfel spielt, und damit gegen gewisse physikalische Versuche Einspruch erhebt. Er hat sich wiederholt geäußert über die Vernunft in der Welt und den Namen Gott dabei gebraucht. Das ist kein Bekenntnis zu Gott, aber eine Philosophie, die im Zusammenhang des uralten Pantheismus – seine Neigung zu Spinoza ist offenbar – steht und aus der heraus er Äußerungen tut, die andere Physiker keineswegs annehmen. Er hat sie selber immer aufs klarste unterschieden von dem, was wissenschaftlich erkannt ist. Der Reinigungsprozeß ist bei Einstein, wie mir scheint, vollendet; aber der Sinn, in dem er die ganze Sache treibt, und die Weise, wie er die physikalischen Ergebnisse auffaßt, das wird dann Philosophie, die durch die Wissenschaft nicht begründet ist, sondern bei der Einstein selber jedesmal ausdrücklich sagt: »Ich kann nicht glauben . . .«, »ich kann nicht annehmen . . .« und dergleichen.

Hochkeppel: Wie steht es nach Ihrer Meinung mit der wissenschaftlichen Philosophie? Hat nicht zum Beispiel der Neopositivismus trotz vieler Schwächen eine Menge philosophischen Pseudo-Wissens und darüber hinaus die Grenzen redlichen Philosophierens aufgezeigt? Und weiter: Hat nicht insbesondere die von Hans Reichenbach sogenannte wissenschaftliche Philosophie eine heilsame Ernüchterung gebracht und daran erinnert, daß Philosophie ihrem Wesen nach auch wissenschaftlichen Prinzipien verpflichtet ist? Wurde dabei nicht offenbar, wie wenig sie in dieser Hinsicht zu leisten vermag?

Jaspers: Ihre Fragestellung – völlig begründet durch eine breite Literatur, innerhalb derer Reichenbach die extremsten Formulierungen gebracht hat – ist durchaus berechtigt. Ich halte aber die hier vertretene Auffassung für philosophisch falsch; denn hier wird vorausgesetzt eine wissenschaftliche Philosophie. Diese wissenschaftliche Philosophie tritt auf mit dem Anspruch, genauso gut wie die Wissenschaften sonst etwas leisten zu müssen, was allgemeingültige Einsicht ist, und kommt dann zum Ergebnis, daß sie wenig, ich würde sagen, gar nichts zu leisten vermag; denn hier ist wieder die Unterscheidung zu machen, von der ich vorher sprach. Seit dem Altertum bis in die neueren Zeiten gehen unter dem Namen Wissenschaft sowohl die Philosophie wie die eigentlichen Wissenschaften, und erst die radikale Trennung der Ursprünge, zusammen mit der Verbindung, der unerläßlichen Verbindung von Philosophie und Wissenschaft, hat hier Klarheit gebracht. Die Universalität der modernen Wissenschaft ist ein historisch neues Phänomen, das sich herausgebildet hat in den letzten Jahrhunderten und bis heute keineswegs vollendet ist. Diese Wende, von der ich vorhin sprach, hat zur Folge, daß man nun wissen muß, was Wissenschaft ist und was nicht. Reichenbach, wie mir scheint, hat den Irrtum begangen, unter dem Namen Philosophie Gedankengänge zu entwickeln, die ihrer Natur nach nicht philosophisch sind. Denn was wollen sie? Sie wollen allgemeingültige Erkenntnis, und sie bringen doch keine Forschung. Sie entstehen aus dem Umgang mit Büchern, das heißt hier den Büchern physikalischer Erkenntnis, und spekulieren auf Grund dieses Umgangs. Für die Wissenschaften kommt nichts dabei heraus. Es werden intellektuell ungemein intensive Erörterungen angestellt, die der Natur der Sache nach Bedeutung haben müßten, entweder dadurch, daß sie in der faktischen Forschung Ansatzpunkte über das Fortschreiten im Philosophieren wissen möchten, nämlich, wie sie in der Welt sich finden und was alles das, worin sie sich finden, eigentlich ist und was darin Wissenschaft für eine Bedeutung hat. Für die Philosophie kommt ebenfalls nichts dabei heraus. Deswegen halte ich diese Gedankengänge, die in der Form einer schönen Nüchternheit und Wissenschaftlichkeit auftreten, für eine intellektuelle Spielerei.

Sie sprechen von der heilsamen Ernüchterung, davon, daß eine Menge philosophischen Pseudowissens aufgezeigt werde. Das ist sicher richtig in bezug auf all die Ansprüche des Philosophierens, die aus der Philosophie Urteile fällen wollen über das, was nur durch wissenschaftliche Forschung entschieden werden kann. Aber den eigentlichen Selbstreinigungsprozeß, die heilsame Ernüchterung im Forschen, und zwar im konkreten Forschen, wobei dann im Effekt die Wissenschaft immer sauberer wird, den haben ja gerade die großen Forscher selbst vollzogen. Es ist ergreifend, im Studium es mitzumachen, sagen wir mit Karl Ernst Baer, dem Biologen, mit Jacob von Uexküll, mit Nissl, dem Psychiater, meinem früheren Chef, wo ich es leibhaftig erlebte, oder mit Max Weber und mit zahllosen anderen. Diese konkreten Forscher vollziehen in ihrer Forschung die Säuberung und die heilsame Nüchternheit mit dem Ergebnis, daß sie nun etwas wirklich Zwingendes herausbekommen haben in der Realität, nicht in der Spekulation, nicht im abstrakten Denken, sondern in der Bewährung. Ich würde darum das, was hier fälschlicherweise Neopositivisten und Logikern als Verdienst zugeschoben wird, als wirkliches Verdienst den eigentlich großen Forschern zubilligen. Es ist etwas Merkwürdiges bei diesen Erörterungen der Neopositivisten und Logistiker, daß in der Stimmung ein fanatischer, zunächst sogar aggressiver Zug liegt, der nicht für die Qualität der inneren Verfassung dieser Denker spricht. Warum machen sie das? Es ist ein ursprüngliches Nein, wie mir scheint, im Spiel. Es ist eine philosophische Verfassung, in der aus irgendeinem Machtgefühl, im Grunde gefangen in der Denkweise des technischen Zeitalters, etwas erzwungen werden soll, mit dem sie sogleich zur Geltung kommen, persönlich, und andererseits ist verbunden damit ein erstaunliches Freilassen an das Gefühl, an das Private, an das Erlebnis, an das, was ohne Kontrolle bleibt und was damit dem Chaos überliefert wird.

Hochkeppel: Ich komme zu einem anderen Punkt. Waren nicht doch die Gedanken Ludwig Wittgensteins die schwerste Erschütterung des philosophischen Glaubens? Es scheint mir hier deutlich geworden zu sein, welche Grenze der Philosophie durch die Sprache gesetzt wird und daß zum Beispiel Transzendenz nicht gesagt, sondern nur verschwiegen werden kann.

Jaspers: Wenn Sie auf Wittgenstein weisen – sehr mit Recht, wie mir scheint –, so würde ich von ihm ganz anders sprechen als von den Autoren, von denen eben die Rede war. Wittgenstein, das wissen Sie, und das wird immer mehr bekannt, ist in seiner Weise eine einzigartige Figur gewesen. Er war ein Denker, der in den Medien des technischen Zeitalters dachte und wirkte, Erfindungen machte, Experimente anstellte, Techniker war, ein Haus bauen konnte, ein Mann, der in diesem Zeitalter ganz gegenwärtig war und nun merkwürdigerweise nicht zeit seines Lebens, sondern mit langen Unterbrechungen darüber nachdachte, was denn eigentlich gewiß sei. Warum tat er das? Es ist schwer, darüber ein entscheidendes, endgültiges Wort zu sagen. Die Persönlichkeit und sein Werk im ganzen machen einen Eindruck, den ich nicht endgültig mir angeeignet habe. Ich halte ihn für einen Philosophen und möchte denken, es ist in ihm ein Antrieb gewesen, ganz in diesem technischen Zeitalter zu leben, alles darin zu können, auf das exakteste, es bis zum äußersten zu treiben dann in der Logik, um das Ganze zu überwinden. Wenn er davon spricht, daß man schweigen muß, wenn man nichts mehr sagen kann, also der Sprache diese engen Grenzen zieht, so scheint mir das ein Irrtum, die Sprache betreffend. Aber darauf kommt es nicht an, denn der Antrieb bei ihm ist, das, worüber man schweigen muß, keineswegs dem Chaos auszuliefern, sondern es für seine Person, vielleicht an der Grenze der Verzweiflung, vielleicht in einer immer erneuten Wiederherstellung – man sieht es nicht recht – so zu behandeln, daß, was in diesem Zeitalter mit ihm selber in seiner Logik wirklich wird, als Ganzes nichtig ist. Ich habe mir einmal erlaubt, vielleicht voreilig und ohne genügendes Wissen, ihn zu vergleichen mit asiatischen Philosophen des Typus etwa eines Nagarjuna. Er ist der Mann, der in die Welt tritt, die Welt erkennt, um de facto mit dem Wissen von dieser Welt im ganzen aus ihr herauszutreten. Er war so sehr an der Grenze, daß eine Formulierung biographischer Art einem unheimlich ist. Er lebte, schreibt Malcolm, an der Grenze der Geisteskrankheit und hatte nicht selten Angst, diese Grenze zu überschreiten. Das ist natürlich an sich völlig unerheblich, aber es ist manchmal ein Zusammenhang darin, daß ein Mensch, selber in diesem Tiefsten, wie es eine Erkrankungs-möglichkeit bedeutet, erregt, nunmehr das Sachlich-Positive, das mit Krankheit nichts zu tun hat, so radikal auszusprechen und zu ver-wirklichen vermag. Ich kann mich täuschen; aber Wittgenstein liegt für mich nicht auf einer Linie mit den Neupositivisten, den Sprach-analytikern und den Logistikern, denen allen er einen Eindruck ge-macht hat und gegen die er, ich glaube ausnahmslos, sich gewehrt hat; denn immer ist es ihm so gewesen, daß er sich mißverstanden fühlte. Warum mißverstanden? Was er schreibt, ist völlig klar. Das ist so eindeutig großartig; es gehört durchaus in den Zusammenhang der Bestrebungen, von denen er sich dann doch distanzierte. Mißverstan-den konnte er sich nur fühlen in dem Prinzip seines ganzen Denkens, und was das sei, hat er in der Tat verschwiegen. Diese Verschwiegen-heit ist die Anziehungskraft, die er ausübt und auch auf mich aus-übt.

Hochkeppel: Ist es nicht merkwürdig, daß auch der Name Philosophie heute in Zweifel gezogen ist? Marx hat ja schon das Ende der Philoso-phie in der berühmten Formel ausgesprochen, die Philosophen haben die Welt nur verschieden interpretiert, aber es kommt darauf an, sie zu verändern. Das hieße und heißt also, an die Stelle aller bisherigen

Philosophie soll ihre Umsetzung in die Praxis und in das zu ihr gehörige Denken treten. Die Nationalsozialisten haben ja zum Teil die Philosophie für geschichtlich überwunden erklärt und etwa Anthropologie an ihre Stelle setzen wollen. Nun kann man auch heute gelegentlich ein Unbehagen an dem Namen Philosophie verspüren, weil man nämlich etwas total Neues davon erwartet. Was meinen Sie dazu?

Jaspers: Sie haben recht, insofern: Es ist höchst merkwürdig, daß heute mit dem Bewußtsein der Wende durch das technische Zeitalter verbunden ist – immer wieder, in allen Richtungen – ein Bewußtsein, es müßte doch viel tiefer liegen als bloß im Technischen. Es müßte doch in dem Geist selber, in der Substanz unseres menschlichen Wesens liegen, daß eine Wende stattfinde. Mir scheint das nicht überzeugend, sondern ich sehe, daß dieser Vorgang des technischen Zeitalters für all unser Denken und vor allem für unser Dasein und durch unser Dasein eine neue Situation geschaffen hat und damit Ansprüche erhebt, ihrer mächtig zu werden. Aber daß ein substantieller Weltprozeß stattfände von der Art, daß man sagen könne: bisher Philosophie und nunmehr wegen der ungeheuren Wende, in der wir stehen, etwas ganz anderes, von dem her Philosophie vergangen ist, kommt mir absurd vor.

Die Kontinuität ist bis heute meines Erachtens in der Tat durchaus nicht unterbrochen. Prüft man nach, so kann man keine Gedanken heute irgendwo finden, die nicht in dem Denken der vergangenen Jahrtausende ihren Grund, ihr Echo, von daher ihre Wiederholung haben. Es kommt nun noch hinzu, daß diese Meinung, Philosophie sei überwunden, die Jahrtausende bestand, daß in Asien, in Indien und China das Wort Philosophie keine Entsprechung hat, obgleich die Sache dort in großartigen Gestalten vorliegt. Darüber nachzudenken und zu zeigen, durch welche anderen Wörter und in welchem Zusammenhang das im Grund Gleiche gemeint wird, würde zu weit führen. Aber man kann darauf hinweisen, daß die Inder und Chinesen der neueren Zeit wie selbstverständlich ihre Vergangenheit philosophischen Denkens ebenfalls unter dem Namen Philosophie fassen, und das ist nicht die Übertragung des technischen Zeitalters, sondern hat mit der Sache selbst zu tun. Diese Neigung, Philosophie abzuwerfen, den Namen abzuschaffen und nunmehr das Neue zu wollen, scheint mir gewalttätig, frech und wahrscheinlich unwirksam; denn der Name der Philosophie hat einen unüberwindbar großen Gehalt. Und was immer man tut als etwas, das nunmehr etwas anderes sein soll: man ist immer im Raum der Gehalte, die diese Philosophie der Jahrtausende mitbringt. Ich würde fast meinen, noch merkwürdiger sei das Umgekehrte.

Reichenbach sagt, Philosophie gibt es erst seit dem 19. Jahrhundert, das heißt: seitdem es Logistik gibt, seit den Quellen des Neopositivismus. Dann ist zu fragen: Warum gibt es Philosophie seit dem 19. Jahrhundert? Warum nimmt er den Namen der Philosophie für das in Anspruch, was eben nicht mehr Philosophie sein soll? Warum liegt ihm daran, diesen großen edlen Namen auf diese fruchtlosen Bemühungen anzuwenden? Warum hält er am Namen der Philosophie fest? Das umgekehrte Verfahren, wie Sie sehen, das ebenso bedenklich ist. Denn, was heißt Philosophie, die im 19. Jahrhundert beginnt, wo Philosophie zweieinhalb Jahrtausende alt ist?

Hochkeppel: Manchmal könnte man nun denken, und man tut das ja auch: Hat es überhaupt noch Sinn, von der Philosophie zu reden? Reicht denn beispielsweise Philosophie als Appell oder als Handeln oder als grenzenloser Kommunikationswille aus, um noch von der Philosophie sprechen zu können? – Bleibt Philosophie als Existenzerhellung und Bewußtseinsintensivierung! Und da könnte man nun sagen: Zeigen sich nicht auch hier schon die Grenzen dieses Vermögens? Welcher Fragenbereich bleibt schließlich der Philosophie vorbehalten? Sind das sogenannte aporetische, metaphysische Probleme?

Jaspers: In Ihrer Frage, die wieder von einer neuen Seite auf das Ende der Philosophie weisen soll, verfahren Sie so, daß Sie nochmals eine Philosophie voraussetzen, die als lernbares Lehrsystem vorliegt, und daß Sie eine Reihe von Formulierungen herausgreifen, von denen, ich glaube, keiner sagen würde, das sei nunmehr die Philosophie. Die Reduktion der Philosophie auf ein solches Minimum wie grenzenloser Kommunikationswille wäre natürlich nicht eine Reduktion, sondern hier würde ein Gedankengang, der mit einem Wort wie grenzenloser Kommunikationswille nur ganz äußerlich getroffen ist, ein Gedankengang, der auf eine existentielle Wirklichkeit weist, für die Philosophie erklärt. Keineswegs. Nicht alles, was als Philosophie möglich ist, ist existentielle Erhellung oder Appell. Sie gibt es innerhalb des Philosophierens. Sondern die gesamte große Überlieferung der metaphysischen Gebilde ist Seinsvergewisserung dessen, was ich gern die Chiffren nenne, die gewaltigen Chiffren seit den ersten Vorsokratikern. Das sind Gebilde objektiver Gestalt, die ihre Sprache haben und denen gegenüber es die Aufgabe ist, mit ihnen nicht philologisch wissenschaftlich umzugehen, was ein Hilfsmittel und eine Voraussetzung sein mag, sondern von ihnen im Innern angesprochen zu werden oder sie zu verwerfen.

Diese gewaltige objektiv-sichtbare Welt der Chiffren, das heißt der großen metaphysischen und mythischen Gebilde, ist eine Welt der Kämpfe, nicht des ästhetischen Genusses. Da hineinzutreten, gehört zur gegenwärtigen Philosophie unerläßlich. Philosophie als Existenzerhellung, das wäre nicht Philosophie, sondern nur ein Moment der Philosophie. Und wenn Sie nun fragen: Kann man von der Philosophie reden?, so bin ich allerdings der Meinung: Das kann man nicht objektiv. Die alte Formulierung, daß Philosophie sich immer selber definiert, bedeutet, daß jeder philosophierende Mensch durch das, was er philosophierend tut, und auch durch Sätze sagt, was Philosophie sei. Das Merkwürdige ist, daß, was unter dem Namen der Philosophie durch die Jahrtausende geht, nicht immer, aber immer mehr zueinander Bezüge hat, mit der Folge, daß wir das Bewußtsein bekommen: All diese Phänomene bewegen sich um eine Mitte, die niemand besitzt; im Umgang mit den philosophierenden Methoden und den philosophischen Gebilden der Chiffren und Metaphysiken kommen wir damit in Zusammenhang und hoffen, in dem Zusammenhang Fühlung zu gewinnen unseres eigenen Ursprungs mit dem Ursprung des Ganzen. Die Selbstdefinition der Philosophie kann offenbar nicht an einer Instanz liegen, die ermächtigt ist, zu sagen, was Philosophie sei, sondern die Selbstdefinition der Philosophie vollzieht sich durch die Jahrhunderte hindurch jeweils durch alle Menschen, die philosophieren. Eine Instanz, die sagen könnte: Das ist Philosophie und das ist nicht Philosophie, gibt es nicht außerhalb, sondern nur innerhalb der Philosophie. Sie ist als Instanz anderen Instanzen ausgesetzt. Philosophie kann niemals wie die Wissenschaft zu dem Punkt kommen, daß man ein Gewisses, allen Gemeinsames hat. Das gibt es nur für den Verstand, der die Wissenschaften treibt. Da finden sich alle Menschen, verstehen sich eindeutig, die Richtigkeiten verbreiten sich. In der Philosophie aber handelt es sich um Vernunft, das heißt um das Denken, das über den Verstand hinausgeht, ohne den Verstand einen Augenblick zu verlieren. In ihm führt das Hinausgehen über den Verstand, nun unumgänglich ein Grundphänomen unseres Daseins in der Zeit, nicht in das Allgemeingültige, sondern in den Kampf um die Kommunikation. Wie dieser sich verwirklicht, verwirklicht hat und verwirklichen kann, da vermag ich in Kürze keine Antwort zu geben.

Was ich also sagen will, ist: Es kann sich heute nirgends um eine Reduktion der Philosophie handeln, nirgends um einen Rest, nicht darum, daß einige Fragen übrigbleiben, die die Wissenschaft nicht bearbeiten und die die Philosophie bearbeiten solle. Das alles stimmt nicht. Sondern es handelt sich darum, daß das eigentlich große philosophische Denken aus seinem Ursprung, der heute nicht anders ist als wie vor dreitausend Jahren, daß es aus diesem Ursprung im Zusammenhang mit der Wissenschaft gedacht wird. Die Wissenschaften bekommen ihren Impuls noch von der Philosophie her; aber die Philosophie ist, wie von jeher, das Umgreifende, das, worin der Sinn sogar aller Wissenschaften, nicht der Richtigkeit der Wissenschaften, sondern dessen, daß wir Wissenschaft treiben, liegt. Daß man voraussetzt, die Philosophie sei eine Wissenschaft, ist heute fast so selbstverständlich, daß niemand von uns im Sprechen sich dem ganz entziehen kann, auch wenn man den Irrtum eingesehen hat. Es ist ja doch heute so: Die allgemeine Denkungsweise ist Erkennen, ist Erkennen von Etwas und bringt ein Wissen, das ich dann habe und besitze. Es liegt gleichsam auf dem Tisch. Ich greife zu, indem ich die Verstandesoperationen mache, die zum Verständnis gehören, und dann ist es mein Eigentum wie jedes anderen, der es ebenso verstehen kann. Diese Auffassung verbindet sich dann mit der anderen, die bei den Neopositivisten eine absurde Form angenommen hat, die aber schon seit dem 19. Jahrhundert besteht. Aus dem Bemerken, daß mit der Erkenntnisweise von Etwas, die ein allgemeingültiges Wissen bringt, nicht erschöpft ist, was der Mensch sei, hat man gesagt, seit 80 Jahren oder gar noch länger, das andere, das sei das Irrationale. Also ein negativer Ausdruck. Dieses Irrationale wird als Willkür, Laune, Abenteuer, Bewegung als solche aufgefaßt. Es soll sozusagen rational gemacht werden. So wie man in Meditationsübungen die metaphysischen Visionen durch eine Technik hervorruft, so will man die Erlebnisse, die irrationalen, rational machen. Das ist das groteskeste Phänomen unserer modernen Welt. Was ich Ihnen eben vortrage, ist uns allen fast so natürlich, daß wir gar nicht herauskommen. Die Aufgabe unserer Philosophie ist es, diese fälschliche Natürlichkeit zu durchdringen.

Hochkeppel: Wenn Sie erklären, daß die letzten Fragen, und das ist ja eine Konsequenz, die man vielleicht daraus ziehen kann, grundsätzlich nicht wissenschaftlich lösbar sind, dann sprechen Sie vom philosophischen Glauben. Ist das nun Lösung durch Bekenntnis statt durch Einsicht?

Jaspers: Sehr richtige Frage. Die Lösung ist weder Bekenntnis noch Erkenntnis. Bekenntnis bedeutet Glaubenszustimmung zu irgendeinem Inhalt, zu einem Grundsatz, den man bekennt. Erkenntnis ist, wie wir eben ausgeführt haben, das Wissen von Etwas. Philosophieren aber im philosophischen Glauben bedeutet die Helligkeit unserer existentiellen Entschlüsse und ihrer Verwirklichung, bedeutet, daß wir je in unserer Situation als einzelne, unvertretbare Existenz wirklich werden können mit Hilfe des philosophischen Denkens. Ich brauche dafür gerne ein Gleichnis, nämlich: Der philosophische Gedanke, der in Büchern niedergelegt wird und der im Lehrvortrag dargelegt wird, ist sozusagen die eine Seite, deren Wahrheit aber erst dann zur Geltung kommt, wenn die andere Seite, die immer in der geschichtlich einzelnen und vertretbaren Existenz wirkt, mitspricht. Ich drücke das im Gleichnis so aus: Philosophie ist nur dann im Aufschwung, wenn die zwei Flügel schlagen, das, was gedacht wird als Inhalt und Gedankenbewegung, und das, was wirklich ist im inneren Handeln und im Tun und Verwirklichen aus den Entschlüssen. Wenn ich auf einen der beiden Flügel verzichte, geht es nicht. Im bloßen Denken philosophischer Gebilde bleibe ich persönlich als mögliche Existenz so gleichgültig, wie wenn ich eine chemische Erkenntnis mir aneigne. Wenn ich ohne philosophisches Denken mich einfach dem Gefühl überlasse, dem, was man das Irrationale nannte, dem Entschluß, ich will nun einmal so, dann geht es ebenfalls nicht. Das ist schon zum Wesen unserer Existenz als möglicher Existenz gehörig, daß nur die beiden Flügel zusammen zum Aufschwung kommen können.

Hochkeppel: Ich darf vielleicht noch einmal den Begriff »Philosophischer Glaube« herausgreifen. Was Sie, Herr Professor, philosophischen Glauben nennen, steht nun zwischen Wissenschaft, Kunst und Religion, ohne eines von diesen dreien zu sein. Hat das nicht zur Folge, daß sich die Philosophie oder der philosophische Glaube im Sich-Unterscheiden von diesen drei Sphären zur Ungreifbarkeit verflüchtigt?

Jaspers: Es scheint so; nämlich, wenn man in der Denkweise bleibt, die alles als einen Gegenstand vor Augen haben will, als ein Wissen besitzen will. Ich würde da umgekehrt sagen: Wer philosophiert, glaubt in der Mitte von Wissenschaft, Kunst, Religion sich vom Ursprung her zu bewegen und diese Bewegung wiederzuerkennen in allen Zeiten, in allen früheren Zeiten, als das, wovon Wissenschaft, Kunst und Religion ausgehen, worin sie sich verstehen, was sie alle brauchen. Wissenschaft, Kunst und Religion sind die greifbaren Sphären geistiger Schöpfungen, als solche aber nicht eigentlich sie selber, sondern Gegenstand der Betrachtung. Wo sie sie selber sind, wo der Forscher mit dem Sinn der Wissenschaft, warum sie sein soll, verknüpft ist, wo der Künstler mit der Transzendenz verbunden ist, aus dem die Chiffre spricht, die er schafft, wo in der Religion der Gedanke des religiösen Gottesverhältnisses im Denken objektiviert wird, überall ist die Philosophie zugegen. Man kann nun sagen: das philosophische Denken wäre ein Mittel, doch kann ich das jetzt nicht ausführen, für jene drei greifbaren Gebiete, oder man kann umgekehrt sagen: die eigentliche Philosophie, die selber mit ihren Gebilden der großen Systeme und der Gedankenfolgen nicht im gleichen Sinne greifbar ist, wie jene drei anderen Gebiete, diese Philosophie sei die eigentliche Quelle, sie bediene sich der Wissenschaft, der Kunst und Religion, um sich in ihnen zu bezeugen durch die Lebenspraxis, durch den Sinn dessen, was in diesen besonderen Sphären getan wird. Die Philosophie, kann man sagen, läßt keine Ruhe. In Wissenschaft, Kunst und Religion kann etwas wie Vollendung eintreten für das subjektive Bewußtsein, aber Philosophie stiftet sofort wieder die Unruhe. Es stimmt etwas nicht. Die Philosophie erweckt zum Ernst des Weiterfragens, des Weiterlebens, der Fragwürdigkeiten. Dazu verlangt die Philosophie, nicht auszuweichen, nicht eine falsche Ruhe vorwegzunehmen, sich keine Selbstzufriedenheit zu gestatten, sich herauszulösen aus allen Verschleierungen der Konvention, der Selbstverständlichkeiten, der Gedankenlosigkeiten. Darum ist Philosophie in der Tat nicht als Inhalt zu lehren, also als das Wissen, das ich als Philosophie besitze, aber doch zu lehren durch Gedankenbewegungen, deren Reichtum und Tiefe aus den großen Philosophen der Jahrtausende unverlierbar und unersetzbar zu uns spricht.

Hochkeppel: Je mehr nun im philosophischen Glauben die Philosophie im Philosophieren zu verschwinden scheint, um so mehr liegt natürlich die Frage nahe, die wir schon berührten: Ist Philosophie als Hochschuldisziplin oder – genauer ausgeführt – als methodisch geschlossene gedankliche Lehre noch möglich?

Jaspers: Darauf kann ich nur antworten, indem ich unterscheide, was Lehren heißen kann. Erstens nennt man Lehre den Unterricht, Lernen von Stoff, Inhalt, Kenntnissen, Abfragbarkeiten. Man kann Philosophie lernen als Geschichte der Philosophie, als die Kenntnis von Begriffen, die bei solchem Kennen noch tot daliegen können, aber wenn man sie kennt, in Bereitschaft sind. Das alles ist durch Unterricht möglich. Das zweite ist: Das philosophische Lernen bedeutet Teilnahme an den Denkbewegungen des Lehrers, an Forschungsweisen, an Untersuchungsweisen; das ist hier Teilnahme am Philosophieren. Man lernt hier mit dem Kantischen Ausdruck nicht Philosophie, sondern Philosophieren. Und das dritte ist, was seit Kierkegaard indirekte Mitteilung heißt, nämlich: Im Drängen zur höchsten Klarheit und Mitteilbarkeit mir selbst sowohl wie dem andern gegenüber bin ich geführt von dem, was sich direkt nicht sagen läßt und was doch ständig verlangt und vorantreibt, in Sagbarkeit verwandelt werden zu können.

Unterscheiden wir die drei: Lernen der Philosophie, Teilnehmen am Philosophieren, Philosophisch Wirklich-werden, so ist die Frage: Welche Lehre gehört an die Universität? Meines Erachtens alle drei. Nur wenn alle drei an der Universität durch den Philosophen lebendig da sind, kann die Philosophie als Philosophie zur Geltung kommen.

Hochkeppel: Ich komme noch einmal mit einer skeptischen Frage. Und zwar: Hat sich die Philosophie selbst nicht in den letzten Jahrzehnten planmäßig verneint, und bezeugt nicht zum Beispiel die Schrift einer Ihrer Schülerinnen, nämlich Jeanne Hersch, eine Schrift mit dem Titel: »Die Illusion – der Weg der Philosophie«, daß Sie solche Verneinung vollzogen haben? Hier zeigt sich ja die Philosophie ohne Objekt, vielmehr ist die Destruktion der Philosophie deren Objekt. Die bisherige Philosophie wird als abgeschlossen betrachtet, ihr weiterer Bestand offengelassen. Was würden Sie dazu sagen?

Jaspers: Die Schrift von Jeanne Hersch ist die Jugendschrift einer Studentin, die – ungemein bewegt vom Philosophieren – geistvoll die Dinge ins Extrem getrieben hat, bei dem man wohl jene jugendliche Ergriffenheit völlig anerkennen kann, aber vielleicht doch eine wesentliche Einschränkung machen muß. Diese Selbstverneinung ist selber zu interpretieren. Was heißt diese Selbstverneinung? Die erste Selbstverneinung ist das, wovon wir sprachen. Als Wissenschaft kann redlicherweise Philosophie keinen Anspruch mehr erheben. Wenn diese Verneinung die erste Bedingung philosophischer Wahrheit ist, so ist das natürlich etwas so Eingreifendes gegenüber der akademischen Überlieferung, daß man dem Schein erliegen kann, die Kontinuität sei unterbrochen, aber nicht die Kontinuität mit der Philosophie, sondern die Kontinuität mit der spezifisch wissenschaftlichen akademischen Philosophie. Das andere ist: Das Denken selber im Philosophieren kann sich nicht erlauben, zu einem Punkt zu kommen, wo die Wahrheit als der nunmehr gesagte Inhalt und gar als Gegenstand eines Bekenntnisses vor Augen liegen könnte, sondern zur Philosophie gehört das Scheitern des Denkens als Weg zu dem, worauf es eigentlich ankommt, aber das nur durch diesen Weg erreichbar ist.

Es ist diese Selbstverneinung nicht etwa wirklich Selbstverneinung, sondern die Verneinung gewisser Gestalten und Erscheinungen, um das eigentlich Positive, das, worauf es ankommt, zum Ausdruck zu bringen. Vielleicht ist durch die Formulierung bei Jeanne Hersch der Bruch zu stark betont, nicht nur zu stark, sondern überhaupt unrichtig; denn der Bruch liegt nicht – meines Erachtens – in der Philosophie. Es ist gar nicht eine Selbstverneinung der bisherigen Philosophie, sondern der Bruch, wenn man es überhaupt so nennen will, ist das Grundphänomen dieses Zeitalters seit Jahrhunderten, daß die moderne Wissenschaft in ihrem ganzen Umfang – nicht etwa Naturwissenschaft allein – eine geistige Situation geschaffen hat, in der man nicht wie vorher in einer gewissen Naivität meinen darf, die wesentlichen Dinge allgemeingültig beweisen zu können. Daß das noch immer geschieht, zeigte sich im Modernistenalter, wo zu einem Bekenntnis der Priester gehörte, daß sie ihren Glauben darin bezeugten, daß das Dasein Gottes durch den Beweis der menschlichen Vernunft möglich sei. Da wurde also wunderlicherweise verlangt der Glaube an etwas, was der Nichtglaube vollziehen kann. Eine merkwürdige Verwirrung. Durch die gesamte philosophische akademische Denkungsart jener und unserer Zeit kann von einer Selbstverneinung der Philosophie gar nicht die Rede sein, sondern von der Verneinung gewisser Erscheinungen, geschichtlich wie sachlich, ohne die der Weg zur substantiellen Philosophie versperrt wäre.

Hochkeppel: Man könnte fast dennoch zu der Meinung kommen, die Philosophie sei nicht mehr da, wenn sie in einen Bereich der Sprachlosigkeit und damit der Nicht-mehr-Mitteilbarkeit gerät, wie das vielleicht der Fall ist bei einer Philosophie, die Sie zum Beispiel als eine wirkliche substantielle Philosophie bezeichnen. In welcher Weise ist dann nun überhaupt Philosophie noch wirklich?

Jaspers: Aus alledem, was ich in diesen kurzen Meinungsausbrüchen mit ungenügender Begründung sagte, ist wesentlich, daß das Dasein der Philosophie nicht im Dasein der philosophischen Bücher und in den Lesern dieser Bücher besteht. Man könnte fast sagen, das Dasein der Philosophie sei wie die Luft, ohne die wir nicht leben können, die aber unsichtbar ist als Luft. Oder, wenn ich statt Luft Vernunft sage, könnte man erklären: Das Dasein der Philosophie ist wie die Vernunft, die selber nichts hervorbringt, aber alles, was aus den Ursprüngen kommt, in Beziehung zueinander setzt in der grenzenlosen Kommunikation, aber unter der Voraussetzung, daß wirklich ist, was in Kommunikation tritt und durch Kommunikation zu sich selber kommt. Ich wiederhole noch einmal: Die Vernunft selbst ist dabei wie die Luft, der Atem, ohne den wir nicht philosophisch leben können. Die Gehalte, die Ursprünge werden aufgegriffen. Nun fragt es sich: Hat die Philosophie denn nicht auch mit den Ursprüngen selbst zu tun? Und darauf ist meine Antwort: in der Tat. Wie wir vorhin von den Chiffren redeten, die wir in Gedankengängen, die man Existenzerhellung nennen mag, die man in jenem reinen Denken, das ich formales Transzendieren benannt habe und das durch die Jahrtausende geht, in dem Denken als solchem – im reinen Äther des Denkens, sagt Hegel – sich vergewissern kann, das alles ist nicht bloß wie die Vernunft und die Luft, sondern das sind Aussprüche, Mitteilbarkeiten von Gehalten, die allerdings – immer nach dem, was ich vorhin gesagt habe – nicht als solche bestehen und sichtbar sind, sondern erst da sind im Zusammenhang mit der möglichen Existenz, in der sie nicht bloß äußerlich gedacht, sondern durch Eintritt in den Kampf des Reichs der Chiffren angeeignet werden. Noch anders ausgesprochen: Das Dasein der Philosophie ist, ohne selbst greifbar zu sein, die Führung des Denkens und der denkenden Praxis unseres Lebens, von dem Ort her, der ständig Sprache sucht, aber vom Sprachlosen getragen wird, das noch immer im Sprechen zur Geltung kommt und das nie als das Sprachlose genommen werden darf, das schlechthin sprachlos bleiben müßte. Wir drängen immer, es zur Sprache zu bringen – vom Gegenständlichen her in unserer Subjekt-Objekt-Spaltung wie aus uns selber. Daher ist es schon wahr, vom Schweigen zu reden, wo man die Sprache nicht findet; aber das ist ein positives Schweigen, oder es ist im Scheitern des Denkens ein erfülltes Schweigen oder ist indirekte Mitteilung oder ist ein Zeigen dorthin, wo sich nichts greifbar zeigen und sagen läßt. Das alles aber sind Verfahrensweisen, in denen man nicht ins Nichts sieht, sondern in denen das, was in Kunst und Religion, was in den Chiffren Objektivität gewinnt, existentiell wirklich sein kann, ohne daß diese Wirklichkeit aufzeigbar ist. Sie kann nicht aufzeigbar sein, denn dann würde ein Mensch etwa zu einem andern sagen: Bin ich denn wirklich Existenz, ist das existentiell? Ganz sinnlose Fragen, weil sie ja nicht entschieden werden durch irgendeine Erkenntnis von diesem, sondern weil sie entschieden werden in jenem Raum, den wir die Ewigkeit nennen, in dem die Substanz nicht greifbar ist, nicht in der Welt oder in irgendeiner Formel unseres Denkens.

Hochkeppel: Ja, vielleicht darf ich gegen Schluß noch auf einen unerheblicheren, weil äußerlicheren Schaden der Philosophie zu sprechen kommen. Ein schlimmes Symptom immerhin scheint mir noch die

Polemik der Philosophen. War eigentlich die Verständnislosigkeit oder – man muß vielleicht sogar sagen – Böswilligkeit zwischen den Vertretern der verschiedenen philosophischen Richtungen in früheren Zeiten ebenso kraß wie heute?

Jaspers: Eine Frage, die ungemein wesentlich ist, nämlich Sie fragen nach der Wirklichkeit und dem Sinn philosophischer Polemik. Mir scheint, man muß antworten: Solange es Philosophie gibt, ist diese Polemik von höchster Schärfe gewesen. Was man heute beklagen kann, ist nicht eigentlich, daß die Polemik zu stark sei, sondern, daß die Polemik zu schwach ist, weil auf gänzlich unzureichenden Motiven, auf meistens intellektuellen Operationen beruhend, zu schwach, weil nicht Mächte miteinander kämpfen. Man möchte eine echte, große Polemik wünschen. Eine Polemik, die nichts weiter ist als persönliche Abneigung oder Konkurrenz oder intellektuelle Spielerei, um seine intellektuelle Tüchtigkeit wie die Kräfte der Muskeln zu erweisen, das ist keine Polemik. Und ich würde meinen, so grotesk es klingt, ich vermisse heute die eigentlich philosophische Polemik.

Hochkeppel: Meine Fragen stellte ich auf Grund von Beobachtungen der heute öffentlich in Erscheinung tretenden Philosophie, vielleicht etwas wahllos nacheinander. Sie alle liefen auf die eine Frage hinaus: »Ist die Philosophie am Ende?« Die Einschränkung, die gewisse Reduktion, die Abhängigkeit der Philosophie, ihre Auflösung, ihre Selbstverneinung, all dies schien in diese eine Richtung zu deuten. Sie haben mir nun zu diesen besonderen Fragen Antworten gegeben und andere Aspekte zu zeigen versucht. Ich möchte Sie bitten, jetzt vielleicht noch zusammenfassend zu sagen: Was denken Sie vom Ende der Philosophie?

Jaspers: Ihre Fragen sind von verschiedenen Ausgangspunkten her gestellt, haben sich auf gewisse äußerliche Dinge bezogen, haben sich auf die innersten Fragen der Philosophie selber gerichtet. Es ist dabei von Anfang an bei uns beiden eine Voraussetzung gewesen, die wir nicht etwa zur Klarheit bringen konnten, nämlich die Voraussetzung, daß wir antworten können: Was ist Philosophie? Daß Philosophie etwas ist, was nicht durch Erkenntnis von Etwas, sondern durch den Willen des Menschen im Erkennen gegeben wird, und daß diese Antworten auf mannigfache Weise formuliert werden können, auf Weisen, die vielleicht um eine einzige Mitte kreisen, das sind Dinge, von denen man wohl noch sehr viel sagen kann, die wir aber voraussetzen. Sie haben sehr häufig die wissenschaftliche Philosophie vorausgesetzt, ich diese Mitte der Philosophie, die ihrem Wesen nach nicht selber wissenschaftlich ist. Meine Antworten waren darum, wie ich glaube, durchwegs so, daß Ihr Ausgangspunkt jeweils von mir anerkannt wurde als Beobachtung gewisser Tatsächlichkeiten und daß ich jedesmal antwortete, indem ich diese Tatsächlichkeiten in einem anderen Aspekt als Sie zu sehen versuchte.

Die Philosophie kann meines Erachtens nie am Ende sein, solange Menschen existieren. Am Ende sein kann jeweils für einen Kreis, für eine Bildungswelt, für eine Öffentlichkeit eine bestimmte Gestalt der Philosophie, heute, sagen wir, die Universitätsphilosophie, der akademischen Philosophie. Man kann von einem Ende auf verschiedene Weise weiterreden, ganz grob: Ein Ende der platonischen Schule war im 6. Jahrhundert, als Justinian die Philosophenschulen in Athen schloß; ein gewaltsames Ende. Ein Ende war, wenn ein ursprüngliches Philosophieren in den Schulen verwandelt wurde in ein Lehrsystem und das eintrat, was der Widersinn jeder Schule ist, weil nämlich die Philosophie aufhört, wenn sie sich auf diese Weise als Lehrsystem kristallisiert. Ende ist dann gleichsam durch Verholzung. Die Situation ist aber die, daß Schule ebenso unumgänglich ist, wie daß sie solche Folgen hat. Und daß Schulen fortleben in ihrer Kraft, in dem Maße, als die Ausgangsphilosophie Kräfte in sich birgt durch das vorhandene Werk, das, immer von neuem, eine Wiedergeburt erzwingt. So war es im Abendlande mit der platonischen Philosophie, später mit der augustinischen, mit sehr wenigen anderen Philosophien. Dieses Ende jeweils ist nicht das Ende der Philosophie, sondern das Ende einer bestimmten Gestalt. Am Ende scheint mir in der Tat die wissenschaftliche Philosophie im Sinne des 19. Jahrhunderts und noch unserer Zeit; sie gilt noch immer akademisch. Am Ende ist eben jener Wissenschaftsbegriff, der vor den letzten Jahrhunderten durch alle Zeiten gegolten hat, in dem Philosophie und Wissenschaft nicht getrennt wurden. Es hat keinen Sinn, etwa nun von der Zukunft der Philosophie etwas voraussagen zu wollen. Das Voraussagen einer Philosophie wäre das Schaffen dieser Philosophie. Aber die Situation heute, die Ihnen offenbar so fühlbar geworden ist, daß Sie mit Besorgnis die Frage nach dem Ende der Philosophie gestellt haben, diese Situation ist ein außerordentlicher Anspruch und eine außerordentliche Chance. Beides kann heute erfahren werden, und nur dort, wo beides erfahren wird, wird jene Beschwingung möglich sein, aus der entsteht, was wir noch nicht wissen. Aber was entstehen wird, darauf kommt es für uns in der Philosophie eigentlich gar nicht so sehr an, sondern darauf, daß Philosophie in jedem Augenblick praktisch wirklich gegenwärtig sein muß. Wir können nicht warten, sondern es gehört zu uns als Menschen, daß wir im Philosophieren unsere letzte Selbstvergewisserung jederzeit und jeden Augenblick finden möchten. Ich glaube annehmen zu dürfen, daß Ihre grausamen Fragen nach dem Ende der Philosophie und Ihre Hinweise auf die bedrohlichen Symptome doch letzthin kamen aus Ihrem eigenen Begehren nach der eigentlichen Philosophie, der unzerstörbaren, jener Philosophie, die zum Menschen gehört und die immer gegenwärtig war und – wie ich überzeugt bin – bleiben wird.

Philosophie will ewige Wahrheit ergreifen. Ist diese Wahrheit nicht jederzeit die gleiche, die eine und ganze? Vielleicht – aber wir bekommen sie nicht eindeutig in allgemeingültiger Gestalt in unseren Besitz. Das Sein öffnet sich uns nur in der Zeit, das Wahre in zeitlicher Erscheinung. In der Zeit aber ist die vollendete Wahrheit nicht objektiv zugänglich. Weder kann der Mensch als Einzelner noch kann die Geschichte sie anders fassen als in je einer wieder verschwindenden Erscheinung.

Als Einzelner kommt jeder von uns zum Ende seines Lebens, ohne zu wissen, was eigentlich ist. Er bleibt ohne Endgültigkeit auf dem Wege, der nur abbricht und in keinem absoluten Ziel sich vollendet.

Die Arbeit des Philosophierens ist wie ein Gleichnis für all unser Tun. Wir müssen, sagt Kant, gerade wenn wir soweit sind, um das rechte Philosophieren beginnen zu können, die Sache wieder dem Abc-Schützen überlassen. Das ist die Erfahrung des nicht im Wahrheitsbesitz erstarrten Philosophen, wenn er alt wird. Es ist die Form des geistigen Jungseins im Schmerz des Abschieds.

Ist aber das Leben für das Zukünftige der wesentliche Sinn unserer Arbeit? Ich glaube nein. Denn auch der Zukunft dienen wir nur, sofern wir gegenwärtig verwirklichen. Wir dürfen das Eigentliche nicht erst in der Zukunft erwarten. Wenn diese Gegenwärtigkeit in der Tat keine Vollendung gewinnen kann als zeitlicher Bestand, mit dem ich ausruhen und in der Zeit dauern könnte, so ist es doch möglich, die Gegenwärtigkeit zu durchdringen gleichsam zur ewigen Gegenwart in zeitlicher Erscheinung. Die Gegenwart der Wahrheit in der Zeit ist zwar unfaßbar wie der nicht festzuhaltende Blick des Auges, aber immer wieder da.

So ist unser Leben in der Geschichte zugleich beides: das Leben, das dienend das Leben derer begründet, die nach uns kommen – und das Leben quer zur Geschichte, im schlechthin Gegenwärtigen, auf die Transzendenz hin, die uns befreit.

Diese Befreiung in der Vollendung tilgt die Zeit. Wenn es aber diese Befreiung gibt, so ist sie inkommunikabel, es sei denn im ästhetischen Spiel oder im spekulativen Gedanken oder im religiösen Kultus oder in den hohen Augenblicken der Einmütigkeit zwischen Zweien – und jedesmal sogleich fragwürdig für die nachfolgende Besinnung, die nur von der Erscheinung weiß.

Ist die Geschichte das Offenbarwerden des Seins, so ist die Wahrheit in der Geschichte jederzeit und nie, immer in der Bewegung, und ist verloren, wo sie zum endgültigen Besitz geworden zu sein scheint. Vielleicht zeigt sich die Wahrheit aus größter Tiefe, wo die Bewegung am umwälzendsten ist in dem ständigen Übergang der Zeit. Heute können wir versuchen, uns angesichts der Vergangenheit des Eigentümlichen bewußt zu werden, unter dessen Bedingungen wir leben und die Zukunft steht. Es sind die Fragen: Sind wir heute in einem Übergang von einer die Tiefen aufwühlenden Radikalität? Erwachsen uns Möglichkeiten, die gerade jetzt erst beginnen? Hören wir Ansprüche, die gerade aus dieser Situation an uns ergehen?

Uns allen ist bewußt: Der Einschnitt, den unser Zeitalter in die Weltgeschichte macht, ist tiefer und folgenreicher als irgendeiner innerhalb der uns bekannten Geschichte. Er scheint vergleichbar dem unbekannten Zeitalter des ersten Feuerentzündens, der Erfindung der Werkzeuge, der frühesten Staatsbildungen. Die neuen Tatsachen sind: die moderne Technik mit ihren Folgen für die Arbeitsweise des Menschen und für die Gesellschaft – die Verkehrseinheit des Erdballs, dessen Raum dadurch kleiner geworden ist als etwa der Umfang des orbis terrarum der römischen Zeit – die absolute Grenze durch die Enge des Planeten – die Antinomien von Freiheit und Betrieb, Persönlichkeit und Masse, Weltordnung und Imperium – die entscheidende Bedeutung der aus Völkern zu Massen verwandelten und an Zahl vervielfachten Menschen, die scheinbar zu Mitwissenden und Mithandelnden, in der Tat zu brauchbaren Sklaven werden – das Zerbrechen aller vergangenen Ordnungsideale und die Notwendigkeit, aus dem wachsenden Chaos eine neue menschlich beseelte Ordnung zu finden – die Fragwürdigkeit aller überlieferten Werte, die sich zu bewähren oder zu verwandeln haben – dazu die konkrete politische Situation, bestimmt durch die Weltmächte Amerika und Rußland – das kleiner werdende, in sich zerrissene Europa, das bisher noch nicht zu sich gefunden hat – das Erwachen der ungeheuren Menschenmassen Asiens, die auf dem Wege sind, in Zukunft entscheidende politische Machtfaktoren zu werden.

Der Gang der Dinge hat aus dem Zeitalter der bürgerlichen Befriedigung, des Fortschritts, der Bildung, der historischen Erinnerung als Stütze der eigenen vermeintlichen Sicherheit, hinübergeführt in ein Zeitalter der verwüstenden Kriege, des Massensterbens und der Massenmorde (bei unerschöpflichem Wiedererstehen neuer Massen), der schreckensvollen Bedrohtheit, des Auslöschens der Humanität in einem Wirbel, in dem der Zerfall als Herr der Dinge erscheint.

Ist das alles nun eine geistige Revolution oder vielmehr ein im Grunde äußerlicher Vorgang, entstanden aus der Technik und ihren Folgen? – Ein Unheil und eine noch unklare, ungeheure Möglichkeit, etwas, das zunächst einfach vernichtet, während der Mensch erst noch erwachen muß, um darauf zu reagieren, und sich, statt bewußtlos zu verzichten, unter den so ganz neuen Bedingungen seines Daseins zu finden?

Das Bild der Zukunft ist ungewisser, unklarer, aber vielleicht chancenreicher und trostloser zugleich, als es je war. Wenn ich mir darin der Aufgabe des Menschseins bewußt werde, nicht in Rücksicht auf unmittelbare Forderungen des Daseins, sondern in Rücksicht auf die ewige Wahrheit, so frage ich nach der Philosophie. *Was soll in der gegenwärtigen Weltlage die Philosophie?*

Heute gibt es mannigfache Gestalten des faktischen Nihilismus. Es sind Menschen erschienen, die scheinbar jedes Selbstsein preisgegeben haben, denen nichts Wert zu haben scheint, die im Zufall von Augenblick zu Augenblick taumeln, die gleichgültig sterben und gleichgültig töten – die aber zu leben scheinen in den berauschenden Vorstellungen eines Quantitativen, in blinden Fanatismen auswechselbarer Art, getrieben von elementaren, sinnfremden, übermächtigen und doch schnell verbrausenden Affekten, und schließlich vom triebhaften Genußwillen des Augenblicks.

Hören wir den Worten zu, die in diesem Treiben gesagt werden, so wirken sie wie eine verschleierte Vorbereitung des Sterbenkönnens. Massenerziehungen machten blind und gedankenlos, um im Rausch der Hingabe zu allem fähig zu werden und am Ende den Tod und das Töten, das Massensterben im Maschinenkampf als selbstverständlich hinzunehmen.

Auf das Sterbenkönnen aber geht auch die hellste Philosophie. Sie will den Grund finden, auf den hin das Sterben zwar nicht begriffen, aber in der Unruhe des Leidens ertragen wird, nicht in einer stoischen, sondern in einer liebenden und vertrauenden Unerschütterlichkeit.

Beides gelingt kaum je rein. Jener Nihilismus lebt von Verschleierungen, deren Entschleierung der Verzweiflung aussetzt, wenn nicht schon alles in stumpfer Gleichgültigkeit verlorengegangen ist. Diese Philosophie sichert nicht, muß täglich errungen werden und läßt immer wieder im Stich. Was dann zwischen Nihilismus und Philosophie – jenem nicht ganz verfallen, dieser noch nicht teilhaftig – geschieht, hat in realen Situationen einen unheimlichen Charakter. In zwei Repliken aus dem Jahre 1938 sei es veranschaulicht:

Ein junger Mann spricht in den zeitgemäßen Weltaspekten von dem zu gründenden Imperium. Er scheint begeistert. Ich unterbreche ihn mit der Frage: was hat denn dies Imperium und der Krieg, der dazu führen soll, für einen Sinn? Antwort: Sinn? Gar keinen Sinn! Das sind Dinge, die kommen. Sinn hat dabei höchstens, daß ich in der Schlacht dem dürstenden Kameraden unter Lebensgefahr Wasser bringe.

Ein Student hat am 9. November 1938 als SA-Führer an dem Judenpogrom teilgenommen. Er erzählt davon seiner Mutter. Er selber hat die Aktion so milde als möglich durchgeführt. In einer Wohnung nahm er einen Teller, schmetterte ihn klirrend auf den Boden und rief seinen Genossen zu: Ich stelle fest, die Wohnung ist demoliert, und verließ sie, ohne sie zerstört zu haben. Aber er erzählt weiter: der Tag habe ihm einen großen und ermutigenden Eindruck gemacht; man habe gesehen, welche Kräfte im Volke schlummern und wozu es fähig sei; das gebe gute Aussichten für einen kommenden Krieg. Er entwirft das neue Ethos und die Größe des Führers. Seine erschreckte Mutter unterbricht ihn: Mein Junge, das glaubst du ja alles selber nicht! Er, einen Augenblick verdutzt, sagt entschlossen: Nein, ich glaube es nicht, aber man muß es glauben.

Jener erste fand einen Boden in der einfachsten Humanität, aber doch getrübt durch die imperialen Stimmungen, wenn sie auch als nichtig durchschaut wurden. Der zweite machte Ernst mit dem Satze: Es kommt nicht darauf an, was man glaubt, sondern daß man glaubt. Das ist die wunderliche Verkehrung. Glauben wird zum Glauben an den Glauben. Dem entsprechen viele Wendungen, die nihilistisch und positiv zugleich sein wollen: Man will tapfer auf allen Sinn verzichten und behauptet als Sinn eine gewollte Sinnlosigkeit. Man fordert den »nutzlosen Dienst« als eine Leistung – ein alles opferndes, aber für nichts opferndes Verhalten –, fordert die leidenschaftliche Bejahung von irgend etwas, die fanatische Entschlossenheit für nichts. Man greift nach alten Worten wie Ehre, Vaterlandsliebe, Treue, aber gibt zugleich alles preis vor der Maschinerie, dem Befehl, dem Terror, und zeigt damit, daß jene Worte bloße Kulissen waren. Man entwickelt ein Verhalten in eiserner Maske, gespannt, stets an der Grenze der Explosion, eine Unbedingtheit ohne Inhalt.

In dieser Verzweiflung gibt es viele Angebote:

Man preist die »Dynamik« um jeden Preis, man jubelt in der Bewegung als solcher, man will das Neue und die Zerstörung des Alten. Man bewundert alle großen Gewaltmenschen, den Dschingis-Khan, den Tschi Huang Ti, den Agathokles, und wie schon immer: den Alexander, Cäsar, Napoleon.

Man preist umgekehrt die Rückkehr zum Vergangenen. Das Primitive hat als solches einen Reiz und ewige Wahrheit, sei es das Vorgeschichtliche, sei es das Dasein der Naturvölker. Oder man preist das Mittelalter, die großen Ordnungen gebundener Zustände, aller Imperien, die Jahrhunderten ihren Stil gaben.

Man will einen neuen Mythus, stellt ihn grob hin in den diktatorischen Bewegungen, oder pflegt ihn sublimer in Kreisen der Bildung, die mit Hölderlin, mit van Gogh (oder gar mit deren Epigonen) ihren Kult treiben. Dabei wird vergessen, daß es sich bei jenen Großen um wunderbare Ausnahmen handelt, in ihrer Echtheit meist ursprünglich verknüpft mit ruinöser geistiger Erkrankung. Die in ihnen wirkliche mythische Gegenwart ist ungemein eindrucksvoll in dieser unmythischen modernen Welt. Die reine Seele Hölderlins ist in der Tat unvergeßlich, ihr Mythus bezaubernd, in ihren Kreis zu treten eine Wohltat. Aber das alles ist kein wahrer Mythus, denn er ist echt nur in diesen einzelnen, er ist ohne Gemeinschaft und darum plötzlich wie nichts.

Immer da ist das Angebot der religiösen Konfessionen. Wenn alles im Wirbel des Unsinns durcheinandergeht, zeigen sie ihre Stetigkeit. Sie steigern, dem die Freiheit fliehenden Geiste der Zeit entsprechend, in der Anarchie oder in der Diktatur abwechselnd zur Geltung kommend, heute ihre uneingeschränkte Orthodoxie, ihren Charakter der völligen Bindung des Menschen – aber ohne wiederherstellen zu können, was die Religion einst war: die Durchdringung des ganzen Lebens in jedem Alltag, von der Geburt bis zum Tode – der Raum, in dem alles geschieht und durch den der Mensch stets zu Hause ist. Heute bleibt auch die Religion ein Lebensgebiet, der Sonntag neben und außer dem übrigen Leben.

Diese Religionen mit ihrer Alternative »entweder Nihilismus oder Offenbarung« verwerfen die Philosophie. Der Philosophie wird der Vorwurf gemacht, als intellektueller Urheber mitschuldig zu sein am Unheil der modernen Seele.

Vom Ende der Philosophie aber hören wir nicht nur durch jene, die mit ihrer Alternative uns zum Offenbarungsglauben zwingen möchten. Das Ende der Philosophie wurde auch behauptet vom Nationalsozialismus, der die Unabhängigkeit philosophischen Denkens nicht ertragen konnte. Philosophie sollte ersetzt werden durch biologische Weltanschauung und Anthropologie. Und weiter verwirft jede Gestalt des Nihilismus die Philosophie als eine Welt der Illusionen, der vergeblichen Träume, der schwächlichen Selbsttäuschungen. Für ihn

sind beide, Religion und Philosophie, am Ende. Das Neue soll sein die
Freiheit des illusionslosen Menschen ohne Boden und Ziel. Dazu hält
schließlich eine verbreitete öffentliche Meinung die Philosophie mindestens für überflüssig; denn Philosophie gilt als blind für die Gegenwart, für deren Kräfte und Bewegungen. Man fragte: wozu Philosophie? Philosophie hilft nicht. Plato hat den Griechen nicht helfen
können, er hat sie nicht vor dem Untergang bewahrt, ja zu diesem
Untergang indirekt beigetragen.

Alle Verneinungen der Philosophie urteilen aus einem anderen
her, entweder aus einem festen Glaubensinhalt, der durch Philosophie gefährdet werden könnte, oder aus Daseinszwecken, für die Philosophie nutzlos ist, oder aus einem Nihilismus, der alles und darum
auch die Philosophie als wertlos verwirft.

Aber im Philosophieren geschieht, was von allen sie Verwerfenden
nicht gesehen wird: mit ihm gewinnt der Mensch seinen Ursprung.
In diesem Sinn ist Philosophie unbedingt und zwecklos. Sie kann weder aus einem anderen her begründet noch durch Brauchbarkeit für
etwas gerechtfertigt werden. Sie ist kein Balken und ist kein Stroh-
halm, an dem man sich halten könnte. Man kann nicht über Philosophie verfügen. Man kann sie nicht benutzen.

Wir wagen zu behaupten: Philosophie kann nicht aufhören, solange
Menschen leben. Philosophie hält den Anspruch aufrecht: den Sinn
des Lebens zu gewinnen über alle Zwecke in der Welt hinaus – den
diese Zwecke umschließenden Sinn zur Erscheinung zu bringen –
diesen Sinn, gleichsam quer zum Leben, gegenwärtig verwirklichend
zu erfüllen – durch die eigene Gegenwärtigkeit zugleich der Zukunft
zu dienen – niemals den Menschen oder einen Menschen zum bloßen
Mittel herabzusetzen.

Die bleibende Aufgabe des Philosophierens ist: eigentlich Mensch
werden dadurch, daß wir des Seins innewerden – oder dasselbe:
Selbst werden dadurch, daß wir Gottes gewiß werden. Die Erfüllung
dieser Aufgabe hat gleichbleibende Züge:

Jederzeit und auch heute ist zu leisten die Arbeit des philosophischen *Handwerks:* der Entfaltung der Kategorien und Methoden, der
Strukturierung unseres Grundwissens – der Orientierung im Kosmos der Wissenschaften – der philosophie-historischen Aneignung
– der Übung des spekulativen Denkens in der Metaphysik, des erhellenden Denkens in der Existenzphilosophie.

Jederzeit ist das Ziel, die *Unabhängigkeit* des Menschen als Einzelnen zu gewinnen. Er gewinnt sie durch Bezug auf das eigentliche Sein.
Er gewinnt die Unabhängigkeit von allem, was in der Welt vorkommt,

durch die Tiefe der Gebundenheit an die Transzendenz. Was Laotse im Tao faßte, Sokrates im göttlichen Auftrag und im Wissen, Jeremias im Jahwe, der sich ihm kundgab, was Boethius, Bruno, Spinoza kannten: es war das, was sie unabhängig machte. Man darf diese philosophische Unabhängigkeit nicht verwechseln, weder mit dem Libertinismus souveräner Willkür noch mit der vitalen Stärke, die dem Tode trotzt.

Jederzeit ist die Aufgabe in der *Spannung*: die Unabhängigkeit *abseits von der Welt* zu finden, im Verzicht und in der Einsamkeit – oder *in der Welt* selber, durch die Welt hindurch, an ihr mitwirkend, ohne ihr zu verfallen. Dann ist der Philosoph, der seine Freiheit nur mit der Freiheit der anderen, sein Leben nur in Kommunikation mit Menschen will, das, was der Narr dem Konfuzius nachrief: »Das ist der Mann, der weiß, daß es nicht geht und doch fortmacht« – eine Wahrheit für das endliche Wissen, das seine Scheinbarkeit verabsolutiert, aber eine Wahrheit, die nicht erschüttert die tiefere Wahrheit des philosophischen Glaubens.

Philosophie wendet sich an den Einzelnen. In jeder Welt, in jeder Lage geschieht im Philosophieren das Zurückwerfen des Einzelnen auf sich selbst. Denn nur wer er selbst ist – und in Einsamkeit bewähren kann – kann wahrhaft in Kommunikation treten.

Läßt sich nun innerhalb der so formulierten gleichbleibenden Aufgaben der Philosophie etwas sagen von ihrer gegenwärtigen Aufgabe?

Wir haben gehört, der Glaube an die Vernunft sei zu Ende. Der große Schritt des 20. Jahrhunderts sei gewesen der Abfall vom Logos, von der Idee der Weltordnung. Die einen jubeln im Bewußtsein befreiten Lebens – die andern klagen diesen größten Verrat des Geistes an, dieses Verhängnis, das zur Zerstörung der Menschheit führen müsse.

Dazu ist zu sagen: Dieser Schritt hat seine Wahrheit, weil er die Selbstsicherheit eines von der Vernunft verlassenen Verstandes zerstörte, die Illusion einer Weltharmonie entschleierte, das Vertrauen auf einen Rechtszustand und auf Gesetze an sich aufhob. Es waren das in Worten großartig scheinende Haltungen, hinter denen sich die Niedrigkeit eines Lebens verbarg, das von der Psychoanalyse entlarvt wurde, dieser psychotherapeutischen Bewegung, die sich zu einer verworrenen Weltanschauung erweiterte und die ihre teilweise Wahrheit gegenüber einem verlogenen Zeitalter und in Abhängigkeit von ihm hatte.

Wenn alles abgehauen ist, liegt die Wurzel bloß. Die Wurzel, das ist der Ursprung, aus dem wir gewachsen sind und den wir vergessen hatten in dem Schlinggewächse von Meinungen, Gewohnheiten, Auffassungsschemata.

Heute ist die Aufgabe, die eigentliche Vernunft neu zu begründen in der Existenz selbst. Das ist die dringendste Forderung in der durch Kierkegaard und Nietzsche, durch Pascal und Dostojewski bestimmten geistigen Situation.

Ihre Erfüllung kann nicht die Wiederherstellung eines Gewesenen sein. Heute scheint sie folgende Momente enthalten zu müssen:

1. Wir suchen Ruhe durch ständiges Erwecken unserer Unruhe.
2. Wir kommen durch den Nihilismus hindurch zur Aneignung unserer Überlieferung.
3. Wir suchen die Reinheit der Wissenschaften als Voraussetzung der Wahrheit unseres Philosophierens.
4. Die Vernunft wird grenzenloser Kommunikationswille.

1. Wir suchen Ruhe durch ständiges Erwecken unserer Unruhe

Ruhe ist das Ziel des Philosophierens.

In der ungeheuersten Zerstörung möchten wir dessen gewiß sein, was bleibt, weil es immer ist. – In der Not besinnen wir uns auf unseren Ursprung. – In der Todesdrohung wollen wir denken, was uns standhaft macht.

Philosophie kann uns auch heute bringen, was schon Parmenides kannte, als er dem Gotte eine Kultstätte baute zum Dank für die Ruhe, die ihm durch Philosophie geworden war. Aber heute ist so viel falsche Ruhe.

Das ist erschreckend: Wir sind heute trotz aller Erschütterungen und Zerstörungen noch immer in der Gefahr, zu leben und zu denken, als ob eigentlich nichts Wesentliches geschehen sei. Es ist, als ob nur ein großes Malheur uns armen Betroffenen das schöne Leben gestört habe wie eine Feuersbrunst, nun aber das Leben in alter Weise fortzusetzen sei. Es ist, als ob nichts gewesen wäre. Im Augenblick angstvoll oder ratlos oder wütend, klagt man andere an. Wer so fühlt, steckt noch in den Schlinggewächsen, die ihm nur den Schein einer Ruhe ermöglichen. Diese Ruhe ist in Unruhe zu verwandeln. Denn es ist die große Gefahr. Was geschehen ist, kann als ein über die Maßen großes Elend vorübergehen, ohne daß mit uns Menschen als Menschen etwas geschieht, ohne daß wir die Transzendenz hören, hellsichtig werden und handeln. Ein ungeheurer Bewußtseinsverlust würde uns in der Enge versinken lassen.

Wie die Lage ist und in Zukunft sein wird, dafür ist ein Vorbild zur

Orientierung, nicht zur Nachahmung, die Zeit der jüdischen Propheten. Palästina mußte zwischen Ost und West, zwischen den Großreichen Babylonien und Ägypten seinen politischen Untergang erleben, zerrissen, verwüstet, ein Spielball der Politik der Großen, bald hierhin, bald dorthin angegliedert. Da traten Propheten auf mit guten Ratschlägen, entweder mit Ost oder mit West in Bündnis zu treten, dafür dort Schutz zu erfahren, Freunde zu haben, glücklich leben zu dürfen. Diesen Heilspropheten gegenüber traten die Unheilspropheten, die bis heute ihren großen Namen tragen. Sie sahen die Lage, verwarfen jede Stellungnahme für Ost oder West. Sie sahen voraus das Unheil, das bevorstand. Aber sie sahen es nicht als Zufallsgeschehen übermächtiger Kriegsmaschinen, sondern als einen im einzelnen nicht erkennbaren Sinn. Gott ist es, der die Welt aufrollt wie Teppiche. Er läßt die Assyrer Völker und Völker unterwerfen und sie ausnehmen, wie man Vogelnester ausnimmt. Er führt den Gang der Dinge, bei dem ihm Menschen und Staaten als Werkzeuge dienen, die tun, was sie sollen, ohne zu ahnen, daß Gott es ist, der es will. Die Propheten, die so sprachen, wollten ihr Volk und später alle Menschen erwecken. Sie hatten nur den einen Rat: Gott zu gehorchen durch reines, sittliches Leben. Was Welt ist, ist aus nichts geschaffen und an sich nichts. Der Sinn liegt in dem, was der Mensch tut, daß er Gott gehorcht. Was Gott will, das sagen die unabdingbaren zehn Gebote. Was darüber Gott jeweils jetzt im Augenblick will, das glaubten die Propheten von ihm offenbart zu erhalten und teilten es mit. Aber es blieb vieldeutig. Gott spricht nicht geradezu zu den Menschen. Die ungeheure Bescheidung im Nichtwissen ist notwendig. Hiobs Fragen finden keine Antwort. Der Höhepunkt des Sichbescheidens ist der greise Jeremias.

Wir sind nun ganz und gar keine Propheten. Nicht nachahmen läßt sich, was damals groß war. Wohl aber läßt sich durch den Vergleich der Situation spürbar machen, welche Unruhe der Seele heute gehörig wäre und welche Ruhe sie suchen kann.

Ein Analogon von Propheten gab es im letzten Jahrhundert. Kierkegaard und Nietzsche, die einst, überfallen von Hellsicht und Grauen vor dem Gang der Menschheit, vergeblich eine schlafende Welt erwecken wollten, sind heute noch unerläßlich für unsere Grunderfahrungen. Noch heute haben sie ihr Ziel, wirklich wach zu machen, nicht erreicht.

Sie selber aber waren Ausnahme, ohne Vorbild zu sein. Ihnen zu folgen ist gegen ihren eigenen Willen und ist unmöglich für jeden, der sie versteht. Sie waren zugleich Opfer und Propheten des Zeitalters. Beide brachten die tiefste Wahrheit untrennbar von wunderlichen, uns fremd bleibenden Positivitäten. Kierkegaard brachte eine Deutung des Christentums als Glaube des Absurden, des negativen Entschlusses, infolgedessen kein Beruf zu ergreifen, keine Ehe zu schließen ist und allein das Märtyrersein eigentliches Christsein ist – eine Deutung, die, wo sie aufgenommen wird, das Ende des Christentums bedeutet. Nietzsche brachte seine Gedanken vom Willen zur Macht, vom Übermenschen und der ewigen Wiederkehr, die wohl manchem den Kopf verdreht haben, aber so unannehmbar sind wie Kierkegaards gleichsam überdrehtes Christentum.

Sinnwidrig aber und wie eine Aufforderung zur Fortsetzung des Schlafs sind die meisten Widerlegungen, die gegen Kierkegaard und Nietzsche geschrieben sind. Sie bringen triviale Richtigkeiten, aber so, daß sie dadurch den Stachel entfernen möchten, der durch Kierkegaard und Nietzsche in unserem Gewissen steckt. Doch es wird keine wahrhaftige Entwicklung der Philosophie in der Zukunft geben, die nicht eine in den Ursprung gehende Auffassung dieser beiden Großen vollzogen hätte. Denn sie haben im Zerfallen ihres eigenen Werkes und im Opfer ihres eigenen Lebens Unersetzliches uns offenbar gemacht. Sie bleiben die unumgänglichen Unruhestifter, solange wir noch falsche Ruhe haben.

2. Wir kommen durch den Nihilismus hindurch zur Aneignung der Überlieferung

Die Unruhe bedeutet, daß uns der Nihilismus als selbsterfahrene Möglichkeit gegenwärtig ist. Wir kennen den Zerfall gültiger Normen, kennen die Bodenlosigkeit, wenn kein Glaube, wenn kein gemeinschaftliches Selbstbewußtsein des Volkes mehr verbindet. Wenige haben solche Erfahrungen schon seit der Nietzsche-Zeit, manche seit 1933, andere später, heute gibt es vielleicht kaum einen nachdenklichen Menschen, der sie nicht hätte. Vielleicht kommen wir jetzt dahin, wo spricht, was aus allen aufgebrochenen, geschichtlichen Augenblicken gesprochen hat und was von dorther Menschen uns zurufen. Nihilismus, als gedankliche Bewegung wie als geschichtliche Erfahrung, wird der Übergang zur tieferen Aneignung der geschichtlichen Überlieferung. Denn Nihilismus war von früh an nicht nur der Weg zum Ursprung – der Nihilismus ist so alt wie die Philosophie –, sondern auch das Scheidewasser, in dem das Gold der Wahrheit sich bewähren mußte.

Von Anfang an ist in der Philosophie etwas Unüberholbares. In allem Wandel der menschlichen Zustände und Daseinsaufgaben, in allem Fortschreiten der Wissenschaften, in aller Entfaltung der Kategorien und Methoden des Denkens handelt es sich darum, die eine ewige Wahrheit unter neuen Bedingungen mit neuen Mitteln, mit vielleicht größeren Möglichkeiten der Klarheit zu ergreifen.

Unsere Aufgabe ist es heute, in dem auf die Spitze getriebenen Nihilismus dieser ewigen Wahrheit wieder gewiß zu werden. Das setzt die Aneignung der Überlieferung voraus in einer Weise, die nicht äußerlich kennt, nicht bloß betrachtet, sondern innerlich dabei ist als bei der eigenen Sache.

Dazu gehört, daß wir den Fortschrittsgedanken, der richtig ist für die Wissenschaften und das Handwerkszeug der Philosophie, für die eigentliche Philosophie verwerfen. Es war die falsche Auffassung, die durch das bessere Spätere das Frühere erledigt sein läßt, das als Stufe zu weiterem Fortschritt für ein bloß historisches Interesse übrigbleibt. Das Neue als solches gilt dann fälschlich als das Wahre. Man fühlt sich durch die Entdeckung dieses Neuen auf dem Gipfel der Geschichte. Diese Grundhaltung war den Philosophen in den letzten Jahrhunderten oft eigen. Immer wieder meinten sie durch etwas ganz Neues die gesamte Vergangenheit zu überwinden, nun erst mit der wahren Philosophie anzufangen. So war es bei Descartes, in aller Bescheidenheit und mit dem meisten Recht bei Kant, übermütig bei den sogenannten deutschen Idealisten Fichte, Hegel, Schelling, dann wieder bei Nietzsche. Und der Tragödie folgte das Satyrspiel. Als 1910 im ersten Heft des Logos Husserl den Aufsatz über Philosophie als strenge Wissenschaft schrieb, in dem er als der bedeutendste, weil souverän konsequente Repräsentant seines Faches die nunmehr erst endgültige Grundlegung der Philosophie statuierte, da schieden sich die Geister. Trotz allen Respekts vor der rationalen Disziplin dieser Phänomenologie und des Neukantianismus haben gegen diese Ansprüche andere mit ganzer Liebe das Wesen der Philosophie aus der Überlieferung als das ewig Wahre gesucht und das Neusein als etwas Fragwürdiges gar nicht mehr erstrebt. Und doch blieb dieser Ton der aggressiven Neuheit noch weiter erhalten und ist, wenn ich mich nicht täusche, erst jetzt im Verschwinden. Der Fortschrittsgedanke war eine Form, in der die Erfahrung des Ursprünglichen sich mißverstand als das historisch Neue, weil Philosophie sich mit der modernen Wissenschaft verwechselte. Dazu kam, daß Herrschafts-, Macht- und Geltungswille sich des Philosophierens bemächtigte. Die Philosophie ist etwas ganz anderes, als wie sie sich in solcher Ableitung zeigte; etwas Ewiges ist gegenwärtig, seitdem der Mensch sich philosophisch bewußt wurde. Sichlosreißen von dem geschichtlichen Grunde zugunsten eines Neuen und das Verwenden der Geschichte als eines

Steinbruchs, aus dem man Material holt zur Verfügung für willkürliche Interpretationen, das ist ein Weg ins Bodenlose des Nihilismus. Wir dürfen uns weder unterwerfen unter verabsolutierte Erscheinungen der Vergangenheit noch uns unverbindlich distanzieren in betrachtendem Genuß des Gewesenen, aber vor allem dürfen wir uns nicht losreißen vom geschichtlichen Grunde. Wenn wir es aber getan haben, so wird uns der Nihilismus durch eine schmerzvolle Operation zur eigentlichen Wahrheit zurückbringen.

Die aus dem Nihilismus wiedergeborene Grundhaltung lehrt die Philosophiegeschichte anders sehen. Drei Jahrtausende Philosophiegeschichte werden wie eine einzige Gegenwart. Die Mannigfachen Gestalten der philosophischen Gedankengebilde bergen in sich die eine Wahrheit. Hegel ist der erste, der die Einheit dieses Denkens zu begreifen suchte, aber er tat es noch so, daß alles Frühere zur Vorstufe und Teilwahrheit wurde in bezug auf seine eigene Philosophie. Es kommt aber darauf an, die jederzeitige Vollendung der Philosophie dadurch anzueignen, daß wir in der ständig wieder erneuerten Kommunikation bleiben zu den großen Erscheinungen der Vergangenheit nicht als überholten, sondern als gegenwärtigen.

Wenn alle Philosophie gegenwärtig ist, dann weiß sie um ihr Jetztsein als Erscheinung des Ursprungs und weiß sie um die Unerläßlichkeit der universalen Überlieferung, um diese Erinnerung, ohne die wir ins Nichts eines bloßen Augenblicks ohne Vergangenheit und Zukunft versinken würden. Sie weiß im Übergangssein der Zeitlichkeit um die Gegenwart und Gleichzeitigkeit des wesentlich Wahren, der jederzeit zeittilgenden philosophia perennis.

3. *Wir suchen die Reinheit der Wissenschaften als Voraussetzung der Wahrheit unseres Philosophierens*

Die Voraussetzung der unser Dasein umwälzenden Technik ist die moderne Wissenschaft. Aber diese Wissenschaft reicht viel weiter. Diese Wissenschaft ist geistig der tiefe Einschnitt der Menschheitsgeschichte, der – im Unterschied von der Technik – nur wenigen Menschen ganz bewußt, von wenigen nur wirklich mitgetan wird, während die Masse der Menschen in vorwissenschaftlichen Denkformen weiterlebt und von Wissenschaftsresultaten Gebrauch macht wie früher Naturvölker von europäischen Zylinderhüten, Fräcken und Glasperlen.

Nach Ansätzen früherer Zeiten, im Griechentum, hat erst die neuere Zeit seit dem Ende des Mittelalters zum erstenmal die wirklich uneingeschränkte Forschung, mit grenzenloser Selbstkritik, unter Ausbreitung auf alles gebracht, was in der Welt vorkommt und vorkommen kann.

Wissenschaft geht methodisch voran, ist zwingend allgemeingültig, gewinnt, soweit sie dies ist, auch tatsächlich überall einmütige Zustimmung, ist sich kritisch ihrer Verfahren bewußt, vergewissert sich systematisch des Ganzen ihres jeweiligen Besitzes, ist nirgends fertig, sondern lebt in einem Fortschritt, der ins Unabsehbare führt. Was immer in der Welt erscheint, macht sie sich zum Gegenstand. Sie entdeckt, was niemand vorher auch nur ahnte. Sie schärft und klärt unser Bewußtsein vom Seienden, und sie gibt Ansätze zu einem praktischen Bewirken und Hervorbringen in der Welt aus Zielen, die sie selbst nicht setzt, die sie aber alsbald wieder zum Gegenstand ihrer Untersuchung macht.

Wissenschaft ist unerläßliche Bedingung des Philosophierens. Aber die durch die Wissenschaft entstandene geistige Situation hat heute zu Forderungen in der Philosophie geführt, die in dieser Klarheit und Schwierigkeit früheren Zeiten nicht bewußt geworden sind:

1. Die Wissenschaft ist in voller *Reinheit* zu gewinnen. Denn sie ist im tatsächlichen Betrieb und durchschnittlichen Denken durchsetzt mit nichtwissenschaftlichen Behauptungen und Verhaltungsweisen. Reine und strenge Wissenschaft in bezug auf den gesamten Bereich des in der Welt Seienden ist ebenso großartig in einzelnen Forscherpersönlichkeiten erreicht, wie im Ganzen unseres geistigen Daseins noch sehr fern.

2. Der *Wissenschaftsaberglaube* ist zu durchleuchten und zu überwinden. In unserem Zeitalter rastlosen Unglaubens griff man zur Wissenschaft als vermeintlich festem Halt, glaubte an sogenannte wissenschaftliche Ergebnisse, unterwarf sich blind vermeintlichen Sachverständigen, glaubte, daß durch Wissenschaft und Planung die Welt im ganzen in Ordnung zu bringen sei, erwartete von der Wissenschaft Ziele für das Leben, welche doch Wissenschaft nie zu geben vermag, – und erwartete eine Erkenntnis des Seins im Ganzen, das der Wissenschaft unerreichbar ist.

3. Die *Philosophie* selber ist methodisch neu zu klären. Sie ist Wissenschaft im uralten und immer bleibenden Sinn methodischen Denkens, nicht aber Wissenschaft in dem reinen modernen Sinn der Erforschung der Dinge, welche zu schlechthin allgemeingültigem, für jedermann identischem, zwingendem Erkennen führt.

Die verkehrte Ineinssetzung von Philosophie und moderner Wissenschaft durch Descartes und sein offenbar dem Geist dieser Jahrhunderte angemessenes Irren hat zur Wissenschaft als vermeintlichem Totalwissen geführt und hat die Philosophie verdorben.

Heute ist mit der Reinheit der Wissenschaften die Reinheit der Philosophie zu gewinnen. Beide sind voneinander untrennbar, aber sie sind nicht das gleiche, die Philosophie weder eine Fachwissenschaft neben anderen, noch eine krönende Wissenschaft als Resultante aller übrigen, noch eine grundlegende Wissenschaft zur Sicherung der anderen Wissenschaften.

Philosophie bindet sich an Wissenschaft und denkt im Medium aller Wissenschaften. Ohne die Reinheit wissenschaftlicher Wahrheit ist ihr Wahrheit überhaupt unzugänglich.

Wissenschaft steht im Kosmos der Wissenschaften und unter Führung von Ideen, die als die Philosophie schon in allen Wissenschaften erwachsen, ohne selber wissenschaftlich begründbar zu sein.

Die neue Erscheinung des Wahrheitsbewußtseins ist erst auf Grund der Wissenschaften des letzten Jahrhunderts möglich, aber noch nicht erreicht. Die Arbeit an seiner Verwirklichung gehört zu den dringendsten Notwendigkeiten des geschichtlichen Augenblicks.

Gegen den Zerfall der Wissenschaft in beziehungslose Spezialitäten, gegen den Wissenschaftsaberglauben in den Massen, gegen die Verwahrlosung der Philosophie im Unernst durch Verwirrung von Wissenschaft und Philosophie müssen Forschung und Philosophie im Bunde uns auf den Weg wirklicher Wahrheit bringen.

4. *Die Vernunft wird zum grenzenlosen Kommunikationswillen*

Durch die sichere Geltung eines Gemeinsamen, das in jeden Alltag drang, war bis nah an die Gegenwart ein Zusammenhalt unter den Menschen, der die Kommunikation selten zu einem besonderen Problem werden ließ. Man konnte zufrieden sein mit dem Wort: wir können miteinander beten, nicht miteinander reden. Heute, wo wir nicht mehr einmal miteinander beten können, wird erst zu vollem Bewußtsein gebracht, daß das Menschsein an die Rückhaltlosigkeit der Kommunikation zwischen Menschen gebunden ist.

Das Sein ist in der Erscheinung zerspalten durch die Vielfachheit der Menschen, die Vielfachheit der Glaubensursprünge und der geschichtlichen Gestalt der Gemeinschaften auf je besonderem Boden. Identisch gemeinsam sind nur Wissenschaft und Technik im Umgreifenden des Bewußtseins überhaupt. Diese verbinden aber nur ein abstraktes, allgemeines Bewußtsein, sind für den wirklichen Menschen im Ganzen ebensosehr Kampfmittel wie Medium der Kommunikation.

Alles Wirkliche im Menschen ist geschichtlich. Geschichtlichkeit aber bedeutet zugleich vielfache Geschichtlichkeit. Daher ist die Forderung der Kommunikation:

1. das geschichtlich Andere sich angehen lassen, ohne der eigenen Geschichtlichkeit untreu zu werden, –

2. die Objektivität des allgemeingültig Werdenden in die Schwebe zu bringen, ohne den Geltungsanspruch des Richtigen zu schwächen, –

3. den Ausschließlichkeitsanspruch des Glaubens wegen des darin liegenden Abbruchs der Kommunikation aufzugeben, ohne die Unbedingtheit des eigenen Grundes zu verlieren, –

4. den unumgänglichen Kampf mit dem geschichtlich Anderen ergreifen, aber den Kampf ständig aufheben in den liebenden Kampf, in das Sichverbinden durch die Wahrheit, die in Gemeinschaft hervorgeht, nicht in Isolierung, nicht im Sichausschließen, nicht in der Punktualität des Vereinzelten, –

5. die Richtung gewinnen in die Tiefe, die nur mit der Spaltung in mannigfache Geschichtlichkeit offenbar wird, deren einer ich angehöre, die alle mich angehen und gemeinsam in jenen Grund lenken.

Der philosophische Glaube ist unlösbar von der restlosen Kommunikationsbereitschaft. Denn eigentliche Wahrheit erwächst bei der Begegnung des Glaubens nur in der Gegenwärtigkeit des Umgreifenden. Daher gilt der Satz: *Nur Glaubende können Kommunikation verwirklichen.* – Dagegen erwächst Unwahrheit aus der Fixierung von Glaubensinhalten, die sich nur abstoßen. Daher gilt der Satz: *Mit Glaubenskämpfern läßt sich nicht reden.* Der philosophische Glaube erkennt in jedem Zwang des Abbruchs und in jedem Willen zum Abbruch die Teufelei.

Gegen den philosophischen Kommunikationsglauben richtet sich der *Vorwurf:* Dieser Kommunikationsglaube ist utopisch. Die Menschen sind nicht so. Sie werden bewegt von ihren Leidenschaften, ihrem Machtwillen, ihren konkurrierenden Daseinsinteressen. Kommunikation versagt fast immer, ganz gewiß aber bei der Masse der Menschen. Das Beste ist noch eine Ordnung in Konventionen und unter Gesetzen, unter denen die durchschnittliche Zügellosigkeit und Niedertracht, die beide die Kommunikation ausschließen, verschleiert werden. Zuviel von Menschen zu fordern, das heißt, sie erst recht zu ruinieren.

Dagegen ist zu sagen:

1. Die Menschen sind nicht, wie sie sind, sondern sich selber immer

noch Frage und Aufgabe: alle Totalurteile über sie sagen mehr, als man wissen kann.

2. Kommunikation jeder Gestalt ist dem Menschen als Menschen im Grunde seines Wesens so zugehörig, daß sie jederzeit möglich bleiben muß und man nie wissen kann, wie weit sie noch kommen wird.

3. Die grenzenlose Kommunikation ist nicht ein Programm, sondern der umgreifende Wesenswille des philosophischen Glaubens – daraus erst begründen sich im besonderen die Absicht und die Methoden der Kommunikation auf allen ihren Stufen.

4. Grenzenlose Kommunikationsbereitschaft ist nicht Folge eines Wissens, sondern der Entschluß zu einem Weg im Menschsein. Der Kommunikationsgedanke ist nicht Utopie, sondern Glaube. Es ist für jeden die Frage, ob er dahin drängt und ob er daran glaubt, nicht wie an ein Jenseitiges, sondern an ein ganz Gegenwärtiges: an die Möglichkeit in uns Menschen, wirklich miteinander zu leben, miteinander zu reden, durch dieses Miteinander in die Wahrheit zu finden und erst auf diesem Wege eigentlich selbst zu werden.

Wir begreifen heute in der Not Kommunikation als den Grundanspruch an uns. Die Erhellung der Kommunikation aus ihren vielfachen Ursprüngen in den Weisen des Umgreifenden wird ein Hauptthema des Philosophierens. Die Kommunikation aber in allen ihren Möglichkeiten der Verwirklichung näherzubringen, ist eine tägliche Aufgabe des philosophischen Lebens.

Philosophie
in der Abgrenzung

Philosophie ist von ihrem Anfang an als Wissenschaft aufgetreten, als *die* Wissenschaft schlechthin. Die höchste und die gewisseste Erkenntnis war das Ziel, von dem beflügelt war, wer ihr diente.

Daß es eine Frage werden konnte, ob sie überhaupt Wissenschaft sei, ist nur zu verstehen aus der Entwicklung der spezifisch modernen Wissenschaften. Diese haben im 19. Jahrhundert ihre Entfaltung zumeist ohne Philosophie vollzogen, oft in Opposition zur Philosophie, schließlich in Gleichgültigkeit gegen sie. Wenn jetzt von ihr verlangt wurde, Wissenschaft zu sein, so hieß das etwas anderes als früher, nämlich: sie solle Wissenschaft sein genau so wie diese modernen, durch ihre Leistungen so überzeugenden Wissenschaften. Könne sie das nicht, so sei sie gegenstandslos geworden und dürfe verschwinden.

Vor einigen Jahrzehnten war eine verbreitete Meinung: Die Philosophie habe ihre Zeit gehabt so lange, bis alle Wissenschaften aus ihr, der anfänglichen Universalwissenschaft, entlassen waren. Jetzt, da alles Erforschbare aufgeteilt sei, sei ihre Zeit abgelaufen. Nachdem bewußt geworden sei, wodurch Wissenschaft ihre zwingende Allgemeingültigkeit gewinne, habe sich gezeigt, daß unter diesen Kriterien Philosophie versage. Sie vollziehe leere Gedanken, weil sie unbeweisbare Behauptungen aufstelle, sie entbehre der Erfahrung, sie verführe durch Illusionen, sie raube die Kräfte zu echtem Forschen, um sie für ein nichtiges Tun zu verwenden, für dieses allgemeine Gerede über das Ganze.

Ein solches Bild von der Philosophie stand im Lichte der Wissenschaft als methodischen, zwingenden, allgemeingültigen Erkennens. Konnte sich da überhaupt noch eine Philosophie als Wissenschaft halten?

Zwei Reaktionen traten auf:

Erstens: Der Angriff wurde als richtig anerkannt. Die Vertreter der Philosophie zogen sich daher zurück auf beschränkte Aufgaben. Wenn die Philosophie zu Ende ist, weil sie alle ihre Gegenstände an die Wissenschaften abgegeben hat, so bleibt doch das Wissen von ihrer Geschichte, zunächst als eines Faktors der Geschichte der Wissenschaften selber, dann als eines geistesgeschichtlichen Phänomens, als die Geschichte der Irrtümer, der Vorwegnahmen, des Befreiungsprozesses, in dem die Philosophie sich selbst überflüssig gemacht hat. Die Philosophiehistorie hat schließlich die Kenntnis zu bewahren von den philosophischen Schriften, und sei es nur als ästhetisch interessanten Erscheinungen, die, obgleich ohne belangreichen wissenschaftlichen Wahrheitswert, doch wegen ihres Stils und ihrer Stimmung lesenswürdig sind.

Andere folgten der modernen Wissenschaftsgesinnung dadurch, daß sie die bisherige Philosophie verwarfen und nun endlich die Philosophie als strenge Wissenschaft begründen wollten. So ergriffen sie die Aufgabe, die der Philosophie vorbehalten bleibe, weil sie alle Wissenschaften gemeinsam betreffe, nämlich die Fragen der Logik und der Erkenntnistheorie, Phänomenologie. Die Philosophie, um ihre Reputation zurückzugewinnen, machte sich nunmehr durch Imitation und Dienstwilligkeit zur Magd der Wissenschaften. Als solche begründete sie erkenntnistheoretisch das Recht der wissenschaftlichen Geltung, das ohnehin fraglos bestand – sie tat etwas eigentlich Überflüssiges. Als Logik aber entwickelte sie eine Fachwissenschaft, die wegen der Allgemeinheit ihres Gegenstandes, nämlich der Form allen gültigen Denkens überhaupt, einer *mathesis universalis*, geeignet schien, an die Stelle der bisherigen Philosophie zu treten. Die Logistik wird heute von manchen für die ganze Philosophie gehalten.

Das Ergebnis dieser ersten Reaktion scheint heute die Auffassung: Philosophie ist eine Wissenschaft unter den anderen, ein Fach neben den anderen Fächern. Sie wird wie diese durch Spezialisten gefördert, hat ihren engen Kreis der Sachverständigen, ihre Kongresse und ihre Fachzeitschriften.

Gegen diese beflissene Wissenschaftlichkeit stand eine *zweite* Reaktion. Der Angriff auf das Dasein der Philosophie wurde abgelehnt dadurch, daß der Anspruch, Wissenschaft zu sein, überhaupt verworfen wurde. Die Philosophie sei in der Tat keine Wissenschaft. Sie beruhe auf dem Gefühl und auf der Intuition, auf der Phantasie und dem Genie. Sie sei eine begriffliche Beschwörung, nicht eine Erkenntnis des Daseins. Sie bedeute den Aufschwung des Gemüts oder bedeute den erwünschten Tod mit wachem Auge. Ja, einige gingen noch weiter: Um Wissenschaft sich zu kümmern, das sei der Philosophie ungemäß, denn sie durchschaue die Fragwürdigkeit aller wissenschaftlichen Wahrheit. Die modernen Wissenschaften seien ohnehin im ganzen ein Irrweg, zumal durch die ruinösen Folgen des rationalen Lebens für die Seele und das Dasein überhaupt. Die Philosophie selber sei keine Wissenschaft, aber gerade dadurch bei der eigentlichen Wahrheit.

Beide Reaktionen – die Unterwerfung wie die Ablehnung gegenüber der Wissenschaft, die als zwingende, methodische und allgemeingültige Erkenntnis gefaßt war – scheinen das Ende der Philosophie zu sein. Ob sie preisgegeben an Wissenschaft ist oder ob sie alle Wissenschaft verleugnet, in keinem Falle ist sie noch Philosophie.

Der scheinbare Triumph der Wissenschaften über die Philosophie hat seit Jahrzehnten eine Lage geschaffen, in der aus mannigfachen Ursprüngen wieder das wahre Philosophieren gesucht wird. Wenn es ein solches geben wird, dann wird auch die Frage nach dem Verhältnis von Philosophie und Wissenschaft beantwortet sein, sowohl grundsätzlich wie in der konkreten Durchführung. Es ist eine sachliche Frage ersten Ranges.

Dieses sachliche Problem versteht man in seinem Gewicht, wenn man seine historische Herkunft vergegenwärtigt. Es ist aus dem verwirrenden Ineinander dreier Motive erwachsen. Diese sind: erstens der Sinn der modernen Wissenschaft, zweitens der alte und immer wiederholte Versuch philosophischen Totalwissens, drittens der philosophische Wahrheitsbegriff, wie er zum erstenmal und für immer bei *Plato* hell wird.

Zunächst: Die *modernen Wissenschaften*, erst in den letzten Jahrhunderten entfaltet, haben eine neue Wissenschaftlichkeit in die Welt gebracht, die weder in Asien noch in der Antike, noch im Mittelalter da war.

Wissenschaft als methodische Erkenntnis, die zwingend gewiß und allgemeingültig ist, besaßen zwar schon die Griechen. Aber die modernen Wissenschaften haben diesen Grundsinn aller Wissenschaft nicht nur reiner herausgebracht (eine im ganzen immer noch unvollendete Aufgabe), sondern sie haben den Sinn, den Umfang, die Einheit ihres Forschens neu gestaltet und begründet. Ich deute einige ihrer Grundcharaktere an:

Der modernen Wissenschaft ist *nichts gleichgültig*. Alles, das Kleinste und Häßlichste, das Fernste und Fremdeste, was immer irgendwo faktisch ist, das ist ihr allein darum, weil es ist, schon relevant. Sie wurde schlechthin universal. Es gibt nichts, was sich ihr entziehen kann. Nichts soll verborgen, nichts soll verschwiegen, nichts soll Geheimnis bleiben.

Weiter: Die moderne Wissenschaft ist *grundsätzlich unfertig*, weil ins Unendliche fortschreitend, während die antike in jeder Gestalt jeweils als fertig auftrat, ihre faktische, immer auch bald aufhörende Entwicklung nicht zum Bewußtsein ihres Sinns machte. Die moderne Wissenschaft hat begriffen, daß ein allumfassendes Weltbild, das das Seiende aus einem oder wenigen Prinzipien erklärt, wissenschaftlich unmöglich ist. Ein Weltbild hat andere Quellen, kann nur bei erlahmender wissenschaftlicher Kritik durch Verabsolutierung von Partikularem seine fälschliche Geltung beanspruchen. Die großartigen Vereinheitlichungen – etwa der Physik –, die keine frühere Erkenntnis besaß, erfassen nur eine Seite der Wirklichkeit. Die Wirklichkeit im ganzen ist durch sie zerrissener und bodenloser geworden, als sie jemals für das Bewußtsein war. Daher die Ungeschlossenheit der modernen Welt im Unterschied vom griechischen Kosmos.

Weiter: Die antiken Wissenschaften blieben *zerstreut* in gegenseitiger Beziehungslosigkeit. Sie entbehrten der Idee konkreter Vollständigkeit. Dagegen suchen die modernen Wissenschaften unter sich *den allseitigen Zusammenhang*. Während ein wahres Weltbild ihnen nicht mehr möglich ist, so doch die Idee eines Kosmos der Wissenschaften. Das Ungenügen an jedem vereinzelten Erkennen sucht die Verbindung zu allem Erkennen.

Weiter: Die modernen Wissenschaften schätzen Gedanken*möglichkeiten* gering ein, sie lassen den Gedanken nur in bestimmter und konkreter Erkenntnis gelten, wenn er sich entdeckend bewährt hat und dabei sich ins Unendliche modifiziert. So fallen etwa antike und moderne Atomtheorie nur vorübergehend in gewissen Modellvorstellungen zusammen. Aber die Antike war nur eine durch plausible Deutungen auf schon vorhandene Erfahrungen angewandte, an sich fertige Interpretation von Möglichkeiten; die moderne ist eine im Umgang mit der Erfahrung durch Bewährung und Widerlegung ständig vollzogene Verwandlung der Theorie selbst als eines Werkzeugs der Forschung.

Weiter: Die modernen Wissenschaften gehen in ihren *Fragen bis zum Äußersten*. Zum Beispiel: Das Denken gegen den Augenschein, in der Antike zwar begonnen, etwa im Begreifen der Perspektive und ihrer Anwendung auf Astronomie, aber immer doch noch an Anschauung gebunden, wagt heute, etwa in der modernen Physik, das Paradoxeste, um damit zu realen, aber jedes geschlossene Weltbild sprengenden Erkenntnissen zu gelangen.

Schließlich: Mit alldem ist heute eine *wissenschaftliche Haltung* möglich geworden, die allem, was begegnet, untersuchend gegenübertritt, auf eine klare und entschiedene Weise wissen kann, Gewußtes von Nichtgewußtem zu unterscheiden vermag, eine unerhörte Fülle der Erkenntnis gewonnen hat (wie verschwindend wenig konnte der griechische Arzt oder der griechische Techniker). Die moderne Wissenschaft kennt das Ethos, auf Grund unbefangener Untersuchung und Kritik verläßlich wissen zu wollen. Treten wir in ihren Raum, so wird uns zumute, als ob wir reine Luft atmen, das ungefähre Gerede, das plausible Meinen, das trotzige Bescheidwissen, den blinden Glauben verschwinden sehen. –

Zur modernen Wissenschaft kommt nun ein *zweites Motiv*, der uralte Drang zum *philosophischen Totalwissen*. Die Philosophie war von jeher als Wissenschaft aufgetreten, die das Ganze weiß, – nicht als unendlich fortschreitende faktische Erkenntnis, sondern als vollendete Lehre. Nun hat die moderne Philosophie seit *Descartes* sich mit der modernen Wissenschaft identifiziert, aber so, daß sie zugleich im alten philosophischen Wissenschaftsbegriff eines Totalwissens blieb. Es ist jedoch zu zeigen, wie Descartes gerade darum die moderne Wissenschaft, etwa die Forschung *Galileis*, gar nicht verstand, und daß das, was er selbst tat, dem Sinn nach mit dieser modernen Wissenschaft wenig zu tun hatte, obgleich er als schöpferischer Mathematiker diese Wissenschaft zu fördern half. Die folgenden Philosophen, sogar in gewissem Umfang noch *Kant*, waren in diesem Wissenschaftsgedanken des Totalismus befangen. *Hegel* glaubte dann noch einmal die eigentliche Wissenschaft im Ganzen zu vollziehen und alle Wissenschaften in seinem Geisteskosmos zu besitzen.

Diese Identifizierung moderner Wissenschaft und der neueren Philosophie mit ihrem alten Anspruch des Totalwissens wurde ein Verhängnis für beide. Die modernen Wissenschaften, die vermöge einer gemeinsamen Selbsttäuschung in jenen großen Philosophien des 17. Jahrhunderts und manchen folgenden zugleich Säulen für ihr eigenes Gebäude sahen, wurden unrein durch die Ansprüche eines sich verabsolutierenden Wissens. Die neue Philosophie aber hat das Große, was ihr gelang, nur gleichsam »trotzdem«, in einem ständigen Selbstmißverständnis, schaffen können. –

Nun ein *drittes Motiv*. Weder der moderne Wissenschaftsbegriff noch der Wissenschaftsgedanke im philosophischen Totalwissen eines Systems fallen zusammen mit dem eigentlich philosophischen Wissenschaftsgedanken, wie wir ihn unübertroffen aus Plato kennen. Wie entfernt ist die Wahrheit, deren Offenbarwerden im Erkennen Plato durch das Höhlengleichnis deutet und im Spiel seiner Dialektik berührt, diese Wahrheit, die das Sein trifft, und das, was über allem Sein ist – wie ursprünglich verschieden ist sie von der Wahrheit der Wissenschaften, die immer nur in den Erscheinungen des Seienden sich bewegen, ohne je das Sein zu erreichen, und wie verschieden von der Wahrheit der Systemlehre, die das Ganze des Seins im Besitz zu haben meint. Welche Ferne zwischen der Wahrheit, die nirgends geschrieben werden kann, sondern sich nach dem Siebten Brief zwar allein durch Denken, aber zwischen Verstehenden im günstigen Augenblick der Kommunikation entzündet, und der Wahrheit, die geschrieben, für jedermann zwingend, allgemein verständlich, losgelöst für alle Verstandeswesen da ist!

Drei so verschiedene Wissenschaftsbegriffe – der der modernen Wissenschaft, der des philosophischen Totalwissens, der der im Denken offenbar werdenden Glaubenswahrheit, für die wir die platonische als ein Beispiel ansprechen dürfen – fließen nun ineinander zur gegenwärtigen Verwirrung. Ein Beispiel:

Der *Marxismus* ist durch volkswirtschaftliche Fragestellungen und Untersuchungen ein wichtiges Moment der wissenschaftlichen Entwicklung geworden. Aber das teilt er mit vielen anderen Bestrebungen und das macht nicht seine Wirkung aus. Er ist vielmehr eine geschichtsphilosophische These vom dialektischen Gang der Geschichte als eines Totalgeschehens, das vermeintlich durchschaut ist. In ihm tritt also eine philosophische Doktrin auf, aber mit dem Anspruch wissenschaftlicher Allgemeingültigkeit. Der Erkenntnisart nach ist er identisch mit Hegels Philosophie, deren begriffliche Methode sein Werkzeug bleibt. Der Unterschied ist nur, daß der Kern des Geschehens bei Hegel in dem liegt, was er »Idee« nennt, bei Marx in der Produktionsweise des Menschen, der im Unterschied von den Tieren seine Lebensmittel durch planmäßige Arbeit erwirbt. Beide, Hegel und Marx, leiten aus dem, was ihnen der Kern ist, alle Erscheinungen ab. Marx sagt darum mit Recht, er habe Hegel auf den Kopf gestellt; das heißt nur dem Inhalt nach, denn er hat die Hegelsche Methode, die Wirklichkeit durch die Dialektik des Begriffs zu konstruieren, nicht verlassen.

Daß nun die volkswirtschaftliche Erkenntnis, die wissenschaftlich und damit partikular gewonnen wird und ihrem Sinn nach in ständiger Bewegung bleibt, identifiziert wird mit der dialektischen Erkenntnis des Totalprozesses, die als grundsätzlich endgültige Erkenntnis gilt, das ergibt den Irrtum, den Hegel und in anderer Gestalt der Typus der neueren Philosophie seit Descartes beging und den Marx wiederholte. Die Herkunft des absoluten, ausschließenden Anspruchs Marxens liegt also in der Weise der Philosophie als Totalwissen im System, tritt aber auf als Anspruch, ein Ergebnis moderner Wissenschaft zu sein, aus der er gar nicht folgt.

Mit beidem aber verbindet sich nun ein Drittes, der Schwung einer absoluten, den Menschen in seinem Wollen und Sehnen erfüllenden

Wahrheit, in Analogie zum Wahrheitsgedanken Platos, wenn auch von völlig anderem Charakter. Er versteht sich als das wahre Bewußtsein des klassenlosen Menschen. Erst diese Glaubensgewißheit ermöglicht den modernen Fanatismus, der nicht auf Glauben, sondern auf Wissenschaft pocht und dem Gegner Dummheit vorwirft oder bösen Willen oder die unüberwindbare Klassengebundenheit, der die eigene rein menschliche Wahrheit entgegengesetzt wird, die an keine Klasse gebunden und daher absolut sei.

Ähnliche Denkungsweisen, in denen eine begrenzt sinnvolle Forschung unkritisch verabsolutiert wird zu einem Totalwissen und dann sich verbindet mit einer Glaubensstimmung, lassen sich an Erscheinungen auf dem Boden der Rassentheorie, der Psychoanalyse und in vielen anderen Fällen beobachten.

Durch das falsche Ineinander des Heterogenen ist hier die Folge im Großen, was im Kleinen des Alltags so verbreitet ist: die Haltung des Bescheidwissens, die Zufriedenheit mit bloßer Plausibilität, der Trotz kritiklosen Sehens und Behauptens, die Unfähigkeit zu wirklicher Untersuchung, zum Hören, Erwägen, Prüfen und zum grundsätzlichen Sichbesinnen.

Das Empörende ist, daß im Namen der Wissenschaft vertreten wird, was gerade der Gegensatz zu aller Wissenschaftlichkeit ist. Denn Wissenschaft führt dahin, zu wissen, wie und aus welchen Gründen und in welchen Grenzen und in welchem Sinne man weiß. Sie lehrt zu wissen mit dem Bewußtsein von der Methode des jeweiligen Wissens. Sie vollzieht Gewißheit, deren Relativität – nämlich die Bezogenheit auf Voraussetzungen und Untersuchungsmethoden – ihr entscheidendes Merkmal ist.

Die öffentliche Erscheinung der Wissenschaft ist also heute zweideutig. Eigentliche Wissenschaft kann jederzeit und auch heute wie verborgen scheinen, gleichsam ein offenbares Geheimnis – offenbar, weil jedermann zugänglich –, Geheimnis, weil keineswegs von allen wirklich verstanden. Um so heller strahlt die echte, unbeirrbare, nirgends versagende wissenschaftliche Haltung, die gerade durch kritisches Grenzbewußtsein den Raum frei läßt für jeden anderen Ursprung der Wahrheit im Menschen.

Dazu kommt aber eine wunderbare Kraft aus der Wissenschaft selbst: In die wissenschaftliche Entwicklung wird auf die Dauer nur das eigentlich Erkannte aufgenommen, das andere aber in der Folge fallengelassen, und zwar durch die Kritik. Es bildet sich – solange freie Diskussion ist – eine Sache, die mehr ist als die Menschen, die sie tragen, und die in ihrem ganzen Umfang von keinem Einzelnen gefaßt wird.

In der Lage der Verwirrung der Wissenschaftsbegriffe sind nun drei Aufgaben gestellt, entsprechend den drei erörterten Motiven:

Erstens ist das philosophische Totalwissen als vermeintlich wissenschaftliches Wissen zu überwinden. Aus den Wissenschaften selber wird dieses falsche Totalwissen kritisch zersetzt. Hier hat die Gegnerschaft gegen Philosophie ihren Ursprung, die Verachtung einen berechtigten Sinn.

Zweitens ist die Reinheit der Wissenschaften zu gewinnen. Diese Aufgabe kann nur in der Praxis des Erkennens durch ständiges Ringen um sie erfüllt werden. Die grundsätzliche Klarheit über Wissenschaft und ihre Grenzen wird im allgemeinen leicht auch von denen anerkannt, die im besonderen ständig dagegen verfehlen. Es kommt aber darauf an, im Konkreten der einzelnen Wissenschaften diese Reinheit zu verwirklichen. Das geschieht wesentlich durch die kritische Arbeit der wissenschaftlichen Forscher selbst. Wer aber philosophierend den Wahrheitssinn wissenschaftlicher Erkenntnisse, diese gleichsam beklopfend, prüfen will, der muß in das Verfahren dieser Forscher mit eintreten.

Drittens ist die Philosophie unter den neuen, durch die modernen Wissenschaften erwachsenen Bedingungen rein herauszuarbeiten. Das ist unerläßlich schon für die Wissenschaften selber. Denn die Philosophie ist stets in den Wissenschaften lebendig und von ihnen so untrennbar, daß die Reinheit beider nur gemeinsam gewonnen werden kann. Die Verleugnung der Philosophie pflegt unbemerkt eine schlechte Philosophie erwachsen zu lassen. Der Forscher hat philosophierend, ob bewußt oder unbewußt, in sich selbst die Führung seines konkreten Tuns, die er nicht noch einmal wissenschaftlich zwingend erkennen kann.

Zum Beispiel: Daß überhaupt Wissenschaft sein soll, ist wissenschaftlich nicht zu beweisen. Oder: Was aus der Endlosigkeit des Daseienden jeweils zum Gegenstand der Forschung gemacht wird, aus Interesse für diesen Gegenstand selbst, das ist eine wissenschaftlich nicht zu begründende Wahl. Oder: Die Ideen, die uns lenken, werden bewährt in der Systematik der Forschung, aber werden nicht selber geradezu erforschbar.

Wissenschaft, sich selbst überlassen als bloße Wissenschaft, gerät in Verwahrlosung. Der Verstand ist eine Hure, sagte *Nicolaus Cusanus*, denn er gibt sich preis an beliebige Dinge. Die Wissenschaft ist eine Hure, sagte auch *Lenin*, denn sie verkauft sich jedem Klasseninteresse. Beim Cusanus ist es die Vernunft und schließlich die Gotteserkenntnis, die der Erkenntnis des Verstandes Sinn, Halt und Treue gibt, bei Lenin die klassenlose Menschheit, die die reine Wissenschaft fordert. Was es nun sei, dessen innezuwerden, ist Sache philosophischer Besinnung. In den tatsächlichen Wissenschaften selber steckt die Philosophie als der Gehalt, aus dem der Forscher lebt, so, daß es ihm Ernst ist, und der seine methodische Arbeit führt. Wer diese Führung durch Reflexion und Selbstbewußtsein stärkt, philosophiert schon ausdrücklich. Versagt diese Führung, so gerät Wissenschaft in Endlosigkeit des Beliebigen, des gleichgültigen Richtigen, in die sinnlose Betriebsamkeit, in die willfährige Dienstbarkeit.

Die Reinheit der Wissenschaft fordert die Reinheit der Philosophie.

Aber wie wird die Philosophie rein? Galt sie nicht von jeher selbst als Wissenschaft und wollte es sein? Unsere Antwort ist: Sie ist »Wissenschaft«, aber doch so, daß sie im Sinn der modernen wissenschaftlichen Forschung zugleich weniger und mehr als Wissenschaft ist.

Wissenschaft kann man die Philosophie nennen, sofern die *Wissenschaften ihre Voraussetzung* sind. Es gibt keine haltbare Philosophie außerhalb der Wissenschaften. Philosophie bindet sich im Bewußtsein ihrer Unterschiedenheit unbedingt an Wissenschaft. Sie will nicht gegen zwingende Erkenntnis verstoßen. Wer philosophiert, will in wissenschaftlichen Methoden erfahren sein.

Wer nicht in einer Fachwissenschaft geschult ist und ständig in Kontakt mit wissenschaftlicher Erkenntnis lebt, der wird im Philosophieren alsbald stolpern, unkritische Entwürfe als vollendetes Wissen vortragen. Aber es muß in der Wissenschaft auf Eis gelegt werden, was nicht im Schwelgen von Gefühlen und Leidenschaften ein schnell verbrennendes Strohfeuer bleiben oder ein sturer Fanatismus werden soll.

Noch mehr: Wer philosophiert, drängt zum wissenschaftlichen Wissen, weil es der einzige Weg ist zum eigentlichen Nichtwissen. Es ist, als ob die großartigste Erkenntnis gerade dadurch erwächst, daß der Mensch die Grenze sucht, an der das Erkennen strandet, nicht falsch und vorläufig, sondern eigentlich und endgültig strandet, nicht in Verlust und Verzweiflung, sondern im eigentlichen Innewerden. Erst ein vollendetes Wissen würde das vollendete Nichtwissen ermöglichen, erst hier gelänge das echte Scheitern, in dem das Sein selbst, nicht mehr nur das erlernbare Seiende offenbar würde.

Indem die moderne Wissenschaft die große Entzauberung vollzieht, gewinnt sie den Weg zur Anschauung der wahren Tiefe, des eigentlichen Geheimnisses, das allein durch das entschiedenste Wissen im erfüllten Nichtwissen gegenwärtig wird.

Philosophie steht daher gegen die Verächter der Wissenschaften, gegen die Scheinpropheten, die die Forschung verdächtigen, welche die Verirrungen der Wissenschaft für diese Wissenschaft selbst halten und schließlich die Wissenschaft, die »moderne Wissenschaft«, gar verantwortlich machen möchten für das Unheil und die Inhumanität unserer Zeit.

Gegen Wissenschaftsaberglauben und gegen Wissenschaftsverachtung hält Philosophie sich also bedingungslos zur modernen Wissenschaft. Sie ist ihr das wunderbare, unvergleichlich verläßliche Phänomen, der tiefste Einschnitt der Weltgeschichte, zwar Ursprung großer Gefahren, aber noch größerer Chancen und von nun an Bedingung aller Menschenwürde. Ohne diese Wissenschaft, das weiß der Philosophierende, wird sein eigenes Tun nichtig.

Dieses Tun kann nun weiter wissenschaftlich heißen, weil Philosophie *methodisch verfährt* und ihrer Methoden bewußt wird. Aber diese Methoden sind, verglichen mit allen wissenschaftlichen Methoden, schon dadurch anders, weil sie keinen Gegenstand der Forschung haben. Was bestimmter Gegenstand ist, ist auch Gegenstand einer besonderen Wissenschaft. Nenne ich etwa als Gegenstand der Philosophie das Ganze, die Welt, das Sein, so treffen diese Worte, wie die philosophische Kritik zeigt, keinen Gegenstand mehr. Die philosophischen Methoden sind Methoden des Transzendierens über das Gegenständliche. Philosophieren ist Transzendieren. Dies vollzieht sich jedoch, da unser Denken stets an Gegenstände gebunden ist, in solchen, die durch den Gang der Denkbewegung aufgehoben werden. Solche Gegenständlichkeiten als Leitfaden philosophischen Transzendierens sind die großen Schöpfungen der Philosophie. Unersetzlich ist uns daher die tiefe Sprache der Metaphysiker, die aus Jahrtausenden zu uns spricht: sie aus ihrem Ursprung in geschichtlicher Philosophie anzueignen, läßt sie nicht nur wissen als etwas, das war, sondern zu gegenwärtigem Leben werden.

Die Masse des vermeintlichen philosophischen Wissens von lehrbaren Gegenständen aber entsteht aus der Verselbständigung der dem Philosophieren jeweils als Leitfaden dienenden, aber von ihm zugleich wieder aufgehobenen Gegenständlichkeit. Mit ihr glaubt man dann etwas zu wissen, was doch philosophisch eine Verkehrung ist: die *capita mortua*, die Schädel- und Beinhäuser der großen Metaphysiken. Wir dürfen im Philosophieren dem Gegenständlichen, das wir jeden Augenblick gebrauchen, nicht verfallen. Wir sollen Herr unserer Gedanken bleiben, nicht ihnen uns unterwerfen.

In diesem ihrem eigenen, den wissenschaftlichen Formen analogen Denken des Transzendierens ist aber Philosophie *weniger* als Wissenschaft. Denn sie gewinnt kein aufweisbares Ergebnis und keine für jeden Verstand zwingende Erkenntnis. Die einfache Tatsache, daß wissenschaftliche Erkenntnis sich identisch über die Welt verbreitet, daß aber Philosophie trotz aller Geltungsansprüche in keiner Gestalt tatsächlich allgemeingültig wird, ist nicht zu übersehen. Sie ist das äußere Kennzeichen für den eigentümlichen Charakter ihrer Wahrheit. Wissenschaftliche Wahrheit ist zwar allgemeingültig, aber relativ auf Methode und Voraussetzungen, – philosophische Wahrheit ist unbedingt für den sie Vollziehenden in geschichtlicher Wirklichkeit, aber sie ist in ihren Aussagen nicht allgemeingültig. Wissenschaftliche Wahrheit ist die eine gleiche für alle, – philosophische Wahrheit mannigfaltig in geschichtlichen Kleidern, die Erscheinung je einer Einzigkeit sind und die alle ihr Recht haben, aber nicht identisch übertragbar sind.

Die *eine* Philosophie ist die *philosophia perennis,* um die alle Philosophien kreisen und die niemand besitzt, an der jeder eigentlich Philosophierende teilhat und die doch nie die Gestalt eines für alle gültigen, allein wahren Denkgebäudes gewinnen kann.

Damit ist Philosophie nicht nur weniger, sondern *mehr* als Wissenschaft, nämlich als Quelle einer Wahrheit, die für das wissenschaftlich zwingende Wissen unzugänglich ist. Dieser Philosophie entsprechen Bestimmungen wie: Philosophieren sei sterben lernen, – sei Aufschwung zur Gottheit, – sei Erkenntnis des Seins als Sein. Solche Bestimmungen bedeuten: das Denken der Philosophie ist zugleich ein inneres Handeln; es appelliert an Freiheit; es beschwört die Transzendenz. Dasselbe läßt sich anders formulieren: die Philosophie ist Selbstvergewisserung im eigentlichen Sein, – ist das Denken eines unendlich zu erhellenden, dem Menschen mitgegebenen Glaubens, – ist der Weg der inneren Selbstbehauptung des Menschen durch Denken.

Aber keiner solcher Sätze bedeutet eine rechte Definition. Es gibt keine Definition der Philosophie, weil Philosophie nicht von einem anderen her bestimmbar ist. Es gibt keine übergeordnete Gattung, von der Philosophie eine Art wäre. Philosophie bestimmt sich selber, bezieht sich unmittelbar auf die Gottheit, begründet sich nicht durch eine Nützlichkeit. Sie erwächst aus dem Ursprung selber, in dem der Mensch sich geschenkt wird.

Fasse ich zusammen, was ich sagen wollte:

Die Wissenschaften umfassen nicht alle Wahrheit, sondern nur die für den Verstand zwingende, allgemeingültige Richtigkeit. Wahrheit ist umfassender. Sie soll sich der Vernunft des Philosophierens zeigen. Wenn unter dem Titel »Von der Wahrheit« seit dem frühen Mittelalter durch alle Jahrhunderte philosophische Werke geschrieben wurden, so ist es heute wieder dieselbe dringende Aufgabe, unter den gegenwärtigen Bedingungen wissenschaftlichen Wissens und geschichtlicher Erfahrung Einsicht vom Wesen der Wahrheit in ihrem ganzen Umfang zu gewinnen.

Solche Besinnung schließt auch das Verhältnis von Wissenschaft und Philosophie ein. Nur bei ihrer strengen Scheidung wird der unlösbare Zusammenhang beider rein und wahrhaftig vollzogen.

Die Universität sucht in Forschung und Lehre die große praktische Einheit von Wissenschaften und Philosophie. An der Universität wurde mit den Mitteln der Wissenschaft jederzeit auch Weltanschauung gegenwärtig.

Die Universität ist der Raum, in dem alle Wissenschaften sich treffen. Soweit sie dabei ein Aggregat bleiben, ähnelt die Universität einem geistigen Warenhaus, – soweit sie aber hindrängen zu einer Einheit des Wissens, ähnelt sie dem Unternehmen eines nie fertigen Tempelbaus.

Vor anderthalb Jahrhunderten war es noch selbstverständlich: Was die Fachforscher an Philosophie schon in sich trugen, das wurde von den Philosophen zu hellstem Bewußtsein entwickelt. Es ist anders geworden. Die Wissenschaften haben sich mit der Spezialisierung zersplittert. Wissenschaftliches Erkennen mit der Sauberkeit verbindlicher Einzelerkenntnis glaubte sich von Philosophie lösen zu können.

Ist die Zerstreuung der Wissenschaften der letzte und notwendige Zustand? Man wünschte wohl eine Philosophie, die die gesamte Überlieferung verarbeitet in sich trüge, der geistigen Situation unserer Zeit gewachsen wäre, den uns allen gemeinsamen Gehalt zur Erscheinung brächte, und zwar zugleich in sublimen Gedankenkonstruktionen wie in einfachen, bei jedermann Widerhall findenden Sätzen. Aber heute haben wir eine solche Philosophie nicht.

Auf alten Universitätsszeptern aus dem 15. Jahrhundert gibt es in Goldschmiedearbeit Figuren, die darstellen, wie Christus die Aufgaben an die Fakultäten verteilt. Auch wenn solche Szepter noch in Gebrauch sind, drücken sie nicht mehr aus, was heute wirklich ist, aber sie geben immer noch die Aufgabe der Einheit des Ganzen kund.

Nicht mehr die Theologie, nicht mehr die Philosophie gestaltet das Ganze. Gibt es heute noch einen gemeinsamen Geist der Universität? Sie scheint in ihrer Ordnung nur noch ein sich immer verändernder Grundriß zu sein ohne Symmetrie und Logik, ohne Geschlossenheit, in ständiger Erweiterung, in dem alles, was wissenschaftlich zur Geltung kommt, einen Platz besetzt. Es begegnet sich hier das Fremdeste.

Nicht vereint durch ein Wissen vom Ganzen, ist in diesem Treffen doch jeder gezwungen, das ihm Unbekannte zu sehen. Er lernt, vom Fremdesten sich berühren zu lassen. Daraus erwächst das geistige Leben, das Hindrängen in Weite und Freiheit des Denkens. Ein gemeinsamer Geist liegt dann nicht mehr im alle verbindenden Gehalt eines Glaubens, sondern nur im kritischen Forschen als solchem, in der Anerkennung des logisch oder empirisch Unausweislichen, im entschiedenen Verwerfen des *sacrificium intellectus*, in der Aufgeschlossenheit, in einem grenzenlosen Fragen, in der Redlichkeit.

Dieser Geist ist das Ergebnis der letzten Jahrhunderte. Wird die Universität sich auf die Dauer mit ihm begnügen? Für die Philosophie scheint diese Situation außerordentliche Möglichkeiten zu bieten. Aber es wäre absurd, ein Programm zu entwerfen für das, was nur als Schöpfung einer wirklich gemeinsamen geistigen Welt möglich ist, nicht als Aufgabe eines Einzelnen.

Wer philosophiert, ist, solange er wahr bleibt, in der Bescheidung des Nichtwissens. Damit nicht zu verwechseln ist eine andere heute notwendige Bescheidenheit des Philosophie*professors*. Die besten Philosophen finden sich gegenwärtig vielleicht gar nicht unter den ausdrücklich mit der Lehre der Philosophie Beauftragten. Denn die Philosophie *in* den Wissenschaften, die vor der Zerstreuung im Nichtwissenswerten bewahrt und die die Beseelung wissenschaftlicher Forschung bringt, das ist die konkrete Philosophie, die sich im Ganzen einer besonderen Wissenschaft verwirklicht. Diese wird damit dann gleichsam zur Vertretung des Wissens überhaupt, mit der ständigen Aufmerksamkeit, diese besondere Sache in Beziehung zu allem Wißbaren zu sehen und dadurch in der Tiefe zu verankern.

Der Philosophieprofessor, im Dienste solcher Bemühungen, ist nicht ein Führer, der den Ton angibt, sondern der Hörende, der sich belehrt und der wieder klingen lassen und in weitesten Zusammenhängen erspüren möchte, was das alles bedeutet.

Er hat die Ehrfurcht vor den einzigen großen Philosophen, die nicht ein Typus sind, sondern Schöpfer, und die es heute nicht gibt – aber er verwirft die Menschenvergötterung, die schon in der Schule Platos begann, denn auch die Größten sind Menschen und irren; keiner ist Autorität, der Gehorsam zukäme.

Und er hat Respekt vor jeder Wissenschaft, deren Erkenntnis zwingend ist, – aber er verwirft den Wissenschaftsstolz, der meint, alles aus dem Grunde erkennen zu können oder gar erkannt zu haben.

Sein Ideal ist das eines Vernunftwesens im Leben mit anderen Vernunftwesen. Er will sich selbst in Zweifel ziehen, er begehrt Einwand und Angriff gegen sich, er möchte fähig werden zum Miteinanderreden in grenzenlos sich vertiefender Kommunikation, durch die alle Wahrheit und ohne die keine ist.

Seine Hoffnung ist, daß im Maße, als er Vernunftwesen wird, ihm auch die Gehalte geschenkt werden, aus denen der Mensch leben kann, daß sein Wille, sofern er sich redlich bemüht, gut werde durch Hilfe der Transzendenz unmittelbar, ohne alle menschliche Vermittlung.

Als *Lehrer* der Philosophie aber fühlt er die Mitverantwortung, daß das Große nicht vergessen werde, daß die philosophischen Denkmethoden Gegenstand der Unterweisung bleiben und daß die Wissenschaften ihre Auswirkung in der philosophischen Denkungsart gewinnen. Er will im gegenwärtigen Zeitalter, dieses selber erhellend, den Blick auf das Ewige gewinnen, gemeinsam mit seinen Studenten.

Durch die Jahrtausende stehen Philosophie und Religion im Bunde mit oder in Feindschaft gegeneinander.

Sie gehen zusammen, ursprünglich in den Mythen und in den Weltbildern, – später in der Theologie, sofern hier Philosophie im Kleide der Theologie auftritt, so wie Philosophie sonst wohl im Kleide der Dichtung und zumeist im Kleide der Wissenschaft erscheint.

Dann aber, in der Trennung beider, wird Religion für Philosophie das große Geheimnis, das sie nicht begreifen kann. Sie macht zum Gegenstand der Untersuchung: den Kultus, den Anspruch auf Offenbarung, den Anspruch der Macht einer religiös begründeten Gemeinschaft, ihrer Organisation und ihrer Politik, und die Sinngebung, die die Religion sich selbst verleiht.

In diesem untersuchenden Verhalten liegt schon der Keim des Kampfes. Von philosophischer Seite ist der Kampf nur möglich als Ringen um Wahrheit allein mit geistigen Mitteln.

Religion und Philosophie sind beide nicht eindeutige Gebilde, von denen wir bei vergleichender Betrachtung ausgehen können wie von zwei festen Punkten. Sie sind vielmehr beide in geschichtlicher Verwandlung, verstehen sich aber beide jederzeit in bezug auf ewige Wahrheit, deren geschichtliches Kleid die Wahrheit zugleich verbirgt und überliefert. Von der einen ewigen religiösen Wahrheit vermag ich nicht zu reden. Die philosophische Wahrheit ist die philosophia perennis, die niemand für sich in Anspruch nehmen kann und um die es doch jedem Philosophierenden zu tun ist und die überall, wo wirklich philosophiert wird, auch gegenwärtig ist.

Es gibt keinen Standpunkt außerhalb des Gegensatzes von Philosophie und Religion. Jeder von uns steht in der Polarität schon auf der einen Seite und spricht von der anderen in einem entscheidenden Punkte ohne eigene Erfahrung. Daher können Sie auch von mir erwarten, daß ich irgendwo blind bin und mißverstehe. Ich zögere und darf es doch nicht lassen. Dieses Sprechen über Religion, ohne selber mit dem eigenen Wesen darin zu sein, ist fragwürdig, aber es ist auch unerläßlich als Ausdruck des eigenen klaren Mangels, als Suchen der Wahrheit und auch als Bewährung des religiösen Glaubens selber unter den so entstehenden Fragen. Für Philosophie ist Religion nicht der Feind, sondern etwas, das sie wesentlich angeht und in Unruhe hält.

Hier aber sind wir heute in einer Situation, die ich durch ein persönlich klingendes Wort charakterisiere. Weil die Religion so wesentlich ist, machte mich das Bewußtsein des Mangels begierig zu hören, was vom religiösen Glauben her gesagt wird. Zu den Schmerzen meines um Wahrheit bemühten Lebens gehört, daß in der Diskussion mit Theologen es an entscheidenden Punkten aufhört, sie verstummen, sprechen einen unverständlichen Satz, reden von etwas anderem, behaupten etwas bedingungslos, reden freundlich und gut zu, ohne wirklich vergegenwärtigt zu haben, was man vorher gesagt hat, – und haben wohl am Ende kein eigentliches Interesse. Denn einerseits fühlen sie sich in ihrer Wahrheit gewiß, erschreckend gewiß, andererseits scheint es sich für sie nicht zu lohnen um uns ihnen verstockt scheinende Menschen. Miteinander sprechen aber fordert Zuhören und wirkliche Antwort, verbietet das Schweigen oder das Ausweichen auf Fragen, fordert vor allem jede Glaubensaussage, die doch in menschlicher Sprache vollzogen, auf Gegenstände gerichtet, eine Erschließung in der Welt ist, auch noch wieder in Frage stellen und prüfen zu lassen, nicht nur äußerlich, sondern innerlich. Wer im endgültigen Besitz der Wahrheit ist, kann nicht mehr mit dem andern richtig reden, – er bricht die echte Kommunikation ab zugunsten seines geglaubten Inhalts.

Das große Problem kann ich nur nach einigen Gesichtspunkten und nur unzureichend berühren. Mir kommt es darauf an, den ursprünglichen philosophischen Glauben dadurch fühlbar werden zu lassen.

Eine Charakteristik der Religion im Unterschied von der Philosophie findet folgende Züge:

Religion kennt den Kultus, ist gebunden an eine eigentümliche dem Kultus entspringende Gemeinschaft der Menschen und untrennbar vom Mythus. Immer gehört zur Religion die reale Beziehung des Menschen zur Transzendenz in Gestalt eines in der Welt vorkommenden Heiligen als eines vom Profanen oder Unheiligen Abgegrenzten. Wo dies nicht mehr da ist oder verworfen wird, da ist das Eigentümliche der Religion verschwunden. Fast die gesamte Menschheit lebt, soweit historische Erinnerung reicht, religiös, ein nicht zu überhörender Hinweis auf Wahrheit und Wesentlichkeit in der Religion.

Philosophie dagegen kennt als solche keinen Kultus, keine priesterlich geführte Gemeinschaft, keine vom anderen Weltdasein ausgenommene Heiligkeit in der Welt. Ihr kann überall und jederzeit gegenwärtig sein, was die Religion irgendwo lokalisiert. Sie ist dem

Einzelnen erwachsen in freien, nicht soziologisch realen Beziehungen, ohne Garantie einer Gemeinschaft. Philosophie ist ohne Riten und ohne ursprünglich reale Mythen. Sie wird in freier Überlieferung jeweils verwandelnd angeeignet. Sie bleibt, obgleich dem Menschen als Menschen zugehörig, Sache Einzelner.

Religion drängt vorwiegend zur Leibhaftigkeit, Philosophie nur zur wirkenden Gewißheit. – Der Religion erscheint der Gott der Philosophen arm, blaß, leer, sie nennt die philosophische Haltung abschätzig »Deismus«; der Philosophie erscheinen die religiösen Leibhaftigkeiten wie eine trügerische Verschleierung und falsche Annäherung. – Die Religion schilt den Gott der Philosophie als bloße Abstraktion, die Philosophie mißtraut den religiösen Gottesbildern als Verführung zu wenn auch noch so großartigen Götzen.

Wie aber der Gehalt von Philosophie und Religion sich berühren, ja das gleiche zu werden scheinen, obwohl ihre Erscheinungen sich wieder abstoßen, darauf sei an den Beispielen des Gottesgedankens, des Gebets, der Offenbarung hingewiesen.

Der Gottesgedanke: Im Abendland ist der Gedanke an den einen Gott entstanden in der griechischen Philosophie und im Alten Testament. Es wurde beide Male eine ungeheure Abstraktion vollzogen, aber auf ganz verschiedene Weise.

In der griechischen Philosophie erwächst der Monotheismus als Gedanke, wird aus ethischen Maßstäben gefordert, wird in der Ruhe gewiß. Er prägt nicht Menschenmassen, sondern Einzelne. Sein Ergebnis sind Gestalten hoher Menschlichkeit und eine freie Philosophie, keine wirksame Gemeinschaftsbildung.

Im Alten Testament dagegen erwächst der Monotheismus in der Leidenschaft des Kampfes um den reinen, wahren, einzigen Gott. Die Abstraktion vollzieht sich nicht durch Logik, sondern in der Betroffenheit durch Bilder und Leibhaftigkeit, welche Gott viel mehr verdecken als zeigen, und weiter in der Auflehnung gegen die Verführungen durch den Kultus, durch dionysische Feste, durch den Leistungsgedanken beim Opfer. Gegen die Baale, gegen die innerweltliche Religion, ihr Glück und ihre Feste, ihren Rausch, ihre Beruhigung und Selbstzufriedenheit, ihre sittliche Indifferenz wird der reine Gottesgedanke als Dienst vor dem einen lebendigen Gott gewonnen. Dieser wahre Gott erträgt kein Bildnis und Gleichnis, legt keinen Wert auf Kultus und Opfer, auf Tempel und Riten, auf Gesetze, sondern allein auf Rechthandeln und Liebe zum Menschen (Micha, Jesaias, Jeremias). – Diese Abstraktion wirkt wie ein Nihilismus gegen alles Weltsein, aber kommt aus der Fülle des Bewußtseins, dem der überweltliche Schöpfergott mit seinen ethischen Forderungen sich gezeigt hat. – Diese Abstraktion gründet sich nicht auf den entwickelnden Gedanken, sondern auf das Wort, das Gott spricht, auf Gott selbst, der erfahren wurde im Wort, das der Prophet als Gottes Wort mitteilt. Die Macht der Wirklichkeit Gottes im Bewußtsein dieser prophetischen Existenz, nicht die Kraft eines Gedankens brachte diesen Monotheismus hervor. Daher ist das Wunderbare, daß dem gedanklichen Inhalt nach der griechische und der alttestamentliche Monotheismus zusammenfallen, in der Weise der Gegenwärtigkeit Gottes aber radikal unterschieden sind. Es ist der Unterschied von Philosophie und Religion. Es ist in der Folge der Unterschied von Gottheit und Gott – von gedachter Transzendenz und lebendigem Gott; das Eine der Philosophie ist nicht der Eine der Bibel.

Wenn aber philosophische Klarheit herrscht, dann ist die Frage, ob den Propheten ihre für uns heute noch hinreißende, unvergleichliche Glaubensgewißheit in dieser Form nur möglich war, weil sie noch philosophisch unbefangen vor allem Philosophieren gedanklich naiv lebten und daher nicht merkten, daß in dem unmittelbar von Gott für alle gesprochenen »Wort« noch ein Rest der Leibhaftigkeit der Realität – von jenem Bildnis und Gleichnis blieb, die sie doch im Grundsatz bekämpften.

Der griechische und der alttestamentliche Monotheismus haben gemeinsam den abendländischen Gottesgedanken geführt. Sie haben sich gegenseitig interpretiert. Das war möglich, weil der Glaube der Propheten eine Abstraktion vollzogen hatte, die der philosophischen Abstraktion analog ist. Der prophetische Glaube übertrifft den philosophischen Glauben an Gewalt, weil er aus der unmittelbaren Gotteserfahrung kommt. Aber er steht an gedanklicher Klarheit der Philosophie nach; daher geht er auch in den folgenden religiösen Bildungen, ständig schon in der Bibel selber, wieder verloren.

Gebet: Kultus ist Akt der Gemeinschaft, Gebet ist Tun des Einzelnen in seiner Einsamkeit. Kultus gibt es universell, Gebet wird historisch hier und da sichtbar, so im Alten Testament entschieden erst bei Jeremias. Das geistige Gebilde der Liturgie, in der der Kultus stattfindet, ist gefüllt mit Texten, die man Gebete nennt, weil durch sie die Gottheit angerufen, gepriesen, gebeten wird. Aber das Wesentliche daran sind die aus unvordenklicher Vergangenheit stammenden, unabänderlichen festen Formen, zwar faktisch einst in Generationen erwachsen und verwandelt, aber dann als beständig erlebt. Sie sind längst zum Teil unverständlich geworden, werden entweder als Geheimnis vollzogen oder verwandelt in neu verstandenen Sinn gebracht. Das Gebet dagegen ist individuell, existentiell gegenwärtig.

Als Dependenz des Kultus vollzieht es der Einzelne in der festen Form und bleibt darin ganz in der Religion. Als wirklich persönlich und ursprünglich steht das Gebet aber an der Grenze des Philosophierens und wird Philosophie im Augenblick, wo jede zweckhafte Beziehung zur Gottheit und der reale Einwirkungswille auf die Gottheit entfallen ist. Es ist ein Sprung zwischen der Leibhaftigkeit der persönlichen Beziehung zum persönlichen Gott – einem Ursprung der Religion – und der Schwebe der philosophischen Kontemplation, in der zunächst nur Ergebung und Dank bleibt, dann aber Vergewisserung dem Menschen seinen Boden gibt. Diese Kontemplation bewirkt nichts mehr in der Welt, sondern nur im Menschen selber. Das spekulative Vergewissern ist, wo es echte Kontemplation wurde, wie ein einziges Gebet. Wenn diese Kontemplation ursprünglich mit in dem Ganzen lag, was als Religion verwirklicht ist, so ist sie nun doch vom religiösen Tun unterschieden und selbständig möglich geworden.

Offenbarung: Religionen gründen sich auf Offenbarung, klar und bewußt die indischen und die biblischen Religionen. Offenbarung ist die unmittelbare, zeitlich lokalisierte, für alle Menschen gültige Kundgabe Gottes durch Wort, Forderung, Handlung, Ereignis. Gott gibt seine Gebote, er stiftet Gemeinschaft, er gründet den Kultus. So ist der Kultus der Christen gegründet als Tat Gottes durch Einsetzung des Abendmahls. Da Offenbarung Ursprung eines religiösen Inhalts ist, so gilt dieser nicht an sich, sondern in einer Gemeinschaft – des Volkes, der Gemeinde, der Kirche –, die die gegenwärtige Autorität und Garantie ist.

Angesichts der Bemühungen im philosophischen Erdenken Gottes, dieses Denkens, in dem ständig mit dem nächsten Schritt wieder genommen scheint, was mit dem ersten gegeben wurde, hören wir das Wort: alles Erdenken Gottes ist vergeblich, von Gott weiß der Mensch nur und kann er nur wissen durch Offenbarung. Gott gab das Gesetz, er sandte die Propheten, er kam selbst in Knechtsgestalt, um als Gekreuzigter uns zu erlösen.

Aber Offenbarung, die als solche mitgeteilt wird, muß eine Gestalt in der Welt haben. Als ausgesagte verfällt sie der Endlichkeit, ja der Begreiflichkeit. Im Sprechen wird das in ihr Gemeinte verkehrt. Das Menschenwort ist nicht mehr Gottes Wort. Was in der Offenbarung den Menschen als Menschen angeht, das wird Gehalt der Philosophie und gilt als solcher ohne Offenbarung. Handelt es sich um eine Verdünnung der Religion, um den Verlust ihrer Substanz? – dann nennt man den Vorgang Säkularisierung. Oder handelt es sich um eine Reinigung, um eine ursprüngliche Verwesentlichung, um Vertiefung und gerade um Stubstanzierung? Es scheint, daß es beide Prozesse gibt. Der Gefahr einer Entleerung durch Aufklärung steht die Chance des eigentlichen Wahrwerdens des Menschen gegenüber.

Seit dem Altertum ist die Religion immer wieder von Philosophen verworfen worden. Wir zählen eine Reihe typischer Vorwürfe auf und versuchen, kritisch einen jeden in seine Grenze zu weisen..

a) »Die vielen Religionen beweisen, daß keine wahr ist. Denn die Wahrheit ist nur eine.«

Dieser Vorwurf besteht nur, wenn Glaubensaussagen wie Wissensinhalte behandelt werden, nicht aber für den religiösen Glauben selbst. Dieser hat seine geschichtliche Erscheinung, sein Ausdruck darf nicht mit dem Gehalt des Glaubenslebens selber verwechselt werden, der in ihm spricht: Una religio in rituum varietate (Cusanus).

b) »Die Religionen haben bisher jedes Übel sanktioniert, das Entsetzlichste tun oder rechtfertigen können, Gewalttat und Lüge, Menschenopfer, Kreuzzüge, Religionskriege.«

Über Heil und Unheil der Wirkung von Religionen läßt sich schwer eine Abrechnung machen. Jedem Werturteil muß eine historische Tatbestandsforschung zugrunde liegen. Der Vorwurf muß ergänzt werden durch die Feststellung der heilsamen Wirkungen der Religionen, der Vertiefung der Seele, der Ordnung der menschlichen Dinge, der Fürsorgetätigkeit großen Stils, der Gehaltgebung von Kunst und Denken.

Wenn gar die These aufgestellt wird, gute Beziehungen zwischen Menschen, Friede und Ordnung seien eher durch Vernunft als durch Religion zu verwirklichen; Gerechtigkeit wirke mehr als Glaube, praktische Sittlichkeit mehr als religiöses Bekenntnis; was an Gutem in der Menschheit sei, sei das Werk von Wissenschaft und Vernunft, nicht von Religion, – so muß erwidert werden, daß Religion die Vernunft ja nicht ausschließt und daß bisher Religion in der Tat die meiste haltbare und gehaltvolle Ordnung, und zwar dann mit Hilfe der Vernunft verwirklicht habe, nicht durch direkte Anweisungen, sondern durch glaubende Menschen, deren Ernst und Verläßlichkeit. Dagegen war der Versuch, sich allein auf Vernunft – man meint den Verstand – zu gründen, nach bisheriger historischer Erfahrung schnell von nihilistischem Chaos gefolgt.

c) »Die Religion bewirkt falsche Ängste. Illusionen quälen die Seele. Die Foltern der Hölle, der Zorn Gottes, die unbegreifliche Wirklichkeit eines erbarmungslosen Willens und dergleichen bewirken Entsetzen, zumal auf dem Sterbebett. Die Befreiung von der Religion bedeutet Ruhe, weil sie Befreiung von Täuschungen ist.«

Dieser Vorwurf ist richtig, sofern konkrete abergläubische Inhalte gemeint werden. Er wird falsch, wenn der Inhalt der Angst selber getroffen werden soll. Wenn die Höllenangst für unzählige Seelen Grund zur Wahl des Guten gegen das Böse gewesen ist, so ist diese Angst wohl nur selten nichts als Angst vor einer vermeintlichen Realität. Sie kann vielmehr in der Chiffre der Höllenvorstellung tiefe existentielle Motive der Wahl des eigenen Wesens sich verständlich machen. Die Angst um das eigentliche Sein ist ein Grundzug des erwachten Menschen. Die Ruhe, die aus einem Nein gegen die Hölle kommt, genügt nicht, sie muß einem positiven Vertrauen entspringen, einer Grundverfassung der Seele, welche dem guten Willen folgt, der immer wieder die Angst überwindet. Wo die Angst verschwindet, ist der Mensch nur noch oberflächlich.

d) »Die Religionen züchten eine alldurchdringende Unwahrhaftigkeit. Weil sie das Unbegriffene, die Gedankenlosigkeit, das Absurde an den Anfang setzen, es der Frage entziehen, schaffen sie eine Grundstimmung dumpfen Gehorsams. Wo etwa die Frage sich regt, da vergewaltigt man den eigenen Verstand und hält diese Unredlichkeit für ein Verdienst. Die Gewohnheit des Nichtweiterfragens erleichtert die Unwahrhaftigkeit auch überall sonst. Man übersieht die Widersprüche im Denken und im eigenen Verhalten. Man läßt Verkehrungen des ursprünglich Wahren zu, weil man sie nicht bemerkt. Religiöser Glaube und Unwahrhaftigkeit haben eine Affinität.«

Gegen diesen Vorwurf ist nur zu sagen, daß im Ursprung der Religion nicht zu sein braucht, was in ihrer Entfaltung auftritt. Wenn auch nach J. Burckhardt das Maß der Kritiklosigkeit bei den religiös schöpferischen Menschen von uns kaum verstanden werden kann, so ist doch in der Kritiklosigkeit nicht notwendig Unwahrhaftigkeit. Grenzen und Rätsel, die der Verstand sich zu verbergen geneigt ist, werden religiös unmittelbar gegenwärtig, wenn auch in mythischer Gestalt mit der Tendenz, sofort jene abergläubischen Inhalte zu werden.

e) »Religionen sondern in der Welt als heilig aus, was in der Tat weltlich und nur vom Menschen gemacht ist. Die Steigerung im Geheimnis hat die Folge der Entwertung der übrigen Welt. Die hohe Ehrfurcht, wenn sie religiös gebunden wird, treibt zur Verletzung der Ehrfurcht überall, wo die Religion nicht hindringt. Die spezifisch fixierte Ehrfurcht ist nicht mehr die umfassende allbegründende Ehrfurcht. Es liegt im Abgrenzen zugleich ein Ausschließen und Vernichten.«

Dieser Vorwurf gilt keineswegs für jeden religiösen Menschen. Vielmehr ist die Religion fähig, die gesamte Welt in ihr Licht zu bringen, von ihrem Eigentümlichen her einen Abglanz auf alle Realität zu werfen. Aber jener Vorwurf trifft viele Realisierungen der Religion, wenn diese auch vielleicht vom Religiösen selber her als Abgleitung verworfen werden können.

Alle diese Erörterungen über Religion treffen nicht etwas Entscheidendes. Durch die Vorwürfe werden Abgleitungen in den Religionen getroffen, nicht die Religion.

Ferner war nur von Religion und Religionen die Rede, nicht von dem, was als die eine einzige Offenbarungswahrheit auftritt, sich verkündigt, Anspruch erhebt und verwehrt, sich als eine Religion unter anderen klassifizieren zu lassen. Das geschieht in den Kirchen und Konfessionen, die sämtlich der umfassenden biblischen Religion entspringen, der wir alle zugehören, Juden und Christen, Griechisch-orthodoxe, Katholiken und Protestanten, und vielleicht auch noch der Islam.

Aus philosophischem Glauben ergeben sich hier für uns zwei Sätze, die ich begründen möchte (einen negativen und einen positiven):

1. In der biblischen Religion ist angelegt und in allen ihren Verzweigungen zutage getreten, aber ihr vielleicht nicht notwendig und für immer zugehörend: der Ausschließlichkeitsanspruch. Dieser Anspruch ist in seinem Motiv wie in seinen Folgen das Unheil für uns Menschen. Wir müssen um die Wahrheit und um unsere Seele ringen gegen diesen tödlichen Anspruch.

2. Wir philosophieren aus der biblischen Religion und erfassen hier unersetzliche Wahrheit.

Beide Sätze sind uns wichtig. Sie stehen im Zusammenhang mit der Frage, die heute eine Schicksalsfrage des Abendlandes ist: Was wird aus der biblischen Religion?

Gegen den Ausschließlichkeitsanspruch

Der Glaubensinhalt wird nicht nur für unbedingte, sondern für ausschließende Wahrheit gehalten. Der Christ sagt dann nicht: das ist mein Weg, sondern: das ist der Weg, und läßt Christus Gottes Sohn und Gott sprechen: Ich bin der Weg, die Wahrheit und das Leben. Dem Christusgläubigen wird erlaubt, von sich zu denken: Ihr seid das Salz der Erde; ihr seid das Licht der Welt.

Einwände sind möglich wie folgende: Wenn Gott Menschen als Kinder haben kann, so liegt es näher, daß alle Menschen und nicht einige oder ein Einzelner allein seine Kinder sind. – Der Anspruch, nur wer an Christus glaubt, werde das ewige Leben haben, ist nicht überzeugend. Denn Menschen hohen Adels und reiner Seele sind auch außerhalb des Christentums sichtbar; es wäre absurd, wenn sie verloren sein sollten, zumal im Vergleich zu menschlich fragwürdigen, kaum liebenswerten Gestalten unter den größten historisch wirksamen Christen. – Die innere Umkehr des Menschen aus seinem Eigenwillen zu der grenzenlos opfernden Hingabe ist nicht nur im Christentum geschehen. – Doch alle diese Einwände treffen nicht das Zentrum.

Wo immer in der Welt Menschen eine Glaubenswahrheit ergreifen, ist ihnen diese Wahrheit unbedingt gültig. Durchweg jedoch – außerhalb der biblischen Welt – schließen sie damit keineswegs andere Wahrheit für andere aus. Philosophisch ist dieses allgemeine Verhalten der Menschen zugleich das sachlich zutreffende. Das bedarf einer Überlegung über einen grundsätzlichen Unterschied im Sinn von Wahrheit (von dem wir ausgingen im Blick auf Bruno und Galilei).

Wo ich unbedingt handle, weil ich unbedingt glaube, da gibt es keinen zureichenden Grund und keinen Zweck, von dem her das Handeln zweckentsprechend, das heißt verständig begreifbar ist. Das Unbedingte ist nicht allgemein, sondern ist geschichtlich in der undurchdringlichen, sich hell werdenden Lebendigkeit gegenwärtigen Tuns. Es ist in seiner Tiefe ungewußt, soviel aus ihm heraus auch gewußt und gesagt werden kann. Es ist unvertretbar, daher je einmalig, und ist doch vielleicht für andere nicht nur Orientierung, sondern Vorbild zum Wiedererkennen des Eigenen, das zwar in geschichtlicher Erscheinung verschieden ist, aber in der Ewigkeit zusammentrifft. Was geschichtlich, was existentiell wahr ist, ist zwar unbedingt, aber in seinem Ausgesagtsein und seiner Erscheinung darum nicht Wahrheit für alle.

Umgekehrt: was allgemeingültig ist für alle (wie die wissenschaftlichen und alle Verstandesrichtigkeiten), ist gerade darum nicht unbedingt, sondern auf einem Standpunkt mit bestimmter Methode unter diesen Bedingungen für alle und allgemein richtig in der Welt. Diese Richtigkeit ist zwingend für jeden, dessen Verstand sie begreift. Aber sie ist relativ auf Gesichtspunkt und Denkungsweise, für die sie sich zeigt. Sie ist existentiell gleichgültig, weil endlich, partikular, objektiv zwingend, – für sie kann und darf kein Mensch sterben.

Kurz: Zur Unbedingtheit geschichtlicher Wahrheit gehört die Relativität jeder ihrer Aussagbarkeiten und historisch endlichen Erscheinungsformen. Zur Allgemeingültigkeit erkenntnismäßiger Richtigkeit in Aussagen gehört die Relativität der sie begründenden Gesichtspunkte und Methoden. Aussagbare Glaubensinhalte dürfen nicht behandelt werden wie allgemeine Richtigkeiten; Unbedingtheit des Inneseins des Wahren im Glauben ist etwas ursprünglich anderes als das Ergreifen der Allgemeingültigkeit der immer partikularen Richtigkeiten im Wissen. Geschichdiche Unbedingtheit ist nicht Allgemeingültigkeit ihrer Erscheinung in Wort, Dogma, Kultus, Ritus, Institution. Erst die Verwechslung ermöglicht den Anspruch der Ausschließlichkeit einer Glaubenswahrheit.

Es ist schon eine Verkehrung, das Allgemeingültige des wissenschaftlichen Wissens zu behandeln als ein Absolutes, aus dem ich leben könnte, von der Wissenschaft zu erwarten, was sie niemals leisten kann. Zwar verlangt meine Wahrhaftigkeit, das für die Erkenntnis Zwingende nicht zu umgehen, es vielmehr uneingeschränkt zur Geltung kommen zu lassen. Aber für dessen Inhalt zu fordern, was nur metaphysische Gehalte zu geben vermögen, das Bewußtsein des Genügens am Sein, der Ruhe im Sein, das ist wie ein Betrug, der statt Seinserfüllung ein letzthin Leeres bietet.

Ein Verhängnis ist aber dann die entgegengesetzte Verkehrung: die Verwandlung der Unbedingtheit existentiellen Entschlusses zu einem in Forderung aussprechbaren Wissen vom Richtigen, oder die Verkehrung der geschichtlich gebundenen Unbedingtheit des Glaubens in allgemeingültige Wahrheit für alle.

Die Folge solcher Verkehrung ist die Selbsttäuschung über das, was ich eigentlich bin und will, ist Intoleranz (nichts gelten lassen außer den eigenen, zu Dogmen gewordenen Aussagen) und Kommunikationsunfähigkeit (nicht hören können auf den anderen, nicht redlich sich in Frage stellen lassen können). Daseinstriebe wie Machtwillen, Grausamkeit, Zerstörungstrieb werden schließlich Bewegungskräfte in den Masken solchen verkehrten Wahrheitswillens. Diese Triebe finden dann durch vermeintlichen Einsatz für Wahrheit bei grauenvoll unwahrer Selbstrechtfertigung ihre mehr oder weniger offene Befriedigung.

Nur im Umkreis der biblischen Religion nun scheint diese Ausschließlichkeit der ergriffenen Glaubenswahrheit zum Glauben selbst zu gehören, bewußt ausgesprochen und bis in alle Konsequenzen getrieben zu sein. Das kann für den Gläubigen ein neues Stigma gerade für die Glaubwürdigkeit seines Glaubens sein. Dagegen sieht philosophische Einsicht nicht nur die Unwahrheit infolge der grundsätzlichen Verwechslung in solchem Glauben, sondern die furchtbaren Folgen.

Innerhalb der biblischen Religion ist ein Beispiel das Christentum mit seinem Anspruch absoluter Wahrheit für alle. Unser Wissen um das Außerordentliche, was das Christentum bewirkt hat, um die hohen Menschengestalten, die in seinem Glauben und durch diesen Glauben lebten, kann nicht verwehren zu sehen, wie jene Grundverkehrung in der Geschichte böse Folgen hatte, die sich in die Hülle heiliger absoluter Wahrheit kleideten.

Werfen wir einen Blick auf einige Folgen dieses Ausschließlichkeitsanspruchs. Schon das Neue Testament läßt Jesus, der keinen Widerstand leistet und die Bergpredigt lehrt, doch die Worte sprechen: Ich bin nicht gekommen, Frieden zu bringen, sondern das Schwert. Es wird die Alternative aufgestellt, ihm zu folgen oder nicht zu folgen: Wer nicht für mich ist, der ist wider mich.

Dem entsprach das Verhalten vieler Christusgläubigen in der Geschichte. Nach der von ihnen gedachten Heilsordnung sind alle Menschen verloren, die vor Christus oder ohne Christus lebten. Die vielen Religionen sind eine Summe von Unwahrheiten oder bestenfalls Teilwahrheiten; ihnen Angehörige sind insgesamt Heiden. Diese sollen ihre Religion aufgeben und dem Christusglauben folgen. Die universale Mission verkündete nicht nur diesen Glauben allen Völkern mit allen Mitteln der Propaganda, sondern hat immer wieder im Hintergrund den Willen gehabt, den Glauben aufzuzwingen, wo er nicht willig angenommen wird (coge intrare). In der Welt werden Vernichtungsmaßnahmen, Kreuzzüge entfesselt. Unter sich haben die christlichen Konfessionen Religionskriege geführt. Die Politik wird das Mittel der Kirchen.

So wird der Machtwille zu einem Grundfaktum dieser religiösen Wirklichkeit, deren Ursprung mit Macht nichts zu tun hatte. Anspruch auf Weltherrschaft ist die Folge des Ausschließlichkeitsanspruches der Wahrheit. In dem großen Prozeß der Säkularisierung – das heißt einer weltlichen Bewahrung biblischer Gehalte unter Abstreifung ihrer Glaubensgestalt – steht noch der Fanatismus des Unglaubens unter dem Einfluß des biblischen Ursprungs. Die säkularisierten weltanschaulichen Positionen innerhalb der abendländischen Kulturen haben so häufig diesen Zug der Absolutheit, der Verfolgung anderer Gesinnungen, des aggressiven Bekennens, der inquisitorischen Prüfung des anderen, immer infolge des Ausschließlichkeitsanspruches der von jedem vermeintlich vertretenen absoluten Wahrheit.

Angesichts dieser gesamten Realität bleibt dem philosophischen Glauben nur die schwer zu übernehmende Einsicht, daß gegen Kommunikationsabbruch und gegen das Verbot der nur noch unter Bedingungen zugelassenen Vernunft der beste Wille zu offener Kommunikation versagt.

Ich verstehe nicht, wie man zum Ausschließlichkeitsanspruch sich neutral verhalten kann. Das wäre möglich, wo man die Intoleranz als faktisch ungefährlich wie eine wunderliche Anomalie behandeln dürfte. So ist es aber mit dem biblisch fundierten Ausschließlichkeitsanspruch ganz und gar nicht. Er erstrebt aus der Natur seines Wesens den Anspruch durch immer wieder mächtige Institutionen und steht ständig auf dem Sprunge, von neuem die Scheiterhaufen für Ketzer zu entflammen. Das liegt in der Natur der Sache des Ausschließlichkeitsanspruchs in allen Gestalten der biblischen Religion, mögen auch noch so viele Gläubige für ihre Person nicht die geringste Neigung zur Gewalt oder gar zur Vernichtung der in ihrem Sinn Ungläubigen haben.

Weil Intoleranz gegen Intoleranz (aber auch nur gegen sie) unumgänglich ist, ist Intoleranz gegen den Ausschließlichkeitsanspruch dann notwendig, wenn er einen Glauben nicht nur verkündigt zur Prüfung durch andere, sondern ihn aufzwingen will durch Gesetz, durch Schulzwang usw.

Ganz anders der Christusglaube, der sich von dem Anspruch und den Folgen der Ausschließlichkeit befreit. Es ist eine Frage des Zeitalters, ob die Abnahme des Christusglaubens – die keineswegs das Ende des Christentums als biblische Religion bedeuten würde – nur ein vorübergehender Tiefstand oder die Folge einer endgültigen weltgeschichtlichen Veränderung ist. Es scheint heute, daß immer weniger Menschen an Christus als den einen, alleinigen Sohn Gottes, als den von Gott gesandten einzigen Mittler glauben. Das ist schwer zu prüfen. Der Glaube scheint Menschen persönlich hohen Ranges noch zu erfüllen. Es ist eine nicht vorweg zu beantwortende Frage, ob der Christusglaube verwandelt aufgefangen werden kann als Moment der biblischen Religion, befreit von dem Stigma der Ausschließlichkeit. Was er dann bedeuten würde, das ist eine Frage innerhalb der biblischen Religion, wenn sie aus ihrer umgreifenden Wirklichkeit im Ganzen diesen verabsolutiert aus ihr heraustretenden Glauben wieder einschmilzt.

Der Ausschließlichkeitsanspruch liegt im Christusglauben, im jüdischen Gesetzesglauben, in der nationalen Religion, im Islam. Biblische Religion ist der umfassende geschichtliche Raum, aus dem jede Konfession unter Vernachlässigung anderer Inhalte je ihre besondere Betonung gewinnt. Die Bibel ist in ihrer Gesamtheit des Alten und Neuen Testaments das heilige Buch nur für die christlichen Konfessionen. Für die Juden gilt das Neue Testament, das von Juden hervorgebracht ist, nicht als zugehörig, ist aber in seiner ethischen und seinem monotheistischen Inhalt für die jüdische Konfession von nicht geringerer Bedeutung als für die christliche. Für den Islam gilt das

Buch nicht als heilig, obgleich er selber unter dem Einfluß von Juden und Christen aus derselben religiösen Grundlage entstanden ist.

Die Bibel und die biblische Religion haben den für das Philosophieren wesentlichen Grundcharakter, daß sie keine Lehre im Ganzen, nichts Abschließendes bringen. Der biblischen Religion im Ganzen gehört nicht der Ausschließlichkeitsanspruch zu, sondern nur einzelnen Ausprägungen, die in Fixierungen der geschichtlichen Bewegung dieser Religion geraten. Der Ausschließlichkeitsanspruch ist Menschenwerk und nicht auf Gott gegründet, der dem Menschen viele Wege zu sich geöffnet hat.

Die Bibel und die biblische Religion sind eine Grundlage unseres Philosophierens, eine ständige Orientierung und eine Quelle unersetzlicher Gehalte. Das abendländische Philosophieren ist – mag man es eingestehen oder nicht – stets mit der Bibel, auch dann noch, wenn es gegen sie kämpft. Über den positiven Charakter der Bibel für das Philosophieren machen wir zum Abschluß einige Bemerkungen.

Für die biblische Religion

In der Bibel kommen die äußersten rational unvermeidbaren Gegensätze zur Geltung:

1. Vom Opfer der Patriarchen bis zum verwickelt konstruierten täglichen Opferdienst im Tempel zu Jerusalem und bis zum Abendmahl der Christen geht durch die Bibel die *Kultreligion*. Innerhalb dieser Kultreligion ist immer wieder eine Tendenz zur Einschränkung und zur Spiritualisierung des Kultus, – so in der Abschaffung der »Höhen« (der vielen Kultstätten im Lande) zugunsten des einen Kultus im einen Tempel zu Jerusalem, – so dort weiter die Verwandlung des bodenständig erlebten und lebendigen Kultus in ein amtlich vollzogenes abstraktes Ritual, – so die Sublimierung des Kultus aus dem Opferdienst in das Abendmahl und die Messe. Immer ist es Kultus. Aber die Propheten beginnen sich leidenschaftlich *gegen den Kultus* überhaupt zu wenden (nicht nur gegen die Gesinnung, die den Kultus falsch bewertet). Jahwe spricht (Amos 5, 21): »Ich hasse, verachte eure Feste und kann eure Feiertage nicht riechen. Eure Gabe will ich nicht, und die Opfer eurer Mastkälber sehe ich nicht an. Hinweg von mir mit dem Geplärre eurer Lieder, euer Harfenspiel mag ich nicht hören.« Und Jahwe spricht (Hosea 6, 5): »Liebe will ich, nicht Opfer, Gotteskenntnis an Brandopfer statt.«

2. Vom Dekalog an und dem Bundesgesetz bis zu den umfangrei-

chen Gesetzen des Deuteronomium und des Priesterkodex geht die
Entwicklung der *Gesetzesreligion*. Das Gesetz ist da in der Offenbarung Gottes durch das Wort der Thora, ist geschrieben. Aber Jeremias
wendet sich *gegen das geschriebene Gesetz* überhaupt. »In Lüge hat
es der Lügengriffel der Schreiber verwandelt« (Jeremias 8, 8). Gottes
Gesetz liegt nicht im fixierten Satz der Schrift, sondern *im Herzen:*
»Ich will einen neuen Bund schließen, spricht Jahwe. Ich lege mein
Gesetz in ihr Inneres und schreibe es ihnen ins Herz« (31, 33).

3. Vom Bundesschluß in Moses' Zeit an zieht sich das Bewußtsein
des *auserwählten Volkes* durch die Bibel. Doch früh auch wird der
Charakter der Auserwähltheit aufgehoben. »Seid ihr mir nicht wie die
Kuschiten, ihr Israeliten?« ist der Spruch Jahwes. »Habe ich nicht Israel aus Ägypten hergeführt und die Philister von Kaphtor und die
Aramäer aus Kir?« (Amos 9, 7). Die Völker stehen in gleichem Rang.
Gott wird in der Exilzeit noch einmal zum Gott Israels, aber in einem
und zugleich als Weltschöpfer auch der Allgott, der für alle Völker
ist und sich sogar gegen die Engherzigkeit des Jona der Heiden Ninives erbarmt.

4. Jesus wird zum Christusgott. Aber von vornherein steht dagegen
der Satz von Jesus selbst: »Was nennst du mich gut? Niemand ist gut
als der eine Gott« (Mark. 10, 18).

Solche Beispiele lassen sich vermehren. Man darf die Behauptung
wagen, daß in der Bibel, auf das Ganze gesehen, alles in Polaritäten
vorkommt. Man wird am Ende zu jeder Fixierung im Wort die widersprechende Fixierung finden. Nirgends ist die ganze, volle, reine
Wahrheit – weil sie im Satz der menschlichen Sprache oder in der bestimmten Gestalt menschlichen Lebens nicht sein kann. In unserer
beschränkten Auffassung verschwindet uns jeweils der andere Pol.
Die Wahrheit berühren wir nur, wenn wir uns in hellem Bewußtsein
der Polaritäten durch diese hindurch ihr nähern.

So stehen gegeneinander die Kultreligion und die prophetische Religion des reinen Ethos; die Gesetzesreligion und die Liebesreligion;
der Einschluß in die starren Formen (um das kostbare Gut des Glaubens durch die Zeit zu retten) und die Aufschließung für den Menschen, der Gott nur glaubt und liebt; die Priesterreligion und die freie
Gebetsreligion Einzelner; der Nationalgott und der Allgott; der Bund
mit dem auserwählten Volk und der Bund mit dem Menschen als
Menschen; die Rechnung von Schuld und Strafe in diesem Leben selber (Glück und Unglück als Maß von Verdienst und Sünde) und die
Haltung des Glaubens des Jeremias, des Hiob vor dem Geheimnis;
Religion der Gemeinschaft und Religion der Gottesmänner, Seher,
Propheten; magische Religion und ethische Religion des vernünfti-

gen Schöpfungsgedankens. Ja in der Bibel sind noch eingeschlossen die großen Gegensätze zum Glauben: im Unglauben der Dämonologie, der Menschenvergötterung, des Nihilismus (dieser letztere im Prediger Salomo). Die Folge dieser Polaritäten innerhalb der Bibel ist, daß sich alle Parteien und Tendenzen in der nachfolgenden Geschichte irgendwo auf die Bibel berufen konnten. Die Polaritäten, die dort klar entwickelt sind, sind immer wiedergekehrt, jüdische Theokratie in christlichen Kirchen, Freiheit der Propheten in Mystikern, in Reformatoren, das auserwählte Volk in einer ganzen Reihe sich für auserwählt haltender christlicher Völker, Gemeinden, Sekten. Es ist immer ein Wiederherstellen, ein Gegenwirken gegen Fixierungen, ein lebendiges Schaffen auf dem Grunde der biblischen Religion. Als ob es das Geschick des Abendlandes gewesen sei, durch die unerschütterliche Autorität des ihm zugrunde gelegten heiligen Buches alle Widersprüche des Lebens vorgebildet zu haben und dadurch frei zu werden für alle Möglichkeiten und den unaufhörlichen Kampf zum Emportreiben des Menschen, der sich in seinem freien Tun von Gott geschenkt weiß.

Die Bibel umfaßt in ihren Texten geistige Niederschläge der primitivsten und sublimsten menschlichen Wirklichkeiten. Das hat sie mit anderen großen Urkunden der Religion gemeinsam.

Aber schon das Barbarische im Anfang hat jene antike Größe, die uns zögern läßt, es einfach barbarisch zu nennen. Unbefangen werden die Dinge ausgesprochen. Etwas Ehernes spricht uns an in der Naivität.

Durch die Bibel geht eine Leidenschaft, die einzig wirkt, weil sie auf Gott bezogen ist. Gott ist im Feuer des Vulkans, im Erdbeben, im Gewitter. Er steigert sich ins Unnahbare, läßt jene Stürme zu seinen Boten werden, während er selber im leisen Säuseln unheimlich gegenwärtig wird, – er erhebt sich wie über alle Bilder auch über diese sinnlichen Erscheinungen zum schlechthin transzendenten Schöpfer, zum Allgott, der unvorstellbar, über allen Leidenschaften, undurchdringlich in seinen Ratschlüssen, aber immer noch selber gleichsam persönlich ist in dem Pathos, von dem der Mensch sich ergriffen weiß.

Weil sie vor diesem Gott stehen, wachsen die Menschen der Bibel, während sie sich selbst als nichtig wissen, ins Übermenschliche. Diese Gottesmänner und Propheten ohne Waffen sind in ihrer Seele Heroen, die sich gegen ihre Umwelt – zuweilen als Einzelne gegen alle anderen – behaupten, weil sie sich als Knechte Gottes fühlen. Was in Legenden von Moses und Elias schon anschaulich, ganz wirklich in

Amos, Jesajas und Jeremias ist, das sind in der Tat Gestalten, wie Michelangelo sie sah.

Das Heldentum in der Bibel ist nicht der Trotz der Kraft, die auf sich steht. Das Wagen des Unmöglichen geschieht vielmehr im Auftrag Gottes. Der Heroismus wird sublimiert.

Aber der Gottesgedanke, der dies ermöglicht, kann leicht abgleiten vom Ursprung. Dann führt er zu einer Denaturierung des Heroismus in häßlich verzerrte Sturheit eines verkehrenden Geistes. Ein Schizophrener (Hesekiel) kann – einmalig – eine weltgeschichtliche Wirkung haben.

Es gibt dagegen die Bibelworte, die still, rein, wie die Wahrheit selber wirken. Sie sind selten und sind hineingenommen in einen Wirbel der äußersten Möglichkeiten. Das Maßlose, Ausschweifende, Häßliche ist ein Element der Bibel. Ein Schleier des Ausgeklügelten und Monotonen legt sich schließlich darüber. Aber sogar in diesem müssen noch die Triebkräfte gewirkt haben, die es verhinderten, daß später aus der Esrareligion eine tödliche Erstarrung wurde; vielmehr blieb die Glut lebendig, der Hiob, die Psalmen, Ruth und Prediger entstammen.

Eine ständige Gebundenheit der Wahrheit der Bibel an die Materie von Mythen, soziologischen Realitäten, unhaltbaren Weltbildern, an primitives vorwissenschaftliches Wissen läßt die Erscheinung der biblischen Wahrheit, die für sich geschichtlich ist, in der Folge nur historisch werden. Die Gewänder dieser Erscheinung sind schon in der Bibel selber auswechselbar.

Es fehlt in der Bibel, mit Ausnahme verschwindender Ansätze, das philosophische Selbstbewußtsein. Daher die Stärke der sprechenden Existenz, der Ursprung des Offenbarwerdens von Wahrheit, – aber die ständigen Ausschreitungen nach entgegengesetzten Seiten. Es fehlt die Herrschaft denkender Prüfung. Leidenschaft wird durch Leidenschaft korrigiert.

Die Bibel ist das Depositum eines Jahrtausends menschlicher Grenzerfahrungen. Aus diesen wurde der Geist des Menschen hell, daß er Gottes und damit erst seiner selbst gewiß wurde. Das gibt die einzige Atmosphäre der Bibel.

In der Bibel sieht man den Menschen in den Grundweisen seines Scheiterns. Aber so, daß die Seinserfahrung und die Verwirklichung gerade im Scheitern offenbar werden.

Im Verhalten zur Bibel kommt es immer darauf an, aus den Abgleitungen wieder zu gewinnen die sich gleichbleibende Wahrheit, die doch nie objektiv endgültig da ist. Wahre Verwandlung ist Rückkehr zum Ursprünglichen. Altgewordene Kleider müssen abgeworfen, gegenwärtig angemessene hervorgebracht werden. Das Ursprüngliche ist aber nicht das Anfängliche, sondern das Jederzeitige, das eigentlich und ewig ist. Ausgesprochen aber hat es sofort sein zeitliches Kleid. Doch in der Zeit ist in der Gestalt dieser Zeit sein Kleid dem Glauben gemäß.

Aber nicht bloß altgewordene Kleider sind abzuwerfen, sondern das Ursprüngliche aus den Fixierungen und Verkehrungen zurückzuholen – die polaren Spannungen sind zurückzugewinnen – die Klärung und Steigerung des ewig Wahren ist auf die jeweils schlichteste Weise zu versuchen.

1. *Zurückholen aus Fixierungen:* Die Wahrheit der biblischen Religion steht gegen die Fixierungen, die in ihr selber vollzogen wurden, die vielleicht einmal geschichtlich gültig waren, es aber jetzt für eine philosophische Besinnung nicht mehr sind. Wenn ich nicht irre, sind Beispiele solcher Fixierungen die nationale Religion, die Gesetzesreligion, die spezifische Christusreligion:

Preiszugeben ist die nationale Religion, wie sie in den frühen Stadien der biblischen Religion als israelitische Jahwereligion wirklich war und wie sie besonders von protestantischen, zumal kalvinistischen Richtungen wiederholt wurde, als sie sich in ihrem Christentum mehr auf Teile des Alten als auf das ganze und auf das Neue Testament stützten.

Preiszugeben ist die Gesetzesreligion, wie sie in Esra und Nehemia, in den Hauptteilen des Priesterkodex und in vielen Redaktionen der alttestamentlichen Schriften als das Judentum im engeren Sinne Gestalt gewonnen hat. Preiszugeben ist mit der Gesetzesreligion die Priesterherrschaft (Hierokratie), wie sie vom Judentum unter Fremdherrschaft geschaffen und verwirklicht, von christlichen Kirchen fortgesetzt oder beansprucht wurde.

Preiszugeben ist die Christusreligion, die in Jesus Gott sieht und auf einen Opfergedanken des Deuterojesajas, angewandt auf Jesus, das Heilsgeschehen gründet.

Jede dieser drei Religionsformen wird eng, obgleich jede ausgeht von einem Wahrheitsmoment. Aber die nationale Religion kann als solche nicht die absolute sein und kann nur eine vordergründige Erscheinungswahrheit aussprechen. Die Gesetzesreligion veräußerlicht die Tiefe des Gesetzesgedankens und läßt ihn in eine Mannigfaltigkeit von Absurditäten sich auflösen.

Die Christusreligion enthält die Wahrheit, daß Gott zum Menschen durch Menschen spricht, aber Gott spricht durch viele Menschen, in der Bibel durch die Reihe der Propheten, in der als letzter

Jesus steht; kein Mensch kann Gott sein; Gott spricht durch keinen Menschen ausschließend, durch jeden auch noch vieldeutig.

Die Christusreligion birgt weiter die Wahrheit, den einzelnen Menschen auf sich selbst zu verweisen. Der Christusgeist ist Sache eines jeden Menschen. Er ist das Pneuma, das heißt der Geist eines Enthusiasmus im Aufschwung zum Übersinnlichen. Er ist weiter die Offenheit für das eigene Leiden als Weg zur Transzendenz; wer das Kreuz auf sich nimmt, kann die Vergewisserung des Eigentlichen im Scheitern erfahren. Der Christusgeist ist schließlich die Bindung an die von Gott geschenkte nobilitas ingenita, der ich folge, oder die ich verrate, die Gegenwärtigkeit des Göttlichen im Menschen. Wenn aber dann die Christusreligion bedeutet: das glaubende Erfassen des rettenden Christus außer mir durch Verwirklichung des Christusgeistes in mir, so bleibt zweierlei für unser Philosophieren unumgänglich: der Christus in mir ist nicht an jenen einmaligen Jesus-Christus ausschließend gebunden und der Jesus ist als Christus, als Gottmensch ein Mythus. Die Entmythisierung darf hier nicht willkürlich haltmachen. Auch der tiefsinnigste Mythus bleibt Mythus und ist ein Spiel, und er wird eine objektive Garantie nur, sei es durch eine religiöse Wahrheit (die das Philosophieren nicht zu sehen vermag), sei es durch Täuschung.

2. *Zurückgewinnen der polaren Spannungen*: Es gehört zur Aneignung der in der Bibel zur Erscheinung kommenden Wahrheit, daß die in der Bibel vorkommenden Widersprüche bewußt vergegenwärtigt werden. Widersprüche haben einen mehrfachen Sinn. Rationale Widersprüche führen zu Alternativen, von denen nur die eine Seite richtig sein kann. Widerstreitende Kräfte bilden je ein polares Ganzes, durch das das Wahre wirkt. Dialektische Widersprüche bedeuten eine Gedankenbewegung, durch die hindurch das Wahre spricht, das einer direkten Aussage nicht zugänglich ist.

Die biblische Religion ist ausgezeichnet durch die Fülle des Widersprechenden, des polar Gespannten und des Dialektischen. Nicht durch den Willen allein, sondern durch die ständige Bereitschaft, für das Widersprechende sich offenzuhalten, kann die vorantreibende Energie der Spannung erhalten oder kann sie wiedergewonnen werden, wo sie verlorenging. Verstand und Ruhebedürfnis ebenso wie zerstörender Kampfeswille wollen die Gegensätze vernichten, um die Herrschaft des Eindeutigen und Einseitigen aufzurichten.

In den biblischen Schriften sind die Grundspannungen wiederzuerkennen, die das Abendland bis heute in Bewegung erhalten haben: Gott und Welt, Kirche und Staat, Religion und Philosophie, Gesetzesreligion und prophetische Religion, Kultus und Ethos.

Die gleichbleibende Wahrheit ist daher zu ergreifen nur zugleich mit der Offenheit für die Unlösbarkeit der Daseinsaufgaben, mit der Infragestellung jeder verwirklichten Erscheinung, mit dem Blick auf das Äußerste, mit dem Scheitern.

3. *Klärung und Steigerung des ewig Wahren*: Durch die Erfahrung der Spannungen, der Dialektik und der zur Entscheidung drängenden Widersprüche ist positiv zu ergreifen, was sich in Worten nur abstrakt sagen läßt, die Wahrheit, die in den Grundcharakteren der biblischen Religion umrissen wurde. Momente dieser Wahrheit, noch einmal ausgesprochen, als philosophischer Glaube, sind:

der Gedanke des einen Gottes,

das Bewußtsein der Unbedingtheit der Entscheidung zwischen Gut und Böse im endlichen Menschen,

die Liebe als Grundwirklichkeit des Ewigen im Menschen,

die Tat – inneren und äußeren Handelns – als Bewährung des Menschen,

die Ordnungsideen der Welt als zwar jeweils geschichtlich unbedingte, aber ohne Absolutheit und Alleingültigkeit ihrer Erscheinung,

die Ungeschlossenheit der geschaffenen Welt, ihr Unbestand aus sich, das Versagen aller Ordnungen an Grenzen, die Erfahrung des Äußersten,

die letzte und einzige Zuflucht bei Gott.

Wie blaß wirkt alles Gesagte angesichts der eigentlich religiösen Wirklichkeit! So wie wir die Frage erörtern, geraten wir sogleich auf die Ebene philosophischen Glaubens. Die Erneuerung religiösen Glaubens aus dem Ursprung wird von uns unwillkürlich gesehen als Erneuerung des im Religiösen verborgenen philosophischen Glaubens, als Verwandlung der Religion in Philosophie (oder philosophische Religion). Das aber wird gewiß nicht der Weg der Menschheit sein, wenn auch vielleicht der Weg einer Minderheit.

Der Philosoph kann unmöglich dem Theologen und den Kirchen sagen, wie sie es machen sollen. Der Philosoph kann nur hoffen, mitzuarbeiten an den Voraussetzungen. Er möchte helfen, den Boden zu bereiten und den Raum der geistigen Situation fühlbar zu machen, in dem wachsen muß, was er nicht schaffen kann.

Was seit einem halben Jahrhundert immer mehr Menschen aussprechen, wird, obwohl bald alle es sagen, immer wieder schnell vergessen: ein neues Zeitalter ist im Entstehen, das den Menschen bis zum letzten Individuum einer so radikalen Verwandlung unterwirft, wie sie in historischen Zeiten noch nie geschehen ist. Weil aber die

Verwandlung der realen Lebensverhältnisse so tief geht, muß die Wandlung religiöser Gewißheitsformen entsprechend tiefer gehen, um das Neue zu gestalten, daß es tragbar und beseelbar wird. Es ist eine Verwandlung dessen zu erwarten, was wir die Materie, das Kleid, die Erscheinung, die Sprache des Glaubens nannten, und zwar eine Verwandlung, so stark wie alle anderen Verwandlungen unseres Zeitalters, – oder aber es geht die ewige Wahrheit der biblischen Religion dem Gesichtskreis der Menschen verloren; er erfährt sie nicht mehr, und kein Gedanke kann ersinnen, was an deren Stelle treten könne. Daher ist ein Ausholen zur Wiederherstellung der ewigen Wahrheit zu fordern, das bis in die letzten Ursprünge geht und unbekümmert um historische Vergänglichkeiten diese Wahrheit in neuer Sprache zur Erscheinung bringt.

Der Philosoph gerät hier nur in Fragen, auf die er die Antwort nicht finden kann, während er doch weiß, daß die Zukunft die Antwort gewiß geben wird. Solche Fragen sind:

Was kann an Dogmen fallen, weil sie dem modernen Menschen in der Tat fremd geworden und ohne Glaubhaftigkeit sind? Mag man vom Fallenlassen der Dogmen zunächst noch schweigen, so muß doch der Denkende fragen: welche Dogmen sind es, die sogar von den Bekennenden durchweg nicht mehr geglaubt werden?

Wo ist der feste religiöse Boden, der bleibt?

Gibt es ein Absurdes, das als Glaubensinhalt auch heute tragbar oder gar erfordert ist? Man könnte meinen, daß die Fähigkeit gerade zu gröbsten Absurditäten im modernen Menschen sogar wunderlich gesteigert ist. Er verfällt so leicht dem Aberglauben. Wo Aberglaube ist, kann aber nur Glaube siegen, nicht Wissenschaft. Welche Absurdität kann heute noch unumgängliches Signum eines echten Glaubensinhalts sein?

Wenn eine Verwandlung aller Dogmen vollzogen wird, wer schafft sie?

Gibt es heute noch in den Volksmassen ein Schwergewicht durch kirchliche Gebräuche als Ausdruck unbedingten Glaubens? Oder müssen die Volksmassen in ihrer Fähigkeit zur Hingabe bis zum Märtyrertum neu entzündet werden durch Gehalte aus einer neuen, wirklich restlosen Wahrhaftigkeit? Oder sollte schließlich doch am Ende bewußte Unwahrhaftigkeit überlegener Geister – wie Plato meinte – eine Bedingung des Fortganges der Massenprägung und der Überlieferung auch der tiefsten Gehalte sein? Ich glaube: Nein. Welche Lügen wären dann heute die unumgänglichen und wirksamen? Gewiß keine solchen, die damit Träger der Wahrheit würden.

Wieder werden wir uns bewußt, mit all solchen Fragen nicht das zu treffen, worauf es eigentlich ankommt. Es ist das dem Philosophen unzugängliche Religiöse selber, das vorgegeben schon dasein muß. Es kann nicht geplant, nicht von außen angeschaut werden. Die Bedeutung des Kultus, der Riten, der Feste, der dogmatischen Vergewisserung, der Priester wird bei philosophischer Erörterung gewichtslos. Ist das ein entscheidender Gegeneinwand gegen alle Philosophie? Ist die Idee philosophischen Glaubens heute wie zu allen bisherigen Zeiten eine blutleere Illusion? Man sagt es uns. Ich glaube es nicht.

Es ist nicht nur unzureichend, was der Philosoph zur Religion sagt. Er scheint die Religion auch nie erreichen zu können, wenn er von ihr redet.

Philosophie hat den Antrieb zur ständigen Erweiterung ihres Horizontes. Sie geht mit ihrem Blick von der bestimmten Bekenntnisreligion zur umfassenderen biblischen Religion, von dieser zur Wahrheit in allen Religionen. Damit geht ihr aber gerade das verloren, was wirkliche Religion auszeichnet. Während Philosophie meint, durch Ausweitung zum Universalen in die Tiefe der Religion zu dringen, verliert sie die Leibhaftigkeit der Religionen. Während sie sieht, daß diese Leibhaftigkeit des gemeinschaftlich in bestimmter Überlieferung vollzogenen Glaubens die notwendige Gestalt der Religion ist, ist sie selber ihr fern, weil sie das nicht vollziehen, ja nicht eigentlich begreifen kann, was sie sieht.

Philosophie, ob sie nun die Religion bejaht oder bekämpft, entzieht sich in der Tat der Religion, aber auf eine Weise, in der sie sich ständig mit ihr beschäftigt.

a) *Philosophie setzt sich ein für die biblische Religion*: Philosophie im Abendlande kann sich dem Tatbestand nicht verschließen, daß noch keiner der großen Philosophen ihres Bereichs bis Nietzsche einschließlich ohne gründliche Kenntnis der Bibel philosophiert hat. Dieser Tatbestand ist nicht zufällig. Wir wiederholen noch einmal:

Erstens: Philosophie kann nicht leisten, was Religion dem Menschen gibt. Daher läßt sie zum mindesten den Raum für Religion frei. Sie zwingt sich nicht als alleinige und ganze Wahrheit für jedermann auf.

Zweitens: Philosophie kann sich auf die Dauer schwerlich in der Welt halten, wenn die menschliche Gemeinschaft nicht religiös lebt. Denn die philosophischen Gehalte leben im Volke durch religiösen Glauben. Die philosophische Mitteilung im Denken hat keine bezwingende Macht, sondern klärt nur im einzelnen Menschen, was aus diesem selbst entgegenkommt. Philosophie würde in immer seltener werdenden Einzelnen sich zerstreuen und schließlich verschwinden, wenn die Menschengemeinschaft nicht lebt aus dem, was auch im philosophischen Glauben hell wird. Philosophie kann die soziologisch wirksame Überlieferung der dem Menschen unerläßlichen Gehalte nicht verwirklichen, welche allein in der religiösen Überlieferung von früher Kindheit an stattfindet und mit dieser auch die Philosophie trägt.

Drittens: Die Gehalte der Bibel sind für uns durch kein anderes Buch ersetzbar.

b) *Philosophie überschreitet die biblische Religion*: Der Verkehr der Menschen, der alles, was auf der Erde hervorgebracht wurde, in Berührung gebracht hat und zu immer ernsthafterer gegenseitiger Mitteilung drängt, hat neben der Bibel zwei andere große Kreise der Religion für uns sichtbar werden lassen: Indien mit den Upanischaden und dem Buddhismus, China mit Konfuzius, Laotse. Dem nachdenklichen Menschen, der seine Seele öffnet, kann die Tiefe der von dort sprechenden Wahrheit nicht verschlossen bleiben, wo immer sie spricht. Die Seele will sich ins Grenzenlose erweitern.

Hier nun liegt ein Irrweg nahe. Aufklärung versuchte die wahre Religion dadurch zu finden, daß aus allen Religionen das Beste gesammelt wurde. Das Ergebnis ist aber nicht die eigentliche Wahrheit, gereinigt von historisch Zufälligem, sondern eine Sammlung durch Aufklärung verwässerter Abstraktionen. Die Quelle dieses universalen Glaubens wurde in der Tat nur ein kritisch messender Verstand. Der Gehalt ging verloren. Das Ergreifende verschwand. Triviale Allgemeinheiten blieben übrig.

Da aller Glaube geschichtlich ist, liegt seine Wahrheit nicht in einer Summe von Glaubenssätzen, sondern in einem Ursprung, der sich in mannigfachen Gestalten geschichtlich zur Erscheinung bringt. Die vielen Religionen führen zwar zur einen Wahrheit, aber diese ist nicht geradezu erreichbar, sondern immer nur auf den Wegen, die wirklich gegangen werden und nicht alle zugleich und gleicherweise gegangen werden können.

Daher kann rationale Kritik dieses Wahre nicht ergreifen. Vielmehr muß der Mensch im Zusammenhang seines eigenen Schicksals mit dem Angesprochenwerden aus der Überlieferung die Wahrheit sich offenbar werden lassen, das heißt sie aneignen. Das kann beim Hören aus der Tiefe des Vergangenen nur geschehen im Sichgeschenktwerden durch inneres Handeln.

Der Religion gegenüber aber wird Philosophie folgende Sätze für die Praxis gutheißen: um an der biblischen Religion teilzuhaben, muß man in der Überlieferung einer bestimmten Konfession aufwachsen. Jede Konfession ist gut in dem Maße, als die in ihr lebenden Menschen der biblischen Religion im Ganzen innewerden trotz der bestimmten verendlichenden Ausformungen der besonderen historischen Gestalt. Treue und geschichtliches Bewußtsein und Unbefangenheit binden an die Konfession, in der ich zum Bewußtsein erwacht bin. Konfessionswechsel ist schwer möglich ohne Bruch in der Seele. Aber in jeder konfessionellen Gestalt der biblischen Religion ist zwar die historische Erscheinung der Glaubensfixierung begrenzt, doch im einzelnen glaubenden Menschen die Gegenwart der vollen biblischen Religion möglich und wirklich. Quer durch alle Konfessionen geht die Gemeinschaft der Frommen. Und die endlosen Kämpfe, Abgrenzungen und Verwerfungen, die hier vollzogen werden, darf man, das Wort Melanchthons benutzend, als das Feld der rabies theologorum betrachten.

c) *Autorität für die Philosophie*: Der Philosoph ist ein je Einzelner, er lebt auf eigene Gefahr aus eigenem Ursprung. Aber als Mensch ist er Glied eines Ganzen, und auch sein Philosophieren steht von Anbeginn in diesem Zusammenhang.

Dieser Zusammenhang wird in der Welt durch Staat und Religion in autoritativen Formen gesichert. Ohne Autorität ist kein Leben der Menschen möglich.

Die Kirchen sehen die Notwendigkeit der Massenführung, die Notwendigkeit der gültigen Bilder der Wirklichkeit, der Handgreiflichkeit in der Welt, die Notwendigkeit der geordneten Überlieferung. Ihr Anspruch auf umfassende Wahrheit verlangt Kontrolle des Tuns der Einzelnen und Lenkung ihrer öffentlichen Wirksamkeit. Als allumfassende Autorität des Wahren vermögen sie ihrer Idee nach alles Wahre aufzunehmen, allen Gegensätzen in sich Raum zu geben, überall die Synthese zu finden. Was kein Einzelner, da er endlich, besonders und einseitig ist, vermag, vermag die Kirche in ihrer Totalität.

Dagegen aber stellt sich immer wieder der Einzelne. Er muß in solchem Totalitätsanspruch, da er doch stets von Menschen erhoben wird und keineswegs die wahre Totalität verwirklicht, im Grunde eine Täuschung sehen. Trotz Anerkennung einer wahren Absicht in diesem Anspruch kann die faktische Autorität des Ganzen für ihn nicht die ganze Wahrheit sein. Er seinerseits aber als Einzelner kann diese Wahrheit wiederum auch nicht verwirklichen. Wenn er sich in seinem geistigen Tun auf sich selber stellt, so will er daher jene Totalität als Wirklichkeit des Anspruchs in der Welt, als unersetzliche Gestaltung von Überlieferung und Erziehung, als Ordnungsform nicht beseitigen. Doch er will ihr verwehren, daß sie erstarre und ausschließlich werde. Daher sucht er auf eigene Gefahr das Umfassendere im

Durchbruch durch die Totalität einer in der Welt wirklich gewordenen Autorität. Er sucht das Umgreifende in dem Entwurf eines philosophischen Glaubens.

Dieser Glaube wird jedoch nicht von ihm erfunden, sondern er
gründet sich seinerseits auf Autorität. Denn er erwächst aus der
gesamten Überlieferung von der Zeit des letzten Jahrtausends
v. Chr. her.

Autorität ist nicht nur die in bestimmtem Gehorsam hinzuneh-
mende Führung durch eine Institution und ihre Vertreter, die Priester, sondern auch die in Ehrfurcht und vertrauendem Hören aneignend hingenommene Führung durch die Geistigkeit der großen
Vergangenheit seit drei Jahrtausenden. Von ihr gilt die Wahrheit: Einen anderen Grund kann niemand legen, als der von Anfang gelegt
ist. Von hier kommt die umgreifende Atmosphäre als die Autorität
einer schwebenden Führung, die sich einer für alle identischen Objektivität entzieht.

In dieser Autorität zu erwachsen, ist Bedingung allen gehaltvollen
Philosophierens. Die Gefahr der Verwässerung dieser Autorität zu
allgemeinen Abstraktionen, die für den Verstand faßlich und für ein
unverbindliches Gefühl erbaulich, in beiden Fällen existentiell nichtig
sind, wird überwunden durch den geschichtlichen Weg: Von der
Nähe zur eigenen Überlieferung in Familie, Heimat, Volk, verwurzelt
in der eigenen Vergangenheit, wird die Erweiterung und zugleich
Vertiefung vollzogen über die umfassenden Welten des Abendlandes
bis zur ganzen Menschheit, um am Ende in der Zeit von 800–200 v.
Chr. bewußt den Angelpunkt von allem zu finden. Dann wird die geschichtliche Überlieferung statt in einem System von Gedanken sich
zu nivellieren, vielmehr ein gehaltvolles Ganzes mit seinen Höhepunkten, seinen großen Menschen und Welten, mit seinen klassischen Auslegungen und seiner vielfachen Gliederung in historischer
Entfaltung.

Die Philosophie, immer in Gestalt der Bemühung eines Einzelnen,
sucht die Universalität zu verwirklichen, die Offenheit des Menschen
zu bewahren, das Einfache herauszuheben, es zu konzentrieren und
in seiner Unergründlichkeit zu erhellen.

Ob solches Bemühen zünden kann, ob die philosophische Vorarbeit
– die nur für Einzelne schon die Lebenserfüllung ist – durch Religionen genutzt wird, unterliegt keinem Plan. In allem Philosophieren
aber liegt eine Tendenz zur Hilfe für die religiösen Institutionen, welche in ihrer Weltwirklichkeit von der Philosophie bejaht werden,
ohne daß die Philosophen geradezu an ihr teilnehmen können.

Philosophische Wahrheit ist nicht als einzige in der Welt. Sie war bisher nirgends die Form der Wahrheit, in der die Mehrzahl der Menschen lebte. Aber im Philosophieren liegt die Offenheit für jede Weise des Lebenkönnens, nicht nur um sie zu verstehen, sondern um sie in dem Sinn ihrer Wahrheit anzuerkennen.

Doch stößt Philosophie dabei an Grenzen, wo ein Denken und Leben geschieht, in dem die Glaubensursprünge preisgegeben zu sein scheinen, ohne welche die Philosophie ihren Gehalt verlieren muß. Dieses Denken nennen wir Unphilosophie, wenn es als Philosophie auftritt, sich als Philosophie versteht, von anderen als Philosophie anerkannt wird. Unphilosophie wendet sich im Gewande von Philosophie gegen Philosophie. Da sie Verneinung der Philosophie bedeutet, muß Philosophie sich durch ihr Denken gegen sie wehren. Sie ist nicht nur ein Irrtum innerhalb des Philosophierens, der dann durch Einsicht korrigierbar ist, sondern ein grundsätzliches Irren in einer völligen Negation, die doch in durchschaubaren Ersatzbildungen positiv zu sein scheint. Sie ist korrigierbar in einer Wiedergeburt des im denkenden Zusichkommen sich selbst geschenkten Menschen. Das Scheinphilosophieren geht in breiten Strömen durch die Geschichte. Jeder Philosophierende muß in Übergängen diesem Schein verfallen. Der philosophische Mensch verwirklicht sich im Überwinden der ständig gegenwärtigen Unphilosophie in ihm selber.

Unglaube nennen wir jede Haltung, welche in der vermeintlich absoluten Immanenz steht unter Leugnung der Transzendenz. Dann ist die Frage, was diese Immanenz sei. Der Unglaube sagt: Das Dasein – die Realität – die Welt. Aber das Dasein ist nur verschwindende Gegenwärtigkeit, es wird vom Unglauben ergriffen in Bejahung von Werden und Schein als solchem. – Die Realität weicht gleichsam zurück, wenn ich sie an sich und im Ganzen erkennen will; sie wird vom Unglauben ergriffen in Verabsolutierung partikularer Realitäten. – Die Welt ist ungeschlossen, unübersehbar, ist Idee; sie wird für den Unglauben fälschlich zum Gegenstand in einem sich schließenden Weltbild. – Kurz, der Unglaube lebt im Schein, in vereinzelten Realitäten, in Weltbildern.

Der Unglaube ist nie beim Sein, aber er kann nicht umhin, einen Seinsersatz zuzulassen in Inhalten des Aberglaubens. Er anerkennt nur die Immanenz, aber er kann nicht umhin, die Transzendenz auf diese verkehrte Weise zur Geltung kommen zu lassen.

Die Vielfachheit der Unphilosophie erscheint gleichsam in Gestalten des Unglaubens. Sie verstehen sich selber als Glaube oder als Wissen oder als Anschauen. Sie berufen sich auf unmittelbare Wahrnehmungen und auf Gründe.

Ich wähle drei Beispiele des philosophischen Unglaubens, die Dämonologie, die Menschenvergötterung, den Nihilismus. Offen und verborgen begegnen sie uns. Sie hängen unter sich so eng zusammen, daß eine Gestalt solchen Unglaubens bald auch die andere hervortreibt. Sie sind ungemein schwer zu fassen, denn sie entziehen sich endgültiger Bestimmung. In ihrer Aussprache bedienen sie sich, unbewußt sich selber und andere täuschend, aller philosophischen Mittel. Will man sie charakterisieren, so gerät man bald zu fälschlichen Bestimmungen. Denn man zieht bestimmte Linien in einem tatsächlich sich ständig verwandelnden, sich anders zeigenden, sich selbst widersprechenden, unberechenbar aggressiven Durcheinander. Man hat keinen klar faßlichen Gegner sich gegenüber. Die Mystagogie in dämonologischer Anschauung verbindet sich mit der Vergötzung von Menschen, denen man sich unterwirft, und mit dem Nihilismus, mit dem man dies alles auch wieder auslöscht.

Die Charakteristiken, die ich versuche, sind idealtypische Konstruktionen von Möglichkeiten, die uns allen eigen sind. Aber jeder einzelne Mensch ist immer noch mehr und vor allem selber die Möglichkeit des Glaubens, der diese Weisen des Unglaubens überwindet. Und in diesen Weisen des Unglaubens selber ist noch Wahrheit verborgen, auf die wir am Ende uns zu besinnen haben.

Dämonologie

Eine Anschauung, welche mit unmittelbarer Überzeugung das Sein in Mächten, in wirksamen gestaltbildenden Kräften – aufbauenden und zerstörenden –, in Dämonen – wohlwollenden und bösartigen –, in vielen Göttern erblickt, dies Gesehene denkt und als eine Lehre ausspricht, nennen wir Dämonologie. Es vollzieht sich eine Heiligung sowohl des Guten wie des Bösen, und in allem eine Steigerung durch Miterblicken dunkler Tiefen, die in Bildern erscheinen. Das Immanente wird als selber göttlich erfahren, die Leidenschaft, die Macht, die Vitalität, die Schönheit, die Zerstörung, die Grausamkeit. Es gibt zwar keine Transzendenz, denn alles Sein ist für diese Anschauungswelt immanent, aber diese Immanenz ist nicht erschöpft mit der vom Bewußtsein überhaupt erkennbaren Realität; sie ist mehr als diese, sie gilt mit einem Worte Simmels als eine immanente Transzendenz, sofern die Wirklichkeit in der sinnlich und rational faßbaren Realität nicht aufgeht. Der paradoxe Ausdruck der immanenten Transzendenz meint nicht mehr die Dinge als mögliche Sprache der Gottheit, sondern die Transzendenz als Macht und Faktor in der Welt, und zwar notwendig in der Zerspaltenheit zu vielen Mächten.

Geschieht eine Hingabe an diese Mächte, so gewinnt das Erleben eine gehobene Bedeutung, seinen Glanz aus dem Geheimnis. Unheimlichkeit, Schauer, Entsetzen, Ergriffenheit, Hingerissenheit der Seele werden dieser Mächte inne und erblicken sie gleichsam leibhaftig. Der Kampf gegen sie steigert den Menschen selber in die Welt des Dämonischen hinein. Einsfühlen mit ihnen, Besessenheit vom Dämon verleiht den unbegründbaren Schwung der durch die Lehre der Dämonologie gerechtfertigten Notwendigkeit der Mächte, denen ich folge, und den Schwung des Aberglaubens an das Gelingen des eigenen Tuns und Lebens, Sehnsucht in die mythischen Zeitalter zurück, Aufstellung eigener neuer Mythen, Denken in Mythen ergreift den Lebensgrund.

Es ist der Drang im Menschen, das Göttliche sich nahzubringen, es unmittelbar zu erleben und gegenwärtig in der Welt zu erfahren. Das geschieht durch die Heiligung aller menschlichen Antriebe – ein »Gott« war es, nicht ich, der es tat –, und geschieht durch die Verzauberung der Welt im mythischen Licht des Göttlichen.

Heute wird gern von *Dämonen* und vom *Dämonischen* gesprochen. Jedoch ist der Sinn, der mit diesen Worten verbunden ist, ein so verschiedener, daß eine Vergegenwärtigung nützlich ist:

1. Wo *dämonologische Anschauung ursprünglich* war, da war sie wie der Mythos die geschichtliche Gestalt existentiell erfahrener Wirklichkeit. Die Wahrnehmung der Dämonen bedeutete aktive Auseinandersetzung mit ihnen, Kampf oder Hingabe.

Dann erwuchs dem Menschen die große Alternative: göttlich als dämonisch oder Gott als Transzendenz, innerweltliche Mächte (die vielen Götter) oder der eine transzendente Grund.

Der Einbau des Dämonischen in das vom Gottesgedanken her bestimmte Seinsbewußtsein geschah in der Folge entweder durch Verwandlung aus Mächten in mögliche Sprache, in Chiffren der Transzendenz, oder durch mythische Unterordnung der Dämonen als Engel, Boten und Mittler der Gottheit und des Teufels. Die Dämonologie verschwand, oder sie wurde unter Kontrolle gestellt.

Wenn nun in unserer heutigen Welt Dämonologie wiederherge-stellt wird, so zeigen sich dieser mythischen Denkweise nur unwirkli-che Phantasien. Es ist eine Täuschung, die Dämonen als Realitäten zu behandeln, als Faktizitäten hinzunehmen, mit ihnen gleichsam zu rechnen. Dämonen gibt es nicht. Im vernunftwidrigen Hinnehmen des sogenannten Erlebens geschieht die falsche Interpretation der Realität als Wahrnehmung von Mächten. Diese Verabsolutierung ei-ner unklaren Unmittelbarkeit wird zu einer Selbsttäuschung, die es erlaubt, sich mit Dämonen zu steigern und zu rechtfertigen in den Verwirrungen eines öden unter den Bedingungen der Wissenschaft und ihrer Folgen stehenden Zeitalters.

Wird die Alternative zwischen Dämonen und Gott nicht zu klarem Entschluß, so bringt das Durcheinander der Anschauung auch Ver-wirrung in Stimmung, Denken und Haltung des Menschen.

2. Anders wird es, wo das Dämonische der Ausdruck ist für etwas *Unfaßliches*, das *an der Grenze des Geschehens* wie meines Wollens und Wesens, obgleich nicht geradezu wahrgenommen, doch als ein Wirkendes vorgestellt wird. Hier handelt es sich nicht mehr um dä-monologische Weltanschauung, sondern um bildlichen Ausdruck für ein im Ganzen Unbegriffenes, für ein Ungewolltes, Verkehrendes, Zufälliges, das wie aus einem eigenen Ursprung überwältigend ein-wirkt. Es ist nicht mehr von Dämonen die Rede, sondern vom Dämo-nischen. Dieses aber gewinnt nicht Gestalt, wird keine Theorie, son-dern bleibt ein verschwindender Ausdruck für eine Grenze.

So hat der alte Goethe den Ausdruck des Dämonischen gebraucht und vom Dämonischen gesprochen, unüberbietbar eindringlich, aber gerade so, daß die Unfaßlichkeit sein Wesen bleibt. Denn es bewegt sich nur in Widersprüchen und ist unter keinen Begriff zu bringen. Daher bleibt auch bei Goethe das Dämonische ein unendlich vieldeu-tiges Wort, das er gegenüber dem Unbegriffenen anwendet, wenn er dieses als das Geheimnis eines Seienden, eines Geschehenden, eines Zusammenhangs aussprechen will und doch nur ahnungsvoll um-kreisen kann. So spricht Goethe, der von Dämonen in mannigfachem Sinn dichterischen Gleichnisses längst geredet hatte, vom Dämoni-schen:

»Es war nicht göttlich, denn es schien unvernünftig, nicht mensch-lich, denn es hatte keinen Verstand; nicht teuflisch, denn es war wohltätig; nicht englisch, denn es ließ oft Schadenfreude merken. Es glich dem Zufall, denn es bewies keine Folge; es ähnelte der Vorse-hung, denn es deutete auf Zusammenhang. Alles, was uns begrenzt, schien für dasselbe durchdringbar . . . Nur im Unmöglichen schien es sich zu gefallen und das Mögliche mit Verachtung von sich zu sto-

ßen . . . Es bildete eine der moralischen Weltordnung, wo nicht entgegengesetzte, doch sie durchkreuzende Macht . . .

Am furchtbarsten aber erscheint dieses Dämonische, wenn es in irgendeinem Menschen überwiegend hervortritt . . . Es sind nicht immer die vorzüglichsten Menschen, weder an Geist noch an Talenten,
selten durch Herzensgüte sich empfehlend; aber eine ungeheure
Kraft geht von ihnen aus . . . Alle vereinten sittlichen Kräfte vermögen nichts gegen sie, vergebens, daß der hellere Teil der Menschen
sie als Betrogene oder als Betrüger verdächtig machen will, die Masse
wird von ihnen angezogen. Selten oder nie finden sich Gleichzeitige
ihresgleichen, und sie sind durch nichts zu überwinden als durch das
Universum selbst, mit dem sie den Kampf begonnen.«

3. Goethe schildert das Dämonische als eine objektiv wirkende
Macht; er umkreist sie durch Nennung ihrer widersprüchlichen Er-
scheinungen. *Kierkegaard* erblickt das Dämonische ausschließlich im
Menschen. Dämonisch ist der Mensch, der sein Selbst absolut be-
haupten will. Kierkegaard erhellt dies Dämonische durch Aufweis des
Sinns des Selbstseins und der in ihm möglichen Verkehrung.

»Dämonisch ist jede Individualität, die ohne Mittelbestimmung
(daher die Verschlossenheit gegen alle anderen) allein durch sich
selbst im Verhältnis zur Idee steht. Ist diese Idee Gott, so ist die Individualität religiös, ist die Idee das Böse, so ist sie dämonisch im engeren Sinne.«

Sofern das Dämonische (im engeren Sinne) sich vollkommen
durchsichtig ist, ist es der Teufel. »Der Teufel ist nur Geist und insofern absolutes Bewußtsein und Durchsichtigkeit« (es ist für den völlig
anderen Sinn bei Goethe charakteristisch, daß Mephisto nicht dämonisch ist, weil er nur restlose Verstandeshelle und negativ ist). Aber
in der Tat kann das Dämonische des Menschen sich nicht durchsichtig
werden. Durchsichtigkeit erwächst im Selbst durch sein absolutes
Verhältnis zu Gott, nicht im absoluten Verhältnis zu sich als absolu-
tem Selbst.

Unverständlich zwar sind das Dämonische und das Göttliche:
»Schweigen sind beide. Schweigen ist die Hinterlist des Dämons, und
je mehr geschwiegen wird, desto schrecklicher wird der Dämon, aber
Schweigen ist auch der Gottheit Zeugnis in dem Einzelnen«; das Dämonische stellt wie das Religiöse den Menschen außerhalb des Allgemeinen. Aber dem Sichverfangen in der Undurchsichtigkeit des Dämonischen steht gegenüber das ins Grenzenlose Hellwerden vor Gott.
Der Verlorenheit im dämonischen Paradox steht gegenüber die Erlösung im göttlichen Paradox.

Das Dämonische als der trotzige Wille zum eigenen zufälligen

Selbst ist ein Verzweifelt-man-selbst-sein-Wollen. »Je mehr Bewußtsein in einem solchen ist, desto mehr potenziert sich die Verzweiflung und wird zum Dämonischen. Ein Mensch quält sich in irgendeiner Pein. Gerade auf diese Qual wirft er nun seine ganze Leidenschaft. Jetzt will er keine Hilfe. Er will lieber gegen alles rasen, will der von der ganzen Welt, vom Dasein unrecht Behandelte sein. In dieser Verzweiflung will er nicht einmal in stoischem Selbstverzicht er selbst sein, er will in Haß gegen das Dasein er selbst sein, er selbst nach seiner Jämmerlichkeit. Er meint, indem er sich gegen das ganze Dasein empört, einen Beweis gegen dieses, gegen dessen Güte zu haben. Dieser Beweis meint der Verzweifelte selbst zu sein, und der will er sein, um mit dieser Qual gegen das ganze Dasein zu protestieren.«

Dieser dämonische Wille, obgleich potenziert durch Bewußtsein, kann sich doch in der Tat nicht durchsichtig werden, sondern vermag sich nur im Dunkeln zu erhalten. Daher drängt er ins Bewußtsein und verstärkt zugleich alle Kräfte der Verschlossenheit. Denn er sträubt sich gegen das Offenbarwerden. Daher die widerspruchsvolle Verschränkung von Offenbarkeit und Verschlossenheit: »Die Verschlossenheit kann die Offenbarung wünschen, nur soll diese von außen zuwege gebracht werden, ihr also zustoßen. Sie kann die Offenbarung wollen, bis zu einem gewissen Grade, möchte aber einen kleinen Rest zurückbehalten, um dann die Verschlossenheit von vorn beginnen zu lassen. Sie kann die Offenbarung wollen, aber inkognito (bei manchen Dichterexistenzen). Die Offenbarung kann schon gesiegt haben; im selben Moment aber wagt die Verschlossenheit einen letzten Versuch und ist schlau genug, die Offenbarung in Mystifikation zu verwandeln, und nun hat sie gesiegt.« – »Die Frage ist, ob ein Mensch im tiefsten Sinne die Wahrheit erkennen, ob er von ihr sein ganzes Wesen durchdringen lassen, alle ihre Konsequenzen annehmen will, und ob er nicht im Notfall für sich einen Schlupfwinkel reserviert.« Das Dämonische ist raffiniert im Verstecken. Zum Verstecken dient das Dialektische. Darin verschleiert er sich »mit dämonischer Virtuosität der Reflexion«.

Da das Dämonische keinen Halt in sich hat, kann es nicht durchhalten. In der Verschlossenheit kann es doch das Schweigen nicht aushalten, »dann endet der Unglückliche damit, daß er jedem sein Geheimnis aufdrängt«. Aber zugleich hat er Angst vor dem Offenbarwerden: »Gegenüber einem, der ihm im Guten überlegen ist, kann der Dämonische für sich bitten, er kann mit Tränen für sich bitten, daß er nicht zu ihm rede, daß er ihn nicht schwach mache.«

Das eigentliche Kennzeichen des Dämonischen, der sich auf sein zufälliges Selbst als das Absolute zurückgezogen hat, ist, daß ihm nichts mehr ernst sein kann. »Man will die Ewigkeit nicht ernsthaft denken; man hat Angst vor ihr, und die Angst verfällt auf hundert Ausflüchte.«

4. In neuerer Zeit wird das Wort dämonisch unbestimmbar und oberflächlich *für alle störenden Unbegreiflichkeiten* – für das »Irrationale« – gebraucht. Das Ungewollte, das aus der Verwirklichung des Gewollten unerwartet entgegenkommt, heißt dämonisch. Die »Dämonie der Technik« ist das aus der Verwirklichung technischer Daseinsbewältigung wie etwas Selbständiges überwältigend Zurückwirkende. So heißt auch das Unbewußte dämonisch, wenn das nicht Durchhellte und nicht Durchhellbare aus den Tiefen des Seelenlebens den Menschen bezwingt. Nichtkönnen, Nichtwollen, Überwältigtwerden, Verstricktsein, Ausweglosigkeit – alles kann zu dem Ausruf führen: dämonisch! –

Alle diese vier ursprünglich sinnvollen Weisen, vom Dämonischen zu sprechen, von mythischer Objektivierung bis zu bloßem Gleichnis, von dem Glauben an eine wirkende Kraft in den Dingen bis zu dem Blick auf die Verkehrung der Freiheit im Menschen, gehen, ihres Ursprungs beraubt, mit ihrer Sinnverschiedenheit durcheinander in der modernen Dämonologie als Weltanschauung des Unglaubens. Diese Dämonologie ist unfaßlich wie Proteus, ein Nichts, das sich immer anders verkleidet und alle früheren Wendungen vom Dämonischen in seiner Vielfachheit benutzt.

Gegen diese dämonologische Weltanschauung ist daher vom Philosophieren her nur etwas zu sagen, wenn sie in gewissen typischen Redewendungen einen Augenblick bestimmt gefaßt und festgehalten wird. Die Kritik kann dann in folgenden Sätzen über die Dämonologie ausgesprochen werden:

1. *Die Transzendenz wird verfehlt.* Die Steigerung des immanenten Lebens durch Dämonisierung erreicht gerade nicht die Transzendenz. Ohne Gott bleiben die Vergötzungen. Die Götter selber sind Welt geworden. Sie nehmen teil an der Ohnmacht des Weltlichen, über ihnen waltet ein Anderes, absolut Fremdes, das Nichts.

2. *Der Mensch wird verloren.* Innerhalb der dämonologischen Weltanschauung ist Freiheit nur noch die Hinnahme des Schicksals, das den Menschen ergreift. Der Mensch kann zwar glücklich sein im Geraten seines Lebens unter günstigen Umständen – mit gelegentlicher melancholischer Erinnerung an die Unverläßlichkeit –, aber er wird unselig im Ausgeschlossensein vom Glück der Welt und dann nur leer und verzweifelt im Unglück. Es herrscht eine innere Gleichgültigkeit und eine selbstverständliche Härte gegen die, denen das Le-

ben mißlingt oder über die ein auswegloses Unglück kommt. Es gibt keinen unersetzlichen Wert des einzelnen Menschen. Die Humanität ist eine nur noch immanente Gesinnung, unter gewissen Bedingungen sich menschenfreundlich zu verhalten, nicht aber die Scheu vor der durch Bezug auf Transzendenz in der Ewigkeit verwurzelten Seele, vor dem Menschen als solchem.

3. *Der Bezug auf das Eine wird nicht gewonnen.* Vielmehr geschieht in Zerstreutheit eine Vielfachheit des Anschauens, zerfällt der Mensch in seine Möglichkeiten, deren er heute diese, morgen jene ergreift – das Leben wird Vergeßlichkeit. Das Leben mit Dämonen wird ein fließendes, im Unbestimmten Zergehendes. Dieser Unglaube ist nicht zu fassen in dem, was er eigentlich meint, da er sich immer anders interpretiert. Wir sind in ihm ausgeliefert an den Strom der Antriebe und Leidenschaften, die uns zerreißen. Alles kann gerechtfertigt werden. Trotz der Kraft eines Augenblicks fehlt die Kontinuität. Trotz der Intensität des Behauptens fehlt die Konzentration des Wesens.

Der Aufschwung zur Transzendenz des Einen ist überall in Überwindung der Dämonologie erfolgt. Sokrates hat sich den Dämonen entzogen, um seinem Daimonion und in diesem der Forderung der Gottheit zu folgen. Die Propheten überwanden den Baalsdienst, um Gott zu dienen.

4. *Dämonologie ist versenkt in die Natur.* Natur gilt als die letzte übergreifende Notwendigkeit. Die Tiere sind dämonisch. Und der Mensch fühlt sich dämonisch, soweit er wie ein Tier ist. Herrschaft dämonologischer Anschauung führt zum Verlust des menschlichen Selbstbewußtseins an die Natur. Bei einigem Wohlergehen gibt es eine dämonologische Anschauung als Naturvertrauen. Aber Naturvertrauen ist nicht Gottvertrauen. Stößt das Naturvertrauen an Grenzen, so findet das dann etwa noch bleibende Vertrauen in der Natur gerade keinen Grund. Naturvertrauen wird Götzendienst, wie er auf der ganzen Erde in Naturkulten vollzogen wurde.

5. *Moderne Dämonologie ist durchweg eine ästhetische Haltung.* Dafür ist charakteristisch die Unverbindlichkeit des dämonologisch Gedachten. Es ist ein Anschauen des vermeintlich Realen statt des Vollzugs eigener Wirklichkeit. Es ist ein Ausweichen in ästhetische Anschauung mit einem dunklen Willen zum Unbestimmten als dem für verkehrte Selbstbehauptung geeigneten Medium. Dadurch wird Leidenschaft als Affekt des Augenblicks ermöglicht, aber der Leidenschaft des lebentragenden, unbeirrbar durchhaltenden Entschlusses ausgewichen. Man kann zur Entscheidung auffordern zwischen Gut und Böse, dann aber sie selber wieder lähmen durch Anerkennen des

Bösen im Tragischen. Es wird eine ständige Verwechslung des Ethischen und Ästhetischen ermöglicht. Jetzt wird in moralischer Pathetik von Gut und Böse, dann ästhetisch vom Dämonischen gesprochen. Immer da, wo es ausweglos wird, ist es gestattet, vom Ethischen zum Ästhetischen überzuspringen. Der Mensch braucht nicht mehr einzustehen, weil er für jede Lage die falsche Großartigkeit ästhetischer Bilder bereit hat. Das Leben bleibt Zerstreutheit im Vielen des Zufälligen.

6. *Dämonologie entwirft ein Zwischensein, das weder empirische Realität noch transzendente Wirklichkeit ist.* Sie will die Realität ergreifen und verfehlt sie, indem sie ein illusionäres Übersinnliches zu fassen meint: sie verliert die Klarheit des Erkennbaren. Sie will das Übersinnliche und verfehlt es, indem sie es als ein Immanentes zu haben glaubt: sie verliert Gott. Aber alles, was nicht entweder Welt (als Realität nachweisbar) oder Gott ist, ist Täuschung und Illusion, gerade dann, wenn unser Erbauungs- und Sensationsdrang rauschhaft hingerissen, leidenschaftlich ergriffen ist. Es gibt Gott und die Welt, nichts dazwischen. Alle Realitäten können Sprache oder Boten Gottes sein durch das, was sie als Chiffren sind, es gibt aber keine Götter außer ihm, keine Dämonen. Es kommt darauf an, wie ich den Finger Gottes an den Grenzen der Realität spüre. Was sich dazwischendrängt, scheint materialistische Torheit oder gottlose Phantasterei zu sein.

Menschenvergötterung

Es ist ein universales Phänomen, daß Menschen einen einzelnen Menschen schwärmerisch verehren, ihn zum Übermenschlichen steigern, in ihm das Ideal des Menschseins verwirklicht sehen. Sie sind geneigt, sich ihm blindlings zu unterwerfen, von ihm Wunder zu erwarten. Es ist psychologisch etwas Analoges. Filmstars müssen inkognito reisen, wenn sie nicht von den Menschen erdrückt werden wollen. Gandhi muß sich planmäßig vor den »Darshan-Suchern« schützen (Darshan heißt Anblick eines Heiligen). Könige vollzogen in früheren Jahrhunderten, wo sie sich dem Volke zeigten, Krankenheilungen.

Die Vergötterung wirkt auf den Vergötterten zurück: die Menschen quälen den von ihnen als heilig Angeschauten, daß er sich verhalten muß, wie es dem Ideal entspricht. Sie erwarten von ihm, daß er sich fügt, sie zeigen ihn gleichsam vor; und er muß dasein. Es ist eine Gier der Massen nach Menschenkult. Es ist, als ob es eine Beruhigung wäre, wenn der einzig Vergötterte irgendwo sitzt, wie der Bienenschwarm durch die Königin in Ordnung bleibt.

Die sichtbarste Gestalt menschlicher Gewalt sind Herrscher und Heerführer. Der Eigenwille und die durchschnittliche Zügellosigkeit der Menschen führt zur Erscheinung des Tyrannen, der sie alle vergewaltigt. Wer nicht aus Freiheit dem Gesetz gehorcht, verfällt dem Zwang zum Gehorsam gegen äußere Gewalt. Nun geschieht das Erstaunliche. Der Tyrann, gleichsam dieses Werkzeug des Bösen zur Züchtigung des Bösen, wird Gegenstand der Vergötterung. Alexander, Cäsar, Napoleon und andere gehen als Idole durch die Geschichte. Es sind in der Tat außerordentliche Menschen durch tigerhafte Energie, Geistesgegenwärtigkeit, Instinkt für reale Kräfte, Gedächtnis, Arbeitskraft, Treffsicherheit für die Zwecke von Herrschaft und Macht. Schon zu Lebzeiten werden sie gesteigert, sei es, daß sie selber sich für Gott oder Gottes Sohn erklären, sei es, daß sie es sich gefallen lassen und als Herrschaftsmittel benutzen, was die Menge begehrt. Die Tyrannen werden Götter. Alexander wurde Gottes Sohn, die römischen Gottkaiser verwirklichten den staatlich gebotenen Kultus ihres numen. Wird aber dieser Aberglaube verworfen, so bleiben doch noch zumeist unvernünftige Huldigungen, bleiben Menschenidole als Gegenstand weltlicher Verehrung. Es ist immer wieder erstaunlich, mit welcher Selbstverständlichkeit die Tatbestände der Realität der vergötterten Menschen umgangen, verschleiert, umgedeutet werden. – Menschenvergötterung geht nicht nur auf Tyrannen. Mancher antike Philosoph wurde dämonisiert oder heroisiert. In der Welt matt werdender geistiger Bildung bleibt ein Rest dieser Haltung in der blinden Verehrung für große Menschen und für Scharlatane. Beide gelten dann als schlechthin unangreifbar. Die Neigung zu ihrer Mythisierung ist untilgbar.

Ein Mensch zwar erklärt sich nicht leicht selbst für einen Gott, wenn er nicht wahnsinnig ist und nicht damit Politik machen will. Eher gibt er die Einzigkeit, von Gott zu künden. Er ist der ausschließend Berufene und als solcher Gegenstand der Huldigung.

Menschenvergötterung ist auch ein Faktor in der Ausgestaltung großer Religionen. Die Interpretationsweise der Menschenvergötterung ist derart, daß jeweils die besondere geglaubte Gestalt nicht auf Menschenvergötterung beruhen soll. Man unterscheidet sie gerade von Menschenvergötterungen, die man als solche verwirft.

Warum die Menschenvergötterung?

Im Menschen ist die Neigung, einen vollendeten Menschen zu sehen, der gleichsam für ihn ist, was er selbst sein möchte, aber nicht sein kann.

Menschenvergötterung kann in der Welt die Instanz nicht entbehren, vor der absoluter Gehorsam (nicht relativer Gehorsam gegen Gesetze, Ämter, Institutionen) als Gehorsam gegen Gott möglich ist, oder der Drang zur leibhaftigen Nähe des verborgenen, fernen Gottes.

Manchmal wirkt die Menschenvergötterung wie ein Ersatz für Glauben, der sich als absurder Glaube gerade für den eigentlichen Glauben halten möchte. Dieser faktische Unglaube ist vielleicht daran kenntlich, daß er von anderen und von allen Glauben für seinen Gegenstand fordert, daß er fanatisch, lieblos, zornig ist, daß es ihm unerträglich ist, wenn andere nicht denselben Glauben haben. Alle sollen anbeten, was er anbetet.

Menschenvergötterung ist im Grunde eine der Weisen dämonologischer Anschauung. Wie in der Gottlosigkeit nach Dämonen als vermeintlicher Transzendenz gegriffen wird, so nach leibhaftigen Menschen, um sie zu vergöttern.

In welchen Motivzusammenhängen die Menschenvergötterung auch immer auftritt, zu welchen sublimen Formen und tiefsinnigen Deutungen sie sich steigern mag, in der Wurzel ist sie ein Irrtum. Der philosophische Glaube entschleiert die Menschenvergötterung in jeder Gestalt. Er vergißt keinen Augenblick die Endlichkeit und Unvollendbarkeit des Menschen. Er ist gewiß der Forderung Gottes, ihn nicht zu verwechseln, ihn nicht durch Falschheit aus seiner Verborgenheit zu reißen, in die er dann nur um so entschiedener zurücktritt. Er fordert vom Menschen, daß der Mensch es wage, vor ihm unmittelbar zu stehen und zu warten, was er ihm sage. Der Mensch soll sich ihm nicht entziehen, indem er einen Menschen sich als Absolutes vor Augen stellt und auf den Menschen statt auf Gott oder wie auf Gott hört. Es ist die harte Forderung, in der Leere der Welt zu ertragen, daß Gott nicht da ist wie irgend etwas in der Welt. Nur in dieser herben Situation bleibt der Mensch frei dafür, Gott zu hören, wenn Gott spricht, bleibt er bereit, auch wenn Gott nie sprechen sollte, bleibt er offen für die Wirklichkeit, die ihm geschichtlich zur Erscheinung wird.

In der Welt ist kein Mensch, der uns Gott sein könnte, wohl aber gibt es Menschen, deren Freiheit im Hören auf Gott uns zeigt, was Menschen möglich ist, und was uns ermutigt. Wir können nicht leibhaftig die Hand Gottes ergreifen, wohl aber die des Schicksalsgefährten.

Menschenvergötterung entwürdigt den Menschen, indem sie es ihm leichtmacht. Sie gibt ihm das Handgreifliche, während in der Welt seine Lage ist, dieses Handgreifliche entbehren zu müssen und statt dessen nur Chiffren und Bilder finden zu können auf dem Wege, auf dem er durch Gott selbst zu sich selbst kommen kann und daher soll.

Nihilismus

Während Dämonologie und Menschenvergötterung einen Glaubensersatz bringen, heißt die offene Glaubenslosigkeit der Nihilismus. Er wagt es, aufzutreten ohne Verkleidung. Alle Glaubensinhalte sind ihm hinfällig geworden, alle Auslegungen der Welt und des Seins hat er als Täuschung entlarvt; alles ist ihm bedingt und relativ; es gibt keinen Boden, kein Unbedingtes, kein Sein an sich. Alles ist fraglich. Nichts ist wahr, alles ist erlaubt.

Der Nihilismus kann nur dasein, wenn sein Träger lebt aus Antrieben der Vitalität, der Lebenslust, des Willens zur Macht. Indem er diese bejaht, hebt der Nihilismus sich auf zugunsten eines vitalen Glaubens.

Oder er ist wirklich ernst in der Erfahrung des Nichts. Ich kann nichts fühlen, nichts lieben, nichts schätzen. Meine Seele ist leer. Der nihilistische Gedanke begründet mir, daß ich darin Recht habe.

Oder eine grenzenlose Enttäuschung läßt mich den Zusammenbruch von allem, woran ich glaubte, erfahren – in der Treulosigkeit des Geliebten, im Betrug der Staatsführung, in der Lüge der autoritativ verkündeten Sätze. Der Weltlauf offenbart, wie alles, was galt, als Illusion versinkt. Der nihilistische Gedanke will mir begründen, daß meine Erfahrung nicht eine besondere sei, sondern das All des Seins in seinem Wesen offenbare.

Der nihilistische Gedanke kann aber negieren nur, wenn er ausgeht von einem Anerkannten, an dem gemessen das Nichts, die Enttäuschung, der Betrug, die Lüge, die Illusion, sich zeigen. Der Nihilismus bedarf, um sich auszusprechen, eines Bodens, der, wenn er wirklich ergriffen würde, den Nihilismus aufheben müßte zugunsten des Positiven, das auf diesem Boden gilt. Der radikale Nihilismus verfährt daher im Denken so, daß er zunächst an selbstverständlich anerkannten Maßstäben verwirft, um dann alles in einem einzigen Wirbel sich gegenseitigen Verneinens verschwinden zu lassen.

Versuchen wir einige Beispiele nihilistischer Negierungen:

1. *Es ist kein Gott.* – Denn das Dasein Gottes, des Weltschöpfers, ist nicht bewiesen, ist nicht einmal durch einen Ansatz eines Beweises auch nur als möglich oder wahrscheinlich erkannt.

Voraussetzung dieser Negation ist die Geltung dessen, was hier als

Beweismöglichkeit anerkannt wird, nämlich dingliche Aussagen über ein in der Welt Vorkommendes und rationale Beweise von endlichen Dingen mit endlichen Mitteln. Daher behandelt dieser negative Gedanke Fragen der Transzendenz wie Fragen nach endlichen Dingen in der Welt; und berührt gar nicht das, was in Sätzen von Gott getroffen werden soll, indem er den Inhalt als eine dingliche Aussage über ein in der Welt Vorkommendes nimmt.

2. *Es gibt keinen Zusammenhang zwischen Gott und Mensch.* – Denn solcher Zusammenhang kann nicht erfahren werden und wird nicht erfahren, weil es Gott nicht gibt. Was als solche Erfahrung ausgegeben wird, das beruht auf psychologischen Täuschungen und falscher Deutung von Erlebnissen.

Vorausgesetzt bei dieser Negation wird die Tatsächlichkeit von Erfahrung in der Welt und von Erlebnissen. Sie werden zum Sein an sich verabsolutiert, zumal in der Gestalt empirischer Erkenntnis des Geschehens in Raum und Zeit als Wiederholbarkeit. Geleugnet aber wird die existentielle Erfahrung der Freiheit.

3. *Es gibt keine Verpflichtung gegen Gott.* – Denn diese Verpflichtung ist in der Tat immer nur Bindung an vorhandene Gesetze und Befehle in der Welt. Hier ist Gehorsam möglich, der bedingt ist durch Macht und Geltung jener Instanzen.

Die Voraussetzung bei dieser Negation ist die der Absolutheit solcher Geltungen in der Welt. Von ihnen her wird die tiefe, unbedingte, lebentragende Verpflichtung geleugnet, die nirgends solchen bequemen Halt an Befehl und Gesetz hat. –

Diese Beispiele zeigen einen Nihilismus, der positivistisch ist. Er scheint eine durchgehende, platte Erfahrbarkeit des Daseins als das Sein anzuerkennen. Ist nicht nichts, so ist doch dieses Dasein, sofern es absolut gesetzt wird, nichtig. Aus solchem Positivismus beschäftigt sich der Nihilismus mit der Ordnung menschlichen Lebens unter der Voraussetzung, daß solche Ordnung aus dem Wissen von empirischen Realitäten zu entwerfen sei.

Zum Beispiel: Die geschlechtlichen Beziehungen sollen nach Prinzipien der Hygiene aus der Zielsetzung des glücklichen Lebens ohne weitere religiöse und ethische Sinngebungen geregelt werden. Voraussetzung ist die Absolutheit eines bloßen Lebens. Aber sie scheitert daran, daß weder das »Glück« eindeutig bestimmbar ist, – daß es zudem in jeder Gestalt sich als brüchig erweist, – und daß eine positivistische Regelung in der Tat nicht gelingt. –

In diesen Fällen tritt der Nihilismus, der zunächst noch verborgen ist, erst zutage, wenn die jeweilige unbefragte Voraussetzung (an richtiger empirischer Erkenntnis, gültigen Wertungen, technischen

Machbarkeiten) bewußt und damit hinfällig wird. Die Negationen bleiben dann erhalten, aber dazu wird auch noch das bei den Negationen jeweils vorausgesetzte Wahrheitsminimum negiert. Dann ist der Wirbel da, in dem kein Halt ist, außer der je gegenwärtigen sinnfremden Vitalität in ihrer gedankenlosen Unmittelbarkeit; der Mensch ist ausgeliefert dem Naturgeschehen, zu dem die Haltung des Nihilismus sich simplifiziert.

Ganz anders als dieser Nihilismus, den man den der Philister nennen könnte, ist der Nihilismus, wenn in seinem Ursprung das Entsetzen spricht vor der Realität von Welt und Menschenleben. Der Gottesgedanke selber – die Idee Gottes als Güte, Liebe, Wahrheit und Allmacht – wird zum Maßstab, um Gott und Welt zu verwerfen.

Wollte Gott Wahrheit, Güte, Liebe, so hätte er den Menschen und die Welt anders geschaffen. Also ist Gott entweder nicht allmächtig oder nicht gütig.

Durch die Geschichte hören wir die verzweifelten Anklagen des Menschen gegen Gott. Nicht Gott ist es, sondern ein böser Dämon, dem diese Welt ihr Dasein verdankt. Und diese Anklagen brechen zusammen in dem Nihilismus: es fehlt ja der Gegenstand der Anklage, es gibt weder Gott noch böse Dämonen, es ist so, wie es ist, – es ist nichts als diese Nichtigkeit und Teufelei des Menschseins.

Zusammengehörigkeit der drei Gestalten des Unglaubens: Dämonologie, Menschenvergötterung und Nihilismus gehören zusammen. Wie das Wahre in Richtung auf das Eine lebt, wenn auch die eine Wahrheit nicht faßlich vor Augen kommt, so scheint die Zerstreutheit der Unphilosophie insofern in ein Analogon des Einen zu geraten, als in ihr sich die Positionen gegenseitig hervortreiben.

Der Nihilismus ist unerträglich. Er sucht Auswege in Dämonologie und Menschenvergötterung. Hier greift er einen Halt. Die nihilistische Stimmung aber bleibt. Daher ist es im Raum der Dämonologie wie ein Drang zum Nichts, ein Ergreifen der Mächte aus dem Nichts.

In der Härte vor dem Nichts wird bei Ausbleiben der Verzweiflung das Leben zu einem Leben ohne Hoffnung, sei es aus Armut der Seele in Unempfindlichkeit, sei es mit dem Anspruch des Heroismus, der aber, da er sich weiß und absichtlich darstellt, nur heroistisch ist, Gebärde vollzieht, nicht Existenz.

Menschenvergötterung ist wie eine Errettung aus dem Nihilismus, aber selber schon verborgen nihilistisch. Sie muß enttäuschen, wenn der vergötterte Mensch lebendig da und Zeitgenosse ist. Dann läßt die Erfahrung, daß der Mensch doch nur Mensch ist, um so entschiedener in den Nihilismus zurücksinken. Von vornherein dient die Vergötterung des einen Menschen als Mittel zur Verachtung der anderen. Diese haben keinen Anspruch, werden als Material verwendet und verbraucht.

Wahrheit in jeder der drei Gestalten: Philosophisch besteht die Aufgabe, nicht nur abzuwehren, sondern zugleich die Wahrheit im Abgewehrten zu rechtfertigen.

In der *Dämonologie* liegt zugrunde die Wahrheit der Sprache der Chiffren der Transzendenz in der Welt. Es liegt ein Recht in der Anschauung des sinnlich unsinnlich Gegenwärtigen, der Physiognomie der Dinge und Ereignisse. Die mythologische Denkform birgt Wahrheit in sich, die verwandelt etwas Unüberwindliches hat. Ihr Verlust bedeutet eine Verarmung der Seele und eine Entleerung der Welt. Der Mensch, der solche Sprache nicht mehr hört, scheint nicht mehr lieben zu können. Denn im unsinnlich Transzendenten ist kein Gegenstand seiner Liebe mehr. Von daher kann zwar vielleicht die außerordentlichste Liebe in der Welt sich nähren und in Reinheit ohne Verwechslungen bleiben. Aber es kann dort auch der Mensch sich verlieren ins Weltlose, ins Unmenschliche und Fremde. Obgleich Dämonologie unwahr bleibt, kann und muß für den Menschen doch in den Bildern und Chiffren die Sprache Gottes fühlbar werden, wenn auch bei objektivierender Aussage unfaßlich vieldeutig. Es ist nicht nur die Schwäche unserer Endlichkeit, sondern auch die Liebe zur Welt als der Schöpfung Gottes, die uns verwehrt, außer in der Grenze eines Übergangs, im unsinnlich Transzendenten ausschließend Fuß zu fassen.

Der *Menschenvergötterung* liegt die Wahrheit zugrunde, daß in der Welt das einzig Eigentliche für den Menschen der Mensch ist. Es ist etwas im Menschen, das das Wort ermöglichte: Gott schuf den Menschen nach seinem Bilde; aber der Mensch ist abgefallen, und daher ist in jedem Menschen als Menschen das Gottesbild verschleiert. Große Menschen sind für die Nachfolgenden Orientierung und Vorbild, Gegenstand der Ehrfurcht und möglicher Weg des Aufschwungs, wenn sie auch immer noch Menschen sind mit ihrem Mangel und ihrem Versagen, daher nie Gegenstand einer Nachahmung. Es ist eine freie Beziehung des Menschen zum Menschen, wenn für den Einzelnen eine sein Leben tragende geschichtliche Bindung an bestimmte Einzelne besteht, gegründet in der Überlieferung und erfüllt in der Liebe.

Im *Nihilismus* wird ausgesprochen, was dem redlichen Menschen unumgänglich ist. In der Realität des Weltseins ist die Verzweiflung an der Grenze unausweichlich. Für jeden Glauben bleibt die Prüfung an der Möglichkeit des Nichts. Kein Glaube darf sich eine Sicherheit anmaßen, auf die ein objektiver Verlaß wäre. Der Charakter der Glaubensgewißheit als Wagnis und als Geschenk hat vor sich den Nihilismus als Drohung gegen allen Übermut, zu dem der Glaube neigen kann und in den er mit seinem Starrwerden so oft verfallen ist.

Der Nihilismus ist anders als Dämonologie und Menschenvergötterung, in die er ausweicht: der offenbare Nihilismus ist unwiderlegbar, wie umgekehrt kein Glaube beweisbar ist. Es liegt etwas Empörendes im hochmütigen Verachten des Nihilismus. Wer angesichts der entsetzlichen Sinnlosigkeiten und Ungerechtigkeiten diese nicht in ihrer vollen Realität vergegenwärtigt, sondern in einer fast automatischen Selbstverständlichkeit über sie hinweggeht durch Reden von Gott, kann uns unwahrhaftiger erscheinen als der Nihilist selber. Dostojewski zeigt auf das Quälen und Morden unschuldiger Kinder. Was ist das für ein Sein, eine Welt, ein Gott, durch die das möglich ist und zugelassen wird! Wem das Entsetzlichste angetan ist und wer von da an mit Haß und Empörung durch die Welt geht, zur Rache bereit, der ist gewiß der unbequemste Nachbar. Er selber flößt wiederum Furcht und Entsetzen ein. Gegen ihn erheben sich die Instinkte der Selbstbewahrung, die ihn vernichten möchten wie einen Wahnsinnigen. Wie der Mensch durch die Natur in Wahnsinn verfallen kann, so durch Menschen in dieses Entsetzen, das ihn schlechthin nihilistisch macht. Wir werden es nicht bejahen, nicht anerkennen, daß er das Recht hat, und erklären, daß das Böse böse bleibt, auch wenn es in Fortsetzung und in Gegenwirkung gegen vorhergehendes Böses geschieht. Aber wir werden unfähig, eine Harmonie des Seins zu glauben. Grenzenloses Mitleid, Ratlosigkeit im Schweigen, Hoffnungslosigkeit muß uns befallen. Man kann eher fragen: wie ist es möglich, daß wir nicht alle Nihilisten werden? – als daß man den Grund der Erfahrungen, die zum Nihilismus führen können, übersehe.

Und doch sind meine Vorlesungen durchgehend ein Versuch, den Nihilismus abzuwehren. Ich rede gerade das, was ich eben zu verwerfen schien, rede von Gott. Darum meine Zurückhaltung. Ich habe nichts zu verkündigen. Es bleibt der Anspruch an den Hörer, daß dieser aus seinem eigenen Wesen prüfe, den Sätzen des Vortragenden nicht einfach folge, vielmehr sie bestenfalls nur zum Anlaß nehme für eigene Vergewisserung.

Und so wage ich denn, wieder zu sagen: Dämonologie, Menschenvergötterung und Nihilismus vollziehen auf verschiedene Weise denselben Irrtum, in einem zu kurz langenden Zugriff das Wahre fassen zu wollen. Wo der eine Satz gegenwärtig ist: Gott ist, da muß all dieses Falsche wie Nebel vor der Sonne vergehen. Aber der Nebel drängt sich uns auf, denn in diesen Zugriffen nach ihm haben wir Leibhaftigkeit in der Welt, real Gegenwärtiges, Anschauliches, – das Wahre jedoch scheint im Unanschaulichen ungreifbar und damit wie nichts zu werden. Daher erreichen wir es nur auf dem Umwege über das Weltsein, verfallen immer wieder in jene Falschheiten, in deren Überwinden wir erst der Tiefe des eigentlichen Seins, der Gottheit, innezuwerden vermögen.

Gott ist das Fernste, ist die Transzendenz, vor der alles andere, wenn es absolut genommen wird, als in zu kurzem Zugriff gewonnen wird. Was aber Gott, die Transzendenz, sei, das ist wohl ins Unendliche zu erörtern, mit Negationen zu umkreisen, aber nie wirklich zu fassen.

Zusammenhang von Philosophie und Unphilosophie: Der Glaube gewinnt sich aus dem Unglauben. Wer nicht die Erfahrung des Unglaubens kennt, vollzieht auch keinen seiner selbst bewußten Glauben.

So ist es auch mit der Unphilosophie. Sie ist nicht einfach abzutun. Sie ist nicht etwas Überflüssiges, Zufälliges, Auszuschaltendes. Sie ist Philosophie an der Grenze. Übergang im Philosophieren selber. Aber sie ist doch zugleich das, was im Überwinden verworfen wird.

Die Transzendenz scheint auf allen Wegen einen Zugang zu sich zu ermöglichen. Wahrheit liegt noch auf den Wegen der Unphilosophie, deren jeder doch alsbald in eine bestimmte Falschheit führt: die Dämonologie in die Falschheit des Aberglaubens und des Ästhetizismus; die Menschenvergötterung in die Falschheit der Verwechslung von Gott und Mensch; der Nihilismus in die verzweifelt hassende Leerheit chaotisch zerrinnender Zufälligkeiten.

Was entweder im Übergang oder als Sprache oder als Stachel eine Wahrheit durch seine Funktion haben kann, das wird Falschheit durch Endgültigkeit und Verfestigung.

Bisher war die Rede von Inhalten des Unglaubens als Widerspiel der Philosophie. Das Mittel aber sowohl der nihilistischen wie der dogmatischen Unphilosophie sind Denkformen, die in der Natur der Sache angelegt sind, unvermeidlich auftreten und der methodisch bewußten Erhellung bedürfen.

Eine logische Vergegenwärtigung der philosophischen Denkungsweisen, die ein methodisch entfaltetes Transzendieren sind, und der Denkungsweisen des gegenständlichen Objektivierens und Fixierens, worin die Philosophie auf Sandbänke gerät, würde zu zeigen haben, was in welcher Gestalt Wahrheit ist.

Die Wahrheit ist einfach, die Falschheit mannigfaltig. Die Wahrheit hat Zusammenhang, die Falschheit ist zerstreut. Die Wahrheit ist unendlich, das Falsche endlos. Wahrheit baut sich auf, Falschheit zerstört sich selber.

Wahrheit ist der Ursprung unseres Denkens, und Wahrheit ist das Maß der Falschheit. Eine Übersicht über das mögliche Falsche wäre nur am Leitfaden des Wahren zu gewinnen, aus dem es durch Ableitung, Verkehrung, Umsetzung entsteht. Statt solcher Übersicht stehen hier nur einige *Hinweise auf Formen der Unphilosophie*.

1. *Die Verabsolutierung:* Der Fehler ist: Was auf einer Stufe des Seins oder des Denkens, was aus bestimmten Gesichtspunkten in bestimmten Hinsichten, was partikular gilt, das wird isoliert und absolut gesetzt.

Da alles Wissen einen jeweils begrenzten Sinn hat, da ferner alles Beweisen unter Voraussetzungen auf eine endliche Sache in der Welt sich bezieht, so ist die Forderung, Aussagen vom Sein im Ganzen, zum Beispiel von der Welt schlechthin, von Gott zu machen, falsch, sofern Aussagen verlangt werden, die eindeutig für sich bestehen, einen endgültigen Sinn haben und beweisbar sind. Beweisen läßt sich nur die Unbeweisbarkeit der allgemeinen Aussagen, zum Beispiel vom Weltganzen, seien diese negativ oder positiv.

2. *Die Ontologie:* Ontologie will eine Lehre sein vom Sein selbst an sich und im Ganzen. Sie wird jedoch in der Durchführung notwendig zu bestimmtem Wissen von etwas im Sein, nicht zum Wissen vom Sein selbst.

Es gibt in Wahrheit nur die Erhellung des Umgreifenden, die, selber in Bewegung und Unvollendung, in der Schwebe bleibt; es gibt ferner eine universale Kategorien- und Methodenlehre der Denkbarkeiten. Beide treten an die Stelle der immer unwahren Ontologie.

Ontologie ist, auch wenn sie Gott einschließt, am Ende immer Immanenzlehre, Lehre vom Bestehenden, vom Sein als Seiendem, so wie es vom Menschen erkannt wird. Gegen diese Verkehrung philosophischer Erhellung zum Seinswissen steht das wahre Philosophieren. Es verläßt nicht den Raum des Umgreifenden, vergißt nicht das zum Philosophieren ständig gehörende Transzendieren, bleibt offen dem Sein quer zur Zeit, das als die in der Geschichtlichkeit gegenwärtige Ewigkeit durch den Gedanken als Wirklichkeit fühlbar ist.

3. *Die leere Reflexion:* So heißt das Denken, das allein am Leitfaden der Denkformen, ohne Führung durch Gehalte, endlos fortschreitet, alles in Frage stellt, aber nur in der Bewegung der Negation, ohne den Antrieb aus dem Ursprung eines Umgreifenden, in dem diese Bewegung zugleich aufgehoben wäre. Es löst daher alles Gege-

bene nur auf, läßt jedes Ziel verschwinden. Dies endlose Vernichten vollzieht sich zum Beispiel als das psychologisch aus Motiven verständliche anklagende Denken in gehaltloser Ironie; es ist unbewußt und gewissenlos in bezug auf den Ursprung der eigenen Denkungsart.

4. *Die einseitigen Bekenntnisthesen:* Da alle existentiellen Bezüge zur Transzendenz dialektisch sind, ist die bestimmte Aussage ihrem unmittelbaren Inhalt nach stets falsch. Die Weise der Gewißheit liegt in der Dialektik, nicht im verstandesmäßigen Haben einer Sache.

Als Bekenntnissätze werden Verabsolutierungen gleichsam zur Fahne. Sie sind der Haltpunkt, Merkmal der Zugehörigkeit zu einer Gruppe in der Welt, Signum eines Enthusiasmus, Zeichen des Kampfes.

5. *Das credo quia absurdum:* Die Voraussetzungen der Logik des Verstandes gelten nur im Raum des Erkennbaren, das heißt der idealen mathematischen Gegenstände, der empirischen Erfahrbarkeit im Medium zwingender Erkenntnis. Daß in ihr das Sein nicht erschöpft ist, ist philosophisch erhellbar, und zwar durch die Antinomien, durch den spekulativen Ausdruck in Paradoxien.

Aber ein falscher und zugleich gewaltsamer Schritt ist der Versuch in den Formen gegenständlicher Wißbarkeit das empirisch oder logisch Unmögliche als Wahrheit auszusprechen, deren Anerkennung vom Glauben gefordert wird. Der Sinn objektiver Unergründlichkeit wird dann verkehrt zu der positiven Unmöglichkeit eines gegenständlich Ausgesprochenen, die Offenheit für Grenzen zu einer Selbstverneinung des Denkens, die Wahrhaftigkeit des Hörenkönnens in die Unwahrhaftigkeit eines sacrificium intellectus.

Diese Beispiele falscher Denkformen verwirklichen sich vermöge eigentümlicher *Umsetzungen,* zu denen wir jederzeit geneigt sind:

1. *Der Wahrheitsfanatismus, der unwahr wird:* Mit der Aufklärung des Dunkels, aus dem wir kommen, erwächst der Antrieb uneingeschränkter Redlichkeit. Alles soll durchleuchtet, gerechtfertigt, begründet werden. Es gibt nichts, was nicht der Frage unterworfen und geprüft werden dürfte. Ein Enthusiasmus der Wahrhaftigkeit will jede Gefahr wagen nur um der Wahrheit willen.

Aber dieser Antrieb bleibt selten rein. Mit dem Wahrheitswillen verbindet sich Überlegenheits- und Machtgefühl, es erwächst alsbald Kampflust, Zerstörungslust, Quälsucht. Der Haß bedient sich der scheinbaren Wahrhaftigkeit als eines Mittels.

Das wird erleichtert, weil hier die Frage nach dem Sinn von Wahrheit – eine gar nicht einfach zu beantwortende Frage – von Anfang an ungeklärt, ja ungestellt blieb. So geschah das Erstaunliche, daß der aufgeklärte Mensch unwahrhaftig wurde. Er konnte sich in Wahrheitsansprüche verschleiern, indem er um seine Daseinsinteressen kämpfte, und konnte als ein neurotisch Ratloser in Wahrheitspathetik sich austoben.

Insbesondere gehen im unwahrhaftigen Wahrheitsfanatismus Scheinselbstverständlichkeiten voraus, und zwar je nach Lage in mannigfaltiger Gestalt, zum Beispiel: die Welt sei bei klarem Verstand und gutem Willen richtig einzurichten; die Wahrheit könne nur gute, erwünschte Folgen haben; man müsse unter allen Umständen die Wahrheit sagen und sie jederzeit sagen. Oder umgekehrt erklärt man nach Enttäuschungen: die Welt sei verdorben; Wahrheit tauge nicht, sie zerstöre; man müsse die Wahrheit verbergen und die zweckmäßige, nützliche Lüge finden. So erreicht der Wahrheitsfanatismus seinen Gipfel, indem er aus vermeintlicher Redlichkeit die Lüge bejaht. Solche falschen Totalbehauptungen dienen aber in der Tat zum Ausweichen vor der echten Wahrheitsbemühung.

2. *Die Preisgabe des dialektischen Kreisens:* Auf Grund von Alternativen des Verstandes entsteht eine Tendenz, statt in Spannungen, Polaritäten, dialektischen Bewegungen den Gehalt zu verwirklichen, ihn vielmehr geradezu, einlinig, zweckhaft zu ergreifen. Dabei ist jedoch die Folge nicht nur Verfehlung des Ziels, sondern Lähmung des Lebens selber.

Das läßt sich in Stufen von Analogien vergegenwärtigen. Schon das *psychophysische Geschehen* ist ein Kreisgeschehen, dessen Aufbau in ersten Ansätzen der Forschung sich enthüllt hat: in den psychophysischen Funktionen der Motorik, des Sprechens, des Gehens, Arbeitens, der Wahrnehmung, den Funktionen des Atmens, der Entleerungen, der Geschlechtlichkeit. Wo hier der zweckhafte Wille und damit die Aufmerksamkeit mitwirkt, kann zwar eine Steigerung geschehen, aber auch eine radikale Störung. Denn immer muß der Kreisprozeß, das Sichhingeben im Tun, das Passive im Aktiven, das Fundament bleiben. – Im *Psychologischen* ist ständig Entgegengesetztes aneinander gebunden. Das Willkürliche gelingt nur im Unwillkürlichen, die Anspannung nur mit zugehörender Lösung, der bewußte Gedankengang nur mit dem unbewußten Entgegenkommen des Einfalls. Wo im aktiven Tun die Hingabe des Loslassens fehlt, entsteht Verkrampftheit. Der Wille selbst birgt in sich, was nicht gewollt werden kann, er bedarf in der Verwirklichung des in ihm selber Ungewollten. Ich kann den Willen nicht wollen. – Im *Existentiellen* ist der Mensch er selbst nur, wenn er im Selbstsein sich geschenkt wird. Freiheit ist ein Sichgegebenwerden aus der Transzendenz. Diese Freiheit ist nicht

Zweckmäßigkeit, nicht Gehorsam gegen ein errechnetes Sollen, nicht gezwungenes Tun, sondern ein von allem Zwang losgelöstes Wollen, das transzendentes Müssen ist. – So sind psychophysische Ordnung, psychologische Natürlichkeit, existentielle Gegründetheit Weisen der Verwirklichung, die nicht alternativ im eindeutigen Sinn zu begreifen sind. Auf sie bleibt angewiesen, was unser Bewußtsein in einliniger Absicht erreichen will.

Die Preisgabe dieses Grundes zugunsten rationaler Fixierung endlicher Ziele entspringt aus der Mutlosigkeit, die sich nicht hingeben mag, aus der Bequemlichkeit des Verstandes, aus dem Sicherheitsbedürfnis im Eindeutigen, aus der Gewaltsamkeit infolge der Seelenleere. Auf diese Weise suchen wir eine Zuflucht dort, wo das Leben aufhört und das Nichts droht, während unsere Angst gerade dort das Verläßlichste zu ergreifen meint.

3. *Die Verwechslung des Umgreifenden mit seiner partikularen Objektivierung*: Philosophisches Denken entspringt einem Innesein der Seele, die im Gedanken das Bewußtsein ihrer selbst, damit Objektivität und Mitteilung sucht.

Im Verstehen philosophischer Schriften kommt es darauf an, dieses Grundes teilhaftig zu werden. Durch den Gedanken müssen wir hindurchdringen, um mit ihm an diesen Grund zu kommen, der das Umgreifende ist, aus dem gedacht wurde, das aber nicht selber adäquater Gegenstand des Gedankens werden kann. Dieser Grund ist im philosophischen Aneignen zu spüren: in seiner Tiefe und Fülle, in seiner Leere und Dürftigkeit, in seiner Brüchigkeit und Verkehrtheit. Es ist ein Grundfehler, den handgreiflichen Inhalt der Gedanken, die Bestimmtheit des Gegenständlichen, die Anschaulichkeit des Daseienden, alles dieses Partikulare zu verwechseln mit dem Umgreifenden, aus dem es kommt. Erst mit diesem Umgreifenden erfolgt die echte Kommunikation, das Angezogenwerden und Abgestoßenwerden. Alles objektiv Sagbare ist dagegen nur Sprache der suchenden Grundverfassung, die als bloße Sprache nichtig wird, wenn das, woraus sie kam, verschwindet. So kann sich die Leerheit des Menschen mit überkommener Sprache eine Scheinerfüllung verschaffen, kann eine konjunkturbedingte Interessenposition des Daseins sich alte Gedanken als großartiges, aber täuschendes Kleid anlegen.

Philosophiert wird aus dem Umgreifenden. Die Unphilosophie stellt sich jeweils auf den handfesten Boden einer Partikularität und Objektivität, die sie beliebig wechselt. Sie fällt aus dem labilen Gleichgewicht lebendigen Philosophierens in die stabile Plattheit des verstandesmäßigen Direkten oder verdampft in die Unbestimmtheiten des Schwärmens.

Damit beschließe ich die Erörterung der Unphilosophie, die wir abwehren und in die wir doch ständig verstrickt werden, – gegen die wir wehrlos bleiben, wenn wir sie nicht bewußt kennen, – die wir nicht verachten, sondern der wir ins Angesicht blicken müssen, um uns selbst zu erkennen, – die wir daher niemals übermütig schon überwunden zu haben meinen dürfen.

Medien des
Philosophierens

Aus dem philosophischen Grundwissen (der Philosophie der Weisen des Umgreifenden)

Unser Dreierschema: Theologie, Wissenschaft, Philosophie (Offenbarungsglaube, Verstandeserkenntnis, philosophischer Glaube) operierte wie mit festen Punkten. Wenn auch in dem gemeinten Sinne nicht falsch, bedarf dieses Schema eines Hintergrundes philosophischer Grundgedanken.

In der Einleitung dieses Buches wurde versucht, den unendlichen Horizont zu zeigen, innerhalb dessen unsere Fragen liegen: wie uns das Weltsein gleichsam aufbricht und bodenlos wird, wie alle Wißbarkeiten und alle Konstruktionen des Ganzen in die Schwebe geraten.

Jetzt möchte ich zum Bewußtsein bringen, wie wir uns in der Welt finden. Dies bedarf einer ausführlichen Entwicklung, die ich an mehreren Orten meiner Schriften (vor allem in »Von der Wahrheit«, 2. Aufl., München 1958, S. 47–222, 602–709) versucht habe. Hier folgt eine knappe Zusammenfassung.

a. *Die Weisen des Umgreifenden*

1. *Bewußtsein* ist das Grundphänomen der *Spaltung in Subjekt und Objekt:* wir sind bewußt auf Gegenstände, sie meinend, gerichtet. Es ist ein einzigartiges Gegenüber, das mit keiner Beziehung zwischen Gegenständen vergleichbar ist.

Was nicht in diese Spaltung tritt, ist für uns, als ob es nicht wäre. Ohne diese Spaltung wird nichts für uns denkbar. Wovon immer wir sprechen, es ist durch das Sprechen in die Spaltung getreten.

Was wirklich ist, wird Erscheinung für uns im Bewußtsein. Was *unbewußt* oder bewußtlos ist, wird aus den Erscheinungen im Bewußtsein erschlossen. Nur soweit es ins Bewußtsein wirkt, sich in ihm zeigt, ist es für uns eine Weise von Wirklichkeit.

Die Subjekt-Objekt-Spaltung ist die Stätte, an der alles, was ist und sein kann, für uns erscheint. Durch die Vergewisserung der Subjekt-Objekt-Spaltung als dieser Stätte wird uns zugleich die *Erscheinungshaftigkeit* von allem, was in ihr auftritt, bewußt.

Diese Stätte ist grundsätzlich zu erhellen: was und in welchem Sinne hier Erscheinungen sind; in welchen ursprünglich verschiedenen Dimensionen die Erscheinungen in das Licht dieser Stätte kommen und damit für uns sind.

2. Was in Subjekt und Objekt gespalten die Stätte der Erscheinung wird, nennen wir das *Umgreifende*.

Wenn wir es vergegenwärtigen, so denken wir es, als ob es selber – wider seine Wirklichkeit – Objekt werden könnte oder als ob es das Subjekt wäre, das wir als Objekt vor Augen bringen. Gestatten wir uns diese Unumgänglichkeit des Denkweges, so zeigt sich:

Das Umgreifende denken wir entweder von der Subjektseite her: dann ist es das Sein, das wir sind und worin uns jede Seinsweise vorkommt, unser *Dasein*, das *Bewußtsein überhaupt*, der *Geist*. Oder wir denken es von der Objektseite her: dann ist es das Sein, in dem und wodurch wir sind: die *Welt*.

Dieses gesamte, nirgends sich schließende, daher ungeschlossene Schwebende heißt das Sein der Immanenz. Erst durch einen *Sprung* von dorther betreten wir den Boden, auf dem nach der Subjektseite das Umgreifende das Selbstsein der *Existenz* ist, nach der Objektseite das Umgreifende der *Transzendenz*.

Wir vergegenwärtigen diese Weisen des Umgreifenden (Bewußtsein überhaupt, Dasein, Geist, Existenz – Welt und Transzendenz):

3. *Bewußtsein überhaupt* nennen wir im individuell variierenden, erlebenden, wirklichen Bewußtsein das allen *gemeinsame Bewußtsein*. Es ist nicht die zufällige Subjektivität der vielen, sondern die eine Subjektivität, die das Allgemeine und Allgemeingültige *gegenständlich* erfaßt. Dieses Bewußtsein überhaupt ist der Punkt, in dem jeder jeden anderen vertreten kann, ein dem Sinne nach einziger, an dem alle mehr oder weniger teilhaben. Ihm zeigt sich, was denkbar ist und erkennbar wird, in den ihm eigenen Formen der Denkbarkeit überhaupt, in den zu ihm gehörenden Strukturen und Kategorien.

Als *individuelles* Bewußtsein unseres lebendigen Daseins sind wir, in der Enge der Vereinzelung, umgreifend nur als das Bewußtsein dieses jeweiligen Daseins. Als Bewußtsein *überhaupt* dagegen nehmen wir teil an einem Unwirklichen, aber Gültigen, der allgemeingültigen Richtigkeit des Erkennens, und sind als solches Bewußtsein grundsätzlich ein der Möglichkeit nach grenzenlos Umgreifendes.

Bewußtsein überhaupt ist das Umgreifende, das wir sind nicht als das mehrfache, ähnliche und artweise verschiedene lebendige Bewußtsein, sondern das wir sind als das eine, mit sich identische, Identisches meinende und richtig erkennende Bewußtsein, das allen endlichen denkenden Wesen gemeinsam ist.

Das Bewußtsein überhaupt ist als solches nicht real. Wir konstruieren es als das vollendete Bewußtsein, als das wissende Innehaben, das eines ist und das All in sich faßt. Niemand besitzt es, wir alle haben daran teil.

Die Realität, die wir sind, ist Dasein, als das das Bewußtsein in endloser Vielfachheit vorkommt. Bewußtsein, obgleich nur Realität in diesem Dasein, ist aber zugleich Gültigkeit, soweit es Bewußtsein überhaupt wird. Das Bewußtsein als Dasein ist immer zugleich beschränkt, gestört, verkehrt.

Erst von dem einen Bewußtsein überhaupt her wird uns das empirische Bewußtsein in seiner Mannigfaltigkeit deutlich. Wir erkennen es als psychologische Realität, eindringend in seine unendliche Vielfachheit.

Wir vergegenwärtigen das Bewußtsein in den Stufen seiner Helligkeit. So unterscheiden wir das Bewußtsein als Innerlichkeit im Erleben des Lebens, das uns mit den Tieren gemeinsam ist. Es kann unbewußt heißen, sofern es nicht auf Gegenstände denkend gerichtet und seiner selbst nicht bewußt ist. Solche Unbewußtheit reicht in für uns unübersehbaren Stufen bis zurück an den Anfang des Lebens.

Wir sehen, wie in Augenblicken (etwa bei Affen) diese Innerlichkeit an meinendes Bewußtsein streifen kann, aber sofort wieder versinkt. Man sieht die erfinderische Handlung zugleich mit dem Blick der Intelligenz im Auge des Tieres.

Das menschliche Bewußtsein hat seinen Ursprung zugleich mit der Sprache, ist gebunden an Sprache. Es ist selber der einzige Ort in der Welt, von dem her alle anderen Bewußtseinsrealitäten als nicht eigentlich angemessen zu vergegenwärtigende Weisen der Innerlichkeit des Erlebens von dem eigenen Bewußtsein des meinenden Denkens unterschieden werden.

4. *Dasein* ist in seiner *Umwelt*, auf die es reagiert und in die es hineinwirkt. Es vollzieht als solches noch kein denkendes Meinen von Gegenständen, macht dieses Denken aber, wenn es als Bewußtsein überhaupt im Menschen aufgetreten ist, es sich unterwerfend, zum Mittel seiner Interessen.

Dasein findet sich als Erleben eines Lebens in seiner Welt ohne Reflexion auf sich. In der Unmittelbarkeit dieses Sichfindens ist es fraglos da, ist es die Realität, in die alles treten muß, was für uns real werden soll, so wie das Bewußtsein überhaupt die Stätte ist, in die alles treten muß, was gedacht werden soll.

Wollen wir uns des Daseins, es unterscheidend, vergewissern, wie es für uns, die wir es denken, sofern wir mehr als Dasein sind, aussieht, so sagen wir etwa: Dasein als Leben in einer Welt ist ein Ganzes aus Innenwelt und Umwelt (von Uexküll) – je relativ in sich als Dasein geschlossen, aber ungeschlossen, sofern es nur durch anderes und in bezug auf anderes Dasein möglich ist –, es entsteht und vergeht, hat Anfang und Ende in einer objektiven Zeit, während es selber seine eigene Zeit und seinen eigenen Raum hat und, in beiden erfüllt und bewegt, nicht darüber hinausgelangt – es ist Drang, Trieb, Begehren, will sein Glück, erlebt Augenblicke der Vollkommenheit und den tötenden Schmerz – es steht in der Unruhe des Kämpfens, sich zu behaupten, sich zu erweitern und jenes ungreifbare Glück zu erreichen – es ist je einmaliges, einzelnes Dasein, in das es, zum Bewußtsein erwacht, hineinblickt wie in eine Unendlichkeit unergründlichen Dunkels – es könnte auch nicht dasein und wird sich des Geheimnisses des Zufalls, daß es als dieses da ist, bewußt.

Wir beziehen das Dasein unwillkürlich auf ein Verengtes, den lebendigen Leib, die Innerlichkeit des Erlebens, die Subjektivität des Wahrnehmens eines Außen durch ein Innen, das Finden und Hervorbringen einer Umwelt. Aber wir verlieren das Staunen nicht vor dem »ich bin da«. Unsere Besinnung soll das Geheimnis weder verschleiern noch bewegungslos stehen lassen.

5. *Geist* sind wir als das Umgreifende, als das wir durch Phantasie Gebilde entwerfen und in Werken die Gestalten einer sinnerfüllten Welt verwirklichen. Er ist unterschieden von der rationalen Berechenbarkeit und dem Machen von Werkzeugen und Maschinen durch das Bewußtsein überhaupt. Im Gegensatz zum Dunkel des Irrationalen des Daseins aber ist er das Offenbarwerdenlassen in der Bewegung des Verstehens und Verstandenwerdens.

Das *rationale* Verstehen trifft den Sinn des vom Bewußtsein überhaupt Gedachten. Das *psychologische* Verstehen trifft die Daseinsmotive. Das *geistige* Verstehen trifft die Sinngehalte, die im schöpferischen Hervorbringen gefunden werden als ein entgegenkommendes Gültiges.

Die Gehalte werden mitteilbar, indem der Geist sich des gegenständlich Wißbaren, des sinnlich Anschaubaren, des zweckhaft Getanen als der ihn aufnehmenden Medien bedient. Er wird darin (Sinnlichkeit, Gegenstand, Zweck übergreifend) schauend seiner Gehalte inne.

Das Subjekt des Geistes ist die Phantasie. Sie spielt in ihren Schöpfungen. Sie schafft die Bedeutungen. Sie macht greifbar in Symbolen. Sie gibt allem, was sein kann, Sprache. Das Subjekt des Geistes ist nicht das »ich denke« des Bewußtseins überhaupt, sondern das jeweils unvertretbare Individuum, das sich in der persönlichen Gestalt von einem unpersönlichen Objektiven ergriffen weiß.

Das Objekt des Geistes ist das im Schaffen nicht eigentlich Geschaffene, sondern Gefundene. Diese seine objektive Form ist die Macht eines zusammenhaltenden Ganzen, wirksam durch Ordnung, Grenzsetzung und Maß.

Die Phantasie des Geistes, als nur subjektive chaotisch, bewältigt als objektive die Realität unseres Daseins, die Endlosigkeit des Denkens und ihre eigene Fülle dadurch, daß sie alles zu einem jeweilig Geschlossenen werden läßt. Seine umgreifende Wirklichkeit eignet verstehend an, gliedert ein, aber scheidet das jeweils Fremde aus.

So verwirklicht der Geist als Ganzheit eine je von ihm durchdrungene Welt im Kunstwerk und in der Dichtung (geschlossen gewordenes Unendliches), im Beruf, im Bau des Staates, in den Wissenschaften (offen im unendlichen Fortschritt).

Das Ganze heißt Idee. Geschlossen ist sie die eigentliche Idee des Geistes (die Hegelsche Idee). Offen ist sie die Vernunftsidee (die Kantische Idee). Dort ist sie als unendliche, aber geschlossene Vollendung und Vollendbarkeit. Hier ist sie die unendliche Aufgabe, die, im vorwegnehmenden Gegenwärtigsein ihres Gehalts, unabschließbar ins Offene drängt.

6. *Existenz:* Das daseiende Leben, das »ich denke« des Bewußtseins überhaupt, die schaffende Phantasie des Geistes gehören, obgleich auseinander unableitbar, zusammen. Geist ist nicht ohne denkendes Dasein möglich. Nur das Dasein scheint – im Leben der Tiere, nicht im Menschen – ohne die beiden anderen Umgreifenden dessen, was wir sind, sein zu können. Denn die objektive Phantasie des Lebendigen in seinen Gestaltungen ist nur ein Analogon der Phantasie des bewußten Geistes. –

Mit diesen drei Ursprüngen sind wir noch nicht das, was wir sein können. Es überfällt uns ein Ungenügen:

Dasein ist das zerrinnende Leben aus nichts in nichts. Nach dem Jubel des sich einen Augenblick vollendenden Lebens, nach dem Schmerz der Hinfälligkeit überfällt es die Langeweile der Wiederholung und das erschreckende Wissen, als Dasein schon den Keim des Verderbens in sich zu haben.

Bewußtsein überhaupt denkt endlos auch das Gleichgültige. Nach der Befriedigung an zwingender Richtigkeit ergreift es die Öde des bloß Richtigen.

Geist kann in dem Zauber seiner Schöpfungen die Herrlichkeit von Seifenblasen sehen. Die Fülle der in der Phantasie sich abschließenden Harmonie kann den Bruch aller Vollendung an der Realität erfahren. Der Reichtum der sich häufenden Ganzheiten wird schal, die Freiheit des schönen Spiels zur Spielerei. –

Wir sind mit den drei Umgreifenden noch nicht wir selbst, bleiben ohne Führung, gewinnen keinen Boden. Oder sind sie alles? Bin ich am Ende nirgends ich selbst? Ist die Grenze der drei (Dasein, Bewußtsein überhaupt, Geist) nur die Leere des Nichts? Falle ich in diesen Abgrund? Bin ich nur der rücksichtslose Eigenwille meines lebendigen Daseins, nur ein vertretbarer Punkt richtigen Denkens, nur das Blühen eines Geistes in schöner Täuschung?

Der Grund des Selbstseins, die Verborgenheit, aus der ich mir entgegenkomme, das, als was ich frei mich selbst hervorbringe, indem ich mir geschenkt werde, ist in jenen drei Umgreifenden, wenn sie nichts als diese sind, verschwunden. Diesen Grund aber, diese Freiheit, dies, daß ich ich selbst sein, mit anderem Selbst in Kommunikation ich selbst werden kann, nennen wir mögliche Existenz.

Existenz ist in keiner Anschaulichkeit als solche zu beobachten. Während Dasein ist als Realität der biologischen Erscheinung, das Bewußtsein überhaupt sich zeigt in den aufzeigbaren Kategorien und Methoden des Denkens durch das Werk der Wissenschaften, der Geist sichtbar ist in seinen Schöpfungen, hat Existenz keine zu ihr gehörende faßbare Objektivität. Sie ist auf die drei Weisen des Umgreifenden, als ihr Medium der Erscheinung angewiesen. Existenz kann nicht Objekt werden, daher nicht Gegenstand einer Wissenschaft (wie Leben, Denken, Geist). –

In den drei Weisen gibt es eindeutige Mitteilbarkeit. Existenz kann sich in diesen drei Medien nur indirekt mitteilen. Daher gibt es die unbestimmbare Grenze der Mitteilung und die unbegreifliche Kommunikation. Zur existentiellen Mitteilung gehört das unbeabsichtigte Schweigen als erfülltes Schweigen, in dem in der Tat die verläßlichste Kommunikation erfolgt. Darum gibt es in ihr auch durch Unoffenheit und absichtliches Schweigen den Verrat, der jedoch niemals objektiv nachweisbar ist und niemals vorgeworfen werden kann. Im Augenblick, in dem man ihn beim Partner feststellen möchte, begeht man selbst den Verrat, der darin liegt, daß man nicht offen bleibt, nicht bereit, daß man aus der Situation in der Zeit ein Endgültiges macht. Etwas ganz anderes als absichtliches Schweigen (als absichtliche, auf das Schweigen und bloße Andeuten ein Verstehen und Antwort erwartende, daher fälschliche indirekte Mitteilung) ist die stumme Weise des Nichtmitteilenkönnens, die sich selbst wie dem anderen nicht sagen kann, was ist, sehnsüchtig und ratlos und ohne Sprache bleibt. Aber dies Schweigen kann eine Tiefe gegenwärtig werden lassen, die durch direkte Mitteilung, weil sie nicht möglich ist, auch nicht bestätigt zu werden braucht. Sie ist beschränkt auf die intimste Gemeinschaft. In der Welt gewinnt Erscheinung nur das, was mitteilbar ist, was Sprache wird. Sonst ist es in der Welt wie nichts, bleibt außer der Welt auch dann, wenn es in seinen Folgen aus der Intimität der Kommunikation heraus vielleicht außerordentlich, aber unnachweisbar sich zeigt. Was in indirekter Mitteilung geschieht, kann bei objektiver Erörterung geleugnet werden. Es darf nicht erwartet werden. Aus ihr kann nichts gerechtfertigt werden.

Dasein, Bewußtsein überhaupt und Geist zeigen sich ohne weiteres, wir brauchen uns in ihnen nur dessen zu vergewissern, was wir schon sind. Die Vergewisserung der möglichen Existenz aber ist selber schon ein Moment des Erscheinens eines Andersgewordenseins, einer Umkehr. Jener Weisen innezuwerden, brauchen wir nicht anders zu werden. Existenz aber ist nicht von gleicher zwingender Gegenwärtigkeit wie jene. Existenz kann ausbleiben, aber bezeugt sich auch dann noch durch eine Unruhe, die aus der Verlorenheit zurückdrängt. –

Wir vergewissern uns jedes Umgreifenden nur dadurch, daß wir es sind, der Existenz aber dadurch, daß wir sie sein können. Sie muß der Möglichkeit nach in uns wach sein, wenn wir von ihr, sie umkreisend, sprechen. Umkreisen wir, was Existenz sei:

1) Existenz ist *nicht Sosein, sondern Seinkönnen,* das heißt: ich bin nicht Existenz, sondern mögliche Existenz. Ich habe mich nicht, sondern komme zu mir.

Existenz steht ständig in der Wahl, zu sein oder nicht zu sein. Ich bin nur im Ernst des Entschlusses. Ich bin nicht nur da, nicht nur der Punkt eines Bewußtseins überhaupt, nicht nur der Ort geistiger Schöpfungen, sondern in diesen allen kann ich ich selbst oder in ihnen verloren sein.

2) Schon das Bewußtsein überhaupt ist das Dreisein: das *Subjekt* des »ich denke« ist auf *Gegenstände* gerichtet und ist darin auf sich selbst bezogen im *Selbstbewußtsein.*

In dieser Struktur liegt existentiell eine tiefere: Existenz ist das *Selbst, das sich zu sich selbst verhält* und *darin* sich *auf die Macht bezogen weiß, durch die es gesetzt ist* (Kierkegaard).

Sie ist Freiheit (nicht die Freiheit der Willkür des Daseins, nicht das Einstimmen in die Richtigkeit des Bewußtseins überhaupt, nicht die in Ordnungen des Geistes schaffende Phantasie) auf eine unfaßliche Weise: sie ist Freiheit, die nicht durch sich selbst ist, sondern die sich ausbleiben kann. Sie ist Freiheit nicht ohne die Transzendenz, durch die sie sich geschenkt weiß.

Der Ort der Transzendenz oder die Transzendenz selbst ist das Allumgreifende und als solches Verborgene, das für Existenz und allein für Existenz in der Erfahrung ihrer Freiheit Wirklichkeit ist. Existenz ist nicht ohne Transzendenz. Dies ist gleichsam die Struktur der Existenz, abgesehen davon wie Transzendenz im Raum des Bewußtseins überhaupt und des Geistes auch immer vorgestellt und gedacht wird.

3) Existenz ist als der *je Einzelne*, als dieses Selbst, unvertretbar und unersetzbar.

In den Kategorien »das Allgemeine und das Individuum« scheint die Existenz als das Individuum bestimmt. In den Kategorien »Wesen und Wirklichkeit« (essentia und existentia) scheint die Existenz als Wirklichkeit bestimmt. In diese Kategorien aber ist der Sinn der Einzigkeit und Unvertretbarkeit hineinzunehmen.

Das geschieht nicht, wenn das Allgemeine und das Wesen als das Erste, Bleibende, eigentlich Seiende gilt, und das Einzelne als verschwindender Fall. Wenn man aber umkehrt und sagt: das erste ist die Existenz, sie geht dem Allgemeinen, dem Wesen vorher – so ist auch das falsch, sofern der Einzelne er selbst nur durch das Allgemeine ist.

Sowie man unter Existenz den Gegenstand der Erfahrung als die Realität des Individuellen, der Einzeldinge versteht, die in der Welt vorgefunden werden, so ist das nicht die Existenz des Selbstseins, sondern das brutale Vorhandensein von Einzelnem in der Welt, das als Existenz fälschlich verklärt wird. Das Faktum ist noch nicht »Existenz«.

Das »individuum est ineffabile« gilt für beides. Aber die »Existenz« ist nicht Einzelding, dessen Realität als objektiver Gegenstand unendlich ist, sondern Wirklichkeit, die als Aufgabe ihrer selbst unendlich ist. Existenz ist nicht nur Vorgang in der Welt, sondern Ursprung von anderswoher, der in der Welt zur Erscheinung kommt.

Sowie man die Existenz als das Umgreifende des je einzelnen umgreifenden Daseins nimmt, blickt man zwar tiefer als im bloßen Anschauen des gegenständlich vorkommenden Faktischen. Aber Dasein ist noch nicht Existenz. Daß ich da bin, dies Sichfinden als Leben in der Welt, ist noch nicht die Selbstvergewisserung der Existenz.

Sowie ich mein Entscheidenkönnen bemerke, nicht bloß als Wahlfähigkeit der Willkür im Dasein, sondern als die Möglichkeit des Entschlusses, durch dessen Notwendigkeit ich ich selbst bin, sehe ich im Grunde dieses Entscheidenkönnens die mögliche Existenz: was ich bin, das werde ich durch meine Entscheidungen. Wenn ich aber die Freiheit der Existenz schon in der Willkür sehe oder in der Bejahung des richtig Gedachten, so habe ich die existentielle Freiheit verfehlt. Denn die Wahl im Seinkönnen der Existenz heißt: eigentlich sein können vor der Transzendenz. Eine Schöpfung seiner selbst aus dem Nichts der Willkür oder der allgemeinen Richtigkeit ist phantastisch.

Denn wenn das Seinkönnen der Existenz als absolutes Sein verstanden wird, als ob es aus dem Nichts durch seine Wahl erst Sein und dieses Sein würde, so widerspricht dies der geschichtlichen Grunderfahrung: Existenz ist Seinkönnen des Entschlusses im Sichgeschenktwerden, nicht aus dem Nichts, sondern vor der Transzendenz.

Im Rahmen der Kategorien von essentia und des Allgemeinen und des Individuums wird also dann eine falsche kategoriale Simplifikation gefunden, wenn die Existenz ins Dasein, in die Willkür, in die Zustimmung zum Allgemeingültigen gesetzt wird. Dann wird sie als sie selbst fallengelassen in das Nichts. Die Existenz selbst ist mehr. Sie kann mit Kategorien nie angemessen getroffen werden. Was »ich bin« heißt, wenn darin mögliche Existenz (nicht nur Dasein) liegt, und was ihre Bezogenheit auf Transzendenz bedeutet, das spricht Dante aus[1] von der Seligkeit der Engel, in denen kein Rest der möglichen, sondern nur wirkliche Existenz ist (für uns nur ein Gleichnis): »In ihnen kann der Glanz Gottes rückglänzend sagen: ich bestehe (subsisto).« Subsistere ist synonym mit existere. Der Satz will sagen: nicht »ich bin da«, unbezüglich, sich selbst genügend, sondern das »ich bin« (subsisto), auf Transzendenz bezüglich, trifft, was wir seit Kierkegaard Existenz nennen.

4) Die Existenz ist geschichtlich. Dasein und Geist sind geschichtlich als bloße Vielfachheit des endlos Besonderen im Werden durch Kausalitäten und Verstehbarkeiten, die ins Unendliche, niemals abgeschlossen, erforschbar sind (objektiv historisch), dann als für sich begründet durch ein Schon-vorher-Sein in dieser Besonderheit des Überkommenen in dieser Situation (subjektiv geschichtlich). Die Geschichtlichkeit der Existenz aber ist das Übernehmen der Gestalt des Daseins, des Geistes, des Bewußtseins überhaupt, an die sie als diese gebunden ist. Existenz durchdringt das Dasein in seiner Zufälligkeit, dieses zu mir Gehörende, das ich in seiner Objektivierung zugleich erkennen kann (ins Unendliche). Bin ich aber existentiell in der Zeitlichkeit des Daseins, so bin ich zugleich darüber hinaus. Existenz im Kleid ihrer zeitlichen Verwirklichung ist Geschichtlichkeit, die (im Unterschied von der objektiven und subjektiven Geschichtlichkeit von Dasein und Geist) die Koinzidenz von Zeitlichkeit und Ewigkeit ist. Im Unterschied von Geschichte als dem bloß Vergehenden mit der Kontinuität und mit dem Abreißen von Überlieferungen ist Existenz das Zusichkommen des Selbst in der Zeit als ein Gegenwärtigwerden von Ewigem.

---

[1] Paradies 29, 15.

5) *Existenz ist nur in Kommunikation von Existenzen.* Als sich isolierendes Fürsichsein ist Selbstsein nicht mehr es selbst. Es kommt zu sich nur, wenn, in der Kommunikation mit anderem Selbst, dieses zu sich kommt. Daher gehört zur Existenz die kämpfende Liebe. In ihr verzichtet der Mensch auf die bloße Selbstbehauptung, holt sich aus jedem Zorn wieder heraus, bändigt den Stolz des Verletztseins. Denn in keiner sich isolierenden Wahrheit ist noch Wahrheit.

6) *Ich kann nicht durch Wissen, daß ich existiere, wirkliche Existenz sein.* Will ich es wissen, so verschwinde ich als Existenz. Alles in bezug auf Existenz Gesagte, Getane, Gestaltete bleibt indirekt. Das Indirekte ist nicht eine Veranstaltung, die ich unternehme, sondern bleibt die unüberwindbare Indirektheit auch vor mir selbst. Nur im rückhaltlosen Willen zu jeder möglichen Direktheit, zum Aufheben jeder Indirektheit, wird die Indirektheit wahr.

Daher wird unter Menschen immer auch wieder das Bewußtsein auftreten: das Wesentliche ist noch nicht gesagt, das Eigentliche noch nicht getan. Nicht weil es versäumt wäre, sondern weil auch dann, wenn alles möglich Scheinende gesagt und getan wurde (was nie geschehen kann), es doch nie ausreicht.

7) Existenz, *weil sie sich geschenkt weiß,* ist *im Grunde verborgen.* Warum liebe ich? Warum glaube ich? Warum bin ich entschlossen?

Diese Fragen sind nie, mag man noch so viele Voraussetzungen, Bedingungen, Motive des Erscheinens in der Welt angeben, beantwortbar. Jede Antwort macht die radikale Unbeantwortbarkeit bewußt.

Es gibt zwar kein sinnvolles Verbot zu fragen, wohl aber die Erfahrung des Klarwerdens: die Wirklichkeit der Existenz ist für unser Erkennen grundlos.

Was sich so in seiner Grundlosigkeit zeigt, ist Ursprung für uns, aber kein Gegenstand, keine Feststellbarkeit, keine Sichtbarkeit.

Will man etwa abwehren: man solle nicht durch Reflexion an das Unergründbare rühren; – Frage und Forschung zerstörten hier das, was wirklich sei; – so ist vielmehr umgekehrt zu sagen: das Eigentliche offenbart sich in seiner Verborgenheit nur um so entschiedener dem Denken (wenn es philosophisch, nicht abstrakt und nicht rationalistisch ist): das wesentliche Bleibende, quer zur Zeit – es ist unantastbar – mit dem Denken (im inneren Handeln) kommt es nur wirksamer hervor; zwar ist die Unmittelbarkeit des Vergänglichen der Zersetzung durch Frage und Reflexion ausgesetzt, aber durch Denken im Sich-selbst-offenbar-Werden wird das Ursprüngliche nur wirklicher in der Erscheinung.

7. *Welt und Transzendenz:* Das Umgreifende, das das Sein selber ist, umgriffen von dem, was wir als Umgreifende sind, heißt Welt und Transzendenz.

Für das natürliche Verhalten sind sie das erste. Sie sind nicht von uns hervorgebracht. Sie sind nicht bloßes Ausgelegtsein durch die Auslegung, die wir vollziehen. Sie bringen uns hervor, die wir ein winziger Teil der Welt, ein verschwindend Vorübergehendes in ihr sind, und die wir als Existenz uns nicht durch uns, sondern durch die Transzendenz gesetzt wissen.

Das Umgreifende, das das Sein selbst ist, ist zugleich ein solches, das auf keine Weise für uns Objekt wird.

In der Welt gehen wir nach allen Seiten und finden in ihr ins Unendliche die uns erkennbaren Dinge. Die Welt selber im ganzen ist nicht verstehbar und nicht ihr angemessen denkbar; sie ist für unser Wissen kein Gegenstand, sondern nur eine Idee als Aufgabe für das Forschen.

Die Transzendenz aber erforschen wir überhaupt nicht, wir werden von ihr – im Gleichnis gesprochen – berührt und berühren sie als das Andere, das Umgreifende alles Umgreifenden.

b. *Besinnung auf die Weise dieses Grundwissens*

1. *Rückblick:* Die Grunderfahrungen des Sichfindens in der Welt waren diese: *Ich bin da* in meiner Umwelt, unter den Mächten und Kräften in Raum und Zeit, mich behauptend und erliegend.

Ich bin denkend. Es gibt die zwingende Richtigkeit für das Denken im Bewußtsein überhaupt.

Es erwächst eine Welt der Phantasie, an mich herankommend und durch mich hervorgebracht: *ich bin Geist.*

Das Gesamte aus diesen drei Ursprüngen ist die *Welt.* Sie tut der Frage, wie ich mich in der Welt finde, aber nicht genug. Denn ich bin mir meiner Freiheit bewußt, in der ich zu mir komme als mögliche *Existenz.* Im Bewußtwerden meiner Freiheit wird mir die Macht gewiß, von der ich mir in meiner Freiheit geschenkt werde, die *Transzendenz.* Ich bin nicht durch mich selbst. Ich habe mich nicht selbst geschaffen.

Es ist der Sprung zwischen Immanenz und Transzendenz: dort Dasein, Bewußtsein überhaupt, Geist und Welt – hier Existenz und Transzendenz.

2. *Die Eigenständigkeit der Ursprünge:* Es kommt darauf an, der Ursprünglichkeit der Grunderfahrungen sich bewußt zu werden. In

jeder Weise des Umgreifenden vergewissern wir uns eines solchen Ursprungs, den wir nicht auf anderes zurückführen können.

Zur Klarheit unseres Selbstbewußtseins und Seinsbewußtseins (beide voneinander untrennbar) müssen wir jede Weise des Umgreifenden spüren, uns ihr hingeben, sie in uns erwecken.

Alles Umkreisen und Wahrnehmen der Erscheinungen, alles Hinweisen setzt diese Grunderfahrungen voraus, die ihrerseits durch solche Erhellung gesteigert werden. Aber die Vergewisserung des Grundwissens trifft nur die Form der Grunderfahrungen. Erst mit ihrer Erfüllung werden sie wirklich werden.

3. *In jeder Weise des Umgreifenden hat Wahrheit einen ihr eigentümlichen Sinn:* im *Bewußtsein überhaupt* den der zwingenden Allgemeingültigkeit für jedes »ich denke«; – im *Dasein* den der Erfüllung von Leben, Selbstbehauptung, Glück und Sichdarstellen von je diesem einzelnen Dasein; – im *Geist* den der Bewegung des Sinnverstehens (im ursprünglichen Auslegen und hervorbringenden Finden der Gestalten) und des Verstehens des Verstandenen (in der Auslegung der Auslegungen); – in der *Existenz* den des Identischwerdens mit dem Ursprung in der Unbedingtheit des geschichtlichen Entschlusses durch die ins Unendliche sich vertiefende Wiederholung der Liebe und der Vernunft.

In der *Mitteilung* der Wahrheit vollzieht sich Verständigung oder Abstoßen: im *Bewußtsein überhaupt* die Gemeinsamkeit zwingender Erkenntnis zwischen den vertretbaren Punkten; – im *Dasein* die Interessen der Selbstbehauptung und Selbsterweiterung, wenn sie koinzidieren oder sich ausschließen; – im *Geist* die Gemeinsamkeit der freien, unverbindlichen Lust im Spiel der Formen der Gestalten, Bewegungen, Vorstellungen, der Gebärden und des Benehmens; – in der *Existenz* das kommunikative liebende Kämpfen oder die kämpfende Liebe zwischen Menschen, die unvertretbar jeder als sie selbst da und mit dem anderen in der Ewigkeit verbunden sind.

In jeder Weise des Umgreifenden entscheidet eine andere Wahrheit. Haben sie einen gemeinsamen Grund? Wenn ja, dann im Umgreifenden aller Umgreifenden, in der Transzendenz.

4. *Sinn des Grundwissens:* Das Grundwissen dessen, wie wir uns in der Welt finden, verzichtet auf ein Totalwissen, das es nicht gibt.

Daher dient solches Grundwissen nicht zum Ausgangspunkt einer Deduktion zwecks Ableitung aller Dinge. Es dient vielmehr als Werkzeug zu Unterscheidungen in der je besonderen Situation theoretischer Forschung oder lebendiger Praxis.

Das Grundwissen vermag seinen Sinn zu erfüllen nicht durch eine lernbare Methode, sondern durch die Kraft der Fragestellung, die jedesmal zu einem neuen Finden des je Besonderen führen muß. Es lehrt Verwechslungen und Verwirrungen meiden in der Ursprünglichkeit selber, die wir sind und sein können. Das Grundwissen erhellt durch kritische Unterscheidung dort, wohin zulänglich definierte Begriffe nicht reichen. Es fördert die Klarheit unseres Lebens. Es vollzieht eine Auflockerung in unserem Bewußtsein und erzeugt Offenheit.

5. Die Unangemessenheit der unvermeidlichen Objektivierung im Sprechen vom Umgreifenden. – Alles, was objektiv wird, liegt im Umgreifenden, das selber nicht Objekt ist. Das Umgreifende, das Subjekt und Objekt in sich faßt, also weder Subjekt noch Objekt ist, wird aber, wenn wir von ihm sprechen, selber zum Objekt unseres Denkens. Im Denken des Umgreifenden müssen wir es unausweichlich einen Augenblick zum Objekt machen, weil wir aus der Subjekt-Objekt-Spaltung nicht heraus können. Indem wir denken, sind wir immer schon wieder in ihr darin.

Ein sachlich gegenständliches Meinen soll mit sich selber über sich hinaus sein in dem, worin es gegründet ist. Wir sprechen von etwas, das als Gegenstand nicht das zeigt, was durch ihn gegenwärtig werden soll.

Wir können nur in Gegenständlichkeiten sprechen. Ungegenständliches Sprechen und Denken gibt es nicht. Aber im Gegenständlichen und im Subjekt schwingt mit ein Übergegenständliches und Übersubjektives. Haften wir am Gegenständlichen als solchem, so geht unser Denken alsbald sinnlose Bahnen ins Endlose, Gehaltlose.

Wir denken daher das Umgreifende mit der Absicht, dieses Objektivierte, Vergegenständlichte rückgängig zu machen. Durch das zwar fälschende, aber unumgängliche Verfahren selber möchten wir uns des Umgreifenden vergewissern. Versuchen wir, das Umgreifende zu vergegenwärtigen, das wir sind, das aber als Gegenstand der Erkenntnis nicht erreichbar ist, das vielmehr auch im Medium des Gegenständlichen für uns, die wir alles übergreifen, vorkommt, so vollziehen wir ein Denken, das uns ständig zugleich nimmt, was es zu geben scheint. Wir müssen es denken im Gegenständlichen, aber als Gegenstand verschwindet es.

Das ist die Paradoxie, daß wir, das Umgreifende denkend, doch im Denken, also in der Spaltung bleibend, es als ein Gegenständliches denken, während wir das Umgreifende meinen. Dieser Versuch ist der einzig mögliche, im Bewußtsein der Grenze, die man denkend nicht überschreiten kann, trotz dieser Grenze sich dessen zu vergewissern, was ist, ohne Gegenstand zu werden. Dadurch, daß es offenbar wird, ist es vielmehr immer Gegenstand (Objekt) und Ich (Subjekt) zugleich.

Wird die Objektivierung eines Umgreifenden festgehalten, so ist der philosophische Sinn des Gedankens verschwunden. Zum Beispiel: Es geschieht die Objektivierung der Existenzerhellung zu einem Wissen von Existenz. Dann werden die als Anruf zum Freiseinkönnen entwickelten Begriffe verkehrt zu einem Mittel, Menschen (menschliches Handeln und Denken) existentiell beurteilend zu subsumieren. Dann will einer töricht wissen, ob er auch wirkliche Existenz sei. Dann wird das innere Handeln, als das und für das das existenzerhellende Philosophieren erfolgt, aufgehoben zugunsten eines vermeintlichen (wenn auch phantastischen) Wissens von etwas, dann wird die Philosophie zu einer Art Psychologie.

6. Die Paradoxien des wechselweisen Sichumgreifens. – In der Vergegenwärtigung des Umgreifenden geraten wir also sogleich wieder in die Subjekt-Objekt-Spaltung. Aber nicht nur dies. Sie wird uns auch noch zum Leitfaden der Gliederung dessen, was der Gedanke des Umgreifenden trifft. Das Umgreifende, das wir sind, stellt sich gegenüber dem Umgreifenden, das das Sein selber ist: das eine Umgreifende umgreift das andere. Vom umgreifenden Sein her wird umgriffen das Sein, das wir sind. Vom Umgreifenden, das wir sind, wird das Sein umgriffen.

Dieses wechselweise Umgreifen – das eine Umgreifende, das im Ausgesagtwerden sich sogleich wieder in die unausweichliche Doppelheit aller Denkbarkeiten fangen lassen muß –, wird auf großartig einfache Weise von Dante ausgesprochen, als er das Verhältnis Gottes zu den ihn umgebenden Engelchören vor Augen hat: Gott, der »von dem, was er umschließt, selbst umschlossen scheinet«, oder dasselbe: »umschlossen scheint's von dem, was es umschließt«[1].

c. *Vernunft*

Der Weisen des Umgreifenden sind *viele*. Nur die Formel vom Umgreifenden alles Umgreifenden trifft, aber erreicht nicht das Eine.

1. Die Vielfachheit und Unabschließbarkeit. – Jede Weise des Umgreifenden läßt in sich wieder eine Vielfachheit erscheinen. Dasein und Geist sind in der unübersehbaren Individualisierung unendlich vieler. Das Bewußtsein überhaupt ist zwar dem Sinne nach eines, aber

[1] Paradies 30, 12.

in der Erscheinung gebunden an die Zahllosigkeit der an ihm teilnehmenden denkenden Punkte. Existenz ist in dem Zueinander und Gegeneinander vieler Existenzen. Die Welt ist zerrissen in die Mannigfaltigkeit der Aspekte, Erforschbarkeiten, Gegenstandssphären. Die eine Transzendenz spricht in der Vielfachheit der geschichtlichen Erscheinung der Chiffern für die sie hörenden und sehenden Existenzen und ist, als das Eine der Wirklichkeit selbst, unzugänglich.

Die Weisen des Umgreifenden schließen sich für uns nicht zu einem geschlossenen Organismus eines einen Ganzen. Wir sehen in ihnen nicht die Harmonie einer Vollendung. Ihre Vergegenwärtigung ist *nur ein Werkzeug,* uns im Sein, in dem wir uns finden, nach den Weisen seiner Gegenwärtigkeit zu vergewissern.

Wir begreifen mit ihnen die Unabschließbarkeit des Ganzen und die Unlösbarkeit des Problems des einen Ganzen für unser Erkennen.

Wir sehen die radikalen Widersprüche. Wir mögen sie in allen Weisen der Dialektik (entweder in der im Widerspruch der Paradoxie sich öffnenden, oder in der im Kreis der Vollendung sich schließenden, oder in der im Streit sich bewegenden Dialektik) uns vor Augen bringen. Es bleiben die radikalen Spannungen. Wir gelangen an den Grenzen zum Äußersten einer jeden Weise des Umgreifenden.

Das Werkzeug weitet unser Bewußtsein aus in jede mögliche Sinndimension, aber es ist als Werkzeug selber unabgeschlossen.

2. Der Wille zum Einen. – Indem wir dies alles aussprechen, fühlen wir doch den untilgbaren Willen zum Einen, dorthin, wo alles zu allem gehört, miteinander in Verbindung steht, wo nichts umsonst, vergeblich, überflüssig ist, wo nichts herausfällt und nichts vergessen wird.

Das Ziel ist als erreicht für uns nicht denkbar und nicht vorstellbar. Es vorwegnehmend zu behaupten, zerstört es.

Aber, daß wir den Traum des Einen entwerfen und dabei scheitern, hebt nicht auf, daß er geträumt wird und daß er für uns ein Gewicht hat, als ob sein Gegenstand wirklich, er selber ein Wahrtraum wäre. Da diese Wirklichkeit aber doch nur im Traum besteht, haben wir in uns ein anderes: die Vernunft, die uns ständig bewegt, das Band zu finden, und die uns beschwingt, es zu verwirklichen, im kleinsten Umkreis dessen, in dem wir da sind, im weitesten Horizont dessen, was wir als möglich denken und dadurch fördern können.

Ist die Transzendenz das Umgreifende alles Umgreifenden, die Existenz der Boden, so die Vernunft das in der Zeit sich verwirklichende Band. Sie setzt sich dem Zerfallen entgegen. Was immer uns als getrennt entgegenkommt und was wir im Denken trennen und was sich in radikalen Unvereinbarkeiten abzustoßen scheint, das soll aufeinander bezogen werden. Wir sehen unsere Aufgabe, die Aufgabe der Philosophie darin, auf den Weg des Verbindens, der Kommunikation zu gelangen. Alle Weisen des Umgreifenden, im Sein selbst umgriffen von der Transzendenz, werden in uns umgriffen vom Band aller Weisen des Umgreifenden, der Vernunft.

3. *Wesen der Vernunft.* – In der Philosophie ist das Höchste die Vernunft, die doch für sich allein nichts ist.

In jeder Weise des Umgreifenden treten Kräfte auf, die zum Durchbruch drängen, als ob Fesseln wären, in deren Zerreißen erst die Wahrheit sich zeige.

Die Vernunft aber ist das umgreifende Band, das, was auseinanderfallen will, uns vereinigen läßt. Sie weist den Weg, auf dem wir bauend verwirklichen.

Sie ist, wie in der Transzendenz das Umgreifende alles Umgreifenden ist, so in der Immanenz das, was allem voraus ist, das sich verabsolutieren möchte. Sie läßt kein absolutes Auseinanderfallen, kein Zerrissenbleiben, das endgültig wäre, zu. Sie will nicht dulden, daß etwas unwiderruflich durchbräche, aus dem Sein herausfiele, ins Bodenlose versänke und verschwände.

4. *Vernunft ist kein System.* – Das aber, was jeden Durchbruch wieder auffangen kann, ist für uns keine gegebene Ordnung, die als ewig feststehende erkannt werden könnte. Es ist kein Gebäude, das, wie wir es auch fänden, doch immer zu sprengen wäre. Es ist kein System, das, wie es auch konstruiert würde, doch überschritten werden müßte. Für uns, in der Zeit, in allen Weisen des Umgreifenden, ist die Vernunft werdend, aber so, daß sie sich in einer Ewigkeit, die ist, zu finden meint.

Alle möglichen und wirklichen Standpunkte, auch das Vernunftlose und Vernunftwidrige, gewinnen gleichsam ihren Ort in dem Raum, der selber kein Standpunkt mehr ist.

5. *Vernunft ohne Subjekt-Objekt-Spaltung.* – Wie ist denn im Umgreifenden der Vernunft das Subjekt-Objekt-Verhältnis? Was ist hier Subjekt, was Objekt in der Spaltung? Die Antwort muß sein: Hier ist die Struktur grundsätzlich anders als in allen Weisen des Umgreifenden. Die Vernunft tritt in alle Weisen der Subjekt-Objekt-Spaltung mit ein, aber in sich selbst ist sie ohne solche Spaltung. Daher ist sie wie nichts, wenn sie nicht in den Medien der anderen Weisen des Umgreifenden zur Wirklichkeit kommt. Sie findet nicht eine neue andere Objektivität als ein neues Subjekt, das dieser gegenüberstände.

Sie wirkt im Bunde mit der Existenz, die ihr den Ernst verleiht. Sie ist Bewegung in der Welt, gezogen von dem Einen, das über alles Denkbare hinaus ist und worauf alles gerichtet ist.

6. *Vernunft und Verstand.* – Verstand ist noch nicht Vernunft. Daß im Sprachgebrauch verständig und vernünftig kaum unterschieden werden, erschwert die philosophische Formulierung dessen, was der Mensch als Mensch denkend tut oder doch zu tun vermag.

Der Verstand bestimmt, fixiert, beschränkt und macht dadurch klar und deutlich. Die Vernunft öffnet, bewegt, kennt kein Ausruhen in einem Gewußten.

Aber die Vernunft tut keinen Schritt ohne Verstand. Sie will die unablässige Erweiterung des Bewußtseins überhaupt. Sie gibt den Verstand nirgends preis. Verstandesverachtung ist zugleich Vernunftverachtung. Unter dem Antrieb der Vernunft kann der Verstand durch sich selbst sich überschreiten, indem er bis an seine Grenzen dringt, an denen der Überschritt stattfindet, der den Verstand weder verläßt noch vergißt, sondern mit ihm mehr als Verstand, eben Vernunft ist.

7. *Vernunft ist das Philosophieren.* – Das klingt außerordentlich. Ist Vernunft vielleicht eine Imagination wie so manche Träume der Philosophie? Wird hier einem Ungreifbaren nicht Unmögliches aufgebürdet? Wird nicht nach der Vergegenwärtigung der Weisen des Umgreifenden in der Immanenz und in der Transzendenz, nach der Erörterung dessen, was ist und was wir sind, noch einmal ein Schritt getan dorthin, wo von einem Bande die Rede, aber in der Tat nichts ist? Es scheint uns der Atem auszugehen, wo nicht einmal mehr ein Objekt und ein Subjekt einander gegenüberstehen. Denn nicht so, wie das »ich denke« dem Gedachten, wie Dasein der Umwelt, wie Phantasie der geistigen Gestalt, wie Existenz der Transzendenz gegenüberstand, steht hier Vernunft einem Vernunftgegenstand gegenüber.

Und hier in der Unfestigkeit soll alles Philosophieren einen festen Punkt haben, wo doch kein Nagel ist, an den man die Dinge hängen kann, wo nur Bewegung ist und kein Substrat, wo unfaßlich ist, was alles fassen soll?

In der Tat: Hier in diesem Umgreifenden liegt der Raum der Bewegung, in die zu gelangen Aufgabe des Philosophierens ist. Aber es kann sich hier im luftleeren Raum nicht erfüllen, sondern tritt ein in alle Weisen des Umgreifenden, deren Gehalte erst klar und rein werden, indem sie nach allen Seiten das Band suchen, an dem sie zum Einen gelangen.

d. Charakteristik dieser Vergewisserung

1. *Selbstvergewisserung des Erscheinens.* – Diese Selbstvergewisserung ist weder idealistisch noch realistisch, weder metaphysisch noch ontologisch. Sie besagt nichts über das, was man wohl wissen möchte: ob und was Gott sei, was der Grund der Welt, was das Grundgeschehen und was das ewige Sein sei.

Sie ist nur der Versuch des Vergewisserns dessen, wie und worin wir uns finden. Sie zeigt die *Weisen des Erscheinens* für uns und unserer selbst. Alles, was ist, muß dorthin gelangen, wenn es für uns sein soll. Es muß darin gegenwärtig werden.

Hobbes schreibt[1]: »Von allen Erscheinungen, die uns vertraut sind, ist das Erscheinen selbst, das phainesthai, das Wunderbarste, nämlich daß von den Körpern in der Natur einige (die Menschen) Bilder von fast allen Dingen, andere dagegen keine davon besitzen« (für Hobbes zwar liegt das Erscheinen nur in den Sinneswahrnehmungen; daher schreibt er nicht nur Menschen, sondern auch Tieren dieses Erfahren der Erscheinung zu; dies aber ist eine offensichtliche Beschränkung des Erscheinens). Das Erscheinen nennt Hobbes, der solche Ausdrücke selten gebraucht, »wunderbar«. Es ist das, wovon wir stets ausgehen und wohin wir zurückkehren. Diese Gegenwärtigkeit des Erscheinens ist aus nichts anderem zu begreifen.

Dieser Grundtatbestand, daß etwas erscheint (oder anders: sich zeigt, sich offenbart, da ist, Sprache wird), ist, so gewiß er gegenwärtig ist, so sehr im Ganzen das Geheimnis.

2. *Das Erhellen des Weges zum Geheimnis durch das philosophische Grundwissen.* – Das Geheimnis wird uns heller, wenn wir das Erscheinen als solches zum Bewußtsein bringen: wie es stattfindet in der Mannigfaltigkeit seiner Gestalten, in den Grundzügen, die ihm als Erscheinen zukommen.

Aller Mühe dieses Denkens meinen wir vielleicht uns überheben zu können, wenn wir uns ergreifen lassen von dem Unmittelbaren der Sinne und des Verstandesdenkens, der Anschaulichkeit, des Mythus, von dem, was in technisch verwertbarer Gegenstandserkenntnis und was in der Dichtung und Kunst, im Kultus ohne weiteres für uns da ist, unbezweifelbar in seiner Fülle und Wahrheit. Man sagt, dies alles werde durch Reflexion nur verunklärt und eigentlich schon in Frage gestellt.

Solche Haltung verweigert sich dem Weg des Menschen. Sie ist eine Versuchung. Denn sie scheint uns zu retten. Aber in der Form

---

[1] De corpore, Kap. 25.

der unbefragten Unmittelbarkeit ist Wahrheit immer auch täuschend. Sie läßt in Verwirrung geraten. Wenn sie einmal trotz Reflexionslosigkeit rein bleibt, so ist sie doch schutzlos gegenüber einbrechenden Verkehrungen. Sie bedarf der Prüfung durch Denken im Grundwissen von dem, worin wir uns finden.

Wenn die Unmittelbarkeit des Ergriffenwerdens aufgenommen ist in die Weite aller Weisen des Umgreifenden, dann schwindet der Trug blinder Selbstbehauptung des Daseins, der bloße Zauber des Geistes, das bloße Behaupten des argumentierenden Verstandes, der Stolz des Schon-in-der-Wahrheit-Stehens eines Glaubens.

Die falschen Geheimnisse werden durchsichtig in dem Maße, als das wahre, allumfassende Geheimnis gegenwärtig wird im Denken.

3. *Nicht Ontologie, sondern Periechontologie.* – In der Vergegenwärtigung der Weisen des Umgreifenden suchen wir nicht die Stufen in Kategorien eines objektiv Vorkommenden (wie die großen metaphysischen Stufenlehren seit Aristoteles), sondern die Räume des Umgreifenden. Das heißt: wir suchen nicht Seinsschichten, sondern die Ursprünge des Subjekt-Objekt-Verhältnisses, nicht *ontologisch* eine Welt gegenständlicher Bestimmungen, sondern *periechontologisch* den Grund dessen, woraus Subjekt-Objekt entspringen, ineins miteinander und aufeinander bezogen.

4. *Die Beziehungen der Ursprungsverschiedenheiten.* – Unsere Darstellung der Weisen des Umgreifenden zeigte in der Kürze nur eine Reihe. Aber keineswegs stehen diese Weisen als ein Aggregat auf einer gleichen Ebene nebeneinander. Zwischen den Weisen des Umgreifenden der Weltwirklichkeit (Bewußtsein überhaupt, Dasein, Geist – Welt) und den Weisen des Umgreifenden der die Welt überschreitenden Wirklichkeit (Existenz–Transzendenz) liegt ein Sprung. Die Beziehung aller Weisen aufeinander, ihr gegenseitiges Sichdurchdringen ist eine vielfache, hier nicht zu entwickelnde. Jede Weise kann sich zum Mittelpunkt aufwerfen und damit alles falsch werden lassen. Zwar ist am Ende das Umgreifende eines, das Umgreifende alles Umgreifenden, die Transzendenz; als solche sprechen wir sie an, auf sie beziehen wir uns unmittelbar, sofern wir mögliche Existenz sind. Aber gegenwärtig wird sie uns in den vielen Weisen des Umgreifenden, die alle sich gegenseitig zur Ergänzung fordern, nicht aus sich bestehen und nicht in sich abschließbar sind.

Aber aus der Transzendenz vermögen wir sie nicht abzuleiten und die Transzendenz selbst nicht angemessen im Gedanken zu erreichen.

Die Weisen des Umgreifenden sind die Grundwirklichkeiten, in deren Spannung wir faktisch leben.

e. *Die Umwendung*

1. *Orientierung in der Welt und in uns selbst.* – Wir orientieren uns in der Welt, Realität erkennend, Natur gestaltend, Natur beherrschend. Wir durchbrechen Fiktionen, um die Realität selber zu fassen, uns selber als psychologische Lebewesen, die in der Welt vorkommen, einschließend. Der Weg führt, unser Wissen ständig erweiternd, unser Machenkönnen steigernd ins Unabsehbare.

Grenzvorstellungen sind: daß die Weltraumschiffahrt das Weltall zum Wohnsitz und zum Felde der Vernunftwesen macht, die bisher nur die Erde in Besitz nahmen (eine heute trotz aller Satelliten physisch und biologisch utopische Vorstellung), daß alles Leben auf der Erde vernichtet werde (was heute möglich scheint) oder der Erdball selber durch atomare Kettenreaktion verschwinde (was heute noch nicht im Raum des Möglichen liegt), daß die Verwandlung des Menschen selber in seinem psychophysischen Wesen nach Plan des Menschen durch Herstellung neuer Lebensbedingungen und Züchtung geschehe. Diese vorwegnehmenden Orientierungen sind zwar daseinswichtig, verändern aber nicht grundsätzlich unser Daseins- und Existenzbewußtsein.

Demgegenüber gibt es die ganz andere Orientierung in uns. Wir sind die Stätte, für die alles, was für uns ist und werden kann, seine Erscheinungsform annimmt. Wir nennen diese Orientierung die Vergegenwärtigung des Umgreifenden. Durch sie wissen wir ineins von der Stätte mit ihren Aufnahmeorganen und dem, was darin aufgenommen wird. Es geschieht auf so verschiedene Weise, wie es Weisen des Umgreifenden gibt, die die Auffassungsorgane und das Aufgefaßte zugleich sind.

2. *Die philosophische Grundoperation.* – Zu dieser zweiten, der philosophischen Orientierung, brauchen wir die Gegenständlichkeit, um mit ihr das Ungegenständliche zu vergewissern. Dieses Denken hat also zwei Seiten: erstens die Herausarbeitung der zur Vergegenwärtigung der Weisen des Umgreifenden dienenden, mannigfachen Sachlichkeiten, zweitens die Zurücknahme aus den Gegenständlichkeiten, um des Umgreifenden sich zu vergewissern. Die Umwendung selber braucht zunächst diese Gegenständlichkeiten, ohne die sie sich nichts zum Bewußtsein bringen kann, aber sie braucht zugleich die Rückwendung aus ihnen.

Oder anders gesagt: die Umwendung vollzieht sich, indem sie das Umgreifende ausspricht in Gegenständen, die als solche keinen Bestand haben dürfen. Oder wieder anders: die Umwendung bringt zu ihrer Erhellung hervor, was sie wieder verschwinden lassen muß, wenn sie selber gelingt. Dies Gelingen ist fühlbar in der wachsenden Kraft der Weisen des Umgreifenden selber, aus denen immer von neuem die Wirklichkeit gegenwärtig wird, die uns trägt.

Was im Denken getan wird, um durch die Weisen des Umgreifenden uns dessen zu vergewissern, wie wir uns in der Welt finden, nennen wir die philosophische Grundoperation. Sie vollzieht aus der Subjekt-Objekt-Spaltung, in der wir auf Gegenstände gerichtet und an sie gebunden sind, die Umwendung in das Umgreifende, das weder Subjekt noch Objekt ist, sondern beides in sich schließt. Wenn im Denken des Umgreifenden dieses selber unausweichlich Gegenstand wird, erzwingt der philosophische Sinn zugleich die Umwendung ins Gegenstandslose.

Die Umwendung verlangt, wenn sie sich klarwerden soll, das Mittel gegenständlichen Denkens, das als solches sie wieder zu vernichten droht. Die Grundoperation, als solche ausgesagt, verführt durch die Aussagen zu einem Wissen von etwas, wenn nicht ihr gegenstandsfreies Innewerden, das zugleich ihr Ursprung ist, dies ständig verwehrt dadurch, daß sie das Denken und Sprechen in ihrer Gewalt hat.

In der Antinomie, daß das Umgreifende, das Subjekt und Objekt in sich schließt, doch wieder gedacht wird, also ein für ein Subjekt bestehendes Objekt zu werden scheint, kann nur die ständig wiederholte Grundoperation zu jener Gegenwärtigkeit führen, in der kein Subjekt mehr einen Standpunkt einnimmt, von dem aus das Ganze wieder objektiv denkbar wird, sondern in der das Umgreifende in allen seinen Weisen selber wirkt.

Der philosophische Anspruch ist: Statt in einem objektiven Wissen die Dinge, wie sie an sich sind, vor uns zu haben, statt die Welt im Weltbild, den Menschen im Menschenbild endgültig vorzustellen, statt ein System des Seins zu denken, müssen wir zur Vergewisserung dessen, wie wir uns in der Welt finden und was uns Welt ist, dies alles vollziehen, aber auch als jeweilige Befangenheit im Objektiven begreifen.

Die Grundoperation hebt uns heraus aus der Fesselung an das Objekt und aus der Beschränkung im Subjekt. Denn das Umgreifende schließt in sich das Subjekt und Objekt, in die es sich spaltet, wenn es sich offenbar wird (Denken – Gegenstand, Dasein – Umwelt, Existenz – Transzendenz). Damit zugleich werden also die Grunderfahrungen in der Ursprungsverschiedenheit der Weisen des Umgreifenden vollzogen.

3. *Die Umwendung durch die Grundoperation ist ein Moment der Umkehr.* – Die Umwendung, die die philosophische Grundoperation

zugleich vollzieht und bewußtmacht, ist ein Moment der Umkehr, durch die wir als Menschen erst zu eigentlichen Menschen werden.

Sind wir uns der Bodenlosigkeit der Welt, der Unergründlichkeit unserer Herkunft, der Einzigartigkeit des Menschseins in der Welt, dieses Auges und Lichtes im dunklen All, dieser Sprache in der sonst stummen Welt, und sind wir uns selber ungewiß in dem Sein unserer Freiheit als Nicht-durch-sich-selbst-Sein, sondern als Sichgeschenktwerden, dann schafft uns die philosophische Grundoperation gleichsam den Raum, in dem dies alles seinen Ort und seinen Sinn hat.

4. *Das Bewußtsein nach der Umwendung.* – Wenn unser Grundwissen in der Umwendung sich klargeworden ist, dann kann uns alles, was für uns ist, wie eine Verschleierung dessen erscheinen, was eigentlich ist, oder als die Verschlossenheit des eigentlich Wirklichen.

Die Folge kann sein, daß wir das Leben erfahren, als ob es ein Traum sei. Oder gerade umgekehrt: weil wir den Traum als Traum erfassen, werden wir wach im Bewußtsein des Umgreifenden, in dem wir alles, was nur ist, überschreiten.

Aber die Zweideutigkeit des gegenständlichen Ungegenständlichseins kehrt in neuer Gestalt wieder: Ist Wachwerden die Befreiung aus der Subjekt-Objekt-Spaltung zum Innewerden des Umgreifenden? Oder ist Wachwerden das Eintreten in die Spaltung, durch die erst offenbar wird, was in der Ungespaltenheit des Umgreifenden dunkel und stumm bliebe, so als ob es nicht sei? Wachwerden ist nur beides in einem: in dem in der Zeit unvollendbaren Prozeß des unablässigen Eintritts in die Subjekt-Objekt-Spaltung, in der es überhaupt erst Klarwerden für uns gibt, und in der ständigen Vergewisserung des Umgreifenden, aus dem erst alles Sein und Tun in der Spaltung Gehalt hat. Wir schlafen in der vom Umgreifenden verlassenen Scheinhelligkeit bloßer Objektivität und bloßer Subjektivität. Wir schlafen auch in der Dunkelheit des ruhenden, bewegungslosen Umgreifenden.

5. *Die Verkehrung des in der Umwendung vollzogenen Denkens.* – Im Gegensatz zur befreienden Umwendung gerät das Philosophieren in eine durch es selber beschränkende Verkehrung, wenn die Sprache der Erhellung unserer Grundsituation verwandelt wird in Seinsaussagen.

Dann wird die Grundfrage: was ist das Sein? nicht mehr durch Vergewisserung der Stätte des Offenbarwerdens des Seins beantwortet, sondern die Antwort durch Objektivierung der an dieser Stätte gewonnenen Vergegenwärtigung in Seinsaussagen, in eine Ontologie verwandelt.

In der Geschichte des abendländischen Philosophierens sind ständig Sachlichkeiten aufgetreten, die unerläßlich für seinen Gang sind. Diese Sachlichkeiten werden entweder Gegenstände der Forschung wissenschaftlichen Charakters und gewinnen dann einen eigenständigen, von der Philosophie unabhängigen Grund. Oder sie sind Chiffern, die nicht Seinserkenntnis, sondern schwebende und verschwindende Sprache der Transzendenz bedeuten.

Wenn aber weder Wissenschaft erreicht wird noch der Chiffern-charakter ansprechend ist, dann treten jene Verfestigungen der soge-nannten Lehrstücke auf. Sie werden als Lernbarkeiten behandelt. In ihrer Asche mag noch immer ein Funke verborgen sein. Aber der Umgang mit ihr und den Verstandesarbeiten, die diese erstorbenen Begrifflichkeiten gleichsam umrühren und sie in endlosen Beziehungen und Permutationen abwandeln, hat etwas Quälendes (denn es findet keine philosophische Besinnung mehr statt) und hat etwas Be-drückendes, da doch die verlorene Philosophie so nahe ist, aber als Leichnam.

So birgt das große Schema: Welt, Mensch, Gott, das Sein (die in den philosophischen Disziplinen der Kosmologie, Anthropologie, Theologie, Ontologie behandelt wurden) zwar eine vom Ursprung her unverlierbare Wahrheit. Aber in der vollendeten Objektivierung ist in einem logisch strukturierten Scheinwissen der Gehalt verloren an eine leblose Begrifflichkeit.

Allgemein läßt sich für das Philosophieren sagen: Im Unterschied vom bloßen Bewußtsein überhaupt der Wissenschaft ist seine objektive Sachlichkeit darüber hinaus gebunden an die Existenz des Denkenden und an seine Erfahrung in allen Weisen des Umgreifenden.

f. Subjektivismus – Objektivismus

Es gehört seit der deutschen idealistischen Philosophie zu den Topoi der Kritik, ein philosophisches oder theologisches Denken des Subjektivismus zu bezichtigen. Die dieser Kritik zugrunde liegenden Antriebe fassen wir hier noch nicht ins Auge, wohl aber die Voraussetzungen, unter denen die sich in solchen Topoi aussprechenden Mächte sinnvoll erörtert werden können.

1. *Das Überschreiten der Subjekt-Objekt-Spaltung.* – Im Umgreifenden erfolgt die Selbstvergewisserung des Subjekts zugleich mit der des Objekts und beider in der Vielfachheit ihres Sinnes. Selbstvergewisserung ist zugleich Seinsvergewisserung.

Wenn wir uns der Erscheinungen als ermöglicht durch die Spaltung bewußt werden, so wissen wir uns in der Subjekt-Objekt-Spaltung, in der allein sich uns zeigt, was ist, doch zugleich wie in einem Gefängnis. Obgleich erst durch die Spaltung die für uns mögliche Klarheit entsteht, möchten wir doch aus dem Gefängnis heraus. Wir möchten die Subjekt-Objekt-Spaltung überschreiten, in ihren Grund, in den Ursprung aller Dinge und unserer selbst gelangen. Dies Hinausschreiten aus dem Gefängnis scheint auf zwei Wegen möglich:

Erstens durch Eintritt in die *mystische* Erfahrung. Die mystische unio von Subjekt und Objekt läßt das Ich in jeder Gestalt zugleich mit den Gegenständen verschwinden. Dort hört mit der Spaltung zugleich auch die Sprache und mit ihr die Kommunikation auf und das, was in Kommunikation treten könnte. Vor unserer Welt der Erscheinung in der Spaltung her gesehen ist dort nichts, sind es nur wunderliche Erlebnisse, psychologisch zu beschreiben, ohne einen gemeinschaftlichen Sinn. Denn jeder versinkt in die als unendliche Seligkeit, als vollendete Klarheit reinen Lichts geschilderte Zuständlichkeit als in seine eigene, in der die Eigenheit zwar aufgehoben, aber durch keine Gemeinschaft erfüllt ist.

Zweitens erfolgt das Hinausschreiten über die Spaltung durch das Innewerden des Umgreifenden als solchen. Wenn dies Hinausschreiten, statt in abstrakten Hinweisen, in der Verfassung des denkenden Menschen selber vollzogen wird, dann ist durch diese philosophische Grundoperation eine Umwendung des menschlichen Selbstbewußtseins eingetreten. Während wir faktisch in der Subjekt-Objekt-Spaltung bleiben, wird uns diese doch auf eine Weise bewußt, daß wir an die Grenze gelangen, an der wir unseren Zustand im Umgreifenden als die Wirklichkeit spüren, deren bewußt zu werden uns verwandelt. Denn im Gefängnis vom Gefängnis zu wissen, befreit zwar nicht von der Realität in der Zeit, aber befreit durch das Denken dahin, wo wir Ursprung und Ziel zwar nicht erkennen, aber als einer uns bestimmenden Macht innewerden. Dadurch werden in der Spaltung die Erscheinungen selber heller, wird in ihnen das Umgreifende gegenwärtiger. Das Gefängnis wird nicht gesprengt, wie durch die unio mystica, die in eine Unzugänglichkeit fallen läßt. Aber wenn das Gefängnis erkannt, gleichsam auch von außen gesehen wird, ist es selber durchstrahlt. Die Entfaltung der Erscheinungen in der Zeit im Lichte des Umgreifenden läßt das Gefängnis immer weniger Gefängnis sein.

2. *Das falsche Ausspielen von Subjektivität und Objektivität gegeneinander.* – Es ist ein häufiger Streit: der eine wirft dem anderen vor, daß er die Objektivität in der Subjektivität verschwinden lasse oder daß er als er selbst verschwinde in der behaupteten Objektivität.

Ein Beispiel: Ich hatte geschrieben: »Fanatiker überhören die Vieldeutigkeit in allen Erfahrungen von Gottes Stimme. Wer gewiß weiß, was Gott sagt und will, macht Gott zu einem Wesen in der Welt, über das er verfügt, und ist damit auf dem Wege zum Aberglauben.« Damit wollte ich sagen: Wenn ich weiß, was Gott sagt und will, und mich darauf berufe zur Rechtfertigung meiner Forderungen an andere, so habe ich Gott zum Objekt gemacht, wie das »ich denke« im Bewußtsein überhaupt seinen Gegenstand, den es erkennt. Gott zum Objekt in diesem Sinne machen, ist, Gott zum Götzen machen. Dies Tun heißt Aberglaube. Die Forderungen Gottes als gewußte, allgemeingültige aussprechen, ist die Begründung von Ansprüchen durch das Absolute, das die Ansprüche selber absolut macht, also weiterer Prüfung entzieht. Dies Tun heißt Fanatismus. – Ein Theologe[1] übt daran Kritik. Er meint: bei der Auffassung, daß ein Glaube, der in ein bestimmtes Credo festgelegt werde, dann in eine Gegenständlichkeit, in ein Wissen verwandelt und nicht mehr reiner Glaube sei, »stehen wir vor der eigentümlichen Tatsache, daß die Wahrheit, vollständig als Überzeugung verstanden, ihr objektives Korrelat vermißt. Ich bin nicht überzeugt hinsichtlich einer Wahrheit, die von sich aus gilt, sondern meine Überzeugung selber ist die Wahrheit. Gerne bezieht sich Jaspers auf den Satz Kierkegaards: die Subjektivität ist die Wahrheit«.

Bei solcher Kritik kann man – denke ich – sich wohl verständigen, wenn man nur die spezifische Subjekt-Objekt-Beziehung ins Auge faßt. Nicht die »Überzeugung« nur subjektiven Charakters ist die Wahrheit, sondern die Überzeugung zusammen mit ihrem Objekt. Im Bewußtsein überhaupt, das richtig oder unrichtig von Gegenständen weiß, ist dieses Subjekt der allgemeine, vertretbare Punkt dieses Bewußtseins. Für den Gottesglauben aber ist dieses Subjekt die mögliche Existenz. Wenn den Chiffern der Transzendenz nicht die Unbedingtheit einer geschichtlichen Existenz entspricht, sind sie ein Rascheln vertrockneter Blätter. Wenn von Chiffern gesprochen wird wie von erkennbaren oder offenbaren objektiven Gegenständen, ohne daß im gleichen Augenblick das Subjekt als Existenz in ihrem Ernst gegenwärtig ist, dann bleibt allerdings übrig Aberglauben und Fanatismus. Kierkegaards Satz »Die Subjektivität ist die Wahrheit« ist bei ihm bewußt provozierend geschrieben gegenüber den Philosophen, Theologen und Pfarrern, die nur »dozieren«. Gerade Kierkegaard hat die Objektivität in dieser existentiellen Subjektivität festgehalten, in-

[1] Hendrik van Oyen, Theologische Zeitschrift 1957.

dem er ihren hier grundsätzlich anderen Charakter bewußtmachte. Die Erscheinungen, die uns in der Spaltung vorkommen, haben durchaus verschiedene Weisen ihrer Objektivität, die den entsprechenden, durchaus verschiedenen Weisen der Subjektivität sich zeigen.

Die Vergewisserung der Weisen des Umgreifenden ermöglicht es, das Ausspielen von Subjekt und Objekt, von Subjektivität und Objektivität gegeneinander abzuwehren. Es ist erstens falsch, Subjekt und Objekt auf eine einzige Weise zu nehmen. Es ist zweitens falsch, den der Subjektivität zu bezichtigen, der auf die zu einer spezifischen Objektivität gehörende Subjektivität hinweist, oder eine vermeintlich subjektfreie Objektivität für die Wahrheit zu halten. Jedesmal ist vielmehr zu fragen: welches Subjekt und welches Objekt? Immer gehören beide zueinander und sind nicht ohne einander.

In jeder Weise des Umgreifenden ist die Spaltung von Subjekt-Objekt und die Beziehung beider aufeinander eine eigentümliche: Im *Bewußtsein überhaupt:* das meinende Gerichtetsein auf Gegenstände. Im *Dasein:* als Bezug von Innenwelt und Umwelt. Im *Geist:* der Bezug von Phantasie und Gebilde. In der *Existenz:* ich selbst als Freiheit in bezug auf die Transzendenz, durch die ich bin.

Immer gilt für die Erscheinungen: kein Subjekt ohne Objekt, kein Objekt ohne Subjekt. Denn das Umgreifende, das in der Spaltung erscheint, läßt stets eine Weise des Subjektseins einer Weise des Objektseins gegenüberstehen, so das Dasein der Umwelt, das Bewußtsein überhaupt den denkend gemeinten Gegenständen in der Welt, den Geist den Gestalten. Nach dem Sprunge aus dieser Immanenz stehen sich analog Existenz und Transzendenz gegenüber: keine Existenz ohne Bezug auf Transzendenz.

g. *Der Sprung von der Immanenz zur Transzendenz*

Die Welt ist für unsere Erkenntnis kein in sich geschlossenes Ganzes, kein harmonisches Totalgeschehen, keine durchgehende Zweckhaftigkeit in einem eindeutigen Verursachungsgewebe. Sie ist nicht aus sich begreifbar. Wäre die Welt die Einheit dieser Totalität, so wäre sie das Sein selber, außer dem nichts anderes wäre.

Für die wissenschaftliche Erkenntnis ist die Welt bodenlos. Diese Einsicht erst schafft dem Denken den Raum für die Freiheit der Existenz, und der Existenz das Bewußtsein der Möglichkeit ihres Sprunges von der Welt zur Transzendenz.

Dieser Sprung hat außerordentliche Folgen: Wir werden zuerst *frei für die Welt.* Denn erst wenn die Welt als Ganzes sich nicht schließt, brechen wir durch jedes Weltbild, jedes Weltgehäuse, das uns einfangen und die Welt beschränken möchte, hindurch, um voranzuschreiten zur unbeschränkten Erkenntnis dessen, was in der Welt entgegenkommt, fortschreitend ins Unabsehbare.

Damit werden wir zugleich *frei für uns selbst in der Welt.* Obgleich wir als Dasein in unserer Realität ganz aus der Welt stammen, haben wir als mögliche Existenz einen Ursprung außer der Welt. Von ihm her wirken wir in der Welt.

Wir werden schließlich *frei für uns selbst in bezug auf Transzendenz.* Zur Schwebe gelangt in allem Weltsein, berühren wir den Boden in der Transzendenz. Hier ist die Zuflucht. Von dorther in die Welt zurückkehrend, ergreifen wir die Aufgaben, die uns auf dem Wege durch die Welt in unseren Situationen zuwachsen.

Die Welt lastet nicht mehr als das an sich Seiende. Alle Totalvorstellungen werden als irrig durchschaut (ob Mechanismus, ob Biologismus, ob realdialektischer Weltprozeß). Sie bewahren alle nur einen Charakter von Aspekten in bestimmten Perspektiven. Für unsere Einsicht fällt jede beherrschende Totaltheorie fort, während viele Theorien eine begrenzte Fruchtbarkeit für empirische Erkenntnis in der Welt haben. Es entsteht eine Offenheit für alles, was in der Welt wirklich ist, eine von Vorentwürfen des Ganzen freie Bereitschaft zu jeder neuen Erfahrung.

Wenn man in jeder Subjekt-Objekt-Spaltung das Objekt gegenüber dem Subjekt transzendent nennt, so wird der Begriff der Transzendenz zur Gleichgültigkeit nivelliert. Wenn aber Transzendenz nur für Existenz, das heißt die Objektseite dessen ist, dessen Subjektseite Existenz heißt, so ist diese Transzendenz weder für das Bewußtsein überhaupt als Geltung noch ist sie im Dasein als reales Objekt.

Wo ich Transzendenz als wirklich erfahre, dort bin ich als ich selbst, als Existenz, wirklich. Wenn ich aber als Dasein, Bewußtsein überhaupt, Geist die Transzendenz als wirklich behaupte, so ist sie im Sinne der zu diesen Weisen des Umgreifenden gehörenden Wirklichkeiten vielmehr eine Fiktion. Sie ist dort überflüssig oder eine Illusion.

h. *Abwehr der Verkehrungen zur einen Wahrheit*

1. *Der Sinn der Selbstvergewisserung des Umgreifenden im philosophischen Glauben.* – Der Versuch der Selbstvergewisserung dessen, worin und wie wir uns finden, ist nicht selber schon die Philosophie:

denn er entwickelt noch nicht die Gehalte der Wahrheit, sondern nur die Formen und die Richtungen, in denen Wahrheit uns gegenwärtig wird. Aber er ist ein wesentliches Moment der Philosophie: denn in dem rückhaltlosen Willen zu dieser Selbstvergewisserung liegt ein Ansatz des Glaubens: die Bereitschaft zu unbegrenzter Offenheit.

Im Unterschied von einem *Glaubensgehorsam*, der das Nichtverstehbare hinnimmt in Gestalten endlicher Erscheinung und ihnen sich als der Gottheit selber unterwirft, ist der *philosophische Glaube* schon in dem vorbereitenden Versuch der Vergewisserung der Weisen des Umgreifenden vielmehr der Wille, sich selbst zu überzeugen durch Gegenwärtigkeit. Die Erfahrung der Grenzen, aber als Grenzen, die wir in Gestalten ergreifen, die entsprechend unserem Denkenkönnen zerbrechen, läßt diese Gestalten nie zu Objektivitäten werden, die Gehorsam fordern.

Nun ist aber diese Vergewisserung selber auch im Grundsätzlichen nie fertig, nicht endgültig festzulegen. Nicht nur ist die bloße Meinung einer Selbstvergewisserung, weil jeder sie haben darf, höchst fragwürdig. Auch die besonnenste Selbstvergewisserung im ganzen untersteht noch wieder der Befragung, verfestigt sich nur als vorläufiges Schema. Sie ist in Analogie zu den Wissenschaften in Bewegung. Sie ist als Wahrheit verloren, wenn sie dogmatisch wird.

Der Versuch als Ganzes ist der immer zu wiederholende Angriff auf unsere Neigung, uns weiteren Denkens zu überheben. Er richtet sich gegen unsere Angst, im Denken auf etwas zu stoßen, das bedroht, gewohnte Sicherheiten aufhebt, unerfüllbare Forderungen stellt, weswegen es wohl heißt: nicht zu viel denken, Reflexion macht krank!

2. *Verkehrung zur einen Wahrheit.* – Es scheint selbstverständlich, daß die Wahrheit eine ist.

Das trifft zu im Denken des *Bewußtseins überhaupt.* Das Gedachte ist jeweils richtig oder unrichtig.

Es trifft zu auf die Idee der einen Wahrheit in der *Vernunft*, die auf sie zu ins Unendliche fortschreitet, von dorther nur ein Licht in die Gegenwärtigkeit dieser Bewegung wirft, aber sich selber nicht vorwegnehmen läßt.

Es trifft zu auf die Wahrheit der *Existenz*, sofern sie je eine und als solche nicht wißbar ist, während die Gemeinschaft aller möglichen Existenzen nur in der Idee grenzenloser Kommunikation des substantiell Vielfachen ein Antrieb für die Vernunft sein kann.

Nicht aber ist die Wahrheit dann getroffen, wenn sie in einer einzigen Gestalt als Philosophie behauptet oder als durch Fortschritt der

Philosophie möglich angesehen wird. Im entwickelten philosophischen Dogmatismus ist dann die Wahrheit verloren.

Die eine Wahrheit ist auch nicht dort, wo sie als offenbart gilt (und außer ihr kein Heil sein soll). Diese Wahrheit gilt für die in ihr sich vereinigenden Gruppen der sie Glaubenden, nicht für alle Menschen. Im entwickelten theologischen Dogmatismus ist dann die Wahrheit verloren.

Die dogmatischen Verkehrungen sind zu deuten als Weisen, die Wahrheit eines Umgreifenden in der Form der Wahrheit eines anderen Umgreifenden haben zu wollen: philosophische und theologische Wahrheit in der Form des allgemeingültigen Bewußtseins überhaupt. Die Vertauschung oder das Ineinanderfließenlassen des Wahrheitssinns verschiedener Umgreifenden zerstört die Wahrheit.

3. *Die Fälschlichkeit einer einen Wahrheit entsteht durch Verabsolutierung einzelner Weisen des Umgreifenden.* – Denn nur mit und in der Gesamtheit der Umgreifenden könnte Wahrheit die eine und vollendete sein. Man kann ein Schema entwerfen der Erscheinungen, in denen durch Loslösung und Isolierung eines Umgreifenden eine je spezifische Gestalt der fälschlichen einen Wahrheit entsteht:

Das *Dasein* wird verabsolutiert im sogenannten Pragmatismus, Biologismus, Psychologismus und Soziologismus, das *Bewußtsein überhaupt* im Rationalismus, der *Geist* in der »Bildung«, die *Existenz* im Existentialismus (der Nihilismus wird), die *Welt* im Materialismus, Naturalismus, Idealismus, Pantheismus, die *Transzendenz* im Akosmismus.

Nur die Vernunft ist nicht zu verabsolutieren. Für sich allein ist sie nichts. In ihrer Bewegung durch alle Weisen des Umgreifenden ist sie nicht zu übertreiben. Sie kann nie genug sein. Sie ist auch nicht zu überschreiten. Je weiter sie vordringt, desto wahrer wird sie. Sie hat keine eigene zu ihr gehörende Objektivierung und Subjektivierung.

i. *Skeptizismus?*

Als Skeptiker gilt, wer in der Philosophie nicht eine systematisch entwickelte Überzeugung in unantastbaren, weil der Meinung nach endgültig begründeten Sätzen zuläßt, und im Offenbarungsglauben, wer nicht durch ein Bekenntnis den einen wahren Glauben ausspricht und festhält. Skeptizismus ist dann ein Scheltwort. Der Vorwurf macht den damit Getroffenen verdächtig. Er ist kein verläßlicher Mensch. Er führt ein verlorenes Leben. Er ist gefährlich, weil er zersetzt. –

Einige Erörterungen über Skepsis und Skeptizismus scheinen angemessen:

1. *Vergewisserung des Umgreifenden ist Glaubensvergewisserung.* – Die Vergewisserung der Weisen des Umgreifenden, damit des Erscheinens, in dem wir uns finden, hebt die Sicherheit unseres natürlichen Seinsbewußtseins auf, sofern dieses die Realität in faßlicher Weise endgültig vor Augen zu haben meint. Sie zieht uns den gewohnten Boden weg.

Aber solche Vergewisserung will nicht Skeptizismus, sondern *Glaubensvergewisserung.* Sie erlaubt, uns gleichsam zu befreien aus der Gefangenschaft in der Subjekt-Objekt-Spaltung dadurch, daß wir uns ihrer bewußt werden. Sie löst uns aus der Verfangenheit in die Objektivierungen dadurch, daß wir jede in ihrer Besonderheit begreifen. Sie löst uns aus der Bindung an das Ich dadurch, daß wir jede gedachte Form des »ich« erkennen als etwas, das wir nicht eigentlich »selbst« sind. Durch die Vergewisserung der Subjekt-Objekt-Spaltung schwingen wir uns, in ihr bleibend, über sie hinaus.

Durch diese Loslösung gelangen wir erst in die Situation des Philosophierens, dessen Sinn von uns ein Schweben verlangt, orientiert am Boden, von dem wir uns lösten, hin zur eigentlichen Wahrheit.

Die Erfüllung vom Umgreifenden, in dem weder Objekt noch Subjekt verloren, vielmehr beide in Einem gegenwärtig bleiben, nennen wir Glauben im weitesten Sinn und seine Vergewisserung Glaubensvergewisserung. Glauben in einem gesteigerten, die Immanenz übergreifenden Sinn treffen wir in der Vergewisserung von Existenz und Transzendenz. Die Vergewisserung der Vernunft als des im Philosophieren unerläßlichen Sinns erhellt den Vernunftglauben, der dem philosophischen Glauben als der ihm eigensten Kraft zugehört.

2. *Zerrissenheit und Einheit.* – Die Einheit ist zerschlagen in mehrere Weisen des Umgreifenden. Diese sind nicht aus *einem Prinzip* zu deduzieren. Die Welt ist vielmehr für die Wissenschaften, das Sein des Umgreifenden ist für die Selbstvergewisserung *zerrissen.* Ist jedoch die Vielfachheit das letzte, dann wäre mit der Einheit auch die Wahrheit verloren.

Aber die Vergewisserung des Vielen ist nicht Gleichgültigkeit gegen Einheit, sondern der Wille zur wahren Einheit. In jeder vorzeitigen, sich oft verführend darbietenden Einheit ist die Wahrheit selbst nicht erreicht. Durch die Erfahrung der Zerrissenheit werden wir, weil sie unerträglich ist, zu jener Einheit gedrängt, die durch keine Frage mehr fragwürdig werden kann. Wir fragen nach der einen, wahren Einheit, weil wir nur in ihr Ruhe gewinnen.

3. *Das »Leben als Experiment« läßt ein leeres Ich im Skeptizismus*

übrig. – In der Ungewißheit, in der wir uns finden, hat das Leben einen Charakter, den man mit dem Wort »*es ist ein Experiment*« falsch bezeichnet. Der veranstaltende Experimentator wäre selber Experiment und Experimentator zugleich. Wer aber den Ernst seines Weges in der Welt dadurch preisgibt, daß er seine Entschlüsse insgesamt als Versuche auffaßt und sich selbst als den Veranstalter im Hintergrund vermeintlich unberührt hält, der verliert die Möglichkeit der Treue im Übernehmen der Geschichtlichkeit in der Kontinuität. Er verliert das Selbstsein. Als nur Versuchender ist er weder für andere noch für sich da. Denn jenes sich vermeintlich im Hintergrund bewahrende Ich, das nicht eintritt in seine Existenz, sondern alles nur als Vordergrund seiner Experimente behandelt, ist ein bloßer Punkt und eigentlich Nichtsein, in dem nichts gerettet wird. Wenn ein »substantieller« Skeptiker das vielleicht, uns unbegreiflich, tun könnte, so will der philosophische Glaube sich vielmehr einsenken in das Dasein, um in ihm geschichtlich mit anderer Existenz zum Selbst zu kommen.

Das Geschehenlassen des Lebens, als ob ich nicht dabei sei, scheint mit dem Verzicht auf die Welt zugunsten eines »außer der Welt« der faktische Verlust der Existenz zu sein. Dann gibt es in der Praxis kein entscheidendes Entweder-Oder mehr, keinen unbedingten Entschluß. Der »Entschluß« aber zur Wahl jener Möglichkeit, durch die die Welt und das In-der-Welt-Sein gleichgültig werden, wäre auch dann, wenn er realisiert wird, kein existentieller Entschluß mehr.

Denn ein Entschluß, der nicht in der Weltwirklichkeit entscheidet und wirkt, scheint kein Entschluß der Existenz, sondern eines Anderen, Wunderlichen, eines in der Kommunikation nicht Faßlichen, eines in jedem Umgreifenden unverläßlichen Nichtseins eines »Ich« zu sein, eine Weise des Skeptizismus, der Nihilismus geworden ist.

An dieser Grenze aber zögern wir wieder. Was uns nicht zu sein scheint, was in der Welt auf Anspruch verzichtet, das liegt zwar außerhalb des Horizonts der von uns versuchten Vergewisserung der Weisen des Umgreifenden, bleibt aber als Möglichkeit – wie die Möglichkeit der Offenbarung – eine für uns unbeantwortbare Frage.

4. Skepsis als Weg der Philosophie. – Skepsis ist ein unerläßlicher Weg im Philosophieren. Eigentliche Philosophie muß daher einem philosophischen Dogmatiker als Skeptizismus erscheinen.

Es ist skeptische Bewegung, aber kein Skeptizismus, wenn wir in den Wissenschaften methodische Kritik üben, um das Maximum der uns jeweils möglichen Richtigkeit zu erreichen. Skeptische Bewegung ist es auch, aber nicht Skeptizismus, wenn wir in der Philosophie die

Aussagen, die den Charakter wissenschaftlicher Erkenntnis annehmen, ohne zu einer methodischen allgemeingültigen Wissenschaft werden zu können, als objektive Erkenntnis verwerfen.

Skeptizismus aber ist es, jeden Sinn solcher Aussagen zu verneinen. Weil sie nicht Wissenschaft sind, sind sie nicht als Spielerei überhaupt zu verwerfen. Sie sind ihrer Form nach rückgängig zu machen, ihrem Gehalt nach aber zu prüfen.

5. *Skepsis als Weg des Offenbarungsglaubens.* – Vielleicht ist auch dem Offenbarungsgläubigen die Skepsis ein unerläßlicher *Weg* des Glaubens selber. Wer nicht »bekennt«, braucht noch kein Skeptiker zu sein. Vielleicht kann der Glaube selbst das formulierte Bekenntnis verwehren. Das Bekennen scheint, sofern es absolute Wahrheit in Form von Sätzen in menschlicher Sprache ausdrückt, ein verhängnisvolles Tun zu sein. Denn es trennt die Menschen, öffnet den Abgrund der Kommunikationslosigkeit, wenn mit dem Bekenntnis der Anspruch erhoben wird, die anderen sollten an ihm als der Sprache der absoluten Wahrheit teilnehmen.

Nicht Skeptizismus wendet sich gegen das Bekennen in Sätzen (statt in Handlungen und Leben), sondern der Glaube selber, der skeptisch auf dem Wege seiner Aussagen bleibt.

6. *Der unentschiedene Skeptizismus.* – Eine Verwässerung des Philosophierens ist der unentschiedene Skeptizismus, der, obwohl in skeptischer Manier verfahrend, doch nicht skeptisch sein will. Ein durchschnittliches Denken Gebildeter kann das, was in ihm philosophischer Glaube ist, mangels der Unterscheidung der Weisen des Umgreifenden nicht angemessen aussprechen. Es pflegt in den Formulierungen zwischen Skeptizismus und Dogmatismus hin und her zu gehen. Dafür sind Sätze Ciceros und der sogenannten akademischen Skepsis ein Beispiel. Wenn Cicero etwa darstellt, was Epikureer, Stoiker, Akademiker über die Götter meinen, so sagt er: »Wohl kann möglich sein, daß keine einzige dieser Meinungen, nicht aber, daß mehr als eine die Wahrheit sei.« Philosophisch ist das von demselben Range wie der des Vortrags eines Philosophieprofessors über Unsterblichkeit, den ich in meiner Jugend hörte, staunend vor der ihm nicht bewußten ironischen Selbstvernichtung: Nach subtilen Erörterungen im Stil wissenschaftlicher Begründung durch Logik und Erfahrungstatsachen kam er zu dem Ergebnis, daß etwa 70% der Gründe für, 30% gegen Unsterblichkeit sprächen.

Mit den Akademikern sagt Cicero: »Wir sind nicht Leute, die nichts für wahr annehmen, sondern die nur behaupten, alles Wahre habe einen Beisatz von Falschem, was mit ihm so große Ähnlichkeit habe, daß an demselben sich kein sicheres Merkmal, um es zu beurteilen und ihm beizupflichten, finde. Daraus hat sich der Satz ergeben: Vieles sei wahrscheinlich, was, obgleich es nicht durchaus begriffen werden könne, dennoch, weil es ein gewisses klares und lichtvolles Aussehen habe, dem Leben des Weisen zur Richtschnur diene.« Ahnungslose Unphilosophie des unentschiedenen Skeptizismus!

Praktisch wirklich wird der Skeptizismus in dem Maße, als einzelne Weisen des Umgreifenden verkümmern, und vor allem durch das Verkümmern der Gegenwärtigkeit des Umgreifenden alles Umgreifenden.

k. *Die geschichtliche Vielfachheit ursprünglicher Weisen des Grundwissens*

Die Strukturen dessen, als was und wie und worin wir uns finden, sind historisch so verschieden gedacht worden, daß man an ihrem Zueinandergehören zweifeln könnte. Schon jede Benennung dessen, was wir als das Gemeinsame in der Verschiedenheit meinen, ist fragwürdig. Nennen wir es das Selbst- und Weltverständnis, so beruht schon diese Benennung auf bestimmten Kategorien.

Wir leben immer in einem Grundwissen. Dieses ist mehr oder weniger klar. Großen geschichtlichen Gemeinschaften ist es gegenwärtig in allen Stufen von unbestimmten Gefühlen über Bilder bis zur systematischen Entfaltung in der Philosophie. Es ist dann jeweils wie eine einzige große Selbstverständlichkeit.

Werden aber in gegenseitiger Berührung und in historischem Wissen alle Weisen des Grundwissens bewußt, dann hört die Selbstverständlichkeit und die Gewißheit der einen Wahrheit auf. Jetzt sind zwei Bewegungen möglich:

Entweder bleibt das Vielerlei. Scheinbar kann man nun an allen Weisen des Grundwissens teilnehmen. Da man sie kennt, läßt man sie sich in Redewendungen zufliegen, um einen Augenblick sie mitzusprechen. Der Zustand ist zerstreut. In ihm ist kein Zusammenhang und keine Kontinuität.

Oder die Kunde von den geschichtlichen Weisen des Grundwissens und das verstehende Eindringen in sie wird auch bei aller inneren Beteiligung als bloße Kunde unterschieden von dem, worin ich selber mein umgreifendes Bewußtsein habe.

Die bisherigen Weisen des Grundwissens waren verbunden mit dem jeweiligen Gehalt eines Seinswissens. Sie waren eine Ontologie. Unser modernes Grundwissen kann solchen Anspruch nicht erheben. Es gewinnt einen anderen Charakter, weil es nicht Ontologie als Wissen vom Sein, sondern Periechontologie als Vergewisserung des Umgreifenden meint.

Nennen wir die großen historischen Gestalten des Seinsbewußtseins ein Grundwissen, so sind sie alle mehr als unser Versuch des modernen philosophischen Vergewisserns des Umgreifenden. Denn sie sind alle, weil schon erfüllt mit dem ganzen Gehalt, für sich selbst genug, abgeschlossen, lebentragend, den Denkenden in sich bergend.

Sie sind aber alle auch weniger als der moderne Versuch der Vergegenwärtigung aller Weisen des Umgreifenden. Denn sie stehen alle in einer Beschränkung. Es ist zwar nicht ein Fortschritt im Gehalt der Wahrheit, wenn wir in unserem Zeitalter die Souveränität über alle diese Weisen gewinnen. Die Weite bedeutet eher zunächst Verlust. Aber das Denken der Formen aller Weisen in ihren Ursprüngen und Dimensionen und Bedingungen bringt die Weite, ohne die uns ein je bestimmter Gehalt fragwürdig wird. Trotzdem ist die Weise des Grundwissens als Form aller Weisen des Umgreifenden selber ein wesentlicher Gehalt. Denn es erweckt die Ursprünge, spannt gleichsam den Raum aus, in dem alles, was uns als Gehalt erfüllt, seinen Ort und seine kritische Kontrolle durch Bewußtsein findet.

Das Grundwissen ist daher in seiner jeweiligen Gestalt zugleich eine Weise der inneren Verfassung des es denkenden und in ihm lebenden Menschen.

Auch das Grundwissen der Weisen des Umgreifenden entspricht einer inneren Verfassung. Aber einer solchen, die nur den Raum weitet, auf die Ursprünge weist und der Ergänzung bedarf durch die Erfüllung dieses Raumes.

Die großen historischen Gestalten des Grundwissens sind selber schon die Erfüllung, die moderne Gestalt nicht.

1. Die Idee des allgemeinen Grundwissens

1. *Die Idee.* – Wir können einen verschiedenen Glauben haben, aber uns darin verstehen, daß wir glauben, so wie wir uns als Dasein behaupten, darin aber die Selbstbehauptung des Anderen verstehen können.

Mit der Vergegenwärtigung der Weisen des Umgreifenden erhellen wir den uns Menschen gemeinsamen Raum, in dem wir einander mitteilen, was wir meinen, wollen und was für uns ist.

Der Absicht nach liegt solche Selbstvergewisserung vor aller gehaltvollen geschichtlich bestimmten Philosophie. Sie möchte das gemeinsam zu Erfassende, das gemeinsam Mögliche.

Die Idee ist: wenn wir das Umgreifende als das uns Gemeinsame vergewissern, in dem wir uns treffen, so können wir uns gegenseitig frei lassen in den Ursprüngen, aus denen wir leben, den unübersehbar mannigfaltigen und getrennten.

Die Idee dieses Grundwissens ist, im ständig zu erweiternden Wissen aller geschichtlich schon verwirklichten Möglichkeiten nicht notwendig eine neue Weise dieser geschichtlichen Gestalten zu konstituieren, sondern der Situation entsprechend, in die wir heute hineingeboren sind, das zu tun, was dem Wissenden übrigbleibt: Herausgerissen aus allen bisherigen Glaubensselbstverständlichkeiten kann der Mensch weder eine solche wiederherstellen (eine künstliche Wiederherstellung würde eine unehrlich gewordene Tradition vergeblich zu halten versuchen) noch eine neue nach Plan machen. Etwas anderes kann entstehen: Im Umgang mit der verstehend angeeigneten Überlieferung der Ursprünge und der geistigen Verwirklichungen, im Besitz solchen verstehenden Wissens, fähig zu der unendlichen Reflexion, muß der Mensch seinen Ernst in neuer Gestalt gründen, die ein in der Mitteilung allgemein verbindendes formales Grundwissen als Voraussetzung sucht.

Es gibt bisher nicht eine einzige, allgemein anerkannte Grundstruktur dessen, als was und worin wir uns finden. Jede der großen geschichtlichen Gestalten scheint ihre eigene Struktur zu haben, der gegenüber einer anderen etwas Inkommensurables eigen ist.

Bei der historisch analysierenden Betrachtung scheint jeder eine bestimmte Beschränkung zuzugehören, eine Blindheit für anderes, eine Absolutheit, die das andere nur anverwandeln, nicht bestehen lassen kann.

Utopisch scheint es, nach einer Grundstruktur zu suchen, wie wir sie in den Weisen des Umgreifenden entwerfen. Der Sinn solchen Entwurfs ist nicht das Selbstverständnis eines Glaubens, auch nicht die Beschreibung des historisch Gegebenen, auch nicht die Abstraktion des Allgemeinen des in allen Glaubenswirklichkeiten enthaltenen gemeinsamen Glaubensinhalts in einer vermeintlich von jedermann anzuerkennenden Verdünnung.

Daher das Schwebende des Entwurfs, der nur für diesen Augenblick der Mitteilung zu einer nur vorübergehenden Festigkeit gerinnt. Daher aber auch die Aneignung von längst ausgesprochenen Grunderfahrungen. Daher ist der Entwurf kein Ordnungsplan für die historisch gegebenen Glaubensmöglichkeiten, sondern er ist ein Mittel der Kommunikation.

Wenn das Hinhören auf die Mitteilungen Glaubender in der gesamten Menschheit für den Entwurf des Grundwissens selber notwendig ist, so nicht nur wegen des Betroffenseins von jedem Ernst, der uns begegnet. Wir möchten keine Dimension der ursprünglichen, gemeinsamen formalen Möglichkeiten verlieren. Wir möchten unsere immer noch nicht genügende Offenheit erweitern.

Es ist die Frage, ob alle Menschen auf dem Erdball sich schließlich gemeinsam gründen könnten auf die allgemeine Vernunft, die wesentlich als die Form des Sichverbindens überhaupt entworfen ist. Ist ein gemeinsamer Rahmen von größter Weite möglich, innerhalb dessen die Kommunikation geschichtlich heterogenen Glaubens und seines Selbstverständnisses geschehen könnte, ohne sich preiszugeben, vielmehr um sich selber aus der eigenen Tiefe zu verwandeln in die neuen Gestalten, die unter den Bedingungen des nun anbrechenden Erdzeitalters den Ernst der Menschen gründen?

Das Selbstverständnis der großen Glaubensgestalten der Menschheit ruhte bisher auf metaphysischen, ontologischen, Offenbarungsvoraussetzungen, die sich entweder gegenseitig hinnahmen, keineswegs verstanden, oder aber im Nichtverstehen sich gegenseitig leidenschaftlich bekämpften. Sie könnten nur in Gegenseitigkeit zum vollen Verständnis ihrer selbst und des anderen gebracht werden, wenn ein Rahmen der Mitteilbarkeit sie verbände, in dem kein geschichtlicher Glaubensursprung verlorenginge oder sich preisgeben müßte.

2. *Grundwissen und Wissenschaft.* – Obgleich die Entwicklung des Grundwissens nicht wie die Wissenschaften zu zwingender, allgemeingültiger Erkenntnis führt, will sie doch selber noch keinen Glauben aussprechen. Sie liegt auf der Grenze wissenschaftlicher Erkenntnis und existentieller Philosophie.

Der Wissenschaft vergleichbar ist, daß dieses Grundwissen nie abgeschlossen ist. Es nimmt keine endgültige Form an. Wenn wir es uns bewußtmachen, bleiben wir in der Prüfung.

Das Grundwissen arbeitet die Formen aus, in denen wir selbst für uns in der Welt sind, vergleichbar den Formen oder Kategorien, in denen alles für das Bewußtsein überhaupt Denkbare erscheint. Diese Kategorien, die die gesamte Welt des Denkbaren bestimmen, werden zu einer spezifischen Gruppe innerhalb des Bewußtseins überhaupt, die nun übergriffen wird. Die Denkarbeit des Gegenständlichen wird eingeschlossen in die Weisen des Umgreifenden, die mit ihrer Vergewisserung zwar in den Bereich der Denkbarkeit gezogen werden, aber unangemessen. Verglichen mit der Gegenständlichkeit des Erkennbaren bewegt sich diese Vergewisserung vermittels von Gegenständlichkeiten auf das Ungegenständliche des umgreifend Gegenwärtigen hin. Weil sie an den Grenzen, wo alles gegenständliche Wissen aufhört, sich bewegt, kann sie nicht zwingende Wissenschaft werden.

Die Ausarbeitung der Weisen des Umgreifenden bedeutet daher nicht, mit ihnen im Grund der Dinge Bescheid wissen zu können. Sie entwirft ein Schema, das immer einen vorläufigen, daher einen abwandelbaren, zu erweiternden und zu vertiefenden Charakter haben muß. Der Entwurf geschieht nicht aus einem Prinzip, hat keine Garantie seiner Vollständigkeit, wird kein geschlossenes System, obgleich er im Schema sich diese Gestalt vorübergehend geben muß.

Die Einsicht in die Weisen des Umgreifenden bringt in die Schwebe und ist selber in der Schwebe.

3. *Grundwissen und Existenz.* – In der Vergewisserung des Umgreifenden sind wir noch nicht das Umgreifende selber. Die Unterscheidung von Denkentwurf und Wirklichkeit macht deutlich: das Aussprechen bringt alles in Relativität, das Darinsein selber ist nicht zu wissen. Der Relativität der Aussagen im Denken des Umgreifenden entspricht der Ernst des Existierens.

Daher gibt es keine Verkündigung des Umgreifenden, das als Wahrheit zu wissen genügen könnte. Das Wort des Wissens darf den Entschluß der Wirklichkeit nicht ersetzen.

Aber im Denken des Umgreifenden rückt unser Bewußtsein näher an das, was wir eigentlich wollen, ohne es geradezu sagen zu können.

Denn die Wirklichkeit selber ist schlechthin geschichtlich, nicht allgemein. Der Entschluß ist nicht abzuleiten aus einem Allgemeinen. Aber er drängt dazu, im Allgemeinen sich heller zu werden, durch Allgemeines sich erwecken zu lassen.

Würde man dem Entwurf des Umgreifenden Entscheidungslosigkeit vorwerfen, so ist die Antwort: Entscheidung liegt nicht im Gedachten, das vielmehr als solches in bloße Möglichkeit verwandelt. Sie liegt allein in der geschichtlichen Existenz selber. Denken ist nur Orientierung und Erhellung. Es ist ein Mittel. Daher bezeugt sich Philosophie nicht schon in einer Stringenz der gedanklichen Entfaltung, sondern erst in der Lebenspraxis des Denkenden.

4. *Einwand gegen die Idee des einen Grundwissens.* – Der Einwand lautet: Jedes Grundwissen, auch das heute versuchte, ist faktisch eine Glaubensäußerung unter anderen und nicht die einzige.

Wie jeder Glaubensursprung sich für den eigentlichen und allein wahren hält, so auch der Ursprung dieses Grundwissens.

Es ist eine Selbsttäuschung, gleichsam vor allem Glauben und über allen Glauben hinaus ein allgemeines Grundwissen gewinnen zu können.

In diesem philosophischen Versuch, der weder Wissenschaft noch Glaube sein soll, der heraustreten möchte aus der Glaubensbindung, um allgemeine, verbindende Wahrheit zu beanspruchen, verbirgt sich nur ein abstrakter Glaube.

Der Glaubenscharakter zeigt sich auch daran, daß ein solches Grundwissen keineswegs allgemein angenommen wird.

Antwort: Dieser Einwand selber ist abstrakt. Denn er läßt sich nicht auf die konkrete Vergegenwärtigung dieses Grundwissens ein, nicht auf den Versuch.

Aber der Einwand ist nicht grundlos. Denn es handelt sich nicht um zwingende Wissenschaft. Nur ist der Schluß nicht gültig: also ist auch hier, wie bei aller Philosophie, schon der Glaube maßgebend.

In der Tat ist ein Glaube im Grunde wirksam. Aber dieser Glaube meint keinen Glaubensinhalt, der andere ausschließt. Er ist nur der Glaube an die Möglichkeit, sich uneingeschränkt gegenseitig zu verstehen. Er ist der Glaube, der sagt: Wahrheit ist, was uns verbindet.

Daher wird in den Weisen des Umgreifenden vergegenwärtigt, wie wir uns finden, mit dem Ziel, auch durch die Klarheit des Trennenden und durch das Wissen von den Ursprüngen vernichtenden Kampfes im Ganzen die Wege zu finden, diese Kämpfe zu beschränken und zu verwandeln.

Dieses Ziel verlangt eine alloffene Vergegenwärtigung, in der ein jeder sich der Weite seiner Möglichkeiten bewußt wird. Aber es verlangt nicht einen bestimmten Glaubensinhalt, eine Weise des absoluten Grundwissens. Daher bedeutet der Entwurf dieser modernen Gestalt des Grundwissens nicht die Verkündigung einer nun endgültig erreichten Einsicht, sondern das Ausstrecken der Hände. Das Verlangen ist, dieses Grundwissen, das Bedingung eines allgemeinen Sichverbindens ist, selber in der Verbindung zu entfalten.

Das allerdings geht nicht durch eine nur intellektuelle Arbeit. Vorausgesetzt ist das uns Führende, auf das wir hören, ohne es selber hervorbringen zu können. Wir setzen im Philosophieren wie in der Lebenspraxis Menschen voraus, nicht intellektuelle Apparate, Funktionäre, Exponenten, Roboter.

Die begrifflichen Figuren vom Umgreifenden, die man zeichnet, haben ihren Sinn durch keinen Gegenstand, der durch sie getroffen würde, und durch keine Subjektivität, die sich etwa darin ausdrücken möchte.

Es ist im Denkenden eine Macht gegenwärtig, die nicht er, und die doch in ihm selbst ist. Sie drängt auf Selbstverständnis und Mitteilbarkeit. Man muß sie mit einem Namen nennen und kann sie damit doch nicht angemessen treffen: Nennen wir sie Vernunft, so ist sie zwar wesentlich, aber nicht genügend. Der Denkende durchschaut diese andere Macht nicht. Aber er spürt ihre Gegenwärtigkeit in seinen Antrieben. Sie läßt keine Ruhe. Die Vernunft ist als solche noch nicht schöpferisch im Sinne geistiger Werkgestaltung, aber mächtig als das, wodurch alles erst einen Sinn bekommt. Sie reagiert auf die Ereignisse und Situationen. Sie ist nur in der Bewegung durch die Erscheinungen zu erfahren. Sie weist hin auf das Beständige quer zur Zeit, den Bezugspunkt, auf den hin und von dem her der Gehalt der Wahrheit in der konkreten geschichtlichen Gestalt offenbar wird.

Seit Gorgias auf die Sprache wies als unerläßliches Medium der Mitteilung des Erkannten, darum aber als die Unentrinnbarkeit des Irrens, hat kein Philosoph über Denken, Wahrheit, Wirklichkeit nachdenken können, ohne sich der Sprache zuzuwenden. Gorgias sagte: Würde man das Sein erkennen können, so würde man die Erkenntnis nicht mitteilen können. Mit dem radikalsten Sprachskeptizismus begann die Sprachphilosophie. Ein Wissen um die Sprache gehört zu den Grundlagen philosophischen Bewußtseins.

1. Das Wesen der Sprache

»Sprache« ist erstens das jeweilige *Sprechen*; zweitens ist sie das *objektive Gebilde* etwa der deutschen, englischen, griechischen Sprache, an der der Einzelne als an seiner Muttersprache mehr oder weniger teilhat oder die er als eine fremde lernte, ohne in beiden Fällen eine solche Sprache je völlig in Besitz zu nehmen; drittens ist sie das *Sprechvermögen überhaupt*, das Kennzeichen des Menschen.

Das *Sprechen* ist Gegenstand der Psychologie, bis zu dem Sprechen der Kinder und zu den Störungen der Sprache bei Krankheiten des Gehirns. – Die *Sprachen* liegen als empirische Objektivität des Geistes in ihren historischen Gebilden der Forschung vor Augen. – Das *Sprachvermögen* überhaupt ist ein im Grunde unerforschbares Rätsel des Menschseins.

Es gibt Tausende von Sprachen, darunter die Sprachfamilien verwandtschaftlicher Art, darin die wenigen hohen Kultursprachen. Jede schließt eine unübersetzbare Welt in sich; und doch sind alle, da sie in einem Gemeinsamen zusammengehören, bis zu einem gewissen Grade ineinander übersetzbar. Die Sprachen sind zu sammeln und darzustellen in Lexikon und Grammatik. Ihre Geschichte ist, zum Teil durch Jahrtausende, zu verfolgen. Ihre jeweils neue Aneignung durch die Kinder ist zu beobachten und die so wunderbare Sprachentwicklung der ersten drei Lebensjahre zu beschreiben – dieses Naturgeschehen, das zugleich geschichtliche Aneignung der Überlieferung ist und durch die Art, wie es ermöglicht wird und geschieht, das ganze spätere Leben bestimmt.

Aber so mannigfach das empirische Wissen von Sprachen ist, so endlos ihre besonderen Erscheinungen sind, mit diesem Wissen ist kein Wissen vom Wesen der Sprache gegeben. – Wir wissen nicht, wie Sprache entstanden ist oder auch nur entstanden sein kann, immer ist schon eine vollendete Sprache da, wo unser geschichtliches Wissen von der Sprachgeschichte beginnt. Hypothesen über die Entstehung der Sprache sind entweder banal oder zeigen das Unbegreifliche.

Sprache ist nicht nur empirischer Tatbestand, sondern ein Umgreifendes, aus dem wir nicht heraustreten, wenn wir es in seiner Erscheinung im besonderen untersuchen (sie ist die Erscheinung des Umgreifenden des Bewußtseins überhaupt, in dem alles andere Umgreifende hell wird). Dieses Umgreifende ist nur zu charakterisieren durch Umschreibungen und durch Betonen der Grundphänomene der Sprache.

a) Das Mittel der Sprache ist »Bedeutung«

Das Offenbarwerden des Seins geschieht in Bedeutungen. Die Unmittelbarkeit ist bewußtlos. Sie wird uns bewußt erst in den Spaltungen durch Vermittlung von Bedeutungen. Sprache ist unlösbar verbunden mit diesem Offenbarwerden des Seins: sie ergreift alle objektive Bedeutung mit den von ihr hervorgebrachten Bedeutungen.

aa) *Das Wesen der Bedeutung.* Bedeutung ist ein Grundbezug, der das Sein in einer Spaltung zeigt. Dieser Grundbezug, ein unzurückführbares Urphänomen, ist nicht eine Beziehung wie die des Verursachtseins im Realen oder des Begründetseins im Denkzusammenhang; er ist nicht Gegensatz und nicht Identität von zweien, sondern dieses durch nichts anderes zu erhellende Ineinandersein zweier im Bedeuten. Es umfaßt im besonderen: Zeichen und Sinn, Gleichnis und Verglichenes, Symbol und Gehalt usw. Es genügt nicht zu sagen, eines verweise auf das andere, eines werde im anderen gemeint, eines repräsentiere das andere: immer ist das Bedeuten darüber hinaus ein Mehr und ein Ursprüngliches.

Bedeutung verstehen ist der Beginn des Bewußtseins. Nur durch Verstehen und durch Hervorbringen möglicher Verstehbarkeit vermögen wir etwas zu erfassen, es mitzuteilen und mitgeteilt zu erhalten.

bb) *Die Weisen des Bedeutens.* Bedeutungen kommen uns entgegen: wir verstehen sie. Oder sie sind unsere Gebilde: wir bringen sie hervor.

Unabsichtlich geschehende Bedeutung heißt »Ausdruck«. Ausdruck haben Bewegungen und Formen von Tier und Mensch. Im übertragenen Sinn hat alles in Raum und Zeit Erscheinende einen Ausdruck, den wir unwillkürlich wahrnehmen, als ob alles eine Seele hätte.

Absichtlich hervorgebrachte Bedeutung heißt Werk, Gebilde, Darstellung. Wir bringen Werkzeuge hervor, Gebrauchsgegenstände, Wohnung und Kleidung, Bauten, Dichtung, Kunst, Philosophie, Wissenschaft, und dieses alles in Prozessen technischen Tuns, methodischen Vorgehens, magischen Handelns, Ausübung von Riten und Kultur. Alle diese Gebilde verstehen wir erst in ihrem Gebrauch. Vorzeitliche Werkzeuge, Werke der Kunst, Bauformen, Schriftzeichen können wir lange als menschliche Produkte erkennen, ohne ihre Bedeutung zu verstehen, bis uns die Welt aufgeht, in der sie ihren Sinn hatten, und die besonderen Vollzugszusammenhänge menschlichen Tuns, in denen sie ihren Sinn erfüllten.

Ausdruck und Werk haben je ihren Rang durch Reichtum, Tiefe, Lebendigkeit, Schöpfertum. Diesen Rang erfaßte Klages für den Ausdruck als »Formniveau«, für das Werk als »Gestaltungskraft«[1].

Unter allen Weisen des Bedeutens steht die Sprache im Mittelpunkt. Sie allein ist universal, sie vermittelt zwischen allen Bedeutungen, bezieht sich auf alle anderen, schließt alle anderen dadurch in sich ein, ist für sie unentbehrlich. Von allen Weisen des Bedeutens sagt man gleichnisweise, daß sie eine Sprache seien.

cc) *Das Grundphänomen der Sprache.* Schreien, Pfeifen, Blasen, Krächzen ist noch keine Sprache, ein widerhallendes Nachahmen von Naturlauten sowenig wie die Lautnachahmung des Papageis. Sprache ist erst, wenn ich im Laut, den ich höre oder hervorbringe, meine Intention auf Gegenstand und Bedeutung vollziehe. Daß ich so im Laut auf einen distanzierten Inhalt meinend gerichtet bin, das ist das Grundphänomen der Sprache. Die Laute sind nicht mehr nur Laute, sondern Lautbilder. Die Gestaltung der Lautbilder ist die Kunst der Sprache, welche in unvordenklichen Zeiten mit dem Werden des Menschen das hervorgebracht hat, von dessen Verwandlung die

---

[1] In diesem Problemkreis sind die Werke von Klages von überragender Bedeutung, theoretisch die Schrift »Ausdrucksbewegung und Gestaltungskraft«, sachlich noch mehr seine anderen Werke. Er erhellte für die Wahrnehmung des Ausdrucks, die wir ständig vollziehen, das methodische Bewußtsein. Er vergewisserte uns der Ursprünglichkeit und Evidenz dieses Verstehens und gab ihm seine Freiheit zurück.

Sprachen aller historischen Zeiten leben. Sprache ist das im Sprechen erzeugte, in menschlicher Gemeinschaft sich konstituierende Werk von Lautbildern. Sie ist nach Humboldt »eine Welt, welche der Geist zwischen sich und die Gegenstände durch die innere Arbeit seiner Kraft setzen muß«.

Das »Werk« der Sprache unterscheidet sich von allen anderen Werken des Menschen durch die Unabsichtlichkeit seines Hervorbringens. Während die Sprache unser Bewußtsein hell werden läßt, geschieht sie selber unbewußt. In den Bedeutungen der Lautbilder ergreifen wir die Bedeutungen des Offenbarwerdens des Seins. Aber während wir den Sachen zugewandt sind, wird die Sprache, ohne an sie zu denken, mit hervorgebracht. Sie ist da, indem Bedeutungen verstanden werden. Erst spät wird die Aufmerksamkeit auf die Sprache als solche gelenkt und die Sprache planmäßig gestaltet, sie selber bewußt als ein Werk behandelt. Das hat entgegengesetzte Folgen. Die Sprache wird gereinigt, ihre Möglichkeiten werden unter Regeln gebracht, das in ihr Verborgene herausgeholt. Zur ursprünglichen Kunst der Sprache tritt eine sekundäre Sprachkunst: ein Bilden von Worten, Sätzen, Wortstellungen, Sprachgestalten. Aber diese Absichtlichkeit wirkt sogleich störend und fälschend. Die sekundäre Sprachkunst tritt an die Stelle der ursprünglichen Kunst der Sprache. Die Sprache verträgt die Absichtlichkeit fast immer nur zum Schaden des sprechenden Menschen. Das natürliche Verhalten ist verkehrt, die Absicht geht auf die Sprache statt auf die Sachen; beiläufig werden sachliche Inhalte mitgedacht und hervorgebracht. In allen anderen Werken des Menschen ist ihrer Natur entsprechend die Absichtlichkeit führend – wenn auch überall ein unbewußtes Hervorbringen das eigentlich Schaffende bleibt –, in der wahrhaften und wirklichen Sprache ist stets durch sie ein Anderes, das nicht Sprache ist, sondern durch Sprache ergriffen wird, das eigentlich Gewollte und Bezweckte: die Bedeutungen.

Bedeutungen sind aber für uns niemals an sich da. Erst mit den Worten werden auch die Bedeutungen zugänglich. Während wir auf Bedeutungen gerichtet sind, erwächst und verwandelt sich uns die Sprache, in der wir diese Bedeutungen erfassen. Die Bedeutung wird uns hell, indem uns die Sprache geschenkt wird. Aber wir ergreifen sie, indem wir auf die Bedeutungen, nicht indem wir auf die Sprache gerichtet sind. Es ist das wunderbare Glück der wie von selbst entstehenden Sprachkraft, wenn wir durch die Wucht der Gehalte, nur von ihnen bewegt und auf sie gerichtet, diese mitteilen können, wenn die Gehalte uns klarwerden und ineins damit auch die Sprache da ist. Die Sprache schenkt sich aber nur dem Sachlichen; sie betäubt, täuscht, verflüchtigt den, der sich ihrer geradezu als Sprache und durch sie erst der Sache bemächtigen möchte.

dd) *Die Universalität der Metapher.* Man unterscheidet die Worte in ihrer eigentlichen Bedeutung von den Worten als Metapher. So hat das Wort Himmel seine eigentliche Bedeutung neben seiner gleichnisweisen, etwa wenn mit dem Wort Gott gemeint wird. Diese Unterscheidung aber ist nur eine relative. Worte mit eigentlicher Bedeutung sind solche, bei deren Gebrauch das Bewußtsein ihres metaphorischen Charakters verlorengegangen ist. »Alle Wörter sind Lautbilder und sind in bezug auf ihre Bedeutung an sich und von Anfang an Tropen . . . ›Eigentliche Worte‹ gibt es in der Sprache nicht« (Gerber 1, 309). Nietzsche nennt die Sprache daher ein bewegliches Heer von Metaphern. In ursprünglichen Metaphern erwächst ein bedeutungtragendes Wortmaterial, das dann weiter verwendet wird zu neuen Metaphern. So steckt in den Worten jeweils eine eigentliche oder direkte Bedeutung nur durch Vergessen des Ursprungs. Diese eigentliche Bedeutung wird bewußt als Metapher verwendet. In der Geschichte der Worte »sehen wir sich allmählich Bild an Bild fügen, eines das andere fortsetzend, erläuternd, modifizierend, korrigierend, verwischend« (Gerber 1, 266). Die Einsicht in diesen Grundcharakter der Sprache ist folgenreich:

1. Die Bedeutungen der Worte sind unsere Vorstellungen und Begriffe, die ihrerseits das Sein der Dinge in der Welt treffen. Aber unsere Vorstellungen und Begriffe und damit das Sein werden für uns erst zugleich mit der Wortbildung klar, unterscheidbar und zum festen Besitz. – Wenn aber die Klarheit des Seinswissens unlösbar ist von der Entwicklung der Sprache, so kann man zweifelnd fragen, ob denn das »Bedeuten« der Sprache je die Sache selbst zu erfassen gestatte. Die Arbeit des Klarwerdens schafft doch nur eine klare Bilderwelt. Wie in der Sprache immer nur jedes Gleichnis wieder Gleichnis eines anderen sei und nur durch Vergessen des metaphorischen Charakters der Boden vermeintlicher Eigentlichkeiten entstehe, so sei das Sein für uns – unlösbar von der Sprache, in der wir es denken – immer eines das Gleichnis des andern, nirgends ist das eigentliche Sein, das gleichnislos es selbst wäre.

Diese Auffassung identifiziert den Charakter der Sprache mit dem Charakter des Seins für uns. Das Vergessen des metaphorischen Charakters ist im Sprechen zwar der psychologische Grund für die Möglichkeit, mit Worten durch den Gedanken Eigentliches auch abstrakt meinen zu können. Aber schon im Metaphorischen ist der Mensch doch auf Eigentliches gerichtet. Zu jedem Gleichnis gehört auch ein Wesen. In der Wechselbewegung gleichnishaften Spiegelns aller

Dinge ineinander durch die Sprache ist nicht die Nichtigkeit des Spiegelns von nichts, sondern in der Tat eine Stufenfolge von Wesen für uns gegenwärtig.

2. Verstehe ich das Bildsein in aller Sprache, so hebe ich die Bilderwelt, in der wir sprechend leben, nicht auf. Die Bilder sind nicht beseitigt, wenn wir eingesehen haben, es seien Bilder.

Im Bilde sind Wahrheit und Wirklichkeit erfaßt. Der Verstand, der kein Bild mehr will, behält nur das Nichts. Der Aufweis des Bildlichseins, wenn er unter der Voraussetzung geschieht, daß kein Bild sein dürfe, zerstört nur. Diese Zerstörung ist widersinnig. Denn erstens richtet sie sich nur jeweils gegen das einzelne Bild und ist nicht imstande, den Bildcharakter des Sprechens überhaupt aufzulösen: noch im sprechenden Zerstören vollzieht sie selber Bilder. Und zweitens wendet sich gegen diese Zerstörung das positive Seinsbewußtsein, das ständig in Bildern das Sein sich verständlich macht, mit jedem zerstörten Bilde neue Bilder schafft, im Bildzerstören nur seine Bilder verwandelt.

So ist es nicht nur mit den Bildern der Sprache, sondern mit allen Bildern. Man hat gemeint, die Dogmen, Vorstellungen, Verheißungen der Religionen könnten nur als leibhaftige Realitäten geglaubt werden. Sobald ihr Charakter, nur Bild, Gleichnis, Symbol zu sein, aufgewiesen werde, höre der Glaube auf. Bildlich verstandene Religion sei kein Gegenstand des Glaubens mehr. Aber wenn dies psychologisch richtig sein mag für einen Bewußtseinszustand, der nur das grob Materielle für wirklich hält, so ist es doch im Prinzip falsch. Im Sehen durch Bilder wird, wie durch Sprache die Sache, so die Wirklichkeit selbst ergriffen. Das Bewußtsein des Bildseins macht frei für das eigentliche, täuschungslose Ergreifen des Seins selbst im Bilde.

Sofern wir in Vorstellungen, Geschichten, Gestalten, Gedanken den Bildcharakter verstehen, durch den wir das Sein treffen, können wir alles Sein für uns vergleichen mit einem Sprechen zu uns oder einem Ansprechen des Seins durch uns. Dieser Vergleich mit der Sprache kann im Transzendieren einen universalen Grundzug der Erscheinung des Seins für uns – das Chiffresein – deutlich machen.

3. Das Bemühen um Verständnis und Interpretation von Texten kann in eine Bodenlosigkeit geraten, wenn es, statt klar auf die Meinung des Sprechenden oder Schreibenden zu gehen, sich vielmehr auf die Sprache, die Worte, die Möglichkeiten der Sache in den Worten wendet. Die Grenzenlosigkeit möglichen Bedeutens scheint der Auslegung beliebigen Raum zu geben. Es ist möglich, aus irgendwelchen Texten, welche als autoritativ anerkannt werden, fast jedes beliebige Problem herauszuholen. Das Philosophieren in Form von Kommen-

taren zu vorliegenden Texten hat immer wieder diese abstrusen Formen angenommen. Aus Anlaß gegebener Texte werden nicht diese verstanden, sondern in der Scheinform des Verstehens eigene Gedanken entwickelt. – Sehen wir ab von den früheren Interpretationstechniken heiliger Schriften, deren allegorische, anagogische u. a. Sinnmöglichkeiten aus allem alles heraus- und hineinzulesen erlaubten, so ist in Analogie dazu in moderner positivistisch gegründeter Weise die Sprache als solche zum Gegenstand der Analyse geworden: Worte sind in ihrem Sinne unendlich beweglich, ständig metaphorisch bezogen und neu beziehbar, nie selber ein letztes Fundament. Echte sprachgeschichtliche Wortforschung und konstruktiv beliebige Wortdeutung verbinden sich: einerseits taucht man in den Strom des Wortsinns, um in ihm willkürlich zu ergreifen, was man gerade sagen will; andererseits sucht man die Worte gleichsam als Substanzen plastisch emporzuheben, als wirksame Mächte suggestiv zur Geltung zu bringen. Wie in anderen Zeitaltern ein Aberglaube an den Zauber von gewußten Worten (an ihre magische Wirkung) bestand, so erwächst hier ein neuer Umgang mit Worten als geheimen, ursprünglichen Mächten, deren Kraft aus einem wirklichen oder vermeintlichen archaischen Sinn offenbar werden soll.

Dahin gehört eine bei Philosophen von alters her bestehende Neigung: Wortforschung, etymologische Erörterung an Stelle von Sachforschung treten zu lassen oder doch Sachforschung durch Wortforschung zu fördern. Aber wenn diese hohe Schätzung der Worte auch verstehbar ist aus der Funktion der Worte in der Erschließung der Welt zu bestimmten, nun erst klar gedachten Gegenständen, so ist es doch ein Irrweg, aus dem Worte die Sache zu verstehen, statt im Blick auf die Sachen die Worte in ihren Sinn sich verwandeln zu lassen zu tieferer, reicherer, klarerer Erfassung des Seienden. Wortforschung ist ein Teilgebiet der Geistesgeschichte. Aber durch sie das Sein zu begreifen, würde bedeuten, daß Sprachforschung zur universalen Geistesgeschichte und Sachkunde zugleich werden könnte, während umgekehrt Sachkunde und Geistesgeschichte die Bedingungen sind für eine ergiebige und wesentliche Wortgeschichtsforschung.

b) Wort und Zeichen

Worte, die für das Bewußtsein nicht mehr Metaphern sind, sind doch noch immer ein schwebendes System von Bedeutungen: sie sind vieldeutig, sind Träger von noch verborgenen Bedeutungsmöglichkeiten, haben von ihrem Ursprung her gleichsam eine Atmosphäre, haben

Tiefe und Hintergrund und dadurch Gewicht. Niemals sind lebendige Worte bloße Zeichen. Wenn sie aber auch Zeichen für Begriffe sein können, so sind sie doch, solange sie Worte bleiben, nicht als Zeichen kristallisiert. Es ist ein radikaler Unterschied zwischen Wortsprache und Zeichensprache (wie sie in Mathematik, Logik und zum Teil in Wissenschaften wie der Chemie mit Nutzen verwendet werden). Der Wille des Verstandes zu Bestimmtheit und Klarheit drängt dazu, die vieldeutigen, gehaltvollen Worte in bestimmte, gehaltlose Zeichen zu verwandeln. Zeichen sind der definierbare, eindeutige Ausdruck eines Begriffssinns, daher sind sie für den Verstand den vieldeutigen schwebenden Worten vorzuziehen.

Zeichen ist das Minimum von Sprache. Wenn der Verstand die vielen Irrtümer begreift, die durch die Sprache erwachsen, so möchte er die Sprache überwinden, möchte am liebsten ohne Sprache ganz nur bei der Sache sein können. Das ist nicht möglich. Wir können uns ausdenken, wir vermöchten ein reines Bewußtsein des Seienden im Äther bloßen Denkens zu vollziehen, dann würden wir ohne Sprache unmittelbar erkennen; die Sprache wäre überflüssig. In der Tat aber vermögen wir Bedeutungen, Begriffe, Sachen nur zu denken, wenn sie geknüpft sind an Zeichen und Worte. Zwar vermögen wir den Gedanken von der Sprache zu lösen, indem wir ihn in anderen Worten oder in anderer Sprache ausdrücken. Aber irgendwo muß er gleichsam befestigt werden. Die Sprache ist nicht nur unausweichlich, um Gedanken anderen mitzuteilen, wir teilen den Gedanken auch uns selbst nur sprachlich mit. Und mag psychologisch ein sprachloser Moment, eine sprachlose, keimhafte oder erfüllende Bewegung stattfinden: der Gedanke wird erst klar, mir selbst bewußt und mitteilbar, wenn er in der Sprache sich niedergeschlagen hat. Wissen muß sich aussprechen. Ohne Sprache ist es nicht da. Das Minimum aber an Sprache ist das Zeichen.

Die Befestigung der Bedeutung in der Sprache verlangt die sinnliche Grundlage des Lautbildes, des Schriftbildes (dieses letztere vor allem in den Zeichensprachen der Wissenschaften und in der chinesischen Literatursprache). Diese sinnliche Grundlage ist im Laut, im musikalischen Klang, in der Lautgestalt und der Satzmelodie, im Schriftbild. Dieses alles ist ineins Bedeutung und Ausdruck in seinen unendlichen Formen und Bewegungen. Es gibt nicht nur das Seltene und Beiläufige der sogenannten onomatopoetischen Bedeutungen, sondern es gibt eine unüberschaubare Angemessenheit des Sinnlichen zu Bedeutungen, einen Ausdruckscharakter aller Laute, Formen, Bewegungen. In dem Maße, als die Sinnesgestalten endlich, übersehbar, fest und machbar werden, haben sie Zeichencharakter; in dem

Maße, als die Sinnesgestalten einen nie in die endliche Beherrschbarkeit aufgehenden Hintergrund bewahren, haben sie den Charakter von Worten.

aa) *Wir kontrastieren Wort und Zeichen.*

Zeichen sind *willkürlich*, sind *erfunden*, mit der Erfindung sogleich definiert.

Worte sind *geschichtlich* geworden, Träger unbestimmt reicher Bedeutungen, im Gebrauch entwickelt.

Zeichen sind *eindeutig*.

Worte sind *vieldeutig*.

Zeichen sind in ihrer Eindeutigkeit leblos, sie dienen einer *methodisch beherrschbaren Funktion*. Sie sind ein festgelegter Sinn.

Worte sind nur am Maßstab des Zeichenseins mehrdeutig, sie sind in der Tat *eine Welt bewegten*, aber an diesen Worten sich jeweils kristallisierenden *Bewußtwerdens* von Sinn, Wesen, Sachen, Erfahrungen. Sie sind ohne Fixierung das Leben der Bedeutungsverwandlungen.

Zeichen sind *endliche Bedeutungen* und gültig nur für das Bewußtsein überhaupt, sind ohne Atmosphäre und Hintergrund.

Worte sind getragen vom *Umgreifenden*.

Zeichen sind erschöpft in ihrer Definition, daher im Prinzip durch andere gleichwertige Zeichen *ersetzbar* (Maß der Kritik ist die technische Brauchbarkeit zum einfachsten Ausdruck und die bequemste Ermöglichung von Operationen mit Mannigfaltigkeiten).

Worte sind unersetzlich, daher irgendwie *unübersetzbar*, wie Gemüt, Geist, Idee, Esprit, Elan usw.

Zeichen sind *restlos klar*, auch wenn dem Erfinder im Gebrauch sich Möglichkeiten durch sie zeigen, an die er zunächst nicht gedacht hatte.

In Worten bleibt immer ein *Rest*, der das eigentliche *Rätsel* ist. Ihr Klang ist nicht gleichgültig, aber auch als Klang sind sie nicht genügend charakterisiert, noch weniger durch Assoziationen. Worte aus fernsten Sprachen vermitteln eine Stimmung (wie tabu, totem, mana, tao, wu-wei, atman).

bb) *Das Leben des Wortes aus dem Umgreifenden.* Das Wort ist auch Zeichen, aber es ist mehr. Dieses Mehr an Bedeutung und an Bedeutungsmöglichkeiten, an Fülle des Ausdrucks, an Kraft des Mitteilbarmachens, an Anregungsmöglichkeit hat einen Ursprung im universalen metaphorischen Charakter aller Lautbilder und in der Eigenschaft der Worte, aus der geschichtlichen Verwandlung ihrer Bedeutungen einen Reichtum schlummernden Bedeutens zu jederzeit möglichem Erwachen zu bewahren. Aber das kann nicht der einzige Ursprung der Tiefe der Worte sein.

Dieses Verhalten der Sprache steht in bezug auf das Umgreifende. Sprache ist ein ständiges Klarwerden aus dem wirkenden Umgreifenden, aus dem Leben aller Weisen des Umgreifenden. Nur wo das Umgreifende verlorengeht in der Bestimmtheit des endlich Definierbaren, da ist die Sprache nur noch Zeichensprache. Echte Sprache bewahrt den Unendlichkeitscharakter aus dem Umgreifenden, das sie trägt und das in ihr sich mitteilt. Zeichen ist der Abfall in das nur Endliche. In den Worten bleibt das Leben aus der Fülle des Hintergrundes: ein Ungenügen und etwas wie eine dunkle Erinnerung und wie ein Ahnen entgegenkommender Möglichkeit des Werdenden hält das Sprechen der Worte in Bewegung, läßt offenbar werden, aber in allem Klargewordenen einen neuen Antrieb erfahren. Daher ist die Sprache zugleich das Offenbarwerden und die Erscheinung des Dunkels. In endlicher Klarheit und endgültiger Bestimmtheit ist sie abgefallen zum Zeichenmechanismus, der nur noch einer methodischen operativen Verwendung zur Verfügung steht. Die immer bleibende Unbestimmtheit in der Entfaltung von bestimmter Klarheit, dieser Mangel der Sprache ist zugleich Charakter ihrer eigentlichen Wahrheit. Der verstandesmäßig entwickelte und ausdrücklich artikulierte logische Gedanke ist nur eine der Strukturen in der Sprache. Nur diese eine Struktur ist der Verwandlung in reine Zeichensprache zugänglich.

Worte und Sätze sind nicht nur Bezeichnung von Sachen, sondern Ausdruck von Vollzügen, Erinnerung an sie, Anregung zu ihnen: sie bringen etwas hervor, das nur mit ihnen und durch sie ist. Nicht schon in willkürlicher Wahl von Zeichen, sondern erst im sprachschaffenden Ausdruck ist die Sache selbst gegenwärtig. Diese Sache ist nicht mehr ein Ding und Etwas, sondern Akt des Geistes, innere Handlung, vollziehbare innere Erfahrung, Wissen um das Umgreifende und die Transzendenz. Hier ist eine Durchdrungenheit von Sprache und Gedanke, nicht mehr eine Trennbarkeit von Wort (als Zeichen) und Sache.

Es ist ein Wunder der Sprache, wie im Gebrauch der Worte durch den Zusammenhang des Gedankens, der Darstellung und der Satzgestalten Bedeutungen erwachsen aus den einfachsten, alltäglich verwendeten Worten. Alle Weisen des Umgreifenden sind Quellen für die Möglichkeit, daß solche Bedeutungen in die Erscheinung der Mitteilbarkeit treten.

cc) *Die Vielfachheit des Sprachsinns aus den Weisen des Umgreifenden.* Die Beziehung Zeichen–Bedeutung ist also eine Abstraktion von etwas, das in der Sprache zwar besteht, sie aber nicht erschöpft. Denn Sprache ist durchdrungen von dem Raum alles Umgreifenden. Sie geht von der Mitteilung allgemeingültiger, durch Zeichen ausdrückbarer Bedeutungen über die Mitteilung aus Ideen bis zur geschichtlich einmaligen existentiellen Kommunikation. Sprache wird in eindeutiger Allgemeingültigkeit zur Zeichensprache. Als Träger der Ideen ist sie substantielles Leben einer Volkssprache. Existentiell persönlich wird sie unübertragbar einmalig.

Die Sprache ist als sinnlich-geistiges Phänomen unauflösbar. Man lebt in ihr und kann, je relevanter und gewichtiger die Bedeutung wird, Sprache und Bedeutung nicht mehr trennen, nicht mehr von einer Sprache in die andere übersetzen, zuletzt nicht einmal mehr bestimmt geformte Sätze ohne Verlust an Gehalt und Prägnanz verwandeln.

dd) *Der Sinn der reinen Zeichensprache und der erfüllten Wortsprache geht in Richtungen, die sich voneinander entfernen.* Es ist ein radikaler Unterschied in den Weisen des Erkennens, je nachdem es grundsätzlich sinnvoll ist, eine Zeichensprache als Ziel eindeutiger Mitteilung zu erstreben, oder vielmehr eine erfüllte geschichtliche Sprache in gestalteter Klarheit die unumgängliche Form der Mitteilung bleibt.

1. Der Verstand will eindeutiges, für jeden Denkenden identisches Wissen. Gegen die Mehrdeutigkeit der Worte erstrebt er die Eindeutigkeit der Zeichen.

Ein Beispiel, wie geschichtlich erfüllte Worte sich verwandeln zu bloßen Zeichen: Das Wort »Element« bedeutete die letzten, nicht mehr in andere auflösbaren Stoffe der Materie und diese zugleich als Urkräfte und Wesenheiten. Mit der Entwicklung der Physik und Chemie wurde die Bedeutung mehrfach auf neue Weise erfüllt, bis zuletzt unter Elementen die 92 Grundstoffe verstanden wurden, aus denen alle uns vorkommenden Materien chemisch zusammengesetzt sind. Heute aber sind diese Elemente nicht mehr zugleich die letzten Teile. Die Elemente, die aus einartigen Atomen bestehen, sind in diesen Atomen ja wiederum zusammengesetzt aus »Elementen« im alten Sinne, den Elektronen, Protonen usw. Was gemeint ist, ist so bestimmt und klar, daß das Wort »Element« – wegen seines Restes an

Stimmungscharakter – eigentlich ungeeignet wird und jedenfalls nur noch ein Zeichen ist für einen sachlichen Sinn, in dem jeder eigentümliche, insbesondere jeder metaphysische Wortsinn – letztes »Unteilbares«, wirksame »Urmacht« und dergleichen – aufgehört hat. Das Wort ist beliebig wählbar und als solches vor dem wissenschaftlichen Sachsinn ganz unwesentlich. Die Wortsprache ist nur noch ein Arsenal von Zeichen, die auch durch künstliche Zeichen ersetzt werden können.

Was in einwandfrei entwickelten exakten Wissenschaften gelungen ist, möchte man wohl in aller Erkenntnis verwirklichen. Das Ideal eines völlig bestimmten, ohne Rest eindeutigen Erkennens, das von jedem Verstand identisch begriffen und mit angebbarer Methode fortgeführt werden kann, sucht daher die Wortsprache zur festgelegten Zeichensprache zu machen. Man möchte an den Punkt gelangen, wo es möglich wird, sich von der geschichtlich besonderen Sprache, ihren immer bleibenden Mehrdeutigkeiten zu lösen und eine neu erfundene Zeichensprache als Mittel der Erkenntnis zu benutzen.

In der Tat gibt es Gegenstände, die mit Zeichen besser als mit der Sprache getroffen werden, wo die Erfindung der Zeichen selbst sachliche Erkenntnis ist und zu ihrer weiteren Entfaltung führt. Die Bedeutung der Zeichen in der Mathematik – zum Beispiel in den arabischen Ziffern und ihrem Stellenwert – ist ungeheuer. Ein glücklich gewähltes Zeichen eröffnet Welten an Erkenntnis.

Aber man sieht an historisch vorliegenden Versuchen auch, wie das Gelingen der Zeichensprache auf gewissen Gebieten zu einer wunderlichen Verführung geworden ist: Man glaubte, durch Zeichensprache überall die Erkenntnis zu ihrem Ziel zu bringen, alle Wißbarkeit, die Welt überhaupt in der Zeichensprache einfangen zu können. Leibniz erdachte vergeblich seine characteristica universalis und mißverstand die chinesische Schrift als ein großartiges Vorbild einer Begriffssprache, die den Sinn mathematischer Zeichensprache auf alles Erkennen erweitere. Man hat mit erfundenen Zeichensprachen ein Spiel aufgeführt, das zwar einwandfrei »richtig« ist, aber über den Kreis der am Spiel sich Erfreuenden keine Wirkung auf irgendeine gehaltvolle Erkenntnis gezeigt hat.

Es sind daher angesichts der Zeichensprachen und der Fachsprachen, welche die Wortsprache möglichst wie eine Zeichensprache verwenden, folgende Fragen zu stellen:

α) Was ist das Merkmal der Gegenstände, für die angemessen eine *künstliche Zeichensprache* erdacht werden kann, so daß eine fruchtbare Erkenntnis mit dieser Zeichensprache erwächst? Die Antwort lautet: diese Gegenstände sind mathematisch, sofern in ihnen Quantitatives oder formale Bezogenheiten eines Mannigfaltigen erfaßt werden. So ist die Logistik ein Bereich von Erkenntnissen, die weder Philosophie sind, noch eine inhaltlich erfüllte Welt des Wirklichen begreifen. Aber sie ist nicht absurd, wie es die Wege einer characteristica universalis geworden sind, sondern sie bebaut ein Feld des Wissens von Mannigfaltigkeiten und Beziehungen überhaupt.

Nur im Mathematisierbaren ist ein Wissen in willkürlich festzusetzenden Zeichen adäquat auszusprechen. Hier ist das Ideal eines Wissens mit Ausschaltung der Wortsprache denkbar.

β) Was ist das Merkmal der Gegenstände, für die in der Wortsprache definitorische Eindeutigkeit derart erstrebt werden kann, daß sich *die Wortsprache einer Zeichensprache annähert*? Die Antwort lautet: diese Gegenstände haben den Charakter, von jedem Verstand identisch erkannt werden zu können, in bloßer Wiederholung die Sache selbst zu bleiben, von jedermann technisch anwendbar zu sein, also nicht nur identisch zu eigen gewonnen zu werden, sondern auch wirksam identisch brauchbar zu sein.

In der exakten Naturerkenntnis, in formaler Konstruktion des Rechts und anderer geistiger Gebiete, ist dieser Weg sinnvoll. Immer werden die Gegenstände eigentümlich leer, des Qualitativen beraubt.

Eine Begrenzung der Erkenntnis aber auf das so Erreichbare, auf das definitorisch Faßbare, auf das, was in einer der Zeichensprache angenäherten Wortsprache mitzuteilen ist, würde das meiste, was dem Menschen Erkenntnis heißt, aufheben.

2. Es ist daher die weitere Frage: gibt es nicht eine Klarheit und damit *Erkenntnis* ganz *anderer Herkunft*?

Die Tendenz zur Zeichensprache hat wohl alle Erkenntnis auf jene Erkenntnis durch Zeichen einschränken wollen. Das übrige wurde als Dichtung, als Ausdruck von Gefühlen, als persönliche Überwindung im faktischen Leben abgetan. Unter scheinbarer Anerkennung wurde es doch durch Bestreitung des Erkenntnischarakters dem Beliebigen ausgesetzt.

Aber in diesem Verworfenen liegt auch die Masse dessen, was nicht nur durch alle Zeiten und heute als Erkenntnis gilt, sondern was uns auch in der Tat wesentliche Erkenntnis ist: große Gebiete der Naturwissenschaft und fast alle Geisteswissenschaft.

Es ist die Frage, was das ist, für das es Klarheit eines Wissens gibt, das nicht definitorisch ist, wieweit diese Art des Wissens sogar notwendig ist auch für die exakten Wissenschaften, zum Beispiel in aller Sinneswahrnehmung. Dieses Wissen bleibt immer eine Grundlage auch für alle in Zeichensprache sich vollziehende Erkenntnis, solange Wortsprache nicht restlos in Zeichensprache aufgelöst werden kann.

Aber diese Erkenntnis geht auf ihrem Wege in ganz anderer Richtung als die Erkenntnis in der Zeichensprache. Bei aller Nutzung auch definitorischer Klarheit geht sie auf die ihrem Sinne nach andere Klarheit in der Sprache selbst, in der eigentlichen Wortsprache:

α) Ausgangspunkt und Ziel ist nicht die Definition des Verstandes, nicht die Festlegung einer Operationstechnik mit zu handhabenden Bestimmtheiten. Vielmehr schafft die Sprache in ihrer nicht voraussehbaren Freiheit die Klarheit im Vollzug, der durch eine Reihe von Akten auf Grund sprachlicher Mitteilung Gegenwart wird. Der Gang, die Reihenfolge, der Aufbau, nicht als Beweis, sondern als Bewirkung, bringen die Erleuchtung durch die Gegenwart der Sache, die doch keineswegs subjektiv wird, wenn sie auch mehr erfordert als den bloßen Verstand.

β) Dieses Erkennen ist an die Fülle der Sprache gebunden, in der es sich mitteilt. Es ist damit selbst geschichtlich und bringt mit dem Erkennen, Sprache verwandelnd, selber die ihm angemessene Sprache hervor. Hier wird es unmöglich, ein ausgesprochenes Denken zu entwickeln, das absolut adäquat ist wie im Zeichendenken. Es ist vielmehr geschichtlich adäquat, kann in einer immer auch unbestimmt bleibenden Gesamtatmosphäre angeeignet werden von dem in dieser Sprache entgegenkommenden Menschen, nicht schon von dem Bewußtsein überhaupt allein, das nur ein Zeichensystem zu lernen braucht. Die atmosphärische Unbestimmtheit für den Verstand kann zugleich helle Entschiedenheit für Geist, Existenz und Vernunft sein.

γ) Der Erkenntnisgehalt dieser Sprache muß stets ursprünglich von dem ganzen Menschen im Umgreifenden, das er ist, neu erzeugt werden. Er ist nicht identisch wiederholbar, nicht durch einfaches Lernen und Nachahmen anzueignen. Während die Verwendung einer gelernten Zeichensprache technisch sinnvoll, für den Erkenntnisinhalt angemessen ist, wird die – immer nur scheinbar – identische Wiederholung der in echter Sprache mitgeteilten Erkenntnisgehalte alsbald Manier, die Nachahmung der Sprache ein Operieren mit leer gewordenen Hülsen. Wohl aber gibt es das Forterzeugen dieser Erkenntnisgehalte im Aneignen; ihr Neuerwerb ist zugleich ursprüngliches Selbsterfahren der geschichtlich überkommenen Worte, so vor allem der philosophischen Urworte. Dabei gibt es im Unterschied von dem typisierten und mechanisierten Gebrauch der Zeichensprache (die nur unter dem Kriterium der Richtigkeit steht) eine geistige und existentielle Verantwortung (für die Wahrheit) im Gebrauch der Worte. Nur aus einem Selbstmißverständnis dieses Erkennens, zumal des Philosophierens, entspringt die Tendenz, die Worte zu Zeichen zu degradieren, sie als feste Bestimmtheiten für den Verstand zu benutzen, die Sprache zu terminologisieren.

ee) *Vieldimensionalität der Wortbedeutungen.* Die Verschiedenheit der Worte liegt nicht gleichsam auf einer Ebene nebeneinander sich ordnender Bedeutungen. Vielmehr unterscheiden sie sich in großen Gruppen nach dem Sinn dessen, was in ihnen bewußt, ergriffen, gedacht wird. Vom Bewußtwerden der Seelengehalte der »Bilder« bis zur Bestimmtheit leibhaftiger sinnlicher Gegenstände und bis zu abstrakten Verhältnissen gliedern sich die Weisen des Wortsinns analog denen der Denkformen und kategorialen Sphären.

Zwar steckt in allen Worten ein möglicher Sinn, aber nicht alle Worte sind Begriffe. Kein Wort ist nur Begriff. Denn wo nichts als ein reiner, definierter Begriff gemeint ist, genügt ein Zeichen, bleibt im Worte durch die in ihm mitschwingenden Stimmungen und Gehalte etwas Störendes.

In der Logik hat man in früheren Jahrhunderten unterschieden die notiones communes von den notiones generales. Die notiones communes treffen die Fülle der Wesenheiten, die einen gemeinschaftlich zugänglichen, daher mitteilbaren Charakter haben. Die notiones generales treffen die Abstraktheit des einfachen Allgemeinen, das vielen Sachen gemeinsam zukommt. Diese Unterscheidung ist im Grunde die von Wortgehalt und Zeichen. Worte braucht man für Wesenheiten, für abstrakte Allgemeinbegriffe genügen Zeichen.

ff) *Worte und Sätze.* Die eigentliche Bedeutung der Worte liegt nicht in ihnen allein, sondern erst in den Bewegungen der Sätze, in denen die Worte sich gegenseitig erhellen, begrenzen, bestimmen. Worte sind allzu leicht Schlagworte. Wenn ich an Worten hafte, so verlasse ich die Bewegung aus der Offenheit für Bedeutungen und gebe das eigene Wesen preis an eine versimpelnde Starrheit.

So können Worte relativ gleichgültig werden vermöge des Zusammenhangs der Sätze, in denen im Ganzen erst der Sinn aufleuchtet. Andererseits können Worte hinreißen als diese Worte.

Dann werden Worte zu etwas wie Fahne und Symbol. Die Worte sind es, auf die schon ohne Satz der Mensch mit seiner ganzen Leidenschaft reagiert, in ihnen Wahrheit und Falschheit wie weiß und schwarz unterschieden sieht.

Was aber Worte an geschichtlicher Tiefe in sich tragen, das kann nur im Zusammenhang der Sprache deutlich und dann abgekürzt im bloßen Wort vielleicht erinnert werden. Solche Worte haben dann einen einzigen Klang und sind durch keine anderen zu ersetzen. Und doch werden sie nicht Schlagworte, weil sie nur gelten im bewegten Verwirklichtwerden. Das Wort als Schlagwort und das Urwort als Träger geschichtlichen Sinns sind wesensverschieden.

c) Herkunft der Sprache

Man fragt, wo die Sprache ihren Ursprung habe. Ist sie als ein fertiges Gebilde dem Menschen von höheren Mächten geschenkt worden? Hat sie sich wie ein Naturgebilde entwickelt? Ist sie vom Menschen erfunden und gemacht?

Über die Entstehung der Sprache, wie sie – wahrscheinlich in Jahrzehntausenden, wenn nicht Jahrhunderttausenden – geschehen ist, wissen wir nichts. Wir können nur sehen, was die Sprache jetzt ist und wie sie sich dem beobachtenden Blick in den wenigen Jahrtausenden zeigt, aus denen sie in Dokumenten erforschbar ist. Da ergibt sich die Antwort: Die Sprache ist ein *Werk* des Menschen, aber ein solches, das nicht losgelöst von ihm besteht, sondern ständig nur im Hervorgebrachtwerden Dasein und Leben hat: Sprache ist im Sprechen, Sprache ist – nach Humboldt – nicht ἔργον, sondern ἐνέργεια.

Die Sprache als Werk, das nur ist, indem es ständig ins Werk gesetzt wird, ist zu charakterisieren:

aa) *Sprache als Natur und Geist.* Sprache ist nicht als ein fertiges Gebilde, als brauchbares Werkzeug dem Menschen gegeben worden – denn sie ist in ständiger Verwandlung und Bewegung –; sie ist auch nicht gewachsen wie eine Pflanze, geschieht nicht wie ein Naturgeschehen – denn immer wirken in ihr Bewußtsein und Freiheit des wählenden und gestaltenden Menschen –; sie ist auch nicht erfunden nach Plan, Absicht und Zweck – denn sie ist immer schon da, verwandelt sich unwillkürlich; alles absichtliche Machen in ihr hat erst in später Zivilisation begonnen und setzt die fertige Sprache in ihrer Fülle voraus.

Sprache ist Geist, der ständig naturgebunden bleibt, Natur, die geistdurchdrungen ist. Das Rätsel, wie im Lautbild die Bedeutung ihren Leib hat, ist das allgemeine Rätsel der Sprache als Einheit von Natur und Geist.

bb) *Universaler Charakter der Sprache.* Sprache ist ein Werk unter den anderen Werken des Menschen, aber von einzigartigem, weil *universalem* Charakter. Wie auch immer wir die Sphären des Geistes oder die Hervorbringungen des Menschen in einer Übersicht ordnen, die Sprache gewinnt keinen besonderen Platz, weil sie allgegenwärtig ist.

Ordnen wir etwa die Hervorbringungen des Menschen in folgender Reihe:

1. Alles Innere erhält seine objektive Erscheinung im »*Ausdruck*«.

2. Während Ausdruck nicht nur dem Menschen zugehört, ist schon spezifisch menschlich das Hervorbringen von *Werkzeugen* und Gebrauchsgegenständen, ob im technischen, magischen oder kultischen Handeln.

3. Zur *Formung der Gemeinschaft* werden Sitten, gesellschaftliche Ordnungen, Staaten, Rechtssatzungen hervorgebracht.

4. *Werke werden als Selbstzweck* geschaffen in Kunst, Dichtung, Wissenschaft, Philosophie.

Sprache ist dieses alles zugleich, sie ist Ausdruck, ist Werkzeug, ist Gemeinschaftsstiftung, ist ein selbständiges Werk (in der wenn auch nur beiläufig betriebenen Sprachkunst). Dieses alles läßt sich jeweils eine Sprache nennen, Sprache selbst aber ist keines von diesen im besonderen. Sie ist in ihrem Wesen keine Partikularität. Vielmehr ist Sprache ein Werk des ganzen Menschen. Wenn sie aber als dieses Werk allgegenwärtig ist, wo der Mensch wirkt und sich bewußt wird, ist sie doch zugleich wie verschwindend, weil sie nicht selbst adäquater Gegenstand der Aufmerksamkeit werden kann. In ihrer Universalität ist sie nicht als Sprache zum gemeinten Inhalt geworden, sondern überall ist der Mensch in der Sprache durch sie auf ein Anderes gerichtet. Wo die Sprache selbst Gegenstand wird, ist sie schon ein Partikulares, mag sie dann abergläubisch zu vermeintlich magischer Wirkung benutzt oder ästhetisch als spezifisches Kunstmaterial verwendet oder positivistisch als ein Produkt des Menschen unter anderem in Worten und Grammatik, in Motorik und Sensorik des Sprechens analysiert werden.

cc) *Sprache in allen Weisen des Umgreifenden.* Die Universalität der Sprache ist durch *ihre Gegenwart in allen Weisen des Umgreifenden* zu charakterisieren. Nur was Sprache gewinnt, ist eigentlich da, gibt sich kund, gerät in Helle und damit in Bewegung. Das Umgreifende wird sprechend, oder es wird durch eine Verleihung von Sprache gleichsam zum Sprechen gebracht. Erst im Verstehbarwerden durch Sprache verwirklichen sich die Weisen des Umgreifenden.

Daher ist in den Bedeutungen, welche die Sprache mitteilbar macht, eine radikale Differenz durch die Weisen des Umgreifenden, deren Bedeutungen ausgesprochen werden.

Die Bedeutungen des Bewußtseins überhaupt sind das Gerüst. Sie geben der Sprache den durchgehenden Halt. Durch sie ist der Verstand in aller Sprache, ist der Ansatz gegeben, unter Beschränkung auf diese Bedeutungen an das Ideal einer Zeichensprache universalen

Charakters zu denken. Durch den Grund im Bewußtsein überhaupt besteht die Einheit in allen Sprachen; das Rationale vor allem macht es, daß alle Sprachen ineinander übersetzbar sind und dadurch den Grund in einem Einssein als Sprachfähigkeit überhaupt anzeigen.

Die Verschiedenheit der Sprachen, der jeweils eigentümliche Geist einer Sprache, hat den Grund in den Bedeutungen, die aus dem Umgreifenden des Daseins, des Geistes, der Existenz erwachsen und in ursprünglicher Vielfachheit auftreten. Die Vielfachheit des Daseins, des Geistes, der Existenz, die in unvertretbarer Ursprünglichkeit sich gegenüberstehen, verwirklicht in jeder Sprache ihre Kommunikation, in ständiger Mißverstehbarkeit und in dem unvollendbaren Suchen nach Einklang in der Mitteilbarkeit. Die Gemeinschaft des Verstehens in einer Sprache – immer zwar das Ideal, aber nicht die Wirklichkeit des Sprechens – drängt weiter über diese Sprache hinaus zum Hören fremder Sprachen und Lernen ihrer Worte und Formen: es ist der Drang der Kommunikation der vielen Verwirklichungen des Umgreifenden, von Sprache zu Sprache zu verstehen und zum Menschsein in seinem Grunde zu dringen durch Kommunikation in der Sprachmannigfaltigkeit.

d) Die Leistung der Sprache

Die Sprache leistet Offenbarmachen des Seienden und Mitteilung zugleich. Sie ermöglicht Bewahrung.

aa) *Offenbarwerden des Seienden.* Nur was angesprochen und ausgesprochen ist, hebt sich aus dem traumhaften Strom des Geschehens. Ich erfahre und erfasse deutlich, was mir in der Sprache gegenwärtig wird. Es ist wie ein Zauber; das Ding, das mit seinem Namen angesprochen wird, ist plötzlich da. Was namenlos bloß ist und geschieht, verdämmert im Grenzenlosen.

Aber das Sein, das in der Sprache ergriffen wird, ist selber wie eine Sprache. In hervorgebrachten Bedeutungen von Lautbildern werden die Bedeutungen des ursprünglich offenbar werdenden Seins ergriffen. Was in der Sprache und ihren Bedeutungen bewußt wird, ist selber eine darin hell werdende Bedeutung. Bedeutung bezieht sich auf Bedeutung.

Weil alles – gleichnisweise – Sprache ist, kann unsere Sprache es treffen. Sprache ist Bedeutung in für uns zugänglicher, weil von uns vollziehbarer Weise. Im Sprechen geht uns alles Sein als Sein von Bedeutungen auf. Von dem schlechthin Andern, dem Sprachlosen, verstehe ich, was ich in Sprache verwandle. Ich lasse es sich verhalten, selber gleichsam sprechen.

In diesem Sinn gilt das Nietzsche-Wort: Sein ist Ausgelegtsein. Sein ist Sprechen und ist Sprachverleihung, ist das, was Sprache werden kann und geworden ist, ist angesprochen, ausgesprochen, als Sprechen verstehbar.

Hier droht aber eine falsche Verabsolutierung, wenn wir vergessen, daß wir vom Seienden als einem Sprechenden doch nur gleichnisweise so reden. Es soll durch das Gleichnis das Rätsel zum Ausdruck gebracht werden, daß Sprache eine Angemessenheit und mehr als das: eine Verwandtschaft zum Sein hat, nicht bloß ein technisches Mittel ist. Sprache gehört zum Sein. Jedoch dürfen wir darum noch nicht, in vorschneller Rationalisierung einer Grenze unseres Begreifens, die Sprache, statt sie als Ursprung des Seinsverstehens zu erhellen, zum Seinsursprung selbst machen. Vor der Sprache und für die Sprache ist das Seiende, das in der Sprache getroffen, begriffen, verstanden, ausgelegt wird und das durch sie für uns wirksam wird. Nur mythisch kann das Rätsel zum Ausdruck gebracht werden in den Sätzen: »Im Anfang war das Wort«, und: »Gott sprach, es werde . . . und es ward . . .«

bb) *Mitteilung.* Durch Sprache wird Mitteilung möglich, die nicht in wissenslosem Widerhall und unwillkürlicher Nachahmung sich vollzieht, sondern in der Intention auf Sache und Gegenstand. Am Gerüst dieser gegenständlichen Intention umfaßt die Mitteilung unendliche Möglichkeiten vom technisch Zweckhaften bis zum Transzendieren in das Umgreifende, vom Befehl bis zur schauenden Betrachtung, von reiner Gedanklichkeit bis zur Füllung des Erlebens und der Ursprünglichkeit existentiellen Entschlusses, von theoretischer Unbeteiligung bis zum Vollzug inniger Gemeinschaft der Wesen.

cc) *Aufbewahrungsstätte.* Sprache wird gleichsam zur Aufbewahrungsstätte erworbenen Wissens, geklärten Fühlens, erhellten Wollens. Die Sprache ist wie eine Schatzkammer schlummernden Erkennens, das jederzeit vom Sprechenden wiedererweckt werden kann. Sprache gibt die Anhaltspunkte für das Weiterschreiten des Erkennens, weil sie befestigt, was jeweils im Gedanken erreicht wurde. Vermöge der Sprache erfolgt Erinnerung, Bewahrung, Aufbau, Fortschreiten des Erkennens.

2. Denken ist an Sprechen gebunden

Erst als denkende Wesen sind wir Menschen. Erst mit der Sprache können wir denken. Daher sagt Aristoteles, der Mensch sei das ζωον λογον εχον. Logos ist zugleich Sprechen und Denken. Sprache ist ein sinnliches Geschehen, das geistig getan wird. Sie zeigt die Unlösbarkeit unseres Denkens vom Sinnlichen. Das reinste Denken bedarf doch jenes Minimums sinnlichen Materials, das die Sprache liefert. Wir erörtern dieses allgemeine Phänomen in seinen besonderen Erscheinungen.

a) *Denken fordert sinnliche Anhaltspunkte überhaupt und Sprache insbesondere.* Wenn *Sprache in allen* Momenten des Erkennens als sinnlicher Anhaltspunkt gegenwärtig sein muß, so kann dieses Sinnliche auch Sprache im weiteren Sinn sein, kann Gebärde, kann ein Tun, kann ein Abbilden sein. Alles, was etwas »bedeutet«, worin zugleich ein Anderes gemeint ist, wird in diesem Sinne Sprache.

So scheine ich zum Beispiel zu sprechen durch die Ausführung einer Sektion: jeder Schnitt, exakt und sinnvoll und in regelrechter Folge getan, ist ein Sprechen ohne Worte, ein Meinen, das sich durch ein Tun ausdrückt. So ist jede Abbildung eine Sprache, und zwar die konstruktive Abbildung mehr als die Fotografie. Die Prägnanz dieser Sprache liegt im Entwurf eines Typus, gleichsam in der Begrifflichkeit der Linienführung. Anatomische und morphologische Einsichten etwa sind ohne Abbildung gar nicht klar mitzuteilen.

Aber die Wortsprache findet hier überall nur eine Bereicherung, nicht einen Ersatz. Die vollzogenen Schnitte und die Abbildungen bedürfen immer noch, zur Einführung, an Wendepunkten, der Interpretation durch die Wortsprache.

b) *Denken ist Mitteilung und fordert Sprache.* Die Zerstreuung des Seins in die Vielheit des Daseins fordert die Mitteilung. Denken ist nur in der Mitteilung, sei es zu Anderen, sei es zu mir selbst, ist in Frage und Antwort, in der Bewegung des sich Ergänzenden. Unser Denken ist an Sprechen gebunden, weil es Mitteilung ist. Ich verstehe nicht, ohne mein Verstehen wenigstens mir selbst mitzuteilen.

c) *Die Enge des Bewußtseins fordert sinnliche Konzentrationspunkte.* Die Enge des Bewußtseins zwingt das Denken, sich jeweils aufzubauen durch Bewegung in der Zeit. Wir müssen die Folge artikulierter Denkschritte tun, die sich aufeinander aufbauen, um die Sache zu erfassen, die in keinem Schritte für sich schon da ist. Das ist psychologisch zu vergegenwärtigen:

In jedem Schritte unseres Bewußtseins vollzieht sich nur je ein Aufmerksamkeitsstrahl, in dem etwas gewußt wird. Wir gehen von

Vorstellung zu Vorstellung, von Gedanke zu Gedanke, gehen zurück, vergleichen, beziehen. Die Akte in ihrer Folge bauen auf, was dann später in einem einzigen Akt auf Grund der Bereitschaft alles vorher Gedachten zu denken möglich ist. Was der Mensch nicht irgendwann in einem Akt umspannen kann, ist nicht als Gegenstand für ihn da. In der Folge kann dann der eine Akt, wie er aufgebaut wurde, so auch wieder entfaltet und weiter geklärt werden. Es gibt dunkle Akte von unendlicher Fülle, die aber noch kein in Urteilen restlos ausgesagtes Wissen sind.

Dieser zeitliche Vollzug des Erkennens ist als solcher an die Sprache gebunden. Wie ein reines Denken ohne jede sinnliche Anhaltspunkte für uns unvollziehbar ist, vielmehr im Denken Vorstellungsfragmente, gleichnishafte Bilder, Schemata als Anhaltspunkte dienen, also unser Denken immer zugleich sinnlich ist, so bedarf insbesondere jede klare Denkfolge der sinnlichen Anhaltspunkte der Sprache, um die »Bedeutungen« zu fixieren und damit bereitzuhalten im Aufbau des Denkens. Nur so kann nicht nur eine Wissensmeinung festgehalten werden, sondern ein immer größerer Umfang gedachter Einheiten in einem sinnlich sprachlichen Anhaltspunkt konzentriert werden.

d) *Das sprachlose Denken als Grenze, als Ursprung und als Vollendung.* Nie verstummt die Frage nach einem sprachlosen Denken. Kommt in uns nicht in wesentlichen Augenblicken ein sprachloses Denken vor? Wenn es das gibt, so ist es entweder die Grenze, an der die Wortsprache durch eine sinnliche Anschaulichkeit ersetzt wird, oder ein Ursprung, welcher Sprache wird, um hell zu werden, oder eine Vollendung, in der Sprache hinfällig wird:

aa) *Nicht eigentlich sprachlos* ist das Denken in Bedeutungen, die an Bildern, Figuren, Schematen haften. Dieses Denken kann sich in der sprachlosen Anschauung zwar bis zu einem gewissen Grade entfalten, dann aber drängt es doch zur Wortsprache, mit der es erst eigentlich hell wird und weitergeht, indem das Anschauliche durch seine schon vollzogene Sprache den Leitfaden abgibt.

Es ist möglich, statt in Begriffen durch Worte, vielmehr in Bildern, Gestalten, Mythen, Göttern, in Landschaften, Farben, Naturerscheinungen, in Handlungen und Vollzügen zu »denken«. Alle primitiven Weltbilder bauen sich auf diesem Wege auf, die Wortsprache bezieht sich darauf. – Wir operieren mit Figuren, Zahlen, Zeichen, vollziehen Syllogismen, erfahren das Zwingende, ohne die Wortsprache anders als zu Beginn und gelegentlich im Fortgang der Zeichensprache herbeiziehen zu müssen.

Wir leben in vorwegnehmenden Strukturen, in Auffassungsschematen, Ordnungen, Kategorien. Es entfaltet sich uns durch sie eine Rationalität in der Abgrenzung der Bedeutungen, in der Übersicht und Gliederung der Anschauung. Die Wortsprache steht im Hintergrund, ständig bereit, Klarheit zu bewirken. Sie war Bedingung dieser Klarheit, die dann scheinbar weitgehend ohne sie vollziehbar wurde.

bb) Sprachloses Denken scheint es *als Keim und als Übergang* zu geben. Vielleicht geht das Entscheidende des Erkennens – der Sprung zum Neuen, der Ansatz, das ursprüngliche, vorwegnehmende Begreifen – im sprachlosen Denken vor sich.

Aber was hier im Keim ergriffen wird, versteht sich nicht ohne Sprache, noch wächst es ohne sie. Es ist im Grunde kein Vorhergehen – weder des Denkens vor dem Sprechen noch des Sprechens vor dem Denken –, sondern der Keim ist der Punkt der Sprachschöpfung. Es ist wie ein Einsehen und Ergreifen vor der Sprache, das doch alsbald und nur in der Sprache sich verwirklicht. Denken und Sprechen ist in einem, ihre Entwicklung ist Entwicklung des einen mit dem andern. Nur die Grenze ist jener Punkt der Sprachschöpfung, jener Keim, der über die Sprache hinaus zu liegen scheint und doch nur als Sprache zur Erscheinung kommt.

Daher drängt in uns alles Fassen, Begreifen, Sehen unruhig zum sprachlichen Ausdruck, weil es nur darin hell und gewiß wird. Wir fühlen uns träge im Unbestimmten oder fühlen uns in der Vorbereitung, wenn die Sprache noch gesucht wird.

cc) Es scheint eine *Überwindung der Sprache* zu geben, ein Leben, ohne der Sprache zu bedürfen, derart, daß Sprechen ein Abfallen würde. Aber es gibt zwei entgegengesetzte Möglichkeiten, den Mangel an Unfähigkeit eines Schweigens, das nicht Sprache werden kann, und die Fülle des sprachüberwindenden Schweigens:

Ohne Sprache ist etwas im Sein der Natur, etwas in mir selber als Natur, beides als das Geschehen, welches zeitfremd, nur so seiend, der Sprache unfähig, mich unbegriffen und selber nicht begreifend bestimmt. Anders als der dumpfe Geist, der zur Helle drängt und in der Sprache zu sich kommt, bleibt hier ein Sprachloses vor aller Sprache unüberwindbar bestehen. Es kommt darauf an, diesen Stoß zu erfahren, vor diesem Sein durch echtes Verstummen es gerade hell und entschieden zu erfahren. Das Sprechen wird zum Abfall, weil es den Stoß des furchtbar schweigenden Seins verschleiert.

Anders ist die Sprachlosigkeit nach der Sprache. Durch die Sprache hindurchgehend, durch sie es ermöglichend, wird der helle Geist das Medium der Seinsgegenwart der Existenz. Es ist, als ob im Sprachlosen nicht ein Elementares mich überwältigt, sondern ein hell Gewordenes sich erfüllt und vollendet. Der Ekstase des Rausches steht gegenüber die Ekstase der Offenbarkeit, dem vitalen Versinken in Natur das gleichsam körperlose Hinausschreiten in das unsinnliche Sein. Das Sprechen wird zum Abfall, weil es entfernt von der Tiefe des Einklangs mit dem Sein. – Wenn unsere geistige Bewußtheit in der Sprache beschlossen ist, so ist als Grenze nicht nur das Vorsprachliche und immer Sprachlose, dieser Mangel als schauriges Schweigen, sondern auch das erfüllende, alle Sprache in sich bergende Übersprachliche des Seins selbst im erfüllenden Schweigen.

e) *Inwiefern Sprechen mehr enthält als Denken.* In der Sprache liegt eine logische Struktur. Aber diese ist nur wie ein Knochengerüst der Sprache, nicht das Leben der Sprache selbst. Zwar festigt dieses Knochengerüst alles Alogische, das in der Sprache hell wird, gibt in jeder Erlebnisweise dem aus der Tiefe des Umgreifenden Kommenden seinen Halt. Aber das Rationale ist nicht starr, vielmehr biegsam und transformierbar, wie es lebendige im Unterschied von toten Knochen sind. Was an diesen Strukturen des Rationalen Gestalt oder Anknüpfung gewinnt, ist als Erfahrung erst eigentlich da, versteht sich selbst, kann sich weiter entfalten. – Die Welt, die in der Sprache offenbar wird, ist umfassender als die Welt der Denkbarkeiten. Aber diese umfassende Welt ist doch nur hell durch den Schein, der auf sie fällt, wenn sie vom Denken sich berühren läßt.

Was jedoch in den Sprachen offenbar wird, das gibt, obgleich selber nicht Denken, allem Denken erst Gehalt, wie es selbst sich erst entfaltet mit der Sprache durch das Ferment des Denkens.

Wie sehr das Denken in allem gegenwärtig ist, das Gehalt für uns wird, ist durch die Frage fühlbar zu machen, ob es etwas gebe, was wir unmittelbar im Worte ergreifen, im Unterschied von dem, was wir im Worte nur vermittelst des Begriffs erfassen. Es zeigt sich, daß der Begriff immer mitspricht, daß Worte nur vermöge eines in ihnen mitgetroffenen Begriffs einen Sinn gewinnen. Alles wird für den Menschen nur durch Begriff – oder jedenfalls nicht ohne einen Keim von ihm – gegenwärtig, faßlich, bedeutungsbestimmt.

Falsch wäre die Auffassung: Sprache sei ein Mißgebilde aus zwei Momenten: sie sei ein rationales Gebilde, dieses aber sei überwuchert und gestört von Gefühlsäußerungen. Was hier als »Gefühlsäußerung« benannt wird, enthält gerade alle Dimensionen der Sprachgehalte und alle Probleme des Sprachverständnisses.

f) *Der Einzelne wird Mensch durch Überlieferung der Sprache.* Allein durch die Sprache überkommt uns das geistige Erbe. Nicht unterrichtete Taubstumme bleiben schwachsinnig. Unterrichtete beweisen die bis zu einem gewissen Grade mögliche Übertragbarkeit des sprachlichen Gehalts aus der akustischen in andere Sinnesformen.

Aber es bleiben unüberwindbare Mängel des Denkens und Auffassens der Taubstummen, und bei dieser Übertragung in stumme Gebärden scheint die Sprache ihr geistig schaffendes Leben einzubüßen.

Die Aneignung der Sprache macht den Reichtum des individuellen Geistes aus, der ihm unbewußt zugeflossen ist. Man sagt treffend: die Sprache denkt für mich. Daher gilt, daß für unsere Geistigkeit die Aneignung der vollen Sprache durch die Schriften der sprachschöpferischen Denker und Dichter schlechthin begründend ist, während die sprachliche Armut vieler Fachwissenschaften auch bei großer auf ihren Bereich beschränkter Lektüre zu geringer oder gar keiner Bildung führt. Leicht liest man auch in schlecht gekannten fremden Sprachen fachwissenschaftliche Bücher und das Alltagsgerede der Zeitungen, während erst das Eindringen in die nicht klischeeartigen Anstrengungen schaffender Geister die Denkmöglichkeiten erweitert.

Die volle Aneignung aus der Tiefe geschieht, wie alles, nur einmal für den Einzelnen, so hier die Aneignung der Sprachmöglichkeiten durch die Muttersprache. Aber jede Geschichtlichkeit, obgleich existentiell begründend, wird eine Verengung, wenn Offenheit und Aneignungsbereitschaft nicht darüber hinausgehen. Gewollte Exklusivität in der Sprache macht beschränkt. Die Überwindung der durch jede Sprache bedingten geistigen Grenzen spricht der Satz Karls V. aus: »So viele Sprachen ich kenne, so oft bin ich Mensch.« Die Vervielfachung des Menschseins wurzelt zwar in dem einen geschichtlich begründeten Menschsein, von dem aus die Vielen getragen werden. In diesem sie alle umfassenden Grunde suchen sie sich zu verstehen, zu ihm hin sich zu verwandeln in der Kommunikation, die das unfaßliche Eine will. Aber nur Eines im Vielen kann der Mensch ganz und aus seinem Grunde sein. Daher lebt er auch entscheidend in einer Sprache allein. Erst aus seinem geschichtlichen Grunde und durch ihn nimmt er teil am Wege zum Einen.

3. Kritik der Sprache

Seit dem Altertum ist Kritik der Sprache eine Grundlage der Philosophie: Gorgias, Prodikos, Plato, Aristoteles, die Stoiker taten, was in neuerer Zeit die Nominalisten, dann Hobbes, Bacon, Locke, ferner Leibniz, Hamann, Herder, Jacobi wiederholten. Es hat sich ein Bestand an Gesichtspunkten gebildet.

a) *Der Sprachskeptizismus.* Der Tatbestand, daß jede Sprache eine besondere ist, jedes Wort eine schwebende Metapher bedeutet, jeder Satz eine Verfestigung in ein Endliches bringt, hat Formulierungen bewirkt, die alle den Satz umkreisen: Beginne ich zu sprechen, so beginne ich zu irren. – Wird dann der andere Tatbestand hinzugenommen, daß ich sprechen muß, wenn ich denken will, so ist die Folgerung: Denken ist in der Wurzel schon Irren. Aus dem Sprachskeptizismus folgt der Skeptizismus in jeder anderen Gestalt.

In bezug auf die Sprache sind die Äußerungen radikaler Skepsis etwa folgende: Rousseau meint: Unsere Sprachen sind das Werk des Menschen, und die Menschen sind Lügner. Sie lügen nicht nur absichtlich, sondern ihr hinfälliges Wesen ist durch und durch verlogen, ob sie wollen oder nicht. Den Willen dazu trifft Talleyrand mit dem Satze: Den Menschen ist die Sprache gegeben, um ihre Gedanken zu verbergen. Die Sprache wird ein Mittel der Unwahrheit, wenn sie instinktiv oder mit reflektierter Klugheit einem Zwecke dient, den der Mensch durch Täuschung Anderer erreichen will. Unabsichtlich aber verkehrt sich dem Menschen sein Sinn schon, indem er spricht. Das Sprechen als solches bringt in die Unwahrheit, in ein Anderes als das eigentlich Gemeinte. »Spricht die Seele, so spricht, ach, schon die Seele nicht mehr« (Schiller). – Als einer der Hauptgründe, daß das so sein müsse, gilt die Vieldeutigkeit allen Sprechens. Die Sprache ist unfähig zu adäquatem Ausdruck, denn die Worte sind als Metaphern uneigentliche Ausdrücke; die jeweils gewohnte Sprache ist eine Summe von verblaßten, in ihrer Herkunft nicht mehr gegenwärtigen Uneigentlichkeiten, die für Eigentlichkeiten genommen werden, sind »Gewohnheit gewordenes Metaphern« (Nietzsche).

Diese Beurteilungen der Sprache sind schnell fertig. Sie irren selbst, weil sie verabsolutieren, was eine begrenzte Wahrheit hat. Sie verkennen den Grundtatbestand, daß die Sprache mit dem Menschen in Bewegung, zeitlich in ständiger Unvollendung ist und daß sie mit dem Menschen im Ungenügen auf dem Wege zu möglicher Wahrheit geht. Daher gilt nicht das Entweder-Oder: Sprache sei wahr oder falsch. Vielmehr ist kritisch zu scheiden und aus dem Wissen um das Wesen der Sprache und des Menschen der Beurteilungssinn, von dem die Sprache jeweils getroffen wird, zu prüfen.

Sprache ist die jeweilige Objektivität. Nur was Sprache geworden ist, ist geistig da, weil es bewußt und in der Sprache Verwirklichung, Anknüpfung, Stufe, Sprungbrett geworden ist. Wir sind gebunden an die Sprache, werden von ihr, wie sie geworden ist, ständig geführt, unmerklich beherrscht. Bis in die Weise unseres Erlebens hinein sind wir durch sie geworden, was wir jeweils sind. Aber wir gehen über die gewonnene Sprache auch hinaus, befreien uns von der Bindung durch sie, jedoch nur so, daß wir Sprache mit Sprache vertauschen, nicht die Sprache überhaupt entbehren können.

Diese Bindung an die Sprache ist eine Quelle der Unwahrheit jedoch nur dadurch, daß zwischen der Seele und ihrer Objektivität in der Sprache, wenn auch Einklang, doch niemals eine endgültige Identität ist. Das Schillersche Wort traf die Inadäquatheit und ignorierte die immer auch mögliche Adäquatheit. Dem Menschen, dem Vollendung als Fertigsein im Zeitdasein nicht beschieden ist – außer in dem Spiel des schönen Scheins –, ist es ebenso unausweichlich, sich gegenständlich und sprachlich zu machen, was er ist und weiß, wie unentrinnbar, daß ihm jede Sprachlichkeit nur teilweise und nur für den Augenblick Genüge leisten kann. Gefühl und Erfahrung bleiben unbeweglich und ohne Entfaltung, wenn sie sich nicht Sprache geben, aber die Sprache führt, wenn sie als Vollendung und Besitz genommen wird, in Enge und Täuschung. Sie läßt alsbald die Bestimmtheit allgemein und formelhaft werden, sie verführt, statt in der Dichtung einen Augenblick zu verweilen, zur Ruhe in der schönen Sprachgestalt als einem Absoluten, sie wird, statt Medium der Bewegung zu sein, zum Ziel, – in allen Fällen wird sie in irgendeinem Sinne unwahr.

b) *Unterschied unseres Gebundenseins an Kategorien und an Sprache.* Solche Erörterungen über die Sprache sind verwandt analogen Einsichten über die Bindung unseres Denkens an bestimmte Kategorien. Ich kann denkend über die Kategorien nicht hinaus und dränge doch – im philosophischen Transzendieren –, denkend die Kategorien zu überwinden. Aber es ist ein Unterschied des Sinnes, in dem ich nicht aus den Kategorien, und des Sinnes, in dem ich nicht aus der Sprache heraus kann:

aus den Kategorien kann ich *logisch* nicht heraus: alles Sein erscheint mir in ihnen –	aus der Sprache kann ich *psychologisch* nicht heraus: alle Deutlichkeit, Schärfe, Bewußtheit ist an sie gebunden –
in den Kategorien *meine* ich das Sein –	durch die Sprache *meine* ich das Sein in den Kategorien –
die Identität von Sein und Kategorie ist für uns in der Erscheinung vollständig –	es gibt keine Identität von Sprache und Gedanke, von Sprechen und Denken, sondern nur eine funktionelle Gebundenheit –
Kategorien werden im Denken entdeckt.	Sprache wird mit dem Denken hervorgebracht (wenn auch so, daß von Anfang an das Hervorgebrachte zugleich das Denken ermöglicht).

c) *Die Beurteilung der besonderen Sprache je nach dem Gesichts-punkt.* Niemals leistet Sprache allem, was sie leisten kann, auf einmal Genüge. Was sie jeweils nach der einen Richtung auszeichnet, macht sie nach einer anderen Richtung mangelhaft. Es kommt auf den Gesichtspunkt an, unter dem man ihre Leistung sucht und beurteilt. Beispiele:

aa) *Sinnlichkeit und begriffliche Prägnanz.* Primitive Völker haben für jeden sie angehenden konkreten Gegenstand ein Wort, kaum jedoch Worte für Allgemeinbegriffe, so zum Beispiel Worte für einzelne Bäume, aber nicht für den Baum überhaupt. In den Sprachen mit vorherrschender Vielheit besonderer Bedeutungen besteht ein Reichtum an sinnlicher Fülle der Lautbilder, aber ohne Ordnung, Übersicht und Klarheit des jeweils Gemeinten im Zusammenhang der Dinge. In den Sprachen mit vorherrschenden Allgemeinbegriffen besteht die größte Klarheit; diese bleibt aber arm und unanschaulich. Erst die Sinnlichkeit der Sprache macht den Ausdruck charakteristisch, liefert Schönheit und Klarheit der unterscheidenden Lautbilder; die Sprache der Allgemeinbegriffe nähert sich der Zeichensprache, wird unsinnlich und ist in allem abstrakt Allgemeinen doch beschränkt auf bestimmte, endliche, definierbare Dinge.

Machen wir uns das an einem Beispiel deutlich. Pferde lassen sich mit Ausdrücken von Allgemeinbegriffen, die man kombiniert, unterscheiden als männliches Pferd, weibliches Pferd, junges Pferd, weißes Pferd, kastriertes männliches Pferd – oder sie lassen sich in dieser gleichen Unterschiedenheit mit bestimmten einmaligen Worten benennen: Hengst, Stute, Füllen, Schimmel, Wallach. Vorteile und Mängel auf beiden Seiten sind klar. In diesem Beispiel verlangt die zweite Reihe mehr Besitz an Worten, mehr Mühe beim Erlernen der Sprache, aber ihr charakteristisch schöner Ausdruck wäre ein Mangel nur, wenn der Oberbegriff Pferd in ihnen verdunkelt wäre (wie in den übervielen Worten der primitiven Völker der jeweilige Gattungsbegriff dunkel bleibt).

Zur Kürze und Klarheit gehört das schnelle und sichere Aussprechen der geforderten Vorstellung, die genügende Sinnlichkeit des Ausdrucks – bei Worten für Allgemeinbegriffe (also Worten, die sich den Zeichen nähern) wird die Mühe des Verstehens der konkreten Bedeutungen immer größer, die innere Verwirklichung des Sinns des Ausdrucks mühsam und unbequem.

Es wäre nun ein fälschlich vereinfachender Ausweg, wenn man eine »Mittellinie« fordern würde. Klare Sinnlichkeit der Sprache ohne Überschuß an Sinnlichkeit, sowohl Zeichencharakter wie Sinnlichkeitscharakter der Worte. Aber diese Mittellinie wechselt nach den jeweiligen Voraussetzungen in den sprechenden Menschen, nach ihrer Situation und ihren Zwecken. Es gibt immer nur für Situation, Menschenart und Zeit eine relativ glückliche Lösung. Allgemeiner Maßstab bleibt nur: kein Vordrängen der Sprache, sondern Ermöglichung schnellen und bequemen Verstehens der anschaulichen Bedeutungen durch kürzeste und klarste Ausdrucksweise. Diesem Maßstab wird aber nicht auf eine einzige Weise, sondern je nach den Voraussetzungen der geschichtlichen Lage auf mannigfach abweichende Weise Genüge getan.

Alle Sinnlichkeit der Sprache ist verknüpft mit ihrer geschichtlichen Individualität, ihre begriffliche Prägnanz mit einem dem Willen verfügbaren Zeichencharakter der Sprache. Die Individualisierung der Sprache ist von außen erforschbar und erforscht. Sie wird begriffen in ihrem Zusammenhang mit Menschenartung, Landschaft, Klima, in ihrer Entstehung erklärt durch Verwandlung der Zustände, durch politische Katastrophen, in ihrer Entwicklung beschrieben mit der Geistesgeschichte. So betrachtet, kann die immer geschichtlich besondere Sprache aussehen wie eine Einschränkung der reinen Verwirklichung allgemeiner Ideen. Von innen ergriffen aber ist die Sprache gerade die Geschichtlichkeit, durch die allein Gehalt und Fülle des Allgemeinen ist. Eine allgemeine, wahre Sprache, die beste Sprache oder die hypothetische Ursprache ist eine hinfällige Idee: sie wäre der geschichtlichen Tiefe beraubt, hätte das Umgreifende verloren, wäre nur endliche Zeichensprache, die durch endlose Komplizierungen ausdrücken müßte (und doch nicht könnte), was in geschichtlicher Sprache unbegreiflich einfach offenbar ist.

bb) *Kürze und Reichtum.* Kürze selbst ist relativ. Ein kurzes Buch – so wurde einmal gesagt – kann das längste sein, wenn man nicht nach der Zahl der Seiten mißt, sondern nach der Zeitdauer des Verstehens. Mit der Kürze geht verloren und wird gewonnen. Wir hören (Jespersen, S. 316), daß das Matthäusevangelium im Griechischen 39000 Silben hat, in deutscher Übersetzung 33000, in englischer 29000, in chinesischer 17000. Das ist charakteristisch für die Sprachen, aber gewiß nicht eindeutig zugunsten der einen oder anderen zu bewerten.

cc) *Mitteilungsleichtigkeit und selbständige Schönheit.* Es ist ein Gegensatz, ob ich im Sprechen ganz auf die mitzuteilende Sache gerichtet bin, also klarstes und schnellstes und anschaulichstes Verständnis des Gemeinten will, oder ob ich in der Sprache selbst die Schönheit fühle, ihrem Klang und ihrer Melodie nachgehe, der Kostbarkeit seltener Worte, dem Ornamentalen der Sprache. Dann ist nicht mehr Mitteilung der eigentliche Sinn, sondern eine spezifische

Kunst. Schwerverständlich ist nicht mehr ein Einwand, sondern ein Reiz.

dd) *Das Ideal der Sprache ist unmöglich.* Würde man solche und andere Gesichtspunkte zusammenbringen und ein Ideal der Sprache suchen, die allen Anforderungen gerecht werden könnte, so wäre das vergeblich. Es kann kein Ideal der Sprache geben, sondern nur immer relative Beurteilungsmöglichkeiten in bezug auf bestimmte Leistungen.

Liest man die schönen Sätze Jespersens (S. 433): »Keine einzige sprache ist bis zum punkt der vollkommenheit gelangt; eine ideale sprache würde immer dieselbe sache durch dasselbe, ähnliche dinge durch ähnliche ausdrucksmittel bezeichnen; jede unregelmäßigkeit oder zweideutigkeit wäre verbannt; laut und bedeutung wären in völliger übereinstimmung; jede nur mögliche, feinste bedeutungsschattierung könnte mit gleicher leichtigkeit verdeutlicht werden; für poesie und prosa, für schönheit und wahrheit, für denken und fühlen wäre gleichmäßig gut vorgesorgt: der menschliche geist hätte ein kleid gefunden, das freiheit und anmut vereint, das trefflich paßt und dabei doch volle bewegungsfreiheit gewährt.« – Liest man diese Sätze, so darf man sich nicht täuschen: Sie entwerfen etwas Unmögliches. Es besteht in ihnen die stillschweigende Voraussetzung, daß ein bestehendes Sein identischer, unendlich bewegter Bedeutungen sei und daß der Mensch ein Ganzes, Vollendbares sei, das des Ganzen dieser Bedeutungen innewerden könne und damit am Ende sei, – oder es besteht die Voraussetzung, daß die Sprache ein Werkzeug sei, das den Charakter gewinnen könne, für alles brauchbar zu sein, während das Werkzeug der Sprache sich in der Tat ständig selbst verwandelt in neuem Gebrauch zu neuer Brauchbarkeit.

Daher gibt es kein Ideal der Sprache, sondern ihre relativen Leistungsfähigkeiten in jeweils bestimmten Richtungen. In den Sprachen ist ein Fortschritt, der auch Verlust ist. Es gibt einen streckenweisen Fortschritt in bezug auf einzelne Leistungsfähigkeiten. Es gibt die spezifische Schönheit und Brauchbarkeit auf jeder Stufe und in jedem besonderen Kreise des Geistes, der Völker und der Kulturen, der einzelnen großen Menschen.

Dagegen scheint der immer wieder sich aufzwingende Gedanke zu stehen, es müsse eine Sprache für alle Menschen gefunden werden, das Lernen vieler Sprachen – eine Notwendigkeit im Weltverkehr – sei eine ständige Kraft- und Zeitvergeudung. »In irgendeiner fernen Zukunft wird es eine neue Sprache, zuerst als Handelssprache, dann als Sprache des geistigen Verkehrs überhaupt, für alle geben, so gewiß als es einmal Luftschiffahrt gibt. Wozu hätte auch die Sprachwissenschaft ein Jahrhundert lang die Gesetze der Sprache studiert und das Notwendige, Wertvolle, Gelungene an jeder einzelnen Sprache abgeschätzt.« (Nietzsche 2, 250.) Wie das Sprechen in der Zukunft sein wird, in der der Planet ein Ganzes in ständigem Verkehr ist, das wird man nicht vorhersagen können. Aber gewiß ist, daß selbst eine Universalsprache, die, der Zeichensprache angenähert, für die endlichen Zwecke des wirtschaftlichen und technischen Verkehrs ausreichend wäre, nicht absichtlich gemacht wird. Auch sie würde aus der Sprache eines herrschenden Volkes oder aus der Übernahme einer allgemein angenommenen geschichtlichen Sprache hervorgehen. Geistiges Leben aber wird immer an geschichtliche Sprache, an das Unabsichtliche, Unendliche in der geschichtlichen Besonderheit gebunden bleiben. Nur das Bewußtsein überhaupt kann mit einer Universalsprache auskommen. Alles andere Umgreifende bedarf der geschichtlichen Erscheinung.

d) *Sprachkunst.* Das unwillkürliche, schaffende Hervorbringen der Sprache im Blick auf die Sachen heißt die Kunst der Sprache, das absichtliche Aufmerken auf die Sprache als solche und das Gestalten an ihr selbst heißt Sprachkunst (Gerber). Die Absichtlichkeit ist die unvermeidliche Folge des Bewußtseins von der Sprache und der Einsicht in ihre Gestalten. Sie führt zu wünschenswerter Disziplin, aber sie verführt auch zu täuschendem Mißbrauch der Sprache, zu falschen Erwartungen bei der Beschäftigung mit der Sprache und mit den Sprachen, mit Wörterbüchern und mit Grammatik.

aa) *Arbeit an der Sprache.* Jede geistige Schöpfung, die sich der Sprache bedient, ist zugleich sprachschaffend, sei es in Worten, Wortwahl, Wortstellung, Satzgestalten, in neuen Sinngebungen alter Worte, sei es im Rhythmus, im Ton, im Stil. Die Frage ist, ob dies geschieht in der Führung durch das Umgreifende der Gehalte, durch die Forderung der Sache, oder ob es geschieht durch den Reiz der Sprache als solcher, das heißt ob absichtslos oder absichtlich. Nur im ersten Fall dient die Sprache einem umfassenden Ganzen, im zweiten Falle wird sie als Sprache herrschend, wird als gesprochene aphoristisch, isolierend, aggregierend. Nur in dem Maße, als die absichtliche Sprachkunst beherrscht bleibt als in Zucht genommenes Element, sei es der Dichtung, der Philosophie, der Wissenschaft, ist sie ohne Schaden und hat – wenigstens in reflektierten Zeiten – ihren Nutzen. Sonst werden etwa Neubildungen, absichtlich erzwungene Satzgebilde, Ausbreitung von Kostbarkeiten der Sprache zu Gegenständen, die von der Sache abziehen, sie mehr verschleiern als erhellen, aber durch kunstvolle Spielerei die täuschende Erbaulichkeit außerordentlicher Bedeutungen geben. Man gibt sich, statt an die Sache, an die

Sprache hin. Statt den Gedanken in der Sprache als einem folgsamen Medium zum Sprechen zu bringen, wird im Gesprochenen der hinzukommende Gedanke erwartet, dem trivialen Gedanken ein täuschender Putz gegeben, der Banalität eine Scheintiefe, der Plattheit eine zu ahnende Hintergründigkeit. Auch bei der Aneignung der großen Werke der Philosophie und Dichtung kann die Aufmerksamkeit auf die Sprache ablenken von dem, worauf es eigentlich ankommt. Allzu leicht entwickelt sich an Stelle des Ernstes die ästhetische Haltung, an Stelle inneren Handelns der Fanatismus eines handgreiflich Absoluten, an Stelle existentieller Verwandlung der Fleiß bloßen Verstehens. Aber die Sprache ist niemals das wesentliche Material, an dem zu arbeiten und auf das zu achten ist, wenn Sache, Gedanke, Gehalt das sind, worauf es ankommt.

bb) *Etymologie.* Es ist ein altes Verfahren der Philosophen, auf den »Ursinn« der Worte zu achten, um mit der verborgenen Weisheit der Sprache ihre Gedanken zu stützen oder zu illustrieren und mit einer neuen Ausdruckskraft zu versehen. Die Mehrzahl solcher Etymologien seit Plato haben sich als falsch erwiesen. Wenn sie aber auch richtig sind, sind etymologische Einsichten sprachgeschichtliche, niemals sachliche Einsichten. Die sprachgeschichtliche Erkenntnis kann zuweilen offenbar machen, welche Vergleiche oder Identitäten in der ursprünglichen Metapher, in der alle Wortbedeutung entspringt, als überzeugend gelten konnten. Niemals aber kann der Rückzug auf den Wurzelsinn der Worte sachliche Erkenntnis fördern, außer der sprachgeschichtlichen.

In Zeiten, in denen nicht mehr in natürlicher Kraft der Sprache aus Gedanke und Anschauung sparsam und treffend gesprochen wird, sondern die Sprache zu einem unaufhörlichen gedanken- und anschauungslosen Sprechen geworden ist, da kann die Reflexion auf die Sprache zwar hemmen, reinigend wirken und schweigen machen. Aber man kann nicht aus einem Willen, zu sein, was man doch nicht ist, die Sprache machen. Versucht man in der Sprache absichtlich hervorzubringen, was nur unabsichtlich aus der Tiefe wächst, so entsteht etwa ein Suchen der Primitivität, ein Sprachmanierismus, eine raunende Sprachkunst und ein kunstvoller Unsinn. Trotzdem bleibt ein sinnvolles Ziel, die noch gebliebene Sprachkraft zu schützen, durch reflektierende Kritik den einfachen, knappen Ausdruck zu fördern, dann auch den Sinn für den Ursprung der Wortbedeutungen zur Kritik des Wortgebrauchs einzusetzen. Da mag es im Einzelfall auch einmal gelingen, durch Bewußtmachen des Ursinns einem abgebrauchten Worte wieder Glanz und Ausdruckskraft zu geben, über die sinnliche Freude an Sprache und Sprachgeschichte hinaus durch

Sprachwissen auch eine größere Helle der eigenen Mitteilung zu erreichen.

cc) *Das Lernen fremder Sprachen.* Wir können uns der Grenzen bewußt werden, die durch unsere Sprache gegeben sind. Die eigene Sprache ist nicht die Sprache schlechthin, nicht die Ursprache, nicht die einzige, vollendete Sprache. Wir erweitern unseren Sinn durch Aneignung fremder Sprachen im Sinne des schon zitierten Satzes: So viele Sprachen ich kenne, so oft bin ich Mensch. Das Eindringen in fremde Sprachen bringt eine eigentümliche Befreiung.

Jedoch ist diese Befreiung vor allem ein tieferes Bewußtwerden der eigenen Sprache. Jede geschichtliche Sprache – und vor allem jede hohe Kultursprache – hat einen unendlichen Charakter. Sie ist nicht nur Enge und Begrenzung, sondern Möglichkeit absoluter Weite in geschichtlicher Gestalt. Die Griechen lernten keine fremde Sprache.

Die Kenntnis einer fremden Sprache wird in ihrem Wert auch überschätzt. Wenn ich eine »Sprache kann«, so vermag ich darum noch keineswegs etwa einen philosophischen Text oder irgendeinen anderen Gehalt in dieser Sprache zu verstehen. Es kann geschehen, daß ich vielleicht die Texte übersetze, aber im Verstehen nichts anderes finde, als was mir meine Welt in meiner Sprache bisher schon gezeigt hat. Bei spärlicher Sprachkenntnis kann aus sachlicher Nähe von Fremden her ein Funken zünden, bei umfassender philosophischer Sprachkenntnis kann ich doch blind und verständnislos bleiben. Klassische Philologen, wie sie Nietzsche charakterisierte, sind manchmal ein Beispiel dieses Mißverhältnisses. Sprachen können, Sachen verstehen, an Gehalten teilhaben, das sind durchaus verschiedene Vollzüge. – So wird statt der Lust an fremden Sprachen eine Abneigung gegen diese Weise der Erweiterung des eigenen Wesens möglich. Nietzsche sagt (2, 250): »Viele Sprachen lernen füllt das Gedächtnis mit Worten statt mit Tatsachen und Gedanken ... Sodann schadet das Lernen vieler Sprachen, insofern es den Glauben, Fertigkeiten zu haben, erweckt und tatsächlich auch ein gewisses verführerisches Ansehen im Verkehr verleiht ... Endlich ist es die Axt, welche dem feineren Sprachgefühl innerhalb der Muttersprache an die Wurzel gelegt wird ...«

4. Überwindbare Irrtumsquellen in der Sprache

Es ist ein altes Thema der Logik, die Irrtumsquellen, die in der Sprache liegen, bewußtzumachen. Worte sind noch nicht Begriffe, sondern können Begriffe bedeuten, und Begriffe sind nicht die Sachen, sondern gelten von Sachen. Daher entsteht Irrtum durch Verwechslung der Worte mit den Begriffen und Sachen.

a) *Leere Worte.* Gelernte Worte ohne Sachkenntnis werden zu leeren Worten. Worte bleiben noch bestehen, wenn ihr Bedeutungsgehalt schwindet. Wir sprechen dann Worte, denen ihr Gehalt genommen ist. Denn in den Worten steckt nur die Möglichkeit von Bedeutungen, die jede Zeit und jedes Individuum sich durch Vollzug in der eigenen Welt neu aneignen muß und keineswegs mit den bloßen Worten schon hat. Man hilft sich fälschlich und vergeblich mit Worten, wo sachliches Verhalten, Umgang mit der Sache selbst, Erfahrung und Tun notwendig sind.

b) *Äquivokationen.* Irrtum entsteht, wenn mit demselben Wort Verschiedenes gemeint wird. In der Folge der Gedanken kann dann unbemerkt dasselbe Wort neue Bedeutungen sich einschleichen lassen, so daß bei gleichbleibendem Worte in der Tat ein ganz anderer Sinn entsteht. Die Vieldeutigkeit der Worte ist der Grund täuschender Verschiebungen des Sinns, sobald der Denkende nicht durch die Energie seines anschaulichen Auffassens klar bei der Sache selbst bleibt. Wenn man sich auf die Worte verläßt und dann wie selbstverständlich mit ihnen statt mit den in ihnen gemeinten Begriffen und Sachen operiert, gerät man in endlose Verwirrungen durch die Scheinidentität von Worten. In den Diskussionen entstehen die häufigsten und banalsten Schwierigkeiten aus dem vielfachen Sinn des gleichen Wortes.

Man nennt die Tatsache, daß mit demselben Wort mehreres gemeint sein kann: Äquivokation. Aufklärung von Äquivokationen ist daher eine Vorarbeit überall, wo die betreffenden Sinnunterschiede wichtig, weil bei Unbemerktsein störend sind.

Aber die Sachlage ist nicht so einfach, wie sie dem guten Willen bei der Auflösung der Äquivokationen zumeist erscheint. Denn es ist ein Unterschied zwischen Begriffen, die so exakter Definition zugänglich sind, daß sie durch ein Zeichen statt durch Worte fixiert werden könnten, und den geistig-gedanklichen Gehalten, die, an Worte gebunden, wohl explizierbar, aber nicht definierbar sind. Worte haben durch ihr Leben einen Bedeutungsreichtum, eine Atmosphäre, manche etwas Undurchdringliches, wie »Geist«, »Seele«, »Idee«. Wenn Worte für endliche Begriffe gebraucht werden, so geht die Bemühung mit Recht um einen bestimmten, unverwechselbaren, eindeutigen Sinn. Wenn Worte aber Gehalte treffen, die aus dem Umgreifenden ansprechen, so muß die Bemühung, statt auf eindeutige Definition, auf die erhellende Bewegung eines unendlichen Bedeutungszusammenhangs gehen. Nur wo im Prinzip die Wortsprache in Zeichensprache verwandelbar wäre, da wäre auch mit der Auflösung der Äquivokationen eine endgültige Klarheit zu erreichen.

c) *Vorzeitige Terminologie und fälschlicher Primat der Terminologie.* Um die Worte der Sprache in bestimmter Bedeutung zu verwenden, werden ausdrückliche Festsetzungen gemacht. Es werden Kunstausdrücke eingeführt, es entsteht eine bewußte Terminologie. Ohne Terminologie besteht keine Wissenschaft.

Aber eine klare Terminologie ist nicht etwa am Anfang zu machen, nicht etwa als plötzliche Reform mit fruchtbarer Wirkung einzuführen, sondern sie ist das jeweilige Ergebnis der gewonnenen Erkenntnis, entsteht in ständiger Wechselwirkung mit dem Erkennen und dessen Erwerb an klaren Begriffen. Sie jederzeit wichtig zu nehmen, ist zwar eine Forderung formaler Logik. Jedoch ist eine Vollendung hier nur in wenigen Gebieten der Erkenntnis erreichbar. Ein bestimmter Begriff ist zwar leicht mit einem bestimmten Namen zu versehen. Aber im wirklichen Erkennen gibt es jederzeit auch unbestimmte, keimhafte Begriffe, Begriffe im Werden. Wenn auch erst das Denken mit bestimmten Begriffen und dann eindeutiger Terminologie restlos klar ist, so folgt nicht, daß im Erkennen in jedem Augenblick schon bestimmte Begriffe dasein müssen. Diese werden erst gesucht, und das Suchen erreicht nur jeweilige Stationen, nie das Ende der Erkenntnis. Vorzeitige bestimmte Begriffe fallen schematisierend aus und bleiben äußerlich. Sie sind nur herangetragen, nicht aus der Sache entsprungen. Durch sie wird die Erkenntnis nicht weniger gelähmt als durch endlos in schwankenden Bedeutungen bewegte Vorstellungen. Während der schlechte Rationalismus mit dem Nachweis einer Unbestimmtheit den Gedanken im Ganzen schon verwirft, erfaßt der Forscher die Unbestimmtheiten, um teilzunehmen am fruchtbaren Erkenntnisprozeß und damit zur echten Frage zu kommen. Soweit Eindeutigkeit möglich und zugleich für die Erkenntnis wesentlich ist, wird sie terminologisch verfügbar gemacht. Aber alle Terminologie ist ein Mittel auf dem Wege, nicht vollendbares Ergebnis der Erkenntnis. Wo sie absolut herrscht, ist das Wissen zum Mechanismus von Lernbarkeiten geworden, die Forschung erstickt, der Erkenntnisprozeß durch Scholastik ersetzt.

Auf dem Wege exakter Wissenschaft ist es sinnvoll, die Terminologie eindeutig zu gewinnen. Der Gang ist hier von der Sache zum Begriff und zum Namen. Sacherkenntnis wird durch die jeweils besonderen Erkenntnismethoden gewonnen, in Begriffsbestimmungen niedergelegt und durch eindeutige Terminologie vor Mißverständnissen geschützt. Sacherkenntnis, Begriffsbestimmung (Definition),

Namengebung (Terminologie), diese Reihenfolge ist die gehaltgebende. Man kann nicht am Ende anfangen.

Im Philosophieren ist Terminologie von noch größerer Gefahr. Da jeder philosophische Gedanke wahr nur ist in einer Bewegung, die Bewegung in der Aneignung ursprünglich, in der Wiederholung lebendig sein muß, um wahr zu bleiben, so ist ein Primat der Terminologie oder auch schon die Neigung zum Wort und das Haften am Wort verhängnisvoll. Fichte hat zu Recht von sich gefordert, seine Gedanken nicht mit den gleichen Worten zu wiederholen, seine Entwicklungen des Systems jedesmal in neuer Terminologie zu versuchen. Die Herrschaft der Terminologie macht aus dem Philosophieren jenen Schulbetrieb, in dem Philosophie selbst verschwunden ist.

d) *Falsche Worte.* Es ist keineswegs gleichgültig, wie man die Sachen nennt, mit denen man sich beschäftigt. Der Name schon bringt eine Auffassungstendenz mit sich, kann glücklich treffen oder in die Irre führen. Er legt sich wie Schleier oder Fessel um die Dinge. Konfuzius sah den Grund aller Wahrheit in den rechten Namen, den Weg der Reform verwahrloster Zustände in der Wiederherstellung der rechten Namen für alle Sachen, Wesen und Handlungen; denn das rechte Sprechen ist Ursprung und Ausdruck rechten Daseins. Goethe schreibt damit übereinstimmend: »Wenn jemand Wort und Ausdruck als heilige Zeugnisse betrachtet und sie nicht etwa, wie Scheidemünze oder Papiergeld, nur zu schnellem, augenblicklichem Verkehr bringen, sondern im geistigen Handel und Wandel als wahres Äquivalent ausgetauscht wissen will, so kann man ihm nicht verübeln, daß er aufmerksam macht, wie herkömmliche Ausdrücke, woran niemand mehr Arges hat, doch einen schädlichen Einfluß verüben, Ansichten verdüstern, den Begriff entstellen und ganzen Fächern eine falsche Richtung geben.« (5, 221 ff.)

e) *Totale Verkehrung des Menschen in der Sprache durch die Sprache.* Mit der Sprache gewinnt der Mensch eine Welt, die Sprache aber stellt sich in der Folge wie eine eigene Welt zwischen den Menschen und das Sein. Was der Mensch einmal in hartem Bemühen durch die Sprache sich faßlich machte, bleibt dann bequeme Redeweise als Wort und Satz im Munde der Nachfolgenden, die nicht mehr verstehen. Was Ausdruck der Tiefe war, wird Nutzbarkeit. Eine Unsumme entleerter und verkehrter Sprache bemächtigt sich der Menschen: sie lassen sich lenken durch solche Sprache, statt durch das, was ist und was sie sind; sie gewinnen ihre Bildung als Sprechenkönnen statt als sachliches Können, als einen Haufen von Redeweisen statt als Formung ihres Wesens. Eine rohe, unerhellte Wirklichkeitsmasse ihres Daseins verschleiert sich in den Redeweisen, statt sich gestalten zu lassen. Diese Täuschung durch Sprache als ein unwirklich Gewordenes läßt die noch bleibende Wirklichkeit ratlos in ein Chaos zerfallen. Wie das in unserem Zeitalter geschehen ist, das schildert Nietzsche:

»Überall ist hier die Sprache erkrankt . . . Indem die Sprache fortwährend auf die letzten Sprossen des ihr Erreichbaren steigen mußte, um das Reich des Gedankens zu erfassen, ist ihre Kraft durch dieses übermäßige Sichausrecken in dem kurzen Zeitraum der neueren Zivilisation erschöpft worden; so daß sie nun gerade das nicht mehr zu leisten vermag, wessentwegen sie allein da ist: um über die einfachsten Lebensnöte die Leidenden ·miteinander zu verständigen. Der Mensch kann sich in seiner Not vermöge der Sprache nicht mehr zu erkennen geben, also sich nicht wahrhaft mitteilen: bei diesem dunkel gefühlten Zustande ist die Sprache überall eine Gewalt für sich geworden, welche nun mit Gespensterarmen die Menschen faßt . . . sobald sie miteinander sich zu verständigen und zu einem Werk zu vereinigen suchen, erfaßt sie der Wahnsinn der allgemeinen Begriffe, ja der reinen Wortklänge, und infolge dieser Unfähigkeit, sich mitzuteilen, tragen dann wieder die Schöpfungen ihres Gemeinsinns das Zeichen des Sich-nicht-verstehens, insofern sie nicht den wirklichen Nöten entsprechen, sondern eben nur der Hohlheit jener gewaltherrischen Worte und Begriffe: so nimmt die Menschheit zu allen ihren Leiden auch noch das Leiden der Konvention hinzu, das heißt des Übereinkommens in Worten und Handlungen ohne ein Übereinkommen des Gefühls . . . so ist man jetzt, im Niedergange der Sprachen, der Sklave der Worte; unter diesem Zwange vermag niemand mehr sich selbst zu zeigen, naiv zu sprechen, . . . im Kampf mit einer Bildung, welche ihr Gelingen nicht damit zu beweisen glaubt, daß sie deutlichen Empfindungen und Bedürfnissen bildend entgegenkomme, sondern damit, daß sie das Individuum in das Netz der ›deutlichen Begriffe‹ einspinnt und richtig denken lehre . . .« (Nietzsche 1, 525 ff.)

f) *Der Sprachaberglaube.* Von Anbeginn hat der Mensch seine Sprache in ihrem Wesen auch mißverstanden.

Er meinte, in den Namen der Dinge deren Substanz zu haben und durch Wissen des Namens sie magisch zu beherrschen, – so auch die Götter in seine Gewalt zu bekommen durch Kenntnis ihrer Namen. Der Name ist wesentlich die Wirklichkeit selbst. Die Kraft des Geistes, die mit dem Sprechen sich bewußt wurde, übertrug fälschlich auf die Sprache, was mit der Sprache erst an der Sache selbst und im sich verwandelnden Menschen zu entwickeln möglich ist.

Während die erste Sprachentwicklung in der Tat schon eine Entwicklung von Wissen und Erkennen, Sprache der erste Schritt zur

Wissenschaft war, wurde ein anderer Aberglaube – uneingestanden bis heute – wirksam, nämlich die Meinung, mit der Sprache als solcher schon die Erkenntnis der Welt zu haben. Über alles reden zu können, heißt aller Dinge Herr zu sein. Ein Wort zu finden, heißt schon Erkenntnis zu besitzen.

Es gehört zu den großen Befreiungen, wenn der Mensch sich von dem Irrtum seines Glaubens und Aberglaubens an die Sprache herausarbeitet, indem er inne wird, was eigentlich die Sprache ist und was sie niemals leisten kann.

5. Sprache und Philosophie

Sprache ist der Philosophie so wesentlich zugehörig, daß alle ursprüngliche Philosophie unübersetzbar einmalig bleibt. Nur aus der Quelle ihrer ersten objektiven Erscheinung in der Sprache ist sie rein anzueignen. Jede Vermittlung ist Störung, wenn sie nicht Blick und Weg zur ursprünglichen Aneignung fördert.

a) *Bindung der Philosophie an geschichtliche Sprache.* Es läßt sich nicht jeder philosophische Gedanke in jeder Sprache ausdrücken. Wenn aber eine Übersetzung des Gedankens in eine andere Sprache gelingt, so hätte er doch mit dieser anderen Sprache nicht gefunden werden können. Längst ist bemerkt, daß nicht in jeder Sprache gleich gut und nicht auf gleiche Weise philosophiert werden kann. Philosophie hat in ihrer Sprache eine ihr wesentliche, nicht bloß äußerliche Eigentümlichkeit.

aa) *Die historischen Sprachen der Philosophie.* In drei Sprachen ist die Philosophie ursprünglich erwachsen, in Griechenland, Indien und China. An drei Stellen der Erde geschah ungefähr gleichzeitig dieser Schritt zum Rationalen, der mit der Sprache zum Offenbarwerden des Seins im Ganzen und seiner Gehalte führte. Selbständig ist dieser Schritt nur hier geschehen. Wie hier aus der Anschauung ursprünglich der Begriff in der Sprache erwächst, das ist nie wiederholbar.

Alle Philosophie in anderen Sprachen erwuchs auf Grund von Übersetzung aus den drei philosophischen Ursprachen. Es ist dasselbe, wenn man sagt: Alle spätere Philosophie erwuchs nicht allein aus der Reinheit selbständiger Anschauung, sondern immer schon in der Führung durch gegebene Begriffe. Das Denken wird wieder ursprünglich jeweils aus der Auflockerung und Bewegung zunächst starr übernommener, gegenständlich verhärteter, mißverstandener Begriffe. Vor dem späteren Philosophieren liegt diese Unsumme des Überkommenen wie eine Verführung zur Bequemlichkeit und wie ein

Schleier über dem eigenen gegenwärtigen Ursprung. Nie wieder wird jene volle Frische des Ursprünglichen erreicht, nie die eigentliche Leistung in ihrer Reinheit wiederholt: aus der unbefangenen Anschauung zum Begriff zu kommen. Es ist jetzt vielmehr eine neue Leistung: den überlieferten Begriff in seinen Ursprung zu verfolgen, ihn dadurch seiner Starre zu berauben und dann aus der eigenen ursprünglichen Anschauung im Material der schon gegebenen Begriffssprache das jetzt zu Sagende rein herauszubringen. Schon in den Ursprachen selbst vollzieht sich die Verwandlung. In ihnen selber erfolgt die Erstarrung. In der Übersetzung geschieht dann zunächst vielleicht ein neues Leben. Die Sprache, in welche die Philosophie übersetzt wird, gewinnt dadurch selber einen Reichtum, den sie noch nicht hatte. Bedeutungen, die vielleicht als Möglichkeiten schlummerten, werden aus der Tiefe heraufgeholt. Mit der Übersetzung geht nicht nur verloren, was unübersetzbar ist, sondern tritt in Erscheinung, was nun seinerseits eine zweite Ursprünglichkeit ist, eine Verwandlung, in der schließlich zutage treten kann, was in der Ursprache nicht gedacht war.

Im Abendland waren die entscheidenden Übersetzungsprozesse im ganzen Umfang der philosophischen Sprache: die aus dem Griechischen in das Lateinische und aus beiden in das Deutsche.

Die deutsche Sprache ist uns zur philosophischen Sprache schlechthin geworden. Die Übersetzung hat in ihr ein eigenes philosophisches Leben aus ihren eigenen Wurzeln angeregt. Die großen deutschen philosophischen Werke muten uns an, wo sie ihre ganze Tiefe haben, als ob sie in einer philosophischen Ursprache geschrieben wären. Es kann uns scheinen, als ob die deutsche Sprache wie keine Sprache sonst den Widerhall des Philosophierens aus allen anderen Sprachen vollziehen könnte, offen zu sein vermöchte für die Aufnahme des Fremdesten. Jederzeit ist sie noch barbarisch in ihrer Gesetzlosigkeit und doch fähig zu sublimen Formen. Das Barbarische macht ihre Lebenskraft, die Formbarkeit ihr jeweiliges Hineinreichen in die höchsten Reiche des Geistigen möglich. Ihr ist gleichsam alles zuzumuten. Ihr Spielraum ist der weiteste, läßt die Roheit zu neben der geistdurchdrungenen Vollendung, die Abgebrauchtheit des Jargons neben frischer Ursprünglichkeit, die versimpelnde Drastik neben verborgener Ursprünglichkeit. Es ist, als ob im deutschen Sprechen die Philosophie der ganzen Welt sich begegnen könnte. Das Entfernteste scheint sich hier zu vereinigen, wenigstens sich anzusprechen. Am wenigsten von allen Sprachen ist die deutsche von einer vorwegnehmenden, zwingenden Herrschaft über die Seele. Jeder Einzelne kann in ihr noch seine Sprache finden. Sie läßt frei, verführt zwar zur sprachlichen Verlotterung, fordert aber von jedem, seine Form zu finden im Umgang mit dem formgewordenen Sprechen der großen Meister. Die deutsche Sprache läßt sich daher verwunderlicherweise als die mangelhafteste und als die reichste beurteilen[1].

Es scheint fragwürdig, sich ohne jede Sprachkenntnis mit chinesischer und indischer Philosophie zu beschäftigen. Aber wozu arbeiten die Fachleute und machen ihre Übersetzungen? daß auch die Anderen sie nutzen. Wer philosophiert und geschichtlich notwendig universal-historisch denkt, muß vergleichen. Er muß die fremden Philosophien nach Kräften kennenlernen des Eigentümlichen wegen, das nur dort zu finden ist, der Fragen wegen, die nur dort aus philosophischen Motiven auftauchen. Die Fachleute sollen korrigieren, was sprachunkundige Philosophen vermuten, und beantworten, was diese fragen. Sie können nur vom Philosophieren her die Fragen kennenlernen, die philosophisch relevant sind, nur so bei ihren Übersetzungen ihr Augenmerk richten auf das Wesentliche und dahin kommen, daß sie nicht in Abhängigkeit von einer europäischen Allerweltsphilosophie in ihren Übersetzungen Versimpelungen vornehmen. Die Aneignung der fremden Philosophien in schöpferischen Übersetzungen kann nur erfolgen in dem Glücksfall, daß einmal ein Indologe oder Sinologe identisch würde mit einem deutschen Philosophen.

bb) *Sprachgeschichtliche Forschung und ihre Grenze.* Die Philosophiegeschichte zu unterbauen durch eine Sprachgeschichte, das wäre eine Aufgabe, die außerordentliche Einsichten verspricht. Nirgends ist bis heute so minuziös geforscht wie im Griechischen. Nur spärliche Ansätze entsprechender Wortgeschichte für philosophische Begriffe gibt es für das Sanskrit.

Das frühe griechische Denken wird für uns beispielhaft bleiben. Der Zusammenhang der Bedeutungen der Worte im Gang der Generationen, erforscht in dem Ganzen von Dichtung, Wissenschaft und Philosophie, erleuchtet unvergleichlich nicht nur die Schönheit der Sprache, sondern die Schritte der Bedeutungsvertiefung, -verwandlung, -fixierung. Es ist, als ob man in die Werkstatt des Genius der Philosophie blicke. Aber die bisherigen Ergebnisse sind nur Anfänge.

Würde die sprach- und wortgeschichtliche Forschung einmal die Philosophiegeschichte wirklich umfassend unterbauen, so würde ein unerläßliches Wissen erworben sein. Aber es würde sich auch nur um

---

[1] »Wert und Ehre deutscher Sprache«, in Zeugnissen herausgegeben von Hugo von Hofmannsthal (Bremer Presse, o. J., München 1927). – Vgl. Jenisch, Philosophisch-kritische Vergleichung und Würdigung von vierzehn älteren und neueren Sprachen Europens, Berlin 1796.

so deutlicher zeigen: Hier ist die historische Erkenntnis der Sprach-
gebundenheit der Philosophie das Wesentliche, darüber hinaus ist die
Förderung sachlicher philosophischer Einsicht gering. Die helle Bewußtheit der Sprachlichkeit macht frei, aber bringt keine positiven
philosophischen Gehalte, verführt vielmehr zum täuschenden Ersatz
eigentlich philosophischer Vollzüge durch Sprachwissen, um so mehr
als dieses einen faszinierenden Charakter hat. Philologische Untersuchung kann wohl, was jeweils der Philosoph hat sagen wollen, durch
Bereitstellung historischer Stoffbedingungen im Verhältnis fördern,
aber nicht selber das Verständnis erreichen. Aus der Sinntiefe seines
Philosophierens selbst, nicht historisch ist Plato zu verstehen.

b) *Besinnung auf die Sprache als ein Mittel der Philosophie.* Aufmerksamkeit fordern erstens die Grammatik: hier ist eine Quelle der
formalen Logik; zweitens das Wörterbuch: die Worte sind Träger der
Gehalte; drittens das bewußt Metaphorische: die Philosophie bedient
sich der Bilder und Gleichnisse; viertens die Gesamtform der sprachlichen Mitteilung: die Stilformen der Philosophie.

aa) *Grammatik und Logik.* Der Reichtum an klar unterschiedenen
Flexionen und Formwörtern bedingt die logische Präzision des Ausdrucks. Auch die Wortstellung kann durch strenges Gesetz zum Ausdruck logischer Prägnanz werden. Wie uns der Vorzug der flektieren-
den Sprachen für Wissenschaft und Philosophie offenbar scheint, so
hat vielleicht das Chinesische vermöge der anderen Strenge im Sinn
der Wortstellung Möglichkeiten, die uns entgehen. Die Besinnung
auf die Eigenart der Sprachen kann Bedingungen und Schranken, Er-
leichterungen und Erschwerungen des Gedankens für den in diesen
Sprachen Denkenden verdeutlichen.

Eine Quelle der formalen Logik war die Besinnung auf Grammatik
und Wortformen. In der Erfindung von Zeichensprachen für bestimmte Erkenntniszwecke hat neben der Bedeutung der Zeichen für
Inhalte (und für Funktionen oder Operationen) die Stellung der Zeichen als Ausdruck ihres Sinns eine wesentliche Rolle gespielt (am
einfachsten und großartigsten in der Schreibung der Zahlen im deka-
dischen Zahlensystem durch arabische Ziffern mit ihrem Stellenwert).

bb) *Worte und Gehalte.* Der Reichtum an Wurzeln bringt die Mannigfaltigkeit der Gehalte zum Ausdruck. Eine letzthin unableitbare
Kraft der Worte, die in sinnlicher Lautgestalt unerschöpfliche Tiefen
scheint bergen zu können, entwickelt sich geschichtlich im Gebrauch,
der in immer neuen Verwandlungen ein ursprünglich Metaphori-
sches zu eigentlichem Sinn werden läßt. Die großen Denker und
Dichter schaffen aus längst gebrauchten Worten mit ihnen einen

neuen Sinn, der, zunächst dem Hörenden fremd und mißverständlich, doch, im Verstehen angeeignet, uns schließlich wie selbstverständlich werden kann (Platos »Idee«, Kierkegaards »Existenz«).

Es ist nicht zufällig, daß Philosophen Wortbedeutungen nachgehen, Ausdrucksweisen und Sinnverschiebungen in der Geschichte des Denkens aufspüren und sich bewußt aneignen. Durch Erinnerung und Wiederherstellung suchen sie aus der Sprache versunkene Schätze zu heben. Wenn sie sich auch statt an die Sache an das Wort wenden und wenn daher nicht selten sie der Weg in Wortkram und Spielerei führt, so haben sie sich doch manchmal auf diesem Wege zu eigen gemacht oder eigenes Denken in dem bestätigt, was ungewußt oder vergessen in der Sprache schon da war und nun erst wirklich erworben wurde (so wenn Kant der zum Sinn einer bloßen Vorstellung verwässerten »Idee« ihren alten Sinn verwandelnd zurückgab).

Wie die Welt der Kategorien (bevor sie in methodischer Reflexion als solche bewußt werden), so kommen die Denkbewegungen in typischen Sprachgestalten und die Sinnverschiebungen als lebendige Entfaltungen keineswegs mit verstandeslogischer Exaktheit in der Sprache zum Ausdruck. Was gegen Gesetze der formalen Logik verstößt, Mangel bedeutet und Unklarheit aufrechterhält, kann jedoch selber wieder Ausdruck von Gehalten sein, die in der Auswalzung zu logischer Exaktheit gerade verlorengehen. Daher konnte Hegel das, was als unlogisch in der Sprache beklagt wird, zu einem Teile als »sinniges Spielen« der Sprache verstehen, zur Illustration seines Gedankens benutzen und als unbewußte philosophische Tiefe der Sprache achten.

Die Wortgeschichte charakteristischer philosophischer Ausdrücke zeigt zwei Möglichkeiten. Die Worte sind Träger versunkener Tiefen, aber sie sind auch Fesseln unmerklichen Zwangs. Wortgeschichte kann daher die Tiefe öffnen und zugleich durch Begreifen der Herkunft des Wortsinns von Fesseln befreien.

Aber sprachliche Einsicht ist für das Philosophieren selbst nicht notwendig schöpferisch. Im Gegenteil: die Verwechslung solcher Einsicht mit sachlichem, philosophischem Denken liegt so nahe, daß das Abgleiten aus der Philosophie in die Philologie seit dem Altertum alsbald einsetzt, wenn eine historische Betrachtung von Texten begonnen hat.

Für das Philosophieren ist vielmehr vor allem wesentlich: Worte sind plastisch. Sie haben nicht nur Tiefe aus der Vergangenheit, sondern eröffnen Möglichkeiten für den lebendigen Zugriff, der ihnen einen Sinn zu geben vermag, welcher im Kreise dieser Sprache Widerhall finden kann. Und Worte haben als solche keinen endgültigen und keinen allein richtigen Sinn, sondern sie haben ihn erst durch ihren Gebrauch. Es ist die hohe Freiheit des Denkens, mit wenigen alten Worten durch Satzfügung und Bewegung das Neue ursprünglich zum Ausdruck bringen zu können.

Worte haben etwas Verführendes. Sie sind als solche eigentlich nichtssagend, haben gleichsam etwas Klobiges, das sie zu Schlagworten werden läßt, mit denen dann kaum noch etwas gedacht wird. Die philosophische Forderung ist daher die Loslösung von Worten, die, weil sie sich fixieren, auch ein falsches Sein aufdrängen. Der Denker erfährt den Jubel im Finden der treffenden Sprache und dann die Qual der Verfestigung und Sinnentleerung dieser Sprache. Er kennt die Grenze jeder schriftlichen Mitteilung: daß das Schlagwortwerden nie völlig vermieden werden kann. Daher sind fast alle philosophischen Texte von Schlagwortjägern ausgemünzt und damit in ihrer Auffassung verdorben worden. Die leisesten, schlagwortlosesten Texte erobern sich am schwersten die Geister, weil sie am meisten verlangen, daß ein jeder selbst denke und selber etwas sei.

cc) *Redefiguren.* Redefiguren heißen Sätze und Satzformationen, die, zu typischer Gestalt geworden, sich identisch wiederholen. Es sind die schlagenden Sätze, die sich aufzwingen. Sie sind unumgänglich, um die Mitteilung zu verkürzen, schnell zu erinnern, um Haltepunkte der Meditation zu haben. Sie bringen dieselben Gefahren wie die Schlagworte.

Dann gibt es typische Formen des Sprechens, in die die mannigfachsten Inhalte aufgenommen werden, zum Beispiel:

Das schwer Auszudrückende umkreise ich mit einer Vielheit von Worten, deren keines ganz trifft, die zusammen aber auf das weisen, was in jedem von ihnen nur nach einer Seite berührt ist. – Aber es ist ein Fehler, durch Häufung ungefähr treffender Worte sich um die Prägnanz des Gedankens zu drücken; es kommt darauf an, einzeln mit jedem Wort klar und unterscheidend zu denken, dann weiterzugehen mit anderen Worten, jedes zu einem Gedanken werden zu lassen, statt den Leser mit dem Lärm von Wortkolonnen in eine unklare Stimmung zu versetzen, in der ihm kein Gedanke hilft, er vielmehr nach seinem Belieben aus jedem Worte selber erst einen Gedanken machen soll.

Schlagkräftig erscheinen die *Antithesen.* Sie erlauben die schärfste Unterscheidung durch Gegensatz und durch Kontrast. Man hat mit einem Satz scheinbar einen gewaltigen Überblick durch Ergreifen des Einen und Ausschließen des Anderen. – Aber Antithesen sind billig, sind immer schematisch. Sie bedeuten nur einzelne Meißelhiebe, die

erst in den Zusammenhang eines entwickelten Gedankengangs sinnvoll aufgenommen sein müssen, um ein wirkliches Gedankengebilde
hervorzubringen. Für sich sind sie nur Schläge, die lähmen, weil sie
immer fertig zu sein scheinen.

Eine Redefigur ist auch die *Metapher*. Diese ist jedoch von umfassendem, einzigartigem Charakter in allem Sprechen. Denn das bewußt Metaphorische ist im Vordergrund der Charakter des Denkens,
der es im Ganzen durchdringt.

dd) *Das bewußt Metaphorische (die Bilder in der Philosophie)*. Oft
ist eine Verachtung der Bilder ausgesprochen; er sei nur ein Bild, das
gilt als Einwand gegen einen Gedanken. Daß die Werke der Philosophie gefüllt sind mit Bildern, bedeutet dann den Charakter eines
Mangels, weil einer Täuschung. Dieser Einwand vergißt, daß aller
sprachliche Ausdruck ursprünglich metaphorisch ist und daß aller sogenannte eigentliche Ausdruck eine gewohnte Metapher ist, deren
Wesen dem Bewußtsein verlorenging; denn die den Gedanken offenbar machenden Worte, die nicht gewollt und gemacht werden, aber
als die treffenden sich einstellen, sind ja selber ursprünglich Metaphern, deren metaphorischer Charakter vergessen wurde. Oder der
Einwand geht mit der selbstverständlichen Voraussetzung einher,
daß die Bilder des eigenen Denkens nicht Bilder seien; er verabsolutiert also eine bestimmte Bildhaftigkeit, der fälschlich der Charakter
eigentlichen Seins gegeben wird, etwa die des Mechanismus des Sich-
stoßens der Dinge im Raum. Daher ist das Metaphorische als solches
keineswegs ein Einwand, vielmehr ist die Aufgabe: erstens die Universalität des Metaphorischen bewußtzuhalten, und zweitens jede
besondere Metapher nach ihrem Wert, ihrem Treffen und Verfehlen,
nach der Art ihrer Fruchtbarkeit zu prüfen. Glückliche Metaphern
können die Sprache des eigentlichen Gedankens sein, schaffende Gedanken. Aber Metaphern sind häufig auch überflüssiges Ornament,
beiläufiger Schein, irreführende Versinnlichung.

Die Abstraktion der Kategorien enthält überall noch den Rest des
Bildhaften. Hohe Philosophie ist ein Sprechen in beweglichen, ent-
wicklungsfähigen Bildern. Die Philosophie ist immer bildhaft wie
auch die exakteste Wissenschaft.

Wie aber sind Bilder zu prüfen? Zuletzt nur durch Anschauung der
Gehalte, im Verweilen bei dem universellen, sich gegenseitig stei-
gernden Spiegeln alles Seienden ineinander, durch die Evidenz der
Verwandtschaften, durch das Ausgesprochenwerden des eigenen
Wesens oder durch die Offenbarkeit der Verkehrung und Schiefheit
des Spiegelns.

Bilder sind zwar eindeutig, aber durch sie allein gewinnen unsere

Gehalte erst einen prägnanten Ausdruck im Zusammenhang der Bedeutungen.

Des Bildhaften im ganzen Umfange sich bewußt zu werden, würde eine Vergegenwärtigung unseres gesamten Wissens und Denkens mit sich bringen. Von außen herangehend, kann man beobachten, welche Bilder von Philosophen bevorzugt werden, in welchen Schichten der Bewußtheit, bis zum einmaligen Gleichnis, sie vorkommen, aus welchen Sphären sie genommen werden, wie alles für alles scheint Bild werden zu können. Man sieht, wie Bilder aus dem ruhenden Naturgegebenen, aus räumlichen Anordnungen, aus Bewegung, aus dem Mechanismus und aus dem Lebendigen, aus dem Handeln, aus Sport und Kampf, aus dem Machen nach Zweck-Mittel-Verhältnissen, aus dem handwerklichen Umgang mit dem Stoff usw. genommen werden. Es breitet sich eine ungewollte Stimmung über philosophische Schriften durch den Bildcharakter, der in ihnen vorherrscht[1].

ee) *Stilformen der philosophischen Schriften.* Unablösbar ist bei allen originalen Denkern die Stilform ihrer Mitteilung vom Sinn ihres Werks. Wir zählen nur auf:

Im Anfang des Denkens stehen Gnomen, Sprüche – neben Geschichten, Fabeln – auf dem Hintergrund der großen Mythen. Es folgen:

Weltgedichte, Entwürfe eines anschauenden allumfassenden Seinswissens in prophetischer, feierlicher Gestalt;

Abhandlungen, Beschreibungen, Berichte, Beobachtungen, Dialoge;

systematische Werke, die als ein einziges Ganzes, selber Abbild des Systems des Seins, dieses Sein in einem Buche einfangen, sei es als ein konstruktiver Entwurf des Seins, der Welt und des Geschehens, sei es als eine Summa des Wissens in rationaler Ordnung allen überlieferten Erwerbs, der zu einem widerspruchslosen Ganzen vereinigt werden soll;

weiter Lehrbücher, die ihrem Sinn nach als tradierbares Wissen behandeln, was einmal ursprüngliches Denken war;

in der Auflockerung und Freiheit dann wieder: Briefe und Aphorismen.

Der einzelne Denker vermag mehrere dieser Formen zu verbinden, je nach Zweck einmal diese, einmal jene zu bevorzugen.

ff) *Sprachweisen als Ausdruck typischer Geisteshaltungen.* Hegel hat erleuchtend Sprachweisen charakterisiert als »Sprache der Zerris-

---

[1] Ein Ansatz bei Eucken, Über Bilder und Gleichnisse in der Philosophie, Leipzig 1880.

senheit«, als »Sprache der Bildung«, der »Anbetung«, »des Rates und Dienstes« usw. Hier sind Worte und Satzformen typisch in Gesamtgestalten einer geistigen, auch soziologisch bestimmbaren Welt. Sich ihrer bewußt zu werden, heißt sie verstehen, sich in ihnen bewegen zu können und zugleich von ihnen befreit zu sein.

c) *Haltung zur Sprache im Philosophieren.* Aus den Vergegenwärtigungen der Bindung unseres Denkens und damit unseres Philosophierens an die Sprache ergibt sich: Für den Weg zur Reinheit des Philosophierens ist ebenso unerläßlich das Selbstbewußtsein unserer Sprache, wie es zu einer verkehrenden Haltung werden kann, die Sprache selbst geradezu zum Gegenstand unserer Arbeit zu machen.

aa) Der absichtliche Umgang mit der Sprache *kann produktiv sein.* Das Wissen von der Sprache verschärft Form und Klarheit. Es gibt Maßstäbe zur Prüfung. Kritik der Sprache fördert die Reinheit des Gedankens.

Weiter bringt der Umgang mit der Sprache Einsicht in einen Grundzug unseres geistigen Wesens. Es ist für das philosophische Seinsbewußtsein unerläßlich, ein Wissen um die Sprache, um ihre universale Rolle in ihrer Allgegenwart und um ihr Rätsel in sich zu schließen. Daher sind die wesentlichen Fragen herauszustellen, die im Blick auf die Sprache entstehen, sind die Möglichkeiten objektiver Sprachforschung vor Augen zu stellen und sind die Grenzen unseres Seins im Sprachesein fühlbar zu machen.

bb) Der absichtliche Umgang mit der Sprache kann schnell ein *Irrweg* werden. Der Umgang mit der Sprache hat eine Tendenz, sich an die Stelle des Umgangs mit den Sachen zu setzen. Wohl kann einmal die Beschäftigung mit Worten und Satzformen die Anregung geben, auf etwas Sachliches zu kommen, das an diesem Leitfaden bewußt wird. Die in der Sprache fühlbare Tiefe kann aufmerksam machen, wenn auch nie sachlich begründen. Aber die Gefahr der Beschäftigung mit der Sprache ist groß.

Sie ermöglicht eine Künstlichkeit der sprachlichen Operationen. Sie verführt zu Effekten der Sätze und Worte, statt Wahrheit aus Erfahrung der Sache mitzuteilen. Der Besitz von Formeln täuscht Erkenntnis vor. Sprachliches Raunen tritt an die Stelle wahren Geheimnisses. Sprache wird zum Schein, wenn gesprochen und doch eigentlich nichts gesagt wird. Schon wenn im Sprechen die Sprache Gegenstand der Aufmerksamkeit bleibt, wird durch Sprachlichkeit der Gehalt ruiniert.

Ein volles Erfassen der Sprache würde zwar zugleich ein volles Erfassen der Welt der Sachen und Erfahrungen bedeuten. Wenn aber auch die Welt der Sprache alle Sachen in sich schließt, so komme ich doch zu den Sachen nur durch Beschäftigung mit den Sachen selbst, nicht durch Beschäftigung mit der Sprache, wenn diese dabei auch ständig gegenwärtig ist. Der Versuch, durch direkte Beschäftigung mit der Sprache den Umweg über die Sachen zu ersparen, wäre ergebnislos. Dann führt die sprachlich forschende Haltung, statt durch Kritik an der Sprache im Dienst der Sache ein Licht zu geben, vielmehr in die Sackgasse der Sprachlichkeit. In allem Interpretieren ist eine analoge Gefahr: aus der Reflexion auf Sprache statt aus dem geraden Bezug zum Sein zu erhellen, was Sein ist; – aus Sprachbemühung statt aus Sachkunde und aus existentiellen Ursprüngen Erkenntnisse zu erzwingen; – aus Texten statt aus Erfahrungen zu lernen, was ist.

Zur Beschäftigung mit der Sprache aber gibt immer wieder eine Berechtigung der Tatbestand, daß die Sprache das unentbehrliche Medium all unseres Denkens und Wissens bleibt und daß sie nicht ein zufälliges Medium, sondern die Form der klaren Seinsbeziehung für uns ist. In der Tat sind die Irrwege der Sprachbemühungen nur Entgleisungen aus ursprünglich rechten Absichten.

cc) Die natürliche Haltung zur Sprache bleibt in der *Polarität von Wissen und Unbewußtsein.* Im Denken der Sache vertraue ich der Sprache, daß sie sich einstellt, ohne daß ich an sie denke. Hegel, der naiv schöpferisch in der Sprache war, ohne Manier und Absicht, konnte dies sein, ohne eine Sprachphilosophie zu besitzen, ja mit der Meinung, Sprache sei nur eine Summe von Zeichen. Sprache ist nur dann echt, wenn wir sie nicht geradezu wollen. Aber sie ist doch nur dann rein, wenn etwas in uns, bewußt oder unbewußt, eine ständige Disziplin übt. Die kräftigste, wahrste, täuschungsloseste Sprache ist die unwillkürliche, die sich ergibt, wenn wir ganz wir selbst und ganz bei der Sache sind.

Daher gibt es keine positive Anweisung, wie es zu machen sei, sondern durch Anweisungen gibt es nur eine negative Disziplin. Bewußte Kenntnis von Irrwegen, Verkehrungen, Täuschungen vermag zu säubern. Wir können unseren unbewußten kritischen Maßstab durch Bewußtsein schulen.

All unser geistiges Tun geschieht in der Polarität von Bewußtheit und Unbewußtheit. So bewegt sich auch alles Philosophieren, das sich in Schriften und im Sprechen mitteilt, zwischen diesen Polen. Das Wachsen aus unbewußten Ursprüngen fordert zugleich ein Wählen und Planen. Jenes muß sich schenken lassen, was reifen will, dieses wird aktiv, es hervorzubringen. Die Freiheit des Sichentfaltens fordert zugleich die Energie der beschränkenden Durchführung eines Ziels. Jene Freiheit des Werdens bleibt beweglich, vermag ständig umzubauen und noch einmal wie von vorn anzufangen, dieses Ziel verlangt ein Fertigwerden in dieser Form in begrenzter Zeit.

Solche Polarität ist auch in unserem Umgang mit der Sprache. Jeder muß sich die Sprache aneignen. Aber wesentlich ist die indirekte Aneignung der Sprache durch die Beschäftigung mit den Sachen in den sprachlich niedergelegten Werken.

Dabei ist die Art der Sache gekennzeichnet durch die Art zu der ihr gehörenden Sprache. Es ist eine Entsprechung zwischen Höhe der Einsicht und Höhe der Sprache.

Die Aneignung vergangenen Philosophierens, das zu uns in Texten spricht, ist der Weg, auszulösen, was aus uns selbst möglich ist. Die historische Einsicht in die Sprache kann dabei eines der Mittel sachlich adäquaten Verstehens werden. In diesem Sinne studiert man Worte, Redefiguren, Stilformen. Der Nachkommende hat die Möglichkeit, sich bewußtzumachen, was der ursprünglich Hervorbringende vielleicht nicht wußte, aber tat. Er vermag Schönheiten zu genießen, Wahrheiten und zugleich ihre Grenzen zu erfassen auf eine Weise, wie es nur der Nachkommende kann, der nicht mehr hervorbringt, was er so versteht.

6. Sprachwissenschaft und Sprachphilosophie

Sprache ist in ihrer Objektivität – im faktischen Sprechen, in Texten aus den Jahrtausenden – ein *Gegenstand*, der in der Welt vorkommt. Er hat seine Wirklichkeit in der Mannigfaltigkeit der empirischen Sprachen, hat eine Handgreiflichkeit seines Bestandes, wie alles Empirische. Die Sprachen sind Gegenstand einer Fachwissenschaft, die sich wieder in viele spezielle Fachwissenschaften aufteilt.

Aber Sprache ist nicht nur Forschungsobjekt, sondern auch *Grenze*. Wie die Sprache nicht loszulösen ist von unserem Denken, so ist sie auch im Erforschen ihrer selbst als eines Gegenstandes immer schon gebraucht und allgegenwärtig. Sprache ist als Forschungsobjekt nie mehr in ihrem ganzen Wesen da. Denn was Sprache ist, ist mehr als das, als was sie zum Gegenstand wird.

Daher geht Sprachphilosophie nicht wie Sprachwissenschaft auf die Sprache als einen besonderen Gegenstand neben anderen, sondern ist gerichtet auf den Grund unseres Seins, wo im Ursprung Sein und Denken und Wahrheit mit der Sprache in einem gegenwärtig sind. Kurz: Sprachwissenschaft hat zum Objekt einen empirisch zu erforschenden Gegenstand. Sprachphilosophie aber sucht in der Sprache den Grund der Transzendenz.

Wir unterschieden Denken vom Sein und vom Denken wieder die Sprache. Die Verwechslung von Sprechen, Denken, Sein (von Wort, Begriff, Sache) ist zu verhindern. Aber damit ist durchaus keine endgültige Einsicht gewonnen. Durch die Trennung wird das Rätsel größer, weil das zu Trennende in der Tat nicht getrennt werden kann. Es bleibt in der Trennung die Frage nach dem Sinn ihres Aneinandergebundenseins. Die Antwort sucht die Sprachphilosophie in der Tiefe, in der die Seinsfrage selbst liegt.

Sprachwissenschaft vermag zwingende, jedoch immer nur partikulare Erkenntnis zu geben. Ihre Antworten sind für die Fragen der Sprachphilosophie zu kurz gegriffen. Sprachphilosophie dagegen gibt keine zwingende Erkenntnis, sondern läßt im Wissen um die Sprache das Sprachesein in seinem unüberschreitbaren Grenzcharakter innewerden.

a) *Die Frage nach dem Ursprung der Sprache.* Ursprung kann gemeint sein entweder als der Sinn der Sprache im Sein oder als der Anfang des Sprachwerdens. Die Sinnfrage geht auf das zeitlose Wesen der Sprache, die genetische Frage auf die zeitliche Herkunft.

aa) *Sinnfrage.* Der Sinn der Sprache wird klar entweder durch immanente Wesensforschung oder durch metaphysische Erhellung des Sprachgrundes:

1. *Immanent* zeigt sich das Verwachsensein der Sprache mit allem geistigen Dasein. Die Bedeutung der Sprache als umfassende Geistigkeit ist nach allen Richtungen des Lebens durch empirische Analysen von Humboldt erläutert worden. In seiner Gefolgschaft geht eine Fülle von Formulierungen über den Grenzcharakter der Sprache.

2. Dem *transzendierenden* Suchen erscheint die Sprache als Chiffer der Transzendenz. Es wird versucht, durch Sprache auf Transzendenz zu blicken und die Chifferschrift, welche die Sprache ist, zu deuten. Das ist der Weg Hamanns:

Alles, was ist, ist ihm symbolische Offenbarung des Göttlichen. Natur und Geschichte sind Sprache Gottes: eine Rede an die Kreatur durch die Kreatur. Am Abend der Tage redete Gott zu uns durch seinen Sohn. Das Wort (Logos) ist die Sprache Gottes in der Schöpfung und am Ende im Christentum die Vermittlung des unendlichen Abgrundes zwischen Gott und Welt. Alles, was ist, ist Sprache.

Von der offenbarenden Sprache Gottes als Ursprung geht der Weg zu den empirischen Sprachen des Menschen. Die letzteren haben ihren Grund in der ersten. Wie alle Werke Gottes Zeichen und Ausdrücke seiner Eigenschaften sind, so vermögen alle endlichen Wesen die Wahrheit und das Wesen der Dinge nur in Gleichnissen zu sehen und auszusprechen. Daher: »Reden ist übersetzen – aus einer Engelsprache in eine Menschensprache, das heißt, Gedanken in Worte – Sachen in Namen – Bilder in Zeichen«[1].

bb) *Genetische Frage.* Die Antwort kann wiederum entweder immanent oder transzendierend erfolgen.

1. *Immanent* wird das faktische Werden und Sichverwandeln der Sprachen *in historischer Zeit* beobachtet. Man gewinnt so eine empirische Kenntnis von Ereignissen des Sprachwerdens, jedoch nur innerhalb der immer schon reich entwickelten Sprachen. Denn die Sprachen stehen mit dem ersten Licht der Geschichte schon in eigentümlicher Vollendung da, derart, daß alle weitere Entwicklung immer Gewinn und Verlust zugleich ist. Die Sprachen werden abgeschliffen und ärmer, aber auch bequemer und klarer, sie verlieren viele Bedeutungen konkreter Art, aber gewinnen andere Bedeutungen, zumal abstrakter und philosophischer Art.

Darüber hinaus geht die Frage nach der faktischen *prähistorischen Entstehung* der Sprachen. Die Antwort kann hier jedoch nur durch Schlüsse aus uns bekannten Vorgängen auf ein uns schlechthin unzugängliches Geschehen stattfinden, das in vergangenen Jahrhunderttausenden sich ereignet haben muß. Die Antworten sind durchweg fragwürdig. Sie sind eigentlich am Ende banal und leer oder unglaubwürdig oder unanschaulich oder umständliche Tautologien. Man gewinnt kein Wissen, das hinausgeht über den Menschenbereich, in dem immer schon gesprochen wird.

Denn das Problem der Entstehung der Sprache ist so rätselhaft wie das der Entstehung des Lebens und das der Entstehung des Menschen. Man gibt immer nur Möglichkeitskonstruktionen, durch die der Sprung verschleiert wird, der zwischen dem Leblosen und dem Lebendigen, dem Vormenschlichen und dem Menschen stattfindet, ohne daß doch mit dieser Verschleierung irgendeine tatsächliche Erkenntnis erworben würde. Es wird immer schon vorausgesetzt, was in der Entwicklung erst entstehen soll. So ist auch die Sprachentstehung ein Sprung, die Sprache eine absolute Grenze für uns.

2. *Transzendierend* wird die Antwort gegeben durch mythische Anschauung. Die Sprache hat ihre Abkunft direkt von Gott, ist sein Geschenk. Durch Unterricht höherer Geister sah Schelling die Sprache des Menschen entstanden.

b) *Gegenstände der Sprachwissenschaft.* Boeckh schrieb 1808 (in einer Abhandlung »Von dem Übergange der Buchstaben ineinander«), daß die Sprachlehre »nur in ihrer Mitte« aufgeklärt sei, näm-

---

[1] Vgl. Unger über Hamanns Sprachphilosophie. Hamann über Sprache u. a.: Schriften (Roth) VI, 365. VII, 5/6, 360. Briefe in Jacobis Werken IV, Abt. 3. S. 47, 348 ff.

lich in Etymologie und Syntax, das heißt in den Gegenständen, welche in Wörterbuch und Grammatik behandelt werden. Die beiden Enden aber lägen diesseits der Etymologie, das heißt in der Lautlehre, und jenseits der Syntax. Das letztere führe zur ethischen Betrachtung der Sprache: ihr Wert, ihre Bedeutung, ihre Wirksamkeit und verschiedener Gebrauch für das Gemüt werden erforscht, eigentlich dasjenige, was in die Logik, Ästhetik, Rhetorik, Poetik gehöre.

Diese Bemerkung Boeckhs geht auf den ganzen Umfang einer Sprachforschung, die von der Phonetik bis zur Geistesgeschichte und Weltanalyse reichen würde. So zeigt sich die Allgegenwart des Sprechens in allem Menschlichen, vom Physischen und Physiologischen bis zum Bewußtsein seiner selbst, der Welt und der Gottheit. Nur wenn Sprachforschung das Wissen um die Sprache in allen Bereichen und das Bewußtsein des tiefen Grundes der Sprache im Ganzen und für das Ganze des Menschseins gegenwärtig hält, kann sie sich, die als Fachwissenschaft gegenständlich beschränkt ist auf die »Mitte«, schützen vor den Entgleisungen in bloß Äußerliches, Endloses, Gleichgültiges. Dann wird sie Träger tiefer Einsicht, wird allen Stufen und Dimensionen ihres Gegenstandes gerecht, indem sie geführt wird von der Idee der Sprache im Ganzen.

c) *Sprachgeschichte*. Sprachgeschichte ist empirisch. Sie gewinnt in dokumentarischen Tatsachen vor Augen, was mit den Sprachen geschehen ist, wie sie in langen Zeiten sich fast unmerklich verwandelt, wie sie in kürzeren Zeiten im Zusammenhang mit großen geschichtlichen Krisen und Katastrophen der Gesamtzustände sich schnell verändert haben. Man beobachtet die Weisen der Veränderung, vermag sie in ganzer Breite zu beschreiben und zum Teil auf Prinzipien und Regelmäßigkeiten zurückzuführen, die zwar nicht den Charakter von Naturgesetzen haben, aber als Gestalt- und Formgesetze einen hohen Grad von Regelmäßigkeit in den faktischen Vorgängen erfassen. Uns interessieren vor allem folgende Problemkreise:

aa) *Rückschlüsse auf das uns unzugängliche erste Hervorbringen von Sprache*. Wir können uns nicht hineinversetzen in ursprüngliche Zustände, denn uns ist so vieles selbstverständlich, weil durch Gewohnheit zur unbemerkten Voraussetzung geworden, was in der Tat als unser Menschsein einst geschichtlich entstanden ist. Daher vermögen wir uns auch das erste Hervorbringen der Sprache auf keine Weise anschaulich zu machen. Es bleibt ein Rätsel.

Trotzdem versuchen wir Rückschlüsse aus gegenwärtig zu beobachtenden Tatsachen, entweder aus der Sprachentwicklung der Kinder oder aus sprachschöpferischen Vorgängen. Doch kommen wir nie hinaus über Analogien. Denn das gegenwärtige Neuentstehen und

Neuerwerben steht unter ganz anderen Bedingungen als das erste, anfängliche.

Was wir an *Kindern* in den ersten drei Jahren beobachten, ist zwar immer wieder das geheimnisvolle Menschwerden, ist eine Ursprünglichkeit und Genialität, die dem Menschen als Menschen in diesen Jahren zukommt und die er später nur noch hat, insoweit er Kind zu bleiben vermag. Aber doch steht diese Originalität des Kindes von vornherein in Wechselwirkung mit den Menschen, die ihm die Muttersprache bringen, geschieht seine Sprachentwicklung in Wechselwirkung und Aneignung und unter Abwerfen der originalen Hervorbringungen, die sich als untauglich erweisen und nur als Spiel- und Spitzworte und von den Erwachsenen mit übernommenen gemeinschaftlichen Wendungen für eine Weile sich halten. Bedeutungen sind an Überlieferung, Gemeinschaft, wiederholenden Austausch von Hören und Verstehen gebunden. Das ungeheure Phänomen der Sprache wird um so deutlicher, je klarer man sieht, wie alle Originalität des einzelnen Kindes an ihr abprallt. Schaffende Aneignung, nicht originale Schöpfung ist der Grundzug der kindlichen Sprachentwicklung.

Was in glücklichen Augenblicken dem Menschen als *Gedanke sprachlich wird,* wenn ihm aus der Gegenwart der Sache etwas hell und rein vor Augen tritt, das versucht er im Rückschluß auf die Anfänge des Sprechens zu übertragen. Alles, was in der Sprache klarer Gedanke ist, muß einmal zuerst schöpferisch gegenwärtig gewesen sein. Was jetzt ein leer gewordener, nur noch intellektueller Gedanke ist, war einmal hinreißendes Offenbarwerden des Seins. Aber es bleibt ein radikaler Unterschied zwischen Entstehung am Anfang und dem Sprechendwerden eines neuen Gedankens für uns. Im Anfang war es wirklich Schöpfung – und alles Reden von langsamer Entstehung, von »Schritt für Schritt«, von Übergängen kann das Rätsel nur verschleiern, nicht lösen –; jetzt ist es Aneignung und Verwandlung schon gegebener Sprache.

bb) *Sprachentwicklung und Geistesentwicklung.* Man kann versuchen, aus der Sprachentwicklung die Geistesentwicklung abzulesen.

In aller Sprachlichkeit sind die großen Schritte: erstens zum *Unterscheiden von Bedeutungen überhaupt:* diese sind noch seelenhafte Anschauungen, mythische Gestalten, sind in strömender Bewegung ineinander durch Verknüpfung der Bedeutungen nach Analogie, Ähnlichkeit und Gegensatz, so daß auch Gegensätzliches als dasselbe gilt (das sogenannte prälogische Denken) ; – zweitens zum faktischen, noch nicht reflektierten *Unterscheiden der Kategorien,* der Unterscheidung von Identität und Gegensatz, Art und Gattung usw. (das logische Denken); – drittens zum Zeichen von Begriffen, zur Reflexion und *Abstraktion* in einem Prozeß der Entsinnlichung (das Denken des Unsinnlichen und Übersinnlichen, wenn auch immer in Bindung an einen letzten Rest sinnlichen Anhaltes).

In den geschichtlichen Kulturen ist deren Sprachentwicklung ein anschauliches Abbild der Geistesentwicklung der jeweiligen Völker. Was sie aufnehmen und entfalten, was sie vergessen, was sie schließlich unter Norm und Regel bringen, ihr Wortschatz wie ihre Sprachform sind charakteristische Züge ihres Wesens.

cc) *Der Fortschritt und der Wert des jeweils geschichtlich Konkreten.* Es gibt zwei große Grundaspekte der gesamten Sprachentwicklung, die sich gegenseitig auszuschließen scheinen. Der eine sieht einen ständigen *Fortschritt* der Sprachen zu kürzerem, klarerem, bequemerem Ausdruck. Die Sprache verwandelt sich nicht beliebig, sondern unter Führung einer Kritik, welche das Bessere bewahrt. Das Umständliche wird durch das Einfache, der störende Überfluß durch das prägnant Treffende, das Schwierige durch das Leichtere, die mühsame Verständigung durch die geläufige, die vieldeutige durch die eindeutige ersetzt. Die modernen Sprachen gelten als besser als ihre früheren Gestalten. Der zweite Aspekt sieht umgekehrt die geschichtliche Entwicklung als einen dauernden *Verfall* der Sprachen. Am Beginn der Geschichte sind sie alle reich, anschaulich, dichterisch, voll nuancierter Formen, sinnlicher Kraft, schönen Klanges. In der Geschichte werden sie abgeschliffen, abstrakter und leerer, zu leicht nutzbarer Münze, sie verlieren ihr Gold und lassen nur unedles Metall übrig.

Beide Betrachtungsweisen lassen sich durch ein umfangreiches Material belegen, und beide wirken bei konkreter Darlegung überzeugend oder doch einleuchtend. In der Tat beginnt ihr Irrtum nur mit ihrer Verabsolutierung und Verallgemeinerung. Im einzelnen haben jeweils beide recht. Nach partikularen Gesichtspunkten gibt es Fortschritt, entsprechend dem Fortschritt in Wissen, Technik, Organisation, Rationalität überhaupt. Nach anderen Gesichtspunkten gibt es Verlust, Abschleifung, Entleerung. Im Fortschritt gibt es einen Erwerb, der in seiner Zweckmäßigkeit identisch bestehenbleiben kann. Im geschichtlichen Werden gibt es jederzeit einen unersetzlichen Wert, der in der Einmaligkeit nicht erhalten bleiben kann als nur in der Erinnerung. Es ist jeweils eine geschichtlich erfüllte ewige Gegenwart auch der Sprache, eine Wirklichkeit, die als existentielle und geistige Orientierung für später bleibt, wenn sie als Wirklichkeit für immer verschwunden ist. Vom Standpunkt des Fortschritts haben frühere Stufen nur Kuriositätswert, an denen man sehen kann, wieviel weiter man gekommen ist. Vom Standpunkt des Verfalls hat allein das Frühere Wert, ist Gegenstand vergeblicher Sehnsucht, an dem gemessen die gegenwärtige Sprache Unlustgefühle erweckt. Das wesentliche Anderswerden in der Geschichte aber fordert, das Frühere in seinem unersetzlichen Wert zu erinnern, das Gegenwärtige schaffend zu vollziehen, darin wirklich zu leben unter den Orientierungspunkten und Maßstäben alles dessen, was einst groß war.

dd) *Entstehung der Wissenschaft in Abhängigkeit von der Art der Sprache.* Die Gründe, warum eigentliche Wissenschaft in dem radikalen und umfassenden Sinn einer grenzenlos sich ausbreitenden methodischen Forschung nur im Abendlande entstanden ist, sind mehrfache. Es ist die Frage, ob ein Grund nicht auch in der Sprache liegt. Daß China trotz Ansätzen von Wissenschaft doch schließlich keine wissenschaftliche Entwicklung hatte, kann auch an der Sprache liegen, welche keine günstigen Bedingungen für ein Denken in langen Zusammenhängen bietet. Flektierende Sprachen könnten eine Bedingung für die Entstehung der Wissenschaft sein (Gerber I, 244 ff.). Die indogermanischen Sprachen haben das reine Denken erfunden. Dann wäre zu fragen: Hat Indien aus sprachlichen Gründen mehr an Wissenschaft als China? Ist der Unterschied der Aneignung abendländischer Wissenschaft von seiten Chinas und Japans im Sprachunterschied mitbedingt? Welche Vorzüge hat die chinesische Sprache derart, daß in ihr zur Erscheinung gekommen ist an geistiger Haltung, was Indien, dem Abendland und Japan abgeht?

ee) *Geschichte der philosophischen Sprache.* Im Abendlande sind drei Stadien der philosophischen Sprache zu unterscheiden, die, nachdem sie nacheinander waren, nun zugleich nebeneinander bestehen: Erstens geschieht das Sichherausarbeiten des Gedankens aus der sinnlichen Gestalt in noch sinnlicher Gestalt, aus der Metapher zur Abstraktion (die Vorsokratiker bis Plato). Zweitens erwächst die bestimmte Terminologie in Worten, die sich dem Zeichencharakter nähern, in der Verfestigung der Abstraktion mit der Tendenz zur Abnahme des Mitschwingens von Sinnlichkeit und Anschauung (Sophisten bis Aristoteles und Stoa). Drittens erfolgt die Einschmelzung der Terminologie in der Herrschaft über die überkommene abstrakte Begrifflichkeit, um im Begrifflichen ein ursprüngliches Denken mit neuen Voraussetzungen und daher Chancen zu versuchen (Anselm, Kant, Hegel).

Große Philosophien sind zugleich Sprachschöpfungen, jedoch nicht immer. Die Sprachlichkeit Hegels ist eine schaffende Kraft, ohne Absicht wirkend, aufgenommen in den Zusammenhang des Denkens selbst. Kant dagegen findet einen neuen Denkstil ohne spezifische

Sprachschöpfung. Immer ist die Sprachform des Denkens Merkmal seines Gehalts, aber die Sprache ist das immer schon gegebene Medium, indem Worte neue Bedeutungen, tiefen, allbegründenden Sinn gewinnen können. In den schlichtesten Sätzen können neue Erleuchtungen ausgesprochen werden. Ein einfacher Sinn kann eine täuschende Farbigkeit, ein dürftiger Antrieb eine irreführende Glut erhalten. Aber im Ganzen sind die großen philosophischen Denkwelten immer zugleich eigentümliche Sprachwelten, im Sprachmaterial, in der Sprechweise, im bewußten Verhalten zur Sprache, in der Freiheit von der Sprache bei der unlösbaren Bindung an die Sprache.

d) *Sprachanalyse.* Die Analyse der Sprache geschieht durch Grammatik und Wörterbuch. Diese machen Formen und Worte bewußt und für das Wissen und Lernen verfügbar, ohne je der unendlichen Möglichkeiten einer Sprache Herr werden zu können. Der sprachwissenschaftlichen Analyse entspricht eine philosophische Besinnung, der zuweilen eine künstliche, sprachformende und sprachaneignende Aktivität folgt. Diese philosophische Besinnung geht in zwei Richtungen:

aa) *Grammatik und Logik.* Logische Überlegung erkennt in der Grammatik logische Prinzipien, aber so, daß die faktische Grammatik auch ständig gegen Logik verfehlt. Es erwächst die Idee einer »richtigen« Grammatik, die allen logischen Forderungen Genüge täte. Aber mit ihrer Verwirklichung wäre die Sprache tot. Das Unlogische in der Grammatik ist zu gutem Teil Ausdruck von Wahrheiten, die sich der formalen Logik entziehen. Das formal Logische ist nur eines der Gerüste der Sprache, nicht absolut gültig, wenn auch unerläßlich.

Die Betrachtung der Sprache unter formallogischen Gesichtspunkten erkennt die Sprache nur als Zeichensprache und hat die Tendenz, die Sprache zu reinigen, bis sie – im Verlust ihres Lebens – nur noch Zeichensprache ist. Aber für solche Betrachtung gewinnt die Sprache auch eine gesteigerte, ja absolut zentrale Bedeutung. Wie in der Mathematik die Erfindung der Zeichen nicht ein beiläufiges Geschäft ist, sondern zusammenfällt mit der Entdeckung neuer Gebiete und der Ermöglichung unendlicher Operationen, so gilt die Sprache fast als die Sache selbst. Dafür ein extremes Beispiel, in dem der Standpunkt bis zur Absurdität getrieben ist: Carnap (Erkenntnis, Bd. II, S. 435) sagt: »Eine philosophische, das heißt logische Untersuchung ist Analyse der Sprache.« Er führt aus: »Um eine bestimmte Sprache zu charakterisieren, muß man ihr Vokabular und ihre Syntax angeben, das heißt die Wörter, die in ihr vorkommen, und die Regeln, nach denen aus diesen Wörtern Sätze gebildet werden können und nach denen solche Sätze in andere Sätze derselben Sprache oder einer anderen

Sprache umgeformt werden dürfen (sogenannte Schlußregeln und Übersetzungsregeln). Muß man nicht außerdem noch, damit der ›Sinn‹ der Sätze der Sprache bestimmt ist, die ›Bedeutung‹ der Wörter angeben? Nein: was mit dieser inhaltlichen Formulierung gemeint ist, ist schon in den genannten formalen Angaben mitenthalten. Denn die Angabe der ›Bedeutung‹ eines Wortes geschieht entweder durch Übersetzung oder durch Definition. Eine Übersetzung ist eine Regel zur Umformung in eine andere Sprache (zum Beispiel cheval: Pferd). Eine Definition ist eine Regel zur Umformung in derselben Sprache; das gilt sowohl für die sogenannten Nominaldefinitionen (zum Beispiel Elefant: Tier mit den und den Merkmalen) als auch für die sogenannten Definitionen durch Aufweisung (zum Beispiel Elefant: Tier von der Art des Tiers an der und der Raum-Zeit-Stelle).« Solche logische Analyse der Sprache nennt Carnap Metalogik; er schrieb in diesem Sinne eine »logische Syntax der Sprache«.

bb) *Wortsinn*. Eine ganz andere Richtung von Sprachanalyse geht auf die Bedeutung der Wurzeln, der Urworte und abgeleiteten Worte. Der Gehalt der Sprache soll aus der Tiefe erweckt werden. Der Leitfaden ist nicht die Grammatik, sondern das Wörterbuch, besonders das etymologische Wörterbuch. Vor allem der metaphorische Charakter der Worte wird erhellt und in den unendlichen Verzweigungen fühlbar gemacht.

In unserer Zeit hat Klages diesen Weg beschritten. Mit der Sprache wird der Grund der Dinge hell. Gerade das, was logistische Analyse als überflüssig und unrein absondert, ist hier Thema.

cc) *Jede Richtung solcher Analyse hat einen begrenzten Sinn*. Sie sind Teile der Gesamtbesinnung auf die Sprache. Wie die Zeichensprache muß die Sprache selbst ein Gegenstand logischer Besinnung werden, um zu erhellen, was sie für die Klarheit und was sie für die Schöpfung von Erkenntnis bedeutet.

e) *Charakter der sprachwissenschaftlichen und sprachphilosophischen Schriften*. Vielleicht in keinem Gebiet menschlicher Forschung liegen in einer riesenhaften Literatur die Verschiedenheiten von Niveau und Geist so nahe beieinander wie hier. Da gibt es die Endlosigkeit trivialen Wissens und die blitzartige Erleuchtung unseres Wesens selbst, die Unmenge konkreter Tatbestände, von historischem Stoff in seiner Besonderheit bis zu den großartigen Gesamtansichten ganzer Kulturen und Völker. Die Motive der Beschäftigung mit der Sprache sind außerordentlich verschieden, das logische Interesse an der Klarheit, das empirische Interesse am Faktischen, das geschichtliche Interesse an den großen Erscheinungen des Geistes, das philosophische Interesse am Grund unseres Menschseins.

Auf der einen Seite gibt es die Versunkenheit im Stoff, das Unheil positivistischen Betriebes, in dem der Sinn der Forschung selbst verlorengeht. Auf der anderen Seite steht die Phantastik einer Sprachphilosophie, die sich in Träumen ergeht, in abergläubischen Scheinbeobachtungen, in geheimnisvollen Spielereien und ahnungsvollem Raunen.

Es gibt nicht häufig Forscher, die die Weite und Tiefe philosophisch aussprechbarer Gesamtanschauung verbinden mit konkreter Kenntnis und vernünftiger Sachforschung. Humboldt bleibt bis heute unerreicht. J. Grimm und Hildebrand blieben einzig in ihrer tiefsinnigen Liebe zum Kleinen, das sich ihnen im Größten erhellte. In Pauls trefflichem Werk ist ein erstaunliches Mißverhältnis zwischen der schwachen philosophischen Einleitung und den dann folgenden ergiebigen konkreten Kapiteln. Bei Jespersen ist ein stets belehrender bon sens, nüchterne und großzügige Auffassung des Tatsächlichen, verbunden mit abweisender Blindheit gegenüber jeder in die Tiefe gehenden Erörterung. Auf ihre Wissenschaftlichkeit stolze Gelehrte bringen die verwunderlichsten, unbegründetsten Etymologien hervor.

Gerade weil die Sprachen das Gefäß allen Offenbarwerdens des Umgreifenden, Träger der Welten sind, in denen sich das Sein dem Menschen zeigt, ist die Beschäftigung mit den Sprachen, wenn sie ihrem Gegenstand angemessen bleiben soll, gebunden an eine ungewöhnliche Weite und an den sachlichen Reichtum im Wissen des Forschers. Der Gehalt der Sprachwissenschaft ist bedingt durch menschliche Fülle des Sprachforschers. Da aber gerade der pedantische Kleinigkeitskrämer und der stoffhungrige leere Kopf stets bequemes Material in Worten und Sätzen finden und da so viele dürftige Seelen wegen einer partikularen Sprachbegabung sich diesem Felde zuwandten, ist das Niveau der sprachwissenschaftlichen Literatur so oft enttäuschend.

Einleitung.
Über die ursprünglichen Anschauungen:
Religion, Kunst, Dichtung

Es gehört zum Menschen als Menschen, den Blick in den Grund der Wahrheit zu tun. Die Wahrheit ist jederzeit für ihn und in ihm durch eine Sprache da, wenn diese auch noch so roh und dunkel ist.

Mit dem methodischen Philosophieren geschieht ein Sprung. Aber durch ihn wird das früher den Menschen erfüllende Wahrheitsbewußtsein nicht falsch. In ihm liegen die ursprünglichen geistigen Anschauungen, welche aus unvordenklicher Überlieferung die Wahrheit dem Menschen in Gestalt von Bildern, Handlungen, Geschichten mitteilen. Die Kraft der Mythen, die Autorität der Offenbarungen, die Strenge der Lebensführung sind Wirklichkeiten. Nicht in Gestalt der Reflexion, sondern in der Gestalt fragloser Tatbestände werden Antworten gegeben auf die Grundfragen – wenn diese auch noch gar nicht mit rationalem Bewußtsein gestellt sind –: warum ist der Menschenzustand so, wie er ist? (Sündenfall und Prometheusmythen antworten und stellen zugleich die menschliche Aufgabe); wie gewinne ich die Reinheit meines Wesens, die Erlösung und die Ruhe im Sein? (Mysterienkulte, Riten und Lebensführungen geben Antwort und zeigen den Weg.)

In dem gleichen Zeitalter, in dem die Philosophie als methodische Gedanklichkeit beginnt, kommt auch die Sprache jener ursprünglichen Anschauungen zu ihrer größten Klarheit, Reife und Kraft – in den Jahrhunderten von 600 bis 300 vor Christus.

Das Philosophieren, diese Anschauungen ihrerseits erregend und steigernd, selbst wieder in der eigenen Tiefe von ihnen betroffen, sie bekämpfend und überwindend oder aneignend und nutzend, ist unabtrennbar von ihnen. Es versteht sie als das Andere, widersteht ihnen oder nimmt sie in sich auf und bestätigt sie; schließlich steht es einigen von ihnen gegenüber als einem für es nicht Verstehbaren, das es als ein Anderes anerkennt. Der ständige Umgang mit diesen Anschauungen – in welchem Sinne auch immer es geschehen mag – läßt sie zum Organon des Philosophierens werden.

Diese Anschauungen als die Sprache der Wahrheit sind ursprünglich ein umfassendes Ganzes, untrennbar Eines, das das Leben des Menschen formt und erfüllt. Im Laufe der Entwicklung scheiden sich

Religion, Kunst, Dichtung. Diese Scheidung läßt die Sprache der letzten Wahrheit sich zwar zerteilen, aber es geht durch sie alle hindurch ein Eines, durch das die ursprüngliche Ungeschiedenheit fortwirkt in ihrer Bindung aneinander.

Religion. Was in der Religion offenbar wurde als Grund und Grenze, wirksam als Macht der Gemeinschaft, Halt des Einzelnen, das bleibt der vorbestimmte Raum des Philosophierens und Träger der philosophischen Gehalte. Es wird in der Polarität zur Gestalt eines Gegners des Philosophierens, aber zugleich der fruchtbare Widerstand, das zu Durchdringende. Als Grund des Menschseins selbst formt die Religion die Seele, auch wenn diese Seele die bestimmte geschichtliche Gestalt der Religion und damit scheinbar die Religion selber verlassen hat.

Mit der Preisgabe und dem Vergessen der Religion würde auch das eigentliche Philosophieren aufhören. Es würde entstehen die gedankenlose, ihrer selbst nicht mehr bewußte Verzweiflung, ein bloßes Augenblicksleben, ein Nihilismus und darin ein chaotischer Aberglaube. Es würde auf die Dauer auch die Wissenschaft versinken. Die Grundfrage des Menschen, was der Mensch ist und sein kann, was aus ihm wird, würde im Ernst nicht mehr erfahren und gestellt, aber faktisch in neuen Metamorphosen eine Antwort finden, die ein menschliches Dasein nicht mehr versteht.

Bildende Kunst. Die bildende Kunst bringt die Sichtbarkeit für uns zum Sprechen. Wir sehen die Dinge, wie die Kunst uns sie sehen lehrt. Wir erfahren den Raum durch die Gestaltung, die der Baukünstler ihm gibt; wir erleben die Landschaft, so wie sie durch religiöse Bauwerke gleichsam konzentriert, durch Bearbeitung geformt, durch Benutzung angeeignet ist. Wir erfahren Natur und Menschen, wie sie in Plastik, Zeichnung und Malerei auf ihr Wesen gebracht werden. Es ist, als ob alles nun erst eigentlich Gestalt gewänne, seine bis dahin verborgene Sichtbarkeit und Seele zeige.

Es ist zu unterscheiden zwischen Kunst als Darstellung eines bestimmten Schönheitsideals und Kunst als metaphysischer Chiffreschrift. Beides wird eines nur, wo die Schönheit das transzendente Sein, dieses Sein, das Schöne, alles eigentlich schön ist, weil es ist. »Große Kunst« nennen wir die metaphysische, die mit der Sichtbarkeit durch sie das Sein selbst offenbart. Grundsätzlich nur Kunst und damit philosophiefremde Könnerschaft ist die transzendenzlose Weise des Abbildens, das Dekorieren, das Hervorbringen des sinnlich Reizvollen, sofern dieses alles, statt Moment im Metaphysischen zu sein, sich isoliert.

Dichtung. Dichtung ist im Element der Sprache, durch die alle Inhalte als Vorstellungen ergriffen werden, die allumfassende Mitteilung des Offenbargewordenen. Von der Magie der Worte in der Opferhandlung über die Anrufung der Götter in Hymnen und Gebeten bis zur Darstellung menschlicher Schicksale durchdringt die Dichtung alle Äußerungen des Menschseins. Sie ist die Keimstätte der Sprache selbst, das erste Schaffen des Aussagens, Erkennens, Bewirkens. In der Form der Dichtung tritt die erste Philosophie auf.

Dichtung ist das Organ, durch das wir den Weltraum und alle Gehalte unseres Wesens auf die natürlichste und selbstverständlichste Weise ergreifen. Hineingerissen durch die Sprache, verwandeln wir uns selbst. Unmerklich entfaltet die von der Dichtung erregte Phantasie in uns die Welt der Vorstellungen, vermöge der wir erst fähig werden, unsere Wirklichkeiten prägnant zu erfassen.

a) *Das tragische Wissen*

Was durch die ursprünglichen Anschauungen in der Einheit von Religion, Kunst und Dichtung ausgesprochen wurde, ist der gesamte Gehalt unseres Bewußtseins. Ein einziges Beispiel greifen wir aus diesem unermeßlichen Felde heraus: das Tragische und die Erlösung. Es ist in den reichen Abwandlungen des Tragischen etwas Gemeinsames. Was eigentlich ist und geschieht, wird in ungeheuren Aspekten angeschaut, und was dem Menschen möglich ist, in einem Endziel von Ruhe versprochen und bewirkt.

In diesen Anschauungen ist Philosophie verborgen, denn sie deuten das zunächst Sinnlose des Unheils. Aber diese Philosophie kann nicht zureichend in gedankliche Gebilde übersetzt werden, wohl aber ist sie durch Interpretation philosophisch deutlicher zu machen. Wir eignen sie an in der Wiederholung der ursprünglichen Anschauungen. Unersetzlich ist diese Welt. Sie ist als Organon der Philosophie dieser gleichsam eingegliedert. Aber sie ist dann als eigene Erfüllung etwas, das über Philosophie hinausgeht und durch Philosophie noch einmal als ein Anderes erreicht wird.

Die großen Erscheinungen tragischen Wissens sind geschichtlicher Gestalt. Sie haben im Stil, im Stoff ihrer Inhalte, im Material der Tendenzen die Züge ihres Zeitalters. Kein Wissen ist in konkreter Gestalt zeitlos universell. Der Mensch muß es in seiner Wahrheit jederzeit für sich neu erwerben. Die Erscheinungen dieses Wissens sind in ihrer Differenz historische Gegebenheiten für uns.

Diese Differenzen und die Kontraste der geschichtlichen Gestalten erhellen sich gegenseitig. Sie schaffen für uns den Grund unserer eigenen Wissensmöglichkeiten und den Spiegel, in dem wir uns wiedererkennen.

Wir nehmen durch sie wahr die Stufen des tragischen Bewußtseins, die Möglichkeiten der Seinsdeutungen durch das Tragische, die Grundgehalte, aus denen im Tragischen die Erlösung gefunden wird. Aus den geschichtlichen Ausprägungen des tragischen Wissens entfaltet sich die Systematik der Deutungsmöglichkeiten.

aa) Historischer Überblick

Wir nennen die großen Erscheinungen tragischen Wissens, wie es in Anschauung und Werk zum Ausdruck gekommen ist:

1. Homer. – Edda und Sagas der Isländer. – Heroensagen aller Völker vom Abendland bis nach China.

2. Griechische Tragödie: Äschylus, Sophokles, Euripides. – Nur hier ist die Tragödie als Dichtung entstanden, von ihr alle spätere abhängig oder erweckt (auf dem Weg über Seneca).

3. Moderne Tragödie in drei nationalen Gestalten: Shakespeare. – Calderon. – Racine.

4. Lessing. Die Tragödie der deutschen Bildungswelt: Schiller, und dann das 19. Jahrhundert.

5. Andere Dichtungen des Grauens mit ihrer Frage an das Sein: Hiob. – Einige indische Dramen (die jedoch nie im Ganzen Tragödien sind).

6. Das tragische Wissen in Kierkegaard, Dostojewski, Nietzsche.

Die Heroensagen zeigen die tragische Weltansicht wie eine Selbstverständlichkeit. Noch findet kein Ringen des Gedankens statt, besteht kein Drang zur Befreiung. Das nackte Unheil, Tod und Verderben, Aushaltenkönnen und Ruhm sind der Gegenstand.

Die große Tragödie erwächst im Übergang der Zeitalter (in Hellas und in der Neuzeit) je einmal gleichsam in einem Verbrennungsprozeß – zuletzt auslaufend in ästhetische Bildungsphänomene.

Die griechische Tragödie ist Teil eines Kultakts. Sie ist der Vollzug eines Ringens um die Götter und um den Sinn der Dinge, um die Gerechtigkeit. Sie ist zuerst (Äschylus und noch Sophokles) gebunden in dem Glauben an Ordnung und Gottheit, an begründende und gültige Einrichtungen, an die Polis, ist zuletzt im Zweifel an allem diesen, historisch Gewordenen, aber nicht an der Idee der Gerechtigkeit selber, nicht an Gut und Böse (Euripides).

Shakespeare dagegen erscheint auf weltlicher Bühne: eine Gesellschaft hochgemuten Sinns erkennt sich wieder in gesteigerten Gestalten. Das Menschsein begreift sich in seinen Möglichkeiten und seinen Gefahren, in seiner Größe und seiner Nichtigkeit, in seiner Menschlichkeit und seiner Teufelei, in seinem Adel und seiner Niedrigkeit, in seinem Jubel des Daseinsglücks und in seinem Schauder des unbegreiflichen Verkehrt- und Vernichtetwerdens, in seiner Liebe, Hingabe, Alloffenheit und in seinem Haß, seiner Enge und Blindheit – und alles in allem: in der Unlösbarkeit seiner Aufgabe, dem letzten Scheitern seiner Verwirklichung, auf dem Hintergrund gültiger Ordnungen und des unbeirrt fühlbaren Gegensatzes von Gut und Böse.

Calderon und Racine sind Höhepunkte der christlichen Tragödie. Hier hat das Tragische eigene neue Spannungen. Statt Schicksal und Dämonen gilt Vorsehung und Gnade oder auch Verwerfung. Statt der Frage und des Schweigens an der Grenze ist alles gehalten durch den gewissen Grund des Jenseits und des alles in seine Liebe aufnehmenden Gottes. Statt unablässigen Ringens um das Wahre (das der Dichter in der Folge seiner Werke vollzieht) und statt des Spiels in Chiffern ist die Vollendung des Wahren gegenwärtig im Wissen um die Realität der in der Erbsünde gefallenen Welt und der Gottheit. Aber mit diesen Spannungen ist das Tragische eigentlich erloschen vor der christlichen Wahrheit. Diese Tragödien sind metaphysisch in der Tiefe christlichen Glaubens gebunden und zugleich erweitert, aber sie sind im Vergleich zu Shakespeare beschränkt in Gegenständen und Fragen, in Eindringlichkeit und Reichtum der Gestalten, in Weite und Unbefangenheit des Blicks.

Absolute Tragik als Ausweglosigkeit in der Gesamthaltung des Werks gibt es vielleicht in einigen Tragödien des Euripides, dann aber in modernen Dramen des 19. Jahrhunderts. Erst hier wird mit der ästhetischen Unverbindlichkeit zugleich die Bodenlosigkeit erreicht.

bb) Seinsbewußtsein im tragischen Wissen und Geborgenheit ohne Tragik

Der größte Abstand ist zwischen den Kulturen, in denen das tragische Wissen – und damit auch Tragödie, Epos und Roman als Erscheinung dieses Wissens – ausbleibt und der Offenbarkeit des Tragischen im Seinsbewußtsein, das die Haltung des Lebens bestimmt.

Es wirkt für unsere historische Erinnerung wie ein Riß zwischen den Zeiten, wenn wir den Menschen in seinem tragischen Wissen erblicken. Dieses ist nicht notwendig Erzeugnis hoher Kultur, sondern kann primitiv sein: und doch wirkt der Mensch in diesem Wissen, als ob er erst eigentlich wach geworden sei. Denn nun ist er angesichts der Grenzsituation in der Unruhe, die ihn vorantreibt. Kein stabiler Zustand kann bleiben, weil keiner ihm genugtut. Mit dem tragischen Wissen beginnt die geschichtliche Bewegung, die nicht nur in äußeren Ereignissen, sondern in der Tiefe des Menschseins selbst geschieht.

Das vortragische Wissen ist in sich rund und vollendet. Es schaut das Leid des Menschen, sein Unheil und seinen Tod. Eine tiefe Trauer ist diesem Wissen so gut eigen wie ein tiefer Jubel. Die Trauer versteht sich im Wissen um den ewigen Kreislauf von Leben und Sterben, von Tod und Wiederaufleben, um die ewige Verwandlung. Der sterbende und wiederkehrende Gott, die Feier der Jahreszeiten als Erscheinung dieses Sterbens und Wiedererstehens, ist die Grundwirklichkeit. Die mystischen Anschauungen der Muttergöttin, als Lebensspenderin und Todesgöttin, die alles gebiert, hegt und pflegt, liebt und zur Reife bringt, die aber auch alles in ihren Schoß zurücknimmt, erbarmungslos sterben läßt, in ungeheuren Katastrophen vernichtet, sind auf der Erde fast universal. Sie sind noch nicht tragisches Wissen, sondern beruhigendes Wissen der Vergänglichkeit, die sich geborgen weiß. Es ist ein wesentlich ungeschichtliches Wissen. Es ist alle Zeit dieselbe Wirklichkeit. Nichts ist sonderlich wichtig, alles ist gleich wichtig und als je gegenwärtig ganz und rückhaltlos da als das, was es ist.

Zum tragischen Wissen gehört Geschicklichkeit. Der Kreislauf ist nur Untergrund. Das Eigentliche ist einmalig und in fortschreitender Bewegung. Es wird entschieden und kehrt nicht wieder.

Aber das vortragische Wissen wird nicht nur abgelöst durch tragisches Wissen. Vielleicht vermag das vermeintlich nur Vorhergehende sich zu behaupten als ein eigenständig Wahres gegen die tragische Grundanschauung. Diese bleibt trotz Wissen von allem Unheil aus, wo eine harmonische Interpretation der Welt und eine ihr entsprechend vollzogene Lebenswirklichkeit gelingt. Das geschah weitgehend im alten, am reinsten im vorbuddhistischen China. Alles Elend, Unglück und das Böse sind nur vorübergehende Störungen, die gar nicht zu sein brauchten. Es gibt kein Weltgrauen, kein Weltverwerfen und Weltrechtfertigen, keine Anklage gegen das Sein und die Gottheit, sondern nur Klage. Es gibt keine Zerrissenheit der Verzweiflung, sondern das gelassene Dulden und Sterben. Es gibt keine unauflöslichen Verwicklungen, keine dunklen Verkehrungen, sondern eigentlich ist alles hell im Grunde, schön und wahr. Das Schreckliche und das Entsetzliche wird erfahren und ist nicht weniger bekannt als den durch tragisches Bewußtsein erhellten Kulturen. Aber die Lebensstimmung bleibt heiter, kein Kampf tritt ein, kein Trotz. Aus einem tiefen geschichtlichen Bewußtsein trägt die Verbundenheit mit dem unvordenklichen Grund aller Dinge, aber es wird keine geschichtliche Bewegung gesucht, sondern nur die ständige Wiederherstellung des ewig Wirklichen, das in Ordnung und gut ist. Wo das tragische Bewußtsein auftritt, da ist etwas Außerordentliches verloren, eine Geborgenheit ohne Tragik und eine natürliche, sublime Humanität, ein Zuhausesein in der Welt und ein Reichtum konkreter Anschauung, die in China wirklich waren. In der alltäglich gewordenen Durchschnittsphysiognomie steht ein heiter unbefangenes China neben einem mürrisch befangenen Abendland.

cc) Das tragische Wissen in Epos und Tragödie

Im mythischen Bewußtsein wird die Grundunstimmigkeit der Welt angeschaut in der Vielfachheit der Götter: es ist nicht möglich, allen gleichmäßig genugzutun, der Dienst des einen verletzt irgendwo den Dienst des anderen; – die Götter stehen unter sich in Kämpfen, die im Schicksal des Menschen zum Austrag gebracht werden; – die Götter selbst sind nicht allmächtig, über ihnen wie über den Menschen waltet die dunkle Moira. Auf die Frage: Warum, woher? gibt es je nach Lage viele Antworten und keine genügende Antwort. Der Reichtum der Welt, die Mannigfaltigkeit der menschlichen Möglichkeiten wird ergriffen, das Äußerste erfahren. Aber es wird die Einheit des Ganzen nicht mit unbedingter Energie gesucht, daher auch die Grundfrage nicht konzentriert zu unbedingtem Wissenwollen.

Das tragische Wissen in dieser Gestalt – bei Homer – vollzieht sich in der Lust der Anschauung, im Kultus der Götter, im fraglosen Aushaltenkönnen und Standhalten.

Dasselbe Aushaltenkönnen, derselbe gelassene Trotz vor dem Schicksal wird sich gewiß in der Edda und den Sagas, ärmer als bei Homer, aber leidenschaftlicher und maßlos.

Es ist wie ein erst halbes tragisches Wissen: Es unterscheidet noch nicht die Weisen des Scheiterns und die letzte Unergründlichkeit des tragischen Verderbens. Es begehrt noch nicht die Befreiung der Seele, da diese im reinen Ertragenkönnen sich schon genug ist. Es ist wie ein vorschnelles Haltmachen der Frage, ein Ergreifen der Welt wie des Endes in fragloser Selbstverständlichkeit, die im Vortragischen nur dadurch geschieden ist, daß keine Harmonie ihr die Grundunstimmigkeit der Welt verschleiert.

In der griechischen Tragödie bleibt diese mythische Welt das Material. Das Neue ist, daß nun nicht mehr die Ruhe im tragischen Wissen herrscht, sondern daß die Frage vorangetrieben wird. Die Fragen und

Antworten werden in Umgestaltungen der Mythen vollzogen. Die Mythen erreichen jetzt erst ihre volle Reife und Tiefe, aber können in keiner Gestalt mehr beständig bleiben. Der nächste denkende Dichter verwandelt sie weiter, bis sie in dem erhabenen Verbrennungsprozeß eines leidenschaftlichen Ringens um das Wahre – in der Gestalt dieser Zwiesprache des Dichters mit der Gottheit – verzehrt sind und sie nur ihre Asche übriglassen in den immer noch bezaubernden, aber unverbindlichen poetischen Bildern.

Die Fragen – schon philosophisch und doch noch ganz in anschaulichen Gestalten, daher noch nicht philosophisch im methodisch rationalen Sinn – wenden sich an die Götter: Warum so? Was ist der Mensch? Wodurch wird er geführt? Was ist Schuld, was Schicksal? Was sind die Ordnungen der Menschenwelt, und woher stammen sie? Was sind die Götter? – Es wird der Weg gesucht zu gerechten und guten Göttern, zum einen Gott. Auf diesem Wege aber verfällt alles Überlieferte immer mehr der Auflösung. Es kann sich am Maßstab des rational werdenden Gedankens von Recht, Güte, Allmacht nicht halten. Skepsis ist das Ende dieses hochgemuten Suchens, das auf seinem Wege immer noch von den zur schönsten Reinheit gebrachten Gehalten der Überlieferung lebt.

Diese ganze Vergewisserung aber in der Anschauung des Dichters – vollzogen bei der heiligen Festfeier des Dionysos – will und leistet mehr als die frühere Lust an der ewigen Darstellung von Welt und Menschen und Göttern. Von dieser Lust sagte Hesiod (Theogonie 98 ff.) die Musen preisend:

»Denn so jemand im Herzen auch neuen Kummer erduldet
Und im Gemüt sich härmt und der Sänger, der Diener der Musen,
Meldet im Lied von den Taten der Menschen, den Helden der
    Vorzeit
Und von den seligen Göttern, des weiten Olympos Bewohnern,
Eilig vergißt er das Leid, nicht denket er ferner des Kummers:
Also haben ihn flugs der Göttinnen Gaben gewandelt.«

Die Tragödie will mehr: die Katharsis der Seele. Was zwar diese Katharsis sei, wird auch durch Aristoteles nicht klar. Jedenfalls aber ist sie ein Ereignis, das das Selbstsein des Menschen angeht. Es ist ein aus dem Erleben nicht bloß des Zuschauens, sondern des Betroffenseins hervorgehendes Offenwerden für das Sein, eine Aneignung des Wahren durch Reinigung von dem Verschleiernden, Trübenden, Vordergründigen unserer uns verengenden und blind machenden Daseinserfahrungen.

dd) Überwindung der Tragik in der philosophischen Weltinterpretation und in der Offenbarungsreligion

Das tragische Wissen tritt in diesen beiden Gestalten auf: in dem mythisch fraglosen Wissen vermöge einer hingenommenen, bestehenden Anschauungswelt (im Epos) und in dem mythisch fragenden Wissen eines Eindringens in die Gottheit (in der Tragödie). Aus diesen beiden erwachsen zwei Überwindungen der Tragik: die philosophische Weltinterpretation der Aufklärung und die religiöse Offenbarung, beide unzureichend.

Nicht die zur Tragödie polare und zu ihr gehörende spekulative Seinsvergewisserung der Vorsokratiker und Platons, sondern die aus der Aufklärung erwachsende verständige Universalphilosophie der nacharistotelischen Zeit zieht die Konsequenzen aus dem durch den Prozeß der Tragödiendichtung erreichten Nichtwissen durch Zersetzung aller falschen überlieferten Gottesvorstellungen. Sie entwirft eine Harmonie des Ganzen, aus der sie alle Unstimmigkeiten als nur relative Disharmonie versteht. Sie relativiert die Wichtigkeit des Einzelschicksals und erblickt im Selbstsein des einzelnen Menschen etwas Unerschütterliches, das das Weltschicksal nur wie eine Rolle ergreift und spielt, ohne damit identisch zu werden. Die letzte Grundhaltung im nunmehr seines Gewichts beraubten tragischen Wissen ist weder der Trotz des sich behauptenden Heroen noch die Katharsis der weltbefangenen Seele, sondern die Apathie, die unberührbare Leidlosigkeit der Indifferenz.

Angesichts des tragischen Wissens ist philosophische Apathie eine unzureichende Befreiung. Sie ist erstens ein bloßes Aushalten – kann sich wiedererkennen im heroischen Trotz der mythischen Zeit, ohne deren Leidenschaft zu besitzen –, ist arm an Gehalt, sinkt zusammen zu einem bloßen Punkt inhaltsloser Selbstbehauptung. Zweitens ist sie in der Tat für Menschen kaum vollziehbar. Sie bleibt in aller Großartigkeit doch eine Theorie, die praktisch in den allermeisten Menschen versagt. Daher verlangt der Mensch aus dem tragischen Wissen und aus der philosophischen Leere eine tiefere Befreiung. Diese verspricht die Offenbarungsreligion.

Der Mensch will erlöst werden und wird erlöst. Er wird es nicht durch sich selbst allein. Die Last der unerfüllbaren Aufgabe ist von ihm genommen. Der Opfertod Christi, die Verkündigung Buddhas reichen ihm nicht nur die Hand, sondern tun für ihn, woran er nur teilzunehmen hat, um befreit zu werden.

In der jüdisch-christlichen Offenbarungsreligion ist das Unstimmige des Daseins und des Menschen, alles was als Tragik zur Erschei-

nung kommt, eingesenkt in den Ursprung des Menschen: Die Erbsünde wurzelt in Adams Sündenfall. Die Erlösung erwächst aus
Christi Kreuzestod. Die Weltdinge als solche sind verderbt, der
Mensch steht in unüberwindlicher Schuld, noch bevor er als Einzelner
Schuld auf sich lädt. Er ist hineingenommen in den einen, alles begründenden Prozeß der Verschuldung und der Erlösung, an beiden nimmt
er teil durch sich selbst und nicht durch sich selbst allein. Er ist schuldig schon durch Erbsünde, erlöst durch Gnade. Nun nimmt er das
Kreuz auf sich, wenn er das Leid des Daseins, das Unstimmige und
Zerrissene nicht nur über sich kommen läßt, sondern wählt. Es ist
keine Tragik mehr, sondern in aller Furchtbarkeit strahlt der Glanz
hindurchdringender Seligkeit der Gnade.

Von hier gesehen, setzt sich christliche Erlösung gegen das tragische Wissen. Die eigene Erlösungsmöglichkeit vernichtet die tragische Ausweglosigkeit. Daher gibt es keine eigentlich christliche Tragödie, weil im christlichen Schauspiel das Mysterium der Erlösung die
Grundlage und der Raum des Geschehens ist und das tragische Wissen von vornherein befreit ist in der Erfahrung der Vollendung und
Rettung durch die Gnade.

Damit wird das Tragische als solches unverbindlich, der Mensch
von ihm erregt, aber nicht betroffen. Das Wesentliche kann für den
Christen in der Tragödie gar nicht auftauchen. Das eigentlich christlich Religiöse entzieht sich der Dichtung, denn es kann nur existen-
tiell verwirklicht, nicht ästhetisch angeschaut werden. In diesem
Sinne muß ein Christ etwa Shakespeare mißverstehen: Shakespeare
bringt alles zur Darstellung, er zeigt in jeder Möglichkeit, was der
Mensch ist. Aber das Religiöse – und allein dieses – entzieht sich ihm.
Der Christ weiß in aller seiner tiefen Erfahrung angesichts der Werke
Shakespeares, daß sie ihm nicht das sagen, es auch nicht einmal be-
rühren, was ihm im Glauben zuteil wird. Nur indirekt scheint ihm
Shakespeare darauf hinzuführen, durch die offene Bruchfläche seines
Werks, durch die Ungelöstheit, durch das Hindrängen, ungesagt und
ungewollt, auf Erlösungsmöglichkeit.

Dem Christen entgeht die Substanz dieses tragischen Wissens.
Aber dieses ist – wenn es philosophisch bleibt und sich philosophisch
rein entfaltet – seinerseits eine Weise des Transzendierens, eine ihm
eigentümliche Befreiung, die von christlichem Aspekt her verkannt
wird und die in der philosophischen Apathie ihren Gehalt verloren
hat.

Alle Grunderfahrungen des Menschen sind als christlich nicht
mehr tragisch. Die Schuld wird zur felix culpa, die die Erlösung möglich macht. Judas' Verrat ermöglicht Christi Opfertod, diesen Grund

der Seligkeit aller glaubenden Menschen. Ist Christus das tiefste Symbol des Scheiterns in der Welt, so doch gar nicht tragisch, sondern im Scheitern wissend, erfüllend, vollendend.

ee) Grundcharaktere des Tragischen

Das Tragische steht vor der Anschauung als ein Geschehen, das das Grausenerregende des Daseins zeigt, aber des menschlichen Daseins, und dieses in den Verstrickungen aus dem Umgreifenden des Menschseins. Die Anschauung des Tragischen aber vollzieht durch sich eine Befreiung vom Tragischen, eine Weise der Reinigung und Erlösung.

Das Sein erscheint im *Scheitern.* Im Scheitern ist das Sein nicht verloren, sondern gerade ganz und entschieden fühlbar. Es gibt *keine transzendenzlose Tragik.* Noch im Trotz bloßer Selbstbehauptung im Untergang gegen Götter und Schicksal ist ein Transzendieren: zum Sein, das der Mensch eigentlich ist und im Untergang als sich selbst erfährt.

Das Bewußtsein des Tragischen, zum Fundament des Seinsbewußtseins geworden, heißt *tragische Haltung.* Es ist zu unterscheiden das Bewußtsein der Vergänglichkeit von dem eigentlich tragischen Bewußtsein: – Das faktische Geschehen zum Untergang hin, den Charakter des Lebens als zeitlich vergänglichen Geschehens schaut der Mensch an als Kreislauf des Werdens und Vergehens und wieder Werdens. Er erblickt sich selbst in der Natur mit ihr eins als Natur. Hier liegt für den Menschen ein Geheimnis, das ihn erschauern läßt. Was ist die Seele, die quer zur Zeit sich ewig weiß, wenn sie doch in der Endlichkeit ihres Daseins steht und als solche im Tode schlechthin vergeht? Doch diesen Tatbestand und dies Geheimnis nennen wir nicht tragisch.

Das eigentliche Bewußtsein des Tragischen, womit zugleich das Tragische erst wirklich wird, erfaßt nicht nur Leiden und Tod, nicht die bloße Endlichkeit und Vergänglichkeit. Damit dies alles tragisch werde, muß der Mensch handeln. Der Mensch bewirkt durch sein eigenes Tun erst die Verstrickung, und dann, durch diese unausweichliche Notwendigkeit, die Zerstörung. Es ist nicht bloß der Ruin des Lebens als Dasein, sondern das Scheitern jeder Erscheinung einer Vollendung. Es ist das geistige Wesen des Menschen, das scheitert in einem unermeßlichen Reichtum von Möglichkeiten, deren jede vermöge einer eigentümlichen Verwirklichung das Scheitern hervorbringt und zugleich erfüllt.

Mit dem Wissen des Tragischen verbindet sich von Anbeginn der Drang zur *Erlösung*. Die Härte des Tragischen ist die Grenze, an der der Mensch nicht wie von selbst in allgemeine Erlöstheit aufgenommen wird; vielmehr findet er im Akt seines Selbstseins, indem er als Dasein verschwindet, die erlösende Befreiung. Diese geschieht entweder aus der Kraft des fraglosen Ertragens im Nichtwissen, im reinen Aushaltenkönnen, im unerschütterlichen Trotzdem; dies ist die Erlösung im Keim und in dürftigster Gestalt. Oder die Befreiung geschieht durch den Eintritt in die Anschauung des Tragischen als solchen, das vermöge der Erhellung selbst reinigend wirkt. Oder sie ist schon vor der Anschauung des tragischen Geschehens erfolgt, wenn das Leben vorweg durch einen Glauben auf den Weg der Erlösung gebracht ist, und das Tragische von vornherein als ein Überwundenes vor die Anschauung tritt im Transzendieren zum Übersinnlichen, im Umgreifenden aller Umgreifenden.

ff) Richtungen der Interpretation des tragischen Wissens

Der Sinn der Tragödien, die im dichterischen Werk uns vorliegen, ist keineswegs auf eine einzige Formel zu bringen. Diese Dichtungen sind die Arbeit am tragischen Wissen. Situationen, Ereignisse, gesellschaftliche Mächte, Glaubensvorstellungen, Charaktere sind die Mittel, durch die das Tragische in der Erscheinung offenbar gemacht wird.

Von den großen Dichtungen ist keine interpretatorisch bis auf den Grund zu durchschauen. In ihnen sind nur Linien der Interpretierbarkeit. Wo ihre Deutung durch den Gedanken restlos gelingt, ist die Dichtung überflüssig oder vielmehr von vornherein keine echte dichterische Schöpfung. Wo die Deutung klare Linien herausarbeiten kann, steigert sie die Ergreifbarkeit aus der Tiefe der ungedeuteten, von keiner Deutung zu erschöpfenden Anschauung.

In den Dichtungen kommt die gedankliche Konstruktion des Dichters zur Geltung. Je mehr jedoch der Gedanke als solcher hervortritt, ohne in Gestalten leibhaftig zu werden, desto schwächer wird die Dichtung. Dann bringt die philosophische Tendenz, nicht die Kraft der Vision des Tragischen, das Werk hervor. Aber die Gedanken der Dichtung können philosophisch wesentlich sein.

Nachdem wir das tragische Wissen im Ganzen vergegenwärtigt haben (a), soll nun unsere Interpretation eingehender auf drei Fragen antworten:

1. Wie sieht die Objektivität des Tragischen aus? Welche Gestalt

hat das tragische Sein und Geschehen? Wie wird es gedacht? Die Antwort wird gegeben durch Deutung tragischer Gegenstände in der Dichtung (b).

2. Wie vollzieht sich die Subjektivität des Tragischen? Wie wird das Tragische bewußt, wie geschieht das tragische Wissen und in ihm Befreiung und Erlösung (c)?

3. Welchen Sinn hat eine grundsätzliche Interpretation des Tragischen (d)?

b) *Die tragischen Gegenstände in der Dichtung*

Ohne das Tragische in eine Definition zu fassen, vergegenwärtigen wir die unmittelbar sich zeigenden Erscheinungen des Tragischen, wie sie Darstellung und Gestalt in der Dichtung gefunden haben.

Unsere Deutung hält sich an das, was dem Dichter in seiner Vision gegenwärtig war, was in der Dichtung ausgesprochen und schon gedeutet ist; sie bringt hinzu, was als Sinn in ihr liegt oder liegen kann, ohne daß es der Dichter ausdrücklich gedacht zu haben braucht.

In der Dichtung findet das tragische Bewußtsein die Verleiblichung seines Denkens: Die tragische Atmosphäre läßt Spannung und Unheil im gegenwärtigen Geschehen oder im Weltsein überhaupt fühlbar werden (aa). Das Tragische erscheint im Kampf (bb), im Sieg und Unterliegen (cc), in der Schuld (dd). Es ist die Größe des Menschen im Scheitern (ee). Es offenbart sich im unbedingten Willen zur Wahrheit als die tiefste Unstimmigkeit des Seienden (ff).

aa) Die tragische Atmosphäre

Tragische Atmosphäre ist noch nicht im Vergänglichen als solchem, im Leben und Sterben, im Kreislauf des Blühens und Welkens. Der Blick kann ruhig auf diesem Geschehen verweilen, in das der Blickende selbst mit aufgenommen und in dem er geborgen ist. Die tragische Atmosphäre erwächst als das Schaurig-Unheimliche, an das wir preisgegeben sind. Es ist ein Fremdes, das uns unentrinnbar bedroht. Wohin wir gehen, was immer unser Auge trifft, unser Ohr hört: es liegt in der Luft, was uns, wir mögen tun, was wir wollen, vernichten wird.

Diese Stimmung kommt vor in indischen Dramen als Vision einer Welt, die die Stätte unseres Daseins ist, aber so, daß wir ganz ungeborgen an sie verfallen sind. So in »Kausikas Zorn« (Reclam S. 64):

>»Die ganze Welt sieht aus, als wäre sie
Der Leichenplatz des Sivadieners Zeit.
Der rote Abendhimmel stellt das Rot
Des Blutes dar der Hingerichteten,
Den schwachen Schein der Scheiterhaufenkohlen
Die matte Sonnenscheibe; Sterne sind
An Menschenknochen statt umhergestreut;
Dem fleckenlosen Menschenschädel gleicht
Der helle Mond – – –«

Stimmungen des Grauens beherrschen einige Werke Breughels,
Hieronymus Boschs, Dantes Hölle. Doch ist diese Stimmung Vordergrund. Das Tiefere ist zu suchen, aber ist nicht zu finden ohne Durch-
schreiten dieses Grauens.

Die tragische Atmosphäre ist in griechischen Tragödien nicht allgemeine Weltstimmung, sondern bezogen auf das gegenwärtige Geschehen, auf diese menschlichen Gestalten, etwa als die Spannung, die
noch vor aller bestimmten Tat und jedem besonderen Ereignis alles
durchdringt und hinweist auf das Unheil, man weiß noch nicht welches. So etwa einzig großartig im Agamemnon des Äschylus.

Die tragische Stimmung nimmt die vielen Gestalten des sogenannten Pessimismus und seiner Weltschilderungen an, ob im Buddhismus oder im Christentum, ob bei Schopenhauer oder Nietzsche, ob
in der Edda oder in den Nibelungen.

bb) Kampf und Kollision

Wahrheit und Wirklichkeit spalten sich. Infolge der Spaltung findet
Ergänzung statt in Gemeinschaft, und findet Kampf statt in Kollision.
Das tragische Wissen sieht die unentrinnbaren Kämpfe. Es ist für das
tragische Bewußtsein des Dichters die Frage, zwischen wem gekämpft
wird, was eigentlich kollidiert.

Unmittelbar ist der in der Dichtung dargestellte Kampf ein Kampf
von Menschen untereinander oder ein Kampf des Menschen mit sich
selbst. Sich ausschließende Daseinsinteressen, Pflichten, Charakter-
eigenschaften, Antriebe liegen miteinander im Kampf. Eine psychologische und soziologische Analyse scheint diese Kämpfe als Realitäten begreiflich zu machen. Doch all diese Realitäten sind für den das
tragische Wissen zur Anschauung bringenden Dichter nur Material.
In diesem wird gezeigt, was eigentlich kämpft. Der Kampf wird zugleich deutend verstanden, sei es von den Handelnden selbst, sei es

vom Dichter und durch ihn vom Zuschauer. Diese Deutungen des Kampfes sind selber Wirklichkeiten. Denn von solchem Sinn geht der mächtigste Antrieb aus. Das Geschehen der Tragödie ist ein Offenbarwerden dieses Sinns.

Diese in der Dichtung selber vollzogenen Deutungen sind immanente oder transzendierende. Das Tragische ist immanent, zum Beispiel als Kampf des Einzelnen und des Allgemeinen (1) oder als Kampf sich in zeitlicher Folge ablösender geschichtlicher Daseinsprinzipien (2). Er ist transzendierend ein Kampf zwischen Menschen und Göttern (3) oder zwischen Göttern untereinander (4).

1. Der Einzelne und das Allgemeine: Der Einzelne steht gegen die allgemeinen Gesetze, Normen, Notwendigkeiten, untragisch als bloße Willkür gegen das Gesetz, tragisch als selbst wahre Ausnahme gegen die Norm.

Das Allgemeine verdichtet sich in den Mächten der Gesellschaft, in Ständen, Ordnungen, Ämtern (Gesellschaftstragik). Oder es verdichtet sich im Inneren des menschlichen Charakters als Forderung ewiger Gesetze, die gegen die Kräfte und Wesenszüge dieses Einzelnen in ihm selbst stehen (Charaktertragik).

Solche Deutungen sind dichterisch meistens kraftlos. Nur reale Daseinskräfte und nur abstrakte Geltungen geben zwar eine rational zu entwickelnde Problematik auf, zeigen sich aber nicht als anschauliche Gestalten in hinreißenden Visionen der Seinstiefe. Ihre Durchsichtigkeit erschöpft die Sache. Wenn die Unendlichkeit eines Unfaßlichen ausbleibt, so kommt am Ende doch nur Elend, nicht Tragik zur Darstellung. Diese Art eignet nur modernen Tragödien seit der Aufklärung.

2. Geschichtliche Daseinsprinzipien gegeneinander: Eine geschichtsphilosophische Totalauffassung sieht die Verwandlung der menschlichen Zustände in einer sinnvollen Aufeinanderfolge von geschichtlichen Daseinsprinzipien, die jeweils für den Gesamtzustand, die Handlungsweise, die Denkungsart maßgebend sind. Sie lösen sich nicht plötzlich ab. Das Alte lebt noch, während das Neue sich entfaltet. Der machtvolle Durchbruch des Neuen muß zunächst scheitern an der Beständigkeit und der noch wirksamen Kohärenz des Alten. Der Übergang ist der Ort des Tragischen. Die großen Helden der Geschichte sind nach Hegel solche tragischen Gestalten, in denen sich die neue Idee rein, bedingungslos verkörpert. Sie gehen auf in strahlendem Glanze. Was sie eigentlich bringen, wird zunächst noch nicht bemerkt, bis das Alte die Gefahr unbestimmt fühlt und nun alle seine Kräfte sich zusammenfinden, um das Neue in der Gestalt seines gewaltigsten Repräsentanten zu vernichten. Ob Sokrates oder Cäsar –

die erste siegreiche Gestalt des neuen Prinzips wird zugleich das Opfer an der Grenze der Zeitalter. Das Alte hat sein Recht, denn es ist noch da, lebt und erweist sich in seiner reichen und geformten überlieferten Lebensverwirklichung, obgleich der Keim des Verderbens sein Absterben schon eingeleitet hat. Das Neue hat sein Recht, aber dieses ist noch nicht durch die verwirklichte Ordnung eines Gesellschaftszustandes und einer Bildung geschützt, sondern vorläufig noch wie in einem leeren Raum. Aber nur den Helden, die erste große Erscheinung des Neuen, vermag das Alte in einem letzten Krampf der Anspannung seiner Kräfte zu zerstören. Die zweiten Durchbrüche, nun untragisch, gelingen. Plato oder Augustus sind die glänzend Siegreichen, Verwirklichenden, durch Werk Prägenden, eine Zukunft Gestaltenden, die selber leben im Blick auf den ersten Helden, der das Opfer war.

Hier handelt es sich um eine geschichtsphilosophische Deutung, die bei immanent bleibender Spekulation doch die in der Tat unerkennbaren Ganzheiten substantiiert in einer Analogie zu Dämonisierungen.

3. Mensch und Götter: Der Kampf findet statt zwischen dem einzelnen Menschen und den »Mächten«, zwischen Mensch und Dämonen, zwischen Mensch und Göttern. Diese Mächte sind unfaßlich. Will der Mensch sie greifen, auch nur verstehen, so entweichen sie. Sie sind da und nicht da. Derselbe Gott ist hilfreich und bösartig.

Der Mensch weiß nicht. Wissenslos und unbewußt verfällt er den Mächten, denen er entrinnen wollte.

Der Mensch empört sich gegen Götter, wie der keusche, der Artemis dienende Jüngling Hippolytus gegen Aphrodite. Er erliegt im Kampf mit der Übermächtigen.

4. Götter gegeneinander: Der Kampf ist eine Kollision der Mächte, der Götter selbst; der Mensch nur ein Spielball dieser Kämpfe oder Schauplatz oder ihr Medium; aber des Menschen Größe ist es gerade, solches Medium zu werden, als welches er beseelt wird und identisch mit den Mächten.

In der Antigone des Sophokles sind die verborgenen Götter chthonischer und politischer Herkunft solche Mächte im Untergrund, die miteinander kämpfen. Ganz offenbar aber und im Vordergrund selbst sind in den Eumeniden des Äschylus die Götterkämpfe im Handeln der Menschen das Entscheidende. Im Prometheus kommen diese Kämpfe als solche sogar ohne Auftreten des Menschen zur Darstellung.

In den tragischen Anschauungen sind jederzeit Kämpfe sichtbar. Ist aber der Kampf als Kampf tragisch? Oder wenn nicht, wodurch wird ein Kampf tragisch? Weitere Momente der tragischen Anschauung sind unerläßlich.

cc) Sieg und Unterliegen

Was oder wer siegt in der Tragödie? Menschen und Mächte stehen in Kollisionen. In der Entscheidung scheint zugunsten des Siegenden eine Position eingenommen. Wer scheitert, hat unrecht. Aber so ist es keineswegs. Vielmehr ergeben sich im Tragischen folgende Aspekte:

a) Es ist der Sieg nicht in dem das Dasein Behauptenden, sondern im Unterliegenden. Er *siegt im Scheitern*. Der Siegende ist das durch einen ephemeren, selbst nur scheinbaren Sieg Minderwertige.

b) Es *siegt das Allgemeine*, die Weltordnung, die sittliche Ordnung, das universale Leben, das Zeitlose – aber in der Anerkennung dieses Allgemeinen liegt zugleich eine Verwerfung: das Allgemeine ist von dem Charakter, daß das Scheitern dieser sich ihm widersetzenden menschlichen Größe notwendig wird.

c) Es *siegt eigentlich nichts*. Vielmehr wird alles fragwürdig, sowohl der Held wie das Allgemeine. Vor dem *Transzendenten* ist alles endlich und relativ, damit wert, vernichtet zu werden, das Einzelne und das Allgemeine, die Ausnahme und die Ordnung. Der außerordentliche Mensch und die erhabene Ordnung, beide haben ihre Grenze, an der sie scheitern. Das Transzendente siegt in der Tragödie – oder siegt auch nicht, denn es spricht nur durch das Ganze, aber herrscht nicht und unterwirft sich nicht, weil es einfach *ist*.

d) In Sieg und Niederlage, im Prozeß einer Lösung stiftet sich eine *neue*, aber *ihrerseits geschichtliche Ordnung*, die nun zunächst für dieses tragische Wissen Geltung hat. Der Rang des tragischen Dichters bestimmt sich durch den Gehalt dessen, was er aus Sieg und Niederlage und ihrer Lösung entspringen läßt.

dd) Schuld

Das Tragische wird sich verständlich als Folge der Schuld und als die Schuld selbst. Der Untergang ist Buße der Schuld.

Die Welt zwar ist voll von schuldlosem Untergang. Das verborgene Böse vernichtet ohne Sichtbarkeit, es tut, wovon niemand hört; keine Instanz in der Welt erfährt auch nur davon (wie im Verlies der Burg ein Mensch einsam zu Tode gequält wurde). Menschen sterben als Märtyrer, ohne Märtyrer zu sein, sofern ihre Zeugenschaft niemand wahrnimmt und nie erfahren wird. Das Quälen und Verderben der Wehrlosen geschieht auf der Erdoberfläche alle Tage. Über ein Äußerstes empört sich Iwan Karamasoff angesichts der Säuglinge, die von Türken im Krieg zu ihrem Vergnügen getötet wurden. Diese ganze herzzerreißende, schaurige Wirklichkeit ist nicht Tragik, sofern das Unheil nicht Buße einer Schuld und ohne Zusammenhang mit dem Sinn dieses Lebens ist.

Aber die Frage nach der Schuld beschränkt sich nicht auf das Tun und Leben des einzelnen Menschen, sondern geht auf das Menschsein im Ganzen, dem jeder von uns angehört. Wo ist die Schuld an diesem schuldlosen Verderben? Wo ist die Macht, die unschuldig elend macht?

Wo Menschen diese Frage klar wurde, da erwuchs auch der Gedanke der Mitschuld. Alle Menschen sind solidarisch. Das liegt an der ihnen gemeinsamen Wurzel ihrer Herkunft und an ihrem Ziel. Dafür ein Zeichen, nicht eine Begründung ist die Betroffenheit von dem für den endlichen Verstand absurden Gedanken: ich bin schuldig an dem Bösen, das in der Welt geschieht, wenn ich nicht bis zum Opfer meines Lebens getan habe, was ich konnte, um es zu verhindern; ich bin schuldig, weil ich lebe und weiterleben kann, während dies geschieht. So ergreift jeden die Mitschuld für alles, was geschieht.

Von Schuld wird also zu sprechen sein in dem weiteren Sinn einer Schuld des Daseins schlechthin, und im engeren Sinn einer Schuld dieser einen je bestimmten Handlung. Wo die eigene Schuld nicht auf einzelne greifbare unrechte Handlungen beschränkt, sondern tiefer im Grunde des Seins des Daseins erblickt wird, da ist der Schuldgedanke ein umfassender. Die Weisen der Schuld, wie sie dem tragischen Wissen erscheinen, sind daher folgende:

Erstens: Das Dasein ist Schuld. Schuld im weiteren Sinne ist das Daseins als solches. Was schon Anaximander dachte, kehrt – wenn auch in ganz anderem Sinn – bei Calderon wieder: des Menschen größte Schuld ist, daß er geboren ward.

Das zeigt sich auch darin, daß ich durch mein Dasein als solches Unheil anrichte. Das Bild dafür ist der indische Gedanke: mit jedem Schritte, mit jedem Atemzuge vernichte ich kleinste Lebewesen. Ob ich etwas tue oder nicht tue, durch mein Dasein bewirke ich Einschränkung anderen Daseins. Im Erleiden wie im Tun verfalle ich der Schuld des Daseins.

a) Ein bestimmtes Dasein ist Schuld durch seine *Herkunft.* Zwar habe ich so wenig wie das Dasein überhaupt dieses mein Dasein selbst gewollt. Aber ohne Willen bin ich schuldig, weil ich ich bin, der diese Herkunft hat. Es ist die Schuld im Makel der durch meine Ahnen schuldhaften Herkunft.

Antigone ist geboren wider das Gesetz (als Tochter des Ödipus und dessen Mutter) – in ihr wirkt der Fluch der Herkunft – aber dies ihr Ausgeschlossensein von der Norm gehöriger Abstammung wird zugleich Grund spezifischer Tiefe und Menschlichkeit: sie hat das sicherste und unerschütterlichste Wissen um das göttliche Gesetz; sie stirbt, weil sie mehr ist als die anderen, weil ihre Ausnahme Wahrheit ist. Und sie stirbt gern; es ist Erlösung im Sterben für sie; auf dem ganzen Weg ihres Tuns ist sie mit sich einig.

b) Der jeweils bestimmte Charakter ist die Schuld des *Soseins*. Der Charakter selbst ist ein Schicksal – sofern ich mich von meinem Charakter, als ob ich ihm gegenüberstände, trenne.

Was ich bin als gemeine Artung, als Ursprung bösen Wollens, eigenwilligen Trotzes meines Mißratenseins, – das alles habe ich selbst nicht gewollt und nicht geschaffen. Aber ich bin darin schuldig. Meiner Schuld erwächst mein Geschick, ob ich nun sterbe wider Willen, unerlöst, oder ob ich scheitere in Umkehr, im Überschreiten meiner Artung aus einem tieferen Ursprung, vermöge dessen ich verwerfe, was ich war, ohne werden zu können, was ich möchte.

Zweitens: Die Handlung ist Schuld. Schuld im engeren Sinne liegt in der Handlung, die ich als eine bestimmte vollziehe, und zwar so, daß sie frei ist, nicht zu sein brauchte, auch anders sein könnte.

a) Die schuldhafte Handlung ist Verletzung des Gesetzes durch Willkür; ist bewußter Eigenwille gegen das Allgemeine ohne anderen Grund als den Eigenwillen selbst; ist Folge eines schuldhaften Nichtwissens, halbbewußter Umsetzungen und Verschleierungen der Motive. Hier handelt es sich um nichts als das Elend des Gemeinen und des Bösen.

b) Anders wird die Schuld der Handlung, die dem tragischen Wissen offenbar wird. Scheitern folgt einer Handlung, die als sittlich notwendig und wahr aus dem Ursprung der Freiheit hell hervorgeht. Der Mensch kann der Schuld nicht entrinnen, indem er recht und wahr handelt: die Schuld selbst hat einen Charakter von Schuldlosigkeit. Der Mensch nimmt es auf sich, weicht der Schuld nicht aus, und steht zu seiner Schuld, nicht aus Trotz des Eigenwillens, sondern aus der Wahrheit, die scheitern muß im Opfer.

Das tragische Wissen kann sich nicht vertiefen, ohne den Menschen größer zu sehen. – Daß er nicht Gott ist, läßt den Menschen klein sein und zugrunde gehen; – daß er die menschlichen Möglichkeiten bis zum Äußersten treibt und an ihnen selber wissend zugrunde gehen kann, ist seine Größe.

Daher ist im tragischen Wissen wesentlich, woran der Mensch leidet und scheitert, was er übernimmt, angesichts welcher Wirklichkeiten und in welchen Gestalten er sein Dasein preisgibt.

Der tragische Held – der gesteigerte Mensch – ist er selbst im Guten wie im Bösen, im Guten sich erfüllend und im Bösen sich vernichtigend, beide Male als Dasein scheiternd durch die Konsequenz, sei es des wirklich oder des vermeintlich Unbedingten.

Sein Widerstand, sein Trotz, sein Übermut treiben ihn in die »Größe« des Bösen. Sein Ertragenkönnen, sein Trotzdem, seine Liebe erheben ihn in das Gute. Immer ist er gesteigert durch die Erfahrung der Grenzsituationen. Der Dichter sieht ihn als Träger eines über individuelles Dasein Hinausgreifenden, einer Macht, eines Prinzips, eines Charakters, eines Dämons.

Die Tragödie zeigt den Menschen in seiner Größe jenseits von Gut und Böse. Der Dichter sieht wie Plato: »Meinst du, die großen Verbrechen und die vollendete Ruhelosigkeit erwüchsen aus einer gemeinen Natur und nicht vielmehr aus einer reichbegabten, ... während eine schwache Natur nie Urheberin von etwas Großem werden kann weder im Guten noch im Bösen?« ... Aus den bestbeanlagten Naturen »gehen sowohl diejenigen hervor, die den Staaten und den Einzelnen das größte Unheil bringen, wie auch ihre größten Wohltäter ... Von einer kleinlichen Natur dagegen geht nichts Großes aus, weder für den Einzelnen noch für den Staat.«

ff) Die Wahrheitsfrage

Tragik ist dort, wo die Mächte, die kollidieren, jede für sich wahr sind. Die Gespaltenheit des Wahrseins oder die Nichteinheit der Wahrheit ist ein Grundbefund des tragischen Wissens.

Daher ist in der Tragödie die Frage lebendig: Was ist wahr? und in deren Folge: Wer hat recht? Hat das Recht Erfolg in der Welt? Siegt das Wahre? Das Offenbaren von Wahrheit in allem Wirkenden und zugleich die Begrenzung dieses Wahren und damit das Offenbarwerden des Unrechts in allem ist der Prozeß der Tragödie.

Dann aber gibt es einige Tragödien (wie Ödipus und Hamlet), in denen der Held selbst nach der Wahrheit fragt. Die Möglichkeit des Wahrseins wird Thema und damit die Frage nach der Möglichkeit, nach dem Sinn und den Folgen des Wissens. Aus jenen beiden unerschöpflichen Tragödien heben wir deutend diesen Grundzug heraus:

Ödipus:
Ödipus ist der Mensch, der wissen will. Er ist der überlegene, denkende Rätselrater, der die Sphinx besiegt. Dadurch wird er zum Herrscher Thebens. Er ist dann der zu keiner Täuschung bereite Mensch, der ans Licht bringt, was er ungewußt an furchtbaren Taten getan hat. Dadurch bewirkt er seine Vernichtung. Er ist sich des Heils und des Unheils seines Forschens bewußt, beides ergreifend, weil er Wahrheit will.

Ödipus ist schuldlos. Um die vom Orakel geweissagten bösen Taten – Vatermord und Heirat der Mutter – nicht zu begehen, tut er alles, was er kann. Er meidet das Land derer, die er für seine Eltern halten muß. Ohne Wissen tötet er dann in einem anderen Land seinen wirklichen Vater, heiratet seine Mutter. »Nichts üb ich davon mit Willen.« – »Ich tat es unbewußt und nach der Satzung schuldlos.«

Die Tragödie stellt dar, wie Ödipus als Herrscher Thebens, um die drohende Pest vom Lande abzuhalten, erst ahnungslos sucht, dann ahnend zurückschreckt, dann unerbittlich an den Tag bringt.

Ödipus hört vom Orakel: der Mörder seines Vaters, der noch im Lande weile, müsse vertrieben werden, um die Pest abzuwenden. Aber wer ist der Mörder? Teiresias der Seher wird befragt und will nicht antworten:

> Weh! Schrecklich ist es, weise sein, wo's keinen Lohn
> Dem Weisen bringt! . . .
> Ihr alle seid ja Toren, ich enthülle nichts,
> Damit ich dein Verderben nicht enthüllen muß . . .

Ödipus dringt in ihn, beleidigt ihn, zwingt ihn zu sprechen und hört: er selber sei der Frevler, der das Land entheiligt habe. Ödipus, betroffen von dieser Unmöglichkeit, höhnt das unzuverlässige, listenreiche Seherwissen und stützt sich auf sein eigenes, vernünftig gegründetes Wissen, mit dem er – und nicht der Seher – die Sphinx besiegen konnte. Das vermochte er »durch Geist es treffend, nicht belehrt vom Vogelflug«.

Aber der Seher, nun aufs höchste gereizt, deutet die entsetzliche Wahrheit in Fragen an:

Doch ich verkünde, weil du mich als Blinden höhnst:
Du siehst, und sehend siehst du nicht, wie tief du sankst ...
Von wem du stammest, weißt du das?

Nun forscht Ödipus. Im Befragen seiner Mutter wird ihm der Tatbestand klar: Wissenwollen, überlegen im Forschen und Erkennen sein;
– und doch unwissend das Schlimmste tun – wobei dann doch Leben
und Glück gedeiht – bis das Wissen dieses wiederum ganz und gar
zerstört; – das ist die Verschlungenheit von Wahrheit und Leben, die
sich nicht löst:

Wer sagen wollte, daß ein grimmiger Dämon dies
Mir zugesendet, träf' er nicht das Richtige?

Zurückschreckend vor der ganzen Wahrheit, wünscht er zu sterben,
bevor er sie endgültig erkennen muß:

Mög ich aus der Sterblichen
Anblick zuvor entschwinden, eh' ich sehen muß,
Daß solchen Unheils grause Schmach mein Leben drückt!

Jokaste will ihn vergeblich zurücklenken in die fraglose, lebenermög-
lichende Unwissenheit:

Was hat der Mensch zu fürchten, den das Ungefähr
Beherrscht, und den kein sichrer Blick vorahnend lenkt?
Am besten lebt er ohne Harm, wie's eben geht.
Drum bange dir vor deiner Mutter Ehe nicht!
Denn viele Menschen sahen auch in Träumen schon
Sich zugesellt der Mutter; doch wer alles dies
Für nichtig achtet, trägt die Last des Lebens leicht.
... laß dies Forschen!

Aber keine Verführung kann Ödipus bewegen, die Wahrheit sich zu
verschleiern, nachdem er einmal Spuren fand:

Schauen muß ich's unverhüllt.

Als es für ihn am Tage liegt, reißt er sich die Augen aus. Sie sollen
hinfort in Nacht schauen, weil sie nicht gesehen haben:

was er geduldet Grauses, noch was er getan.

Der Chor aber zieht den Schluß auf das Ganze des Menschenlebens:
Leben ist Wahn, Wahnzerstörung ist Untergang:

> Ihr Menschengeschlechter, ach!
> Euch, die leben im Lichte, wie
> Zähl ich ähnlich dem Nichts euch!
> Denn welcher der Sterblichen
> Nimmt ein größeres Glück dahin,
> Als so viel ihm der Wahn verleiht,
> Bis vom Wahn er hinabsinkt?
>
> Durch dein gräßliches Los gewarnt,
> Dein unseliges Mißgeschick,
> Armer Ödipus, preis ich nichts
> Glückselig auf Erden.

Immer ist Ödipus mit seinem Wissenwollen und seinem überlegenen
Verstand auf ungewolltem Weg. Er verfällt dem Unheil des Wissens,
das er nicht ahnte:

> Du durch Bewußtsein und Geschick Unseliger!

Aber dieses unbedingte Wissenwollen und dieses bedingungslose
Aufsichnehmen ist im Scheitern eine andere Wahrheit. Mit Ödipus,
dem durch Wissen und Schicksal Unseligen, verbindet sich durch
göttlichen Willen ein neuer Wert. Seine Gebeine bringen dem Lande,
wo er ruht, Segen. Die Menschen mühen sich um den Toten und verehren sein Grab. Es vollzieht sich in ihm selbst eine innere Versöhnung, und im Gang der Dinge geschieht die Versöhnung dadurch, daß
sein Grab heilig wird.

Hamlet[1]:
Ein unnachweisbares Verbrechen ist geschehen. Der König von Dänemark ist ermordet von seinem Bruder, der darauf selbst den Thron
bestieg und die Gattin des Ermordeten heiratete. Ein Gespenst hat es
Hamlet, dem Sohn des ermordeten Königs, ihm allein, ohne Zeugen,
mitgeteilt. Niemand außer dem Verbrecher selbst, dem König, weiß
von dem Verbrechen. Wie die Ordnung in Dänemark jetzt ist, würde
niemand den Mord, teilte man ihn mit, glauben. Das Gespenst ist,

---

[1] Für die folgenden Deutungen verdanke ich Wesentliches: Karl *Werder*, Vorlesungen über Shakespeares Hamlet (1859–1860). 2. Aufl. Berlin 1893.

weil Gespenst, für Hamlet kein absolut gültiger Zeuge. Das Allerwesentlichste hat keinen Nachweis für sich und ist doch fast wie gewußt von Hamlet. Hamlets Leben hat durch diese Bindung die einzige Aufgabe, das Unnachweisbare nachzuweisen und, ist es nachgewiesen, zu handeln. Das ganze Drama ist das Wahrheitssuchen Hamlets. Die Wahrheit aber ist nicht allein die Antwort auf die isolierte Frage nach dem Tatbestand des Verbrechens, sondern mehr: der gesamte Weltzustand ist derart, daß dies geschehen konnte, daß es verborgen bleiben konnte, daß es jetzt sich der Offenbarmachung entzieht. Im Augenblick, als die Aufgabe für Hamlet klar ist, weiß er auch:

> Die Zeit ist aus den Fugen: Schmach und Gram,
> Daß ich zur Welt, sie einzurichten, kam! (I, 5)

Wem geschah, was Hamlet geschah – wer weiß, was niemand weiß, und es doch nicht gewiß weiß –, dem zeigt sich alle Welt neu und anders. Er bewahrt bei sich, was er nicht mitteilen kann. Jeder Mensch, jede Situation, jede Ordnung erweist sich durch Widerstand, dadurch, daß sie Mittel werden zum Verdecken der Wahrheit, als selber unwahr. Alles ist brüchig. Es versagen, je auf ihre Weise, auch die wohlmeinendsten Besten (Ophelia, Laertes). »Ehrlich sein heißt, wie es in dieser Welt hergeht, ein Auserwählter unter Zehntausenden sein« (II, 2).

Hamlets Wissen und Wissenwollen trennt ihn von der Welt. Er kann in ihr nicht ihr gemäß sein. Er spielt die Rolle des Wahnsinnigen. Wahnsinn ist in der falschen Welt die Maske, die ihm erlaubt, nicht mit seiner Gesinnung zu heucheln, nicht Respekt zu bezeugen, wo er keinen hat. Er kann in der Ironie wahrhaftig sein. Was er, wahr oder unwahr, sagt, vermag er – für alle zweideutig – durch die Rolle des Wahnsinns zu decken. Wahnsinn ist die angemessene Rolle, die er wählt, weil die Wahrheit keine andere zuläßt.

Im Augenblick, in dem Hamlet sein Ausnahmeschicksal im Ausgeschlossensein bewußt wird und er in seiner Erschütterung blitzartig weiß, was ihm geschieht, spricht er, gleichsam Abschied nehmend von allen Möglichkeiten geborgenen Menschseins, und diesen Abschied wieder verbergend, zu seinen Freunden:

> Ihr tut, was euch Beruf und Neigung heißt –
> Denn jeder Mensch hat Neigung und Beruf,
> Wie sie denn sind –, ich, für mein armes Teil,
> Seht ihr, will beten gehn. (I, 5)

Aber die angenommene Maske ist nur eine Rolle im Umgang. Hamlet muß eine tatsächliche Rolle übernehmen, die des Wahrheitssuchens in einer radikal unwahren Welt und die des Rächers des geschehenen Verbrechens. Diese Rolle kann gar nicht eindeutig, rein, unversehrt durchgeführt werden. Hamlet muß die Qual der Spannung zwischen seinem Wesen und der ihm zugewiesenen Rolle auf sich nehmen, so daß er sich selbst nicht rein erblicken, sondern, wie in Verkehrung angetroffen, auch verwerfen muß. Daraus allein sind seine Urteile über sich selbst zu verstehen:

Hamlet hat manchen Interpreten gegolten als der Entschlußunfähige, Nervöse, als der Zögernde und Versäumende, der Träumer und Nichttäter. Viele Selbstanklagen scheinen zu bestätigen, daß es so sei:

> Und ich,
> Ein blöder, schwachgemuter Schurke, schleiche
> Wie Hans der Träumer . . . (II, 2)

> So macht Bewußtsein Feige aus uns allen;
> Der angebornen Farbe der Entschließung
> Wird des Gedankens Blässe angekränkelt;
> Und Unternehmungen voll Mark und Nachdruck,
> Durch diese Rücksicht aus der Bahn gelenkt,
> Verlieren so der Handlung Namen . . . (III, 1)

> Wie jeder Anlaß mich verklagt und spornt
> Die träge Rache an! . . .
>   . . . oder sei's
> Ein banger Zweifel, welcher zu genau
> Bedenkt den Ausgang – ein Gedanke, der,
> Zerlegt man ihn, ein Viertel Weisheit nur
> Und stets drei Viertel Feigheit hat – ich weiß nicht,
> Weswegen ich noch lebe, um zu sagen:
> »Dies muß geschehn«, da ich doch Grund und Willen
> Und Kraft und Mittel hab', um es zu tun. (IV, 4)

In der Tat, Hamlet muß untätig erscheinen, immer findet er einen Grund, nicht zu handeln. Und er selbst vor sich selbst erscheint sich so. Jedes der zitierten Worte spricht er, um sich selber anzutreiben zur Tat.

Aber das ist ja der Grundzug der Tragödie: daß Hamlet ständig aktiv ist auf das Ziel der Wahrheit und des wahrheitsgemäßen Handelns hin – daß seine Gründe des Zögerns durchaus und ganz berechtigt sind gerade an dem eigentlichen Maßstab des Wahrseins. Die ihm vom Schicksal aufgezwungene Situation bewirkt diesen Schein des von Reflexion gelähmten Schwächlings.

Keineswegs ist Hamlet feige oder unentschlossen überhaupt. Das Gegenteil wird wieder und wieder offenbar:

> Mein Leben acht ich keiner Nadel wert. (I, 4)

Er riskiert sich in der Tat in verwegener Weise, wo immer er erscheint. Er ist geistesgegenwärtig, findet augenblicklich die angemessenen Entschlüsse (etwa im Umgang mit Rosenkranz und Güldenstern). Er ist der allen Überlegene, er ist tapfer, ficht mit dem Degen so gut wie mit seinem Witze. Nicht sein Charakter lähmt ihn. Nur die Situation des wissenden und nicht wissenden Menschen – mit souveräner Kraft des Durchschauens bis in den letzten Grund – läßt ihn zögern. Wenn sein Temperament ihn im höchstgesteigerten Affekt einen Augenblick überwältigt und er, in der Meinung, den König zu treffen, den Polonius tötet, so ist er keineswegs mit sich einverstanden, auch nicht, wenn es der König gewesen wäre. Denn zum Sinn seiner Aufgabe gehört, daß dem Zeitalter überzeugend offenbar wird, was der König getan hat, nicht nur, daß er rächend getötet wird. Mißt man an der Drastik durchschnittlich blinden Zugreifens sogenannter entschlossener Menschen, so handelt Hamlet nicht, das heißt nicht in gedankenloser Unmittelbarkeit: Er ist gleichsam befangen im Wissen und im Wissen des Nichtwissens, während die nur Entschlossenen in ihrem starken Behaupten, ihrem gedankenlosen Gehorsam, ihrem fraglosen Zuschlagen, ihrer brutalen Gewalt real befangen sind durch die Enge ihrer Illusionen. Nur eine stumpfe Begeisterung für jene drastische unmittelbare Täterschaft der im Selbstsein passiven Menschen könnte Hamlet wegen Untätigkeit schelten.

Das Gegenteil ist wahr. Was Hamlet im Augenblick des Klarwerdens seiner Aufgabe sagt:

> Mein Schicksal ruft,
> Und macht die kleinste Ader dieses Leibs
> So fest als Sehnen des Nemeer Löwen (I, 4)

das hat er gehalten bis zuletzt, bis in die Wendungen seiner schnellen Entschlüsse im Kampf mit Laertes, durch den er seinen Tod findet. In jeder Nuance ist diese Spannung von hellstem Sehen und aktivem Einsatz als Bewegung auf das Ziel zu – nur einmal, beim Erstechen des Polonius, unterbrochen durch eine blinde Tat des nicht mit voller

Hellsicht gepaarten Affekts. Daß aber nicht Tat und Maske als solche schon die ganze Wahrheit sind, sondern diese erst in Verbindung mit ihrer Offenbarkeit im Wissen der Zeitgenossen wird, auf die sein Wille geht, das bezeugen die letzten Worte des Sterbenden an Horatio, der mit ihm sterben will:

> Welch ein verletzter Name, Freund,
> Bleibt alles so verhüllt, wird nach mir leben!
> Wenn du mich je in deinem Herzen trugst,
> Verbanne noch dich von der Seligkeit,
> Und atm' in dieser herben Welt mit Müh',
> Um mein Geschick zu melden. (V, 2)

Hamlets unauflösbares Schicksal im uneingeschränkten Wahrheitswillen vermag nicht hinzuweisen auf das Rechte und Wahre und Gute an sich. Es endet im Schweigen. Und doch sind einige gleichsam feste Punkte angedeutet, die zwar nicht das Wahre an sich sind, die aber im Prozeß des Schicksals Hamlets Zustimmung finden, nicht für ihn, aber von ihm her für andere. Es ist sein Ja in der Welt als seine Bejahung von Männern, die in der Tragödie als zu ihm gehörende Kontraste noch einmal sein Ausnahmewesen und Schicksal in eine fast unzugängliche Höhe heben: Horatio gehört zu Hamlet als sein einziger Freund: der Mann, wahrhaftig und treu, fähig zu ertragen, dem Tode bereit, zu dem Hamlet sprechen kann:

> Seit meine teure Seele Herrin war
> Von ihrer Wahl, und Menschen unterschied,
> Hat sie dich auserkoren. Denn du warst,
> Als littst du nichts, indem du alles littest;
> Ein Mann, der Stöß' und Gaben vom Geschick
> Mit gleichem Dank genommen: und gesegnet,
> Wes Blut und Urteil sich so gut vermischt,
> Daß er zur Pfeife nicht Fortunen dient,
> Den Ton zu spielen, den ihr Finger greift.
> Gebt mir den Mann, den seine Leidenschaft
> Nicht macht zum Sklaven, und ich will ihn hegen
> Im Herzensgrund, ja in des Herzens Herzen,
> Wie ich dich hege. – Schon zu viel hiervon. (III, 2)

Horatio als Wesen und Charakter ist dem Hamlet verwandt. Aber Aufgabe und Schicksal führen Hamlet den absolut einsamen Weg einer Grunderfahrung, die er mit niemandem teilen kann.

Fortinbras ist der Mann, der fraglos in der unbefangenen Illusion der Weltrealität und in der Aktivität in bezug auf sie lebt. Er handelt unbekümmert. Er hält auf Ehre. Nach Hamlets Tod erklärt er schlicht:

> Was mich betrifft, mein Glück umfang' ich trauernd;
> Ich habe alte Recht' an dieses Reich,
> Die anzusprechen mich mein Vorteil heißt. (V, 2)

Er nutzt sogleich, was geschehen ist, aber respektiert mit leisem Erschrecken das Schicksal des Toten und bestätigt, indem er ihm die höchsten Ehren zu erweisen befiehlt, noch einmal den Rang Hamlets, wie er auf dem Throne Dänemarks in der Welt sich gezeigt hätte:

> denn er hätte,
> Wär' er hinaufgelangt, unfehlbar sich
> Höchst königlich bewährt . . . (V, 2)

Fortinbras, dieser nichtwissende und seines Nichtwissens unbewußte Realist, kann leben. Er hat die endliche Stärke, befangen in den natürlichen Zwecken seiner Stellung, nichts ahnend von der Trostlosigkeit des nur endlichen Daseins. Aber für die endlichen Zwecke der Welt findet er die Zustimmung Hamlets, des Wissenden: »er hat mein sterbend Wort« (V, 2).

Wie sehr aber trotz Adel des Fortinbras ein solches Leben der Ehre in sich begrenzt und falsch ist, kam früher zum Ausdruck, als Hamlet sich an Fortinbras maß:

> Wahrhaft groß sein, heißt,
> Nicht ohne großen Gegenstand sich regen, –
> Doch einen Strohhalm selber groß verfechten,
> Wenn Ehre auf dem Spiel . . .
> Ich seh' indes beschämt
> Den nahen Tod von zwanzigtausend Mann,
> Die für 'ne Grille, ein Phantom des Ruhms,
> Zum Grab gehn wie ins Bett . . . (IV, 4)

Hamlet kann weder Horatio noch Fortinbras sein. Fehlt ihm selbst jede Erfüllungsmöglichkeit? In der Furchtbarkeit der aufgebrochenen Wahrheitsfrage scheint es für ihn keine Verwirklichung mehr zu geben als nur Negatives. Doch ein einziges Mal läßt der Dichter dem Hamlet eine eigene Möglichkeit seiner Erfüllung einen Augenblick gegenwärtig sein, als er glaubend an Ophelia schrieb:

> Zweifle an der Sonne Klarheit,
> Zweifle an der Sterne Licht
> Zweifl', ob lügen kann die Wahrheit,
> Nur an meiner Liebe nicht. (II, 2)

An einem absoluten Maßstab erfährt Hamlet in sich ein Unerschütterliches, mehr als Wahrheit, die doch – das Tragische dieser Tragödie – in jeder Gestalt auch täuschen kann –, aber Ophelia versagt. Hamlets Möglichkeit versinkt im entsetzlichsten Riß seiner Seele.

Hamlets Weg der Wahrheit zeigt keine Erlösung. Es ist ein Raum des Nichtwissens, ein ständiges Fühlen der Grenzen, das dieses Schicksal aufnimmt. Ist an der Grenze das Nichts? Daß die Grenzen nicht nichts ankündigen, geht in leisen Andeutungen, die doch das Ganze zu tragen scheinen, durch diese Dichtung:

Hamlet verweigert sich dem Aberglauben – aber nicht nur aus der Klarheit seines Wissens, sondern aus einem Vertrauen zu einem unbestimmten Allumgreifenden:

»Ich trotze allen Vorbedeutungen: es waltet eine besondere Vorsehung über den Fall eines Sperlings. Geschieht es jetzt, so geschieht es nicht in Zukunft . . .

In Bereitschaft sein ist alles. Da kein Mensch weiß, was er verläßt, was kommt darauf an, frühzeitig zu verlassen?« (V, 2)

Und noch entschiedener auf das konkrete Tun gerichtet:

> Laßt uns einsehn,
> Daß Unbesonnenheit uns manchmal dient,
> Wenn tiefe Plane scheitern; und das lehr' uns,
> Daß eine Gottheit unsre Zwecke formt,
> Wie wir sie auch entwerfen. (V, 2)

Nicht das Nichts, sondern Transzendenz wird fühlbar in den Weisen, wie Hamlet sein Nichtwissen ausspricht:

> Es gibt mehr Ding' im Himmel und auf Erden,
> Als eure Schulweisheit sich träumt, Horatio. (I, 5)

Die Haltung des Nichtwissens scheint eine unbegreiflich erfüllte, wenn der dem Hamlet erscheinende Geist verweigert, weiter zu sprechen:

> Doch diese ew'ge Offenbarung faßt
> Kein Ohr von Fleisch und Blut (I, 5)

und in dem letzten Worte Hamlets:

> Der Rest ist Schweigen. (V, 2)

Nach aller Zurückhaltung im Indirekten wird das Siegel gesetzt durch das ergreifende Wort Horatios zum Toten:

> Da bricht ein edles Herz. – Gute Nacht, mein Fürst!
> Und Engelscharen singen dich zur Ruh'! (V, 2)

Wohl keinem seiner sterbenden Helden hat Shakespeare solch Geleit gegeben. Hamlet ist – angesichts des stoischen Weisen, des christlichen Heiligen, des indischen Einsiedlers – zwar kein Typus, der eine verbreitete Lebensform zum Ausdruck bringt. Aber Hamlet ist einzig als der adlige Mensch, unbeirrbar im Willen zur Wahrheit und menschlicher Höhe, der ganz eintritt in die Welt, sich ihr nicht entzieht, vielmehr von ihr ausgeschlossen wird, der Mensch in seinem ganzen Sichpreisgeben an das Schicksal, in seinem unpathetischen Heldentum.

Es ist die Situation des Menschen, die in den Gleichnissen des Hamletdramas zur Darstellung kommt. Ist die Wahrheit zu finden? Ist mit der Wahrheit zu leben möglich? Auf diese Frage antwortet die Situation des Menschen: Die Kraft des Lebens erwächst aus Blindheit, im geglaubten Mythos und in seinen Surrogaten aus vermeintlichem Wissen, in Fraglosigkeiten, in beschränkenden Unwahrheiten. Die Wahrheitsfrage in der menschlichen Situation stellt eine unlösbare Aufgabe:

Die Wahrheit in ganzer Offenbarkeit lähmt – wenn nicht ein unerhörter Heroismus wie in Hamlet ohne Verschleierungen in ständiger Bewegung der erschütterten Seele den Weg zu finden vermag. Die Reflexion (das Bewußtsein) schwächt, wenn nicht in der Helle gerade der unerschütterte Antrieb eines Wesens erst recht zur Entfaltung kommt. Aber die Kraft verzehrt sich ohne Verwirklichung und gibt das Bild einer übermenschlichen, nicht unmenschlichen Größe im Scheitern. Es ist dasselbe von anderen Gesichtspunkten: Wenn Nietzsche begreift, daß die Wahrheit nicht einzuverleiben, vielmehr Irren notwendig ist (nämlich in bezug auf die Grundwahrheiten, welche jeweils Lebensbedingungen sind). Oder wenn Hölderlin den Empedokles freveln läßt dadurch, daß er die ganze Wahrheit dem Volke bringen will. Es ist immer wieder die Frage: Muß der Mensch an der Wahrheit sterben? Ist Wahrheit der Tod?

Die Hamlettragödie ist das Wissen im Schaudern an der Grenze des

Menschen. Es ist darin kein Warnen, kein Vorzuggeben, sondern Wissen um das Sein im Nichtwissen des Wahrheitswillens, mit dem das Dasein scheitert, »der Rest ist Schweigen«.

c) Die Subjektivität des Tragischen

Das tragische Wissen ist kein unbetroffenes, nur erkennendes Zusehen. Es ist ein Erkennen, in dem ich selbst werde durch die Weise, wie ich zu erkennen meine, erblicke und fühle. In diesem Wissen vollzieht sich eine Verwandlung des Menschen. Diese geht den Weg der Erlösung, eines Aufschwungs zum Sein in Überwindung des Tragischen. Oder sie geht den Weg eines Verfallens in die ästhetische Unverbindlichkeit eines Anschauens, das den Menschen zerstreut, unernst und bodenlos macht.

aa) Begriff der Erlösung überhaupt

Preisgegeben in der Welt, allem Elend überantwortet, ausweglos vor der drohenden Vernichtung drängt der Mensch zur Rettung, ob Hilfe in der Welt oder Heil in der Ewigkeit, ob Befreiung von augenblicklicher Not oder Erlösung von der Not überhaupt.

Die Rettung leistet die praktische Aktivität eines jeden Menschen in seiner Situation mit seinen Gefährten. Darüber hinaus aber bringen seit unvordenklichen Zeiten besondere ausgezeichnete oder besessene Menschen als Zauberer, Schamanen, Priester mit besonderen, nur ihnen zugänglichen Mitteln Hilfe.

Es ist ein tiefer Einschnitt in der Geschichte der Menschheit (im letzten Jahrtausend vor Christus), wenn das Bewußtsein die Universalität der Not denkt und seine Erlösung von ihr durch Propheten und Heilande findet, die sich an den Menschen als Menschen wenden, universalen Anspruch stellen und allen helfen wollen. Die Not ist nicht mehr nur die alltägliche des Daseins, nicht mehr nur Krankheit, Alter, Tod, sondern eine Grundverfallenheit des Menschseins und der Welt (durch Nichtwissen, durch Sünde, durch Unordnung); Heilande, Weltordner und Friedensbringer leisten dann nicht eine partikulare Hilfe in der Welt für diesen Augenblick, sondern mit dieser Hilfe – oder sogar ohne sie – mehr: sie zeigen die Erlösung im Ganzen.

Diese liegt in einem objektiven Geschehen, das durch Offenbarung dem Menschen bekannt wird, so daß er nun den rechten Weg im Ganzen wissen und für sich selbst darin finden kann. Das Weltgeschehen kann entweder ungeschichtlich als ein immer wiederkehrendes Geschehen in Kreisläufen gedacht oder als einmaliges geschichtlich begriffen werden mit den großen entscheidenden Ereignissen des Abstürzens und des Wiedergewinnens, und mit den Schritten der Offenbarung. Es ist in jedem Falle ein Allgemeines und Übergreifendes, sei es allgemeiner Gesetze, oder eines einen allgemeinen Geschichtsverlaufs. Aus diesem Umgreifenden, das gegenständlich bewußt wurde, wird alle Not erkannt und überwunden. Der Einzelne nimmt teil daran durch Disziplin und Askese; durch mystische Prozesse seines Bewußtseins; er wird emporgehoben durch Gnade, durch Wiedergeburt seines Wesens in einer Metamorphose.

Immer liegt in der Erlösung mehr als Hilfe für dies und jenes Unglück. Das Elend selbst und die Befreiung von ihm werden aus dem Grund der Dinge als ein metaphysischer Prozeß erfahren.

bb) Tragik und Erlösung

Die tragische Anschauung ist eine Weise, in der die menschliche Not metaphysisch verankert gesehen wird. Ohne metaphysischen Grund ist bloß Elend, Jammer, Unglück, Mißraten und Mißlingen, das Tragische zeigt sich erst dem transzendierenden Wissen.

Dichtungen, in denen nur das Schaurige als solches, Raub, Mord, Intrige, – kurz alle Sensation des Fürchterlichen –, dargestellt wird, sind nicht Tragödien. Dazu gehört, daß der Held in das tragische Wissen gestellt und daß der Zuschauer in es gebracht wird. Damit entsteht die Frage der Erlösung vom Tragischen oder die Frage nach dem eigentlichen Sein.

Die Frage ist anders für den tragischen Helden, der wirklich in der Grenzsituation steht, und für den Zuschauer, der als solcher sie nur in der Möglichkeit erfährt. Der Zuschauer aber ist eigentlich dabei nur, wenn er sich identifiziert: was auch für ihn möglich ist, erfährt er, als ob es schon wirklich sei, weil er sein Selbst aufgegeben hat im Selbst des Menschen, als der er eins mit allen anderen ist. Ich selbst bin in den Menschen, die in der Tragödie dargestellt sind. Aus dem Leid spricht es zu mir: Das bist du! »Mitleid« nicht im Sinne weichen Beklagens, sondern des Selber-darin-Seins, macht den Menschen zum Menschen. Daher die Atmosphäre der Menschlichkeit in den großen Tragödien. Weil aber der Zuschauer sich in der Tat in Sicherheit befindet, kann er so leicht aus dem Ernst des betroffenen Menschseins in die ästhetische Unverbindlichkeit seines Erlebens geraten und damit es verderben zu unmenschlicher Lust am Schaurigen und Grausamen oder zu moralischer Selbstgerechtigkeit oder zu Selbstbetrug mit billigen Gefühlen irrealen Selbstwerts in der Identifikation mit edlen Helden.

Im Helden der Dichtung vollzieht sich das tragische Wissen. Er erleidet nicht nur Elend, Ruin, Untergang, sondern er weiß darum. Er weiß es nicht nur, sondern seine Seele gerät in die äußerste Zerrissenheit. Die Tragödie stellt den Menschen dar in seiner Verwandlung durch die Grenzsituationen. Der Held erfaßt die tragische Atmosphäre wie Kassandra; er bezieht sich fragend auf die Lenkung der Dinge; er wird sich im Kampfe der Macht bewußt, der er angehört, und die nicht alles ist; er erfährt und befragt seine Schuld; er stellt die Frage nach dem Wahrsein; er vollzieht mit Bewußtsein den Sinn von Sieg und Unterliegen.

Die Anschauung des Tragischen bedeutet ineins mit dem Transzendieren zugleich eine Befreiung. Im tragischen Wissen ist der Drang zur Erlösung nicht mehr nur der Drang zur Rettung aus Not und Elend, sondern zur Erlösung aus der tragischen Seinsverfassung im Transzendieren. Hier aber ist der radikale Unterschied, ob die Erlösung im Tragischen geschieht oder ob eine Erlösung vom Tragischen stattfindet. Entweder bleibt das Tragische bestehen, und der Mensch befreit sich, indem er es aushält und sich darin verwandelt, oder die Tragik selber wird gleichsam erlöst, sie hört auf, sie war; der Weg durch sie hindurch mußte gegangen werden, aber sie ist durchdrungen, aufgehoben, im Grunde bewahrt und zum Grunde geworden für das eigentliche Leben, das nun nicht mehr tragisch ist. Ob im Tragischen oder ob in Überschreitung des Tragischen, der Mensch findet nach der ratlosen Verwirrung seine Erlösung. Er versinkt nicht in das Dunkel und nicht in das Chaos, sondern landet gleichsam auf einem Boden in einer Seinsgewißheit und Befriedigung durch sie. Aber diese ist nicht eindeutig. Nur durch die Gefahr radikaler Verzweiflung wurde sie erworben. Diese bleibt als Drohung und Möglichkeit.

cc) Erlösung im Tragischen

Der Zuschauer erfährt angesichts der Dichtung, was ihm Erlösung bringt. Es ist nicht mehr wesentlich Schaulust, Zerstörungsbedürfnis, Drang nach Reiz und Erregung, sondern in diesem allen ein Tieferes, das ihn vor dem Tragischen überwältigt: der Ablauf seiner Erregungen, geführt durch ein im Anschauen wachsendes Wissen, bringt ihn in Berührung mit dem Sein selbst derart, daß von daher sein Ethos im wirklichen Leben Sinn und Antrieb erhält. Was in dieser Anschauung eines Allgemeinen geschieht, ist jedenfalls eine Befreiung, die durch völliges Ergriffensein vom Tragischen selber erfolgt. Wie dieses aber zu deuten sei, darauf gibt es eine Reihe von Antworten, deren jede etwas Wichtiges trifft, ohne daß sie, auch alle zusammengenommen, der Wirklichkeit dieses erfüllenden Grundanschauens im tragischen Wissen Genüge täten:

a) Im tragischen Helden schaut der Mensch seine eigene Möglichkeit: standzuhalten, was auch immer geschieht.

Die heroische Bewährung bis zum Untergang zeigt die Würde und Größe des Menschen. Er kann tapfer sein und unerschüttert in der Verwandlung sich wiederherstellen, solange er lebt. Er kann sich opfern.

Wo aller Sinn verschwindet, alle Wißbarkeit aufhört, da taucht im Menschen aus der Tiefe etwas auf: die Selbstbehauptung des Seins, die sich vollzieht im Dulden – »schweigend muß ich meinem Los entgegengehen« – und sich vollzieht in der Tapferkeit des Lebens und in der Tapferkeit, an der Grenze des Unmöglichwerdens mit Würde den Tod zu ergreifen. Wo das Eine oder das Andere das Wahre ist, läßt sich nicht objektiv errechnen. Sinnlich unmittelbar kann es aussehen, wie der Trotz des Lebens, zu leben um jeden Preis; darin aber kann der Gehorsam liegen: auszuharren auf dem Platze, auf den ich gestellt bin, schlechthin, fraglos und nicht fragend. Sinnlich unmittelbar kann es andererseits aussehen wie Angst, die aus dem Leben flieht; darin aber kann die Tapferkeit liegen, zu sterben, wo ein würdeloses Leben erzwungen werden soll und Angst vor dem Tode an diesem Leben festhielte.

Was aber ist tapfer? – nicht schon die Vitalität als solche, nicht die Energie bloßen Trotzes, sondern die Freiheit von der Daseinsgebundenheit, das Sterbenkönnen, worin, wenn die Seele aushält, ihr mit dem Aushalten das Sein offenbar wird. Die Tapferkeit ist etwas den eigentlichen Menschen Gemeinsames, wenn auch die Glaubensinhalte verschieden sind. Es ist ein Ursprüngliches, das im tragischen Menschen, der in Freiheit untergeht, mit freiem Willen sich preisgibt, angeschaut wird als das, worin die Möglichkeit des eigenen Seins sich zeigt. .

Angesichts der Tragödie vermag der Schauende vorwegzunehmen, zu ermöglichen oder zu befestigen, was er selbst sein kann und im tragischen Wissen erhellt hat.

b) Im Untergang des Endlichen schaut der Mensch die Wirklichkeit und Wahrheit des Unendlichen. Das Sein selbst ist das Umgreifende alles Umgreifenden, vor dem jede besondere Gestalt scheitern muß. Je großartiger der Held und die Idee, in der er lebt, desto tragischer das Geschehen und desto tiefer das Sein, das sich offenbart.

Nicht die moralische Wertung der Gerechtigkeit im Untergang des Schuldigen, der nicht hätte schuldig werden sollen, trifft das Tragische; Schuld und Sühne sind eine verengte, in Moralität versinkende Beziehung. Erst wenn sich die sittliche Substanz des Menschen gliedert in Mächte, die in Kollision sind, wächst der Mensch zu heroischer Größe, seine Schuld zur schuldlosen, charaktervollen Notwendigkeit, der Untergang zur Wiederherstellung, in dem das Geschehen aufgehoben ist. Daß alles Endliche vor dem Absoluten verurteilt ist, hebt den Untergang aus Zufall und Sinnlosigkeit in die Notwendigkeit. Denn es offenbart sich das Sein des Ganzen, dem der Einzelne, gerade weil er groß ist, sich opfert. Der tragische Held selbst geht seinsverbunden in seinen Untergang.

Besonders Hegel hat diese Interpretation zum maßgebenden Inhalt der Tragödie gemacht, sie damit im Sinn vereinfacht, so daß er auf dem Wege ist, ihr das eigentlich Tragische zu rauben. Die Linie, die er sieht, ist da, aber erst in der polaren Zusammengehörigkeit mit der unversöhnten Selbstbehauptung hat sie Geltung. Ohne das wird sie zu harmonisierender Trivialität und vorzeitiger Zufriedenheit.

c) Durch Anschauen der Tragödie erwächst im tragischen Wissen das dionysische Lebensgefühl, wie Nietzsche es interpretiert. Im Unheil erblickt der Zuschauer den Jubel des Seins, das in aller Zerstörung ewig sich erhält, sich im Verschwenden und Zerstören, im Wagen und Untergehen seiner höchsten Macht inne wird.

d) Das tragische Anschauen bewirkt nach Aristoteles eine Katharsis, eine Reinigung der Seele. Mitleid mit dem Helden und Furcht für sich selbst erfüllen den Zuschauer, der im Durchleben dieser Affekte zugleich von ihnen befreit wird. Aus der Erschütterung erwächst die Erhebung. Eine Freiheit des Gemüts ist die Folge der gleichsam in Ordnung gebrachten Affekte.

Allen Deutungen gemeinsam ist: die Offenbarkeit des Seins im Scheitern wird angesichts des Tragischen erfahren. Im Tragischen geschieht das Transzendieren über Elend und Schrecken zum Grunde der Dinge hin.

Erlösung vom Tragischen spricht aus der Dichtung dann, wenn sie ihr Gewicht hat in der Überwindung des Tragischen durch das Wissen um ein Sein, vor dem das Tragische entweder zum versöhnten Grunde oder zum erscheinenden Vordergrunde geworden ist.

a) *Die griechische Tragödie.* Äschylus läßt in den Eumeniden das tragische Geschehen Vergangenheit werden, aus ihm ist in der Versöhnung von Göttern und Dämonen mit den Instituten des Areopags und des Eumenidenkultes die Ordnung des Menschseins in der Polis geworden. Das tragische Heroenzeitalter wird abgelöst durch das Zeitalter von Recht und Ordnung, von glaubendem Einsatz in der Polis mit dem Dienst der Götter. Was Tragik war in dunkler Nacht, wird Grund eines hellen Lebens.

Die Eumeniden sind das letzte Stück der Trilogie, die als einzige uns erhalten ist. Alle anderen von Äschylus erhaltenen Dramen sind Mittelstücke, daher ohne die wahrscheinlich ihnen allen im Schlußstück folgende Lösung. Auch der Prometheus ist das Mittelstück einer Trilogie, deren Schlußstück die Aufhebung der Göttertragik in Götterordnung gebracht haben wird. Der Glaube der Griechen, in Äschylus zu klarster Vollkommenheit gebracht, beherrschte in ihm noch das Tragische.

Auch Sophokles steht noch im Glauben. Sein Ödipus auf Kolonos endet, vergleichbar mit Äschylus, sogar mit einer versöhnenden Gründung. Immer bleibt eine sinnvolle Beziehung zwischen Mensch und Gott, menschlichem Tun und göttlichen Mächten. Wenn darin unbegreiflich – das ist das Thema der Tragödie – der tragische Held erledigt ohne Wissen von Schuld (wie Antigone) oder mit vernichtendem Schuldbewußtsein (Ödipus), so bringt diese Helden ein nicht gewußtes, aber geglaubtes Sein des Göttlichen zur Ergebung in den göttlichen Willen und zum Opfer des eigenen Willens und Daseins – die Anklage, für Augenblicke unwiderstehlich laut werdend, versinkt am Ende in der Klage.

Die Erlösung vom Tragischen hört bei Euripides auf. Der Sinn wird aufgelöst. Seelische Konflikte, zufällige Situationskonstellationen, Eingreifen der Götter (deus ex machina) lassen das Tragische nackt übrigbleiben. Der Einzelne ist auf sich zurückgeworfen. Verzweiflung, verzweifeltes Fragen nach Sinn und Ziel, nach dem Wesen der Götter treten hervor, Klage nicht nur, sondern Anklage tritt in den Vordergrund. In Augenblicken scheint eine Ruhe im Gebet, in der Gottvernunft zu erwachen, um alsbald wieder in neuem Zweifel verlorenzugehen. Es ist keine Erlösung mehr. An die Stelle der Götter tritt die Tyche. Die Grenzen des Menschen und seine Verlorenheit werden schaurig offenbar.

b) *Die christliche Tragödie.* Der glaubende Christ anerkennt keine eigentliche Tragik mehr. Wenn die Erlösung geschehen ist und ständig durch Gnade geschieht, so verwandelt sich diesem nichttragischen Glauben das Elend und Unglück des Weltdaseins vielleicht gesteigert zum pessimistischsten Aspekt der Welt, in eine Stätte der Bewährung des Menschen, durch die er sein ewiges Seelenheil gewinnt. Weltdasein ist ein Geschehen unter Lenkung der Vorsehung. Alles ist hier nur Weg und Übergang, nicht letztes Sein.

Nun ist zwar jede Tragik, im Transzendieren ergriffen, als solche transparent: auch das Standhaltenkönnen und das Sterbenkönnen im Nichts vollziehen eine »Erlösung«, aber im Tragischen durch es selbst. Auch das Standhalten und die Selbstbehauptung im Scheitern wären sinnlos, wenn nichts als reine Immanenz wäre. Aber die Immanenz wird in der Selbstbehauptung nicht überwunden durch eine andere Welt, sondern allein im Transzendieren als solchem, im Grenzwissen und im Wissen von der Grenze her. Erst ein Glaube, der ein anderes als das immanente Sein kennt, erlöst vom Tragischen. So ist es bei Dante, bei Calderon. Das tragische Wissen, die tragischen Situationen, das tragische Heldentum, alles ist radikal verwandelt, weil es durch die Darstellung aufgenommen ist in den Sinn der Vorsehung und in die Gnade, die von diesem ganzen ungeheuren Nichtigsein und Sichselbstzerstören der Welt erlöst.

c) *Die philosophische Tragödie.* Die Erlösung vom Tragischen durch eine philosophische Grundhaltung darf nicht im Tragischen bleiben. Es genügt nicht, daß der Mensch schweigend standhält. Es genügt auch nicht, daß er zwar bereit ist für ein Anderes, es aber nur in Träumen der Phantasie als Symbol ergreift. Vielmehr müßte die Überwindung des Tragischen sich vollziehen in einer Verwirklichung, die zwar nur auf dem Grunde tragischen Wissens möglich ist, aber nicht in ihm bleibt. Diese ist ein einziges Mal in einer darum einzigen Dichtung dargestellt: in Lessings »Nathan der Weise«, dem neben Faust tiefsten deutschen dramatischen Werk. (Goethe aber, so viel reicher, anschauungsmächtiger, kommt nicht ohne die Gewalt christlicher Symbole aus; Lessing beschränkt sich karg auf die täuschungslose Menschlichkeit als solche, mißverstehbar als Kargheit, als Bildlosigkeit, als Gestaltlosigkeit, nur dann, wenn der Leser nicht aus eigenem erfüllt, was der Dichter so klar zum Ausdruck bringt.)

Lessing schrieb in der größten Verzweiflung seines Lebens (nach dem Tode von Frau und Sohn), zudem voll Verdruß über die Streitigkeiten mit dem niederträchtigen Hauptpastor Götze, dieses »dramatische Gedicht«, wie er es nennt. Gegen die Möglichkeit, man möchte in solchen Zeiten der Verzweiflung gern vergessen, wie die Welt wirklich ist, sagt Lessing: »Mitnichten: die Welt, wie ich mir sie denke, ist eine eben so natürliche Welt, und es mag an der Vorsehung wohl nicht allein liegen, daß sie nicht eben so wirklich ist.« (13, 337.) Eine solche natürliche Welt, die nicht herrscht und die doch nicht unwirklich ist, zeigt Lessing im »Nathan«.

»Nathan der Weise« ist nicht Tragödie. Nathan, wie er auftritt im Beginn des Dramas, hat die Tragik in seiner Vergangenheit. Sie liegt hinter ihm: sein Hiobsschicksal, das Verderben Assads. Aus der Tragödie und dem tragischen Wissen ist – zunächst in Nathan – erwachsen, was die Dichtung darstellt. Die Tragödie ist nicht überwunden, wie bei Äschylus, durch die mythische Anschauung einer durch Zeus, Dike und die Götter gelenkten Welt, nicht wie bei Calderon, durch den bestimmten christlichen Glauben, in dem alles gelöst ist, – nicht wie in den indischen Dramen durch eine Seinsordnung, an der gar nicht gezweifelt wird, – sondern durch die Idee des eigentlichen Menschseins. Diese entfaltet sich als werdend, nicht als gegebenes Sosein; sie ist nicht da in der Anschauung einer vollendeten Welt, sondern in dem umgreifenden Streben, das aus dem inneren Handeln in der Kommunikation dieser Menschen sich verwirklicht.

Es ist, als ob die Reife der vernünftigen Seele Nathans, zu sich gekommen im ungeheuersten Leid, die Menschen als eine zerstreute, sich nicht mehr kennende, nun aber sich erkennende Familie wieder zusammenführt (in der Dichtung symbolisch als eine wirkliche blutsverwandte Familie). Und zwar tut er es nicht nach einem zweckhaften Plan aus umfassendem Wissen, sondern Schritt für Schritt mit dem jeweils von ihm in der Situation erworbenen Wissen und Vermuten durch seine stets gegenwärtige Menschenliebe. Denn die Wege des Menschen sind nicht rational zweckhaft, sondern nur aus der Kraft des Herzens, die sich der klügsten Vernunft bedient, möglich.

Daher wird in der Dichtung dargestellt, wie alles aus Verstrickungen zur Lösung kommt. Die Akte des Mißtrauens, des Verdachts, der Feindschaft lösen sich auf in dem Offenbarwerden des Wesens dieser Menschen. Es schlägt zum Heil aus, was aus den Antrieben der Liebe im Raum der Vernunft geschieht. Freiheit bewirkt Freiheit. Aus der Tiefe dieser Seelen finden im Medium kluger Zurückhaltung und dann plötzlichen, unzweideutigen Verstehens, vorsichtiger Planung und dann durchbrechender Rückhaltlosigkeit die Begegnungen statt, in denen sich die unerschütterlichen Solidaritäten gründen, während die nicht zur Familie des Menschseins gehörigen Niederträchtigen unmerklich zur Ohnmacht gelangen.

Die Menschen aber sind nicht mehrere Exemplare des einen einzigen richtigen Menschseins, sondern ursprünglich so geartete, je besondere Einzelwesen, individualisierte Gestalten, die sich treffen nicht auf Grund gemeinsamer Artung (denn sie sind so verschieden wie möglich: Derwisch, Klosterbruder, Tempelherr, Recha, Saladin, Nathan), sondern auf Grund der gemeinsamen Richtung auf das Wahre. Alle geraten sie in die ihnen eigentümlich zukommenden Verstrickungen, durch die sie sich unterscheiden; alle vermögen sie diese Verstrickungen aufzulösen, ihre eigene Artung des Soseins zu überwinden, ohne sie auszulöschen; denn sie leben aus einem tiefen Grunde, in dem sie gemeinsam wurzeln. Sie sind jeweils besondere Gestalten des Freiseinkönnens und Freiseins.

Es ist diese Dichtung das Leibhaftwerden der »Vernunft« in menschlichen Persönlichkeiten. Die Atmosphäre des Gedichts mehr noch als die einzelnen Handlungen und Sätze, als die Rührungen und die Wahrheiten, spricht zu uns als der Geist des Ganzen. Man muß nicht am Stoffe haften. Die romantische Situation im Heiligen Lande der Kreuzzugszeiten, als alle Völker und Menschen sich treffen und aufeinander wirken, die Idee der deutschen Aufklärung, der verachtete Jude in der Hauptrolle, das alles ist nicht wesentlich, sondern zeitgebundenes Material und unentbehrliche Anschaulichkeit, um zur Darstellung zu bringen, was sich der Dichtung im Grunde entzieht. Es ist, als ob von Lessing das Unmögliche gewollt werde und als ob es fast gelungen sei. Die Einwände, daß es sich um undichterische Abstraktheiten, um Aufklärungsgedanken und um Tendenzen handle, halten sich an Vereinzeltes und an Stoffliches. Das scheinbar Leichteste ist auch das schwerst Verständliche, zwar nicht für Verstand und Auge, aber für die Seele, die aus eigener Tiefe entgegenkommen muß, um den Enthusiasmus dieser Philosophie, ihre unergründliche Trauer und ihre gelassene, freie Heiterkeit, – um unseren einzigen Lessing zu spüren.

»Soweit Ausgleichung möglich ist, schwindet das Tragische« (Goethe). Ist diese Ausgleichung gedacht als Prozeß der Welt und der Transzendenz, in der alles von selbst zur Harmonie kommt, so ist das eine Illusion, durch die das Tragische verlorengeht und nicht überwunden wird. Ist die Ausgleichung aber die aus der Tiefe liebenden Kampfes sich vollziehende Kommunikation der Menschen und ihre dadurch geschehende Verbindung, so ist das keine Illusion, sondern existentielle Aufgabe des Menschseins in der Überwindung des Tragischen. Nur auf diesem Grunde sind die metaphysischen Überwindungen des Tragischen ohne Selbsttäuschung erfaßbar.

Die griechische Tragödie wurde aufgeführt am Dionysosfest, sie war ein Kultakt. Kultischen Bezug hatte auch das mittelalterliche Mysterienspiel, in deren Folge noch Calderon Tragödien als Mysterienspiele dichtete. Selbsterkenntnis einer kraftvollen Welt aber war die Tragödie im England Shakespeares. In Höhepunkten wurde ohne Zweifel eine innere Befreiung vollzogen, die weltimmanent das Analogon eines Kultakts war vermöge des Aufschwungs, den der Mensch darin erfährt. Die großen Dichter waren Erzieher ihres Volkes, Propheten ihres Ethos. Die Hörer wurden nicht nur ergriffen, sondern verwandelt zu sich selbst.

Aber immer gleiten alsbald Dichtung und Zuschauen ab zu bloßem Schauspiel. Es wird unverbindlich. Der ursprüngliche Ernst war eine Weise der »Erlösung« im tragischen Wissen, es geschah etwas im Menschen, der das Spiel schaute. Aber in der Abgleitung zu einem allgemeinmenschlichen Sichunterhaltenlassen wird er unernst als Genuß des Sicherregenlassens.

Es ist wesentlich, daß ich nicht nur betrachte, »ästhetisch« mich erbaue, sondern daß ich als ich selbst beteiligt werde, das in der Darstellung sich zeigende Wissen als mich betreffend vollziehe. Der Gehalt ist verloren, wenn ich mich in Sicherheit glaube und nur zusehe wie einem Fremden oder wie einem, das mir hätte geschehen können, dem ich aber endgültig entronnen bin. Dann blickte ich aus sicherem Hafen auf die Welt, als ob ich nicht mehr mit meinem Geschick in ihr auf ungewissem Schiffe das Ziel suchte. Ich sehe sie in den großartig-tragischen Interpretationen: die Welt ist angelegt auf den Untergang des Großen, und daß dies geschieht, ist das zum Genuß der unbetroffenen Zuschauer.

Die Folge ist eine Lähmung der existentiellen Aktivität. Was an Unheil in der Welt ist, weckt nicht, sondern veranlaßt zu der inneren Haltung: es ist nun einmal so; weil es so ist, kann ich es nicht ändern und muß froh sein, nicht beteiligt zu werden. Aber in der Distanz begehre ich es zu sehen: anderswo mag es geschehen, wenn ich selbst nur in Ruhe bin. Im Zuschauen empfinde ich die Sensation, vollziehe eine Erbauung in vermeintlicher Größe meiner Gefühle, ergreife Partei, urteile, entsetze mich und halte mich in Wirklichkeit fern.

Die Verwandlung des tragischen Wissens in ein ästhetisches Bildungsphänomen vollzog sich schon in der späteren Antike (in der Wiederholung der alten Dramen) und dann wieder in den neueren Zeiten. Nicht nur die Zuschauer, auch die Dichter verlassen den ursprünglichen Ernst. Die neuen Tragödien im 19. Jahrhundert werden zum größten Teil aus Konstruktionen mit Hilfe des Denkens entstandene Virtuosenleistungen der fesselnden Pathetik. War einst die Erlösung im Tragischen eine Befreiung im Hindurchblicken durch das Tragische auf den ungesagten und unsagbaren Grund, so wird es jetzt ein Erkennen der philosophischen Theorien des Tragischen in der Verkleidung der Theaterfiguren. Hier ist eine in der Pracht ästhetischer Inszenierung gemalte Unwirklichkeit. Eine Diskrepanz zwischen Mensch und Werk läßt in dieser abgeleiteten Bildungswelt zumeist blutleere Gebilde entstehen, in denen die Heftigkeit der Gefühlserregungen, die Dramatik der Ereignisse, die Geschicklichkeit der Bühneneffekte nicht ersetzen können, was in der unendlichen Tiefe der griechischen Dramen und Shakespeares spricht. Jetzt bleibt das Gedachte, das Sentimentale, das Pathetische oder auch das vielleicht wahrhaft Eingesehene, aber nicht mehr Gestaltete. Der Ernst der Bildung statt des Ernstes der Existenz erzeugt in Dichtern wie Hebbel und Grillparzer – um einige der besten zu nennen – Gestalten, die zuletzt hohl klingen, wenn man sie auf ihre Wahrheit beklopft.

d) *Grundsätzliche Interpretationen des Tragischen*

Die tragischen Helden vollziehen in ihrer Grenzsituation die tragische Wirklichkeit. In der Dichtung wird diese dargestellt. Die Helden sprechen sie aus in allgemeinen Sätzen über das Tragische des Seins überhaupt. Das tragische Wissen wird ein Grundzug der tragischen Wirklichkeit. Aber die systematische Entfaltung einer tragischen Weltdeutung (einer tragischen Metaphysik) ist eine Gedanklichkeit, welche erst in der betrachtenden Auffassung solcher Dichtung und mit ihr der Welt versucht wird. Alles Tragische soll aus einem Prinzip verstanden und in seinen Verzweigungen abgeleitet werden.

Die in der tragischen Dichtung vorkommenden Selbstdeutungen ergeben, methodisch in Zusammenhang gebracht, grundsätzliche Interpretationen des Tragischen. Diese sind entweder mythisch oder begrifflich-philosophisch. Was schon beiläufig vorkam, vergegenwärtigen wir uns im Zusammenhang.

aa) Die mythische Interpretation

Mythische Interpretation ist ein Denken in Bildern, aber in Bildern als Wirklichkeiten. Sie herrscht in der griechischen Tragödie. Eine Darstellung der Tragik mit dem Wissen um Götter und Dämonen als die entscheidenden Mächte ist sinnvoll nur innerhalb des Glaubens an solche Götter. Darauf beruht die Ferne der griechischen Tragödie für uns. Wir opfern nicht an den Altären ihrer Götter, glauben nicht an ihre Dämonen. Aber wir vermögen zu verstehen, welche Gehalte darin wirksam waren. Wir sind auf eine unvergleichliche Weise gefesselt von dem Ernst dessen, was hier in Gestalten gedacht, gefragt und geantwortet wurde. Die Nähe Shakespeares für uns beruht dagegen auf der Nähe seiner Atmosphäre, die es ihm auf weltlicher Bühne erlaubt, in Chiffren statt in substanzierten Glaubensinhalten zu sprechen. Bei Shakespeare gibt es nicht Eumeniden, Moira, Apollon und Zeus, wohl aber Hexen, Geistererscheinungen, Märchenzauber, gibt es keinen Prometheus, aber Prospero und Ariel, gibt es als Rahmen der schauspielerischen Darstellung nicht einen Kult, wohl aber die hohe Aufgabe, der Welt im Spiegel zu zeigen, was sie ist, für Wirklichkeit zu zeugen, den Hintergrund von Sinn, Ordnung, Gesetz, Wahrheit und Göttlichkeit fühlbar werden zu lassen. Daher ist der Tragödie Shakespeares gegenüber eine mythische Interpretation hinfällig.

Die mythische Interpretation bezieht sich vor allem auf die Lenkung der Dinge:

Der planende Mensch, der sich selbst zum Lenker der Dinge aufwirft, muß erfahren, daß er mit all seinem Planen einem Anderen, Umfassenderen untersteht. Sein Nichtwissen ist die Offenheit seines tragischen Wissens für das Undurchschaute: das tragische Geschehen folgt einer unerbittlichen Lenkung.

Diese Lenkung wird im tragischen Wissen verstanden als »Schicksal«. Aber was Schicksal sei, das nimmt mythisch sehr verschiedene Gestalten an: Es ist der *unpersönlich-anonyme* Fluch, als Folge einer Untat, die fortzeugt durch neue Untaten von Generation zu Generation – Geschlechterfluch – (bei Äschylus und Sophokles), ausgeführt von dämonischen Wesen (zum Beispiel die Erinnyen), von Göttern vorausgewußt und in Orakeln vorausgesagt und durch eigene Eingriffe gefördert oder gehemmt. Es ist keineswegs immer oder auch nur zumeist Schuld des Menschen. Vielmehr kann der Held mit Recht sagen:

Sind doch die Taten, die
Ich übte, mehr erlitten als vollbracht von mir . . .
Nichts übte ich davon mit Willen! . . .
Tat's unbewußt und nach der Satzung schuldlos, . . .
Was ich unfreiwillig tat.

Es gilt nur die Bescheidung:

> Wer entfloh je dem verhängten Unheil!

Wie den Fluch, so gibt es die *Verheißung*. Sie ist so verläßlich, wie jener unerbittlich (Ödipus findet das ihm verheißene selige Ende im heiligen Hain der Eumeniden).

Das Unpersönlich-anonyme ist insbesondere die *Moira*, die noch über den Göttern waltet, der auch diese sich unterwerfen müssen, oder mit der der höchste Gott, Zeus, eins wird (Äschylus).

Es ist die *Tyche*, der Zufall, der sinnlos, ohne Bezug auf Götter nach Willkür waltet (bei Euripides auftretend), dann selber vergöttlicht oder dämonisiert wird als Tyche (in der hellenistischen Zeit) und als Fortuna.

Die Lenkung ist die *Vorsehung*, die als Gottes undurchdringlicher Wille zum Heil der Seele waltet (bei Calderon).

Jede Lenkung geschieht durch Vermittlung der Handlungen des Menschen selbst, die herbeiführen, woran der Mensch nicht denkt und was er nicht will.

Die Welt ist in der mythischen Anschauung ein Wirkungsraum göttlicher und dämonischer Kräfte. Sie sind verflochten in anonym werdenden Wirkungen, wie sie in den Menschen und Ereignissen und Taten erscheinen. Diese werden vom Menschen verstanden, indem sie in ihrem Ursprung, den Göttern und Dämonen, erblickt werden.

bb) Die philosophischen Interpretationen

Statt durch Bilder will der Gedanke durch Begriffe erfassen, was eigentlich das Tragische sei. Es werden universale Interpretationen versucht:

Die Tragik wird in das *Sein* als solches gelegt. Was ist, ist in der Negativität (der Dialektik alles Seienden), durch die es sich bewegt und tragisch wird. Gott im Ursprung ist tragisch; der leidende Gott ist der Seinsgrund. Der »Pantragismus« ist eine Metaphysik der universalen Tragik. Die Tragik der Welt ist eine Folge der Tragik im Grunde. Das Sein ist brüchig.

Vom Seinsgrund zu sagen, er sei tragisch, das aber scheint uns absurd. Statt echten Transzendierens wird in einem solchen beschränkenden Scheinwissen eine Verabsolutierung vollzogen von etwas, das zur Welt gehört: Tragik liegt in der Erscheinung. Das Tragische läßt durchscheinen das Sein, durch Tragik spricht ein Anderes, das nicht mehr tragisch ist.

Die Tragik wird in die *Welt* gelegt. Welttragik ist dann die in der Erscheinung universale Negativität: die Endlichkeit aller Dinge, die Vielfachheit des Zerspaltenen, der Kampf allen Daseins gegen anderes Dasein um Bestand und Übermacht, die Zufälligkeit. Damit heißt das Geschehen der Welt, das universale Zerstörtwerden von allem, was entsteht, tragisch.

So aber ist das Tragische nivelliert nicht nur zu jederlei Übel, Elend und Leiden, die immer eine innere Erfahrung eines Lebendigen voraussetzen, sondern zur Negativität überhaupt. Von eigentlicher Tragik aber sprechen wir nur beim Menschen.

Die Tragik des *Menschen* wird in zwei Stufen gesehen:

a) Alles menschliche Leben, Tun, Leisten, Gelingen muß am Ende scheitern. Tod, Leiden, Krankheit, Vergänglichkeit kann wohl verschleiert werden, ist aber allumgreifend das letzte. Denn das Leben ist als Dasein endlich, es steht in der Vielfachheit des sich Ausschließenden und Bekämpfenden. Es geht zugrunde. Das Wissen darum ist schon die Tragik: aus einem umfassenden Daseinsgrunde ergibt sich alle besondere Gestalt des Vernichtetwerdens und der Wege des Leidens bis zur Vernichtung.

b) Tiefere und eigentliche Tragik aber erwächst erst da, wo das tragische Wissen den Ruin erfaßt, wie er gerade im Wahren und im Guten selber angelegt ist und unausweichlich zur Geltung kommt:

Die Zerspaltenheit ist auch Zerspaltenheit in mehrfache Wahrheit. Wahrheit steht Wahrheit gegenüber und muß aus ihrem eigenen Recht in Kampf treten nicht nur gegen Unrecht, sondern gegen das andere Recht aus anderer Wahrheit. Tragik ist, weil unausgleichbarer Gegensatz ist. Ob das mythisch Ausdruck gewinnt im Dienste vieler Götter, wobei der Dienst des einen dem Dienst des anderen abträglich wird oder ihn ausschließt, oder ob er ohne universale anschauliche Deutung gegenwärtig wird als Kampf von Existenz mit Existenz, es ist das im Grunde Übereinstimmende: menschliche Daseinsartung, Geist, Existenz stehen nicht nur in solidarischer Gemeinschaft, sondern auch in sich ausschließendem Kampf. Das sittlich Notwendige trägt in sich eine Schuld, weil es anderes, das ebenfalls sittlich notwendig ist, zerstört.

Von hier aus zeigen sich Unterschiede, die das eigentlich Tragische herausheben lassen: Das universale Scheitern ist der ausnahmslose Grundcharakterzug des Daseins: er umfaßt das zufällige Unglück, die endlich vermeidbare Schuld, das Elend des ergebnislosen Leidens. Erst das Scheitern, das nicht vorzeitig – vor dem möglichen Entfalten und Gelingen – überkommt, sondern aus dem Gelingen selbst erwächst, ist eigentlich tragisch. Noch nicht das Wissen um das grenzenlose Preisgegebensein des Daseins in der allgemeinen Unbestimmtheit ist tragisches Wissen, sondern erst das Wissen um die dem Wahren und Guten eingeborenen Keime des endgültigen Verderbens: das Ausgesetztsein an die Bodenlosigkeit in den letzten und innersten Festigkeiten vermeintlichen Gelingens und vermeintlichen Bestandes.

Daher ist keineswegs tragisches Wissen in dem Drang zum Scheitern und zum Leiden, sondern erst im Aufsichnehmen der Gefahr und dann der Unentrinnbarkeit der Schuld, des zugehörenden Verderbens im Ergreifen wahren Tuns, im Verwirklichen.

Nicht das alternative Denken »Gelingen oder Scheitern« begreift das Tragische, sondern erst das eindringende Denken, das im höchsten Gelingen das eigentliche Scheitern erblickt. Dann gibt es das unechte Scheitern als Mißlingen, das zufällige Unglück, den verkehrten Drang zum Scheitern statt zum Verwirklichen, den gar nicht notwendigen Ruin.

cc) Die Grenze der Interpretationen

Unter dem Namen des tragischen Wissens vollziehen sich ursprüngliche Anschauungen des Seins. Aber alle Interpretationen des Tragischen sind unzureichend. Die mythische Interpretation ist selber eine Weise der tragischen Anschauung, wie sie nur in der griechischen Tragödie herrscht. Die tragischen Anschauungen jedoch auf einen einzigen begrifflichen Nenner zu bringen, ist sinnwidrig. Denn sie sind als Anschauungen immer mehr oder weniger, als was Begreifen zum Ausdruck bringen kann. Bestimmte Sinndeutungen einzelner Linien des tragischen Wissens – an tragischen Gegenständen der Dichtung – treffen nicht das Ganze. Deutungen, die eine universale Interpretation des Tragischen zu sein beanspruchen, verengen es entweder oder treffen auf etwas ganz anderes als das Tragische.

Es ist zu unterscheiden erstens die tragische Wirklichkeit, zweitens das tragische Wissen im Bewußtwerden dieser Wirklichkeit, drittens die Philosophie des Tragischen.

Die tragische Wirklichkeit wird erst wirksam mit dem tragischen Wissen, das den Menschen verwandelt. Die Philosophie des Tragischen aber – die Interpretation – führt entweder zu einer Verkehrung des tragischen Wissens (1) oder zum Offenhalten der eigenständigen ursprünglichen Anschauung (2).

1. Die Verkehrung des tragischen Wissens zu einer tragischen Weltanschauung.

Jeder Versuch einer ausschließenden Deduktion des Tragischen als der beherrschenden Weise des Seins ist eine verkehrte Philosophie. Gegen sie ist wie gegen jeden Typus der Metaphysik, der das Sein und die Welt deduziert und von Sein oder Gott Aussagen macht, was es sei, der Einwand: es werde verabsolutiert und verendlicht. Auch die tiefsinnigen Dualismen, die als Ursprung des Tragischen im Grund des Seins statuiert werden (zum Beispiel das in Gott, was nicht Gott selbst ist), sind nur relativ gültige Chiffren im Denken der Philosophie, nicht Ausgänge zur Ableitung eines Wissens. Das tragische Wissen ist selbst ein offenes, nicht wissendes Wissen. Es ist verkehrt, wenn es sich zu einem Pantragismus, welcher Art auch immer, fixiert.

Wie die Verengung und Verkehrung einer tragischen Philosophie aussieht, ist etwa an Hebbel zu studieren. Seine systematische Deutung wird absurd, dazu eintönig und fanatisch. Die Folge ist ein Dichten aus der spekulativen Konstruktion, daher der Verlust der eigentlichen Seelentiefe einerseits im nur Psychologischen, andererseits im spekulativ gesteigert Großartigen. Dabei gelingen ihm intellektuell blitzartig treffende Einsichten und Aspekte. Sein tragisches Bewußtsein aber ist ein Elendsbewußtsein im Gewande philosophischer Aufstutzung.

Das Tragische hat als Begriff der Ästhetik eine Farbe bekommen, die der verkehrenden Philosophie des Tragischen entspricht, so wenn von dem Tragischen als Weltgesetz (Bahnsen) oder dem tragischen Lebensgefühl (Unamuno) die Rede ist.

a) Die sublimste Entgleisung einer tragischen Weltanschauung geschieht durch die Verabsolutierung des eigentlich Tragischen zum Wert und Wesen des Menschseins.

Das Tragische ist geschieden von Unglück, Leiden, Untergang, von Krankheit und Tod, vom Bösen. Es ist geschieden durch die Weise des Wissens (grundsätzlich, nicht vereinzelt; fragend, nicht hinnehmend; anklagend, nicht klagend), dann durch die Enge des Zusammenhangs zwischen Wahrheit und Ruin, so daß ein Wachsen der Tragik mit dem Rang der Mächte, mit der Tiefe der Notwendigkeit geschieht. Alles Unglück wird tragisch erst durch den Zusammenhang, in dem es steht oder auf den es bezogen wird, durch das Bewußtsein und Wissen der Erleidenden und der Liebenden, durch die Interpretation als Sinn im tragischen Wissen. Aber für sich ist es nicht tragisch, sondern die Last, die auf allem liegt. Das tragische Wissen bricht hinein und hindurch, aber bewältigt nicht, – es läßt zuviel unberührt, vergessen oder ungedeutet. Es verführt in einen verklärenden Raum der Großartigkeit, es vermag trotz illusionsloser Redlichkeit zu verschleiern.

Das Tragische wird ein Vorzug Hochstehender, – die Anderen müssen sich begnügen, im Unheil gleichgültig vernichtet zu werden. Das Tragische ist ein Wesenszug nicht des Menschen, sondern menschlicher Aristokratie. Diese Weltanschauung als Haltung Bevorzugter wird überheblich und lieblos, sie tröstet durch Steigerung des Selbstwertgefühls.

Das tragische Wissen hat also seine Grenze: es vollzieht keine totale Weltdeutung. Es wird des universalen Leides gar nicht deutend Herr; es faßt nicht das Ganze des Furchtbaren und Unlösbaren des Menschseins. Das zeigt sich darin, daß Daseinsrealitäten wie Krankheit, Tod, Zufall, Elend und Bosheit zwar Mittel der Erscheinung des Tragischen werden können, aber nicht als solche schon gelten, weil sie nicht tragisch sind.

Die tragische Weltanschauung lebt in der Großartigkeit und hebt durch eine Erfüllung, die selbst wieder ein glückliches Geschick des gleichsam recht gelingenden Scheiterns ist, über die Realität hinaus. Damit aber verengt diese Anschauung unser Bewußtsein. Denn sofern es dabei den Menschen erlöst, geschieht dies nur unter Verschleierung der abgründig schaurigen Realitäten. Das trostlose, sinnlose, herzbrechende, ins Ratlose drängende, hilflose Unheil ruft nach Hilfe. Die Realität all diesen Elends ohne Größe wird beiseite geschoben als nicht beachtlich seitens einer blinden Erhabenheit. Der Mensch drängt zur Erlösung aus seinen entsetzlichen Realitäten, die des tragischen Aufschwungs entbehren.

Der lieblosen Blindheit entspricht eine ästhetische Verwässerung in den geläufigen Redewendungen, die das Tragische treffen und doch verkehren, weil sie unwahr die Realität entfernen und allzu billig von dem Blick auf das Unheil der Welt, wie es wirklich ist, befreien: im Tragischen komme der Unwert des Lebens an sich, des individuellen, endlichen Daseins zur Darstellung; – der Untergang des Großen sei ein Charakter gerade des Großen; – die Welt sei angelegt auf Zerrüttung und Vernichtung des außerordentlichen Menschen. In solchen verblasen-allgemeinen Formulierungen, die in ihrer Unbestimmtheit doch so anschaulich klingen, wird durch einen falschen Schein über die faktische Gebrechlichkeit, wie sie ist, hinweggelogen.

b) In allen tragischen Weltanschauungen geht die Polarität des tragischen Wissens verloren. In der ursprünglichen Anschauung geht das Tragische mit der Befreiung von ihm zusammen. Wird das Tragische seines Gegenpols beraubt, in sich isoliert, als ein Nurtragisches, so ist eine Bodenlosigkeit erreicht, die in keiner der großen tragischen Dichtungen zugrunde liegt.

Das Nurtragische ist geeignet, zur Verschleierung des Nichts zu dienen, wo Glaubenslosigkeit sich Gestalt geben möchte. Der Hochmut des nihilistischen Menschen erhebt sich an tragischer Größe zur Pathetik heroischen Selbstbewußtseins. Wo der Ernst verloren ist, da bringt das heftige Reizmittel des Tragischen einen Scheinernst zum Erlebnis. Man beruft sich auf Germanentum, Sagas und griechische Tragödie. Aber was dort geglaubt wurde und Wirklichkeit war, wird ungeglaubter Ersatz für das Nichts. Es wird in Redewendungen benutzt, um entweder das eigene unheroisch versinkende Dasein heroisch zu deuten oder auch um in der Sicherheit bequemen Lebens sich durch heroische Gefühle billig einen Scheinwert zu geben.

In solcher Verkehrung tragischer Weltanschauung vermögen sich dann dunkle Antriebe auszutoben: die Lust am Sinnlosen, am Quälen und Gequältwerden, an der Zerstörung als solcher, die Wut auf Welt und Menschen mit der Wut auf das eigene verachtete Dasein.

2. *Das Wesen des tragischen Wissens.*

Statt das tragische Wissen in spekulativer Deduktion systematisch zu machen, und statt es ohne Polarität zu einer tragischen Weltanschauung zu verabsolutieren, ist es vielmehr so zu interpretieren, daß es selber als ursprüngliche Anschauung erhalten bleibt.

Das ursprüngliche tragische Anschauen ist Fragen und Denken in Gestalten; und weiter ist in diesem tragischen Wissen immer auch die Überwindung des Tragischen, aber nicht durch Lehren und Offenbarung, sondern im Blick auf Ordnung, Recht, Menschenliebe; im Vertrauen; im Offenlassen; in der Frage als solcher ohne Antwort.

Das tragische Wissen steigert sich in Widersprüchen, ohne sie zu lösen, aber auch ohne die Unlösbarkeit zu fixieren. Daher ist Unvollendung im tragischen Wissen, Vollendung nur in der Anschauung als solcher, in der Bewegung des Fragens.

Das ursprünglich tragische Anschauen ist zu bewahren. Es ist die eigentliche Geschichtlichkeit freizuhalten, in der das tragische Anschauen entspringt und sich erfüllt. Wir müssen nicht erklären wollen, was war, sein wird und immer ist, sondern vernehmen, was zu uns sprechen will. Die Aufgabe des Philosophierens ist nicht, in Analogien zu endlichem Weltwissen eine Anwendung von tragischen Kategorien auf ein Totalwissen vom Sein zu machen, sondern eine Sprache zu finden aus dem Hören der Chiffern. Daher können die Mythen, Bilder, Geschichten tragischer Anschauung Wahrheit enthalten, ohne ihren schwebenden Charakter aufzugeben.

In der ursprünglichen tragischen Anschauung, wenn sie rein bewahrt wird, liegt schon, was eigentlich Philosophie ist: Bewegung, Frage, Offenheit, – Ergriffenheit, Staunen, – Wahrhaftigkeit, Illusionslosigkeit.

Philosophie bezieht sich auf das tragische Wissen als eine Unerschöpfbarkeit ursprünglicher Anschauung. Sie kann die Identität ihres eigenen Gehalts mit tragischer Anschauung spüren – etwa mit der Shakespeares –, ohne den Gehalt identisch aussprechen zu können. Aber sie verwirft die rationale Fixierung in einer tragischen Weltanschauung.

Unser Entwurf der vielfachen Weisen des Umgreifenden, der Vielfachheit der Spaltungen und der Idee der Einheit ist zugleich der Raum für Interpretation des tragischen Wissens. Das Tragische entspringt in der Nichteinheit und deren Folgen in der Erscheinung. Das aber ist keine Deduktion, sondern nur eine Erhellung der Erscheinung. Im Nichtstimmen des Einswerdens wurzelt das jeweilige Verderben der Erscheinung. Weil das Eine im Zeitdasein scheitert, erscheint es in Gestalt des Tragischen.

Damit aber ist gesagt, daß das Tragische nicht absolut ist, sondern vordergründig. Das Tragische ist nicht in der Transzendenz, nicht im Grunde des Seins, sondern in der Erscheinung der Zeit.

Anstelle eines Nachworts:
Über meine Philosophie

1. Mein Entwicklungsgang

Geboren am 23. 2. 1883 in Oldenburg, als Sohn des früheren Amts-
hauptmanns, dann Bankdirektors Karl Jaspers, und seiner Frau Hen-
riette, geb. Tantzen, verbrachte ich eine wohlbehütete Kindheit, oft
auf dem Lande bei den Großeltern und an der Nordsee verweilend,
mit den Geschwistern geborgen bei geliebten und verehrten Eltern,
geführt von der Autorität des Vaters, erzogen mit dem Anspruch an
Wahrhaftigkeit und Treue, an Leistung und Verläßlichkeit, aber ohne
kirchliche Religion (wenn auch mit den spärlichen Formalitäten der
protestantischen Konfession). Ich besuchte das Gymnasium meiner
Vaterstadt und von 1901 an die Universität.

Mein Weg war nicht der normale der Philosophieprofessoren. Ich
erstrebte nicht über das Studium der Philosophie den philosophischen
Doktor (ich bin Dr. med.) und hatte keineswegs von vornherein die
Absicht, über meine Habilitation für Philosophie eine Professur zu
erlangen. Der Entschluß, ein Philosoph werden zu wollen, schien mir
so töricht, wie es der wäre, ein Dichter werden zu wollen. Aber seit
meiner Schülerzeit war ich durch philosophische Fragen geführt. Die
Philosophie schien mir als die höchste, ja einzige Angelegenheit des
Menschen. Eine Scheu jedoch verwehrte mir, sie zum Lebensberuf zu
machen.

Meine eigene Aufgabe schien mir vielmehr im praktischen Leben
zu liegen. Ich wählte zunächst das Studium der Jurisprudenz, um
Rechtsanwalt zu werden. Dabei hörte ich auch Philosophie. Das Studium enttäuschte mich. Die philosophischen Vorlesungen brachten
nichts von dem, was ich in der Philosophie suchte: nicht Grunderfahrungen des Seins, nicht Führung des inneren Handelns und der
Selbsterziehung, sondern fragwürdige Meinungen mit dem Anspruch wissenschaftlicher Geltung. Die Jurisprudenz ließ mich unbefriedigt, da ich das Leben nicht kannte, dem sie dient; so nahm ich
nur die verzwickte Verstandesspielerei mit Fiktionen wahr, die mich
nicht interessierten. Ich suchte Anschauung der Wirklichkeit. Als
unzureichender Ersatz diente Beschäftigung mit Kunst und Dichtung
und eine enthusiastische Reise nach Italien, um die Roma aeterna zu
sehen, Geschichte zu spüren und Schönheit zu erblicken (1902). Diese

zerstreute Lebensführung nahm beim Abschluß meines dritten Semesters ein Ende. Ich ergriff das Studium der Medizin. Es drängte mich zum Wissen von Tatsachen und zur Erfahrung vom Menschen. Der Entschluß zu disziplinierter Arbeit band mich nun für lange an Laboratorium und Klinik. Als mein praktisches Ziel galt mir der Arztberuf, doch schon mit dem geheimen Gedanken, am Ende vielleicht eine wissenschaftliche Laufbahn an der Universität zu erstreben, nicht allerdings in der Philosophie, sondern in der Psychiatrie oder Psychologie. Nach einigen Jahren (seit 1909) trat ich mit psychopathologischen Forschungen an die Öffentlichkeit. 1913 habilitierte ich mich für Psychologie.

Bis dahin war mein Leben unbekümmert um die allgemeinen Ereignisse ein geistiges Bemühen in einem zwar faktisch politisch-soziologischen Raum, aber ohne politisches Bewußtsein, wenn auch augenblicksweise ahnungsvoll betroffen von möglichen fernen Gefahren. Aller Ernst lag im privaten Leben, in den hohen Augenblicken des intimen Daseins mit den nächsten Menschen. Anschauen der Werke des Geistes, Forschen, ein ständiger Umgang mit dem Zeitlosen war Aufgabe und Sinn des tätigen Lebens. Da geschah 1914 mit dem Weltkrieg der große Bruch unseres europäischen Daseins. Niemals konnte jenes paradiesische, in aller sublimen Geistigkeit doch naive Leben vor dem Weltkrieg wiederkehren: Die Philosophie in ihrem Ernst wurde wichtiger als je.

Meine Psychologie hatte in weitem Umfang, mir unbewußt, den Charakter dessen angenommen, was ich in der Folge »Existenzerhellung« nannte. Diese Psychologie war nicht mehr nur empirische Feststellung von Tatbeständen und Regeln des Geschehens, sondern Entwurf von Möglichkeiten der Seele, die dem Menschen im Spiegel zeigen, was er sein, was ihm gelingen und wohin er geraten kann; solche Einsichten sind als Appell an die Freiheit gemeint, um im inneren Handeln zu wählen, was ich eigentlich will. Als das Bewußtsein in mir herrschend wurde, zur Zeit gäbe es keine eigentliche Philosophie an den Universitäten, glaubte ich, nun habe angesichts des Vakuums auch der Schwache, wenn er nicht selbst eine Philosophie hervorzubringen vermöge, doch das Recht, von der Philosophie zu künden, zu sagen, was sie war, und was sie sein könne. Damals erst, dem 40. Lebensjahr nahe, machte ich die Philosophie zu meiner Lebensaufgabe.

Wir können zwar ursprünglich fragen, aber wir stehen nie am Anfang. Wie wir fragen und antworten, das ist mitbestimmt durch die
geschichtliche Überlieferung, in der wir zu uns kommen. Wir ergreifen die Wahrheit aus eigenem Ursprung nur in unserer jeweiligen geschichtlichen Situation.

Die Bedingung des Gehalts unserer Wahrheit ist die Aneignung
unseres geschichtlichen Grundes. Die Kraft unseres eigenen Hervorbringens liegt in der Wiedergeburt des Überkommenen. Es darf nichts
vergessen werden, wenn wir nicht absinken wollen; aber es muß aus
eigenem Ursprung gedacht werden, wenn das Philosophieren echt
bleiben soll. Daher geschieht alle Aneignung aus dem Ernst des eigenen Lebens. Ich höre die Sprache der Vergangenheit um so klarer,
fühle die Glut ihres Lebens um so näher, je entschiedener ich aus den
Voraussetzungen des gegenwärtigen Zeitalters als ich selbst existiere.

Wie die Geschichte der Philosophie für uns da ist, das ist ein konkret zu lösendes Grundproblem unseres jeweiligen Philosophierens.
Philosophie bewährt und charakterisiert sich durch die Weise, wie sie
ihre Geschichte aufnimmt. Es kann uns scheinen, daß die Wahrheit
des gegenwärtigen Philosophierens sich vielleicht weniger in der
Neubildung von Grundbegriffen zeigt (wie etwa: Grenzsituation, das
Umgreifende) als durch den neuen Klang, den es in alten Gedanken
uns hörbar macht.

Unzureichend ist eine bloß theoretische Betrachtung der Philosophiegeschichte. Daß Philosophieren Praxis ist, bedeutet für die Weise
der Beschäftigung mit Philosophiegeschichte eine Forderung: das
theoretische Verhalten zu ihr soll wirklich werden in der lebendigen
Aneignung ihrer Gehalte aus den Texten. Ein indifferentes Wissen
von Gedanken verhindert die Aneignung. Solches Wissen, das den
Wissenden nicht angeht, schiebt sich zwischen den Gehalt der Gedanken und dessen Wiedererstehen. Bei der Aufnahme der Philosophie
durch die nachfolgenden Zeiten geschieht aber diese ständige Ableitung des Denkens: Gedanken, die ursprünglich Wirklichkeit waren,
gehen als Lehrstücke und Wißbarkeiten durch die Geschichte. Was
einmal Leben war, wird ein Haufen toter Begriffshülsen, und diese
werden Gegenstand einer objektiven Philosophiegeschichte.

Daher kommt alles darauf an, den Gedanken im Ursprung zu begegnen. Diese Gedanken sind die Wirklichkeit des Menschseins, das
sich in ihnen zum Seinsbewußtsein und Selbstverständnis brachte.
Wenn man in der Philosophiegeschichte wohl die Begriffe kennen

muß, so bleibt doch der Sinn, Teilnahme zu gewinnen an der lebendigen hohen Praxis jenes vergangenen Denkens. Es entscheidet über das eigene Wesen, welche Tiefen mir im Aneignen dieser geschichtlichen Ursprünge zugänglich werden. Dafür gibt es kein faßliches Kriterium in der äußeren Erscheinung. Vielmehr geht dieses eigentliche Denken als ein Geheimnis, das doch jedem Verstehenden offenbar werden kann, durch die Geschichte. Dieses verborgene Denken war einmal Wirklichkeit. Es ist, wenn es Niederschlag in schriftlichen Gedanken gefunden hat, der Wiederentdeckung zugänglich; es vermag jederzeit neu zu zünden.

Philosophiegeschichte ist nicht mit dem bloßen Verstand zu treiben wie die Geschichte der Wissenschaften. Was in uns hört und was uns aus der Geschichte entgegenkommt, das ist die Wirklichkeit des im Denken sich öffnenden Menschseins.

Eine philosophische Philosophiegeschichte hat folgende Charaktere:

1. *Der eigentliche Sinn der Geschichte ist das Große, das Einzige und Unersetzliche.* Die großen Philosophen und die großen Werke sind maßgebend für die Auswahl des Wesentlichen. Alles, was wir in philosophie-historischer Arbeit tun, dient zuletzt zu deren reinem Verständnis. Alle anderen Fragen sind sekundär, so zum Beispiel ob das Große auch das Wirkendste sei, oder ob vielleicht grade das Mißverständnis der Größe als ein Durchschnittliches, Abgeglittenes vorwiegend öffentliche Breitenwirkung habe. Wie uns – in ständiger Bewegung und Infragestellung – der Rang der Größe im Gesamtbilde erscheint, was und wie wir es vorziehen, das muß sich bewähren darin, wie wir das Übrige, Breite und allgemein Geltende zu durchschauen vermögen, es gerecht beurteilen und anerkennen. Was uns fremd bleibt und unverständlich, das ist Grenze unserer eigenen Wahrheit.

2. *Verständnis der Gedanken erfordert gründliches Textstudium.* Der Philosophie ist nur durch konkretestes Verstehen nahezukommen. Ein großer Philosoph fordert hartnäckiges Eindringen in seine Texte. Dabei ist notwendig zugleich die Vergegenwärtigung einer ganzen Philosophie in ihrem Gesamtwerk und die Bemühung um die einzelnen Sätze, um diese bis in die Nuance bewußtzumachen. Totalanschauung und genaue Beobachtung sind die Grundlage unseres Verstehens.

3. *Verständnis der Philosophie fordert universalgeschichtliche Anschauung.* Die Philosophiegeschichte muß als Universalgeschichte der Philosophie eine einzige große Einheit werden. Es ist die Einheit des Offenbarwerdens des Seins, dieser einzige ungeheure Augenblick

weniger Jahrtausende, aus drei Ursprüngen (China, Indien, Abendland) in einem einzigen Zusammenhang des Sinns wirklich, zwar unüberschaubar, aber uns umgreifend als Welt, in die grenzenlos einzudringen die Weise des je gegenwärtigen geschichtlichen Philosophierens ist. Zwar ist es für den Einzelnen nicht möglich, überall jene konkrete Nähe zu gewinnen. Er kann vielmehr seine Wurzeln nur in relativ wenigen hohen Werken haben. Aber der Raum des Ganzen und der Klang jenes ständig zu sich hinziehenden Einen ist unerläßlich für das Philosophieren in universaler Kommunikation und für die Wahrheit auch jedes einzelnen konkret nahen Verstehens.

4. *Das unsichtbare Geisterreich der Philosophen.* Philosophierend leben wir gleichsam in einer verborgenen, unobjektiven Gemeinschaft, in die aufgenommen zu werden die heimliche Sehnsucht jedes philosophierenden Menschen ist. Die Philosophie hat keine institutionelle Wirklichkeit, ist keine Konkurrenz der Kirche, der Staaten, der realen Gemeinschaften in der Welt. Jede Objektivierung, Schul- und Sektenbildung, ist zugleich Verderben der Philosophie. Denn es gibt keine Überlieferung der Freiheit, die im Philosophieren errungen werden kann, durch die Doktrin einer Institution. Immer als Einzelner wird der Mensch zum Philosophen. Und er kann daraus keinerlei Ansprüche herleiten. Er kann nicht die Torheit haben, als Philosoph anerkannt werden zu wollen. Philosophieprofessuren sind Institutionen frei lehrender Vermittlung, die nicht ausschließen, daß sie von Philosophen eingenommen werden (Kant, Hegel, Schelling). Im Geisterreich der Philosophie aber gibt es keine objektive Garantie und keine Bestätigungen, hier werden Menschen füreinander durch die Jahrtausende Schicksalsgefährten des Denkens, werden einander Anlaß, aus eigenem Ursprung den Weg zum Wahren zu finden, geben aber einander nicht geradezu und fertig, was Wahrheit ist. Es ist ein Selbstwerden des Einzelnen in Kommunikation mit den Einzelnen. Es ist ein Hineinwachsen der Einzelnen, ohne Bruch mit der Welt ihres geschichtlichen Lebens, in den gemeinsamen Raum des Verbundenseins quer zur historischen Realität. Es ist das Wagnis, auf den Grund hin und aus ihm zu leben, der ohne objektive Gewißheiten (wie in der Religion) nur in Andeutungen, indirekt, als Möglichkeit aus dem gesamten Philosophieren hörbar wird für den, der selber philosophiert.

5. *Universalgeschichtliche Anschauung ist Bedingung für das entschiedenste Bewußtsein des eigenen Zeitalters.* Erst angesichts der Erfahrungen der Menschheit wird ganz fühlbar, was gegenwärtig erfahrbar ist, sowohl das, was heute nicht mehr erlebt werden kann, wie das, was gerade heute erstmalig erlebbar wird. Aus den Gehalten des

Gewesenen, verwandelt in Möglichkeiten, werden die gegenwärtigen Gehalte erst ganz wirklich, weil bewußt. Das wahrhaftige Leben in jenem Geisterreich entfernt den Menschen nicht aus seiner Welt, sondern verwirklicht ihn zum Dienst in seiner geschichtlichen Gegenwart. –

Diese geschichtlichen Grundanschauungen haben sich mir erst langsam ergeben. Ich machte die Erfahrung, daß das Studium früherer Philosophen wenig hilft, wenn nicht eigene Wirklichkeit entgegenkommt. Erst aus ihr verstehen wir die Fragen der Denker, so daß wir ihre Texte wie gegenwärtige zu lesen vermögen, als ob alle Philosophen Zeitgenossen wären.

Die Reihenfolge, in der die großen Sterne des Philosophenhimmels mir aufgingen, ist vielleicht zufällig. Spinoza war der erste, als ich noch das Gymnasium besuchte. Kant wurde mir zum Philosophen schlechthin und blieb es mir. In Plotin, Cusanus, Bruno, Schelling ließ ich die Träume der Metaphysiker als Wahrheit zu mir sprechen. Kierkegaard begründete das Bewußtsein des für uns heute unerläßlichen Ursprungs und unserer geschichtlichen Situation. Nietzsche gewann erst spät für mich Gewicht als die großartige Offenbarung des Nihilismus und der Aufgabe, durch ihn hindurchzukommen (in der Jugend hatte ich ihn gemieden, abgestoßen vom Extremen, vom Rausch und von dem Vielerlei). Goethe brachte die Atmosphäre der Humanitas und der Unbefangenheit. Diese Atmosphäre zu atmen, mit ihm zu lieben, was an wirklichem Wesen in der Welt zur Erscheinung kommt, mit ihm die Grenzen unverschleiert, aber scheu zu berühren, war eine Wohltat in der Unruhe, wurde ein Quell der Gerechtigkeit und Vernunft. Hegel blieb für lange Zeit ein fast unerschöpflicher Stoff des Studiums, zumal als Textgrundlage für meine Lehrtätigkeit in Seminaren. Die Griechen waren zwar immer da; war ich in ihrer Kühle diszipliniert, so ging ich gern zu Augustin, von dem dann die Unlust am Rhetorischen, an dem Mangel aller Wissenschaft, an häßlichen und gewaltsamen Gefühlen, trotz der Tiefe existentieller Erhellung, zurück zu den Griechen trieb. Zuletzt erst beschäftigte ich mich gründlicher mit Plato, der mir nun der vielleicht größte von allen schien.

Unter den schon verstorbenen Zeitgenossen danke ich, was ich zu denken vermag, außer den nahestehenden Menschen, vor allem dem einzigen Max Weber. Er allein hat mir durch sein Wesen leibhaftig gezeigt, was menschliche Größe sein kann. Nißl, der Hirnanatom und Psychiater, war mir in den Jahren, als er mein Chef war, das Vorbild kritischen Forschertums und reinster Wissenschaftlichkeit. –

Auch angesichts der Philosophiegeschichte erblicken wir den ungeheuren Einschnitt, den unser Zeitalter bedeutet. Hegel ist ein Ende von zweieinhalb Jahrtausenden. Wohl ist Plato in seiner philosophischen Grundhaltung – nicht in seinen konkreten Positionen – heute so gegenwärtig, ja vielleicht gegenwärtiger als jemals. Wir können auch jetzt noch aus Kant philosophieren. Aber wir können es in Wahrhaftigkeit nicht, ohne auch nur einen Augenblick zu vergessen, was seitdem durch Kierkegaard und Nietzsche geschehen ist. Wir sind auf eine Weise exponiert, die uns ständig vor das Nichts bringt. Wir sind so tief verwundet, daß wir in schwachen Augenblicken nicht wissen, ob wir nicht daran sterben. Wenn die Geborgenheit der in sich zusammenhängenden Philosophie von Parmenides bis Hegel verloren ist, so können wir doch auch jetzt nur aus dem einen tiefen Grunde des Menschseins philosophieren, aus dem auch jenes Denken der in irgendeinem Sinne abgeschlossenen Jahrtausende im Abendland hervorging. Dieses Grundes noch auf andere Weise innezuwerden, sind wir hingewiesen auf Indien und China als die beiden andern ursprünglichen Wege philosophischen Denkens. Statt beim Zerfall von Jahrtausenden ins Nichts zu gleiten, möchten wir einen unerschütterlichen Boden spüren. Wir möchten geschichtlich in eins fassen, was als ein einziges Gesamtphänomen die Möglichkeit öffnet, daß die Nachkommenden die Substanz tiefer gründen, als es je geschehen ist. Die Alternative »nichts oder alles« steht als geistige Schicksalsfrage des Menschseins vor unserem Zeitalter.

3. Die Antriebe zu den Grundfragen

Philosophie war nicht schon das Wissen eines Weltbildes (das ergibt sich als die Summe der Wissenschaften in ständiger Ungeschlossenheit und Bewegung), nicht schon die Erkenntnistheorie (die ein Thema der Logik ist), nicht schon die Kenntnis der Systeme und Lehrstücke der Philosophiegeschichte (mit solchen Kenntnissen werden nur die Vordergründe des Denkens unverbindlich berührt). Philosophie erwuchs mir aus der Betroffenheit im Leben selbst. Philosophisches Denken ist *Praxis*, aber eine einzigartige Praxis.

Philosophische Meditation ist ein Vollzug, in dem ich zum Sein und zu mir selbst komme, nicht ein indifferentes Denken, bei dem ich unbeteiligt mit einem Gegenstand mich beschäftige. Bloßes Zuschauen wäre nichtig. Auch wissenschaftliches Wissen, wenn es Gehalt hat, ist nicht beliebiges Betrachten von Beliebigem; denn die kritische Objektivität wesentlichen Wissens wird als Praxis erst philosophisch im inneren Handeln erworben.

Philosophie als Praxis bedeutet nicht ihre Einengung auf Nützlichkeit und Anwendbarkeit, etwa auf das, was der Entwicklung der Moral dient oder gelassene Seelenzustände bewirkt. Das Erdenken von Möglichkeiten für einen endlichen Zweck, für den ich Erkenntnis als Mittel anwenden will, ist technische, nicht philosophische Praxis. Philosophieren ist die Praxis meines denkenden Ursprungs selbst, mit dem sich im einzelnen Menschen das Wesen des Menschen in seiner Ganzheit verwirklicht. Diese Praxis entspringt aus dem Leben in jener Tiefe, wo es die Ewigkeit in der Zeit berührt, nicht schon in den Vordergründen, wo es in endlichen Zwecken sich bewegt, wenn jene Tiefe auch für uns nur in den Vordergründen zur Erscheinung kommt. Daher ist die philosophische Praxis allein in den Höhepunkten des persönlichen Philosophierens ganz wirklich, im objektivierten philosophischen Denken aber ist Vorbereitung für und Erinnerung an sie. In den Höhepunkten ist die Praxis das innere Handeln, in dem ich ich selbst werde, ist sie das Offenbarwerden des Seins, ist sie die Aktivität des Selbstseins, die sich doch zugleich ganz als die Passivität des Sichgeschenktwerdens erfährt. Das Geheimnis dieser Grenze des Philosophierens, wo allein Philosophie wirklich ist, wird in der Ausbreitung der philosophischen Gedanken im Werk immer nur umkreist. –

Weil die Grundfragen der Philosophie als Praxis dem Leben erwachsen, ist ihre Gestalt jeweils der *geschichtlichen* Situation angemessen. Aber diese Situation steht in der Kontinuität der Überlieferung. Die früher gestellten Fragen sind noch die unserigen, zum Teil mit gegenwärtigen bis in die Worte über Jahrtausende identisch, zum Teil ferner und fremder, so daß wir sie erst durch eine Übersetzung uns zu eigen machen. Die Grundfragen schienen mir von Kant in ergreifender Einfachheit formuliert: 1. Was kann ich wissen? 2. Was soll ich tun? 3. Was darf ich hoffen? 4. Was ist der Mensch? Heute sind uns diese Fragen in verwandelter Gestalt wiedergeboren und werden uns damit auch in ihrem Ursprung neu verständlich. Die Umgestaltung der Fragen kam aus der Betroffenheit von dem Leben, wie es in unserem Zeitalter uns gegeben wurde und sein konnte:

1. *Die Wissenschaft* hat eine immer wachsende, überwältigende Bedeutung gewonnen, in ihren Folgen ist sie das Weltschicksal geworden. Technisch bringt sie die Grundlage allen menschlichen Daseins und erzwingt die unabsehbare Verwandlung aller Zustände. Durch ihren Inhalt bringt sie aus dem Staunen zu größerem Staunen. In ihren Verkehrungen wird sie Anlaß zum Wissenschaftsaberglauben und zum verzweifelten Wissenschaftshaß. Auszuweichen ist ihr nicht. Wissenschaft reicht weiter als zu Kants Zeiten, ist radikaler wie je, sowohl in der Klarheit ihrer Methoden wie in den Konsequenzen,

die sie bewirkt. Die Frage »was kann ich wissen?« wird daher konkreter und unerbittlicher zugleich. Von uns her gesehen, wußte Kant noch zu viel (indem er seine eigene transzendentale Philosophie fälschlich für zwingende wissenschaftliche Erkenntnis hielt statt für im Transzendieren zu vollziehende philosophische Einsicht) und zu wenig (weil die außerordentlichen mathematischen, naturwissenschaftlichen, historischen Entdeckungen und Erkenntnismöglichkeiten mit ihren Folgen großenteils noch außerhalb seines Horizontes lagen).

2. Die Gemeinschaft der Massen hat eine Ordnung des Lebens in regulierten Geleisen hervorgebracht, durch welche die Menschen zwar technisch im funktionierenden Betrieb, aber nicht innerlich aus der Geschichtlichkeit ihrer Seele verbunden sind. Die Leere der Unbefriedigung an bloßer Leistung und die Ratlosigkeit, wenn die Geleise einmal versagen, haben eine nie dagewesene Einsamkeit der Seele erwachsen lassen, eine Einsamkeit, die sich selbst verbirgt, im Erotischen und Irrationalen vergeblich ihre Aufhebung sucht, bis durch sie der Ernst der Aufgabe einer *Kommunikation* von Mensch zu Mensch in der Tiefe erfaßt wird.

Noch in der Daseinsregulierung ist dem Menschen zumute, als ob im strömenden Ozean der Geschichte ihn die Wogen aus jedem Boden gerissen hätten und er nun im Wirbel des Herumgetriebenwerdens Halt suchen müßte. Das Feste und Bestimmte blieb nirgends das Letzte. Moral ist nicht mehr zureichend fundiert in allgemeingültigen Gesetzen. Diese selbst bedürfen eines tieferen Ursprungs. Die Kantische Frage »was soll ich tun?« ist nicht mehr genügend beantwortet durch den Kategorischen Imperativ (obgleich dieser Imperativ unumgehbar wahr bleibt), sondern will ergänzt sein durch die Gründung allen sittlichen Tuns und Wissens in der Kommunikation. Denn die Bedingung der Wahrheit allgemeingültiger Gesetze für mein Handeln ist die Weise der Kommunikation, in der gehandelt wird. Was soll ich tun? Das setzt voraus: Wie ist Kommunikation möglich? Wie soll ich die Tiefe möglicher Kommunikation erreichen?

3. Wir erfahren die Grenzen der Wissenschaft als Grenzen des Wissenkönnens und als Grenzen unserer Weltverwirklichung durch Wissen und Können; das Wissen der Wissenschaft versagt vor allen letzten Fragen. Wir erfahren Grenzen der Kommunikation, in ihrem Gelingen bleibt ein Mangel. Versagen des Wissens und Scheitern der Kommunikation bringt in eine Verwirrung, in der Sein und Wahrsein verschwindet. Vergeblich sucht man den Ausweg im Gehorsam gegen Regeln und Vorschriften und in der Gedankenlosigkeit. Der Sinn von *Wahrsein* bekommt ein anderes Gewicht. Wahrheit ist mehr als was

wir Wahrheit (vielmehr besser Richtigkeit) in den Wissenschaften nennen. Die Wahrheit selbst möchten wir ergreifen, der Weg zu ihr wird eine neue, dringendere, erregendere Aufgabe.

Unser Philosophieren läßt sich bis soweit in die drei Fragen fassen:

Was können wir wissen in den Wissenschaften?

Wie sollen wir die tiefste Kommunikation verwirklichen?

Wie wird uns Wahrheit zugänglich?

Die drei Grundantriebe des Wissenwollens, des Kommunikationswillens und des Wahrheitsdranges bewirken diese Fragen. Durch sie kommen wir auf den Weg des Suchens. Aber die Ziele dieses Suchens sind der Mensch und die Transzendenz (oder: die Seele und die Gottheit). Auf sie gehen die vierte und fünfte Grundfrage.

4. In der Welt ist der *Mensch* allein die Wirklichkeit, die mir zugänglich ist. Hier ist Gegenwärtigkeit, Nähe, Fülle, Leben. Der Mensch ist die Stätte, an der und durch die alles wirklich ist, was für uns überhaupt ist. Das Menschsein versäumen würde für uns bedeuten, ins Nichts zu sinken. Was der Mensch sei und sein könne, ist eine Grundfrage für den Menschen.

Der Mensch ist aber nicht ein sich genügendes, in sich geschlossenes Sein, sondern was der Mensch ist, ist er durch die Sache, die er zur seinen macht. In jeder Gestalt seines Seins ist der Mensch auf ein Anderes bezogen, als Dasein auf seine Welt, als Bewußtsein überhaupt auf Gegenstände, als Geist auf die Idee des jeweiligen Ganzen, als Existenz auf Transzendenz. Immer wird der Mensch zum Menschen dadurch, daß er sich dem Anderen hingibt. Aus seinem Versenktsein in die Welt des Daseins, in den unabsehbaren Raum der Gegenstände, in die Ideen, in die Transzendenz wird er sich erst wirklich. Macht er sich selber unmittelbar zum Gegenstand seines Bildens, so geht er seinen letzten und gefährlichen Weg, sofern es möglich ist, daß er dabei das Sein des Anderen verliert und dann in sich nichts mehr findet. Der Mensch, der sich geradezu ergreifen wollte, versteht sich selbst nicht mehr, weiß nicht, was er ist und eigentlich soll.

Diese Verwirrung wurde gesteigert als Ergebnis des Bildungsprozesses des 19. Jahrhunderts. Im Reichtum des Wissens von allem, was war, geriet der Mensch in einen Zustand, als ob er sich alles Seins bemächtigen könnte, ohne selbst noch etwas zu sein. Das geschah ihm, als er sich nicht mehr an die Sache an sich hingab, sondern sie zu einer Funktion seiner Bildung machte. Eine neue Erfahrung verwirklichte sich von der Bodenlosigkeit des sich auf sich selbst allein gründenden Menschseins.

Die Frage nach dem Menschsein wird vorangetrieben. Es genügt nicht mehr, mit Kant über sich hinaus zu fragen: »Was darf ich hoffen?« Der Mensch drängt entschiedener als je zu einer Gewißheit, die ihm fehlt, zu der Gewißheit, daß ist, was ewig ist, daß das Sein ist, durch das auch er selbst erst ist. Wenn die Gottheit ist, dann ist auch alle Hoffnung möglich.

5. Daher kommt zu der Frage, was der Mensch sei, als die wesentliche Frage, ob und was Transzendenz (Gottheit) sei. Die These wird möglich: Allein die Transzendenz ist das wirkliche Sein. Daß die Gottheit ist, ist genug. Dessen gewiß zu sein, ist das Einzige, worauf es ankommt. Alles andere folgt daraus. Der Mensch ist der Beachtung nicht wert. In der Gottheit allein ist Wirklichkeit, ist Wahrheit, ist die Unerschütterlichkeit des Seins selbst, dort ist Ruhe, dort ist der Ort der Herkunft und des Ziels für den Menschen, der selbst nichts ist und das, was er ist, nur ist in bezug auf diesen Grund.

Aber es zeigt sich immer wieder: Für uns ist die Gottheit, wenn sie ist, doch nur, wie sie uns in der Welt erscheint, wie sie zu uns spricht durch die Sprache des Menschen und der Welt. Sie ist für uns nur in der Weise, wie sie Gestalt gewinnt, die in menschlichen Maßen und Gedanken sie immer zugleich verbirgt. Nur in Weisen, die dem Menschen faßlich sind, kommt die Gottheit zur Erscheinung.

So zeigt es sich, daß es falsch ist, die Frage nach dem Menschen und die Frage nach der Gottheit gegeneinander auszuspielen. Daß nur der Mensch für uns in der Welt Wirklichkeit ist, verhindert nicht, daß die Frage nach dem Menschen gerade zur Transzendenz führt. Daß nur die Gottheit eigentlich Wirklichkeit sei, verhindert nicht, daß diese Wirklichkeit für uns nur im Weltsein zugänglich ist, aber wie im Spiegel der Ebenbildlichkeit des Menschen, weil von der Gottheit etwas in ihm sein muß, das von der Gottheit angesprochen werden kann. So wird das Thema der Philosophie im polaren Wechselspiel nach zwei Seiten hin ausgerichtet: deum et animam scire cupio.

Im Wiederaufgreifen der Kantischen Grundfragen erwuchsen mir also die fünf: nach der Wissenschaft, der Kommunikation und der Wahrheit, nach dem Menschen und der Transzendenz. Den Sinn dieser Fragen, sowohl in den Antrieben, die zu ihnen führen, wie in den ersten Ansätzen einer philosophischen Antwort, vergegenwärtige ich nunmehr ein wenig eingehender:

1. *Was ist Wissenschaft?* – Ich suchte in der Jugend Philosophie als ein Wissen. Die Lehren, die ich hörte und las, schienen diesem Anspruch entgegenzukommen. Sie begründeten, bewiesen, widerlegten, standen in einer Reihe mit allem anderen Wissen, nur gingen sie auf das Ganze, statt auf einzelne Gegenstände.

Aber bald erfuhr ich, daß die meisten philosophischen und viele wissenschaftliche Lehren keine Gewißheit brachten. Mein Zweifel wurde zwar nicht absolut und radikal. Er war nicht der Zweifel im Stile des Descartes, den ich erst später kennenlernte und auch dann nicht wirklich, sondern nur als ein Spiel vollzog. Aber mein Zweifel stellte jeweils einzelne Behauptungen und versuchsweise eine jede in Frage, und dies zunächst in den Wissenschaften.

Es erschütterte meinen Glauben an Vertreter der Wissenschaft, nicht an die Wissenschaft selber, wenn ich erkannte, daß berühmte Gelehrte in ihren Lehrbüchern viel vortrugen, was sie ohne kritische Infragestellung als Ergebnis der Wissenschaft ausgaben, ohne daß es in der Tat gewiß war. Ich nahm das viele Gerede wahr, die vermeintliche Erkenntnis. Schon auf der Schule wunderte ich mich, mit Recht oder Unrecht, wenn die Antworten der Lehrer auf Einwände unzureichend blieben. Der Pfarrer bewies das Dasein Gottes daraus, daß die Sterne nicht zusammenstoßen, und hörte nicht auf den Einwand, vielleicht seien die Sterne so weit voneinander entfernt, daß die Chance eines Zusammenstoßes gering sei, oder: vielleicht geschieht es, nur beobachten wir es gerade nicht, da wir mit unserer Erde noch unbetroffen sind. Dann hörte ich das Pathos der Historiker, wenn sie eine Reihe von Ausführungen zum Schlusse bringen mit den Worten: »nun mußte es notwendig so kommen«, während doch diese Behauptung nur ex eventu suggestiv, an sich gar nicht überzeugend war; schien doch auch anderes möglich und der Zufall immer im Spiel. Als Arzt und Psychiater sah ich den schwankenden Grund, auf dem so viele Behauptungen und Handlungen stehen, sah die Herrschaft vermeintlicher Einsichten, zum Beispiel in die Verursachung aller Geisteskrankheiten durch Hirnvorgänge (ich nannte das Reden über das Gehirn, wie es damals Mode war, Hirnmythologie, sie wurde später durch die Mythologie der Psychoanalyse abgelöst), erfuhr mit Erschrecken, wie wir in unseren Gutachten keineswegs absolut gewisse Positionen vertraten, weil wir immer, auch wenn wir nicht wußten, zu einem Ergebnis kommen mußten, so daß die Wissenschaft den Deckmantel hergab, um staatlich notwendige Entscheidungen zu ermöglichen, für die ein beweisbarer Grund nicht zu finden war. Und ich wunderte mich, daß eine so große Zahl alltäglicher ärztlicher Verordnungen, ja die Masse der Medikamente, dem Bedürfnis der Kranken nach Behandlung entspringen, nicht einem rationellen Wissen.

Aus diesen Erfahrungen ergab sich die Grundfrage: Was ist eigentlich Wissenschaft? Was kann sie? Wo liegen ihre Grenzen? Es wurde klar, daß Wissenschaft zwingend und allgemeingültig sein muß, wenn sie ihren Namen verdienen soll. Die schärfste Kritik, das hellste Bewußtsein der Methode, das Wissen, in welchem Sinne, aus welchen

Gründen, in welcher Fraglichkeit ich jeweils weiß, erforderte zunächst die Selbstdisziplin des Behauptens. Weder skeptisch alles preisgeben noch dogmatisch irgend etwas als Ergebnis fixieren, sondern in der Haltung des Forschers bleiben und alles Wissen nur auf dem Weg mit seinen Gründen und relativ auf die Gesichtspunkte und Methoden zu eigen machen, das zeigte sich als etwas, das keineswegs einfach, sondern eine Haltung ist, die nur mit einem ständig regen intellektuellen Gewissen erworben wird. Dann zeigte sich, daß es zwingende Allgemeingültigkeit in der Tat gibt, daß es ein hoher Vorrang des Menschen ist, sie klar unterscheidend zu erfassen. Aber es zeigte sich auch, daß solche Wissenschaft immer nur partikular ist, nicht das Ganze des Seins erfaßt, daß sie nicht totale Seinserkenntnis, sondern jeweils spezifische Sacherkenntnis ist, daß sie dem Leben keine Ziele gibt, auf alles Wesentliche, das den Menschen erschüttert, keine Antwort hat, ja daß sie über ihren eigenen Sinn, nämlich ob man sich ihr zuwenden solle, keine zwingende Einsicht gibt. Die Verwechslung von Überzeugungen, aus denen ich lebe, mit Wissen, das ich beweise, verwirrt die ganze menschliche Haltung.

Wenn aber die Wissenschaft, in ihrer Begrenzung auf zwingende und allgemeingültige Erkenntnis, so wenig vermag, wenn sie im Wesentlichen, nämlich in den ewigen Fragen, im Stich läßt, warum dann überhaupt Wissenschaft?

Es ist erstens ein unabweisbarer Drang, wissen zu wollen, was erkennbar ist, die Tatsachen rein vor Augen zu haben, das Faktische, das uns betroffen macht, zu erkennen: etwa die Geisteskrankheiten, daß es sie gibt, wie sie sich zeigen in dem nahen Umgang mit geisteskranken Menschen, oder wie Geisteskrankheit und geistiges Schöpfertum zusammenhängen können. Die Kraft ursprünglichen Wissenwollens verschwindet in den vorwegnehmenden großartigen Weisen scheinbaren Totalwissens, steigert sich in der Bemächtigung der konkreten Wißbarkeiten.

Zweitens ist die Wissenschaft von der ungeheuersten Wirkung. Unser gesamter Weltzustand, zumal seit hundert Jahren, ist durch Wissenschaft und ihre technischen Folgen bedingt, die innere Haltung aller Menschen durch die Weise und den Inhalt ihres Wissens bestimmt. Ich begreife das Weltschicksal nur, wenn ich Wissenschaft begreife. Es ist eine Grundfrage: Warum gibt es überall, wo Menschen sind, einen Rationalismus, eine Intellektualisierung, aber warum ist nur im Abendland Wissenschaft entstanden, welche in ihren Folgen die früheren Welten aus ihren Angeln hebt, die Menschen zwingt, ihr zu folgen oder zugrunde zu gehen? Erst durch Wissenschaft und angesichts der Wissenschaft erwächst ein gesteigertes geschichtliches Situationsbewußtsein, lebe ich wirklich in der geistigen Situation meiner Zeit.

Drittens muß ich der Wissenschaft mich zuwenden, um das zu erfahren, was in aller Wissenschaft führt und antreibt, ohne selbst zwingendes Wissen zu sein. Die Ideen, die der Endlosigkeit Herr werden, die Auswahl des Wesentlichen, der Zusammenhalt des Wissens im Kosmos der Wissenschaften, – das alles ist nicht wissenschaftlich einsehbar, aber kommt nur durch Wissenschaften zum hellen Bewußtsein. Nur auf dem Wege der Wissenschaften gelange ich aus der Gebundenheit durch ein beschränktes dogmatisches Weltbild zur Welt im Ganzen und in ihrer Realität.

Die Erfahrung der Unerläßlichkeit und bezwingenden Macht der Wissenschaft ließ mir für alles Philosophieren folgende Forderungen durch mein Leben hindurch gültig sein: Es muß Freiheit für alle Wissenschaften geben, damit die Freiheit vom Wissenschaftsaberglauben, das heißt von den Verabsolutierungen und von dem Scheinwissen, gewonnen werde. Durch freie Bemächtigung der Wissenschaften soll ich offen werden für das, was mehr ist als Wissenschaft, aber erst auf dem Wege über sie klarwerden kann. Ich soll mich zwar einer Wissenschaft gründlich, aber irgendwie auch allen anderen Wissenschaften zuwenden, nicht um enzyklopädische Kenntnisse anzuhäufen, sondern um in den Grundweisen der Wissensmöglichkeiten, in den Prinzipien der Wißbarkeiten, in der Mannigfaltigkeit der Methoden zu Hause zu sein. Es ist eine Methodologie zu erarbeiten, die aus dem Grunde eines universalen Seinsbewußtseins hervorwächst, wie sie es wiederum hervorbringt und klärt.

Vor allem aber: Wissenschaften sind als Werkzeug der Philosophie zu ergreifen, nicht aber ist die Philosophie als auch noch eine Wissenschaft danebenzustellen. Denn Philosophie ist, obgleich an Wissenschaften gebunden und niemals ohne sie, etwas ganz anderes als Wissenschaft: Sie ist das Denken, in dem ich des Seins selbst inne werde durch inneres Handeln; oder: sie ist das Denken, das den Aufschwung zur Transzendenz vorbereitet, erinnert und in hohem Augenblick selber vollzieht als ein denkendes Tun des ganzen Menschen.

2. *Wie ist Kommunikation möglich?* – Ich weiß nicht, was stärker in mir war, als ich zu denken begann: das ursprüngliche Wissenwollen oder der Drang zur Kommunikation mit dem Menschen. Das Wissen erhält seinen vollen Sinn doch erst durch das Band, das Menschen vereint. Aber der Drang nach Einstimmung mit dem anderen Menschen fand doch so schwer ein Genügen. Ich erschrak über das Nichtverstehen und war wie gelähmt bei jeder Versöhnung, in der nicht völlig aufgehellt schien, was vorherging. Das starre Verschlos-

sensein und das Nichthören auf Gründe, die Unbetroffenheit von Tatbeständen, die Gleichgültigkeit, welche eine Erörterung gar nicht will, die abwehrende Haltung der Menschen, sich nicht zu nahe treten zu lassen, welche im entscheidenden Augenblick jede Möglichkeit verschüttet, dann wieder die schamlose Gleichgültigkeit, die die eigene Seele widerstandslos preisgibt, als ob niemand mehr vor einem stände, das alles machte mich schon früh und immer wieder ratlos. Wenn zustimmende Nachgiebigkeit erfolgte, mußte ich unbefriedigt bleiben, weil keine wirkliche Einsicht verband, sondern nur ein Überredetsein, weil freundliches Mittun, nicht aber entgegenkommendes Selbstsein sprach. Ich kannte zwar den Jubel der Freundschaft (bei gemeinsamen Studien, bei der einträchtigen Stimmung im Haus und in der Landschaft). Dann aber kamen die Augenblicke des Fremdseins, als ob man in verschiedenen Welten lebe. Ständig wuchs in meiner Jugend das Bewußtsein der Einsamkeit, aber nichts schien mir verderblicher als Einsamkeit, zumal die in der Vielfachheit geselligen Umgangs, in einer Menge von Freundschaften sich selbst täuschende Einsamkeit. Kein Drang in mir schien mir stärker als der zur Kommunikation mit dem Andern. Wenn nur mit einem einzigen Menschen die nie vollendbare Bewegung der Kommunikation gelingt, so ist alles erreicht. Ein Kriterium dieses Gelingens aber ist auch die Kommunikationsbereitschaft gegenüber jedem wesentlich begegnenden Menschen und das Leiden am Ungenügen, wo immer sie mißlingt. Nicht schon Ansprache und Austausch mit Menschen, nicht Freundlichkeit und Geselligkeit, sondern erst das unablässige Vorantreiben zum Offenbarwerden im Ganzen ist der Weg der Kommunikation.

Der philosophisch entscheidende Stachel war die Frage, wie das Ungenügen der Kommunikation von mir selbst verschuldet wird. Das Ungenügen war unbezweifelte Wahrheit. Aber der Mangel konnte doch nicht nur von den anderen Menschen herrühren. Ich selber bin ein Mensch wie sie. In mir sind dieselben Quellen der Kommunikationslähmung wie in den anderen. Das innere Handeln, durch das ich mich erziehe, mußte die Selbstverschleierungen, Eigenwilligkeiten, trotzigen Motive durchleuchten und auf ein Offenbarwerden drängen, das nie fertig wird. Die philosophische Einsicht aber wurde gerade durch eigenes Versagen möglich. Das Böse erkennen wir nur, soweit es in uns selbst ist. Was wir gar nicht sein können, das würden wir auch nicht verstehen.

Durch die Erfahrung des Ungenügens in der Kommunikation wurde die philosophische Stimmung bewirkt. Jede Beschäftigung mit bloßen Sachen, die nicht irgendwo zur Kommunikation führt, schien mir nicht in Ordnung. Die einsame Hingabe an die Natur, diese tiefe

Erfahrung des Alls in der Landschaft und in der leibhaftigen Nähe zu den Gestalten und Elementen, diese Quelle der Kraft für die eigene Seele, konnte mir wie eine Schuld gegen Menschen erscheinen, wenn sie ein Mittel wurde zum Ausweichen vor ihnen, und als Schuld gegen mich, wenn sie verführte zur abschließenden Selbstgenügsamkeit in der Natur. Einsamkeit mit der Natur ist zwar ein wunderbarer Ursprung möglichen Selbstseins, aber der in ihr einsam Bleibende ist auf dem Wege, sein Selbstsein zu verarmen und am Ende zu verlieren. Alle Naturnähe in der schönen Welt wurde mir daher fragwürdig, wenn sie nicht zur Gemeinschaft mit den Menschen zurückführt und dieser Gemeinschaft als Hintergrund und als Sprache dient. In der Folge ging durch mein Philosophieren die Frage an alle Gedanken, alle Erfahrungen, alle Gehalte: Was bedeuten sie für Kommunikation? Sind sie geeignet, Kommunikation zu fördern oder zu hemmen? Sind sie Verführer zur Einsamkeit oder Erwecker zur Kommunikation?

Daraus erwuchsen die philosophischen Grundfragen: Wie ist Kommunikation möglich? Welche Weisen der Kommunikation sind vollziehbar? Wie gehören sie zueinander? In welchem Sinne ist Einsamkeit und die Kraft des Einsamseinkönnens Quelle der Kommunikation? Die Antworten wurden durch Vergegenwärtigungen konkreter Art – mit psychologischen Mitteln –, besonders im zweiten Band meiner Philosophie gegeben und sollen in der Logik ihre grundsätzliche Form finden.

These meines Philosophierens ist: Der einzelne Mensch für sich allein kann nicht Mensch werden. Selbstsein ist nur in Kommunikation mit anderem Selbstsein wirklich. Allein versinke ich in dumpfe Verschlossenheit, nur gemeinsam mit dem Andern vermag ich offenbar zu werden in der Bewegung gegenseitigen Aufschließens. Die eigene Freiheit kann nur sein, wenn auch der andere frei ist. Isoliertes oder sich isolierendes Selbstsein bleibt bloße Möglichkeit oder verschwindet ins Nichts. Alle Veranstaltungen, die unter unausgesprochenen Voraussetzungen und mit uneingestandenen Grenzen einen beruhigenden Kontakt zwischen Menschen bewahren, sind zwar unumgänglich für das gemeinschaftliche Dasein, darüber hinaus aber verderbliche Verschleierungen, die Wahrheit im Offenbarwerden des Menschseins verhindern durch eine täuschende Zufriedenheit.

3. *Was ist Wahrheit?* – Die Grenzen der Wissenschaft und der Antrieb zur Kommunikation, beide weisen auf Wahrheit, die mehr ist als ein Besitz des Verstandes.

Zwingende Richtigkeit der Wissenschaften ist nicht schon alle Wahrheit. Dieses Richtige in seiner Allgemeingültigkeit verbindet uns nicht im Ganzen als wirkliche Menschen, sondern nur als Verstandeswesen. Es verbindet in der Sache, die erkannt wird, partikular, nicht total. Zwar können Menschen durch wissenschaftliche Forschung vermöge der Ideen, die darin sich verwirklichen, und der Antriebe der Existenz, die darin zur Erscheinung kommen, echte Freunde sein. Aber die Richtigkeit der wissenschaftlichen Erkenntnis als solche verbindet alle Verstandeswesen in ihrer Gleichheit gleichsam als vertretbare Punkte, nicht wesentlich die Menschen selbst.

Dem Verstand gilt, gemessen am Richtigen, alles übrige als Gefühl, Subjektivität, Instinkt. Bei dieser Zweiteilung gibt es neben der hellen Welt des Verstandes nur das Irrationale, in dem zusammengerät, was je nachdem verachtet oder begehrt wird. Dem Ungenügen am Richtigen entspringt die Bewegung, welche denkend die eigentliche Wahrheit sucht. Jene Zweiteilung lähmt die Bewegung, läßt den Menschen hin und her gleiten zwischen dem Dogmatismus des seine Grenzen überschreitenden Verstandes und etwa dem Rausch des Vitalen, dem Ungefähr des Augenblicks, dem Leben. Die Seele wird in aller Mannigfaltigkeit disparaten Erlebens kahl. Dann ist die Wahrheit aus dem Gesichtsfeld verschwunden und ersetzt durch eine Vielfalt von Meinungen, die sich an dem Gerippe eines vermeintlich geglaubten rationalen Schemas halten. Wahrheit ist unendlich mehr als wissenschaftliche Richtigkeit.

Auch die Kommunikation weist auf dieses Mehr. Kommunikation ist der Weg zur Wahrheit in allen ihren Gestalten. Schon der Verstand wird sich klar nur in der Diskussion. Wie der Mensch als Dasein, Geist, Existenz in Kommunikation steht oder stehen kann, das läßt alle andere Wahrheit erst zur Erscheinung kommen. Die Wahrheit, die an der Grenze der Wissenschaft fühlbar wird, ist dieselbe, die in dieser Bewegung der Kommunikation fühlbar wird. Es ist die Frage, was für eine Wahrheit das sei.

Wir nennen die Quelle dieser Wahrheit in Unterscheidung vom Gegenständlichen, Bestimmten und Einzelnen, als was uns das Seiende gegenübersteht, das *Umgreifende*. Dieser Begriff ist gar nicht geläufig und gar nicht selbstverständlich. Das Umgreifende vermögen wir philosophisch zu erhellen, nicht mehr gegenständlich zu erkennen.

Hier liegt die Entscheidung, ob wir das Philosophieren erreichen oder ob wir an der Grenze, wo der *Sprung zum transzendierenden Denken* zu vollziehen ist, wieder zurücksinken. Berufen wir uns hier auf Gefühl, Instinkt, Trieb, auf Herz und Gemüt als Ursprünge der Wahrheit, so benennen wir das im Dunkel bleibende, unser Leben Begründende mit Worten, die eine psychologische Analyse nahelegen, uns abgleiten lassen in vermeintlich faßliche Psychologie, während alles darauf ankommt, in den hellen Raum des eigentlich philosophischen Denkens zu gelangen.

Die Methoden des Transzendierens tragen die gesamte Philosophie. Was sie vollziehen, in Kürze vorwegzunehmen, ist unmöglich. Vielleicht läßt sich mit wenigen Worten *andeuten*, wenn auch *nicht schon begreiflich machen*, worum es sich handelt:

Alles, was mir *Gegenstand* wird, tritt gleichsam aus einem dunklen Grunde des Seins an mich heran. Jeder Gegenstand ist ein bestimmtes Sein (als dieses in Subjekt-Objekt-Spaltung mir Gegenüberstehende), ist niemals alles Sein. Kein gegenständlich gewußtes Sein ist *das* Sein.

Aber bildet nicht die Gesamtheit der Gegenstände das Ganze des Seins? Nein. Wie der Horizont die Dinge in der Landschaft einschließt, so sind alle Gegenstände umschlossen von dem, worin diese Gegenstände sind. Wie wir in der räumlichen Welt auf den Horizont zugehen, ihn jedoch nie erreichen, vielmehr der Horizont mitgeht und sich immer neu als das jeweils Einschließende wiederherstellt, so gehen wir im gegenständlichen Forschen auf jeweilige Ganzheiten zu, die sich jedoch niemals als das ganze und eigentliche Sein erweisen, sondern durchbrochen werden müssen in neue Weiten. Nur wenn sich alle Horizonte zusammenfänden zu einem geschlossenen Ganzen, würden wir in der Bewegung durch alle Horizonte hindurch, da sie dann eine endliche Vielheit wären, das eine geschlossene Sein gewinnen. Aber das Sein ist für uns ungeschlossen, die Horizonte unendlich. Es zieht uns nach allen Seiten ins Unbegrenzte.

Wir fragen nach dem Sein, das uns mit dem Offenbarwerden aller entgegenkommenden Erscheinung in Gegenstand und Horizont doch als es selbst zurückweicht. Dieses Sein nennen wir das Umgreifende. Das Umgreifende ist also das, was sich immer nur ankündigt, was nicht selbst, sondern woraus alles Andere uns vorkommt.

Mit diesem philosophischen Grundgedanken wollen wir über jedes bestimmte Sein hinaus denken, hin zum Umgreifenden, in dem wir sind und das wir selber sind. Es ist ein uns gleichsam umwendender, weil aus der Fessel jedes bestimmten Seins uns lösender Gedanke. Aber dieser Gedanke des Umgreifenden ist nur der erste Ansatz. In der Kürze ist er noch ein rein formaler Gedanke. Es zeigen sich bei weiterer Vergegenwärtigung alsbald Weisen des Umgreifenden (das Sein des Umgreifenden an sich ist Welt und Transzendenz; das Sein des Umgreifenden, das wir sind, ist Dasein, Bewußtsein überhaupt, Geist, Existenz). Damit entsteht die Aufgabe der Erhellung aller Weisen des Umgreifenden. Wahrheit wird uns in ihren gesamten Möglichkeiten, ihrem Umfang, ihrer Weite und Tiefe erst ganz bewußt mit den Weisen des Umgreifenden.

Die Erhellung alles Umgreifenden hat ihren Antrieb aus unserer Vernunft und Existenz:

Die Bewegungen, in denen wir uns grenzenlos aufschließen, allem, was ist, Sprache leihen möchten, das Fremdeste und Fernste gleichsam heranziehen, zu allem Bezug suchen, zu nichts die Kommunikation abbrechen, nennen wir *Vernunft*. Dieses Wort, radikal zu unterscheiden vom Verstand, trifft die Bedingung des Wahrseins, wie es aus allen Weisen des Umgreifenden zutage treten kann. Die philosophische Logik ist das Selbstverständnis der Vernunft.

Wahrheit in diesem umfassenden Sinn, in dem die Wahrheit des Verstandes (und mit ihm der Wissenschaften) nur ein Element ist, ist gegründet in der *Existenz*, die wir sein können. Es kommt darauf an, daß unser Leben geführt ist von einer Unbedingtheit, welche allein dem »Entschluß« entspringt. Durch Entschluß wird die Existenz wirklich, wird das Leben geformt und verwandelt im inneren Handeln, das uns erhellend im Aufschwung hält. Gegründet im Entschluß ist die Liebe nicht mehr unverläßlich bewegende Leidenschaft, sondern die Erfüllung, der allein erst das eigentliche Sein sich zeigt.

Was im denkenden Leben getan werden muß, dem soll ein Philosophieren dienen, das erinnernd und vorausgreifend die Wahrheit offenbar macht. Dieses Philosophieren hat nur Sinn, wenn dem Gedanken eine Wirklichkeit des Denkenden ergänzend entspricht. Diese Wirklichkeit ist nicht Folge oder Anwendung einer Lehre, sondern sie ist die Praxis des Menschseins, die im Widerhall des Gedankens sich vorantreibt. Es ist eine Bewegung, deren Aufschwung gleichsam mit zwei Flügeln geschieht. Beide Flügel, das Denken und die Wirklichkeit, müssen schlagen, wenn der Aufschwung geschehen soll. Das bloße Denken würde ein leeres Bewegen von Möglichkeiten, die bloße Wirklichkeit eine dumpfe Unbewußtheit ohne Entfaltung, weil ohne Selbstverständnis, bleiben.

Dieses Philosophieren ging mir zuerst aus der Psychologie hervor, die sich verwandeln mußte und zur Existenzerhellung wurde. Die Existenzerhellung wiederum wies zur philosophischen Weltorientierung und zur Metaphysik. Schließlich versteht sich der Sinn dieses Denkens in einer philosophischen Logik, die nicht nur den Verstand und seine Gebilde (Urteil und Schluß) im Auge hat, sondern den Grund des Wahrseins in seinem ganzen Umfang im Umgreifenden zeigt. Das Sein ist nicht die Summe der Gegenstände. Vielmehr strecken sich unserem Verstande in der Subjekt-Objekt-Spaltung die Gegenstände gleichsam entgegen aus dem Umgreifenden des Seins selbst, das sich der gegenständlichen Erfassung entzieht, von dem her aber alle bestimmten gegenständlichen Erkenntnisse ihre Grenze und ihren Sinn haben und von dem her sie die Stimmung aus dem Ganzen erhalten, worin sie Bedeutung haben.

4. *Was ist der Mensch?* – Als ein Lebewesen unter anderen ist der Mensch Gegenstand der Anthropologie. In seiner Innerlichkeit ist er Gegenstand der Psychologie, in seinen objektiven Gebilden gemeinschaftlichen Lebens Gegenstand der Soziologie. Der Mensch in seiner empirischen Wirklichkeit kann nach vielen Richtungen erforscht werden. Aber der Mensch ist immer mehr, als er von sich weiß und wissen kann.

Als Erkennbarkeit erscheint der Mensch in seinen vielfachen empirischen Aspekten. Als ein erkanntes Wesen ist er immer schon aufgeteilt in das, als was er sich jeweils bestimmten Methoden der Forschung zeigt. Er ist nie ein Eines und Ganzes, nie der Mensch selbst, wenn er zum Gegenstand einer Erkenntnis geworden ist.

Wenn ich philosophisch mich des Menschseins vergewissere, kann ich daher nicht bei den Erkennbarkeiten des empirischen Menschen in der Welt stehenbleiben. Der Mensch ist gleichsam alles (wie Aristoteles von der Seele sagt). Des Menschseins innewerden heißt des Seins in der Zeit im Ganzen innewerden. Der Mensch ist das Umgreifende, das wir sind.

Aber auch als das Umgreifende ist der Mensch zerrissen. Wir werden – wie ich schon sagte – des Umgreifenden, das wir sind, auf mehrfache Weise inne, als Dasein, Bewußtsein überhaupt, Geist, Existenz. Der Mensch lebt als Dasein in seiner Welt. Er ist als das denkende Bewußtsein überhaupt forschend auf Gegenstände gerichtet. Er gestaltet als Geist die Idee eines Ganzen in seinem Weltdasein. Er ist als mögliche Existenz auf Transzendenz bezogen, durch die er selbst in seiner Freiheit sich gegeben weiß. Wie der Mensch eine Einheit wird, das ist ein in der Zeit unendliches, unlösbares Problem, aber der Weg seines Suchens. Der Mensch ist sich ungewisser als je.

Im Philosophieren bleibt der Mensch nicht eine Gattung eines besonderen Daseins neben anderem Dasein, sondern der Mensch wird sich hell als ein Einziges, als ein Allumschließendes, Alloffenes, als die größte Möglichkeit und größte Gefahr in der Welt, als das Ausnahmesein des Seins, als die Kommunikation des zerstreuten Seins, das sich in ihm offenbar wird.

5. *Was ist Transzendenz?* – Der Mensch ist zwar das für uns interessanteste Wesen in der Welt. Wir, die wir Menschen sind, wollen wissen, was wir sind und sein können. Aber eine ständige Beschäftigung mit dem Menschen erweckt Überdruß. Es ist, als ob darin das

Wesentliche versäumt würde. Denn der Mensch kann nicht aus sich selbst begriffen werden, und im Vergegenwärtigen des Menschseins zeigt sich das Andere, wodurch er ist. Dieses ist für den Menschen als mögliche Existenz die Transzendenz. Während aber der Mensch anschauliche Wirklichkeit in der Welt ist, ist Transzendenz wie nicht da. Sie ist auch nicht erforschbar. Ihr Sein selbst ist bezweifelbar. Und doch ist alles Philosophieren auf das Ziel gerichtet, sich der Transzendenz zu vergewissern.

Dagegen ist einzuwenden, ob Philosophie nicht irrigerweise leisten wolle, was nur Religion zu leisten vermag. Religion vermittelt im Kult die leibhaftige Gegenwart oder doch Erfahrung der Transzendenz. Sie gründet den Menschen auf die Offenbarung Gottes. Sie zeigt die Wege des Glaubens an die offenbare Wirklichkeit, an Gnade und Erlösung, und sie gibt Garantien. Nichts davon kann Philosophie leisten.

Wenn Philosophieren ein Kreisen um Transzendenz ist, so muß es daher Bezug auf Religion haben. Die Weise, wie Philosophie und Religion sich zueinander verhalten, ist in der Tat ein Ausdruck ihres Selbstverständnisses und der Tiefe ihrer Verwirklichung. Historisch sehen wir dieses Verhältnis in Gestalten des Kampfes, der Unterordnung, der Ausschließung. Ein endgültiges und ruhiges Verhältnis ist nicht möglich. Hier zeigt sich uns vielmehr eine Grenze. Wo die Frage durch Einsicht nicht nur begriffen, sondern gelöst scheint, da ist der Mensch beschränkt worden. Wird die Religion von der Philosophie ausgeschlossen oder die Philosophie von der Religion, wird von der einen Seite die Herrschaft über die andere behauptet durch den Anspruch, die alleinige höchste Instanz zu sein, so verliert der Mensch seine Offenheit für das Sein und seine eigene Möglichkeit zugunsten eines ihm selbst sich verschließenden Abschlusses der Erkenntnis. Er wird – ob in Beschränkung auf Religion oder auf Philosophie – dogmatisch und fanatisch und am Ende im Versagen nihilistisch. Religion braucht, um wahrhaftig zu bleiben, das Gewissen der Philosophie. Philosophie braucht, um gehaltvoll zu bleiben, die Substanz der Religion. Aber auch das ist eine zu einfache Formel, in der verschleiert bleibt, daß es mehrere ursprüngliche Wahrheiten im Menschen gibt. Es ist allein möglich, Verwechslungen zu verwehren. Philosophie kann von sich aus die Religion nicht bekämpfen wollen, sondern muß sie anerkennen, aber als das ihr polar Gegenüberstehende und in der Polarität Verbundene, um das sie sich ständig bemüht, weil sie ständig von daher beunruhigt, angestoßen, aufgerufen wird. Philosophie kann auch die Religion nicht ersetzen wollen, nicht mit ihr in Konkurrenz treten, keine Propaganda für sich gegen sie machen. Im Gegenteil: Philosophie wird die Religion bejahen müssen zum mindesten als die Wirklichkeit, der auch sie selbst ihr Dasein verdankt. Wäre nicht Religion das Leben der Menschheit, so gäbe es auch keine Philosophie.

Aber Philosophie als solche kann die Transzendenz nicht in der Garantie einer Offenbarung suchen, sondern muß sich dem Sein nähern in den dem Menschen als Menschen gegenwärtigen Selbstevidenzen des Umgreifenden (nicht etwa in Beweisen des Verstandes oder in Einsichten, die der Verstand als solcher gewinnen könnte) und durch die Geschichtlichkeit der Sprache der Transzendenz.

Auf die Frage, was Transzendenz sei, erfolgt darum keine Antwort durch eine Erkenntnis der Transzendenz. Die Antwort erfolgt indirekt im Erhellen der Ungeschlossenheit der Welt, der Unvollendbarkeit des Menschen, der Unmöglichkeit einer dauernden richtigen Welteinrichtung, des universalen Scheiterns, – bei gleichzeitiger Vergegenwärtigung, daß nicht nichts ist, daß vielmehr in Natur, Geschichte, Menschsein das Herrliche so wirklich ist wie das Furchtbare. Das Entscheidende innerhalb des Philosophierens ist, ob ich im Denken bis dahin komme, daß mir das »von außen« der Transzendenz als Ursprung des »von innen« gewiß wird, oder ob ich in der Immanenz bleibe mit der negativen Gewißheit: es gibt kein Draußen, das Grund und Ziel von allem ist, von der Welt und dem, was ich selbst bin.

Philosophierend gelingt kein Gottesbeweis, sofern er eine zwingende Erkenntnis liefern möchte, wohl aber gelingen »Gottesbeweise« als Wege denkenden Aufschwungs. Das rationale Denken vermag die Kategorien aller Denkbarkeiten zu transzendieren zur Koinzidenz der Gegensätze, vermag in der einzelnen Kategorie – zum Beispiel des zureichenden Grundes, des Zwecks – über sie hinauszugehen zu dem in der Tat unhaltbaren Gedanken eines letzten Grundes und eines Endzwecks. Damit wird in der Bodenlosigkeit bloß faktischen Daseins die Notwendigkeit des Suchens begriffen und unsere Seele offengehalten für den Ursprung. Die Vergegenwärtigung der Zerrissenheit des Seins in jeder Gestalt und der radikalen Widersprüchlichkeit vermag zu zeigen, daß nichts von dem, was wir zu erkennen vermögen, aus sich besteht.

Zum Draußensein der Transzendenz gehört ihre Unerkennbarkeit, ihr Drinnensein ist die Chiffreschrift aller Dinge. Weil in allem Seienden die Grenze und der Grund fühlbar zu machen ist, ist überall gleichsam der Lichtfaden zu spüren, der es mit der Transzendenz zusammenhält. Ist so die Transzendenz immanent, so doch in grenzenloser Vieldeutigkeit und in keiner Endgültigkeit faßlich. Das Philosophieren begründet nur im allgemeinen das Recht, sich dem anzuvertrauen, was als Licht der Transzendenz zu mir zu sprechen scheint.

Wie aber ich diese Sprache verstehe, das ist gegründet in dem, was ich eigentlich selbst bin. Und was ich selbst bin, das ist gegründet in meinen ursprünglichen Bezügen auf Transzendenz: in Trotz und Hingabe, in Abfall und Aufschwung, in Gehorsam gegen das Gesetz des Tages und in der Leidenschaft zur Nacht. Philosophierend erhelle ich und erinnere ich und bereite ich vor, wie ich durch diese Bezüge die Ewigkeit in der Zeit erfahren kann. Die Erfahrung selbst ist nicht zu erzwingen und nicht zu beweisen, sondern ist die erfüllte Geschichtlichkeit meiner Existenz.

Philosophie kann weiter die Folgen zeigen, die auftreten, wenn die Seinsauffassung in reiner Immanenz sich abschließen will. Sie kann die Verschleierungen aufheben, die mit unerweislichen Sätzen des Verstandes, mit vermeintlichem Weltwissen im Ganzen, mit scheinbar wissenschaftlichen Ergebnissen den Menschen jederzeit einhüllen möchten in Unwahrheit. Aber mit dem Aufheben fälschlichen Wissens stellt die Philosophie kein dem wissenschaftlichen gleichartiges positives Wissen von der Transzendenz auf.

Philosophie kann unser Gewissen erhellen, zeigen, wie wir die Forderung erfahren allgemeinen Gesetzes, das wir als unumgänglich einsehen. Sie kann an der Grenze das reale Scheitern auch des Gehorsams gegen dieses Gesetz zeigen und die neue Forderung fühlbar machen, welche den Einzelnen aus seiner Geschichtlichkeit – aber ohne Allgemeinheit und Allgemeingültigkeit – anspricht und unbedingten Gehorsam verlangt; und sie kann wiederum auch hier die Grenze und das Scheitern in der Zeit zeigen.

Es kommt auf allen Wegen darauf an, den Ursprung zu erreichen, wo in höchster Bewußtheit in der Welt die Forderung hörbar wird, welche, in der Weltverwirklichung scheiternd, doch durch Gehorsam gegen sie das eigentliche Sein gibt.

Daß solcher Ursprung möglich ist, vermag Philosophie zu erhellen. Was aber der Ursprung ist und was er spricht, kann sie nicht vorwegnehmen. Denn die Wirklichkeit ist geschichtlich und steht jedem Einzelnen, der neu in dieser Welt erwächst, noch bevor. Alles, was die Philosophie inhaltlich sagt und historisch erinnert, bleibt als Sagbares ein Relatives, das der Übersetzung und Aneignung bedarf, um dadurch ein Weg zum eigenen ursprünglichen Ergreifen des Unbedingten zu werden.

Bei solchem Denken setzt das Philosophieren ein Doppeltes voraus, das gegenständlich unerweislich, aber praktisch vollziehbar ist: Erstens die Autonomie des Menschen gegenüber allen Autoritäten in der Welt; – der einzelne Mensch, durch Autorität erzogen, entscheidet am Ende seines jeweiligen Reifungsprozesses unmittelbar vor der Transzendenz aus eigener Verantwortung, was unbedingt wahr ist. Zweitens das Gesetztsein des Menschen durch Transzendenz; – der Transzendenz in jener unbedingten Entscheidung zu gehorchen, bringt den einzelnen Menschen zu seinem Selbstsein.

Wie es aber auch gelingt, in der Fülle des Seienden die Chiffren zu lesen, in den Bezügen zur Transzendenz konkret zu existieren, im geschichtlich gestalteten Gehorsam gegen die Transzendenz das Selbstsein zu gewinnen, alles dies wird zusammengehalten durch die Grundfrage, wie in dem Vielen das Eine ist, was es ist, und wie ich des Einen gewiß werde.

4. Meine Werke

Dreimal habe ich bisher ein systematisches Werk versucht: meine »Allgemeine Psychopathologie« (1913), meine »Psychologie der Weltanschauungen« (1919), meine »Philosophie« (1932).

In der *Psychopathologie* stellte ich nicht das Ganze aus einer Theorie dar, ordnete die Befunde nicht aus einem totalen Bild der Sache; vielmehr entwickelte ich die Methoden der Forschung, um vorzuführen, was sich einer jeden Methode zeigt. Die Systematik lag in der Systematik der Methoden. Der Sinn meines Lehrbuchs war: Befreiung von dogmatischem Scheinwissen, um den offenen Blick des Forschens durch klares Bewußtsein der Methoden und ihrer Grenzen zu fördern. Zu wissen, was ich weiß, das ist in der Wirklichkeit der wissenschaftlichen Praxis gar nicht selbstverständlich.

In der *Psychologie der Weltanschauungen* versuchte ich das Ganze menschlicher Möglichkeiten des Glaubens, der Weltbilder, der Einstellungen systematisch darzustellen. Es war ein übermütiges Jugendwerk, dessen Gehalt ich zwar noch heute als den meinigen anerkenne, dessen Form aber unzureichend war. Ich glaubte in reiner Betrachtung vorbeiziehen zu lassen, was vorkommt, und ich entwarf doch in der Tat die eine Wahrheit des Menschseins, die mir die gegebene war, begriff diese als Synthesis von Polaritäten und zeigte überall den Strom von Abgleitungen, Entleerungen, Verkehrungen. Es war verborgene Philosophie, die sich hier als objektiv feststellende Psychologie mißverstand.

In der *Philosophie* entstand mir die Systematik aus den drei Methoden des Transzendierens. Ich komme in der Weltorientierung durch ein zwingendes Transzendieren zum Bewußtsein der Erscheinungshaftigkeit des Daseins (Band I). Auf diesem Grunde mache ich mir in der Existenzerhellung transzendierend bewußt, was ich selbst eigentlich bin und sein kann (Band II). Aus beiden Voraussetzungen wird in der Metaphysik das Transzendieren zur Transzendenz deutlich. Ich vollziehe die Gedankenwege, mit denen das Sein selbst mir gegenwärtig wird (Band III).

Die *Philosophie* ist, im Unterschied von den beiden vorhergehenden Werken, mit bewußter Disziplin durchgeformt. Es war nicht mehr einfach darzustellen, sondern das Transzendieren, das im Vollzuge geschieht, mußte auch als ruhiger Atemzug des Gedankens jeweils entwickelt werden. So ist jedes Kapitel ein Ganzes durch eine einzige durchgehende Bewegung. Die Kapitel können nur als ganze in dieser Bewegung des Gedankens, aber jedes Kapitel kann für sich verstanden werden.

Der Gehalt dieser Philosophie aber liegt nicht in den systematischen Grundgedanken, sondern in dem, was durch sie geschieht. Wie meine Psychopathologie in ihrer Systematik nicht gegenständlich, sondern methodologisch war, so ist mein späteres Philosophieren nicht ontologisch, sondern eindringend: es weiß nicht, was ist, sondern erhellt das Umgreifende. Das Gewicht liegt in den besonderen Gehalten und Ausführungen.

Um die drei Hauptwerke gruppieren sich kleinere Schriften. Zur Psychopathologie gehören eine Reihe von psychiatrischen Forschungen, die in Zeitschriften veröffentlicht wurden, zur Weltanschauungspsychologie gehört die Schrift über »Strindberg und van Gogh«. Dann folgte eine jahrelange Pause, eine Konzentration meines Denkens, bis die Philosophie erschien, zu der die »Geistige Situation der Zeit« gehört.

Seitdem sehe ich meine Aufgabe in zwei Arbeiten, die mir als mein abschließendes Lebenswerk erscheinen. An beiden war ich längst und bin ich seither tätig. Ich nenne sie »Philosophische Logik« und »Universalgeschichte der Philosophie«. Durch die philosophische Logik möchte ich mitarbeiten an dem logischen Selbstbewußtsein dieses Zeitalters, das unserem neu erwachten Philosophieren so zugehört wie Hegels Logik dem Idealismus und wie die Induktive Logik (etwa Mill's) dem positivistischen Zeitalter. Hier werden die systematischen Grundgedanken selber zum Wesentlichen. In der Universalgeschichte der Philosophie möchte ich – ohne chronologische Darstellung – das geschichtlich vorliegende Philosophieren als das eine große, in sich überall zusammenhängende Phänomen des Offenbarwerdens des Seins im Menschsein vergegenwärtigen, wie es aus den Wurzeln (in China, Indien, Griechenland) in großen Rhythmen in ständiger Bedingtheit durch die soziologischen Zustände und psychologischen Gegebenheiten, in bezug auf Wissenschaft und Religion, und im Widerhall aus Kunst und Dichtung sich vollzogen hat und auf eine große gegliederte Einheit von Gegensätzen drängt, die an der Grenze in offenen Unlösbarkeiten in der Zeit scheitern und durch Scheitern die Wahrheit des transzendenten Seins innewerden lassen.

Diese Werke sind noch nicht da. Aus der Logik sind teilweise Mitteilungen in Vorlesungen gegeben, die ich in Groningen (Vernunft und Existenz, Groningen 1935) und Frankfurt (Existenzphilosophie, Berlin 1938) gehalten habe. Aus meinen historischen Arbeiten sind Schriften über Nietzsche (Berlin 1936) und Descartes (Berlin 1937) erschienen. Durch meinen »Nietzsche« wollte ich einführen in die Auflockerung des Denkens, aus der die Existenzphilosophie erwachsen muß. In meinem »Descartes« wollte ich spezifisch moderne Irrungen historisch an der Wurzel vergegenwärtigen, nämlich das Mißverstehen spekulativen Denkens als rational zwingender Einsicht und das Verhängnis der Verkehrung der modernen Naturwissenschaft, das gleichzeitig mit dem Aufblühen dieser Wissenschaft auftrat und ihr Begleiter blieb.

Logik und Philosophiegeschichte ergänzen einander. Das eine wird ohne das andere kaum begriffen. Die Arbeit an einer von ihnen fördert daher die Arbeit an der andern. Was dort als Welt des Gedankens entwickelt wird, wird hier geschichtlich als Wirklichkeit des Denkens zur Anschauung gebracht.

Mein Philosophieren stand von Anfang an gegen das System als ein Ganzes, in dem Sein und Wahrheit vor Augen liegt und durch ein Buch zur Darstellung kommt. Aber zugleich war ich von Anfang an systematisch im Denken, insofern als ich Ordnung, Zusammenhang, Bezug der Gedanken aufeinander suchte. Das System will fälschlich das Sein einfangen, die Systematik will die methodische Bereitstellung der jeweils erreichten Mittel für den weiteren Gang des Philosophierens. Der Wille gegen das System schließt den systematischen Antrieb so wenig aus, daß jener Wille vielmehr ohne diesen Antrieb ins Chaos führen müßte. Die Systematik als »Organon der Vernunft« in einer Logik zu entfalten, scheint mir heute das wichtigste Anliegen.

Karl Jaspers – Ein Selbstporträt (1966/67). Aus: Karl Jaspers, Schicksal und Wille, Autobiographische Schriften, hrsg. von Hans Saner, München 1967

Einführung in die Philosophie (1949). Zwölf Radiovorträge, Zürich 1950/München 1953

Die Philosophie in der Welt (1964). Aus: Karl Jaspers, Kleine Schule des philosophischen Denkens, München 1965

Die Aufgabe der Philosophie in der Gegenwart (1953). Aus: Karl Jaspers, Philosophie und Welt, Reden und Aufsätze, München 1958

Gibt es eine Weltgeschichte der Philosophie? (1955). Aus: Karl Jaspers, Aneignung und Polemik. Gesammelte Reden und Aufsätze zur Geschichte der Philosophie, hrsg. von Hans Saner, München 1968

Ist die Philosophie am Ende? Ein Gespräch mit Willy Hochkeppel (1961). Aus: Karl Jaspers, Provokationen, Gespräche und Interviews, hrsg. von Hans Saner, München 1969

Die Philosophie in der Zukunft (1947). Aus: Karl Jaspers, Der philosophische Glaube, München 1948

Philosophie und Wissenschaft (1948). Aus: Karl Jaspers, Rechenschaft und Ausblick, Reden und Aufsätze, München 1951

Philosophie und Religion (1947). Aus: Karl Jaspers, Der philosophische Glaube, München 1948

Philosophie und Unphilosophie (1947). Aus: Karl Jaspers, Der philosophische Glaube, München 1948

Aus dem philosophischen Grundwissen (1962). Aus: Karl Jaspers, Der philosophische Glaube angesichts der Offenbarung, München 1962

Die Sprache (1947). Aus: Karl Jaspers, Von der Wahrheit, München 1947

Über das Tragische (1947). Aus: Karl Jaspers, Von der Wahrheit, München 1947

Über meine Philosophie (1941). Aus: Karl Jaspers, Rechenschaft und Ausblick, Reden und Aufsätze, München 1951

Karl Jaspers